Heinrich Konrad Kissling

**Politisch-statistisch-topographisches Ortslexikon des**

**Grossherzogthums Baden**

Historischen und Volkswirthschaftlichen Notizen

Heinrich Konrad Kissling

**Politisch-statistisch-topographisches Ortslexikon des Grossherzogthums Baden**
*Historischen und Volkswirthschaftlichen Notizen*

ISBN/EAN: 9783741171048

Hergestellt in Europa, USA, Kanada, Australien, Japan

Cover: Foto ©Andreas Hilbeck / pixelio.de

Manufactured and distributed by brebook publishing software (www.brebook.com)

Heinrich Konrad Kissling

# Politisch-statistisch-topographisches Ortslexikon des Grossherzogthums Baden

Politisch - statistisch - topographisches

# Ortslexikon

des

## Großherzogthums Baden,

mit

historischen und volkswirthschaftlichen Notizen

unter

steter Berücksichtigung des neuen

Organisationsstatuts

für die

Beamten- und Geschäftswelt,

bearbeitet

von

Heinrich Konrad Kissling,
Verfasser des Bäders durch Baden.

~~~

Freiburg.
L. Schmidt's Buch- und Kunsthandlung.
Donaueschingen.
L. Schmidt's Hofbuchhandlung.

# Vorwort.

Der Zweck, welcher bei Ausarbeitung gegenwärtiger Schrift ins Auge gefaßt worden, war, in übersichtlicher Reihenfolge die politischen Beziehungen der einzelnen Wohnplätze zu einander, ihre statistischen und topographischen Verhältnisse, sowie ihre historische und volkswirthschaftliche Bedeutung zur Anschauung zu bringen, und damit dem Beamten sowohl, als auch dem Geschäftsmanne einen sicheren Führer in die Hand zu geben, durch welchen er ohne großen Zeitverlust in Stand gesetzt wird, bei allen die Oertlichkeiten des Großherzogthums berührenden Fragen sich ohne viele Mühe orientiren zu können. Um dieses Ziel zu erreichen, wurde das neue Organisationsstatut, sowie die neueren volkswirthschaftlichen und statistischen Arbeiten, insbesondere die Werke von Heunisch und Diez, soweit letztere geeignetes Material boten, der Arbeit zu Grunde gelegt, und wenn es nun dem Verfasser gelungen sein sollte, das oben angedeutete Ziel erreicht und dem Publikum ein gediegenes Werk in die Hände gegeben zu haben, so sieht er sich hiedurch für die mühevolle und anstrengende Arbeit hinlänglich belohnt.

Baden, im Frühjahr 1865.

H. A. Kißling.

# Abkürzungen.

A.-G. Amtsgericht.
A.-Ph. Amtsphysikat.
B.-A. Bezirksamt.
B.-B.-J. Bezirksbauinspection.
B.-F. Bezirksförstei.
B.-In. Bezirks-Ingenieur.
B.-Insp. Bau-Inspection.
Bm. Bürgermeisterei.
C.-C. Centralkasse.
Comm. Commandantschaft.
D. Dorf.
Dec. Decanat.
Dist. Distrikt.
Dist.-Not. ob. D.-N. Distriktsnotar
D.-B. Domänen-Verwaltung.
E. Einwohner.
E.-A. Eisenbahnamt.
E.-E. Eisenbahnexpedition.
Fil. Filial.
F.-J. Forstinspection.
Frhr. Freiherr.
Ga. Garnison.
G.-F. Gemeindeförster.
G.-N. Gerichtsnotariat.
Hf. Hof.
H.-G. Holzgericht.
Hs. Haus.
H.-St.-A. Hauptsteueramt.
H.-Z.-A. Hauptzollamt.
Isr. Israelit.
K. Kaiser.
K.-A. Kreisamt.
K.-G. Kreisgericht.
L.-K. Landkapitel.
Men. Mennonit.

Mkte. Märkte.
Not. Notariat.
N.-O. Nebenort.
O.-E. Ober-Einnehmerei.
O.-H.-G. Oberhofgericht.
P.-A. Postamt.
P.-Abl. Postablage.
P.-E. Postexpedition.
Pfdf. Pfarrdorf.
Pfwlr. Pfarrweiler.
Phltr. Posthalterei.
Pz. Parzelle.
Pstmstr. Poststallmeister.
Stb. Stunde.
Stbshr. Standesherr.
Stdt. Stadt.
Tel.-Stat. Telegraphen-Station.
W.-Col. Waldcolonie.
Wstr.-u. Str.-B.-Insp. Wasser- und Straßen-
 bauinspection.
Wlr. Weiler.
V.-M. Viehmärkte.
3. Zinken.
c. circa.
d. der oder des.
ev. evangelisch.
fürstl. fürstlich.
isr. israelitisch.
k. katholisch.
p. F. pariser Fuß.
u. und
üb. d. M. über dem Meer.
v. von oder vom.
zus. zusammen.

## A.

**Aach,** D., 1 ev., 158 E., zusam. 159 E., Jl. u. Linz. A.-G. u. B.-A. Pfullendorf; K.-G. u. K.-A. Constanz; liegt an der Straße von Pfullendorf nach Ueberlingen. Standesherr: Fürst zu Fürstenberg.

**Aach,** Stbt., 4 ev., 929 l., zuf. 933 E., A.-G., B.-A. u. P.-A. Stockach; K.-G. u. K.-A. Constanz. L.-K. Engen. Sitz b. B.-G.; liegt in einer angenehmen Gegend im Hegau, unfern der Quelle der Aach, 1471 p.-J. Großes Torflager und Ackerbau, Gewerbe und Fabrikbetrieb, worunter 1 Hammerwerk, 1 Papierfabrik und andere Mühlwerke. — Alte Stadt mit eigenem Adel, der sie an Constanz vermachte, dessen Bischof das Patronatrecht bis ans Ende des deutschen Reichs behielt. — Markt: 26. März, 1. Juni, 16. Juli, 27. Aug., 1. Okt., 7. Dezbr., 22. Dezbr.

**Aasen,** Pfdf., 4 ev., 765 k., zuf. 769 E., A.-G. u. B.-A. Donaueschingen; K.-A. u. L.-K. Villingen; liegt in einem südwestlich sich öffnenden Thälchen. Viehzucht und Ackerbau. Früher Asehelm, Sitz eines Untergaus der Baar, hatte bis zum 14. Jahrhundert einen gleichnamigen Lehenadel.

**Aberweiler,** K.-O. b. Pfdf. Hofwangen, 77 l. E., A.-G. u. B.-A. Pfullendorf; K.-G. u. K.-A. Constanz. — Gemarkung und Gemeindevermögen getrennt; liegt am Ursprung der Seefelder Aach in einem Thälchen.

**Abeshof,** Hf. u. Pz. b. Stbt. Gengenbach, 7 l. E., A.-G. u. B.-A. Gengenbach; K.-G. u. K.-A. Offenburg.

**Achdorf,** Pfdf., 210 k. E., A.-G. u. B.-A. Bonndorf; K.-G. u. K.-A. Walbshut; L.-K. Villingen; liegt am linken Ufer der Wutach. Obst- u. Futterbau nebst Viehzucht.

**Achern,** Stbt., 437 ev., 2118 k., 24 Isr., zuf. 2579 E., A.-G. u. K.-A. Baden; P. u. C.-A. Kehl; L.-K. Ottersweier. Sitz b. A.-G., B.-A., A.-D.; O.-E.; D.-R., B.-Insp.; Wasser- und Stbb.-Insp.; Posthalterei, Eisenbahnerpeb., Halt- und Tel.-Stat.; liegt am Eingange des freundlichen gleichnamigen Thales, in einer fruchtbaren Gegend am Fuße des Gebirges, junger Ort mit alter St. Nikolauscapelle, in welcher die Eingeweide des Marschalls Türenne beerdigt sind. Bedeutenden Ackerbau, ansehnliche Messerwaaren- u. Sensenfabrikation; Handel mit Landesprodukten. Mkte.: 7. April, 26. Mai. Viehm.: 24. März, 24. Nov. — Leopoldsdenkmal.

**Acheret,** an der, H. b. D. Seebach, 90 l. E., Fil. v. Ottenhöfen, A.-G. u. B.-A. Achern; K.-G. u. K.-A. Baden; liegt im hintersten u. höchsten Theile des Kapplerthales, wo es eng und wild romantisch wird.

**Achkarren,** Pfdf., 10 ev., 613 k., zuf. 623 E., A.-G. u. B.-A. Burkach; K.-G. u. K.-A. Freiburg; L.-K. Endingen; 1 Stb. v. Rhein in einem sehr fruchtbaren Thale des Kaiserstuhles; erzeugt trefflichen Wein.

**Ackenbach,** A.-O. b. Bigm. Oberhomberg, 11 l. E., A.-G. und B.-A. Pfullendorf; K.-G. und K.-A. Constanz;

1

Getrennte Gemarkung u. gemeinschaftliches Gemeindevermögen.

**Adamshof,** Hf. u. Prz. b. Pfdf. Urach, 17 f. E., A.-G. u. B.-A. Neustadt; K.-G. u. K.-A. Freiburg.

**Adelbach,** Prz. b. Pfdf. Ober-Harmersbach, 12 f. E., A.-G. u. B.-A. Gengenbach; K.-G. u. K.-A. Offenburg.

**Adelhausen,** Prz. b. D. Hagne, 14 LG., Fil. v. Altersbach. A.-G., B.-A., K.-G. u. K.-A. Constanz; liegt in einem sich westlich öffnenden romantischen Thälchen zwischen schönen Waldungen.

**Adelhausen,** Pfdf., 505 f. E., Filial von Eichsel, A.-G. u. B.-A. Schopfheim; K.-G. u. K.-A. Lörrach; L.-R. Breisach; liegt auf dem hier 1401 p. F. ü. b. Meer erhabenen Kaltgebirge, das die Südgrenze des Wiesenthales bildet, erzeugt trefflichen Dinkel, ist petrefaktenreich, fabricirt aus dem dort vorkommenden Chalcedon Feuersteine. In der Nähe Spuren keltischer Niederlassung. Feld- u. Wiesenbau u. Viehzucht.

**Adelhold,** Prz. b. Ebt. Triberg, 17 f. E., A.-G. u. B.-A. Triberg; K.-G. u. K.-A. Villingen.

**Adelsberg,** D., 174 f. E., Fil. v. Jell, A.-G. u. B.-A. Schönau; K.-G. u. K.-A. Lörrach; liegt auf einem hohen vom Blauen auslaufenden Gebirgszweige. Baumwollenspinnerei und Weberei, sonst armes Dorf.

**Adelsheim,** Ebt., 1185 ev., 106 f., 1 Men., 35 Ifr., zuf. 1328 E., A.-G. u. K.-A. Mosbach; B.-D. Bertheim, F.-J. Mosbach; Sitz b. A.-G., B.-A., ev. Dec., D.-Not., B.-C. u. B.-F.; liegt im Odenwalde in dem von der Sechach und Kirnau, die hier zusammenstießen, gebildeten Thale, 758 p. F. üb. b. M. Feld-, Wiesen-, Weinbau. Viehzucht und Gewerbebetrieb, worunter namhafte Sichselabrikation. Mkte.: Krämer- u. Viehm. 3. Febr., 3. März, 14. April, 8. Septemb., 3. Novbr. Junger Ort. Grundherr: Freiherr v. Adelsheim.

**Adelshofen,** Pfdf., 514 ev., 9 f., 53 Diff. u. 8 Men., zuf. 584 E., A.-G., B.-A. Eppingen; K.-G. u. K.-A. Heidelberg; Dec. Eppingen; liegt in einem kleinen freundlichen Wiesenthälchen 727 p. F. über b. M., Grundherr: Graf v. Reipperg.

**Adelsreuthe,** D., 4 ev., 127 f., zuf. 131 E., Fil. v. Thalbort, A.-G. Meersburg. B.-A. Ueberlingen; K.-G. u. K.-A. Constanz. Hochgelegener Ort, früher Sitz eines eigenen Adels.

**Adersbach,** Pfdf. 432 ev., 23 f., 35 Diff., zuf. 510 E., A.-G. u. B.-A. Sinsheim; K.-G. u. K.-A. Heidelberg, Dec. Nedarbischofsheim; liegt 898 p. F. üb. b. M. auf einem waldigen Bergrücken; Feld- und Wiesenbau.

**Adlersbach,** Z. b. D. Sulzbach 34 f. E., Fil. von Haufach, A.-G. Haslach, B.-A. Wolfach; K.-G. u. K.-A. Offenburg. Stdehr. Fürst von Fürstenberg.

**Adriatsweiler,** K.-D. b. Pfdf. Großschönach, 26 f. E., A.-G. u. B.-A. Pfullendorf; K.-G. u. K.-A. Constanz; liegt an einem südlich absteigenden Bergrücken. Gemarkung und Gemeindevermögen getrennt.

**Aeckerle,** Prz. b. Pfdf. Lauf, 117 f. E., A.-G. u. B.-A. Bühl; K.-G. u. K.-A. Baden, in einem schönen waldigen Thälchen; Viehzucht, Feld- und Obstbau.

**Aeule,** K.-D. b. Pfdf. Schluchsee, 110 f. E., A.-G. u. B.-A. St. Blasien; K.-G. u. K.-A. Waldshut. In einem Seitenthälchen des hintern Schwarzwaldes. Bedeutende Glasfabrikation.

**Affenthäle,** Prz. b. Pfdf. ev. Thennenbronn, 20 ev. E., A.-G. u. B.-A. Triberg; K.-G. u. K.-A. Villingen; liegt in einer hohen wilden Gegend.

**Affenthal,** K.-D. b. Pfdf. Eisenthal, 343 f. E., A.-G. u. B.-A. Bühl; K.-G. u. K.-A. Baden; liegt in einem sich westlich öffnenden Thälchen. Gemarkung und Gemeindevermögen gemeinschaftlich. Trefflicher Anbau von Rothwein, unter dem Namen „Affenthaler" berühmt; besien jährlicher Ertrag kaum die Nachfrage deckt.

**Afterſteg**, D., 221 ſ. E., Fil. von Todtnau, A.-G. u. B.-A. Schönau, K.-G. u. K.-A. Lörrach. In wildromantiſchem Thale an der Schönenbach gelegen, ſendet Bürſten-, Zunder-, Eiſen- und Baumwollwaarenhändler ins Flachland.

**Aftholderberg**, R.-O. des Pfſ. Großſchönach. 55 l. E., A.-G. u. B.-A. Pfullendorf; K.-G. u. K.-A. Conſtanz. Getrennte Gemarkung und getrenntes Gemeindevermögen, liegt auf einem nördlich abſteigenden Berge. Feldbau und Viehzucht.

**Aglaſterhauſen**, Pfdf., 762 ev., 379 l., juſ. 1141 E., A.-G., B.-A., K.-G. u. K.-A. Mosbach; Orl. Redargemäud, B.-A. Heidelberg. Eiß b. Poſthalterei. Halt- und Telegraphenſtation. Mkt.: 21. Septbr. — Am Abhange des die Elſenz vom Neckar ſcheidenden Gebirges, 664 p. F. üb. d. M. gelegen iſt der Ort nicht ſonderlich wohlhabend. Elſterhauſen, auch Agiliſteſterweiler, war früher Sitz eines gleichnamigen Adels von Worms, deſſen Burg um 1230 an die Herren von Kirchheim, ſpäter an die v. Hirſchhorn, zuletzt an die Kammer von Worms zurückfiel, während die Landesherrlichkeit den Churfürſten von der Pfalz zukam, die 1699 den nach Bargen eingepfarrten Katholiken den Mitgenuß der Kirche geſtatteten.

**Aha**, R.-O. b. Pfſ. Schluchſee, 186 E., A.-G. und B.-A. St. Blaſien; K.-G. u. K.-A. Waldshut. Getrennte Gemarkung und gemeinſchaftliches Gemeindevermögen.

**Ahäuſle**, Wz. b. Pfdf. Frildingen, 6 ſ. E., A.-G. u. B.-A. Ueberlingen; K.-G. u. K.-A. Conſtanz, liegt an der Seeſelder Nach. Stdhr.: Fürſt zu Fürſtenberg.

**Ahauſen**, D., 3 ev. u. 339 ſ., juſ. 342 E., Fil. v. Bermatingen, A.-G. Meersburg; B.-A. Ueberlingen; K.-G. und K.-A. Conſtanz, liegt am linken Ufer der Seeſelder Nach. Nördliche Grenze des Weinbaus. Alter, ſchon 752 an das Kloſter St. Gallen vergabter Ort.

**Ahorn**, Hs. u. Pz. b. D. Schwerzenbach, 20 ſ. E., Fil. v. Friedenweiler, A.-

G. u. B.-A. Neuſtadt; K.-G. u. K.-A. Freiburg. Wirthshaus.

**Ahorn**, Hf. u. Pz. b. Pfdf. Kupprichhauſen, 17 E., A.-G. und B.-A. Boxberg; K.-G. u. K.-A. Mosbach, liegt an einem waldigen Berge, 1258 p. F. üb. d. M.

**Aichen**, Pfdf., 3 ev., 321 ſ., juſ. 324 E., A.-G. u. B.-A. Bonndorf; A.-G. u. K.-A. Waldshut; K.-A. Waldshut. Sitz des erzbiſchl. Dec., liegt auf einer Höhe im ſchönen Schluchthale; Feldbau und Viehzucht.

**Airach**, R.-O. b. Pfdf. Ludwigsbaſen, 55 l. E., A.-G. u. B.-A. Stockach; A.-G. und K.-A. Conſtanz, liegt in einem kleinen, gegen Norden ſich öffnenden Thälchen. Gemarkung und Gemeindevermögen getrennt.

**Aitpel**, R.-O. b. D. Jndleloſen, 108 E., Fil. v. Weilheim; A.-G. u. B.-A., A.-G. u. K.-A. Waldshut, liegt in einem von dem Haſelbach bewäſſerten Seitenthale des Muchthals, am nördlichen Abhange des Steinadderbergs. Gemarkung und Gemeindevermögen gemeinſchaftlich. Feldbau, Viehzucht und Baumwollweberei.

**Alſperg**, R.-O. b. D. Bannholz, 45 E., Fil. v. Waldkirch, A.-G. u. B.-A., A.-G. u. K.-A. Waldshut, liegt ziemlich hoch, in rauher Gegend. Gemarkung und Gemeindevermögen getrennt: Feldbau und Viehzucht.

**Altern**, D., 374 l. E., Fil. v. Schönau, A.-G. u. B.-A. Schönau, K.-G. und K.-A. Lörrach, liegt in einem vom Alterbach bewäſſerten Seitenthale des Wieſenthals. Feld-, Wieſenbau und Viehzucht.

**Alb**, D., 106 E., Fil. v. Hochſal, A.-G. u. K.-A. Waldshut; A.-G. und K.-A. Waldshut, liegt am Ausfluſſe der Alb in den Rhein. Viehzucht, Feldbau.

**Albbruck**, Col. mit Stabhſt., 198 E., A.-G. u. B.-A., A.-G. u. K.-A. Waldshut, liegt am Ausgang des engen Albthales. Großartiges ärariſches Eiſenwerk mit Hochofen, 3 Friſchfeuern, 2 Zweifeuern, 2 Kuppelöfen und 1 Drahtzug. Erzeugt jährlich 11,629

Ctr. Rohelfen mit Stab, Streck- u. Stemm-eifen nebft Pfannen und Draht, im Ganzen über 20,000 Ctr. Sitz d. B.-A. Halt- u. Tel.-Stat.

**Albersbach**, Brz. b. Pfbf. Hinterzarten, 73 l. C., A.-G. u. B.-A., K.-G. u. K.-A. Freiburg, liegt in einem hohen Thälchen am nördlichen Fuße des Feldbergs in wilder Gegend. Wiesenbau, Vieh- und Bienenzucht.

**Albersbach**, Brz. b. K.-O. Heffelbach, 10 L. C., Fil. v. Oberkirch, A.-G. u. B.-A. Oberkirch; K.-G. u. K.-A. Offenburg.

**Albersbach**, R.-O. b. D. Fessenbach, 116 C., Fil. v. Weingarten, A.-G. u. B.-A. Offenburg; K.-G. u. K.-A. Offenburg. Gemarkung und Gemeindevermögen gemeinschaftlich.

**Alberstein**, Brz. b. Eibl. Oppenau, 15 L. C., A.-G. u. B.-A. Oberkirch; K.-G. u. K.-A. Offenburg.

**Albert**, D., 331 L. C., Fil. v. Hochfal, A.-G. u. B.-A. Waldshut; K.-G. u. K.-A. Waldshut, liegt am Fuße des südlichen Schwarzwaldes, am Rhein.

**Albfähren**, K.-O. b. D. Weiswell, 30 L. C., Fil. v. Erzingen, A.-G. u. B.-A. Jeftetten; K.-G. u. K.-A. Waldshut, liegt auf einem waldigen Berge.

**Alkenhof**, Hf. u. Brz. b. D. Ahnach, 11 L. C., Fil. v. Hohrathengen, A.-G. u. B.-A., K.-G. u. K.-A. Waldshut, liegt ziemlich hoch.

**Alleehaus**, Hs. u. Brz. b. Stbt. Durlach, 9 ev. C., A.-G. u. O.-A. Durlach; K.-G. u. K.-A. Carlsruhe. Geschmackvolles Gebäude u. besuchter Vergnügungsort.

**Allensbach**, Pfdf., 7 ev., 604 l., just. 811 C., A.-G. u. B.-A. Constanz; K.-A. u. L.-K. Constanz. P.-A. Constanz. Sitz b. B.-A. Wein- und Obstbau, Viehzucht, Gewerbe, Fischerei u. Schifffahrt auf dem Bodensee. Aus Zeit der Karolinger Besitzthum des Klosters Reichenau. Halt- u. Tel.-Station.

**Allerheiligen**, Brz. b. K.-O. Heppach, 28 L. C., Fil. v. Unterharmersbach, A.-G. Meersburg, B.-A. Ueberlingen; K.-G. u. K.-A. Constanz, liegt auf dem waldigen Gehrenberge.

**Allerheiligen**, Ruine, Brz. b. D. Lierbach, 6 L. C., Fil. v. Oppenau, 1993 p. F. ü. d. M., A.-G. u. B.-A. Oberkirch; K.-G. u. K.-A. Offenburg. Großartige Ruine einer Prämonstratenfer-Abtei, die 1196 von Ula v. Schauenburg gestiftet, 1802 säkularifirt und am 6. Juli 1803 vom Blitzstrahl getroffen, größtentheils in Asche gelegt wurde. In schauerlicher Wildniß gelegen. Gegenwärtig Maierei.

**Allfeld**, Pfdf., 24 ev., 774 l., 23 Diff. u. Men., jul. 821 C., A.-G. u. B.-A. Mosbach; K.-G., K.-A. u. L.-K. Mosbach, liegt in dem fruchtbaren Schefflenzthale, 702 p. F. üb. d. M. Feld- und Wiesenbau.

**Allgehöfen**, Brz. b. Pfdf. Saulborf, 10 l. C., A.-G. u. B.-A. Mehkirch; K.-G. u. K.-A. Constanz.

**Allmannsdorf**, Pfdf., 18 ev., 850 l., jul. 668 C., A.-G. u. B.-A. Constanz; K.-G., K.-A. u. L.-K. Constanz, liegt auf einer Anhöhe am Bodensee. Alter Besitz der Commende Mainau. Altkatholisch-romanische Niederlassung.

**Allmannshausen**, Brz. b. D. Wittenhofen, 9 C., Fil. v. Unterfiggingen, A.-G. u. B.-A. Ueberlingen; K.-G. u. K.-A. Constanz. Feldbau u. Schweinezucht.

**Allmannsweier**, Pfdf., 677 ev., 30 l., jul. 708 C., A.-G. u. O.-A. Lahr; K.-G. u. K.-A. Offenburg; Dec. Lahr, liegt in einer von den Bächen Unbis u. Eschlache durchfurchten Ebene. Erzeugt viel Weizen, Hanf, Cichorien und Tabak.

**Allmend**, Brz. b. Pfdf. Ottoschwanden, 73 L. C., A.-G. u. O.-A. Emmendingen; K.-G. u. K.-A. Freiburg.

**Allmend**, Brz. b. Bibl. Oberwinden, 196 L. C., A.-G. u. B.-A. Waldkirch; K.-G. u. K.-A. Freiburg, liegt in einem Seitenthale des Elzachthales.

**Allmend**, Brz. des Pfdf. Oberwolfach, 107 C., A.-G. u. B.-A. Wolfach.

A.-G. u. A.-A. Offenburg, liegt ziemlich hoch. Stbhr.: Fürst v. Fürstenberg.

**Allmendsgasse**, Brz. d. Pfst. Waldkirch, 35 l. G., A.-G. u. B.-A. Achern; A.-G. u. A.-A. Baden.

**Allmendsberg**, Brz. d. A.-O. Rubbach, d. T. Freiamt, 153 G., Fil. v. Ottoschwanden. A.-G. u. O.-A. Emmendingen; A.-G. u. A.-A. Freiburg, liegt zwischen waldigen Bergen.

**Allmendshofen**, D., 18 ev., 436 l., zuf. 454 G., Fil. v. Donaueschingen. A.-G. u. B.-A. Donaueschingen. A.-G. u. A.-A. Billingen, liegt am linken Ufer der Brege. Stbhr.: Fürst zu Fürstenberg. Der Ort war Sitz eines mächtigen Adels, der schon im 13. Jahrhdt. vorkommt, so hat Ruothrud u. Allmendshofen ihre Botivtafel in der Kirche zu Mistelbrunn. Später kam A. an die Herren von Blumberg, von diesen an die v. Schellenberg, von welchen es an die gegenwärtige Standesherrsch. verkauft wurde. Feld-, Wiesenbau u. Viehzucht.

**Allmuth**, A.-O. d. Pfst. Aichen, 45 l. G., A.-G. u. B.-A. Bonndorf; A.-G. u. A.-A. Waldshut, liegt auf einem Berge auf der rechten Seite des Schluchtthales, zwischen Feldern u. Wiesen. Getrennte Gemarkung und gemeinschaftliches Gemeindevermögen.

**Alp**, mittlere, Brz. d. Pfst. Bettmaringen, 13 l. G., A.-G. und B.-A. Bonndorf; A.-G. u. A.-A. Waldshut, liegt an dem gleichnamigen Berge, 2422 p. F. üb. d. M.

**Alpirsbach**, Brz. d. Pfst. Schonach, 21 l. G., A.-G. u. B.-A. Triberg; A.-G. u. A.-A. Billingen, liegt im sogen. Oberthal, 3618 p. F. üb. d. M.

**Altbodmann**, Schlossruine u. Brz. d. Pfst. Bodmann, 4 l. G. Auf einem steilen Felsen über dem Dorfe gelegen. 839 fertigte hier Ludwig der Fromme eine Urkunde aus.

**Altbreisach**, S. Breisach.

**Altdorf**, Pfst., 9 ev., 990 l., 307 ist., zuf. 1296 G., A.-G. u. B.-A. Ettenheim;

A.-G. u. A.-A. Freiburg; L.-A. Lahr, liegt in einer fruchtbaren Gegend an der südlichen Seite des nach Mahlberg hinziehenden Bergrückens. Beredelter Weinbau. Granatbohren. Kleinhandel der Israeliten. Schloss mit bot. Garten. Münzsammlung u. Bibliothek. Grbhz.: Frhr. v. Türkheim. Altorömische Niederlassung.

**Altdorf**, A.-O. d. T. Hornberg, 70 l. G., Fil. v. Ridenbach, A.-G. u. B.-A. Sädingen; A.-G. u. A.-A. Waldshut, liegt ziemlich hoch zwischen rauhen Bergen. Gemarkung und Gemeindevermögen getrennt.

**Altebersstein**, Schlossruine u. Brz. d. Pfst. Ebersteinburg, 5 G., A.-G. u. B.-A. Baden; A.-G. u. A.-A. Baden. Stammsitz des mächtigen Grafengeschlechts, das nach jetzt in einigen Seitenästen fortblüht.

**Altenbach**, D., 368 ev., 217 l., zuf. 585 G., Fil. v. Heiligkreuzsteinach, A.-G. u. O.-A. Heidelberg; A.-G. u. A.-A. Heidelberg, liegt 975 p. F. üb. d. M. im hintersten Theile des bei Schriesheim sich öffnenden Kanzelbachthales. Feld-, Wiesenbau u. Viehzucht.

**Altenbeuren**, A.-O. d. Pfst. Beuren, 176 l. G., Fil. v. Weilorf, A.-G. und B.-A. Ueberlingen; A.-G. u. A.-A. Constanz, liegt an einem Aeltern, in die Aach einmündenden Bache. Gemarkung und Gemeindevermögen getrennt. Feldbau, Viehzucht. Stbhr.: Fürst v. Fürstenberg.

**Altenburg**, Brz. d. Pfst. kath. Thennenbronn, 69 l. G., A.-G. u. B.-A. Triberg; A.-G. u. A.-A. Villingen, liegt im Schlachtthale in rauher einsamer Gegend.

**Altenburg**, Pfst., 1 ev., 453 l., zuf. 454 G., A.-G. u. B.-A. Jestetten; A.-G. u. A.-A. Waldshut; L.-A. Klettgau, liegt am Abhange eines Berges und an einem Bache der bei Rheinau in den Rhein fliesst. Vortrefflicher Wein- u. Obstbau. Alter, von den Römern befestigter Ort, der 871 dem Kloster Rheinau geschenkt wurde.

**Altenheim**, Pfst., 1949 ev., 30 l., zuf. 1979 G., A.-G. u. B.-A. Offenburg; A.-G. u. A.-A. Offenburg; Dec. Lahr. Ergiebiger Getreide-, Hanf-, Tabak- und Cichorienbau.

**Altenrond**, Pfr. b. Wlr. Bernau; Luzerthal, Oft. G., Fil. v. Bernau, A.-G. u. B.-A. St. Blasien; A.-G. u. R.-A. Waldshut, liegt im Thale der Bernauer Alb, ziemlich freundlich.

**Altenschwand**, D., 645 l. E., Fil. v. Rickenbach, A.-G. u. B.-A. Sädingen; A.-G. u. R.-A. Waldshut, liegt am südlichen Abhange des Abhauberges in rauher und ziemlich unfruchtbarer Gegend.

**Altenstein**, R.-D. b. Pfbf. Häg, 109 l. E., A.-G. u. B.-A. Schönau; A.-G. u. R.-A. Lörrach, liegt an einem Bergabhange im hintersten Theile des Anfenbachl. Gemarkung u. Gemeindevermögen getrennt.

**Altenvogtshof**, Hf. und Pfr. b. D. Schollach, 8 l. E., Fil. v. Urach, A.-G. u. B.-A. Neustadt; A.-G. u. R.-A. Freiburg.

**Altenvogtshof**, Hf. u. Pfr. b. Pfbf. Urach, 32 l. E., A.-G. u. B.-A. Neustadt; A.-G. u. R.-A. Freiburg.

**Altenvogtshof**, Hf. u. Pfr. b. D. Linach, 17 l. E., Fil. v. Schönenbach, A.-G. u. B.-A. Villingen; A.-G. und R.-A. Villingen.

**Altenvogtshof**, Hf. u. Pfr. b. Pfbf. Neukirch, 43 l. E., A.-G. u. B.-A. Triberg; A.-G. u. R.-A. Villingen.

**Altenweg**, Pfr. b. D. Bierthäler, 13 l. E., Fil. v. Neustadt, A.-G. u. B.-A. Neustadt; A.-G. u. R.-A. Freiburg, liegt in einem Seitenthale des Gutachthales. Sitz b. A.-A. Ebshr.: Fürst v. Fürstenberg.

**Altersbach**, Pfr. b. D. Hofstetten, 18 l. E., Fil. v. Haslach, A.-G. Haslach und B.-A. Wolfach, A.-G. u. R.-A. Offenburg, liegt im Thale der Salmersbach.

**Altglashütte**, R.-D. b. D. Hinterstraß, Fil. v. St. Märgen, 151 E., A.-G. u. B.-A. Freiburg; A.-G. und R.-A. Freiburg.

**Altglashütten**, Pfbf., 209 l. E., A.-G. u. B.-A. Neustadt; A.-G. u. R.-A. Freiburg; L.-A. Stühlingen, liegt 3056 p. F. üb. d. M. am nördlichen Abhange des Bärhaldenberges in einer rauhen und unfruchtbaren Gegend. Feldbau und Viehzucht.

**Altheim**, D., 1 ev., 237 l., zuf. 238 E., Fil. v. Bielzingen, A.-G. u. B.-A. Meßkirch; A.-G. u. R.-A. Constanz. — Bildete im 11. Jahrhdrt. einen Theil der Totalion des Klosters St. Georgen. Feldbau u. Viehzucht.

**Altheim**, Pfbf., 307 l. E., A.-G. u. B.-A. Ueberlingen; A.-G. u. R.-A. Constanz. L.-A. Linzgau, liegt in einem artigen fruchtbaren Thälchen. Im 14. Jahrhdrt. an das Johanniter-Ordenshaus in Ueberlingen verkauft und von diesem theilweise wieder veräußert, brannte es im 30jährigen Kriege beinahe ganz ab und ward 35 Jahre ohne Planter.

**Altheim**, Pfbf., 21 ev., 1143 l. zuf. 1164 E., A.-G. u. B.-A. Wallbürn; A.-G. u. R.-A. Mosbach; L.-A. Wallbürn liegt in einem schönen Wiesenthale am Ursprung des Kronaubaches. Ständhr.: Fürst zu Leiningen. Starke Jagdbr. Handel nach dem Main. Mkte.: 2. Febr. u. 2. Nov.

**Althohenfels**, Schloßruine, Pfr. b. Pfbf. Boundorf, 1 E., A.-G. u. B.-A. Ueberlingen; A.-G. u. R.-A. Constanz. Ueber dem Halbenbach gelegen, ragen nur noch die Reste eines mächtigen Thurmes über das dunkle Grün der Forste empor. Hier wohnte einst Burkart v. Hohenfels, einer der bedeutendsten unter den sangeskundigen Rittern der Seegegend, von dessen kernigen Jagd- und Minneliedern noch einige auf uns gekommen sind.

**Althornberg**, Pfr. b. Pfbf. Gremelsbach, 44 E., A.-G. u. B.-A. Triberg; A.-G. und R.-A. Villingen.

**Althornberg**, Schloßruine u. Pfr. b. Stbl. Hornberg, 1 E., A.-G. Triberg, B.-A. Hornberg; A.-G. u. R.-A. Villingen; ist ziemlich verfallen und von Bäumen und Gestrüch fast ganz verstedt.

**Altingermühle**, Pfr. des Mkfl. Schliengen, 6 l. E., A.-G. u. B.-A. Müllheim; A.-G. u. R.-A. Lörrach.

**Altlichtenegg,** f. Lichtenegg=Alt.

**Altlußheim,** Pfdf., 1202 ev., 34 l., juf. 1236 S., A.-G. u. B.-A. Schwetzingen; A.-G. u. K.-A. Mannheim; Dec. Ober=Heidelberg, liegt 347 p. F. üb. b. M., in einer ebenen Gegend nahe am Rhein.

**Altneudorf,** D., 469 ev., 7 l., juf. 476 S., Fil. u. Heiligkreuzsteinach, A.-G. u. O.-A. Heidelberg; K.-G. u. K.-A. Heidelberg, liegt 775 p. F. üb. b. M., in dem bei Neckarsteinach sich mündenden Thale der Steinach. Feld=, Wiesenbau u. Viehzucht.

**Altsägehof,** Prj. b. D. Ilzenhausen, 25 l. S., Fil. v. Hindelwangen, A.-G. u. B.-A. Stockach; K.-G. u. K.-A. Constanz. Sttsthe. Frhr. v. Bodl.

**Altschoren,** Col. Gm. Hecheln, 131. S., Fil. v. Hoppetenzell, A.-G. u. B.-A. Stockach; K.-G. u. K.-A. Constanz.

**Altschweier,** D., 10 ev., 030 l., juf. 940 S., Fil. v. Kappel, A.-G. u. B.-A. Bühl; K.-G. u. K.-A. Baden, liegt an der Bühlott in einem wein= und obstreichen Thale.

**Altsimonswald,** D., 1317 S., Fil. v. Untersimonswald, A.-G. u. B.-A. Waldkirch; K.-G. u. K.-A. Freiburg, liegt freundlich im Simonswalder Thal. Feldbau und Viehzucht.

**Altstadt,** Prj. b. Pfdf. Neudorf, 25 l. S., A.-G. u. B.-A. Meßkirch; K.-G. u. K.-A. Constanz.

**Altstaufenberg,** Schloßruine u. Prj. b. D. Durbach, 3 S., A.-G. u. B.-A. Offenburg; K.-G. u. K.-A. Offenburg. Dem Schlosse Staufenberg gegenüber auf waldiger Anhöhe gelegen, wurde häufig niedergebrannt und deshalb schon gegen die Mitte des 14. Jahrhunderts verlassen.

**Alturach,** Schloßruine u. Prj. b. Pfdf. Urach, 1 S., A.-G. u. B.-A. Neustadt; A.-G. u. K.-A. Waldshut. An der Straße nach Lenzkirch liegend, war es der Stammsitz der alten Grafen von Urach, von welchen die Fürsten von Fürstenberg abzweigten.

**Altwiesloch,** D., 191 ev., 237 l. u. 20 Diff., juf. 448 S., Fil. v. Wiesloch,

---

A.-G. u. B.-A. Wiesloch; K.-G. u. R.-A. Heidelberg, liegt 435 p. F. üb. b. M., zwischen niederen Hügeln an dem Leimberg. Alter Ort, der schon 771 unter dem Namen „Werinloh" vorkommt.

**Altwindeck,** Schloßruine u. Prj. b. Stdt. Bühl, 1 S., A.-G. u. B.-A. Bühl; K.-G. u. K.-A. Baden. Aus zwei Thürmen noch bestehend, die bei Kappel aus dem Waldes-dunkel hervorragen, war der Stammsitz der Dynasten von Windeck, das 1740 von Reinhard v. Windeck zu einem badischen Lehen gemacht und nach dem Erlöschen desselben an Baden kam.

**Amaliensbad,** Bd. u. Prj. b. Stdt. Durlach, 9 ev. S., A.-G. u. O.-A. Durlach; K.-G. u. K.-A. Carlsruhe; hat eine nicht sehr reichhaltige Mineralquelle, wird aber seiner freundlichen Lage wegen sehr häufig besucht.

**Amaliensbad,** Bd. u. Prj. b. Pfdf. Langenbrücken, 10 ev. S., A.-G. u. O.-A. Bruchsal; K.-G. u. K.-A. Carlsruhe. Das von Franz Christoph v. Hutten, Bischof von Speier, gegründete Bad, wurde 1770 aufgehoben, und 1808 wieder aufgeräumt. Aber erst in neuester Zeit kam es durch die Bemühungen der Familie Siegel wieder in Aufschwung. Es ist das bedeutendste Schwefelbad Deutschlands, dessen zwei Quellen so wohl getrunken als zu Bädern benützt werden. Die Quelle Nr. 1 enthält in 1 Pfund: 0,25 S." schwefels. Gas, 2,0 S." kohlens. Gas, 0,625 S." Stidgas, 0,48 Gr. schwefels. Natron, 0,9 Gr. kohlens. Natron, 0,03 Gr. schwefels. Kali, 0,017 Gr. schwefels. Magnesia, 0,03 Gr. Chlormagnesium, 0,467 Gr. kohlens. Magnesium, 0,26 Gr. kohlens. Kalk, 0,198 Gr. schwefels. Kalk, 0,17 Gr. Kieselerde, 0,0533 Gr. kohlens. Eisenoxydul, 0,055 Gr. schwefelhaltiges Harz, 0,26 Gr. Extractivstoff und Spuren von Manganoxyd u. Alaunerde; die Quelle Nr. 2 aber in 1 Pfund: 0,22 S." schwefels. Gas, 3,0 S." kohlens. Gas, 0,5 S." Stidgas, 0,525 Gr. schwefels. Natron, 0,105 Gr. kohlens. Natron, 0,036 Gr. schwefels. Kali, 0,134 Gr. schwefels. Magnesia, 0,04 Gr. Chlormagnesium, 0,756 Gr. kohlens.

Magnesia, 2,93 Gr. kohlens. Kalk, 0,321 schwefels. Kalk 0,26 Gr. Kieselerde, 0,0444 Gr. kohlens. Eisenoxydul, 0,11 Gr. schwefelhaltiges Harz, 0,24 Gr. Extractivstoff und Spuren von Manganoxyd und Alaunerde. Ihre Temperatur ist 9,03—9,05 R. Die 1824 erbaute Kuranstalt hat 52 Wohnzimmer u. 28 Badlabinette.

**Amalienberg,** Brz. b. D. Gaggenau, 15 C., L.-G. u. O.-A. Rastatt; A.-G. u. A.-A. Baden, ist ein durch Oekonomierath von Rindeschwender urbar gemachter, am linken Ufer der Murg gelegener Felsen, der vom Fürsten Capiujo in den gegenwärtigen freundlichen Landsitz umgestaltet wurde und von wo man eine entzückende Aussicht genießt.

**Amalienhof,** s. Neuhof.

**Amstenbühl,** Brz. b. D. Lierbach. 29 L. C., Fil. v. Oppenau, L.-G. u. B.-A. Oberkirch; A.-G. u. K.-A. Offenburg.

**Amertsfeld,** K.-D. b. Pfdf. Grafenhausen, 63 l. C., L.-G. u. B.-A. Bonndorf; A.-G. u. K.-A. Waldshut. Gemarkung und Gemeindevermögen getrennt.

**Amoltern,** Pfdf., 2 ev., 375 l., zus. 377 C., L.-G. u. B.-A. Kenzingen; A.-G. u. K.-A. Freiburg; L.-A. Endingen, liegt in einem engen Thale am nördlichen Abhange des Kaiserstuhles, wo sich das Gebirge bei der Katharinenkapelle bis zu 1654 p. F. üb. b. M. erhebt, ist mit Ausnahme der Westseite von Bergen eingeschlossen. Wein-, Hanf- u. Obstbau.

**Amrigschwand,** D., 4 ev., 750 l., zus. 754 C., Fil. v. Höchenschwand, L.-G. u. B.-A. St. Blasien; A.-G. u. K.-A. Waldshut, liegt in einem gegen Süden sich öffnenden Thälchen im höchsten Gebirgstheile des Schwarzwaldes. Kartoffel-, Hafer- und Roggenbau; bedeutende Viehzucht.

**Amserhof,** Hf. und Brz. b. Pfdf. Mundingen, 13 C., L.-G. und O.-A. Emmendingen; A.-G. u. K.-A. Freiburg, liegt auf einem Bergrücken des bei Thennenbach in das Thal der Brettenbach einmündenden Thälchens.

**Amtenhausen,** Cul. Wr. Zimmern, 22 L. C., L.-G. u. B.-A. Engen; A.-G. u. K.-A. Constanz. Schon im 11. Jahrhdrt. als Filialkloster von St. Georgen erwähnt, wurde es von Rudolf von Habsburg später erneuert, und ist mit Grabmälern der Herren v. Reischach und v. Spähn versehen. Es liegt in einem einsamen Seitenthale der Donau.

**Aubelsbach,** R.-D. d. Pfdf. Tenkingen, 105 L C., L.-G. u. B.-A. Pfullendorf; A.-G. u. K.-A. Constanz, liegt zwischen Wiesen bei der Aubelsbach. Feldbau und Viehzucht.

**Aubelshofen,** Pfdf., 196 l., 9 Diss. u. Men., zus. 205 C., L.-G. u. B.-A. Uebertlingen; A.-G. u. K.-A. Constanz, L.-A. Linzgau. Feldbau.

**Audersbach,** Brz. b. D. Fischerbach, 30 l. C., Fil. b. Pfarrgmde. Fischerbach, L.-G. Haslach, B.-A. Wolfach; A.-G. u. K.-A. Offenburg. Stdhr.: Fürst v. Fürstenberg.

**Angelhof,** Hi. u. Brz. b. D. Hockenheim, 6 ev. C., L.-G. u. B.-A. Schwetzingen; A.-G. u. K.-A. Mannheim, liegt 317 p. F. üb. b. M., zwischen Wiesen, ganz nahe am Rhein der hier sehr tief ist.

**Angelloch-Gau,** s. Gau u. Balb-Angelloch.

**Angelsbach,** Brz. b. Eibl. Böhrenbach, 18 C., L.-G. u. B.-A. Villingen; A.-G. und K.-A. Villingen, liegt in einer rauhen Gegend. Feld-, Wiesenbau, Viehzucht u. Strohflechten. Stdhr.: Fürst v. Fürstenberg.

**Angelthürn,** D., 73 ev., 155 L. 58 Isr., zus. 236 C., Fil. v. Boxberg, L.-G. und B.-A. Boxberg; A.-G. und K.-A. Mosbach, liegt in einer ziemlich fruchtbaren Gegend, 1045 p. F. üb. b. M., fast überall von niederen Bergen umschlossen. Schloß mit schönem Garten. Grdhr.: Frhr. v. Fid. Handel mit Korn u. Wein.

**Aukenbauerhof,** Hf. u. Brz. b. D. Wiertäler, Fil. v. Neustadt; 20 L. C., L.-G. u. B.-A. Neustadt, A.-G. u. K.-A. Freiburg.

**Aufäße,** Brz. b. Eibl. Oppenau, 9 L. C., L.-G. u. B.-A. Oberkirch; A.-G.

u. A.-A. Offenburg, liegt am Anfange der Bergstraße auf den Kniebis.

**Unfelfingen,** D., 6 ev., 438 E., jul. 444 E., Fil. v. Engen, A.-G. u. B.-A. Engen; A.-G. u. K.-A. Constanz; liegt südwestlich am Fuße des Berges, worauf Hohenhöwen steht. Eidbhr.; Fürst zu Fürstenberg. Fundort versteinerter Schildkröten im tertiären Kalke.

**Antogast,** Bd. u. Brz. b. D. Maisach, 11 E., Fil. v. Oppenau, A.-G. u. B.-A. Oberkirch; A.-G. u. K.-A. Offenburg; liegt nahe am Kniebis in einem engen Bergkessel. Die Quellen unterscheiden sich in die Trink- und die Badquelle. Erstere enthält in 10000 Theilen Wasser: 656401 doppeltkohlens. Kalk, 5,35118 doppeltkohlens. Magnesia, 0,46414 doppeltkohlens. Eisenoxydul, 6,48533 doppelt kohlens. Natron, 0,45926 Chlornatrium, 7,29527 schwefels. Natron, 0,74070 schwefels. Kali, 0,00930 phosphors. Natron, 0,08340 Thonerde, 0,56833 Kieselsäure, 18,13820 freie Kohlensäure, Spuren von kohlens. Manganoxydul, Quellsäure u. Quellsalzsäure und geringe Spuren von Arsenik. Sodann enthält die Quelle an Gasen in 10,000 Gramm: 3279,3 Kubcent. halb gebundene Kohlensäure, 6538,6 Kubcent. halb- und ganz gebundene Kohlensäure und 9169,4 Kubcent. freie Kohlensäure; ihr spec. Gewicht bei 10° E. = 1,0034 und ihre Temperatur 8° 1 E. Letztere enthält in 10,000 Theilen Wasser: 8,1272 doppeltkohlens. Kalk, 5,7080 doppeltkohlens. Magnesia, 0,3840 doppeltkohlens. Eisenoxydul, 7,9632 doppeltkohlens. Natron, 0,4533 Chlornatrium, 7,8050 schwefels. Natron, 0,7346 schwefels. Kali, 0,0136 phosphors. Natron, 0,0280 Thonerde, 0,4275 Kieselsäure, 19,5918 freie Kohlensäure. Spuren von doppeltkohlens. Manganoxydul und organischen Substanzen und sehr geringe Spuren von Arsenik. Sodann enthält die Quelle Gase in 10,000 Gramm 3639,1 Kubcent. halbgebundene Kohlensäure, 7278,2 Kubcent. ganz- und halbgebundene Kohlensäure und 9904,8 Kubcent. freie Kohlensäure. Das spec. Gew. des Wassers ist 1,0035 und seine Temperatur 8°,4 E. Seine ganze Umgegend

hat einen wilden und bustern Charakter und zeigt nichts als gewaltige Felsmassen, finstere Wälder und reizende Waldbäche. Es ist der älteste, mitten im Tannengrün gelegene Gesundbrunnen dieser Gegend.

**Antosglast,** Brz. b. Stdt. Oberbach, 3 E., A.-G. u. B.-A. Oberbach; A.-G. u. K.-A. Mosbach.

**Antonsmühle,** Hs. a. Brz. b. D. Bessenthal, 9 E., Fil. v. Neukirchen. A.-G. u. B.-A. Wertheim; A.-G. u. K.-A. Mosbach; liegt 628 p. F. üb. b. M., in einem engen Thale an einem unterhalb Bestkal in den Main fließenden Bache.

**Appenmühle,** Hs. u. Brz. b. Pfdf. Daxlanden, 11 E., A.-G. und B.-A. Carlsruhe; A.-G. u. K.-A. Carlsruhe; liegt zwischen Grünwinkel und Daxlanden an der Alb.

**Appenweier,** Pfdf., 3 ev., 1414 E., jul. 1417 E., A.-G. u. O.-A. Offenburg; A.-G., A.-A. u. L.-A. Offenburg; Pf. u. E.-A. Rehl. Sitz der Post- und Eisenbahnexpedition; Tel.- und Hall-Stat. Abzweigung der Bahn nach Rehl, Straßburg u. Paris; liegt in einer schönen und fruchtbaren Gegend, an der Straße von Rastatt nach Offenburg. Bedeutender Ackerbau und ansehnlicher Fabrikbetrieb in Schaumwein; dadurch sehr wohlhabender Ort. — Mit Offenburg althjährlicher Besitzthum, das im 16. Jahrhundert ein ansehnliches Ortsgericht mit 1 Schultheißen und 9 Richtern hatte. Außerdem hat der Ort bedeutende Bieh- und Schweinezucht. Rte.: 23. März, 12. Novbr.

**Arch,** Brz. b. Stdt. Waldkirch, 33 E., A.-G. u. B.-A. Waldkirch; A.-G. und K.-A. Freiburg; liegt am Fuße des Kastellberges.

**Arlen,** D., 30 ev., 666 E., jul. 696 E., Fil. v. Rielasingen, A.-G. und B.-A. Radolfszell; A.-G. u. K.-A. Constanz; liegt am rechten Ufer der Aach, in einer freundlichen ebenen Gegend. Baumwollspinnerei und Baumwollweberei. Die Baumwollspinnerei und Weberei A., welche 1635 gegründet u. 1850 erweitert wurde, zählt 20,000 Spindeln, 396 Webstühle, die durch 2 Turbinen von 135 Pferdekräften in Bewegung gesetzt werden und beschäftigt 500 Arbeiter; dieselbe liefert Baumwollegarn zum Druck und zur Bleiche.

**Armenhaus**, Prz. b. D. Allmansdorf, 1 C., L.-G. u. B.-A. Constanz; A.-G. u. A.-A. Constanz.

**Armenhöfen**, Prz. b. Pfdf. Ulm, 9 C., L.-G. u. B.-A. Oberkirch; A.-G. u. A.-A. Offenburg.

**Arnoldsloch**, N.-D. b. D. Wittenschwand, 16 C., Fil. v. Unteribach, L.-G. u. B.-A. St. Blasien; A.-G. u. A.-A. Waldshut; liegt in einem engen, östlich in das Albthal ausmündenden Thälchen. Getrennte Gemarkung und gemeinschaftliches Gemeindevermögen.

**Asbach**, Pfdf. 539 ev., 360 k., juf. 898 C., L.-G. u. B.-A. Mosbach; A.-G. und A.-A. Mosbach; Dec. Neckargemünd, L. Fil. v. Rainkirchen; liegt 731 p. F. üb. b. M., zwischen sanft abfrigenden Hügeln.

**Aschemplatz**, Prz. b. Col. Hundsbach, 65 C., Fil. v. Herrenwies, L.-G. u. B.-A. Bühl; A.-G. u. A.-A. Baden.

**Aselfingen**, D., 186 k. C., Fil. v. Achdorf, A.-G. u. B.-A. Bonndorf, A.-G. u. A.-A. Waldshut; liegt am linken Ufer der Wutach. Feldb., Obst- u. Wiesenbau, Viehzucht.

**Aspen**, Prz. b. Pfdf. Oehningen, 21 C., L.-G. u. B.-A. Radolfzell; A.-G. u. A.-A. Constanz; liegt ziemlich hoch, mit schöner Aussicht nach den Schweizerbergen.

**Aspenhof**, Hf. u. Prz. b. D. Anselfingen, 3 C., Fil. v. Achdorf, A.-G. u. B.-A. Engen; A.-G. u. A.-A. Constanz.

**Aspich**, Z. b. Pfdf. Lauf, 140 C., L.-G. u. B.-A. Bühl, u. A.-A. Baden; liegt in einem kleinen schönen Thale. Obst- u. Weinbau.

**Aspichhof**, Hf. und Prz. b. Pfdf. Ottersweier, 3 C., L.-G. und B.-A. Bühl; A.-G. u. A.-A. Baden.

**Assamstadt**, sonst auch Affumstadt geschrieben, Pfdf. 1 ev., 1245 k., juf. 1246 C., L.-G. u. B.-A. Boxberg; A.-G. u. A.-A. Mosbach; L.-A. Krautheim; liegt in einem kleinen Thale, 1117 p. F. üb. b. M., nahe an der württ. Grenze. Ansehnlicher Obstbau und etwas Weinbau. Die Kirche wurde im 15. Jahrhundert durch den Mainz'schen Lehenadel von Teufel gegründet.

**Assalzerhof**, Hf. u. Prz. b. Pfdf. Allfeld, 17 C., L.-G. u. B.-A. Mosbach; A.-G. u. A.-A. Mosbach.

**Asdorf**, N.-D. b. D. Hornberg, 83 C., L.-G. u. B.-A. Säckingen; A.-G. u. A.-A. Waldshut. Gemarkung und Gemeindevermögen getrennt. Der Ort wird auch Albdorf geschrieben.

**Attenthal**, N.-D. b. D. Wittenthal, 130 C., Fil. v. Kirchzarten, A.-G. u. B.-A. Freiburg; A.-G. u. A.-A. Freiburg; liegt in einem ziemlich engen Thale. Gemarkung und Gemeindevermögen getrennt. Viehzucht.

**Attlisberg**, N.-D. b. D. Amrigschwand, 148 C., Fil. v. Höchenschwand, L.-G. u. B.-A. St. Blasien; A.-G. u. A.-A. Waldshut; liegt ziemlich hoch. Gemarkung u. Gemeindevermögen getrennt. Starke Viehzucht.

**Atzelbach**, Prz. b. Pfdf. Ottenhöfen, 15 C., L.-G. u. B.-A. Achern; A.-G. u. A.-A. Baden; liegt am nördlichen Fuße des Sohlberges am gleichnamigen Bache.

**Atzelhof**, Hf. u. Prz. b. Pfdf. Käferthal, 47 ev. C., L.-G. u. B.-A. Ladenburg, A.-G. u. A.-A. Mannheim; liegt in einer fruchtbaren Gegend unweit des Rheins.

**Atzenbach**, D., 76 ev., 703 k., juf. 781 C., Fil. v. Zell, L.-G. u. B.-A. Schönau; A.-G. und A.-A. Lörrach; liegt im Wiesenthal wo der Angenbach, von Hag kommend, mit der Wiese sich vereinigt und gegen Zell hin das enge Thal sich erweitert. Sitz der Baumwollspinnerei Atzenbach, welche 1849/50 in Betrieb gesetzt und seit dieser Zeit mit 25,000 Spindeln arbeitet, zu denen noch weitere 10,000 kommen sollen. Sie erzeugt hauptsächlich Mittelsorten für Zettel und Schuß, gehaspelt und auf Spulen von Nr. 6—24 (Orange-Schild) und Abgang-Garn in den Nummern 6—12 (Blau-Schild). Wassergefäll für 2 Jonval'sche Turbinen von zusammen 250 Pferdekräften u. 2 Hilfsdampfmaschinen von je 75 Pferdekräften. Zahl der Arbeiter 450.

**Au**, D., 372 E., E., Fil. v. Merzhausen, A.-G. u. B.-A. Freiburg; A.-G. und K.-A. Freiburg; liegt in einem freundlichen Thale am östlichen Fuße des Schönbergs. Wein= Feld= u. Wiesenbau. Erbhr. v. Türkheim.

**Au**, Prz. b. Pfbf. Lauf, 125 E. E., A.-G. u. B.-A. Bühl; K.-G. u. K.-A. Baden, liegt im Laufer Thale, hinter der Burg Neuwindeck.

**Au**, D., 284 E. E., Fil. v. Weißenbach, A.-G. u. B.-A. Gernsbach; A.-G. u. K.-A. Baden; liegt am Untern Ufer der Murg; wenig Feldbau u. Viehzucht; Taglöhner.

**Au**, Prz. b. Etbl. Haslach, 131 E. E., A.-G. Haslach u. B.-A. Wolfach; A.-G. u. K.-A. Offenburg.

**Au am Rhein**, Pfbf., 46 ev., 1129 E., zuf. 1175 E., A.-G. u. D.-A. Rastatt, A.-G. u. K.-A. Baden; L.-R. Ettlingen; liegt 375 p. F. üb. d. M., unweit des Rheins. Feldbau u. starke Viehzucht.

**Au-Kenzingen**, Prz. b. Etbl. Kenzingen, 7 E. E., A.-G. u. B.-A. Kenzingen, A.-G. u. K.-A. Freiburg; liegt in einem einsamen Thale, rings von Waldungen umgeben.

**Aubach**, Hf. u. Prz. b. Pfbf. Bollschweil, 23 E. E., A.-G. u. B.-A. Staufen; A.-G. u. K.-A. Freiburg; liegt auf dem nördlichen Abhange eines hohen Berges. Erbhr.: Frhr. v. Berckett.

**Aubach**, Prz. b. Pfbf. Lauf, 135 E. E., A.-G. u. B.-A. Bühl; K.-G. u. K.-A. Baden; liegt an dem westlichen Abhange des Gropperdopfs; mit einem schönen Landhause.

**Aue**, D., 735 ev., 11 E., zuf. 746 E., Fil. v. Durlach, A.-G. u. D.-A. Durlach, A.-G. u. K.-A. Carlsruhe; liegt 394 p. F. üb. d. M., zwischen Wiesen u. Aeckern.

**Auenheim**, Pfbf., 690 ev., 20 E., zuf. 910 E., A.-G. u. B.-A. Kork; A.-G. und K.-A. Offenburg; Dec. Kork, liegt in flacher Gegend am Ausflusse der Kinzig in den Rhein und gehört zum Hanauerlande; hat bedeutende Rheinfischerei.

**Auenheimermühle**, Hs. u. Prz. b. Pfbf. Kork, 9 E., A.-G. und B.-A. Kork; A.-G. u. K.-A. Offenburg.

**Auerbach**, D., 315 ev., 20 Diff., zuf. 535 E., Fil. v. Langensteinbach, A.-G. u. D.-A. Durlach; A.-G. u. K.-A. Carlsruhe, liegt 777 p. F. üb. b. M., in einer schönen Gegend, an dem gleichnamigen Bache und ist sehr alt.

**Auerbach**, D., 119 E. E., Fil. v. Musbau, A.-G. u. B.-A. Buchen; A.-G. und K.-A. Mosbach; liegt 1741 p. F. üb. d. M., auf einem waldigen Berge. Sehr arm, weil in trauriger, öder, abgeholzter, wenig lohnender, aber auch wenig energisch bebauter Gegend gelegen. In den umliegenden Wäldern Spuren römischer Niederlassung.

**Auerbach**, D., 501 ev., 203 E., 14 Diff., zuf. 718 E., ev. Fil. v. Dallau, kath. Fil. v. Rittersbach, A.-G. u. B.-A. Mosbach; A.-G. u. K.-A. Mosbach, liegt 815 p. F. üb. d. M., in einem Seitenthälchen des Elzthals und ist rings von Bergen eingeschlossen; starke Viehzucht, Feld- und Wiesenbau.

**Aufen**, D., 246 E. E., Fil. v. Donaueschingen, A.-G. u. B.-A. Donaueschingen; A.-G. u. K.-A. Villingen; liegt am rechten Ufer der Brigach. A. wurde schon im 9. Jahrhundert an das Kloster Reichenau geschenkt und kam als Reichenauer Lehen 1488 mit Donaueschingen an das Haus Fürstenberg. Im 30jährigen Krieg wurde A. zerstört. Schshr.: Fürst zu Fürstenberg.

**Auffirch**, Prz. b. Etbl. Ueberlingen, 46 E. E., A.-G. u. B.-A. Ueberlingen; A.-G. u. K.-A. Constanz; ist wohl eine der ältesten Kirchen am Bodensee.

**Auggen**, Pfbf., 1337 ev., 112 E., zuf. 1469 E., A.-G. u. B.-A. Müllheim; A.-G. und K.-A. Lörrach, Dec. Müllheim; F.-A. Freiburg; Sitz b. Postnebeneres; liegt am westlichen Fuße des Schwarzwaldes, in einer reichen und fruchtbaren Gegend und erzeugt vorzüglichsten Marktgräfler, auch hat es starken Getreidebau. Im J. 800 im Besitz von St. Gallen, war es später Sitz eines gleichnamigen

Lebensabris, von welchem Braunwart, der bekannte Minnesänger stammt. Vor dem Bären, 781 p. J. üb. d. M., Mth.: 21. Scptbr.

**Augustinerhof**, Hf. u. Prz. d. Pfdf. Urach, 29 C., A.-G. u. B.-A. Neustadt; A.-G. u. A.-A. Freiburg.

**Bahof**, Hf. u. Prz b. Pfdf. Wyhlen, 8 C., A.-G. u. B.-A. Lörrach; A.-G. u. A.-A. Lörrach; liegt dicht am Rhein.

**Bahof**, Hf. u. Prz. d. D. Endenburg, 8 C., Fil. v. Breitenau, A.-G. und B.-A. Schopfheim; A.-G. u. A.-A. Lörrach, liegt in hoher waldiger Gegend; Feldbau, Viehzucht und Holzwaaren.

**Aulfingen**, Pfdf. 5 ev., 464 l., juf. 169 C., A.-G. u. B.-A. Engen; A.-G. u. A.-A. Constanz; L.-R. Geisingen, liegt im Aitrachthale, zwischen waldigen Bergen. Feldbau u. Viehzucht. Sitz des Fürstenberg. Försters. Stbhr.: Fürst v. Fürstenberg.

**Aumühle**, Hs. u. Prz. d. Pfdf. Eichstetten, 7 C., A.-G. u. O.-A. Emmendingen; A.-G. u. A.-A. Freiburg, liegt am Fuße des Kaiserstuhls, am Landwasserbache.

**Auherurberg**, s. Ueberg-Auber.

**Antenweiler**, Prz. d. D. Wittenhofen, 20 C., Fil. v. Bermatingen, A.-G. u. B.-A. Ueberlingen; A.-G. u. A.-A. Constanz; Feld- u. Wiesenbau. Stbhr.: Fürst v. Fürstenberg.

**Ay**, R.-O. b. D. Bannholz, 191 L. C., Fil. v. Waldkirch, A.-G. und B.-A. Waldshut; A.-G. u. A.-A. Waldshut; liegt im hintersten Thale der Haselbach. Gemarkung und Gemeindevermögen getrennt.

**Ayenweiler**, R.-O. b. Pfdf. Oberbomberg, 91 L. C., Fil. v. Simpach, A.-G. u. B.-A. Ueberlingen; A.-G. u. A.-A. Constanz; liegt ziemlich hoch. Getrennte Gemarkung und gemeinschaftliches Gemeindevermögen; Ackerbau, Viehzucht u. Obstbau. Stbhr.: Fürst v. Fürstenberg.

## B.

**Babstadt**, D., 300 ev., 20 l., 30 Tiff. und Men., 20 Jfr., juf. 370 C., Fil. v. Treschlingen, A.-G. Neckarbischofsheim u. B.-A. Sinsheim; A.-G. u. A.-A. Heidelberg; liegt 821 p. J. üb. d. M., zwischen niederen Bergen. Feld- und Weinbau. Altes Besitzthum der Abtei Mosbach, mit welcher es im 10. Jahrhundert an das Bisthum Worms kam. Schloß. Grdhr.: Frhr. v. Gemmingen-Hornberg.

**Bach**, am, Prz. b. D. ev. Thenenbronn, 51 C., A.-G. u. B.-A. Triberg; A.-G. u. A.-A. Villingen, liegt am rechten Ufer der Schiltach.

**Bach**, am, Prz. b. Pfdf. Gutach, 22 C., A.-G. u. B.-A. Triberg; A.-G. u. A.-A. Villingen; liegt im Gutachthal.

**Bach**, am, Prz. b. Pfdf. Schonach, 37 C., A.-G. u. B.-A. Triberg; A.-G. u. A.-A. Villingen; liegt zwischen rauhen Bergen.

**Bach**, Prz. b. Pfdf. Neusatz, 123 C., A.-G. u. B.-A. Bühl; A.-G. u. A.-A. Baden.

**Bachheim**, Pfdf., 340 l. C., A.-G. u. B.-A. Donaueschingen; A.-G. u. A.-A. Villingen; L.-R. Villingen, liegt im Wutachthale. Das alte bereits 838 erwähnte, in der Baar gelegene Dorf zeichnet sich durch Obstbau aus und kam im 13. Jahrhundert von den Hrn. v. Almandshofen an die Hrn. v. Blumenberg, von diesen an die von Schellenberg, von diesen an die von Neuenstein und endlich an Fürstenberg. Stbhr.: Fürst zu Fürstenberg.

**Bachkessel**, Col.-Bm. Oberuhldingen, 23 C., A.-G. u. B.-A. Ueberlingen; A.-G. u. A.-A. Constanz.

**Bachmühle**, Hs. und Prz. d. Stdt. Königshofen, 14 C., A.-G. Gerlachsheim; L.-R. Lauberbischofsheim; A.-G. u. A.-A. Mosbach.

**Bachthalmühle**, Hs. u. Prz. d. Pfdf. Ewatingen, 11 C., A.-G. u. B.-A. Bonndorf; A.-G. u. A.-A. Waldshut.

**Bachzimmern**, Col. mit Stbhr., Fil. v. Emmenbingen, 180 C., A.-G. u. B.-A.

Donaueschingen; K.-G. u. A.-A. Dillingen. Die fürstlich Fürstenberg'sche Hüttenverwaltung Amalienhütte kann 40,000 Ctr. Roheisen erzeugen. Die Bohnerze werden in den Revieren Immingen ab Egg und Gutmadingen, theils durch Thalbau, theils durch Rollenbau gewonnen und mit Holzkohlen geschmolzen. Früher großer Thiergarten und Jagdhaus. Erbehr.: Fürst zu Fürstenberg.

**Backelesbhof.** Hf. u. Prz. b. D. Lehengericht, 37 C., A.-G. u. B.-A. Dollach; R.-G. u. K.-A. Offenburg.

**Baden,** Stdt., 7819 C., Kurort. L.-K. u. F.-J. Gernsbach, Dec. Carlsruhe. Sitz des L.-G., B.-A., A.-G, K.-A., P. u. C.-A., A.-B., A.-Th. u. B.-B.-J. B.-F.; G.-F. u. 2 D.-R., Tel.-Stat. Baden; liegt 610 p. F. üb. b. M. am nördlichen Abhange des Schwarzwaldes, zwischen waldigen Bergen am rechten Ufer der Oos und hat eine höhere Bürger-, Töchter- u. Gewerbeschule, und mehr als 20 Quellen, deren Wasser zu den heißen Kaltthermen gehört, 2 Stahlquellen u. eine Molkenkrankalt. Die hervorragendsten Thermen sind: 1) der Ursprung mit 54° R., darin 1 bab. Pfunde 1,273 Grane doppeltkohlens. Kalk, 0,042 Gr. doppeltkohlens. Magnesia, 0,037 Gr. doppeltkohlens. Eisenoxydul, Spuren kohlens. Manganoxyduls, 0,051 Gr. kohlens. Ammonial, 1,556 Gr. schwefels. Kali, 0,017 Gr. schwefels. Kali, 0,021 phosphors. Kali. Spuren von arsensauerm Eisenoxyd, 0,097 Gr. Chlormagnesium, 16,530 Gr. Chlornatrium, 1,258 Chlorkalium, Spuren von Bromnatrium, 0,914 Gr. Kieselsäure, 0,008 Gr. Thonerde, Spuren von Salpeters. u. propions. Salzen und 0,299 Gr. freie Kohlensäure; oder an Gasen 0,4295 Gr. ganz gebundene, 0,4295 halbgebundene Kohlens. u. 0,2989 Gr. freie Kohlensäure bei 0°- und 0,"· 76 Druck enthalten sind. 2) Die Brüh- und Zellenquelle, zusammen den Brühbrunnen bildend, mit einer Temperatur von 56° R., welche in 1 bab. Pfunde 1,488 Gr. doppeltkohlens. Kali, 0,031 Gr. doppeltkohlens. Magnesia, 0,047 doppeltkohlens. Ei-

senoxydul, Spuren von doppeltkohlens. Manganoxydul u. Ammoniumoxyd, 1,033 Gr. schwefels. Kalk, 0,015 Gr. schwefels. Kali, 0,017 phosphors. Kali, Spuren von arsens. Eisenoxyd, 0,104 Gr. Chlormagnesium, 17,100 Gr. Chlornatrium, 1,328 Chlorkalium, Spuren von Bromnatrium, 0,987 Gr. Kieselsäure, 0,007 Gr. Thonerde, Spuren von Salpeters. u. propions. Salzen und 0,373 Gr. freie Kohlensäure, oder an Gasen 0,4780 Gr. ganz gebundene Kohlens., 0,4780 halb gebundene Kohlens. und 0,3732 Gr. freie Kohlensäure und Spuren von Stickstoff bei 0°- und 0,"· 76 Druck enthält. 3) Die Judenquelle, bis in 1 bab. Pfunde 1,284 Gr. doppeltkohlens. Kalk, 0,049 Gr. doppeltkohlens. Magnesia, 0,033 Gr. doppeltkohlens. Eisenoxydul, Spuren von doppeltkohlens. Manganoxydul und Ammoniumoxyd, 1,605 Gr. schwefels. Kalk, 0,050 Gr. schwefels. Kali, 0,018 Gr. phosphors. Kali. Spuren von arsens. Eisenoxyd, 0,100 Gr. Chlormagnesium, 16,780 Gr. Chlornatrium, 1,263 Chlorkalium, Spuren von Bromnatrium, 0,063 Gr. Kieselsäure, 0,008 Thonerde, Spuren von Salpeters. u. propions. Salzen und 0,287 Gr. frei Kohlensäure, oder an Gasen; 0,418 Gr. ganz gebundene Kohlensäure, 0,418 Gr. halb gebundene Kohlens., 0,287 Gr. freie Kohlens. und Spuren von freiem Stickstoff. 4) Die Murrquelle bei einer Temperatur von 50° R. 0,9748 Gr. doppelt kohlens. Kalk, 0,0673 Gr. doppeltkohlens. Magnesia, 0,0069 Gr. doppeltkohlens. Eisenoxydul, Spuren von doppeltkohlens. Manganoxydul, 1,8524 Gr. schwefels. Kalk, 0,0052 Gr. schwefels. Strontian, 0,5124 Gr. Chlorcalcium, 15,5537 Chlornatrium, 0,8022 Chlormagnesium, 1,7985 Gr. Chlorkalium, 2,3649 Gr. Chlorlithium, 0,3200 Gr. Kieselerde, Spuren von arsens. Eisenoxydul, von organischen unbestimmbaren Substanzen, Salpeters. Ammonial und Thonerde, endlich 5) die Fettquelle, die in 10,000 Theilen Wasser 1,3390 Gr. wasserfreien kohlens. Kalk, 0,3344 schwefels. Kali, 16,9767 Gr. Chlornatrium, 0,8137 Gr. Chlorkalium, 0,2315 Gr. Chlorlithium, 1,4406 Chlormagnesium, 1,4760

Gr. doppeltkohlens. Kalk, 0,0112 Gr. doppeltkohlens. Magnesium 0,0112 Gr. doppeltkohlens. Eisenoxydul, Spuren von doppeltkohlens. Manganoxydul, Chlorkupfer, schwefels. Baryt, unbestimmbaren organischen Substanzen und Ammoniaksalzen, 0,003B Gr. ackens. Eisenoxydul und 0,4477 Gr. Kieselerde enthält. Sodann enthält die eine der beiden Stahlquellen in 1 Pfund von 16 Unzen 4 Grane saure kohlens. Kalkerde, 2½ Gr. saures kohlens. Eisenoxydul, 1 Gr. schwefels. Kalk, 1½ Gr. Chlorcalcium, ⅕ Gr. Chlormagnesium und ⅕ Gr. Extractivstoff; die andere Stahlquelle 0,1378 Gr. freie Kohlensäure, 2,7900 Gr. quells. Eisenoxydul, 0,0310 Gr. quells. Ammonial und kohlens. Kali, 0,0470 Gr. kohlens. Magnesia, 0,0130 Gr. kohlens. Kalk, 0,1051 Gr. Kieselsäure und Spuren von Manganoxyd, Thonerde und Schwefelwasserstoff. — Außerdem hat die Stadt gewöhnliche und russische Dampfbäder, Douche, Fluß, Schwimm- und Wellenbäder. Als Kurort ist Handel und Gewerbebetrieb mehr lokaler Natur, indessen hat B. außer den zahlreichen Gasthöfen mehrere Bierbrauereien, 2 Kunstmühlen und bedeutende Holzschnitzwaareninbustrie. — Aus einer altkeltischen Niederlassung stammend, ward sie zur Römerzeit, namentlich unter Caracolla als civitas aurelia aquensis eine berühmte Bäderstadt. Nach dem Siege der Franken bei Zülpich chriſtianisirt, kam sie 675 an das Kloster Weißenburg, von da in den Besitz der Grafen von Eberstein und endlich durch Heirath an die Zähringer, deren markgräfliche Linie hier den Wohnsitz und zugleich vom Kurorte den Namen annahm. 24. Aug. 1689 von den Franzosen niedergebrannt, erholte sie sich erst nach und nach wieder, bis die französische Revolution einen neuen Impuls zu ihrem Emporblühen gab. Sehenswerth sind das Schloß, die Stiftskirche und der alte Friedhof, sodann das Conversationshaus und die neue Trinkhalle. Mkte.: 10. März, 17. Novbr. Vieh- und Schweinemkt.: 12. März und 19. Novbr.

**Badenſchweren**, Wlr. u. Fil. b. Edt. Baden, 405 E., A.-G. u. B.-A. Baden; A.-G. u. A.-A. Baden. Gemarkung und Vermögen gemeinschaftlich; liegt zwischen schönen Wiesen am Fuße des Hardtberges. In der Nähe die Drei-Eichen-Kapelle.

**Badenweiler**, Mktfl. u. Kurort, 340 Ew., 40 L., pst. 380 C., A.-G. u. B.-A. Müllheim; A.-G. u. A.-A. Lörrach; Dec. Müllheim und B.-A. Freiburg. Sitz b. B.-E., Halt- u. Tel.-Etal.; liegt am westlichen Abhange des Schwarzwaldes, am Fuße des Blauen, 1307 p. F. üb. b. M. Berühmter in einer schönen, romantischen Gegend gelegener Badeort im Breisgau, dessen Quelle zu den lauen Kalkthermen gehört und deren Temperatur 21—22° R. beträgt. Sie enthält in 1 Pfund zu 16 Unzen an firen Bestandtheilen 0,7 Grane basisch kohlens. Kalkerde, 0,38 Gr. schwefels. Kalkerde, 0,33 Gr. Chlormagnesium, 0,06 Gr. Chlorcalcium und 0,018 Gr. Extractivstoff. — Altrömische Niederlassung, kam es aus jahrtausendjährigem Besitze 1147 nach und nach in den Besitz verschiedener Dynastengeschlechter, bis es 1746 vom M. Karl Friedrich von Oesterreich vollständig abgelöst wurde. Das alte Schloß 1678 von den Franzosen zerstört, dient jetzt den Badgästen zu schattigem Sommerspaziergange. Felb- u. Weinbau, Gewerbebetrieb. Mkte.: 7. Juli u. 3. Sept.

**Badhaus**, Hs. u. Pfz. b. Stdt. Sulzburg, 11 E., A.-G. u. B.-A. Müllheim; A.-G. u. A.-A. Lörrach.

**Badhaus**, Hs. u. Pfz. b. D. Eugenthal, 16 E., A.-G. u. B.-A. Waldkirch; A.-G. u. A.-A. Freiburg.

**Badhaus**, Hs. und Pfz. b. Mktfl. Zaiſenhausen, A.-G. u. B.-A. Bretten; A.-G. u. A.-A. Carlsruhe.

**Badhof**, Hf. u. Pfz. b. D. Boll 8 E., Fil. v. Günbelwangen, A.-G. und B.-A. Bonndorf; A.-G. u. A.-A. Waldshut; liegt am nördlichen Abhange des Oberhalbenberges.

**Badhof**, Hf. u. Pfz. b. D. Riedlingen, 11 E., A.-G. u. B.-A. Lörrach, A.-G. u. A.-A. Lörrach.

**Badmühle**, Hs. u. Pfz. b. Pfſ. Huberishofen, 8 E., A.-G. und B.-A.

Donaueschingen; A.-G. u. A.-A. Villingen; liegt im Bergthal.

**Bach,** vor, Prz. b. Pfd. Mühlenbach, 10 C., A.-G. Haslach; B.-A. Wolfach; A.-G. u. A.-A. Offenburg.

**Bach,** Prz. b. Pfd. Schapbach, 14 C., A.-G. u. B.-A. Wolfach; A.-G. u. A.-A. Offenburg; liegt nahe bei Schapbach. Stbhr.: Fürst v. Fürstenberg.

**Bachen,** Slr. b. Pfd. Beuren, 23 C., A.-G. u. B.-A. Ueberlingen; A.-G. und A.-A. Constanz; liegt am Fuße des Heiligenbergs und hat eine Mühle.

**Bächlehof,** Hf. u. Prz. b. D. Herzthal, 9 C., Fil. v. Nußbach, A.-G. und B.-A. Oberkirch; A.-G. u. A.-A. Offenburg; liegt im sog. Herzthal.

**Bäracker,** Prz. b. Pfd. Niederwasser, 7 C., A.-G. u. B.-A. Triberg; A.-G. u. A.-A. Villingen.

**Bärenbach,** Prz. b. D. Ramsbach, 11 C., Fil. v. Oppenau, A.-G. u. B.-A. Oberkirch; A.-G. u. A.-A. Offenburg; liegt in einem engen und rauhen Thale.

**Bärenbach,** Z. b. Pfd. Mühlenbach, 208 C., A.-G. Haslach, B.-A. Wolfach; A.-G. u. A.-A. Offenburg, liegt im hintersten Theile eines engen Thales.

**Bärenhof,** Hf. u. Prz. b. D. Scholach, 7 C., A.-G. und B.-A. Neustadt; A.-G. u. A.-A. Freiburg.

**Bärenthal,** D., 150 l. C., Fil. v. Aliglashütte, A.-G. und B.-A. Neustadt; A.-G. u. A.-A. Freiburg; liegt im hintersten Theile der Wutach zwischen hohen waldigen Bergen in einsamer wilder Gegend. Aufgang von Osten auf den Feldberg 4650', den höchsten Punkt des Schwarzwaldes, auf gut angelegtem Waldwege.

**Bärenweiler,** Prz. b. R.-O. Gailhöfe, 5 C., A.-G. u. B.-A. Ueberlingen; A.-G. u. A.-A. Constanz.

**Bärhag,** Prz. b. Pfd. Norbrach, 30 C., A.-G. u. B.-A. Gengenbach; A.-G. und A.-A. Offenburg; liegt im hintersten Norbracher Thale.

**Bärbalden,** Prz. b. Pfd. Scho-

nach, 9 C., A.-G. u. B.-A. Triberg; A.-G. u. A.-A. Villingen.

**Bärsbach,** R.-O. b. Bzk. Lampenbein, 49 C., Fil v. Heiligkreuzsteinach, A.-G. u. O.-A. Heidelberg; A.-G. u. A.-A. Heidelberg; liegt auf einem Berge, 1360 p. F. üb. b. M.

**Bärt, hintere,** Prz. b. D. Rohrhardsberg, 6 C., A.-G. u. B.-A. Triberg; A.-G. u. A.-A. Villingen.

**Bärt, vordere,** Prz. b. D. Rohrhardsberg, 11 C., A.-G. u. B.-A. Triberg, A.-G. u. A.-A. Villingen.

**Bäuerleshof,** Hf. u. Prz. b. D. Schollach, 12 C., A.-G. u. B.-A. Neustadt; A.-G. u. A.-A. Freiburg.

**Bäumlisberg,** Prz. b. Pfd. Norbrach, 51 C., A.-G. u. B.-A. Gengenbach; A.-G. u. A.-A. Offenburg.

**Bahlingen,** Pfd., am Fuße des Kaiserstuhls, 1591 p. F. üb. b. M., 2120 ew., 10 J., zsf. 2130 C., A.-G. u. O.-A. Emmendingen; A.-G. u. A.-A. Freiburg; Der. Emmendingen; liegt am östlichen Abhange des Kaiserstuhls, am westlichen Ufer der Treisam in fruchtbarer Gegend. Großes Dorf mit Weinbau, das urkundlich als Balbinga schon unter der Breisgauer Schenkung Otto's II. an Einsiedeln begriffen, von dessen Schirmvögten den Herren von Usenberg an die badischen Markgrafen kam.

**Babsbrücken,** D., 360 ew., 10 J., zsf. 370 C., Fil. v. Hochsheim, A.-G. u. B.-A. Bretten, A.-G. u. A.-A. Carlsruhe, liegt auf einem waldigen Hügel.

**Balerthal,** R.-O. b. Pfd. Großrinderfeld, 50 C., 1040 p. F. üb. b. M., A.-G. u. B.-A. Tauberbischofsheim; A.-G. und A.-A. Mosbach; liegt an der bayerischen Grenze.

**Balerthal,** Pfd., 480 ew., 360 L, 8 Diss. u. Men., 160 Jsr., zsf. 1008 C., Fil. v. Wiesloch und v. Dielheim, A.-G. und B.-A. Wiesloch; A.-G. u. A.-A. Heidelberg; Der. Ober-Heidelberg; liegt 564 p. F. üb. b. M., in einem artigen von dem Angerbach bewässerten Wiesenthale.

**Baltenhausen**, D., 5 ev., 140 L., juf. 145 C., A.-G. Marrsburg; B.-A. Ueberlingen; R.-G. u. R.-A. Conſtanz. Auf dem Berge hinter D., Kapelle und Wirthshaus mit reizender Aussicht auf den Bodenſee.

**Baldenwegerhof**, Hf. u. Pfr. b. D. **Wittenthal**, 3 C., Fil. v. Kirchzarten, A.-G. u. B.-A. Freiburg; R.-G. u. R.-A. Freiburg; liegt am nordöſtlichen Abhange des Feldberges, in rauher unwirthlicher Gegend.

**Balesheim**, Pfr. b. Pfdf. Horn, 11 C., A.-G. u. B.-A. Radolfzell; R.-G. u. R.-A. Conſtanz; liegt ziemlich hoch.

**Balg**, Pfdf., 548 L., 2 ev., juf. 550 C., R.-G. u. B.-A. Baden; R.-G. u. R.-A. Baden; L.-H. Gernsbach, liegt 701 p. F. üb. b. M. am nordweſtlichen Abhange des Hardtberges. Weinbau und Viehzucht; treffliche Gruben von weißer und ſchwarzer Pfeifenerde, die hauptſächlich in Baden und Rothenfels verarbeitet wird. Altrömiſche Niederlaſſung; Fundort zahlreicher Anticaglien.

**Ballrsberg**, A.-D. b. D. Schlagetеn, 103 C., Fil. v. Urberg, A.-G. u. B.-A. St. Blaſien; R.-G. u. R.-A. Waldshut. Getrennte Gemarkung, gemeinſchaftliches Gemeindevermögen.

**Ballenberg**, Stdt., 530 L., 20 Iſr., juf. 550 C.; liegt 916 p. F. üb. b. M., an einem kleinen Bache, A.-G. und B.-A. Boxberg; R.-G. u. R.-A. Mosbach; L.-R. Krautheim; J.-J. Mosbach; Siy. b. B.-F. Feldbau, Viehzucht und Gewerbebetrieb. Geburtsort des Georg Meyler, im Bauernkriege 1525 als Anführer bekannt.

**Ballrechten**, Pfdf., 1072 p. F. üb. b. M., 10 ev., 450 L., juf. 460 C., A.-G. u. B.-A. Staufen; R.-G. u. R.-A. Freiburg; L.-H. Neuenburg; liegt am weſtlichen Abhange des Eiſenberges. Ziegelei, Amalienrube auf Blei und Eiſen, unbedeutender aber trefflicher Weinbau.

**Balm**, Prj b. Pfdf. Lottſtetten. 173 C., A.-G. u. B.-A. Jeſtetten; R.-G. u. R.-A. Waldshut; liegt am Rhein. Feld-, Weinbau und Viehzucht.

**Balsbach**, D., 360 L. C., Fil. v. Limbach. A.-G. u. B.-A. Eberbach, R.-G. und R.-A. Mosbach. In der Quelle der Trienz hat B. bei unergiebigem Boden ziemlich ergiebige Bienen- und Obſtbaumzucht.

**Baltersweil**, Pfdf., 260 L. C., A.-G. u. B.-A. Jeſtetten; R.-G. u. R.-A. Waldshut; L.-R. Klettgau; liegt in einem kleinen Thälchen.

**Balzenbacherhof**, Hf. und Prj. b. Pfdf. Hemsbach, 37 C., A.-G. u. B.-A. Weinheim, R.-G. und R.-A. Mannheim; liegt 974 p. F. üb. b. M., zwiſchen guten Wieſen.

**Balzenhof**, Hf. u. Prj. von Unterlangenordnach, Prj. b. D. Langenordnach, 21 C., R.-G. u. B.-A. Neuſtadt; R.-G. u. R.-A. Freiburg.

**Balzenhof**, Hf. u. Prj. v. Joſthal, Bj. b. D. Viеrthäler, 14 C., A.-G. u. B.-A. Neuſtadt; R.-G. u. R.-A. Freiburg.

**Balzfeld**, R.-D. b. D. Horrenberg, 582 C., A.-G. u. B.-A. Wiesloch; R.-G. u. R.-A. Heidelberg. Getrennte Gemarkung, gemeinſchaftliches Gemeindevermögen.

**Balzhauſen**, R.-D. b. Pfd. Grafenhauſen, 100 C., A.-G. u. B.-A. Bonndorf, R.-G. u. R.-A. Conſtanz. Gemarkung und Gemeindevermögen getrennt.

**Balzhofen**, D., 4 ev., 340 L., juf. 344 C., Fil. v. Bimbuch, A.-G. u. B.-A. Bühl; R.-G. u. R.-A. Baden; liegt am Lausbach.

**Bambergen**, D., 6 ev., 290 L., juf. 296 C., Fil. v. Blaſſenhofen, R.-G und B.-A. Ueberlingen; R.-G. u. R.-A. Conſtanz.

**Bamlach**, Pfdf., 670 L. C., A.-G. u. B.-A. Müllheim; R.-G. u. R.-A. Lörrach; L.-R. Neuenburg. Grdhr.: Fhr. v. Rottberg.

**Bammenthal**, Pfdf., 740 ev., 130 L., juf. 670 C., A.-G. Neckargemünd; B.-A. Heidelberg; Dec. Neckargemünd; liegt im Elſenzthale und hat ſtarke Pferdezucht. Bedeutende Tapetenfabrik.

**Bankholzen**, Pfdf., 6 ev., 260 L., juf. 266 C., A.-G. u. B.-A. Radolfzell; R.-G.

u. K.-A. Conſtanz; L.-A. Ḩegau. In einem Thälchen der zwiſchen dem Zeller u. Unterſee hingeſtreckten Landzunge, in der Nähe bedeutender Waldungen gelegen, ward es 1192 von zwei Herren von Grünsberg als Freigerelle an das Bisthum Conſtanz vermacht.

**Bauuholz,** D., 1 ev., 432 l., juſ. 433 C., Fil. v. Waldkirch, A.-G. u. B.-A. Waldshut; R.-G. u. K.-A. Waldshut; Pf.-A. Waldshut. Sit b. P.-Abl.; bedeutende Baumwollweberelen

**Baunschachen,** Prz. b. Pfbf. Guriwell, 13 C., A.-G. u. B.-A. Waldshut; K.-G. u. K.-A. Waldshut.

**Bauwartenhaus,** Hſ. und Pr. b. Sbl. Breiſach, 2 C., A.-G. und B.-A. Breiſach; R.-G. u. K.-A. Freiburg.

**Banzenreuthe,** Col. Bm. Mimmenhauſen, 35 C., A.-G. und B.-A. Ueberlingen; R.-G. und K.-A. Conſtanz. Auch Banzenreuthe geheißen; aller Befitz des Bisthums Conſtanz, von dem es durch Biſchof Diethelm von Krenkingen 1190 an Salem abgetreten wurde, welches nach und nach alle dortigen Lehngüter, zuletzt die Höfe des Ulrich von Königsed 1297 durch Kauf an ſich brachte.

**Bargen,** D., 227 l. C., Fil. v. Engen, A.-G. u. B.-A. Engen; R.-G. u. K.-A. Conſtanz; liegt am linken Ufer eines kleinen Baches, Feldbau, Vieh- u. bedeutende Obſtbaumzucht. Sibshr.: Fürſt von Fürſtenberg.

**Bargen,** Pfbf., 596 ev., 177 l., juſ. 773 C., A.-G. Nedarbiſchofsheim, B.-A. Sinsheim; R.-G. u. K.-A. Heidelberg; L.-A. Waldstadt und Dec. Nedarbiſchofsheim; liegt 640 p. F. üb. b. M. zwiſchen niederen Bergen. Schon im achten Jahrhundert Güterbeſitz von Loriſch, ging vom Hochſtifte Worms an die von Ehrenberg und nach deren Ausſterben an mehrere Lehensträger über, ging an das Hochſtift zurück, mit deſſen übrigen Gütern es 1803 an Baden kam.

**Baſchelsshof,** Hſ. u. Prz. b. Pfbf. Owingen, 19 C., A.-G. u. B.-A. Ueberlingen; R.-G. u. K.-A. Conſtanz. Hofgut mit geſchloſſener Gemarkung.

**Baſchleshof,** Hſ. u. Pr. v. Unterallenweg, Wlr. b. D. Bierthälm, 38 C., A.-G. u. B.-A. Neuſtadt; R.-G. u. K.-A. Freiburg.

**Baslerthal,** Prz. b. Pfbf. Schönwald, 104 C., A.-G. u. B.-A. Triberg; R.-G. u. K.-A. Villingen; liegt in einer der rauheſten Gegenden des ganzen Schwarzwaldes. Uhren- und Strohmanufactur.

**Battengott,** Prz. b. Pfbf. Oberwolfach, 30 C., A.-G. u. B.-A. Wolfach; R.-G. u. K.-A. Offenburg; liegt am Eingange des Schappacher Thals. Sibshr.: Fürſt v. Fürſtenberg.

**Batzenhof,** Hſ. u. Prz. b. Col. Hohenwellersbach, 21 C., A.-G. u. O.-A. Durlach; R.-G. u. K.-A. Carlsruhe.

**Bazerbach,** Pfbf., 26 ev., 735 l., 65 iſr., juſ. 826 C., A.-G. u. B.-A. Bretten; R.-G. u. K.-A. Carlsruhe; L.-A. Bruchſal; liegt 634 p. F. üb. b. M. an einem in die Kraichbach mündenden Bächlein, treibt Feld- und Wieſenbau nebſt Getreide- und Viehhandel.

**Bauerhof, Äußere,** Hſ. u. Pr. b. D. Stubenberg, 12 C., A.-G. u. B.-A. Neuſtadt; R.-G. u. K.-A. Freiburg.

**Baufnang,** R.-D. b. T. Tüflingen, 35 C., Fil. v. Lippertsreuthe, A.-G. u. B.-A. Ueberlingen; R.-G. u. K.-A. Conſtanz. Getrennte Gemarkung, gemeinſchaftliches Gemeindevermögen. Sibshr.: die Markgrafen v. Baden.

**Bauſchlott,** Pfbf., 774 ev., 5 l., juſ. 779 C., A.-G. u. B.-A. Pforzheim; R.-G. u. K.-A. Carlsruhe; Del. Pforzheim; liegt 1067 p. F. üb. b. M. an der Straße von Bretten nach Pforzheim. Schönes Schloß mit Garten, ſeit 1726 im ungetheilten Beſitz der Markgrafen v. Baden-Durlach, die ſchon 1604 die Hälfte erworben, aber wieder abgetreten hatten, während die andere Hälfte durch die Grafen von Hohenberg an Gottesau geſchenkt, mit der Schirmvogtei über dieſes Kloſter an das gleiche Geſchlecht gekommen war.

**Bauſtadel,** Prz. b. Pfbf. Heiligenberg, 31 C., A.-G. u. B.-A. Pfullendorf;

A.-G. u. K.-A. Constanz; liegt am südlichen Abhang des Heiligenbergs. Stdsbh.: Fürst von Fürstenberg.

**Bayerhäusle,** ober Hirschwirthshaus, Hs. u. Brz. b. Stdl. Breisach, 4 E., A.-G. u. B.-A. Breisach; K.-G. und K.-A. Freiburg; liegt an der Straße nach Burkheim.

**Bechtenbach,** Brz. b. Pfdf. Nordrach, 5 E., A.-G. u. B.-A. Gengenbach; K.-G. u. K.-A. Offenburg; liegt im Nordracher Thale. Feld- und Wiesenbau.

**Bechtersbohl,** D., 430 E., Fil. von Rheinheim, A.-G. u. B.-A. Waldshut; K.-G. u. K.-A. Waldshut; liegt am Fuße des Küssenbergs. Feld-, Wiesen- u. Weinbau.

**Bechtolsbach,** J. b. D. Maisach, 5 E., Fil. v. Oppenau, A.-G. und B.-A. Oberkirch; K.-G. u. K.-A. Offenburg; liegt im wilden Maisachthale.

**Bechtolsberg,** Brz. b. Stabth. Gebirg, R.-O. b. D. Durbach, 13 E., A.-G. u. O.-A. Offenburg; R.-G. u. K.-A. Offenburg; liegt zwischen reichen Rebhügeln.

**Beckstein,** D., 1 ev., 351 L., zuf. 352 E., Fil. von Königshofen, A.-G. Gerlachsheim; B.-A. Tauberbischofsheim; K.-G. u. K.-A. Mosbach; liegt am Ursprung eines kleinen in die Umpfer und Tauber sich ergießenden Bächleins, 682 p. F. üb. d. M. Stdsbh.: Fürst v. Leiningen.

**Behla,** D., 3 ev., 301 L., 7 Diff., zuf. 311 E., Fil. von Haufen, A.-G. und B.-A. Donaueschingen; K.-G. u. K.-A. Villingen; liegt am Ursprung eines in die Donau fließenden Baches. Schon 898 von K. Arnulf an seinen Vasallen Egino geschenkt. Von diesem an St. Gallen, von dem die Blumberger, später Schellenberg, es zu Lehen trugen, bis es 1619 an die Fürstenberg verkauften. In der Nähe Spuren einer Römerstraße. Schöne Aussicht über den ganzen Baargau bis Hohenberg und Zollern.

**Beiertheim,** D., 99 ev., 810 L., zuf. 909 E., Fil. v. Bulach, A.-G. und B.-A. Carlsruhe; K.-G. u. K.-A. Carlsruhe; liegt an der Alb, 400 p. F. üb. d. M. Kurort. Das Stephanienbad ist ein besuchtes gewöhnliches Albwasserbad, dabei ist die Einrichtung getroffen, künstliche Mineralbäder nehmen zu können. Aller Besitz von Gottlesaue. Beliebter Ausflug von Carlsruhe, das zum Theil auf seiner Gemarkung erweitert wurde.

**Bekofen,** Col. Stabth. Klengen, 43 E., Fil. u. Kirchdorf, A.-G. u. B.-A. Villingen; K.-G. u. K.-A. Villingen; liegt im Brigathale, hart an der Briga. Starker Feldbau und Viehzucht.

**Belchenhöfen,** Brz. b. Pfdf. Neuenweg, 43 E., Fil. v. Neuenweg, A.-G. u. B.-A. Schopfheim; K.-G. u. K.-A. Lörrach; liegt am südlichen Abhange des Belchen. Viehzucht.

**Bellenstein,** Brz. b. K.-O. Oberdorf der Stdl. Oberkirch, 12 E., Fil. von Oberdorf, A.-G. u. B.-A. Oberkirch; K.-G. u. K.-A. Offenburg.

**Bellingen,** Pfdf., 10 ev., 694 L., zuf. 704 E., A.-G. u. B.-A. Müllheim; K.-G. u. K.-A. Lörrach; L.-A. Neuenburg; P. u. T.-A. Basel. Eis b. P.-Abl.; Haltstal.; liegt dicht am Rheine. Feldbau u. Viehzucht.

**Bellisberg,** Brz. b. Pfdf. Steinach, 19 E., Fil. von Steinach, A.-G. Haslach, B.-A. Wolfach; K.-G. u. K.-A. Offenburg. Stdsbh.: Fürst v. Fürstenberg.

**Belzbühl,** Brz. b. Pfdf. Niederwasser, Fil. u. Niederwasser, 7 E., A.-G. u. B.-A. Triberg; K.-G. u. K.-A. Villingen.

**Benedictenhof,** Hf. und Brz. von Schildwende, Wir. b. D. Vierthäler, 13 E., Fil. v. Neustadt; A.-G. und B.-A. Neustadt; K.-G. u. K.-A. Freiburg.

**Benistobel,** K.-O. des Pfdf. Oberbomberg, 7 E., Fil. u. Limpach, A.-G. u. B.-A. Pfullendorf; K.-G. u. K.-A. Constanz. Getrennte Gemarkung, gemeinschaftliches Gemeindevermögen; liegt am Bachflüßchen. Feld- u. Obstbau.

**Benitenhof,** Hf. u. Brz. b. D. Sirbelbach, 16 E., Fil. v. Breitenau, A.-G. u. B.-A. Neustadt; K.-G. u. K.-A. Freiburg.

**Benkierhof**, Hf. u. Prz. d. D. Villingen, 11 C., Zil. u Pfaffenhofen, A.-G. und B.-A. Ueberlingen; A.-G. und K.-A. Constanz.

**Benzhausen**, R.D. b. Pfdf. Hochborf, 152 C., Fil. v. Hochborf, A.-G. u. B.-A. Freiburg; A.-G. u. K.-A. Freiburg. Gemarkung und Gemeindevermögen gemeinschaftlich; liegt am Fuße eines kleinen Hügels. Feld-, Wein- u. Wiesenbau.

**Berau**, Pfdf., 496 l. E., A.-G. und B.-A. Bonndorf; A.-G. u. K.-A. Waldshut; L.-R. Waldshut; liegt ziemlich hoch und frei am südlichen Abhange des sogen. Berauberges. Im 11. u. 12. Jahrhundert Sitz eines gleichnamigen Adelsgeschlechts kam es 1108 durch den Eintritt des letzten Sprößlings Gottfried v. B. in's Kloster St. Blasien an dieses Stift, welches dort ein Filialnonnenkloster mit einer Propstei errichtete, das trotz mehrmaliger Zerstörung durch Feuer bis in die neueste Zeit bestanden hat.

**Bercherhof**, Hf. u. Prz. b. D. Rütnach, 11 C., Fil. v. Hohenthengen. A.-G. u. B.-A. Waldshut; A.-G. u. K.-A. Waldshut; liegt am Rütnachberge.

**Berenberg**, Col. b. Stabhlt. Hoppetenzell, 33 C., Fil. v. Hoppetenzell, A.-G. u. B.-A. Eiolach; A.-G. und K.-A. Constanz.

**Berg**, R.D. b. D. Rallhenbuch, 96 C., Fil v. Lenzkirch, A.-G. und B.-A. Reustadt; A.-G. und K.-A. Freiburg; liegt am Fuße des Föhrenschachens in wilder einsamer Gegend.

**Berg**, im, Prz. b. Pfdf. Kirnbach, 8 C., Fil. von Homberg, A.-G. u. B.-A. Triberg; A.-G. u. K.-A. Villingen; liegt an einem in das Kinzigthal mündenden kleineren Thale.

**Bergach**, Prz. b. D. Schwalbach, 94 C., Fil. v. Gengenbach, A.-G. u. B.-A. Gengenbach; A.-G. u. K.-A. Offenburg; liegt am westlichen Abhange der Berge, woran die Kinzig vorbeifließt. Feld- u. Wiesenbau.

**Bergallingen**, D., 351 f. E., Fil. v. Aldenbach, A.-G. u. B.-A. Sädingen;

A.-G. und K.-A. Waldshut; liegt ziemlich hoch. Viehzucht.

**Bergeck**, Prz. b. D. Fischerbach, 25 E., Fil. v. Weiler, A.-G. Hoslach, B.-A. Wollach; A.-G. u. K.-A. Offenburg; liegt im Thale Fischerbach.

**Berggrunderhof**, Prz. v. Josithal, Wr. b. D. Birchhölr, 24 C., Fil. v. Reustadt, A.-G. u. B.-A. Reustadt; A.-G. u. K.-A. Freiburg.

**Berghäusle**, hinterem, Prz. b. D. Linach, 9 C., Fil. v. Schönenbach, A.-G. u. B.-A. Villingen; A.-G. u. K.-A. Villingen.

**Berghäusle**, vorderem, Prz. b. D. Linach, 7 C., Fil. v. Schönenbach, A.-G. u. B.-A. Villingen; A.-G. u. K.-A. Villingen.

**Berghaupten**, Pfdf., 1 ev., 1042 l., luf. 1043 C., A.-G. u. B.-A. Gengenbach; A.-G. u. K.-A. Offenburg; L.-R. Lahr; liegt am nördlichen Abhange des Eichenforstberges im Kinzigthale. Braunkohlenbergwerk, das durch eine Aktiengesellschaft schwunghaft betrieben wird; Wein- u. Feldbau u. Handel mit diesen Producten nach dem Schwarzwald. — Früher Lehenherrschaft von Hohengeroldseck, dann der Herren v. Mercy vom Domstifte Straßburg, vom Bischofe nach ungesetzlichem Verlaufe durch die Herren v. Mercy an den Markgrafen Friedrich von Baden-Durlach den Herren v. Schleiß verliehen, nach deren Aussterben 1806 Baden in den endlichen Besitz gelangte.

**Berghaus**, Prz. b. D. Endermellingen, 8 C., Fil. v. Undermettingen, A.-G. u. B.-A. Waldshut; A.-G. und K.-A. Waldshut.

**Berghausen**, Prz. b. R.D. Thalhausen, 3 C., Fil. v. Abringen, A.-G. u. B.-A. Freiburg; A.-G. u. K.-A. Freiburg.

**Berghausen**, Pfdf., 12 l. u. 1071 ev., luf. 1083 C., liegt 482 p. F. üb. d. M. an der Pfinzbach und dem Fuße des Hopfenberges in einem schönen Thälchen, A.-G. u. O.-A. Durlach; A.-G. u. K.-A. Carlsruhe; Dec. Durlach; P.- u. E.-A. Pforzheim. Sitz b. B.-Abl.; Feld- u. Weinbau. Vieh- und starke Pferdezucht.

**Bergheim,** Drf. b. Edl. Marldorf, 52 E., Fil. von Marldorf, A.-G. Meersburg, B.-A. Ueberlingen; R.-G. u. K.-A. Constanz; liegt an der Brunnens-Bach. Feld-, Wiesen-, Obst- u. Weinbau.

**Berghof,** Hf. u. Prz. b. Pfdf. Theugendorf, 7 E., Fil. v. Thengendorf, A.-G. und B.-A. Engen; R.-G. und K.-A. Constanz.

**Berghof,** Hf. u. Prz. b. Pfdf. Fridingen, 6 E., Fil. v. Altheim, A.-G. u. B.-A. Ueberlingen; R.-G. u. K.-A. Constanz.

**Berghof,** R.O. b. D. Tösingen, 115 E., Fil. v. Lippertsreuthe, A.-G. und B.-A. Ueberlingen; R.-G. u. K.-A. Constanz. Getrennte Gemarkung; gemeinschaftliches Gemeindevermögen.

**Bergle, am,** Drf. b. Pfdf. Gutach, 13 E., Fil. v. Gutach, A.-G. und B.-A. Triberg; R.-G. u. K.-A. Villingen.

**Bergmühle,** Hs. und Prz. b. Stdt. Bretten, 14 E., Fil. v. Bauerbach, A.-G. u. B.-A. Bretten; R.-G. und K.-A. Carlsruhe; liegt an einem in die Kraich münbenden Bache.

**Bergöschingen,** D., 3 ev., 335 L., zuf. 338 E., Fil. v. Hohenthengen, A.-G. u. B.-A. Jestetten; R.-G. u. K.-A. Waldshut; liegt im hintersten Theile eines kleinen Thälchens. Wein-, Feld- u. Wiesenbau.

**Bergschenerhof,** Hf. u. Prz. b. Pfdf. Grießen, 19 E., Fil. v. Grießen, A.-G. u. B.-A. Jestetten; R.-G. u. K.-A. Waldshut; liegt ziemlich hoch am Haltwangenberg.

**Bergschwiebte,** Hs. u. Prz. b. Pfdf. Langenalb, 24 E., Fil. v. Langenalb, A.-G. u. B.-A. Pforzheim; R.-G. u. K.-A. Carlsruhe; liegt in einem Seitenthale des Albthales in wilder und einsamer Gegend.

**Bergzell,** D., 26 ev., 453 L., zuf. 479 E., Fil. v. Schentenzell, A.-G. u. B.-A. Wolfach; R.-G. und K.-A. Offenburg; liegt im hintersten Theile des Kinzigthales. Bedeutender Handel mit Holz u. Harz.

**Berlingerhof,** Col. Bm. Hindelwangen, 13 E., Fil. v. Hindelwangen, A.-

G. und B.-A. Stodach; R.-G. und K.-A. Constanz; liegt auf einem niederen Hügel.

**Bermatingen,** Pfdf., 1 ev., 596 L., 4 Men., zuf. 601 E., A.-G. und B.-A. Ueberlingen; R.-G. u. K.-A. Constanz; L.-R. Linzgäu; liegt an der Bippach am Eingange eines kleinen Thales. Feld-, Wein- und Wiesenbau. Einer der ältesten Orte des Linzgaus, in welchem Ato und seine Frau Herosta ihre Besitzungen 779 an das Kloster St. Gallen vermachten, von dem sie dieselben als Precarie gegen einen jährlichen Zins zurückerhielten. Damals hieß der Ort Peramotingas, woselbst am 24. April 889 ein Gütertauschvertrag unter Graf Ulrich stattfand. Später gelangte das Cistercienserstift Salem theils durch Kauf, theils durch Tausch in den Besitz derselben. Im Bauernkriege Standquartier eines schwäbischen Haufens und 1590 von so heftigem Brande vernichtet, daß der Ostwind brennende Holzstücke bis nach Constanz trieb.

**Bermersbach,** D., 6 ev., 820 L., zuf. 826 E., Fil. v. Berghaupten, A.-G. u. B.-A. Gengenbach; R.-G. u. K.-A. Offenburg; liegt in einem kleinen Thale.

**Bermersbach,** D., 540 L. u. 1 ev., zuf. 541 E., Fil. v. Forbach, A.-G. u. B.-A. Gernsbach; R.-G. u. K.-A. Baden. Säg- u. Oelmühle; liegt in einem Seitenthälchen des Murgthals.

**Bernau,** Pfdf., 1 ev., 1533 L. E., zuf. 1534 E., A.-G. u. B.-A. St. Blasien; R.-G. u. K.-A. Waldshut; L.-R. Waldshut; liegt 2834 p. F. üb. d. M. im hintersten Theile der Bernauer Alb.

**Bernau-Außerthal,** Prz. b. Pfdf. Bernau, 108 E., Fil. v. Bernau, A.-G. und B.-A. St. Blasien; R.-G. und K.-A. Waldshut.

**Bernsdorf,** R.O. b. Pfdf. Bernau, 100 E., Fil. v. Bernau, A.-G. und B.-A. St. Blasien; R.-G. und K.-A. Waldshut. Gemarkung u. Gemeindevermögen getrennt.

**Bernauhof,** R.O. b. Pfdf. Bernau, 75 E., Fil. v. Bernau, A.-G. u. B.-A. St.

Blasen; A.-G. u. A.-A. Waldshut. Gemarkung und Gemeindevermögen getrennt.

**Bernauinnerlehen,** N.-O. b. Pfd. Bernau, 324 E., Fil. v. Bernau, A.-G. u. B.-A. St. Blasen; A.-G. u. A.-A. Waldshut. Gemarkung und Gemeindevermögen getrennt.

**Bernauriggenbach,** N.-O. b. Pfd. Bernau, 80 E., Fil. v. Bernau, A.-G. u. B.-A. St. Blasen; A.-G. u. A.-A. Waldshut. Gemarkung und Gemeindevermögen getrennt.

**Bernbrennerhof,** Col. u. Ethfl. u. 42 E., Fil. d. Stdt. Mosbach, A.-G. u. B.-A. Mosbach; A.-G. u. A.-A. Mosbach.

**Bernhardenhof,** Hf. u. Prz. b. Pfd. Urach, 23 E., Fil. v. Urach, A.-G. u. B.-A. Neustadt; A.-G. u. A.-A. Freiburg.

**Bernhardshöfen,** Wr. b. Pfd. Rappelrobed, 209 E., Fil v. Rappelrobed, A.-G. u. B.-A. Achern; A.-G. u. A.-A. Baden; liegt im Eingange des Rapplenthales.

**Bernreuthehof,** Hf. und Prz. b. T. Bregenbach, 17 E., Fil v. Urach, A.-G. u. B.-A. Neustadt; A.-G. u. A.-A. Freiburg.

**Berolzheim,** Pfd., 10 ev, 770 L., zuf. 780 E., A.-G. u. B.-A. Boxberg; A.-G. u. A.-A. Mosbach; L.-R. Buchen; P.-A. Heidelberg; Sitz b. L.-Abl.; liegt 1208 p. F. üb. d. M., Ackerbau, Biehzucht.

**Berwangen,** D., 190 f. E., Fil. von Baltersweil, A.-G. u. B.-A. Jestetten; A.-G. u. A.-A. Waldshut; liegt zwischen niedern Bergen an der Straße von Thiengen nach Jestetten.

**Berwangen,** Pfd., 746 ev., 6 l., 2 Diff., 19 Men. u. 194 Israel., zuf. 067 E., A.-G. u. B.-A. Eppingen; A.-G. u. A.-A. Heidelberg; Tec. Eppingen; liegt 724 p. F. üb. d. M. zwischen niederen Bergen. Feldbau und Landesprodukthandel.

**Beseze,** Prz. b. Pfd. Hindelwangen, 3 E., Fil. v. Hindelwangen, A.-G. u. B.-A. Etodach; A.-G. u. A.-A. Constanz.

**Bestenheid,** D., 252 ev., 28 L., zuf. 280 E., Fil. v. Wertheim, A.-G. und B.-A.

Wertheim; A.-G. u. A.-A. Mosbach; liegt dicht am Main am östlichen Abhange eines steilen Berges. Trefflicher Mainwein, der weit nach Osten und Norden verführt wird.

**Bettberg,** N.-O. b.Pfd. Seefelden, 112 E., Fil. von Seefelden, A.-G. und B.-A. Müllheim; A.-G. u. A.-A. Lörrach; getrennte Gemarkung, gemeinschaftliches Gemeindevermögen; liegt auf einem niederen Hügel.

**Bettenbrunn,** N.-O. u. Prz. des D. Winterfulgen, 25 E., Fil. v. Röhrenbach, A.-G. und B.-A. Pfullendorf; A.-G. u. A.-A. Constanz; L.-R. Linzgau. Gemarkung und Gemeindevermögen getrennt.

**Bettingen,** Pfd., 358 ev., 5 l., zuf. 363 E., A.-G. u. B.-A. Wertheim; A.-G. u. A.-A. Mosbach; Tec. Wertheim; liegt 500 p. F. üb. d. M. am linken Ufer des Mains, Wein-, Feld- u. Wiesenbau.

**Bettmaringen,** Pfd., 536 L E., A.-G. u. B.-A. Bonndorf; A.-G. u. A.-A. Waldshut; L.-R. Stühlingen; liegt in einem Seitenthale des Steinachthales. Feldbau u. Viehzucht. Ehemaliger Wohnsitz des Alemannenfürsten Babimar, kam durch die Hrn. v. Kränlingen 1290 an St. Blasien.

**Bettnang,** N.-O. b. Pfd. Weiler, 40 E., A.-G. u. B.-A. Radolphzell; A.-G. u. A.-A. Constanz; Fil. v. Weiler. Gemarkung und Gemeindevermögen getrennt; liegt in einem kleinen Thälchen. Feldbau, Viehzucht u. etwas Weinbau.

**Betzenhausen,** D., 452 l. E., Fil. v. Leben, A.-G. u. B.-A. Freiburg; A.-G. u. A.-A. Freiburg; liegt an der Dreisam. Name wahrscheinlich von Betz oder Betzelin, Abkürzung von Berthold. Vor dem Orte stand früher die Kapelle zum heiligen Stein, an der Stätte, wo der Bischof von Straßburg Conrad von Lichtenberg, der seinem Better, dem Grafen von Freiburg, gegen die Stadt zu Hilfe zog, erschlagen wurde.

**Beueren a. d. Aach,** Pfd., 415 E., A. G. u. B.-A. Etodach; A.-G. u A.-A. Constanz; L.-R. Engen; liegt an der Aach. Feld- und Wiesenbau.

**Beuern, Unter.** Siehe Schlenthal.

**Benggen**, R.-O. b. D. Marſau, 1680., Fil. b. Pfgm. Marſau, A.-G. u. B.-A. Sädingen, R.-G. u. K.-A. Waldshut; P.-A. Baſel. Sitz b. P.-Abl.; liegt dicht am Rheine. Seit dem 13. Jahrh. durch die Herren v. Liebenberg an den Deutſchherrnorden verkauft, der hier eine Commende errichtete. In der Nähe die Tropfſteinhöhle Tſchamberloch, die mit der berühmteren Haſelhöhle in Verbindung ſtehen ſoll. Trefflichen Getreide-, Kartoffel- und Hanfbau, ſtarke Viehzucht.

**Beuren** am Rich, D., 202 l. E., Fil. v. Büßlingen, A.-G. u. B.-A. Engen; R.-G. u. K.-A. Conſtanz. Feld-, Wein-, Wieſen- und Obſtbau.

**Beuren**, Pfbf., 616 E., 5 Men., zuſ. 621 E., A.-G. und B.-A. Ueberlingen; R.-G. u. K.-A. Conſtanz; L.-R. Linzgau; liegt am Fuße des Heiligenberges an einem kleinen Bache.

**Beurenhof**, Hf. u. Prz. b. D. Billafingen, 14 E., Fil. v. Pfaffenhofen, A.-G. u. B.-A. Ueberlingen; R.-G. u. K.-A. Conſtanz. Geſchloſſenes Hofgut.

**Bentemühle**, Hf. und Prz. b. D. Hohenbobmann, 11 E., Fil. v. Pfaffenhofen, A.-G. u. B.-A. Ueberlingen; R.-G. u. K.-A. Conſtanz. Geſchloſſenes Hofgut; liegt im Nachthale.

**Biberach**, Prz. b. D. Hundsbach, 75 E., Fil. v. Herrenwies, A.-G. und B.-A. Bühl; R.-G. u. K.-A. Baden.

**Biberach**, Pfbf., 3 ev., 1260 l., zuſ. 1263 E., A.-G. u. B.-A. Gengenbach; R.-G., K.-A. u. L.-R. Offenburg; P.-A. Offenburg. Sitz b. P.-G. An der Kinzig, wo die Lahrer Kunſtſtraße in die Kinzigthaler Hauptſtraße einmündet, daher reger Verkehr. Reichlicher, durch die Regelung der Kinzig geſchützter Wieſenbau. Treffliche Viehzucht und bedeutender Holzhandel nach Straßburg. Mtte.: 27. Mai, 18. Novbr.

**Bickenſohl**, Pfbf., 447 ev., 2 l., zuſ. 449 E., A.-G. u. B.-A. Breiſach; R.-G. u. K.-A. Freiburg; Dec. Freiburg. In einer Thalſohle des Kaiſerſtuhls anmuthig für Obſt-

und Weinbau ſehr vortheilhaft gelegen, welch' Letzterer im Schwarzwald frühen Abſatz für ſein Erträgniß findet.

**Biddersbacherhof**, Hf. u. Prz. b. D. Lobenfeld, 20 E., Fil. v. Dimmersbach, A.-G. Neckargemünd und B.-A. Heidelberg; R.-G. u. K.-A. Heidelberg; liegt auf hohem Berge.

**Biederbach**, Ober- Pfbf., 1813 l. E., A.-G. u. B.-A. Waldkirch; R.-G. u. K.-A. Freiburg; L.-R. Freiburg; liegt im Elzthale. Erbhr.: Freiherr v. Wittenbach.

**Biengen**, Pfbf., 4 ev., 719 l., zuſ. 723 E., A.-G. u. B.-A. Staufen; R.-G. u. K.-A. Freiburg; L.-R. Breiſach; liegt in der reizendſten und fruchtbarſten Gegend des Breisgaus. Trefflichen Wieſenbau u. bedeutende Viehzucht.

**Bierbronnen**, D., 418 l. E., Fil. v. Weilheim, A.-G. u. B.-A. Waldshut; R.-G. u. K.-A. Waldshut; am Fuße des Glattwaldes, treibt Ackerbau, Viehzucht und Baumwollweberei. Aller Ort, welcher 1225 als Entſchädigung für verübte Räuberreien an das Kloſter St. Blaſien kam.

**Bierhäusle**, Hinter- Hs. und Prz. von Unteralltenweg. Wlr. b. D. Bierthäler, 18 E., Fil. v. Neuſtadt, A.-G. und B.-A. Neuſtadt; R.-G. u. K.-A. Freiburg.

**Bierhäusle**, Hs. u. Prz. v. Unterhöfen, Prz. v. Joſthal, Wlr. b. D. Bierthäler, 9 E., Fil. v. Neuſtadt; A.-G. u. K.-A. Freiburg.

**Bierhaus**, Hs. und Prz. v. Weißtopfenhof, Prz. b. D. Bregenbach, 5 E., Fil. v. Urach, A.-G. und B.-A. Neuſtadt; R.-G. u. K.-A. Freiburg.

**Bierhaus**, Hs. und Prz. v. Obenmoos, Wlr. b. D. Schwarzenbach, 6 E., Fil. v. Saig, A.-G. und B.-A. Neuſtadt; R.-G. u. K.-A. Freiburg.

**Bierhelderhof**, Hf. u. Prz. b. Pfbf. Rohrbach, 8 ev. E., A.-G. u. O.-A. Heidelberg; R.-G. u. K.-A. Heidelberg; liegt am ſüdlichen Abhange des Königsſtuhls.

**Bieſendorf**, Pfbf., 232 l. E., A.-G. u. B.-A. Engen; R.-G. u. K.-A. Conſtanz;

L.-A. Geisingen. In der Umgegend wird Bohnerz gegraben, der Ort hat eine Sägmühle. Elbshr.: Fürst von Fürstenberg.

**Biesingen**, D., 5 L, 456 ev., zur Fil. C., Fil. v. Desingen, A.-G. u. B.-A. Donaueschingen; A.-G. u. R.-A. Villingen; liegt am rechten Ufer des in die Donau mündenden Röthenbachs. Holzarme Gegend. Alter Ort. Grdhr.: Junker v. Imthurn.

**Bietihingen**, Pfdf., 385 k. C., A.-G. u. B.-A. Engen; A.-G. u. R.-A. Constanz; L.-R. Hegau; liegt an der Biber und ist der Sitz einer sich von dieser Herrschaft schreibenden Linie der freiherrl. Familie von Hornstein, mit Schloß und Biergarten. Schon 892 in einer Schenkungsurkunde an Rheinau erwähnt.

**Biethingen**, Pfdf., 299 k. C., A.-G. u. B.-A. Meßkirch; A.-G. und R.-A. Constanz; L.-A. Meßkirch; liegt an einem kleinen Bache und ist nicht sehr wohlhabend.

**Bietigheim**, Pfdf., 5 ev., 1764 k., zur 1769 C., A.-G. u. O.-A. Rastatt; A.-G. u. R.-A. Baden; L.-R. Gernsbach. Feld- und Wiesenbau.

**Bietzighofen**, R.-O. b. Pfdf. Wittnau, 206 C., Fil. v. Wittnau, A.-G. u. B.-A. Freiburg; A.-G. u. R.-A. Freiburg; liegt am südlichen Fuße des Schönbergs in einem freundlichen Thälchen. Grdhr.: Frhr. v. Berstett.

**Bildstein**, Hf. u. Prz. b. R.-O. Breitenthal, b. D. Freiamt, 58 C., Fil. von Ottoschwanden, A.-G. u. B.-A. Emmendingen; A.-G. u. R.-A. Freiburg; liegt an der Brettenbach, am Fuße des Belgenwaldes und Hoppenbergs im Hintergrunde eines einsamen wilden Thales.

**Bilenstein**, Schloßruine, Prz. b. Pfdf. Zell, A.-G. u. B.-A. Offenburg; A.-G. u. R.-A. Offenburg; liegt an einem kleinen aber schönen an Weinbergen reichen Thale, wurde nach dem Aussterben seines gleichnamigen Adelsgeschlechts von Kaiser Friedrich III. der Ortenau einverleibt und 1314 an den Bischof Johann I. von Straßburg verkauft und im Bauernkriege zerstört.

**Bilfingen**, D., 6 ev., 616 L, zur 622 C., Fil. v. Ersingen, A.-G. u. O.-A. Pforzheim; A.-G. u. R.-A. Carlsruhe; an einem kleinen Bache zwischen Hügeln gelegen, treibt der Ort Feldbau und Viehzucht.

**Billafingen**, D., 360 C., 3 Diss., zur 383 C., Fil. von Pfaffenhofen, A.-G. und B.-A. Ueberlingen; A.-G. und R.-A. Constanz; am Ursprung eines in die Stockach fließenden Baches gelegen, treibt Ackerbau und Viehzucht; Bilofingen 970 vom heil. Gebhard an Petershausen geschenkt, kam es 1213 durch Kauf von Heinrich von Ramsberg mit Bewilligung der Mkgf. v. Baden größtentheils an Salem, durch Tausch kam die Herrschaft an die Ueberlinger Patrizier v. Göggingen, von Reichlin-Melderg und endlich von diesen an die jetzige Grundherrschaft die Freiherren v. Schreckenstein, die hier ein Schlößchen hat. Mkte.: 11. Mai, 26. Octbr.

**Billersberg**, Hf. und Prz. b. Pfdf. Oberharmersbach, 82 C., Fil. von Oberharmersbach. A.-G. u. B.-A. Gengenbach; A.-G. u. R.-A. Offenburg.

**Billershof**, Hf. u. Prz. b. D. Billafingen, 12 C., Fil. v. Pfaffenhofen, A.-G. und B.-A. Ueberlingen; A.-G. und R.-A. Constanz.

**Billigheim**, Pfdf., 30 ev., 982 L, 1 Men. u. 72 Isr., zur 985 C., A.-G. u. B.-A. Mosbach; A.-G. u. R.-A. Mosbach; L.-R. Mosbach; N.-A. Heidelberg, Sitz der B.-Abl.; liegt an der Schefflenz 759 p. F. üb. d. M. in einem ziemlich fruchtbaren Thale. Hammerwerk und Messingfabrik Schloß mit schönem Garten, früher ein 1236 in ein Cisterzienserkloster verwandeltes Benedictiner-Nonnenkloster, welches später zur bischöflichen Tafel von Würzburg gezogen wurde. Pfarrsatz beim deutschen Orden bis zu dessen Aufhebung. Elbshr.: Fürst v. Leiningen-Neudenau-Billigheim.

**Binau**, Pfdf., 282 ev., 36 L, 129 zr., zur 447 C., A.-G. u. B.-A. Mosbach; A.-G. u. R.-A. Mosbach; Dec. Mosbach; P.-A. Heidelberg. Sitz b. B.-Abl.; auch Redarbinau geschrieben; 570 p. F. üb. d. M.

an einer Krümmung des Neckars gelegen, hat eine sehr romantische Lage. Viehzucht, Feld-, Wiesen-, Obst- und Weinbau. Kleinhandel der Israeliten. Schon zur Zeit Karls des Großen im Lorscher Schenkungsbuche genannt. In der Nähe sogen. Heldengräber. Schloß des Erbherrn: Grafen v. Waldkirch.

**Bimmingen**, Pfdf., 17 ev., 565 L., 46 Dist., puf. 628 C., A.-G. und B.-A. Engen; K.-G. u. K.-A. Constanz u. L.-R. Engm. P.-E. Stockach. Siz b. P.-Abl. an einem Seitenbache der Biber und am Fuße des Berges der drei Hobenstoffeln gelegen, hat Feldbau, mittelmäßigen Viehstand und Getreidehandel nach der Schweiz. Siz eines Zweiges der Erbherrn. v. Hornstein.

**Bingen**, Pfdf., 1024 ev., 33 L., puf. 1057 C., A.-G. u. B.-A. Lörrach; K.-G. u. K.-A. Lörrach; Tec. Lörrach; liegt an der Kanderbach am Ausgange des Kanderthales zwischen reichen Reblündern u. Wiesen. Alter Ort mit sehr schöner Kirche.

**Bingenbauernhof**, Hf. u. Prz. von Unterlangenordnach, Wlr. b. D. Langenordnach, 13 C., A.-G. u. B.-A. Neustadt K.-G. u. K.-A. Freiburg.

**Bingenmühle**, Hs. u. Prz. b. Pfdf. Wolfenweiler, 3 C., A.-G. und B.-A. Freiburg; K.-G. u. K.-A. Freiburg; liegt an dem Bache Landwasser.

**Bingen**, D., 8 ev., 369 L., puf. 377 C., Fil. v. Hochsal, A.-G. u. B.-A. Sädingen; K.-G. und K.-A. Waldshut; liegt am südlichen Abhange des Schwarzwaldes in einer fruchtbaren Gegend. Ackerbau u. Viehzucht.

**Bingmatte**, Hf. u. Prz. b. D. Reichenbach, Fil. v. Gengenbach, 35 C., A.-G. u. B.-A. Gengenbach; K.-G. u. K.-A. Offenburg; liegt in einem kleinen Thälchen.

**Birach**, Z. b. D. Unterharmersbach, 530 C., Fil. v. Zell a. H., A.-G. u. B.-A. Gengenbach; K.-G. u. K.-A. Waldshut. Feld-, Wiesenbau u. Viehzucht.

**Birkenackerhof**, Hf. u. Prz. b. D. Weiler, 4 ev., 3 l. u. 13 Men., puf. 20 C., A.-G. u. B.-A. Eimsheim; K.-G. u. K.-A. Heidelberg; liegt in einem von der Elbrebach durchflossenen Thale zwischen fruchtbaren Wiesen und ist ziemlich wohlhabend.

**Birkendorf**, D., 3 ev., 660 L., puf. 668 C., Fil. v. Grafenhausen, A.-G. und B.-A. Bornderf; K.-G. u. K.-A. Waldshut; P.-A. Freiburg; Siz b. P.-Abl.; liegt am Fuße des 2620' hohen Bühlberges, 2432 p. F. üb. b. M., das nicht wohlhabende Dorf treibt Ackerbau und Viehzucht. Mech. Baumwollweberei, Sägmühlebetrieb und Holzhandel; Strohmanusactur.

**Birkenfelderhof**, Hf. u. Prz. b. Pfdf. Pülfringen, 21 C., A.-G. u. B.-A. Wallbürn; K.-G. u. K.-A. Mosbach; 1157 p. F. üb. b. M.

**Birkenhöfe**, Hf. und Prz. b. Pfdf. Sasbachwalben, 61 C., A.-G. u. B.-A. Achern; K.-G. u. K.-A. Baden.

**Birkenreuthe**, Hf. u. Prz. b. Pfdf. Kirchzarten, 9 C., A.-G. u. B.-A. Freiburg; K.-G. u. K.-A. Freiburg; liegt am Eingange des Kirchzarter Thales.

**Birkenweiler**, Wl. und Prz. b. Pfdf. Feldingen, 15 C., Fil. v. Feldingen, A.-G. und B.-A. Ueberlingen; K.-G. und K.-A. Constanz.

**Birkenweiler**, Hf. und Prz. v. Neufrach, 21 C., Fil. von Leutkirch, A.-G. u. B.-A. Ueberlingen; K.-G. u. K.-A. Constanz; liegt in einem Seitenthälchen des Ahthales.

**Birkhof**, N.-O. b. D. Illwangen, 10 C., Fil. v. Pfrungen, A.-G. u. B.-A. Pfullendorf; K.-G. u. K.-A. Constanz; getrennte Gemarkung u. gemeinschaftliches Gemeindevermögen, liegt an der Landesgrenze, unweit des Iwweiler.

**Birkhof**, Hf. u. Prz. b. Pfdf. Hundheim, 10 C., A.-G. u. B.-A. Wertheim; K.-G. u. K.-A. Mosbach; 1250 p. F. üb. b. M., Feld-, u. Wiesenbau. Handel mit Getreide und Reps nach Wertheim.

**Birkingen**, D., 466 L. C., Fil. von Birndorf, A.-G. u. B.-A. Waldshut; K.-G. u. K.-A. Waldshut; liegt hoch am Ursprunge eines bei Dogern in den Rhein mündenden Baches; es wurde 814 von den

Chelraten Richarl und Grundbira an das Kloster St. Gallen geschenkt.

**Birlinsbach**, Drf. b. Pfd. Wellschensteinach, 33 E., Fil. v. Welschensteinach, A.-G. Haslach u. B.-A. Wolfach; R.-G. u. R.-A. Offenburg.

**Birnau**, Wallfahrtsort und Prz. von Oberuhlbingen, Neubirnau zum Unterschiede von Altbirnau, ½ Stunde v. Ueberlingen gelegen, ist ein von letzterem Orte hierher verpflanzter Wallfahrtsort. Beide haben herrliche Aussicht auf Bodensee und Alpen, die Constanzer Landzunge und das schwäbische Ufer. Altbirnau wurde im 13. Jahrhundert von zwei Herren v. Bodmann und Berthold v. Stoffeln an Kloster Salem verkauft, und von diesem 1241 der Grund und Boden an Ueberlingen abgetreten, ausgenommen die Kirche und der dazu gehörige Platz. Der Zudrang der Wallfahrer zu dem dortigen Madonnenbilde machte im 15. u. 16. Jahrhundert eine Vergrößerung der Kirche nothwendig, die inzwischen 1384 dem Stifte Salem einverleibt worden war. Nachdem die Schweden 1634 sie mit dem Pfarrhause niedergebrannt, soll darin die alte Kapelle mit dem Gnadenbilde der Zerstörung entgangen sein. Eine 1741 nothwendige Bauerparation gab Gelegenheit zur Entführung des Gnadenbildes nach Salem (1746), welches die Wallfahrtskirche Neubirnau mit der Priesterwohnung, das jetzige Schloß, baute und 1750 einweihen ließ. Diese neue Wallfahrt wollte nie recht aufkommen, da die Sage ging, das neue Gnadenbild sei nicht das ächte, worauf sie endlich beim Anfall von Baden ganz aufgehoben wurde.

**Birndorf**, Pfd., 1 ev., 303 l., puf. 304 E., L.-G. u. B.-A. Waldshut; R.-G. u. R.-A. Waldshut; L.-R. Waldshut; liegt in einem kleinen Thale und ist ein sehr alter Ort.

**Bischenberg**, Wl. b. Pfd. Sasbachwalden, 26 E., L.-G. u. B.-A. Achern; R.-G. u. R.-A. Baden; liegt im hintersten Theile des Sasbacher Thales, Aderbau u. Viehzucht.

**Bischmatt**, L.-O. b. D. Thunau, 35 E., Fil. v. Schönau, R.-G. und B.-A. Schönau; R.-G. u. R.-A. Lörrach. Gemarkung u. Gemeindevermögen getrennt; liegt am Eingang eines schönen kleinen, von dem Schiffbach bewässerten Thales.

**Bischoffingen**, Pfd., 514 ev., 2 l., juf. 516 E., L.-G. u. B.-A. Breisach; R.-G. u. R.-A. Freiburg; Der. Freiburg; liegt ziemlich eben und ist ringsum von fruchtbaren Bergen des Kaiserstuhles umgeben. Trefflicher Weinbau, dessen Erzeugniß nach dem Schwarzwald und Württemberg verführt wird.

**Bischweier**, D., 565 l. E., Fil. von Rothenfels, L.-G. u. O.-A. Rastatt; R.-G. u. R.-A. Baden; liegt am rechten Ufer der Murg, am Eingange des Murgthals und am Fuße des Eichelbergs. Feld- u. Wiesenbau.

**Bisten**, Prz. b. Pfd. Hinterzarten, 25 E., L.-G. u. B.-A. Freiburg; R.-G. u. R.-A. Freiburg; liegt in einem beim Sternenwirthshaus in das Höllenthal einmündenden Thälchen und hat 1 Mühle.

**Bistrich**, Hf. u. Prz. b. Pfd. Petersthal, 9 E., L.-G. u. B.-A. Oberkirch; R.-G. u. R.-A. Offenburg; liegt im hintersten Theile des Renchthales.

**Bittelbrunn**, D., 2 ev., 306 l., juf. 309 E., Fil. v. Engen, L.-G. u. B.-A. Engen; R.-G. u. R.-A. Constanz; liegt auf einem ziemlich erhabenen Hügel. Feld- u. Wiesenbau und Taglohnarbeit in den benachbarten Erzgruben.

**Bitterst**, Hf. u. Prz. b. Pfd. Bollschweil, 61 E., L.-G. u. B.-A. Staufen; R.-G. u. R.-A. Freiburg; liegt im hintersten Theile des Bollschweilerthales. Viehzucht.

**Blässibauernhof**, Hf. u. Prz. von Oberallenweg, Wl. b. D. Bierthäler, 9 E., Fil. von Neustadt, L.-G. und B.-A. Neustadt; R.-G. u. R.-A. Freiburg.

**Blättig**, Z. b. Pfd. Bühlerthal, 24 E., L.-G. u. B.-A. Bühl; R.-G. und R.-A. Baden; liegt im hintersten Theile des Bühlerthales am Fuße des Borsiderkopfs.

**Blankenloch**, Pfd., 1546 ev., 12 l., juf. 1558 E., L.-G. u. B.-A. Carlsruhe;

A.-G. u. A.-A. Carlsruhe; L.-Ger. Carlsruhe; liegt 380 p. J. üb. d M. am Seegrabenbach zwischen Wiesen und Aeckerfeld. Getreide und Handelsgewächse, Wiesenbau.

**Blankenmühle**, Hs. u. Brz. b. D. Wessenthal, 7 E., Fil. von Reukirchen, L.-G. u. B.-A. Wertheim; A.-G. u. A.-A. Rosbach; liegt in einem Wiesenthale, das sich bei Vorthal gegen den Main hin öffnet.

**Blansingen**, Pfdf., 414 ew., 47 L., zsf. 461 E., L.-G. u. B.-A. Lörrach; A.-G. u. A.-A. Lörrach; Ger. Lörrach; liegt auf einem Hügel unweit des Rheins. Trefflicher Weinbau und vorzügliche Schafzucht. Sehr alte St. Nikolauskapelle.

**Blasiwald**, D., 313 L. E., Fil. v. St. Blasien, L.-G. u. B.-A. St. Blasien; A.-G. u. A.-A. Waldshut; liegt auf dem Gebirge zwischen der Alb und Schwarzach, ziemlich hoch und heißt auch Muchenland.

**Blasiwald-Althütte**, Z. b. D. Blasiwald, 52 E., Fil. v. St. Blasien, L.-G. u. B.-A. St. Blasien, A.-G. u. A.-A. Waldshut. Viehzucht.

**Blasiwaldloch**, Z. b. D. Blasiwald, 73 E., Fil. v. St. Blasien, L.-G. u. B.-A. St. Blasien; A.-G. und A.-A. Waldshut. Viehzucht.

**Blasiwaldmuchenland**, Z. bes D. Blasiwald, 31 E., Fil. v. St. Blasien, L.-G. u. B.-A. St. Blasien; A.-G. u. A.-A. Waldshut. Viehzucht.

**Blasiwaldsommerseite**, Z. bes D. Blasiwald, 46 E., Fil. v. St. Blasien, L.-G. u. B.-A. St. Blasien; A.-G. u. A.-A. Waldshut. Viehzucht.

**Blasiwaldstraß**, Z. b. D. Blasiwald, 52 E., Fil. v. St. Blasien, L.-G. u. B.-A. St. Blasien; A.-G. u. A.-A. Waldshut. Viehzucht.

**Blasiwaldwinterseite**, Z. bes D. Blasiwald, 27 E., Fil. v. St. Blasien, L.-G. u. B.-A. St. Blasien; A.-G. u. A.-A. Waldshut. Viehzucht.

**Blaubronn**, Z. b. Pfdf. Walduin, 30 E., Fil. v. Walduin, L.-G. u. B.-A. Achern; A.-G. und A.-A. Baden; liegt in einem kleinen Thälchen.

**Blauen**, R.-D. b. D. Abelsberg, 150 E., Fil. v. Zell, A.-G. u. B.-A. Schönau; A.-G. und A.-A. Lörrach; liegt am südlichen Abhang des Blauenberges. Viehzucht.

**Blechereck**, Z. b. Pfdf. Ottenhöfen, 12 E., L.-G. u. B.-A. Achern; A.-G. und A.-A. Baden.

**Blechschmidte**, Z. b. Pfdf. Buchenbach, 36 E., Fil. v. Buchenbach, L.-G. u. B.-A. Freiburg; A.-G. u. A.-A. Freiburg; liegt beim Eingang des Höllenthales. Geschirrfabrikation aus Eisen u. Blech. Grdhrn.: Frhr. v. Wittenbach, v. Gleichenstein und v. Gapling.

**Bleibach**, Pfdf., 465 L. E., A.-G. und B.-A. Waldkirch; A.-G. u. A.-A. Freiburg; L.-G. Freiburg; liegt im Elzthale am Embach und der Elz. Viehzucht, Feld- und Wiesenbau. 1796 Gefecht zwischen dem östreichischen Armeekorps unter Latour und 40,000 Franzosen.

**Bleiche**, Hf. u. Brz. b. Pfdf. Dellsdingen, 11 E., L.-G. u. B.-A. Engen; A.-G. u. A.-A. Constanz.

**Bleiche**, Hf. u. Brz. b. Stdt. Neuenburg, 11 L. E., L.-G. u. B.-A. Müllheim; A.-G. und A.-A. Lörrach; liegt dicht am Rheine.

**Bleiche**, Brz. b. Stdt. Löffingen, 15 L. E., L.-G. u. B.-A. Neustadt; A.-G. u. A.-A. Freiburg.

**Bleiche**, Hf. u. Brz. b. Pfdf. Blumberg, 6 E., L.-G. u. B.-A. Donaueschingen; A.-G. u. A.-A. Constanz.

**Bleiche**, Hs. b. Stdt. Waldshut, 9 E., L.-G. u. B.-A. Waldshut, A.-G. u. A.-A. Waldshut.

**Bleichheim**, Pfdf., 718 L., 8 ew., zsf. 726 E., L.-G. und B.-A. Kenzingen; A.-G. u. A.-A. Freiburg; L.-G. Freiburg; liegt an der Bleiche in einem freundlichen Thälchen. Feld- u. Weinbau. Grdhr.: Graf v. Kageneck.

**Bleſſingbäusle**, Hs. u. Prz. b. D. Bleſſinghof, Prz. b. D. Schollach, 3 E., Fil. v. Urach, A.-G. und B.-A. Neuſtadt; K.-G. u. K.-A. Waldshut.

**Bleſſinghof**, Hf. u. Prz. b. D. Schollach, 18 E., Fil. v. Urach, A.-G. u. B.-A. Neuſtadt; K.-G. u. K.-A. Freiburg.

**Blindenhof**, Hf. und Prz. b. Pfd. Schönwald, 15 E., A.-G. u. B.-A. Triberg; K.-G. u. K.-A. Villingen.

**Blumbach**, H. und Prz. des Pfd. Gutach, 120 E., Fil. v. Hornberg, A.-G. u. B.-A. Triberg; K.-G. u. K.-A. Villingen.

**Blumberg**, Pfd., 4 ev., 731 l., 4 Men., zuf. 739 E., A.-G. und B.-A. Donaueſchingen; K.-G. und K.-A. Conſtanz; L.-R. Villingen; P.-A. Freiburg; F.-J. Donaueſchingen; Sitz b. B.-J. und der Poſthalterei. Am ſteilen Abfalle einer torfreichen Ebene gegen das Wutachthal gelegen und durch ſteile Berghalde u. einem vor dem Orte liegenden Weiher geſchützt war der Ort der Sitz eines gleichnamigen mächtigen Lehensadels, der ſich in viele Linien trennte. Nach Erlöſchen dieſes Adels kam die Herrſchaft 1337 nach manchem Wechſel der Herren an Fürſtenberg. Im Schweizer Krieg 1498 wurde das Städtchen geplündert und theilweiſe niedergebrannt. Feldbau und Viehzucht. Eibsthr.: Fürſt von Fürſtenberg. Mkte.: 12. März, 18. Jan., 22. Octbr.

**Blumberg**, Hf. und Prz. des K.-O. Schweigmatt, b. D. Raitbach, 30 E., Fil. v. Schopfheim, A.-G. u. B.-A. Schopfheim; K.-G. u. K.-A. Lörrach; liegt am Fuße des Hohenmohrberges.

**Blumberg**, H. b. D. Oberſasbach, 40 l. E., Fil. v. Sasbach, A.-G. u. B.-A. Achern; K.-G. u. K.-A. Baden; liegt am Eingange des Sasbacher Thales.

**Blumegg**, D., 2 ev., 334 l., zuf. 336 E., Fil. v. Lausheim, A.-G. u. B.-A. Bonndorf; K.-G. u. K.-A. Waldshut. Das Dorf hat eine Burgruine auf ſchroff abfallenden Felſen über dem hier durch ſenkrecht eingeſchnittene Kaltwände eingeengten Wutachthale und war Sitz eines gleichnamigen mit den Hrn v. Blumberg aus einem Stamme entſproſſenen Adelsgeſchlechtes. Einer derſelben vermählte ſich mit einer Gräfin v. Fürſtenberg und um ſeine durch Geldnoth bedrängten Schwäger zu retten, verkaufte er die Herrſchaft an Egelolf v. Wolfurth. Von deſſen Sohn kam ſie durch Kauf an die Herren v. Friedingen, welche ſie an St. Blaſien veräußerten, mit welchem Stifte B. 1805 an Baden kam. Feldbau und Viehzucht.

**Blumeggsweiler**, Wl. u. Prz. b. D. Blumegg, 12 l. E., Fil. v. Lausheim, A.-G. u. B.-A. Bonndorf; K.-G. u. K.-A. Waldshut.

**Blumenfeld**, Stdt., 2 ev., 240 L., zuf. 242 E., A.-G. u. B.-A. Engen; K.-G. u. K.-A. Conſtanz; L.-R. Engen; P.-A. Stodach. Sitz der P.-E.; liegt im Thale der Biber auf einem niederen Hügel. Feld-, Wieſen-, Obſt-, ſowie etwas Weinbau. Mit altem Schloße, war vormals ein Beſitz des Kloſters Stein, das als Lehen an die Kloſtervögte von Klingen und die davon abzweigende Linie von Klingenberg übergieng. Vom ſchwäbiſchen Bunde 1441 eingenommen, wurde es an die Herren v. Bodmann-Imginger verpfändet, endlich an den deutſchen Orden verkauft, nach deſſen Aufhebung es an Baden kam.

**Blumhof**, Hf. u. Prz. b. Bm. Altrach, 11 E., Fil. von Ludwigshafen, A.-G. und B.-A. Stodach; K.-G. u. K.-A. Conſtanz; liegt in einem gegen Stodach ſich münden den Thälchen.

**Bobſtadt**, Pfd., 547 ev., 107 l., zuf. 654 E., A.-G. u. B.-A. Boxberg; K.-G. u. K.-A. Mosbach; Dec. Barberg; P.-A. Heidelberg. Sitz b. P.-Abl.; liegt auf einem nördlich ſich abdachenden Hügel. Getreide und Kartoffelbau. Auch Boppſtadt geſchrieben, als Rosenberg'ſcher Beſitz, von dieſem Geſchlechte der Pfalz zu Lehen aufgetragen, welcher es ſpäter ganz anheimfiel und deren Religionsänderung es ſämmtlich oft gewaltſam bei ſich einführen ſehen mußte.

**Bockobach,** Hf. u. Prz. b. Bzk. Steinach, 14 E., A.-G. Haslach und B.-A. Wolfach; R.-G. u. R.-A. Offenburg; liegt an der Straße durch das Kinzigthal.

**Bocksberg,** Hf. u. Prz. b. Stbl. Oppenau, 9 L E., A.-G. u. B.-A. Oberkirch; R.-G. u. R.-A. Offenburg; liegt im Renchthale.

**Bockschaft,** D., 81 ev., 3 L., 1 Diff., 19 Men., zuf. 104 E., Fil. v. Berwangen, A.-G. u. B.-A. Sinsheim; R.-G. u. R.-A. Heidelberg, 752 p.' F. üb. d. M. auf einem Hügel gelegen, treibt Feld-, Wiesenbau und Viehzucht. Grbhrsch.: adel. Frauenstift zu Pforzheim.

**Bodenwald,** Hf. u. Prz. b. Bzk. Bobmann, 12 E., A.-G. u. B.-A. Stockach; R.-G. u. R.-A. Constanz; liegt auf einer Anhöhe hinter Bodmann. Grbhr. Frhr. Bodmann zu Bodmann.

**Bodersweiler,** Pfdf., 944 ev., 28 L., 85 Isr., zuf. 1057 E., A.-G. u. B.-A. Kork; Dec. Rheinbischofsheim; liegt an der Straße von Rastatt nach Achl. Bedeutender Hanfbau, Vieh- und Gänsezucht.

**Bodmann,** Pfdf., 23 ev., 880 L., zuf. 903 E., A.-G. a. B.-A. Stockach; R.-G. und R.-A. Constanz; L.-R. Stockach; liegt am nordöstlichen Ufer des Ueberlinger Sees, wo die ziemlich hohen und fast steilen Berge sich dicht am See erheben. Feld- und Weinbau. Handel mit Holz nach Constanz und Korschach, mit Obst nach Württemberg, mit Getreide nach Radolphzell. Bedeutsamer Ort, welcher dem Bregenzer See den Namen Bodensee gab. Pfalz der karolingischen Könige, wo Karl der Dicke den Weinberg Königsgarten anlegte. Schon früher hatten die Kammerboten Warin und Ruadhard den h. Othmar dort gefangen gehalten. Unter Arnulf von Kärnthen wohnte dort Graf Odalrich v. Bregenz und unter Ludwig dem Kinde und Konrad dem Franken die Kammerboten Erchanger und Berthold, unter welchen die alte Pfalz zerstört worden sein soll. Das jetzige freiherrliche Geschlecht hatte die Burg und das am Fuße derselben entstehende Dorf als Lehen vom Hochstifte Constanz.

**Bödigheim,** Mktfl., 621 ev., 94 L., 42 Men., 100 Isr., zuf. 857 E., A.-G. und B.-A. Buchen; R.-G. u. R.-A. Mosbach; Dec. Adelsheim; B.-A. Heidelberg; Sitz b. P.-Abl.; liegt 1032 p. F. üb. d. M. an der Seckach, welche mit mehr als 300 Quellen vereinigt als starker Bach das Thal durchfließt und in B. 2 Mühlen treibt. Feldbau und Leinwandweberei. Mkte.: 21. Sept. u. 21. December. Hat ein altes im 13. Jahrhundert von Amorbach eingetauschtes Schloß das der Grbhrrschst. v. Rüdt-Collenberg-Bödigheim gehört.

**Bühlerhof,** Hf. und Prz. des Pfdf. Owingen, 11 E., A.-G. u. B.-A. Ueberlingen; R.-G. u. R.-A. Constanz.

**Böhringen,** Pfdf., 33 ev., 564 L., zuf. 597 E., A.-G. u. B.-A. Radolfzell; L.-G. u R.-A. Constanz; L.-R. u. P.-A. Constanz. Sitz b. R.-Abl.; liegt an einem kleinen Bache. Feld- und Wiesenbau. Sägmühle u. Holzhandel.

**Böhringerhof,** Hf. u. Prz. v. Oberlangenordnach, Wlr. b. D. Langenordnach, 8 E., Fil. v. Friedenweiler, A.-G. u. B.-A. Neustadt; R.-G. u. R.-A. Freiburg.

**Böllen,** Ober-, D., 1 ev., 237 L., zuf. 238 E., Fil. von Schönau, A.-G. u. B.-A. Schönau; R.-G. u. R.-A. Lörrach; liegt an der Bellenbach am Fuße des Belchen, in einem engen Thale. Viehzucht u. Wiesenbau.

**Böllenbach,** J. b. D. Ibach, 13 E., Fil. v. Oppenau, A.-G. u. B.-A. Oberkirch; R.-G. u. R.-A. Offenburg; liegt im Renchthale.

**Börsgritt,** Hf. u. Prz. b. D. Ramsbach, 9 L E., Fil. v. Oppenau, A.-G. u. B.-A. Oberkirch; R.-G. u. R.-A. Offenburg; liegt im Renchthale.

**Böslenbach,** Z. b. Pfdf. Petersthal, 19 E., A.-G. u. B.-A. Oberkirch; R.-G. und R.-A. Offenburg; liegt im hintersten Renchthale zwischen wilden und hohen Bergen an der Straße nach Griessbach, hat 2 Mahl- und 2 Sägmühlen.

**Bözen,** Wlr. b. Stbl. Staufen, 40 L E., A.-G. u. B.-A. Staufen; R.-G. und R.-A. Freiburg; liegt in einem kleinen Thälchen hinter dem Staufenberg und pflanzt guten Wein.

**Bötzingen,** Pfdf., 1492 ev., 326 L.,

auf. 2016 C., A.-G. u. B.-A. Emmendingen, A.-G. u. L.-A. Freiburg; Der Emmenbingen und L.-A. Endingen; liegt am östlichen Fuße des Kaiserstuhls, 668 p. F. ab. d. M. Feld- u. Wiesenbau, trefflichen Wein- und Hanfbau.

**Bofsheim**, Pfdf., 338 ev., 35 l., auf. 373 C., A.-G. u. B.-A. Adelsheim; A.-G. u. A.-A. Moßbach; Der. Adelsheim; liegt an der Kirchbach 1026 v. F. üb. d. M. Rege Thätigkeit in Leinenweberei bei bedeutender Viehzucht. Als nach dem Aussterben des die Reformation eingeführt habenden Rosenberg'schen Geschlechts, die Erben, Grafen v. Hatzfeld, Katholiken einführten und die Reformirten arg bedrängten, entstanden langdauernde Streitigkeiten, welche vergeblich das Reichskammergericht zu beendigen suchte. Erst beim Anfalle an die Grafen von Löwenstein-Wertheim gab es Ruhe.

**Bohland**, A.-O. d. D. Birtingen, 45 C., Fil. v. Birndorf, A.-G. u. B.-A. Waldshut; A.-G. u. A.-A. Waldshut.

**Bohlingen**, Pfdf., 966 L., 2 ev., auf. 968 C., A.-G. u. B.-A. Radolphszell; A.-G. u. A.-A. Constanz; liegt an der Aach, Feld- u. Wiesenbau, Viehzucht und 1 Ziegelhütte. Alte Stiftung des Grafen Kuno v. Oehningen an das Stift Oehningen. Später Lehen besaß die Herren v. Grüneberg, ward es mit Bankholzen an das Bisthum Constanz geschicht. Nach dem Bauernkrieg, an welchem es Antheil genommen, mußte es die Mauern des festen Kirchhofs schleifen und die großen Sturmglocken abschaffen.

**Bohlsbach**, Pfdf., 2 ev., 598 l., auf. 600 C., A.-G. u. B.-A. Offenburg; A.-G. u. A.-A. Offenburg; L.-A. Offenburg; liegt an einem bei Rheinbischofsheim in den Rhein mündenden Bache, Feldbau u. Viehzucht, und Handel mit diesen Producten nach Straßburg.

**Bohmern**, J. b. D. Lehengericht, 20 C., Fil. v. Schillach, A.-G. u. B.-A. Wolfach; A.-G. u. A.-A. Offenburg; liegt im Schillachthale.

**Bohnenloch**, im J. d. D. Seebach, 25 C., Fil. v. Ottenhöfen, A.-G. u. B.-A. Achern; A.-G. u. A.-A. Baden.

**Bohrer, im, Prz. b. Pfdf. Horben**, 40 C., A.-G. u. B.-A. Freiburg; A.-G. u. A.-A. Freiburg; liegt in einem einsamen winterlichen Thale hinter Günterthal, hat eine Mühle. Feldbau u. Viehzucht.

**Bolav, Prz. b. Pfdf. Oberharmersbach**, 26 C., A.-G. u. B.-A. Gegenbach; A.-G. u. A.-A. Offenburg.

**Boldischenhof, Hf. u. Prz. b. Wlr. Altenweg, Prz. b. D. Bierthäler**, 9 C., Fil. v. Neustadt, A.-G. u. B.-A. Neustadt; A.-G. u. A.-A. Freiburg.

**Boll, D., 224 L., C., Fil. v. Günbelwangen**, A.-G. u. B.-A. Bonndorf; A.-G. und A.-A. Waldshut; liegt an der Straße von Löffingen nach Bonndorf, am östlichen Abhange eines steilen Berges. Feld- und Wiesenbau, Viehzucht. Das Dorf ist alt und hatte ein eigenes Adelsgeschlecht.

**Boll, Pfdf., 452 l. C., A.-G. u. B.-A. Meßkirch**; A.-G. u. A.-A. Constanz; L.-A. Meßkirch; liegt an der Ablach, hat 2 Mühlen und treibt Feld- u. Wiesenbau.

**Bollenbach, D., 412 L., C., Fil. von Strnach, A.-G. Haslach, B.-A. Wolfach**; A.-G. u. A.-A. Offenburg; liegt im Kinzigthale. Feldbau u. Viehzucht.

**Bollhof, Hf. u. Prz. b. Pfdf. Schwerzen**, 13 C., A.-G. und B.-A. Waldshut; A.-G. u. A.-A. Waldshut.

**Bollschweil, Pfdf., 692 L. C., A.-G. u. B.-A. Staufen**; A.-G. und A.-A. Freiburg; L.-A. Breisach; liegt an der Möhlinsbach in einem ziemlich freundlichen Thälchen, hat 1 Mühle und treibt Ackerbau u. Viehzucht. Im 8. Jahrhundert war St. Gallen hier begütert und nach der Lehensauflage des letzten Frhrn. von Bollschweil wurde es an die jetzige Grundherrschaft von Berstett übertragen.

**Bolzhurst, J. b. Pfdf. Legelshurst**, 115 C., A.-G. u. B.-A. Kiel; A.-G. und A.-A. Offenburg; liegt am Fischmattenbach. Feld- u. Wiesenbau, Viehzucht.

**Bombach**, Pfdf., 2 ev., 484 l., zuf. 486 C., A.-G. u. B.-A. Messkirch; R.-G. und H.-A. Freiburg; L.-A. Freiburg; liegt in einem kleinen Thale, mittelmäßigen Feld- und Wiesenbau, Handhecheln, Luntenspinnen, Salzstädt- und Tuchtuchfabrikation.

**Bonartshäuserhof**, Hf. u. Prz. b. Pfdf. Gondelsheim, 45 C., A.-G. und B.-A. Bretten; R.-G. u. R.-A. Carlsruhe; liegt ziemlich hoch und treibt Feld- und Wiesenbau, sowie Viehzucht.

**Bonndorf**, Mftf., 1223 l., 19 ev., zuf. 1242 C., A.-G. und R.-A. Waldshut; L.-R. Stockach; B.-A. Freiburg. Sitz des A.-G., B.-A., G.-R., A.-Ph., H.-Dom.-D.-C.; B.-C. und B.-Sl. Tel.-St. u. b. D.-Pol.; liegt an Großbrumenbach, 2625 p. F. üb. d. M. an der Straße von Freiburg nach Stühlingen. Feldbau, Viehzucht, Gewerbebetrieb, Schranne. Mkte.: R.- und B.-M. 5. Mai, 23. Juli, 5. Novbr., B.-M.: 5. März, 17. September. Sitz eines alten Lehensadels der Bähringer, kam von diesen an die Blumenegger, mit ihrer übrigen Herrschaft an die Bolfurth, die 1402 das dortige Paulinerkloster, jetzt Pfarrhaus, stifteten, endlich mit der Oberherrlichkeit nach manchem Wechsel 1612 an St. Blasien. Stattliches Landesspital, das nach zwei vernichtenden Feuersbrünsten in dem neu erstandenen Marktflecken durch den Fürstabt Martin Gerber errichtet wurde, welchem die Dankbarkeit des Ortes und der umliegenden Gemeinden 1856 ein schönes Standbild von J. Reich aufstellte.

**Bonndorf**, Pfdf., 8 ev., 490 l., zuf. 498 C., A.-G. u. B.-A. Ueberlingen; R.-G. u. L.-R. Constanz; L.-R. Stühlingen; liegt ziemlich eben an einem Bache, der hier eine Mühle treibt, an der Straße von Ueberlingen nach Stockach. Mkte.: R.- u. B.-M. 3. Mai, 23. Juli, 5. Nov., B.-M.: 5. März, 17. Septbr.

**Bosenstein**, Schloßruine u. Prz. b. Pfdf. Ottenhöfen, A.-G. u. B.-A. Achern; R.-G. u. R.-A. Baden, 1 l. C., ehemals Sitz einer gleichnamigen Adelsfamilie, durch die Sage in die Zeit Otto I. hinaufgerückt, liegt auf einem Ausläufer des Melkereikopfs.

**Bosenstein**, am, Prz. b. D. Seebach, 7 C., Fil. v. Ottenhöfen, A.-G. und B.-A. Achern; R.-G. und R.-A. Baden.

**Bottenau**, Hf. und Prz. des R.-D. Maisenbühl, b. D. Henthal, 15 C., Fil. v. Rußbach, A.-G. u. B.-A. Oberkirch; R.-G. u. R.-A. Offenburg; liegt in einem kleinen Thale.

**Bottenau**, R.-D. b. Pfdf. Durbach, 171 l. C., Stadb., A.-G. u. B.-A. Offenburg; R.-G. u. R.-A. Offenburg; liegt in einem freundlichen Thälchen zwischen schönen Weinbergen, hauptsächlich Weinbau. Gemarkung u. Gemeindevermögen getrennt.

**Bottenbach**, A. b. Pfdf. Berghaupten, 82 l. C., A.-G. u. B.-A. Gengenbach; R.-G. u. R.-A. Offenburg; liegt in einem sich nördlich öffnenden Thale. Feld-, Wiesen- und etwas Weinbau, sowie Viehzucht.

**Böttingen**, R.-D. b. Pfdf. Riuburg, 239 ev. C., A.-G. und B.-A. Emmendingen; R.-G. und R.-A. Freiburg; gemeinschaftliche Gemarkung u. Gemeindevermögen. Bedeutender Feld- und Wiesenbau. Alter Ort.

**Boxberg**, Stbt., 305 ev., 317 l. u. 9 Isr., zuf. 631 C., A.-G. u. R.-A. Mosbach; Dec. Boxberg; L.-R. Lauda, B.-R. Heidelberg. Sitz des A.-G., B.-A., G.-R., A.-Ph. und der Posthalterei. T.- u. R. Tel.-St.; liegt 687 p.F. üb. d. M. am rechten Ufer der an Forellen ziemlich reichen Umpfer in einem freundlichen Thale am Fuße des ziemlich hohen Schloßbergs an der Straße von Mosbach nach Mergentheim und ist mit einer Mauer umgeben. Kornbau. Das Städtchen hat ein altes Schloß der gleichnamigen Dynasten, die im 12. Jahrhundert vorkommen. Ein Antheil kam im 13. Jahrhundert durch Kauf an die verwandten Dynasten v. Hohenlohe, der andere nach Aussterben der dortselbst entsprossenen Krautheimer an den deutschen Orden, im 14. Jahrh. als pfälzisches Lehen an die Hrn. v. Rosenberg, von denen nach einer Inschrift Georg 1490 das Schloß wieder erbaute, nachdem es 10 Jahre früher von Pfalz, Mainz und Würzburg zerstört worden. Nachdem Melchior v. Sickingen, ein Freund Franz v. Sickingen's, sich in den Besitz des Schlosses gesetzt hatte, wurde dieses von dem schwäbischen Bund wieder erobert und zerstört und an die Pfalz zurückgegeben 1533. 1 Decennium später begann Albrecht v. R den Neubau, den er mit Kaiser Carl's V. Erlaubniß beendigte, worauf erst 1561 durch Vergleich dasselbe an Churfürst Friedrich III. von der Pfalz zurückgegeben wurde, bei welcher es bis in die neueste Zeit geblieben ist. Mtle.: K., Roß, und B.M. 2. März, 29. April, 8. Juni, 31. August.

**Boxlergut**, Hf. und Prz. b. Pfbf. Owingen, 9 E., A.G. u. B.A. Ueberlingen; K.G. u. K.A. Constanz.

**Boxthal**, Pfbf. 467 L E., A.G. u. B.M. Wertheim; A.G. und K.A. Roßbach; L.R. Buchen; liegt 524 p. F. üb. d. M. am Ausflusse eines kleinen Baches in den Main in einem engen von hohen Bergen umgränzten Thale. Das Dorf hat Feld-, Wiesenbau und Viehzucht. Erbhr.: Fürst v. Löwenstein-Wertheim-Freudenberg.

**Bräg**, Prz. b. D. Langenbach, 37 E., Fil v. Böhrenbach, A.G. u. B.A. Dillingen; K.G. u. K.A. Dillingen.

**Brägenbach**, Prz. b. Pfbf. Neukirch, 166 E., A.G. u. B.A. Triberg; K.G. und K.A. Dillingen.

**Brägsändle**, Hä. und Prz. b. Z. Bräg, Prz. v. Langenbach, 4 E., Fil v. Böhrenbach, A.G. u. B.A. Dillingen; K.G. u. K.A. Dillingen.

**Brändle**, Z. b. A.D. Lengenfeld, 5 E., Fil v. Leibertingen, A.G. u. B.A. Meßkirch; K.G. u. K.A. Constanz.

**Bränningsmühle**, Hä. u. Prz. bes Pfbf. Oeschelbronn, 8 ea. E., A.G. u. D.A. Pforzheim; K.G. und K.A. Carlsruhe; liegt an einem bei Äistern in die Enz mündenden Bache.

**Bräunlingen**, Stdt., Sen., 1379 L, puf. 1394 E., A.G. u. B.A. Donaueschingen; K. u. K.A. Villingen; L.R. Villingen; liegt in einem kleinen Thale, wo die Brandbach in die Brege mündet. Feldbau und Viehzucht. Alter Ort, die auf einem Hügel gelegene Friedhofkirche hat einen Thurm aus dem 12. Jahrhdt. im byzantinischen Baustyle, in dem neueren Chor- und Langschiffe bemerkenswerthe Grabsteine u. A. eines Stabelin v. Stockburg in ganzer Figur. Mkt.: D. und K.M. 24. Febr., 22. Juli, 22. Oct., 26. Nov. B. u. Schweine-R.: 4. Mai.

**Braitenbach**, Hf. und Prz. b. Pfbf. Ittendorf, 11 E., A.G. u. B.A. Meersburg; K.G. u. K.A. Constanz.

**Braitenbach**, Hf. u. Prz. b. D. Stetten, 13 E., Fil v. Meersburg; A.G. u. B.A. Meersburg; K.G. u. K.A. Constanz.

**Brambenhof**, Hf. und Prz. b. D. Bermersbach, 5 E., Fil v. Gengenbach, A.G. u. B.A. Gengenbach; K.G. u. K.A. Offenburg.

**Brand**, A.D. b. D. Burg, 80 E., Fil v. Kirchzarten, A.G. u. B.A. Freiburg; K.G. u. K.A. Freiburg; liegt am Rotbach und an der Straße nach dem Höllenthal. Vieh- und Schweinezucht.

**Brandeck**, Prz. b. Stdtl. Gebirg, b. Pfbf. Durbach, 17 L E., A.G. u. B.A. Offenburg; K.G. u. K.A. Offenburg; ist reich an fruchtbaren Weinbergen.

**Brandenberg**, D., 395 L E., Fil v. Todtnau, A.G. u. B.A. Schönau; K.G. u. K.A. Lörrach; liegt 2391 p. F. üb. d. M. im hintersten Theile des Schwarzwaldes am südlichen Fuße des Feldbergs zwischen hohen, waldigen Bergen an der Wiese. Viehzucht, Holzwaaren und Bürstenfabrikation.

**Brandmatt**, Z. b. Pfbf. Sasbachwalden, 145 E., A.G. u. B.A. Achern; K.G. u. K.A. Baden.

**Brandberg**, Hf. b. Pfbf. Peterthal, 15 E., A.G. und B.A. Oberkirch; K.G. u. K.A. Offenburg; liegt im hintersten Theile des Renchthales.

**Brandberg**, Hf. b. D. Debsbach, 16

C., Fil. v. Oberkirch, A.-G. u. B.-A. Oberkirch; A.-G. u. K.-A. Offenburg.

**Brannenberg**, Hf. d. Pfdf. Hinderwangen, 23 C., A.-G. u. B.-A. Stockach; A.-G. und K.-A. Constanz; liegt ziemlich hoch.

**Bregenbach**, D., 146 C., Fil. von Urach, A.-G. und B.-A. Neustadt; A.-G. u. K.-A. Freiburg. Es liegt an der Brege in einsamer unfruchtbarer Gegend, und treibt Viehzucht, Feld- und Wiesenbau, sowie Holzhandel. Stdshr.: Fürst zu Fürstenberg.

**Brehmen**, D., 208 ev., 144 k., juf. 350 C., ev. Fil. von Hohenstadt, k. Fil. v. Bulfringen, A.-G. und B.-A. Tauberbischofsheim; A.-G. und K.-A. Mosbach; liegt zwischen hohen Hügeln u. treibt Viehzucht und Handel mit Früchten, Holz und Eichenrinden nach dem Main und Neckar.

**Breisach**, Stdt., 114 ev. 2342 k., 511 isr., juf. 3167 C., A.-G. und K.-A. Freiburg, F.-J. Freiburg; P.-A. Freiburg. Sitz b. A.-G., B.-A., G.-R., A.-Ph., S.-R., B.-J., d. PostSt.; H.-St.-A.; 2 Not.; Tel.-St.; liegt 758 p. F. üb. d. M. am rechten Ufer des Rheins auf einer Anhöhe. Ansehnlicher Gewerbebetrieb nebst 1 Tabak- und Tapetenfabrik und nicht unbedeutender Handel. Altertüche, früher am westlichen Ufer des Rheins auf Hügeln gelegene Niederlassung, die von den Römern als Mons Brisiacus befestigt, und zur alemannischen Zeit dem Brisachgaue, Brisgau den Namen gab. Nach der Wiederherstehung des deutschen Volksherzogthums war "Brisacha" Münzstätte und abwechselnd Residenz der deutschen Herzoge. Unter Kaiser Otto I. bot es dem Frankenherzog Eberhard einen Haltpunkt gegen jenen und ward erst erobert als er 939 bei Andernach gefallen war. 1002 wurde es von Hermann II. von Alemannien den Anhängern des Kaisers weggenommen. Von da blieb die Burg zunächst des alten Römerthurms dem Reiche und wurde von den Herzogen von Zähringen als Grafen des Breisgaus besetzt.

Die Ansiedlung bei der Kirche und dem Schanzberg erhielt der Bischof von Basel zum Geschenk, der die Hälfte davon dem Kaiser abtrat. Im 13. Jahrhdt. bekam die Stadt die Reliquien der Schutzheiligen Gervas und Protas durch den Erzbischof von Cöln. Beim Ausgang der Hohenstaufen ging der kaiserliche Antheil wieder an den Bischof v. Basel über, welchem die Stadt während des Interregnums huldigte. Rudolf von Habsburg eroberte Stadt u. Burg und machte erstere zur freien Reichsstadt, 1331 an Oesterreich verpfändet, ward sie 1427 auf kurze Zeit reichsunmittelbar. Später an Karl den Kühnen verpfändet, mußte sie unter dessen Landvogt P. v. Hagenbach viel ertragen, bis dieser in Folge eines Aufstandes 1474 hingerichtet ward. 1638 nahm Herzog Bernhard v. Weimar Stadt und Festung ein, worauf sie im westphälischen Frieden an Frankreich abgetreten, aber von 1700 bis 1703 an Oesterreich zurückkam. Erst der Friede zu Rastatt 1714 übergab sie bleibend dem Reiche. Nachdem sie 1793 wiederum zusammengeschossen, nahmen 1799 die Franzosen Besitz von den neuerbauten Häusern, welche sie im Lüneviller Frieden an Baden abtraten, unter dessen Herrschaft es sich wieder zu erheben beginnt. Sehenswerther Dom mit herrlich geschnitztem Altar. Mkt.: 24.Aug. u. 28. Oct.

**Breite**, Z. d. Pfdf. Ottoschwanden, 45 C., A.-G. u. B.-A. Emmendingen; A.-G. u. K.-A. Freiburg.

**Breitebene**, Z. d. D. Hofstetten, 200 C., Fil. v. Hasach, A.-G. Hasach u. B.-A. Wolfach; A.-G. u. K.-A. Offenburg; liegt im Thale des Salmersbach.

**Breitmoos**, Wlr. d. D. Freiamt, 80 k. C., Fil. v. Haslach, A.-G. u. B.-A. Emmendingen; A.-G. u. K.-A. Freiburg; liegt im Thale des Salmersbach u. treibt Feldbau und Viehzucht.

**Breiteck**, Hf. u. Pz. d. Pfdf. Gütenbach, 30 C., A.-G. u. B.-A. Triberg; A.-G. u. K.-A. Villingen; liegt in einem engen und wilden Thale.

**Breithof,** Hf. u. Pfz. b. D. Jarten, 17 L E., Fil. v. Kirchzarten, A.-G. u. B.-A. Freiburg; K.-G. u. K.-A. Freiburg; liegt unweit der Dreisam.

**Breitenauerhof,** Hf. u. Prz. b. D. Rütschdorf, 9 E., Fil. v. Hardheim, A.-G. u. B.-A. Walldürn; K.-G. und K.-A. Mosbach; liegt im Thale der Erfa 645 p. F. üb. b. M. Feldbau und Viehzucht.

**Breitenbach,** J. b. Sibl. Hausach, 8 L E., A.-G. Haslach, B.-A. Wolfach; K.-G. u. K.-A. Offenburg; liegt im Haulebacherthale.

**Breitenbach,** J. b. D. Einbach, 47 L E., Fil. v. Hausach, A.-G. u. B.-A. Wolfach; K.-G. u. K.-A. Offenburg.

**Breitenberg,** J. b. D. Döttelbach, 15 E., Fil. v. Petersthal, A.-G. u. B.-A. Oberkirch; K.-G. u. K.-A. Offenburg; liegt im hintersten Theile des Renchthales, 2230 v. F. üb. b. M.

**Breitenbronn,** Pfbf., 301 ev., 41 L, jüf. 342 E., A.-G. und B.-A. Mosbach; K.-G. u K.-A. Mosbach; liegt ziemlich hoch, treibt Feldbau u. Viehzucht und lebhaften Fruchthandel nach Heidelberg. Schon im 10. Jahrhdt. Dependenz der Abtei Mosbach, später unter der Schirmvoogtei der Pfalzgrafen, an welche nach Aussterben der Lehensträger von Eielnach das Dorf zurückfiel.

**Breitenfeld,** D., 183 f. E., Fil. von Thiengen, A.-G. u. B.-A. Bonndorf, K.-G. u. K.-A. Waldshut; liegt ziemlich hoch u. treibt Viehzucht und Feldbau.

**Breithurst,** A.-O. b. Pfbf. Unzhurst, 152 E., A.-G. u. B.-A. Bühl; K.-G. und K.-A. Baden; gemeinschaftliche Gemarkung und getrenntes Gemeindevermögen, liegt am Bache Schwarzwasser.

**Breitmatt,** J. b. D. Mallach, 15 E., Fil. v. Oppenau, A.-G. und B.-A. Oberkirch; K.-G. u. K.-A. Offenburg; liegt am Fuße des Roßbühl.

**Breitnau,** Pfbf., 691 l. E., A.-G. u. B.-A. Freiburg; K.-G. u. K.-A. Freiburg; L.-A. Breisach; liegt in einem Seitenthale des Höllenthales, 3173 p. F. üb. b. M. in einer unwirthlichen Gegend. Holzhandel u. Uhrenfabrikation.

**Brenzgarten,** Pfbf., 554 L, 5 en., juf. 599 E., A.-G. u. B.-A. Staufen; K.-G. u. K.-A. Freiburg; L.-A. Breisach.

**Brendel,** J. b. Pfbf. Turbach, 34 E., A.-G. u. O.-A. Offenburg; K.-G. u. K.-A. Offenburg; L.-A. Offenburg. Weinbau.

**Brennden,** Pfbf., 230 E. A.-G. und B.-A. Bonndorf; K.-G. u. K.-A. Waldshut; L.-A. Waldshut; liegt hoch und treibt Feldbau und Viehzucht.

**Brennetsloch,** J. des Pfbf. Neulirch, 50 E., A.-G. und B.-A. Triberg; K.-G. u. K.-A. Villingen.

**Brennet,** J. b. Pfbf. Oeflingen, 58 E., A.-G. u. B.-A. Sädingen; K.-G. u. K.-A. Waldshut; P. und E.-A. Basel; Sitz b. D.-E., Haft- u. Tel.-Stat., Spedition und Holzhandel.

**Bretten,** Stdt., 2485 ev., 347 l., 24 Diff., 150 isr., juf. 3206 E., A.-G. und K.-A. Carlsruhe; F.-J. Carlsruhe; P. u. E.-A. Bruchsal; L.-A. Bruchsal und Dec. Bretten. Sitz des A.-G., B.-A., A.-G. u. Pfz., Dom.-B., B.-F., Postkellerei, 2 Rot. Haft u. Tel.-Stat. Anmuthig gelegenes Städtchen an der Eisenbahnlinie Bruchsal-Stuttgart, 670 p. F. üb. b. M. zwischen nicht sehr hohen Hügeln an der Salzbach. Der Boden ist fruchtbar und hat gute Wiesen u. Reblanden. Ansehnlicher Gewerbebetrieb, worunter Dampfsägen, 1 Maschinenfabrik, Seifen u. Lichter-, sowie Kupferwaarenfabrikation, Spedition und Holzhandel. Alter Besitz der Grafen vom Kraichgau kam es nach deren Aussterben theilweise an die Obersteiner, von diesen an die Herren von Zwetbrücken, dann an die Obersteiner zurück, endlich als Pfand und Kauf um 1340 an die Pfalz. 1504 durch Herzog Ulrich von Württemberg belagert, im 30jährigen Kriege mehrmals erobert, am 24. August 1689 von den Franzosen bis auf die Kirche und ein Haus niedergebrannt. Heimath Philipp Melanchthons. Mtte.: Webm. 12. Januar, 9. Febr., 9. März, 13. April, 11. Mai, 8. Juni, 13. Juli, 10. Aug., 14. Septbr.

12. Oct., 9. Nov., 14. Dez., Krämer-Mkt.: 25. Febr., 29. April, 12. Aug., 4. Novbr.
**Brettenthal**, J. b. D. Freiamt, 180 C., Fil. v. Ottoschwanden, A.-G. und B.-A. Emmendingen; R.-G. u. R.-A. Freiburg; liegt im Thale der Breitenbach. Wiesenbau und Viehzucht.

**Bretzingen**, Pfdf., 685 L. C., A.-G. u. B.-A. Wallbürn; A.-G. u. R.-A. Mosbach; L.-R. Buchen; liegt a. b. Erfa, 961 p. F. üb. b. M., hat 3 Mühlen, worunter 1 Sägmühle. Feld- u. Wiesenbau und früher stark besuchte Wallfahrt zu dem Nägeleisbild.

**Brielholz**, Hf. u. Prz. b. D. Münchhöf, 16 l. C., Fil. v. Raithaslach, A.-G. u. B.-A. Stockach; A.-G. u. R.-A. Constanz.

**Brigach**, D., 475 ev., 11 L., zsf. 486 C., Fil. v. ev. Thennenbronn, A.-G. u. B.-A. Triberg; A.-G. u. R.-A. Villingen; liegt an der Brigach in einem wilden rauhen Thale. Viehzucht.

**Brigittenschloß**, Burgruine u. Prz. b. Pfdf. Rappelrobed, A.-G. u. B.-A. Achern; A.-G. u. R.-A. Baden; im hintersten Theile des Rohbacher Thales, soll früher Hohenrod geheißen haben.

**Brigungen**, Pfdf., 845 ev., 14 L. zsf. 859 C., A.-G. u. B.-A. Müllheim; A.-G. und R.-A. Lörrach; Dec. Müllheim; liegt 1023 p. F. üb. b. M. in einem freundlichen Thälchen. Wein- u. Wiesenbau.

**Brobenau**, Hf. u. Prz. b. D. Reichenthal, 12 C., Fil. v. Weißenbach, A.-G. u. B.-A. Gernsbach; A.-G. u. R.-A. Baden; liegt im Murgthale.

**Brötingen**, Pfdf., 2124 ev., 120 L., zsf. 2244 C., A.-G. u. B.-A. Pforzheim; A.-G. und L.-A. Carlsruhe; liegt im Enzthale am Abhange eines ziemlich steilen Berges. Feld- und Wiesenbau nebst Viehzucht.

**Brogen**, J. b. Pfdf. Buchenberg, 55 ev. C., A.-G. u. B.-A. Triberg; A.-G. u. R.-A. Villingen; in hochgelegenem Seitenthale des Rodargebiets, bietet bei unergiebigem Ackerbau durch Uhrenfabrikation u. Holz-

handel bis Türrheim eine willkommene Einnahme. Ueber das Wirthshaus zum Brogen führt eine alte Poststraße von Hornberg nach Villingen.

**Broggingen**, Pfdf., 552 C., A.-G. u. B.-A. Kenzingen; A.-G. u. R.-A. Freiburg; Dec. Lahr; ist auf drei Seiten von Bergen umgeben und treibt Feld-, Wiesenund Waldbau.

**Brombach**, Pfdf., 1029 ev., 91 L., zsf. 1120 C., A.-G. u. B.-A. Lörrach; A.-G. u. R.-A. Lörrach; Dec. Lörrach; liegt im Wiesenthale an der Straße von Lörrach nach Schopfheim, treibt Feld- und Wiesenbau.

**Brombach**, J. b. Pfdf. Rappelwinbed, 46 C., A.-G. und B.-A. Bühl; A.-G. u. R.-A. Baden.

**Brombach**, D., 386 ev., 7 L., zsf. 393 C., Fil. v. Hebbesbach, A.-G. u. O.-A. Heidelberg; A.-G. u. R.-A. Heidelberg; B.-A. Heidelberg; Sitz b. B.-Exp.; liegt in einem einsamen Thal, das auf drei Seiten vom Großh. Hessen begrenzt wird. Viehzucht, Feld- und Wiesenbau.

**Bronnacker**, D., 140 L., 45 ev., zsf. 185 C., Fil. v. Rosenberg, A.-G. u. B.-A. Adelsheim; A.-G. u. R.-A. Mosbach; liegt 1217 p. F. üb. b. M. Feld- u. Wiesenbau, Viehzucht.

**Bronnbach**, J. b. Pfdf. Reicholzheim, 102 l. C., A.-G. u. B.-A. Wertheim; A.-G. und R.-A. Mosbach; B.-A. Heidelberg. Sitz b. B.-Exp.; liegt am rechten Ufer der Tauber, 554 p. F. üb. b. M. Feld- u. Wiesenbau, Viehzucht.

**Bruch**, J. b. Pfdf. Biberach, 37 l. C., A.-G. und B.-A. Gengenbach; A.-G. u. R.-A. Offenburg; liegt im Kinzigthale.

**Bruchhausen**, D., 462 l., 2 ev., zsf. 464 C., Fil. v. Ettlingenweier, A.-G. und B.-A. Ettlingen; A.-G. u. R.-A. Carlsruhe; liegt an der Straße von Ettlingen nach Rastatt; Feld- u. Wiesenbau, Viehzucht.

**Bruchhausen**, Stdtl. 353 p. F. üb. b. M., 59 ev. 33 l. u. 16 Men., zsf. 108 C., Fil. v. Kirchheim u. Fil. v. Leimen, A.-G. u. O.-A. Heidelberg; A.-G. u. R.-A. Heidelberg. Bedeutende Viehzucht, starker Feld= u. Wiesenbau.

**Bruchsal**, Stdt., 1269 ev., 6676 l., 325 isr., jul. 8270 C., A.G. u. A.A. Carlsruhe; Stdt.-Dec. Carlsruhe; L.-R. Bruchsal; F.-J. Carlsruhe; Sitz d. B.-H., A.G., B.A., G.-N., A.Pfl., O.C., Hof-Dom., P. und C.-A., B.-J., B.-J., W.-u.St.-B.-J., Dist.-R. und der Commandantschaft, Haus- und Tel.-St. Die Stadt am Fuße niederer Berge 356 p. F. üb. d. M. gelegen, hat ein Gymnasium, 1 Institut, Kloster zum heil. Grab, 1 Strafanstalt nach pensyl. Systeme und 7 Kirchen, bedeutenden Gewerbebetrieb, worunter mehrere Fabriken; Feld=, Wiesen= u. Weinbau. Am Rande der Rheinebene und Einmündung des Salbaches freundlich gelegenes Städtchen mit fürstbischöflich Speyerschem, zu Anfang des vorigen Jahrhunderts erbautem Schlosse mit hübschem Garten, Wasserleitung für die Stadt; die moderne schön gebaute Peterskirche mit bischöflich Speyer'schen Grabmälern. Alte Kaiserpfalz, 1056 von Heinrich III. zum Seelgeräthe an das Bisthum Speyer vermacht, erhielt es das alte Schloß unter Bischof Ulrich II. und wurde 1191 von ihm dem Domcapitel geschenkt. Bei den Zerwürfnissen der Bischöfe mit der reformirten Stadt Speyer wurde es zeitweilige Residenz. Schon 1105 dem Bischof von Speyer, Gebhard v. Urach, als Wohnsitz angewiesen, wurde es dessen Todesstätte bis sein Leichnam im Kloster Hirschau die Grablege fand. Mkr.: Kr.-M. 16. März, 2. Juni, 25. Aug., 24. Nov. B.-M.: 21. Jan., 16. Febr., 17. März, 15. April, 20. Mai, 1. Juni, 15. Juli, 24. Aug., 16. Septbr., 21. Oct., 13. Nov., 16. Dec.

**Bruck**, Hf. u. Prz. b. Pfdf. ev. Thennenbronn, 4 ev. C., A.G. u. B.-A. Triberg; A.G. u. K.A. Villingen; liegt im Schiltachthale.

**Bruckbach**, K.O. b. Pfdf. Breitnau, 37 C., A.G. u. B.A. Freiburg; A.G. u. K.A. Freiburg; getrennte Gemarkung, gemeinschaftliches Gemeindevermögen, liegt in einem Seitenthale des Höllenthales.

**Bruckenhäuser**, Wbl. b. Stdt. Gen-

genbach, 152 l. C., A.G. u. B.-A. Gengenbach; K.G. u. K.A. Offenburg; liegt am linken Ufer der Kinzig.

**Bruckfelden**, Wlr. b. Pfdf. Fridingen, 143 f. C., A.G. u. B.-A. Ueberlingen; K.G. u. K.A. Constanz; Gemarkung und Gemeindevermögen getrennt, liegt an der Linzer Ach.

**Bruckfeldermühle**, St. und Prz. b. Pfdf. Lippertsreuthe, 11 C., A.G. und B.A. Ueberlingen; K.G. u. K.A. Constanz.

**Bruckhaus**, K. b. Pfdf. Gurtweil, 29 C., A.G. u. B.-A. Waldshut; K.G. u. K.A. Waldshut.

**Bruckweberhäusle**, Prz. b. Pfdf. Kirchzarten, 10 C., A.G. u. B.-A. Freiburg; A.G. u. K.A. Freiburg.

**Bruderhalden**, Wlr. b. Pfdf. Hinterzarten, 122 l. C., A.G. u. B.A. Freiburg; A.G. u. K.A. Freiburg; liegt unweit des Titisees.

**Bruderhaus**, Hf. b. Stdt. Böhrenbach, 3 C., A.G. u. B.A. Villingen; K.G. u. K.A. Villingen; liegt im Thale der Brig.

**Bruderhof**, Hf. b. Pfdf. Ewattingen, 6 C., A.G. u. B.-A. Bonndorf; K.-G. u. K.A. Waldshut; liegt ziemlich hoch.

**Bruderhof**, Hf. b. Pfdf. Oehningen, 11 C., A.G. u. B.-A. Radolphzell; A.G. u. K.A. Constanz.

**Bruderjörgenhof**, Hf. b. Pfdf. Oberachern, 7 C., A.G. und B.A. Achern; A.G. u. K.A. Baden.

**Brudersthal**, Hf. b. D. Rußbach, 18 C., Fil. v. Seebach, A.G. und D.A. Lahr; A.G. u. K.A. Offenburg.

**Brücklebauernhof**, Hf. b. Wlr. Unteraltenweg, b. D. Vierthäler, 15 C., Fil. v. Neustadt, A.G. u. B.A. Neustadt; A.G. u. K.A. Freiburg.

**Brühl**, D., 137 ev., 739 l., jul. 896 C., Fil. v. Schwetzingen, A.G. u. B.-A. Schwetzingen; K.G. u. K.A. Mannheim; liegt 348 p. F. üb. d. M. Das Dorf ist sehr alt und erscheint schon in einer Urkunde 1157, wo Günther, Bischof von Speyer, dem Domcapitel einen Hof in B. durch Tausch abtritt.

**Brühlhof,** Hf. b. Pfbf. Kirchgarten, 17 E., A.-G. u. B.-A. Freiburg; A.-G. u. K.-A. Freiburg.

**Brünlisbach,** Hf. b. Pfbf. Grafenhausen, 65 E., A.-G. und B.-A. Bonndorf; K.-G. und K.-A. Waldshut; liegt an der Straße von Bonndorf nach St. Blasien.

**Bräunensbach,** Mr. b. Stbt. Ueberlingen, 22 E., A.-G. u. B.-A. Ueberlingen; A.-G. u. K.-A. Constanz.

**Bruggen,** D., 3431. E., Fil. v. Bräunlingen, A.-G. u. B.-A. Donaueschingen; K.-G. u. K.-A. Villingen; liegt am rechten Ufer der Brege. Stbshr.: Fürst v. Fürstenberg.

**Bruggershof,** Hf. b. Pfbf. Urach, 22 E., A.-G. u. B.-A. Neustadt; K.-G. u. K.-A. Freiburg.

**Brukenfelsen,** Z. b. Pfbf. Niederwasser, 3 E., A.-G. und B.-A. Triberg; K.-G. u. K.-A. Villingen.

**Brunnadern,** D., 190 f. E., Fil. v. Dillendorf, A.-G. u. B.-A. Bonndorf; K.-G. u. K.-A. Waldshut; liegt an der Glasbrunnenbach; Ackerbau u. Viehzucht. Uralte germanische oder celtische Niederlassung. Unter Herrschaft von der Landgrafschaft Stühlingen im 17. Jahrhundert an St. Blasien kam, während dieses Stift schon im 13. Jahrh. Güter daselbst von den Edeln Lüthold von Regensberg erworben hatte.

**Brunnadern,** R.-D. b. D. Kemetschwihl, 283 E., Fil. v. Waldkirch, A.-G. u. B.-A. Waldshut; A.-G. u. K.-A. Waldshut; liegt ziemlich hoch und treibt Feldbau und Viehzucht.

**Brunnenhof,** Hf. b. Pfbf. Möhringen, 11 E., A.-G. u. B.-A. Engen; A.-G. u. K.-A. Constanz; liegt auf einer Anhöhe.

**Brunnenmättle,** Z. b. Pfbf. Gremmelsbach, 6 E., A.-G. u. B.-A. Triberg; K.-G. u. K.-A. Villingen.

**Brunneswald,** Z. b. Pfbf. Schonach, 9 E., A.-G. u. B.-A. Triberg; A.-G. u. K.-A. Villingen.

**Brunnhaasen,** R.-D. b. D. Ruschweiler, 52 E., Fil. v. Bfrungen, A.-G. u. B.-A. Pfullendorf; A.-G. u. K.-A. Constanz. Gemarkung und Gemeindevermögen getrennt.

**Brunnhöfe,** Z. b. Pfbf. Oberwinden, 25 E., A.-G. u. B.-A. Waldkirch; K.-G. u. K.-A. Freiburg; liegt im Elzthale.

**Brunnholz,** Brz. b. Z. Gefäll. b. Pfbf. Gremmelsbach, A.-G. u. B.-A. Triberg; A.-G. u. K.-A. Villingen.

**Brunnicherberg,** Z. b. Pfbf. Ottoschwanden, 107 E., A.-G. u. B.-A. Emmendingen; A.-G. u. K.-A. Freiburg.

**Brunnthal,** D., 229 E., Fil von Bentheim, A.-G. u. B.-A. Tauberbischofsheim; A.-G. u. K.-A. Waldshut.

**Bubenbach,** Pfbf, 243 f. E., A.-G. u. B.-A. Neustadt; A.-G. und K.-A. Freiburg; B.-A. Freiburg. Sitz b. B.-A.; liegt an einem in die Burge fließenden Bache. Glashütte. Viehzucht und Handel mit Glaswaaren.

**Buch,** D., 637 E., Fil. v. Birndorf, A.-G. u. B.-A. Waldshut; A.-G. u. K.-A. Waldshut; liegt auf einer Anhöhe und ist sehr alt.

**Buch am Ahorn,** Pfbf., 355 ev., 5 f., kath. 360 E., A.-G. u. B.-A. Tauberbischofsheim; A.-G. u. K.-A. Mosbach; Dec. Borberg; liegt 1230 p. F. üb. d. M. Feld u. Wiesenbau.

**Buchen,** Z. b. D. Oberentersbach, 15 f. E., Fil v. Zell a. H., A.-G. u. B.-A. Gengenbach; A.-G. u. K.-A. Offenburg; liegt ziemlich hoch.

**Buchen,** Z. b. D. Ohlsbach, 38 E., Fil. v. Gengenbach; A.-G. u. B.-A. Gengenbach; A.-G. u. K.-A. Offenburg.

**Buchen,** Stdt., 52 ev., 2044 L, 5 Men., 131 Ifr., kath. 2232 E., A.-G. u. K.-A. Mosbach; L.-A. Buchen. Z.-J. Mosbach, B.-A. Heidelberg. Sitz b. A.-G., B.-A., G.-A., A.-Ph. D.-E., B.-Z. u. Pf.-U., 1 Not. und Tel.-Stat.; liegt 1128 p. F. üb. d. M. in einem engen Thale, durch welches die Morrebach fließt an der Straße von Mosbach nach

Würzburg. Feld- u. Wiesenbau. Schon zur Zeit Carls des Großen Besitzthum v. Lorsch, später v. Amorbach. Vogtei der Herren v. Düren, später hälftiger Besitz dieser Herrschaft von Mainz, endlich dem Hochstifte ganz abgetreten, vom Churfürsten Diether v. Jsenburg zur Stadt erhoben, wurde es wegen Antheil am Bauernkriege 1528 ihrer Freiheiten beraubt. Mkte.: 1. Mai, 27. Juli, 11. Novbr.

**Buchenbach**, Pfdf., 570 E., K.-G. und B.-A. Freiburg; A.-G. u. A.-A. Freiburg; L.-A. Breisach; B.-A. Freiburg; Sitz d. P.-Abl.; liegt am Eingang ins Höllenthal. Feld- und Wiesenbau.

**Buchenberg**, Pfdf., 697 E., A.-G. und B.-A. Triberg; A.-G. u. A.-A. Billingen; Dec. Hornberg; liegt im hintersten Theile des Thales, wo die Glasbach entspringt. Feld- und Wiesenbau, bedeutende Viehzucht.

**Buchheim**, Pfdf., 633 E., A.-G. u. B.-A. Meßkirch; A.-G. u. A.-A. Constanz; L.-A. Meßkirch; liegt unweit der Donau, Feldbau u. Viehzucht u. Fruchthandel nach der Schweiz. Von seinen Buchwaldungen im 11. Jahrh. sogen. Gaue Rataldesburch, einem Untergaue des alten Baar, später Scherragaues. Die von einer Römerstraße durchzogene Gemarkung bietet viele alten Grabhügel und zerstreutliegende Antiquitäten.

**Buchheim**, D., 648 E., Fil. v. Hugstetten, A.-G. u. B.-A. Freiburg; A.-G. u. A.-A. Freiburg; liegt an einem kleinen Bache und einem Rebhügel. Feld-, Wiesen- und Weinbau.

**Buchhof**, Hf. b. Pfdf. Gültingen, 10 E., A.-G. u. B.-A. Constanz; A.-G. u. A.-A. Constanz.

**Buchhof**, Hf. b. Pfdf. Heiligenberg, 9 E., A.-G. u. B.-A. Pfullendorf; A.-G. u. A.-A. Constanz.

**Buchhof**, Hf. b. Pfdf. Bonndorf, 19 E., A.-G. u. B.-A. Ueberlingen; A.-G. u. A.-A. Constanz; liegt in einem fruchtbaren Thale.

**Buchhof**, Hf. b. Pfdf. Stein, 09 E., A.-G. u. B.-A. Mosbach; A.-G. u. A.-A. Mosbach; liegt auf einer Anhöhe ganz nahe an der württ. Grenze.

**Buchholz**, Pfdf., 631 E., 10 ev., jüd. 641 C., A.-G. u. B.-A. Waldkirch; A.-G. u. A.-A. Freiburg; liegt am Eingange des Elzthales an der Straße von Emmendingen nach Waldkirch. Starker Feldbau.

**Buchtung**, Hf. b. Pfdf. Stupfheim, 8 E., A.-G. u. B.-A. Baden; A.-G. und A.-A. Baden.

**Buchwald**, S. b. D. Unterharmersbach, 43 E., Fil. v. Zell a. H., A.-G. u. B.-A. Gengenbach; A.-G. u. A.-A. Offenburg.

**Buckenberg**, Hrl. b. Std. Pforzheim, 10 E., A.-G. u. B.-A. Pforzheim; A.-G. u. A.-A. Carlsruhe.

**Bächelbach**, Hf. b. Pfdf. Gaßbachwalden, 151 E., A.-G. u. B.-A. Achern; A.-G. u. A.-A. Baden.

**Büchelbach**, J. b. Pfdf. Bühlerthal, 204 E., A.-G. u. B.-A. Bühl; A.-G. u. A.-A. Baden; liegt im hintersten Theile des Bühlerthales und treibt Feldbau und Viehzucht.

**Büchelbacherhof**, Hf. b. Pfdf. Allfeld, 20 E., A.-G. u. B.-A. Mosbach; A.-G. u. A.-A. Mosbach.

**Büchenau**, Pfdf., 748 E., A.-G. u. O.-A. Bruchsal; A.-G. u. A.-A. Carlsruhe; liegt 373 p. F. üb. d. M., westlich von der Landstraße. Feldbau und Viehzucht.

**Büchenbronn**, D., 685 ev., 3 L., jüd. 688 E., Fil. v. Gröbingen, A.-G. u. O.-A. Pforzheim; A.-G. und A.-A. Carlsruhe; liegt ziemlich hoch auf der Wasserscheide der Enz und der Ragoll. Feldbau, Viehzucht und Holzhandel.

**Büchern**, Hf. b. Pfdf. Mühlenbach, 209 E., A.-G. Haslach, B.-A. Wolfach; A.-G. u. A.-A. Offenburg; liegt in einem wilden und einsamen Thale.

**Bächig**, Pfdf., 629 E., 1 ev., jüd. 630 E., A.-G. u. B.-A. Bretten; A.-G. u. A.-A. Carlsruhe; liegt in einem kleinen Thälchen. Feldbau.

**Büchig,** D., 250 ew., 51., juf. 255 E., Fil. v. Blankenloch, A.-G. u. D.-A. Carlsruhe; A.-G. u. R.-A. Carlsruhe; liegt 361 p. J. üb. b. M. am Hardtwalde und treibt vorzüglich Feldbau.

**Büchſenhäusle,** Z.b. Jolelsbof, Prz. b. D. Schollach, 5 E., Fil. v. Urach, A.-G. u. B.-A. Neuſtadt; A.-G. u. R.-A. Freiburg.

**Bäckle,** Prz. b. Sldt. Conſtanz, 5 E., A.-G. u. B.-A. Conſtanz; A.-G. u. R.-A. Conſtanz.

**Bühl,** Z. b. Pfdf. Schweighauſen, 7 E., A.-G. u. B.-A. Ettenheim; A.-G. u. R.-A. Freiburg.

**Bühl,** Z. b. Pfdf. Gulach, 90 E., A.-G. u. B.-A. Triberg; A.-G. u. R.-A. Billingen.

**Bühl,** Z. b. Pfdf. ev. Thennenbronn, 45 E., A.-G. u. B.-A. Triberg; A.-G. u. R.-A. Villingen; liegt im hinterſten Theile des Schiltachthales.

**Bühl,** Pfdf., 410 l. E., A.-G. u. B.-A. Jeſtetten; A.-G. und R.-A. Waldshut; liegt an der Schwarzach an einem Hügel und an der Straße nach Jeſtetten. Feld-, Wein- u. Wieſenbau.

**Bühl,** Z. b. Mktfl. Furtwangen, 93 E., A.-G. u. B.-A. Triberg; A.-G. u. R.-A. Villingen.

**Bühl, auf'm,** Z. b. Pfdf. Schönwald, 39 E., A.-G. und B.-A. Triberg; A.-G. u. R.-A. Villingen.

**Bühl,** Sdt., 2439 E., 280 iſr., 60 ev., juf. 2817 E., A.-G. u. R.-A. Baben; L.-A. Ottersweier; F.-J. Gernsbach; P. u. C.-A. Kehl. Sitz des A.-G., B.-A., F.-J., A.-Bh., B.-J., B.-Exp. u. Poſtſtumpx. 2 Rot., Halb- u. Tel.-Stat., C.-Exp.; liegt 503 p. F. öb. b. M. am weſtlichen Abhange des Gebirges Unterbühlot und auf beiden Seiten der Bühlottbach. Gewerbreiches Städtchen mit ſtark beſuchtem Wochenmarkte. Unter den Gewerben nimmt die Türkiſch-Garnfabrik von H. Maſſenbach und Comp. die erſte Stelle ein. Dieſelbe, wie ſie jetzt beſteht, ging aus einer im Jahr 1818 von Cornelius u. Wolfſohn angelegten Türkiſch-

roth- und Blaufärberei hervor, die 1822 an Hermann Maſſenbach überging. Im Jahre 1828 wurde das Etabliſſement durch Aufſtellung von Zwirnmaſchinen erweitert und zum Betriebe derſelben 1843 eine Dampfmaſchine von 10 Pferdekräften aufgeſtellt, und die Zwirnerei abermals bedeutend vergrößert. Im Jahr 1860 wurde ſodann behufs der Dampfheizung ein zweiter Dampfkeſſel aufgeſtellt, ſo daß die Fabrik jetzt zu den bedeutendſten Garnfärbereien Süddeutſchlands zählt. Ihre Fabrikate ſind: gefärbte Webgarne in allen Farben, gebleichte Webgarne, Dachtgarne und Strickgarne in rohweißem, gebleichtem u. gefärbtem Zuſtande in allen Sorten. Quantum des jährl. Fabrikats 300,000 Pfh. Außerdem Handel mit Flachs und Hanf. Mkte.: A.-M. 23. Febr., 11. Mai, 10. Aug., 9. Nov. B.-M. 24. Febr., 12. Mai, 11. Auguſt, 10. Novbr. Hälftig durch die Herren v. Oberſtein, zur anderen Hälfte durch den Lehensadel v. Windeck u. ihren Rechtsnachfolgern den Grafen v. Eltern 1688 an Baden geliehen. Auf dem rechten Ufer der Büllot der Hexenthurm mit anmuthiger Sage von einer als Hexe unſchuldig verfolgten Jungfrau.

**Bühl,** Z. b. Pfdf. Mühlenbach, 24 E., A.-G. Haslach, B.-A. Wolfach; A.-G. u. R.-A. Offenburg; liegt im hinterſten Theile eines engen von dem Winbenbach durchſtrömten Thales.

**Bühl,** Z. b. Pfdf. Petersthal, 11 E., A.-G. u. B.-A. Oberkirch; A.-G. u. R.-A. Offenburg.

**Bühl,** Z. b. D. Ibach, 15 E., Fil. v. Oppenau, A.-G. u. B.-A. Oberkirch; A.-G. u. R.-A. Offenburg; liegt im Renchthale.

**Bühl,** Pfdf., 331 l. E., A.-G. u. B.-A. Offenburg; A.-G. u. R.-A. Offenburg; L.-H. Offenburg; liegt an der Kinzig und treibt Feld-, Wieſen- und Weinbau.

**Bühl,** Z. b. Pfdf. Durbach, 34 E., A.-G. u. B.-A. Offenburg; A.-G. u. R.-A. Offenburg.

**Bühl,** Z. b. D. Lehengericht, 23 E., Fil. v. Schiltach, A.-G. u. B.-A. Wolfach;

89

A.-G. und A.-A. Offenburg; liegt an der Schillach.

**Bühlertz,** Hf. b. Pfdf. Schienen, 19 C., A.-G. u. B.-A. Radolphzell; A.-G. u. A.-A. Constanz; liegt dicht an der Schweizer-grenze auf einem ziemlich hohen Berge. Feldbau und Viehzucht.

**Bühlerstein,** Hf. b. Pfdf. Gutach, 16 C., A.-G. u. B.-A. Triberg; A.-G. u. A.-A. Villingen.

**Bühlerthal,** Pfdf., 2846 C., A.-G. u. B.-A. Bühl; A.-G. und A.-A. Baden; liegt in einem von der Bühlott durchflossenen Thale. Holzhandel.

**Bühlhof,** Hf. der Gm. Alrach, 13 C., Fil. v. Ludwigshafen, A.-G. u. B.-A. Stockach; A.-G. u. A.-A. Constanz.

**Bühlmühle,** Hs. u. Brz. b. Pfdf. Liptingen, 9 C., A.-G. u. B.-A. Stockach; A.-G. u. A.-A. Constanz.

**Bürchau,** D., 315 ev., 4 L, juf. 319 C., Fil. v. Neuenweg, A.-G. u. B.-A. Schopfheim; A.-G. und A.-A. Lörrach; liegt an einem von dem Belchen kommenden Bache. Ackerbau u. Viehzucht.

**Büreten,** A.-D. b. Pfdf. Tobinauberg, 51 C., A.-G. u. B.-A. St. Blasien; A.-G. u. A.-A. Waldshut; Gemarkung v. Gemeindevermögen getrennt; liegt hoch auf einem Sellenberge des Feldberges.

**Bürgeln,** 3 b. Pfdf. Obereggenen, 15 C., A.-G. u. B.-A. Müllheim; A.-G. u. A.-A. Lörrach; ehem. Propstei: liegt auf der Spitze eines Berges, 2054 p. F. üb. d. M., hat ein schönes Schloß, von wo große Fernsicht.

**Bürgeln,** A.-D. b. Pfdf. Weilheim, 69 C., A.-G. u. B.-A. Waldshut; A.-G. u. A.-A. Waldshut; liegt im Schluchthale. Feldbau, Viehzucht und Baumwollweberei. Gemarkung u. Gemeindevermögen getrennt.

**Bürgenberg,** 3. b. D. Münsterthal, 20 C., Fil. b. Pfrrgem. Münsterthal, A.-G. u. B.-A. Staufen; A.-G. u. A.-A. Freiburg.

**Bürkleshof,** Hf. b. S. Unteralten-weg, b. D. Bierthäler, 32 C., Fil. von Neustadt, A.-G. u. B.-A. Neustadt; A.-G. u. A.-A. Freiburg.

**Büsingen,** Pfdf., 798 ev., 5 L, juf. 803 C., A.-G. u. B.-A. Radolphzell; A.-G. u. A.-A. Constanz; Dec. Schopfheim. B.-A. Stockach. Sitz b. B.-Abl. Hart am Rhein gelegenes Dorf, 1849 der Schauplatz einer kriegerischen Demonstration, als die preußischen Truppen dasselbe besetzten. Grundherrschaft: die Schaffhauser Familie Imthurn.

**Büßlingen,** Pfdf., 571 l. C., A.-G. u. B.-A. Engen; A.-G. u. A.-A. Constanz; L.-R. Engen; liegt an der Straße von Blumenfeld nach Schaffhausen. Feldb., Obstb., Wein- und Wiesenbau, Viehzucht. Bußlingen und Bußunigas schon 830 benannt, später Eigenthum des Klosters St. Salvator in Schaffhausen, von welchem es an die v. Klingenberg überging und mit Blumenfeld gleiches Schicksal hatte.

**Buggenried,** D., 148 l. C., Fil. von Riedern, A.-G. u. B.-A. Bonndorf; A.-G. u. A.-A. Waldshut; liegt ziemlich hoch und ist ein alter Ort.

**Buggenriedmühle,** Hf. u. Brz. b. D. Buggenried, 10 l. C., Fil. v. Riedern, A.-G. u. B.-A. Bonndorf; A.-G. u. A.-A. Waldshut.

**Buggenfegel,** D., 177 l. C., Fil. v. Leutkirch, A.-G. und B.-A. Ueberlingen; A.-G. u. A.-A. Constanz; liegt an der Seefelder-Aach mit einer Mühle. Feld- u. Wiesenbau, starke Vieh- und Bienenzucht. Urkundlich Buggirisedil, 1220 von Salem erkauft.

**Buggingen,** Pfdf., 812 ev., 56 l., juf. 968 C., A.-G. u. B.-A. Müllheim; A.-G. und A.-A. Lörrach; Dec. Müllheim; D.-A. Freiburg; 1 Hall-Stal; liegt in einem kleinen Thälchen, unweil der Straße von Freiburg nach Basel. Feld-, Wein- und Wiesenbau.

**Bulach,** Pfdf., 27 ev., 995 l., juf. 1022 C., A.-G. u. B.-A. Carlsruhe; A.-G. u. A.-A. Carlsruhe; L.-A. Cillingen; liegt 400 p. F.

ab. b. R. in einer flachen Gegend am linken Ufer der Kl. Bedeutende Viehzucht und starker Milchhandel nach Carlsruhe. Die von Hübsch in byzantinischem Style erbaute und mit Fresken geschmückte Kirche ist sehenswerth.

**Bulgenbach,** K.-O. b. D. Staufen, 59 E., Fil. v. Grunern, L.-G. u. B.-A. Bonndorf; A.-G. u. K.-A. Waldshut; liegt an der Mettma. Geburtsort des im Bauernkriege bekannten Anführers Hans Müller.

**Burbach,** Pfd., 474 E., L.-G. und B.-A. Ettlingen; A.-G. u. K.-A. Carlsruhe; L.-R. Ettlingen; P.-A. Carlsruhe. Sitz b. P.-Abt.; liegt auf der westlichen Gebirgsseite des Albthales.

**Burbach,** J. b. Pfd. Rippoldsau, 45 E., L.-G. u. B.-A. Wolfach; A.-G. u. K.-A. Offenburg; liegt im Wolfacher Thale.

**Burg.** N.O. b. Pfd. Oberhomberg, 30 E., Fil. v. Limpach, L.-G. und B.-A. Pfullendorf; A.-G. u. K.-A. Constanz; liegt an einem steilen Hügel, worauf ehedem ein Schloß gestanden. Getrennte Gemarkung u. gemeinschaftliches Gemeindevermögen.

**Burg,** J. b. D. Au, 78 E., Fil. von Merzhausen, L.-G. u. B.-A. Freiburg; A.-G. u. K.-A. Freiburg; liegt in einem freundlichen Thale, unweit des Schöneberges.

**Burg,** D., 425 E., Fil. v. Kirchzarten, L.-G. u. B.-A. Freiburg; A.-G. u. K.-A. Freiburg; P.-A. Freiburg. Sitz b. P.-Abt.; liegt am Eingange in das Unteribener- und Höllenthal.

**Burg.** N.-O. b. D. Rothingen, 221 E., Fil. v. Görrwihl, L.-G. u. B.-A. Waldshut; A.-G. u. K.-A. Waldshut; liegt auf einem südlich sich ablenkenden Berge. Gemarkung und Gemeindevermögen getrennt.

**Burgberg,** J. b. Pfd. Ittendorf, 33 E., L.-G. u. B.-A. Meersburg; A.-G. u. K.-A. Constanz.

**Burgberg,** Hf. u. Pg. b. Stdt. Ueberlingen, 16 E., L.-G. u. B.-A. Ueberlingen; A.-G. u. K.-A. Constanz, mit Schlößchen und einer Kapelle; liegt malerisch zwischen fruchtbaren Reb- u. Getreidehügeln, versteckt nördlich von St. Leonhard.

**Burgberg,** D., 340 ev., 13 l., 25 Diss., zuf. 378 E., Fil. von Weiler, L.-G. und B.-A. Billingen; A.-G. und K.-A. Villingen; liegt ziemlich hoch an dem in den Nedar sich ergießenden Glasbach. Ansehnlicher Feld- und Waldbau, starke Viehzucht. Vom 13. Jahrh. an Sitz eines kleinen Lebensadels, von diesem kam es im 14. Jahrh. an die Herren v. Gerolseck u. durch eine Tochter dieses im 15. Jahrhdt. sehr heruntergekommenen Geschlechts an einen Dillinger Bürger Hilpert, von welchem es die Stadt V. erwarb.

**Burgenhof,** Hf. und Prj. b. N.-O. Bormberg, b. Pfd. Einzheim, 32 E., L.-G. u. B.-A. Baden; A.-G. u. K.-A. Baden.

**Burggraben,** J. b. Pfd. Mühlenbach, 16 E., L.-G. Haslach, B.-A. Wolfach; A.-G. u. K.-A. Offenburg.

**Burghalde,** J. b. Pfd. Gremmelsbach, 7 E., L.-G. u. B.-A. Triberg; A.-G. u. K.-A. Villingen.

**Burgheim,** J. u. Fil. b. Stdt. Lahr, 385 ev., 11., zuf. 369 E., L.-G. u. B.-A. Lahr; A.-G. u. K.-A. Offenburg; liegt in einem kleinen Thälchen und ist sehr alt.

**Burghöfe,** Hf. u. Prj. b. D. Hohenbodmann, 16 E., Fil. v. Plassenhofen, L.-G. u. B.-A. Ueberlingen; A.-G. u. K.-A. Constanz.

**Burghof,** Hf. b. Pfd. Dettingen, 7 E., L.-G. u. B.-A. Constanz; A.-G. u. K.-A. Constanz; liegt am Ueberlingersee, am Fuße ziemlich hoher Berge und ist Geburtsort des bekannten Minnesängers Heinrich v. Dettingen.

**Burghof,** Hf. u. Prj. b. Pfd. Thunsel, 31 E., L.-G. u. B.-A. Staufen; A.-G. u. K.-A. Freiburg; liegt am westlichen Rande der mit Reben bedeckten Vorhügel des Schwarzwaldes.

**Burghof,** J. b. Pfd. Neulirch, 17 E., L.-G. u. B.-A. Triberg; A.-G. und K.-A. Villingen; liegt in einer der wildesten Gegenden des Schwarzwaldes und ist ziemlich unbemittelt.

**Burgmühle,** Hf. u. Prj. v. Neuern

burg, 8 E., Fil. v. Bachheim, A.-G. u. B.-A. Donaueschingen; R.-G. und K.-A. Villingen; liegt an einem Seitenbache der Gaucha.

**Burgschloß**, Hf. u. Prz. b. D. Zwingenberg, 8 E., Fil. v. Orsach, A.-G. u. B.-A. Eberbach; R.-G. u. K.-A. Walshut.

**Burgstallhof**, Hf. und Prz. b. D. Weiswell, 6 E., Fil. v. Crzingen, A.-G. und B.-A. Zestetten; R.-G. und K.-A. Waldshut.

**Burgthal**, A.-O. b. Pfdf. Hindelwangen, 7 t E., A.-G. u. B.-A. Stockach; R.-G. und K.-A. Constanz; getrennte Gemarkung und gemeinschaftliches Gemeindevermögen.

**Burgweiler**, Pfdf., 415 L, 3 ev., juf. 418 E., A.-G. u. B.-A. Pfullendorf; R.-G. u. K.-A. Constanz; L.-R. Meßkirch; liegt nahe an der Straße von Oftrach nach Ueberlingen. Feld- u. Wiesenbau u. Handel mit Hanf. Alter Besitz der Dynasten v. Gundelfingen, von welchen Heinrich v. G. Pfarrer daselbst mit seinem Bruder Conrad seine dortigen Güter 1272 an Kloster Salem übergab. Die Pfarrei wurde 1324 an Salem einverleibt, die Herrschaft 1637 an die jetzige Standesherrschaft Fürstenberg überlassen.

**Burkheim**, Sbt., 828 L E., A.-G. u. B.-A. Breisach; R.-G. u. K.-A. Freiburg; L.-R. Endingen; P.-A. Freiburg. Sitz b. R.-C.; liegt am Kaiserstuhle und einem Arme des Rheins. Feld-, Wiesenbau, Viehzucht, Gewerbebetrieb u. Schifffahrt. Mkt.: 13. Jan. u. 16. Okt. Schon im 10. Jahrh. gesichertes Königsgut an Einhebeln, dann in vielfach wechselndem Lehenbesitz eines eigenen Adels, der Grafen v. Fürstenberg-Haslach, der Malterer in Freiburg, der Herren v. Staufen und Rathsamhausen, der Herrschaft Oesterreich, im 17. Jahrh. entlich pfandschaftlichen Besitz des berühmten österreichischen Führers Lazarus v. Schwendi und als Erbe seiner Tochter Leonore, der Grafen v. Fürstenberg und von der Leyen. Seit dem vorigen Jahrhundert eingelöst, ward die Stadt bald wieder verpfändet u. kam endlich an die jetzigen Grundherren, die Herren v. Fahnenberg. Auf den Ruinen des Schlosses schöne Aussicht.

**Burstel**, Hf. u. Prz. b. R.-O. Hohened, b. D. Ralch, 16 L E., Fil. v. Tegernau, A.-G. u. B.-A. Schopfheim; R.-G. u. K.-A. Lörrach; liegt ziemlich hoch in dem von der Belchenwiese gebildeten Thale.

**Bursterbach**, Z. b. D. Seebach 90 E., Fil. v. Ottenhöfen, A.-G. u. B.-A. Achern; R.-G. u. K.-A. Baden; liegt im Grimmelswalder Walde, am Fuße der Hornisgrinde.

**Busenbach**, Pfdf., 13 ev., 878 L, juf. 891 E., A.-G. u. B.-A. Ettlingen; R.-G. u. K.-A. Carlsruhe; L.-R. Ettlingen; liegt ziemlich hoch in einem kleinen Seitenthälchen. Feld-, Wiesenbau u. Viehzucht.

**Busengraben**, Z. b. R.-O. Reichenbach, b. D. Freiamt, 23 L E., Fil. v. Keppenbach, A.-G. und O.-A. Emmendingen; R.-G. u. K.-A. Freiburg.

**Baßhof**, Hf. u. Prz. b. D. Hecheln, 16 E., Fil. v. Mühlingen, A.-G. u. B.-A. Stockach; R.-G. u. K.-A. Constanz.

**Butschbach**, D., 2 ev., 511 L, juf. 513 E., Fil. v. Oberkirch, A.-G. u. B.-A. Oberkirch; R.-G. u. K.-A. Offenburg. Dorf der Herrschaft Fürsteneck, Schloß v. Heinrich v. Fürstenberg 1260 zum Schutze von Oberkirch erbaut, 1343 durch Kauf an den Bischof v. Straßburg gekommen, ward B. der Stadt Straßburg zu Lehen gegeben, 1602 von Württemberg ausgelöst, kam es an die Herren v. Fürsteneck, denen es noch gehört.

**C.**

**Carlsdorf**, Pfdf., 1 ev., 746 L, juf. 747 E., A.-G. u. O.-A. Bruchsal; R.-G. und K.-A. Carlsruhe; L.-A. Bruchsal, 342 p. F. üb. d. M. an der Saalbach. Taglohn und wenig Viehzucht.

**Carlsruhe**, Haupt- u. Residenzstadt,

14,983 ev., 11,023 l., 7 Difl., 1080 ifr. jul. 27,103 C., K.-G. u. K.-A. u. Ebl.-Ver. Carlsruhe; L.-A. Ettlingen; G.-A. Carlsruhe. Sitz des Großh. Geheimen-Cabinets, des Staatsministeriums, der Landstände, b. ständ. Ausschusses, des Minist. des großh. Hauses u. der auswärtigen Angelegenheiten, des Justizministeriums, des Ministeriums des Innern, des ev. Oberkirchenraths, des Oberstiftungsraths, der Sanitätscommission, des Generallandesarchivs, des Verwaltungs-Gerichtshofs, des Landeskommissariats, des Gendarmeriecommandos, des lfr. Oberraths, b. Oberschulraths, des Lyceums, der polytechnischen u. Kunstschule, des Verwaltungsraths der General Wittwen- u. Brandkasse, des Handelsministeriums, der Oberdirection b. Wasser- u. Straßenbaues, der Wasser- u. Straßenbauinspection, der Direction der Verkehrsanstalten, der Post- u. Eisenbahnamts, der Centralstelle für die Landwirthschaft, des Landesgestüts, des Gewerbeschulraths, der Gewerbeschule, des Finanzministeriums, der Generalstaatskasse, der Hofdomänenkammer, der Direction der Forste, Berg- u. Hüttenwerke, der Forstinspection, der Steuerdirection, der Stempelpapierverwaltung, der Kreissteuerrevision, der Oberinnehmerei, der Zolldirection, des Hauptzoll- u. Hauptsteueramts, der Baudirection u. Oberbauinspection, der Bezirksbauinspection, der Direction der Katastervermessung, der Münzverwaltung, des statistischen Bureau des Kriegsministeriums, des Oberkriegsgerichts, der Oberrechnungskammer, des Stadtdecans u. 4 Notaren, der Militärcommandanschaften mit 1 Dragonerregiment, 1 Grenadierregiment, 1 Linienregiment, 1 Artillerieregiment, 1 Kriegs- und 1 Veterinärschule. Volksschulen, höhere Töchterschule, Hoftheater. — Die Stadt liegt unter 49°34′ n. Br. u. 6°4′4″ östl. Länge, 391 p. F. üb. d. M., hat 36 Straßen, 7 Thore u. 6 freie Plätze. Gegründet den 17. Juni 1715 durch den Markgrafen Carl Wilhelm von Baden-Durlach zählte sie 1720 schon mehr als 100 kleinere Gebäude, aus welchen sich binnen wenigen Jahren die Stadt rasch entwickelte. So verlegte man 1784 das Gymnasium von Durlach dahin, 1783 das Taubstummeninstitut, 1785 Wittwenkasse für Bundsärzte, 1789 baute man das Hospital, 1784 das Sphnn- u. Gewerbehaus, 1804 das Lyceumsgebäude, die jetzigen Thore und die Kirchen beider Bekenntnisse, 1812 wurden obige 100 Häuser, das sogenannte Kleinkarlsruhe mit der Residenzstadt vereinigt, und nachdem die Markgrasschaft sich in ein Großherzogthum verwandelt, reihten sich Paläste an Paläste. Hiezu kamen die schönsten Hilfsmittel für Wissenschaften; botanischer Garten, Antiquitätenhalle, Naturalienkabinet, ethnographische Sammlung, Hofbibliothek, Gemäldegallerie. Schattige Spaziergänge in den nahen Hardwald, im Schloßgarten und nach den unweit gelegenen Ausläufern des Schwarzwaldes ersetzen auf angenehme Weise, was der flachen Gegend sonst an Reizen abgeht. Sehenswerthes bietet C. Schloßplatz mit dem Standbilde Carl Friedrichs, Marktplatz mit dem Standbilde Ludwigs und der Pyramide, unter welcher die Gebeine des Gründers v. Carlsruhe ruhen, das Rondell mit der Constitutionssäule, der Platz vor dem Ettlinger Thore mit Winters Standbild, ferner den großherzoglichen Schloßgarten mit Hebel's Denkmal, der Erbprinzengarten mit Thaumaur, gothischem Thurme und dem Denkmal des bei Arboga plötzlich verschiedenen ältesten Sohne Carl Friedrichs, der markgräfliche, Biermark'sche und Museumsgarten; die großherzogliche Residenz, das Palais der Markgrafen von Baden, das Finanzministerium, die polytechnische Schule, das Kunst- und Akademiegebäude. An gewerblichen u. Industrieanstalten hat C. außer zahlreichen geschmackvollen Kaufläden eine Actienmaschinenfabrik, Baumwollwaarenfabriken, Blumenfabrik, Brückenwagenfabrik, Cigarren- und Tabakfabriken, Chokoladefabrik, Dampfsägmühlen, Eisen- u. Metallgießerei, Eisigfabriken, Gasfabrik, Goldwaarenfabriken, Kartenfabriken, Kleidermagazine, Lampenfabriken, Leinwand- und Damastfabriken, Liqueurfabriken, Möbelfabriken, Möbelstoff- und Teppichfabrik, Paraffinpauspapierfabrik, Parfümeriefabrik, Pauspapier u. Glanzcartonfabrik, Peitschenfabrik, Pianofortefabrit, Produkten chm. Fabrik, Seidebandfabriken, Senffabrik, Spielwaarenfabrik, Stickereienfabrik, Strohhutfabrik, Tapetenfabrik, Verfilberungs- und Vergoldungsfabrik, Wagenfabrik, Werkzeugfabrik u. Ziegeleien. Bedeutenden Gewerbebetrieb, lokalen Handel und ansehnlichen Holz- und Weinhandel. Messen: 1. Juni 14 Tage, 2. Nov. 14 Tage.

**Chausseehaus**, Hs. u. Prz. b. Mkfl. Gerlachsheim, 7 C., L.-G. Gerlachsheim, B.-A. Tauberbischofsheim; liegt an der Straße von Wertheim nach Mergentheim.

**Christmannshof**, Hs. u. Prz. b. Stdt. Breisach, 14 C., A.-G. u. B.-A. Breisach; K.-G. u. K.-A. Freiburg.

**Constanz**, Stdt., 1139 ev., 6667 k., 13 isr., zus. 7819 C., 1230 p. F. üb. d. M. am Bodensee und dem Rheine; liegt im südlichsten Theile des Großherzogthums. Sitz b. K.-G., K.-A., L.-Com.; A.-G., B.-A., L.-K., B.-A. und C.-A., K.-Bh., Dist.-Rot.-W. u. St.-B.-Insp., C.-Insp., D.-B., Kr.-St.-Rev., O.-C., H.-Z.-A., Bez.-Insp., Mil.-Commandos. C. hat eine Gewerbeschule, eine höhere Bürgerschule und ein Lyceum. Durch Gratianus gegründet und zu Ehren seiner Gattin Constantia genannt, erhielt die Stadt nach dem Untergang der Römerherrschaft durch Verlegung des Bischofsitzes v. Windisch dahin Bedeutung. Schon 780 Urbs genannt, wurde sie 1192 freie Reichsstadt. Welthistorisch 1413—1417 das allgemeine Concil mit der Absetzung dreier Päpste und der Wahl eines neuen, Martin VI., mit dem Scheiterhaufen v. Joh. Huß u. Hieronymus von Prag, deren Flammen die Hussitenkriege entzündete. Die Stadt hat Weinbau, Kleinhandel mit den benachbarten Schweizerorten, bedeutenden Gewerbebetrieb und Fabriken von Baumwollwaaren, Blumen, Bronzewaaren, Bürsten, Goldtressen, Kämmen, Leim, Pianoforte, Schwefel, Spielwaaren, Strohwaaren, Tapeten, Watt, Katun und Seibeltzberei und die Indiennedruckerei von Macairi, welche 1785 gegründet und 1824 mit einer Türkischrothfärberei verbunden wurde und mit einer Dampfmaschine von 12 Pferdekräften arbeitet. Hauptabsatz im Zollvereinsgebiet neben Export geschäften nach Dänemark, Rußland, Amerika und Asien. Goldene Medaille. Messen: 20. April 14 Tage, 21. Septbr. 14 Tage. K.-M.: 14. Dec. Halt- u. Tel.-Stat. Sehenswerthe Gebäude: Der Dom, vom alten Bau aus dem 10. Jahrh. noch die Krypta unter dem Chor. Die St. Stephanskirche, erbaut 831 mit trefflichen Arbeiten des Bildhauers Hans Morin an der im 15. Jahrh. renovirten Kirche. Das ehemalige Dominikanerkloster. Die Macairi'sche Fabrik mit dem Grabmal des Griechen Emanuel Grisolafas.

## D.

**Dachsbach**, Z. b. Pfdf. Steinach, 54 k C., L.-G. Hasslach, B.-A. Wolfach; K.-G. u. K.-A. Offenburg; liegt in einem kleinen Seitenthale des Kinzigthales.

**Dachshof**, Hs. u. Prz. b. D. Bergöschingen, 8 C., Fil. v. Hohenthengen, A.-G. und B.-A. Jestetten; K.-G. und K.-A. Waldshut.

**Dachswangen**, Hs. u. Prz. b. Pfdf. Umkirch, 11 C., A.-G. u. O.-A. Freiburg; K.-G. u. K.-A. Freiburg; die Mühle liegt an einem in das Landwasser einmündenden Bache.

**Datzbach**, Pfdf., 322 ev., 130 k. zus. 452 C., A.-G. u. B.-A. Boxberg; K.-G. u. K.-A. Mosbach; Dec. Boxberg; liegt an einem kleinen Bache. Weinbau.

**Daisbach**, Pfdf., 586 ev., 39 l., 44 Diss. u. Men., zus. 669 C., A.-G. u. B.-A. Sinsheim; K.-G. u. K.-A. Heidelberg; Dec. Sinsheim; liegt 769 p. F. üb. d. M., zwischen Hügeln. Feldbau und Viehzucht.

**Daisendorf**, D. 138 k C., Fil. von Meersburg, A.-G. u. B.-A. Meersburg; K.-G. u. K.-A. Constanz; liegt an der Straße von Meersburg nach Ueberlingen. Feldbau.

**Dallau**, Pfdf., 627 ev., 341 L, juf. 1168 C., A.G. u. B.A. Mosbach; A.G. u. K.A. Mosbach; Dec. Mosbach u. L.G. Mosbach; P.A. Heidelberg. Sitz d. B.A. u. Dift./Rat.; liegt 673 p. J. üb. d. M. an der Elzbach in einem freundlichen Thale. Starke Viehzucht, Feldbau und im Winter lebhafte Leinwandfabrikation. Theilbesitz der Herren von Rosenberg und des deutschen Ordens, später an Pfalz verpfändet, die zuletzt in den ganzen Besitz kam. D. hat eine Papiermühle, 3 Mahl-, 2 Oelmühlen und 2 Hanfreiben, 1 Schneidemühle u. 1 Ziegelei. Mkte.: 30. Juni und 12. Oct.

**Damberg**, Hf. u. Pfz. b. Stdt. Adelsheim, 20 C., A.G. u. B.A. Adelsheim; A.G. u. K.A. Mosbach; liegt 1024 p. J. üb. d. M. Grdhr.: Frhr. v. Adelsheim.

**Dammhof**, Hf. u. Pfz. b. Pfdf. Adelsholen, 56 C., A.G. u. B.A. Eppingen; A.G. u. K.A. Heidelberg; liegt 698 p. J. üb. d. M. Feldbau u. Viehzucht.

**Dangstetten**, D., 584 L C., Fil. v. Rheinheim, A.G. u. B.A. Waldshut; A.G. und K.A. Waldshut; liegt an einem kleinen Bache. Feldbau u. Viehzucht und in vielen Häusern wird Strohflechten und Seidenwirken getrieben.

**Dantersbach**, Wle. b. D. Schwaibach, 99 C., Fil. v. Gengenbach, A.G. u. B.A. Gengenbach; A.G. u. K.A. Offenburg; liegt am Eingang eines kleinen Thälchens unweit der Kinzig.

**Darmsbach**, K.O. b. Pfdf. Röttingen, 106 C., A.G. u. B.A. Pfronheim; A.G. u. K.A. Carlsruhe; liegt in einem Thälchen an der Straße von Langensteinbach nach Wilferdingen. Gemarkung u. Gemeindevermögen getrennt. Feldbau u. Viehzucht.

**Dottingen**, D., 316 ev., 2 L, juf. 318 C., Fil. v. Britzingen, A.G. u. B.A. Müllheim; A.G. u. K.A. Lörrach; liegt in einem kleinen Thälchen. Wein- u. Feldbau.

**Dauchingen**, Pfdf., 9 ev., 785 l., juf. 774 C., A.G. u. B.A. Villingen; A.G. u. K.A. Villingen; L.K. Triberg; liegt an der Landesgrenze in einem engen in das Nedarthal ausmündenden Thale unweit dem Ursprung des Nedars. Urkundlich Töchingen. Schon im 11. Jahrh. freie Männer und ein Adel hier, zufolge der Trümmer zweier Burgen. Zu Anfang des 15. Jahrhunderts trat Fürstenberg nach langem Streite seine Rechte hier den Grafen v. Zollern ab.

**Daudenzell**, Pfdf., 256 ev., 53 L, juf. 309 C., A.G. u. B.A. Mosbach; A.G. u. K.A. Mosbach; Dec. Nedarbischofsheim; liegt 708 p. J. üb. d. M. an einem kleinen Bache. Grdhr.: Frhr. v. Gemmingen-Hornberg-Babstadt. Auch Dautenzell, schon 976 Schenkung Otto's II. an Worms; seit 1670 an die Herren v. Gemmingen verveibt.

**Dauenberg**, Hf. und Pfz. b. Pfdf. Gigelbingen, 24 L C., A.G. u. B.A. Stodach; A.G. u. K.A. Constanz; liegt ziemlich hoch. Grdhr.: Graf v. Langenstein.

**Dauenstein**, Z. b. Pfdf. Seelbach, 146 L C., A.G. u. B.A. Lahr; A.G. u. K.A. Offenburg; liegt im Schutterthale. Stdhr.: Fürst v. d. Leyen.

**Daglauben**, Pfdf., 100 ev., 1876 L, juf. 1976 C., A.G. u. O.A. Carlsruhe; A.G. u. K.A. Carlsruhe; L.A. Ettlingen; liegt 380 p. J. üb. d. M. am Jeberbache unweit des Rheins. Starker Viehstand, besonders Pferdezucht. Altes Filial v. Mörsch, im 14. Jahrhdt. mit selbständiger Kirche bedacht, die aber vom Rhein verschlungen wurde, die jetzige wurde von der Markgräfin Auguste Sibylla von Baden-Baden erbaut.

**Decker's Hof**, auf's, Hf. u. Pfz. b. D. Seebach, 25 C., Fil. v. Ottenhöfen, A.G. u. B.A. Achern; A.G. und K.A. Baden.

**Degerfelden**, D., 13 ev., 635 L, 9 Men., juf. 659 C., Fil. v. Herthen, A.G. u. B.A. Lörrach; A.G. u. K.A. Lörrach; liegt in einem kleinen Thälchen unfern d. Rheins. Feldbau, Viehzucht u. Steinhandel. 3 Mühlen.

**Degernau**, Pfdf., 241 L C., A.G. u. B.A. Waldshut; A.G. u. K.A. Waldshut; L.A. Klettgau; liegt an der Belchenwiese ziemlich hoch und ist alt.

**Deggenhausen**, Pfdf., 17 ev., 437 l.,

zuf. 454 C., L.-G. u. B.-A. Ueberlingen; R.-G. u. R.-A. Conſtanz; L.-A. Linzgau; liegt an der Aha in einem engen aber fruchtbaren Thale. Stdhr.: Fürſt v. Fürſtenberg.

**Deiſendorf**, D., 1 ev., 221 L., zuf. 222 C., Fil. v. Seefelden, R.-G. u. B.-A. Ueberlingen; R.-G. u. R.-A. Conſtanz; liegt in einem kleinen Thälchen. Feld-, Wieſen- und Weinbau, ſtarke Viehzucht.

**Deiſtle's Gut**, Hſ. u. Prz. b. Pfdſ. Wollmatingen, 7 C., R.-G. u. B.-A. Conſtanz; R.-G. u. R.-A. Conſtanz; liegt unweit Conſtanz.

**Deßlingen**, Hſ. u. Prz. b. D. Bruggen, 22 C., Fil. v. Bräunlingen, R.-G. u. B.-A. Donaueſchingen; R.-G. u. R.-A. Villingen; liegt unweit Bräunlingen. Stdhr.: Fürſt zu Fürſtenberg.

**Demberg**, R.-D. b. Pfdſ. Wies, 157 C., R.-G. u. B.-A. Schopfheim; R.-G. u. R.-A. Lörrach; liegt am Fuß des Hornlberges in einem engen Thale; wenig bemittelt; Gemarkung u. Gemeindevermögen getrennt.

**Denkingen**, Pfdſ., 3 ev., 418 L., zuf. 423 C., R.-G. u. B.-A. Pfullendorf; R.-G. u. R.-A. Conſtanz; L.-A. Linzgau; liegt am Andelsbache an der Straße von Ueberlingen nach Oeſrach. Starker Feldbau. D. hat Ruinen eines alten Schloſſes und war früher Sitz eines gleichnamigen Lehenadels, worauf es 1288 von Heinrich v. Winterſulgen, dem Afterlehensmanne der Herren Burchard und Ruboß v. Ramsberg an Kſtr. Salem verkauft wurde, kam 1435 an das Spital v. Ueberlingen, wurde in der Fehde dieſer Stadt mit Konrad Schorpp v. Freudenthal von dieſem eingeäſchert. Erſt im 16. Jahrh. erhielt der nach Pfullendorf eingepfarrte Ort einen Curatgeiſtlichen und im vorigen Jahrhundert einen Pfarrvikar, zu deſſen Kirchengemeinde 21 größere oder kleinere Ortſchaften gehörten.

**Denklehof**, Hſ. u. Prz. b. Pfdſ. Welſchingen, 9 C., R.-G. u. B.-A. Engen; R.-G. u. R.-A. Conſtanz. Stdhr.: Fürſt v. Fürſtenberg.

**Denzlingen**, Pfdſ., 1381 ev., 31 L., zuf. 1432 C., auch Langenbenzlingen genannt, R.-G. u. B.-A. Emmendingen; R.-G. u. R.-A. Freiburg; Tec. Emmendingen; P.- u. T.-A. Freiburg. Sitz b. P.- u. T. Exp.; liegt an der Straße von Freiburg nach Offenburg an beiden Ufern des Glotterbaches. Feld-, Wieſen- und Weinbau, ſowie ſtarke Viehzucht. Hall- u. Tel.-Sta.

**Dertingen**, Pfdſ., 797 ev., 14 L., 40 iſr., zuf. 851 C., R.-G. u. B.-A. Wertheim; R.-G. u. R.-A. Mosbach; P.-A. Heidelberg. Sitz b. P.-Abl; liegt 608 p. F. üb. d. M. am Qualbache an der Straße von Wertheim nach Würzburg. Feld- u. Wieſenbau, Viehzucht; ſtarker Weinbau mit Ausfuhr. Mitze.: 11. Juni, 12. Oct.

**Dettenbach**, Z. b. D. Stahlhof, 100 C., Fil. v. Waldkirch, R.-G. u. B.-A. Waldkirch; R.-G. u. R.-A. Freiburg.

**Dettenheim**, Z. b. Pfdſ. Liebolsheim, 4 C., R.-G. u. O.-A. Carlsruhe; R.-G. u. R.-A. Carlsruhe; liegt nahe am Rhein.

**Dettighofen**, D., 7 ev., 297 L. zuf. 304 C., Fil. v. Bühl, R.-G. u. B.-A. Jeſtetten; R.-G. u. R.-A. Waldshut; liegt an der Straße von Thiengen nach Jeſtetten. Feld-, Wein- u. Wieſenbau, Obſtbaumzucht und Strohflechten.

**Dettlingen**, Pfdſ., 2 ev., 516 L., 4 Men., zuf. 522 C., R.-G. u. B.-A. Conſtanz; R.-G. u. R.-A. Conſtanz; L.-A. Conſtanz; liegt in einem kleinen Thälchen unweit des Ueberlinger Sees. Feld-, Wieſen-, Obſt- und Weinbau, Schifffahrt, Schiffbau u. Fiſcherei. Reiches Torflager. Schenkung an Reichenau durch Ludwig den Frommen, von Karl dem Dicken u. Otto dem Großen beſtätigt. Aus dem nach dem Orte ſich nennenden Lehenadel der Minneſänger Heinrich v. T. u. wahrſcheinlich auch Burchard v. T., genannt Spielwam. Im Jahre 1382 kam der Ort durch Kauf an die Deutſchordenscommende Mainau.

**Detzeln**, D., 234 C., Fil. v. Thiengen, R.-G. u. B.-A. Bonndorf; R.-G. u. R.-A. Waldshut; liegt an der Steinach. Feld- u.

Wiesenbau. Freiherrlich v. Kräuling'scher Besitz kam von diesem Geschlechte an die Herren v. Rumlang und von diesen 1480 an St. Blasien. Hier war ursprünglich das Kloster, welches später nach Niedern versetzt wurde.

**Dichtenhausen**, K.⸱O. b. Pfdf. Burgweiler, 24 E., Fil. v. Ostrach, A.⸱G. u. B.⸱A. Pfullendorf; K.⸱G. u. K.⸱A. Constanz; liegt im Ostrachthale. Gemarkung u. Gemeindevermögen getrennt.

**Diebersbach**, N.⸱O. b. T. Butschbach. 100 L. E., Fil. v. Nußbach, A.⸱G. u. B.⸱A. Oberkirch; K.⸱G. u. K.⸱A. Offenburg; liegt im Renchthale. Gemarkung und Gemeindevermögen getrennt.

**Diedelsheim**, Pfdf., 968 ev., 45 L., 47 Diff. u. Men., 127 Jfr., zuj. 1187 E., A.⸱G. u. B.⸱A. Bretten; K.⸱G. und K.⸱A. Carlsruhe; Dec. Bretten; liegt an der Straße von Bruchsal nach Bretten. Feldbau und Viehzucht, Handel mit Kartoffel, Dinkel u. Magsamen.

**Diedesheim**, D., 429 ev., 210 L., zuj. 639 E., Fil. v. Obrigheim, A.⸱G. u. B.⸱A. Mosbach; K.⸱G. u. K.⸱A. Mosbach; liegt in einer freundlichen Gegend am rechten Ufer des Neckars an der Straße nach Würzburg. Ackerbau, Viehzucht u. Fischerei.

**Diefenbach**, Prz. b. Pfdf. Schönwald, 23 E., A.⸱G. und B.⸱A. Triberg; K.⸱G. u. K.⸱A. Villingen.

**Dielbach**, Ober, D., 299 ev., 174 L., zuj. 473 E., Fil. von Strümpfelbrunn, A.⸱G. u. B.⸱A. Eberbach; K.⸱G. u. K.⸱A. Mosbach; liegt ziemlich hoch am südwestlichen Abhange des Katzenbuckel, auf unfruchtbarem Boden, etwas Feldbau u. Viehzucht.

**Dielheim**, Pfdf., 1 ev., 1214 l., zuj. 1215 E., A.⸱G. u. B.⸱A. Wiesloch; K.⸱G. u. K.⸱A. Heidelberg; L.⸱A. Waibstadt; liegt an der Leimbach in einem freundlichen Wiesenthale an der Straße von Wiesloch nach Sinsheim. Alt Lorscher Besitz. Beträchtlicher Hopfenbau.

**Dienberg**, Prz. b. Pfdf. Gremmelsbach, 7 E., A.⸱G. u. B.⸱A. Triberg; K.⸱G. u. K.⸱A. Villingen.

**Dienstadt**, D., 347 l. E., Fil. von Königheim, A.⸱G. u. B.⸱A. Tauberbischofsheim; K.⸱G. und K.⸱A. Mosbach; liegt in einem kleinen Thale. Feldbau u. Viehzucht. Stbhr.: Fürst v. Leiningen.

**Diersburg**, Pfdf., 358 ev., 495 L., 288 isr., zuj. 1121 E., A.⸱G. und O.⸱A. Offenburg; K.⸱G. u. K.⸱A. Offenburg; Dec. Lahr und Fil. v. Oberschopfheim; liegt in einem bei Niederschopfheim sich mündenden Thale an einem kleinen Bache. Feld- und Weinbau. Katholische Kirche mit Altarbild von N. Ellenrieder, zwei evangelische Kirchen und eine Synagoge. Stammschloß der davon benannten Herren v. Röder, angeblich seit dem 14. Jahrh. aus Geroldseck'scher Erbschaft; 1689 von den Franzosen zerstört.

**Diersheim**, Pfdf., 785 ev., 21 l., zuj. 806 E., A.⸱G. u. B.⸱A. Kork; K.⸱G. und K.⸱A. Offenburg; Dec. Rheinbischofsheim; liegt unweit des Rheins in einer fruchtbaren Gegend. Seit dem Anfange des vorigen Jahrhunderts durch Rheinschifffahrt u. Feldbau — vorzügliche Hanfbereitung — reich zunehmender Ort. 1797 Uebergang der Franzosen, Hauptquartier Moreau's in der Mühle, dem Gedächtnisse durch ein Gemälde b. Moulins in Straßburg erhalten.

**Dietenbach**, D., 205 E., Fil. v. Kirchzarten, A.⸱G. u. B.⸱A. Freiburg; K.⸱G. u. K.⸱A. Freiburg; liegt in einem freundlichen Thale. Grbhr.: Frhr.: v. Neveu.

**Dietenberg**, Wlr. b. Pfdf. Lottstetten, 43 l. E., A.⸱G. u. B.⸱A. Jestetten; K.⸱G. u. K.⸱A. Waldshut; liegt ziemlich freundlich. Feldbau, Viehzucht u. Weinbau.

**Dietenhan**, D., 198 ev., 4 l., zuj. 202 E., Fil. v. Nembach, A.⸱G. u. B.⸱A. Wertheim; A.⸱G. u. K.⸱A. Mosbach; liegt am Urpharbach, hat zwei schöne Wiesenthäler und treibt Feld- und Weinbau, Viehzucht, sowie Kornhandel nach Wertheim. Stbhr.: Fürst v. Löwenstein-Wertheim.

**Dietenhausen**, T., 171 ev. E., Fil. v. Ellmendingen, A.⸱G. u. O.⸱A. Pforzheim;

K.-G. u. K.-A. Carlsruhe; liegt im Pfinzthale. Feldbau u. Viehzucht.

**Dietenthal**, Z. b. Pfbf. Mühlenbach, 133 E., A.-G. Haslach, B.-A. Wolfach; K.-G. u. K.-A. Offenburg; liegt in einem einsamen Thale. Stbchr.: Fürst v. Fürstenberg.

**Dietfurt**, Z. des Pfbf. Reiselfingen, 17 E., A.-G. und B.-A. Bonndorf; K.-G. und K.-A. Waldshut; liegt an der Wutach.

**Dietfurtmühle**, Hs. u. Prz. b. Pfbf. Mühlhausen, 10 E., A.-G. und B.-A. Engen; K.-G. u. K.-A. Constanz; liegt an dem von Engen kommenden Arme der Aach. Grdhr.: Graf v. Langenstein.

**Dietlingen**, R.-O. des Pfbf. Weilheim, 225 L E., A.-G. u. B.-A. Waldshut; K.-G. u. K.-A. Waldshut; liegt ziemlich hoch. Feldbau, Viehzucht, Baumwollweberei.

**Dietlingen**, Pfbf., 1548 en E., A.-G. u. O.-A. Pforzheim; K.-G. u. K.-A. Carlsruhe; Dec. Pforzheim; liegt auf beiden Seiten des Federbachs, der hier eine Mühle treibt, an der Straße von Pforzheim nach Ettlingen. Feld- u. Weinbau, mäßige Viehzucht. Marmor- und Kalksteinbrüche. Sehr alter Ort.

**Dietlishof**, Wlr. d. Pfbf. Hilzingen, 60 L E., A.-G. u. B.-A. Engen; K.-G. u. K.-A. Constanz; liegt an der Straße von Engen nach Schaffhausen. Feldbau, Viehzucht. Stbchr.: Mrgf. v. Baden.

**Dietrichshof**, Hf. und Prz. b. Wlr. Schildwende, Prz. b. D. Dierthäler, 9 l. E., Fil. v. Neustadt, A.-G. u. B.-A. Neustadt; K.-G. u. K.-A. Freiburg.

**Dietzenbobel**, Z. b. Pfbf. Buchenbach, 9 L E., A.-G. u. B.-A. Freiburg; K.-G. u. K.-A. Freiburg.

**Dietzenbobel**, Z. b. D. Wagensteig, 11 L E., Fil. v. Buchenbach, A.-G. u. B.-A. Freiburg; K.-G. u. K.-A. Freiburg.

**Dietzenbobel**, Z. b. Pfbf. Breitnau, 6 E., A.-G. u. B.-A. Freiburg; K.-G. und

K.-A. Freiburg; liegt in einsamer rauher Gegend.

**Diggeringen**, R.-O. b. D. Niederhof, 140 L E., Fil. v. Murg, A.-G. und B.-A. Sädingen; K.-G. u. K.-A. Waldshut; liegt ziemlich hoch. Gemarkung und Gemeindevermögen gemeinschaftlich.

**Diggeringer Mühle**, Hs. u. Prz. b. D. Binzgen, 20 l. E., Fil. von Murg, A.-G. u. B.-A. Sädingen, K.-G. u. K.-A. Waldshut; liegt an der Mündung eines Baches in den Rhein.

**Dilgershof**, Hf. und Prz. des Pfbf. Urach, 54 l. E., A.-G. u. B.-A. Neustadt; K.-G. u. K.-A. Freiburg.

**Dillendorf**, Pfbf., 1 en., 384 L., zuf. 385 E., A.-G. u. B.-A. Bonndorf; K.-G. u. K.-A. Waldshut; L.-R. Stühlingen; liegt in einem kleinen Thale. Unbedeutender Feldbau wegen unfruchtbarem Boden; etwas Obstbau. D. hat ein im Bauernkriege zerstörtes Schloß eines gleichnamigen Lebenadels, nach dessen Aussterben St. Blasien von dem dritten Besitzer, Thüring v. Hallwyl, dasselbe und die auf altjährigischen Besitz beruhenden Rechte der Truchsessen von Rheinfelden kaufte. Schon im 8. Jahrhdt. erhielt St. Gallen Güter daselbst; auf noch höheres Alterthum deuten allgermanische Gräberfunde.

**Dillstein**, R.-O. von Weißenstein, 379 E., Fil. v. Huchenfeld, A.-G. u. B.-A. Pforzheim; K.-G. u. K.-A. Carlsruhe; liegt an der Nagold, Gemarkung u. Gemeindevermögen gemeinschaftlich. Unbedeutender Feld- u. Wiesenbau.

**Dilsberg**, Pfbf. 207 ev., 569 L., zuf. 776 E., A.-G. Neckargemünd und B.-A. Heidelberg; K.-G. u. K.-A. Heidelberg, ev. Fil. von Neckargemünd; L.-R. Heidelberg; liegt auf hohem Berge mit lohnender Aussicht in das Neckarthal und die Rheinebene. Feldbau, Viehzucht u. Steinbrüche. Alte, angeblich von dem Grafen von Lauffen, Boppo V., erbaute und an seinen Schwiegersohn Conrad von Düren verliehene Burg, der davon den Namen annahm. Im 13. Jahrh. an die Pfalz zum Lehen aufgetra gen, an welche es 1312 als offenes Lehen fiel. Später Jagdschloß der Pfalzgrafen, wurde es in eine Festung umgestaltet, welche am 9. April 1622 Tilly vergeblich bestürmte. Als sie später durch Capitulation an das liguistische Heer übergeben und an Churbayern abgetreten war, wurde sie 1633 von den Schweden, 1635 von den Oesterreichern wieder erobert. Vergeblich bestürmt durch einen Haufen Franzosen 1799, fiel die Festung, welche lange Zeit auch als pfälzisches Staatsgefängniß gedient hatte, an Baden, welches das sogenannte Fürstengebäude, Marstall, Kaserne u. s. w. 1827 zum Abbruch versteigerte.

**Dilsbergerhof**, R.O. b. Pfdf. Dilsberg, 113 L. C., A.-G. Nedargemünd, B.-A. Heidelberg; Gemarkung u. Gemeindeverwaltungen gemeinschaftlich.

**Dingelsdorf**, Pfdf., 7 ev., 404 L., jul. 411 C., A.-G. u. B.-A. Constanz; A.-G. u. K.-A. Constanz; L.-A. Constanz; liegt auf freundlicher Anhöhe am westlichen Ufer des Ueberlinger Sees. Feld-, Wiesen- u. Weinbau.

**Dinglingen**, Pfdf., 1280 ev., 76 j., jul. 1356 C., A.-G. u. O.-A. Lahr; A.-G. und K.-A. Offenburg; Dec. Lahr; P.-A. u. C.-A. Offenburg. Sitz b. B.-G., b. C.-A. u. G.-Exp. u. Postitellmst. Halt- u. Tel.-St.; liegt an der Straße von Offenburg nach Freiburg in einer sehr fruchtbaren und angenehmen Gegend am Fuße des Lindenbergs. Feld-, Weinbau, Viehzucht. Bedeutende Industrie als Eisengießerei, Stärkefabrik und Saffianfabrik. Letztere Fabrikation, welche in der Familie Waldin in Lahr schon seit 60 Jahren betrieben wird und unter der Firma „Gebrüder Waldin" bis zum Jahre 1845 bestand, wurde nun getheilt und ein Theil derselben 1853 nach Dinglingen in umfangreichere Localitäten verlegt, dem Betrieb sofort eine größere Ausdehnung und eine vollkommenere Einrichtung gegeben. Hauptartikel sind Fabrikation von Saffian und farbigem Schafleder; außerdem auch Kalbleder. Absatz in England, Norddeutschland u. andern Ländern. Silberne Medaille.

**Dippach**, Col., 15 C., Fil. v. Ruchsen, A.-G. u. B.-A. Adelsheim; A.-G. u. L.-A. Mosbach.

**Distelhausen**, Pfdf., 1 ev., 789 L., jul. 790 C., A.-G. u. B.-A. Tauberbischofsheim; A.-G. u. K.-A. Mosbach; L.-A. Lauda; liegt auf dem rechten Ufer der Tauber in einem freundlichen Thale an der Straße von Wertheim nach Mergentheim. Feld-, Wiesen-, Wein- und Hopfenbau nebst Viehzucht. Hopfen- u. Weinhandel. Die auf dem linken Tauberufer stehende St. Wolfgangscapelle im 15. Jahrh. angeblich im byzantinischen Style erbaut.

**Dittenhausen**, Hf. und Pfr. b. D. Baitenhausen, 10 L. C., Fil. v. Meersburg; A.-G. u. B.-A. Meersburg; A.-G. u. K.-A. Constanz; liegt auf dem nördlichen Abhange eines Berges. Feldbau u. Viehzucht.

**Dittigheim**, Pfdf., 1 ev., 907 L, 95 isr., jul. 1003 C., A.-G. u. B.-A. Tauberbischofsheim; A.-G. u. K.-A. Mosbach; L.-A. Lauda. Sitz d. erzbischöfl. Deland; liegt am linken Ufer der Tauber. Feldbau und Viehzucht.

**Dittishausen**, D., 3 ev., 443 L., jul. 448 C., Fil. v. Löffingen, A.-G. u. B.-A. Neustadt; A.-G. u. K.-A. Villingen; liegt in einer einsamen Gegend am sogenannten Löffinger Wald auf einem ziemlich hohen Bergrücken. Feldbau u. Viehzucht. Uhrenu. Uhrenlastenfabrikation, letztere v. Wehrle, Vater u. Sohn. Silberne Medaille. Alter Ort auf einer die Baar, das Randengebirge und die Schweizeralpen zur Aussicht bietenden Höhe; früher Sitz eines eigenen Adels, dessen Schloß am Wege gegen Unadingen sich auf mehrere Lebensgeschlechter vererbte und nach Aussterben des letzten v. Judenrieb, an die Pfarrei Löffingen gedieh.

**Dittwar**, Pfdf., 2 ev., 785 L, jul. 787 C., A.-G. u. B.-A. Tauberbischofsheim; A.-G. nud K.-A. Mosbach; L.-A. Tauberbischofsheim; ist rings von Bergen umgeben. Feld-, Wein- und Wiesenbau nebst starker Viehzucht. Vortrefflicher Tauberwein. Sage vom alten Heidecultus in dem Heidenkessel, eine früher als Heilquelle benützte Wasserquelle.

**Dobel,** J. b. T. Wittlekofen, 16 C., Fil. v. Bettmaringen, A.-G. u. B.-A. Bonndorf; K.-G. u. K.-A. Waldshut.

**Dobel,** J. b. T. Birkendorf, 19 C., Fil. v. Grafenhausen, A.-G. u. B.-A. Bonndorf; K.-G. u. K.-A. Waldshut.

**Dobel,** J. b. Pfdf. ev. Thennenbronn, 34 C., A.-G. u. B.-A. Triberg; K.-G. u. K.-A. Villingen; liegt im hintern Schiltachthale.

**Dobel,** Hf. u. Prz. b. Pfdf. L. Thennenbronn, 17 C., A.-G. u. B.-A. Triberg; K.-G. u. K.-A. Villingen.

**Dobel,** J. b. Pfdf. Siegelau, 44 C., A.-G. u. B.-A. Waldkirch; K.-G. u. K.-A. Freiburg; liegt im Elzthale.

**Döggingen,** Pfdf., 2 ev., 660 l., juf. 662 C., A.-G. u. B.-A. Donaueschingen; A.-G. u. K.-A. Villingen; L.-A. Villingen; liegt an der Straße von Freiburg nach Donaueschingen. Feldbau u. Viehzucht. Handel mit Korn und Vieh.

**Dörfle,** Prz. b. Pfdf. Reutirch, 11 C., A.-G. u. B.-A. Triberg; L.-G. u. K.-A. Waldshut.

**Dörlesberg,** Pfdf., 2 ev., 574 L., juf. 576 C., A.-G. u. B.-A. Wertheim; K.-G. u. K.-A. Mosbach; L.-A. Buchen; liegt am Ursprunge eines Bächleins, 983 p. F. üb. d. M. D. h. Dorotheaberg, alter Besitz des Klosters Bronnbach, nach der Einführung der Reformation und dem 30jährigen Kriege von den Grafen von Wertheim eingezogen.

**Dörlinbach,** D., 2 ev., 520 l., juf. 522 C., Fil. v. Schweighausen, A.-G. u. B.-A. Ettenheim; K.-G. u. K.-A. Freiburg; liegt im hintersten Theile des Schutterthales.

**Dörnishof,** Hf. und Prz. b. Pfdf. Merchingen, 17 L. C., A.-G. u. B.-A. Abelsheim; L.-G. u. K.-A. Mosbach; liegt 1235 p. F. üb. d. M. Erbhr.: Frhr. v. Berlichingen, Jagsthauser Linie.

**Dörnthal,** Hf. u. Prz. b. Pfdf. Altheim, 17 C., A.-G. u. B.-A. Walldürn; K.-G. und K.-A. Mosbach; liegt ziemlich einsam, 1261 p. F. üb. d. M. Feldbau u. Viehzucht.

**Dörrhof,** Hf. u. Prz. b. Pfdf. Rosenberg, 19 ev., 14 L., juf. 23 C., A.-G. u. B.-A. Abelsheim; K.-G. u. K.-A. Wertheim; liegt 1142 p. F. üb. d. M. Erbhr.: Fürst zu Löwenstein-Wertheim-Rosenberg.

**Dörtelbach,** D., 806 L. C., Fil. von Petersthal, A.-G. u. B.-A. Oberkirch; A.-G. u. K.-A. Offenburg; liegt im hintersten Theile des Renchthales.

**Dogern,** Pfdf., 1 ev., 741 L., juf. 742 C., A.-G. u. B.-A. Waldshut; K.-G. und K.-A. Waldshut; L.-A. Waldshut u. P.-A. Waldshut. Sitz der P.-Abl.; liegt an der Straße von Basel nach Waldshut. Feldb., Weinbau und Viehzucht. Alter Ort. Halt. u. Tel.-Stat.

**Dollen,** Hf. b. K.-O. Badenscheuern, 9 L. C., Fil. v. Baden, A.-G. und B.-A. Baden; K.-G. u. K.-A. Baden.

**Dollenbach,** Hf. und Prz. b. Pfdf. Rippoldsau, 10 L. C., A.-G. u. B.-A. Wolfach; K.-G. u. K.-A. Offenburg; liegt in rauher und einsamer Gegend. Erbhr.: Fürst von Fürstenberg.

**Donaueschingen,** Stdt., 160 ev., 2714 L., juf. 2874 C., Residenz des Fürsten von Fürstenberg, A.-G. u. K.-A. Villingen; B.-A. Freiburg; L.-A. Villingen. Sitz des A.-G. u. B.-A., L.-A., G.-R., O.-E.-F.-J., B.-F., P.-D., P.-St., Wasser- u. Eisb.-Insp., B.-B.-J. u. D.-Rot., d. Gymnasiums und d. fürstl. fürstenbergischen Domanialkanzlei, Tel.-Stat., liegt frei und eben 2124 p. F. ü. d. M. Ansehnlicher Gewerbebetrieb und Speditionshandel. D. hat eine Holzbuchdruckerei und eine Holzbuchhandlung. Früher Eschinga, durch Schenkung K. Arnulfs 889 Besitzung des Klosters Reichenau, mit eigenem Lehenadel, der das jetzige Wappenzeichen der Stadt, ein Rad führte. Nach seinem Aussterben ging der Ort von den Herren v. Habsberg an das Haus Fürstenberg über, von welchem ein vom Orte benannter Zweig der Heiligenberger Linie (1647—1676) hier seine Residenz nahm. Um 1750 wurde die

Residenz des vereinigten Fürstenthums hierher verlegt, das jetzige Schloß erbaut, eine lateinische Schule gegründet, die sich später zu dem oben angegebenen Gymnasium erweiterte; die fürstl., c. 60,000 Bände starke Hofbibliothek ist besonders reich an Handschriften, namentlich altdeutschen (Nibelungenlied); reiche Kupferstich- u. Münzsammlung. Hofkapelle unter Leitung v. J. W. Kalliwoda, das herrliche Archiv in drei feuerfesten Stockwerken stammt gleichfalls aus der genannten Zeit, ebenso das neuerdings sehr erweiterte Bräuhaus und die hochgelegene Kirche in ihrer jetzigen Gestalt; das stattliche Domänenkanzleigebäude und das schön ausgestattete Reithaus sind neuesten Ursprungs. Sehenswerth sind: im Schloßgarten verschiedene Gewächshäuser, Parkanlagen, eine Denksäule zur Erinnerung an die silberne Hochzeit des † Fürsten Karl Egon, eine Broncebüste des † Lothar'les, Hofrath Rehmann, von dem gleichen Fürsten errichtet, eine treffliche Sandsteingruppe — Donau, Brig und Breg — von J. Reich ausgeführt, sowie ein am 7. Mai 1864 enthülltes Denkmal in Bronce, einen Engel vorstellend, von demselben Künstler modellirt und vom Fürsten Karl Egon dem Andenken seiner am 7. Mai 1861 verstorbenen Gemahlin, der Fürstin Elisabeth, gesetzt. Die Stadt hat ferner ein wohl dotirtes Spital — das Karls-Krankenhaus. Im Schloßhofe die Donauquelle, die als solche von den Römern anerkannt war, da sie den Tiberius in einem Tagemarsch vom Bodensee zu den Donauquellen gelangen lassen. Ferner wurde zu Anfang dieses Jahrhunderts eine gelehrte Gesellschaft zur Erforschung der Geschichte und Naturgeschichte des Fürstenbergischen Gebietes gegründet. — Mtte., Krämer und Biehm.: 25. April, 24. Juni, 29. Septbr., 11. Nobr. Viehm.: 25. Febr., 26. März, 27. Mai, 26. Aug., 28. October.

**Dorf**, Prz. b. Bzbl. **Oberharmersbach**, 11 E., A.-G. u. B.-A. Gengenbach; K.-G. u. K.-A. Offenburg.

**Dorf**, Z. b. Bzbl. **Oppenau**, 19 k. E., A.-G. u. B.-A. Oberkirch; K.-G. und K.-A. Offenburg.

**Dorf**, Prz. b. D. **Unterentersbach**, 11 E., Fil. v. Zell a. H., A.-G. u. B.-A. Gengenbach; K.-G. u. K.-A. Offenburg.

**Dornberg**, D., 143 L E., Fil. von Hardheim, A.-G. u. B.-A. Walldürn; K.-G. u. K.-A. Mosbach.

**Dornebel**, H. b. D. Rohrhardsberg, 11 E., Fil. v. Schonach, A.-G. und B.-A. Triberg; K.-G. u. K.-A. Villingen.

**Dorneck**, Hf. b. Pfdf. Hinterzarten, 4 L E., A.-G. u. B.-A. Freiburg; K.-G. u. K.-A. Freiburg.

**Dornermühle**, Hs. u. Prz. b. Pfdf. Hausen a. b. Aach, 10 E., A.-G. und B.-A. Radolfzell; K.-G. u. K.-A. Constanz; liegt an dem von Engen kommenden Seitenarme der Aach.

**Dornsmühle**, Hf. und Prz. b. Stbl. Wiesloch, 11 E., A.-G. u. B.-A. Wiesloch; K.-G. u. K.-A. Heidelberg; liegt 383 p. F. üb. d. M. an der Angelbach.

**Dornsberg**, Hf. u. Prz. b. D. Münchhöf, 67 L E., Fil. v. Eigeltingen, A.-G. u. B.-A. Stockach; K.-G. u. K.-A. Constanz; liegt ziemlich hoch. Grbhr.: Graf v. Langenstein.

**Doffenbach**, Pfdf., 415 ev., 28 L. kil. 443 E., A.-G. u. B.-A. Schopfheim; K.-G. u. K.-A. Lörrach; Dec. Schopfheim; liegt ziemlich hoch. Treffen gegen die Aufständischen 1848.

**Doffenheim**, Pfdf., 748 ev., 814 L. 24 ifr., zuf. 1586 E., A.-G. u. B.-A. Heidelberg; K.-G. u. K.-A. Heidelberg; Dec. Ladenburg; L.-A. Weinheim; liegt am Fuße des Oelberges unweit der westlich gelegenen Bergstraße. In der Nähe Porphyrsteinbrüche. Alter Besitz von Kl. Lorsch, durch die Sage als Tossenium in die Römerzeit gerückt. Volkssitte des Holzäpfelwurfes am ersten Sonntag nach Mariä Himmelfahrt.

**Dottighofen**, W'r. b. Pfdf. Blengen, 15 L E., A.-G. u. B.-A. Staufen; K.-G. und K.-A. Freiburg; liegt am Neumagen. Grbhr.: Frhr. v. Wangen.

**Dotlingen**, D., 229 L E., Fil. von Ballrechten, A.-G. u. B.-A. Stanfen; K.-G.

u. A.-A. Freiburg; liegt in einer sehr fruchtbaren Gegend am Ausgange des Sulzburger Thales.

**Draisberg**, H. b. A.-O. Eisenbrechs, b. D. Blasiwald, 11 E., Fil. v. Blasiwald. A.-G. u. B.-A. St. Blasien; A.-G. u. A.-A. Waldshut; liegt sehr hoch.

**Dreeben**, Prz. v. Großehof, Prz. b. D. Schwerzenbach, 7 E., Fil. v. Friedenweiler, A.-G. u. B.-A. Neustadt; A.-G. u. A.-A. Villingen.

**Dreherhäuschen**, Hs. u. Prz. b. Pfbf. Höchenschwand, 10 E., A.-G. u. B.-A. St. Blasien; A.-G. u. A.-A. Waldshut; liegt im hintersten Theile des Schwarzachthales.

**Drehkopf**, Prz. b. D.-T. Reuglashütte, 11 E., Fil. v. Altglashütte, A.-G. u. B.-A. Neustadt; A.-G. u. A.-A. Waldshut.

**Dreieck**, Prz. b. Pfbf. St. Märgen, 22 E., A.-G. u. B.-A. Freiburg; A.-G. u. A.-A. Freiburg.

**Dreilerchen**, Prz. b. D. Wartenberg, 71 E., Fil. v. Grisingen, A.-G. u. B.-A. Donaueschingen; A.-G. u. A.-A. Villingen.

**Dreisteegen**, Prz. b. Pfbf. Neulirch, 15 E., A.-G. u. B.-A. Triberg; A.-G. und A.-A. Villingen.

**Dresselbach**, A.-O. b. Pfbf. Schluchsee, 107 L E., A.-G. u. B.-A. St. Blasien; A.-G. u. A.-A. Waldshut; liegt ziemlich einsam.

**Duchtlingen**, Pfbf., 403 L E., A.-G. u. B.-A. Engen; A.-G. u. A.-A. Constanz; L.-A. Engen; liegt an einem kleinen Bächlein zwischen dem Mägdeberg und Hohenkrähen. Feldbau und Viehzucht. Nach vielfach wechselnden Besitzern erhielt es zur Grundherrschaft die Frhrn. v. Reischach.

**Dudisenhof**, Hf. u. Prz b. A. Glasbach, b. D. Langenbach, 9 E., Fil. von Böhrenbach, A.-G. u. B.-A. Villingen; A.-G. u. A.-A. Villingen.

**Dühern**, Pfbf., 641 ev., 136 l., 52 Diss. u. Men., 36 isr., zus. 865 E., A.-G. u. B.-A. Sinsheim; A.-G. u. A.-A. Heidelberg; liegt 593 p. F. üb. b. M. in einer ziemlich freundlichen Gegend zwischen nicht hohen Hügeln. Starker Feldbau und bedeutende Viehzucht.

**Dürenhof**, Hf. und Prz. b. Pfbf. Langenrain, 7 E., A.-G. u. B.-A. Constanz; A.-G. u. A.-A. Constanz; liegt am sogenannten Mindelsee. Grdhr.: Frhr. v. Bodmann.

**Dürreich**, Wld.-Col. b. D. Reichenthal, 6 E., Fil. v. Weissenbach, A.-G. u. B.-A. Gernsbach; A.-G. u. A.-A. Baden. Grdhr.: Frhr. v. Berstett.

**Dürrenberg**, H. b. T. Niederwinden, 24. E., Fil. v. Oberwinden, A.-G. u. B.-A. Waldkirch; A.-G. u. A.-A. Freiburg; liegt im Elzthale.

**Dürrenbächig**, D., 270 ev. E., Fil. v. Wölfingen, A.-G. und B.-A. Bretten; A.-G. u. A.-A. Carlsruhe; liegt seitwärts von der Straße von Carlsruhe nach Bretten.

**Dürrenbühl**, A.-O. b. Pfbf. Grafenhausen, 24 L E., A.-G. u. B.-A. Bonndorf; A.-G. u. A.-A. Waldshut. Gemarkung u. Gemeindevermögen getrennt.

**Dürrenhof**, Prz. b. A.-O. Brettenthal, b. D. Freiamt, 32 E., Fil. v. Ottoschwanden, A.-G. u. B.-A. Emmendingen; A.-G. u. A.-A. Freiburg.

**Dürrheim**, Pfbf., 49 ev., 1001 l., zus. 1050 E., A.-G. u. B.-A. Villingen; A.-G. u. A.-A. Villingen; L.-A. Villingen; B.-A. Freiburg. Eltz b. E.-B., A.-Cf. Die ergiebige Saline (Ludwigssaline) schon früher aus gegnostischen Gründen vermuthet, wurde erst 1821 durch Bergrath Selb erschlossen, die 300,000 Ctr. Kochsalz und gegen 8000 Ctr. Viehsalz erzeugt. D. liegt 2100 p. F. üb. b. M. und treibt außerdem Viehzucht, Feldbau und Kornhandel. Turrehein erscheint schon im 11. Jahrh. mit jährlichem Lehenadel. Von Fürstenberg an den Johannitterorden abgetreten blieb es demselben bis in die neueste Zeit.

**Dürshof**, Prz. b. D. Rauenberg, 29 E., Fil. v. Freudenberg, A.-G. u. B.-A. Wertheim; A.-G. u. A.-A. Mosbach.

**Dürrn**, Pfbf., 837 ev., 2 l., 13 Diss.,

zuſ. 832 E., A.-G. und B.-A. Pforzheim; A.-G. u. A.-A. Heidelberg; Dec. Pforzheim; liegt nahe an der württemberg. Grenze.

**Dambach**, D., 3 ev., 433 l., zuſ. 436 E., Fil. v. Rubau, A.-G. u. B.-A. Buchen; A.-G. u. A.-A. Mosbach; liegt 1189 p. F. üb. d. M. Feldbau u. Biehzucht.

**Daudenheim**, D., 486 ev., 416 l., zuſ. 902 E., Fil. v. Ichenheim, A.-G. und B.-A. Lahr; A.-G. und A.-A. Offenburg; liegt an der Straße von Kehl nach Freiburg. Feldbau und Biehzucht; Handel mit Korn, Bieh und Hanf.

**Duppershof**, Hf. und Pfz. b. D. Siebelbach, 5 E., Fil. von Breitenau, A.-G. u. B.-A. Neuſtadt; A.-G. und A.-A. Freiburg.

**Durbach**, Pfdf., 2 ev. 2534 l., 40 ifr., zuſ. 2576 E., A.-G. und B.-A. Offenburg; A.-G. u. A.-A. Offenburg; L.-A. Offenburg; erzeugt trefflichen Wein, insbesondere den Klingelberger. Auch Obst und Kirſchwaſſer bilden beträchtliche Exportartikel.

**Durben**, Pfz. u. b. Pfdf. Oberharmersbach, 4 E., A.-G. u. B.-A. Gengenbach; A.-G. u. A.-A. Offenburg.

**Durben**, Bez. b. D. Unterenterbach, 13 E., Fil. v. Zell a. H., A.-G. u. B.-A. Gengenbach; A.-G. u. A.-A. Offenburg.

**Durenbach**, Z. b. D. Dörlinbach, 34 E., Fil. v. Schweighauſen, A.-G. und B.-A. Ettenheim; A.-G. u. A.-A. Freiburg; liegt in einem Seitenthälchen des Schutterthales.

**Durenbacherhof**, Hf. u. Pfz. b. Pfdf. Schutterthal, 9 E., A.-G. u. B.-A. Lahr; A.-G. u. A.-A. Freiburg; liegt im Schutterthal.

**Durlach**, Stbt., 4739 ev., 830 l., 24 Diſſ. u. Men., 4 Iſr., zuſ. 5617 E., A.-G. u. A.-A. Carlsruhe; L.-A. Ettlingen; P.-A. Carlsruhe; Elz b. A.-G. u. B.-A., G.-A., A.-

**Ebenheid**, D., 273 l. E., Fil. v. Freudenberg, A.-G. u. B.-A. Wertheim; A.-G. u. A.-A. Mosbach; liegt 1172 p. F. üb. d.

Ph. u. Dom.-B., P. u. T.-Exp., 3 Diſt.-Rot., Halt- u. Tel.-Stat. Die Stadt hat ein Pädagogium, höhere Bürgerſchule u. Gewerbeſchule; liegt 366 p. F. üb. d. M. am weſtlichen Abhange eines niederen Ausläufers des Schwarzwaldes, des ſog. Thurmberges und iſt durch eine Allee mit Carlsruhe verbunden. Feld-, Garten- u. Weinbau und anſehnlicher Gewerbebetrieb und einige Fabriken als Baumwollwaaren, Cichorien, Cigarren- und Tabak-, Dampf-Maſchinen, Eſſig, Seifen, ſowie Stärke u. Sagofabriken u. 1 Eiſengießerei. Merovingiſche Schenkung an das Stift Weiſſenburg kam es durch Anmaßung an die ſchwäbiſchen Herzoge, von denen Herzog Konrad im noch ſogenannten Königsgäßchen von einem Bürger aus Rache wegen geſchändeter Familienehre erſchlagen wurde. Im 13. Jahrh. kam es durch Tauſch gegen braunſchweigiſche Erbſtücke an die Mrgf. v. Baden. Mit Mrgf. Ernſt, geb. 1482, zweigte ſich auf Durlach jene Linie des badiſchen Hauſes ab, aus welcher die jetzige Herrſcherfamilie entſtammt; 1565 wurde die Reſidenz hierher verlegt u. die Karlsburg erbaut, die nach der Zerſtörung von 1689 nur theilweiſe wieder hergeſtellt wurde, zumal bald darauf die Reſidenz nach Carlsruhe verlegt wurde. Mkte. ( A.-M. 3. März, 11. Aug., 27. Oct., 9. Dec. B.-M.: 26. Jan., 23. Febr., 23. März, 27. April, 28. Mai, 22. Juni, 27. Juli, 24. Aug., 21. Sept., 26. Oct., 23. Nov., 28. Decbr.

**Durmersheim**, Pfdf., 135 ev., 2220 l., zuſ. 2355 E., A.-G. und B.-A. Raſtatt; A.-G. u. A.-A. Baden; F.-J. Carlsruhe; L.-A. Ettlingen; P.-A. Carlsruhe, Sitz b. Diſt.-Rot., C.-B.-C. b. P.-Abl.; liegt an der Straße von Carlsruhe nach Raſtatt. Feld- u. Wieſenbau nebſt ſtarker Biehzucht.

**Duttenhurſt**, Hf. und Pfz. b. Pfdf. Stupheim, 25 E., A.-G. und B.-A. Baden; A.-G. u. A.-A. Baden; liegt in einer niedrigen Ebene und treibt Feldbau und Biehzucht.

**E.**

M. Feld- u. Wieſenbau. Schshr.: Fürſt v. Löwenſtein-Wertheim-Freudenberg.

**Ebenmühle**, Hf. u. Bz. b. Pfdf.

Dorlesberg, 8 E., A.-G. und B.-A. Wertheim; A.-G. u. A.-A. Mosbach.

**Oberaug,** Pfr. b. A.-O. Dornberg, b. Bisd. Sinsheim, 46 E., A.-G. u. B.-A. Baden; A.-G. u. A.-A. Baden.

**Eberbach,** Stdt., 3237 ev., 832 L, 35 isr., juf. 4104 E., A.-G. u. A.-A. Mosbach; Dec. u. L.-A. Mosbach; B.-A. Heidelberg. Sitz b. A.-G., B.-A., G.-R., A.-Ph., Dist.-Not. u. Postballerei, Halt- u. Tel.-Stat. d. höheren Bürgerschule; liegt 452 p. F. üb. b. M. am Fuße des Burghalbenberges und am Neckar in sehr schöner Gegend, hat bedeutenden Holz- und Weinhandel, Steinbrüche, Schleifmühlen, Fischfang, Flößerei u. Schifffahrt, sodann ansehnlichen Gewerbebetrieb, namentlich ausgedehnte Fabrikation hölzerner Reifen, Zündhölzer u. s. w., Cigarren, Seifen- und Lichter-, Roßhaar- und Werkzeug-Fabrikation. Herrliche Wiesenthäler mit starken noch unbenützten Wasserkräften, ergiebige Forellenbäche. Großer Reichthum an Holz, bedeutende Waldungen. Großer Verkehr zu Wasser u. zu Land. Schöner Neckarhafen. Zündwaaren erzeugt die hiesige Fabrik von Koch und Eigmund jährlich 7,000,000 Hölzer, wovon die ordinäre Waare die Hauptmasse bildet, indessen werden auch Antiphosphorhölzer gefertigt, ferner solche mit metallglänzenden Röpfen, Zündhölzer, die nicht im Winde erlöschen und ähnliche nicht gewöhnliche Zündwaaren. Die Roßhaarfabrik v. Friedrich Platt erzeugt jährlich 400 Ctr. Roßhaare für Möbel- und Wagenpolsterei. Absatz: Baden, Rheinbayern, Hessen, Preußen, Luxemburg, Frankfurt. Silberne Medaille. Mkte.: Montag nach Jubica; Montag vor Pfingsten; Montag nach Bartholomä und letzten Donnerstag im Monat November. — Die alte Burg 1227 mit Wimpfen von Worms an König Heinrich VII. zu Lehen gegeben, im Zwischenreiche reichsunmittelbar, dann von König Adolf an die Grafen von Katzenellenbogen, später an die Herren von Weinsberg, 1330 an die Churfürsten von der Pfalz verpfändet, welche 1500 damit belehnt wurden. 1803 kam es als Entschädigung an Leiningen und mit diesem

Fürstenthum erhielt Baden die Landeshoheit darüber.

**Eberbächle,** F. b. Pfd. Sexau, 66 E., A.-G. u. B.-A. Emmendingen; A.-G. und A.-A. Freiburg; liegt im Thale der Brettenbach.

**Eberfingen,** D., 4 ev., 416 L, juf. 420 E., Fil. v. Stühlingen, A.-G. u. B.-A. Bonndorf; A.-G. u. A.-A. Waldshut; Dec. Abelsheim; liegt an der Wutach und der Straße von Waldshut nach Stühlingen. Feld-, Wiesenbau u. Viehzucht.

**Ebersbach,** A.-O. b. Pfd. Grafenhausen, 20 E., A.-G. u. B.-A. Bonndorf, A.-G. und A.-A. Waldshut; liegt ziemlich hoch und einsam im hintersten Theile des Steinachthales.

**Ebersbach,** Hf. und Pfr. des Pfd. Gutach, 41 E., A.-G. u. B.-A. Triberg; A.-G. u. A.-A. Villingen; liegt im Gutachthale.

**Eberstadt,** Pfd., 323 ev., 10 f., 72 isr., juf. 605 E., A.-G. u. B.-A. Buchen; A.-G. u. A.-A. Mosbach; Dec. Abelsheim; liegt 1095 p. F. üb. b. M. an der Krainbach zwischen mäßig hohen Hügeln. Feld-, Wiesenbau u. Viehzucht. Schönes Schloß der Grundherren von Rüdt-Collenberg-Eberstadt mit 9 Morgen großem Garten. Weihern u. s. f.

**Eberstein,** Schloß, Pfr. b. D. Oberiroth, 6 E., Fil. v. Gernsbach, A.-G. u. B.-A. Gernsbach; A.-G. u. A.-A. Baden. Das Schloß, auch Neueberstein genannt, liegt auf einem gegen Norden und Westen steil abfallenden Felsenvorsprung, an welchem sich die Sage der Engelskanzel und des Grafensprungs ins tiefe Murgbette knüpft. Nachdem Alteberstein theilweise an Baden gekommen war, Wohnsitz des gleichnamigen Grafengeschlechts. Zum ersten Mal urkundlich erwähnt 1272. Im 14. Jahrh. Hauptthurm und Graben befestigt u. im 17. Jahrh. Haupteingang befestigt und ein kleines Vorwerk errichtet. Nach Aussterben des Geschlechts kam die Hälfte des Schlosses an Württemberg, während die andere Baden durch Kauf 1387 von Wolf von Eberstein erworben hatte, dem Anführer des Schleglerbundes, unter welchem Eberstein von Eberhard von Würtemberg vergeblich belagert worden war. 1753 erwarb sodann Baden-Durlach wie die Burg so die Grafschaft Eberstein ungetheilt, 1798 wurde die verwahrloste Burg durch Mkgf. Friedrich, der sie von seinem Vater zum Geschenk erhalten, wieder in wohnlichen Stand gesetzt; aber ihre hauptsächliche und gänzliche Restauration verdankt sie dem verstorbenen Großherzog Leopold, der 1829 in den Besitz derselben trat. Sofort wurden hier die sich vereinigenden Straßen von Gernsbach und Baden neu angelegt, Oeconomiegebäude über dem Thore, Schloß und Garten restaurirt. Im Garten ist das byzantinische Portal der ehemaligen Klosterkirche Petershausen bei Constanz, im Schlosse selbst der Ritterfaal mit den Glasgemälden v. Heinle, Stanz u. A. mit einem schön geschnitzten Lehnstuhl von Lenz, verschiedenen Rüstungen und mittelalterlichem Schmucke reicher Erbenzirkel u. s. w. sehenswerth. Diese von Blenker während des Aufstandes 1849 theilweise entführten Kostbarkeiten wurden größtentheils wieder gerettet. Für die zahlreichen Fremden, welche jeden Sommer von Baden, Rastatt und Gernsbach hierherkommen, hält der Schloßverwalter eine geschätzte Wirthschaft, die besonders bern am Südabhange des Schlosses wachsenden Rothwein „Eberblut" als gesuchte Labung bietet.

**Ebersteinburg**, Pfdf., 8 ev., 478 l., zuf. 484 E., A.-G. u. B.-A. Baden; K.-G. u. K.-A. Baden; L.-A. Gernsbach; liegt am Fuße der gleichnamigen Burgruine, 1421 p. F. üb. M. Feld-, Wiesenbau und Taglohnarbeit.

**Ebersweier**, Wlr. b. D. Ohlsbach, 91 E., Fil. v. Gengenbach, A.-G. u. B.-A. Gengenbach; K.-G. u. K.-A. Freiburg; liegt im Kinzigthale am südwestlichen Abhange der Berge.

**Ebersweier**, Pfdf., 1 ev., 492 l., zuf. 493 E., A.-G. u. B.-A. Offenburg; K.-G. u. K.-A. Offenburg; L.-A. Offenburg; liegt am Eingang des Durbacher Thales. Feld- und Wiesenbau, guten Obst- u. Weinbau.

**Ebigen**, N.-O. v. D. Sallneck, 88 E., Fil. v. Tegernau, A.-G. u. B.-A. Schopfheim; K.-G. u. K.-A. Lörrach; liegt ziemlich hoch. Gemarkung u. Gemeindevermögen gemeinschaftlich. Obstbau, ansehnlichen Getreidebau und gute Viehzucht.

**Ebnethof**, Hf. u. Prz. b. Eldt. Neustadt, 29 E., A.-G. und B.-A. Neustadt; K.-G. u. K.-A. Freiburg.

**Ebnemoos**, J. v. D. Schwärzenbach, 15 E., Fil. v. Friedenweiler, A.-G. u. B.-A. Neustadt; K.-G. u. K.-A. Freiburg.

**Ebnemööserhütte**, Prz. b. D. Schwärzenbach, 45 E., Fil. von Friedenweiler, A.-G. u. B.-A. Neustadt; K.-G. und K.-A. Freiburg.

**Ebnet**, Wlr., 150 l. E., Fil. v. Borndorf, A.-G. u. B.-A. Bonndorf; K.-G. u. K.-A. Waldshut; liegt ziemlich hoch und ist nicht sehr bemittelt.

**Ebnet**, Pfdf., 5 ev., 497 l., zuf. 502 E., A.-G. u. B.-A. Freiburg; K.-G. u. K.-A. Freiburg; L.-A. Breisach; Sitz d. B.-Abl.; liegt am rechten Ufer der Dreisam und am Fuße des Roßkopfes. Feld-, Wiesen- u. Weinbau. Mit hübschem Schloß und Garten des Grundherrn v. Salling, an welchen die Herrschaft 1810 von Baden verkauft wurde, welche sie 1809 von dem v. Sickingen erstanden hatte.

**Ebnethof**, Hs. und Prz. des Pfdf. Todtnauberg, 3 E., A.-G. und B.-A. Schönau; K.-G. u. K.-A. Lörrach; liegt an einem Ausläufer des Feldberges.

**Ebratsweiler**, D., 3 ev., 93 l., zuf. 96 E., Fil. v. Herdwangen, A.-G. u. B.-A. Pfullendorf; K.-G. u. K.-A. Constanz; liegt an der Straße von Pfullendorf nach Ueberlingen und treibt Feldbau.

**Ebringen**, D., 232 l. E., Fil. von Hilzingen, A.-G. u. B.-A. Engen; K.-G. u. K.-A. Constanz; liegt an der Straße von Engen nach Schaffhausen. Feld-, Wein- u. Obstbau. Erbhr. Graf v. Langenstein.

**Ebringen**, Pfdf., 660 l. E., A.-G. u. B.-A. Freiburg; K.-G. u. K.-A. Freiburg;

L.-A. Breisach; liegt am westlichen Fuße des Schönbergs in einem kleinen Thälchen. Feld-, Wiesen- u. trefflichen Weinbau, mit welch' letzterem Erzeugniß Handel getrieben wird. Aeltester Besitz von St. Gallen im Breisgau 769, und ältester Weinbau. Für altkeltische Niederlassung zeugen die hier von Schreiber entdeckten Hunnengräber. Die Kirche kam im 12. Jahrh. von St. Trutpert ebenfalls an St. Gallen.

**Echbeck**, R.-O. d. T. Winterfulgen, 65 E., Fil. v. Röhrenbach, L.-G. u. B.-A. Pfullendorf; K.-G. u. K.-A. Constanz; liegt nahe an der Straße von Oftrach nach Heiligenberg. Gemarkung u. Gemeindevermögen getrennt. Sehr alter Ort.

**Eck**, Z. b. T. Langenbach, 13 E., Fil. v. Röhrenbach, A.-G. und B.-A. Villingen; K.-G. u. K.-A. Villingen.

**Eck**, bei der, Z. b. Pfd. Röhrenbach, 11 E., A.-G. u. B.-A. Villingen; K.-G. u. K.-A. Villingen; liegt in einer einsamen u. wilden Gegend.

**Eck**, Z. b. Pfd. Ottoschwanden, 106 E., A.-G. u. B.-A. Emmendingen; K.-G. u. K.-A. Freiburg.

**Eck**, auf der, Z. b. Pfd. Horben, 63 E., A.-G. u. B.-A. Freiburg; K.-G. u. K.-A. Freiburg.

**Eck**, Z. b. Pfd. Schonach, 12 E., A.-G. u. B.-A. Triberg; K.-G. u. K.-A. Villingen.

**Eck**, Z. b. Pfd. Sasbachwalden, 20 E., A.-G. u. B.-A. Achern; K.-G. und K.-A. Baden; liegt ziemlich hoch. Feld-, Wiesen- und Weinbau.

**Eck**, Z. b. Pfd. Lichtenthal, 35 E., A.-G. u. B.-A. Baden; K.-G. und K.-A. Baden; liegt am Staufenberge.

**Eckacker**, Hf. u. Brz. b. Pfd. Ottoschwanden, 31 E., A.-G. u. B.-A. Emmendingen; K.-G. u. K.-A. Freiburg.

**Eckacker**, Hf. u. Brz. b. R.-O. Mußbach, b. T. Ireland, 49 L E., Fil. v. Ottoschwanden; A.-G. u. B.-A. Emmendingen; K.-G. u. K.-A. Freiburg; liegt im Breitenthale.

**Eckartsweier**, Pfd., 569 ev., 23 L., jul. 592 E., A.-G. u. B.-A. Kork; K.-G. u. K.-A. Offenburg; Dec. Kork; liegt an der Schulter. Feld-, Wiesenbau u. gute Viehzucht.

**Eckbach**, Wlr. b. D. Siebelbach, 40 L E., Fil. v. Breitenau; A.-G. u. B.-A. Neustadt; K.-G. u. K.-A. Freiburg; liegt im Jostthale. Stdbhr.: Fürst v. Fürstenberg.

**Ecke**, auf der, Hf. u. Prz. b. Pfd. Kirnbach, 13 E., A.-G. u. B.-A. Triberg; K.-G. u. K.-A. Villingen; liegt in einer wilden Gegend des Schwarzwaldes.

**Eckelshalt**, Hf. u. Prz. b. D. Mösbach, 13 E., Fil. v. Ulm, A.-G. u. B.-A. Oberkirch; K.-G. u. K.-A. Offenburg.

**Ecken**, Z. b. Pfd. ev. Thennenbronn, 25 E., A.-G. u. B.-A. Triberg; K.-G. u. K.-A. Villingen.

**Eckenberg**, Prz. b. D. Butschbach, 9 L E., Fil. v. Oberkirch, A.-G. u. B.-A. Oberkirch; K.-G. u. K.-A. Offenburg.

**Eckenfels**, Hf. b. D. Lierbach, 9 L E., Fil. v. Oppenau, A.-G. u. B.-A. Oberkirch; K.-G. u. K.-A. Offenburg; liegt im Renchthale.

**Eckenfelserhof**, Hf. und Prz. b. D. Ibach, 7 E., Fil. v. Oppenau, A.-G. u. B.-A. Oberkirch; K.-G. u. K.-A. Offenburg; liegt im Renchthale.

**Eckerhof**, Hf. u. Prz. b. D. Oberentersbach, 13 E., Fil. v. Bella H., A.-G. u. B.-A. Gengenbach; K.-G. u. K.-A. Offenburg.

**Eckle**, Hs. u. Prz. b. Pfd. Schweighausen, 12 E., A.-G. u. B.-A. Ettenheim; K.-G. u. K.-A. Freiburg.

**Eckle**, Hf. u. Prz. b. Pfd. Oberharmersbach, 7 E., A.-G. u. B.-A. Gengenbach; K.-G. u. K.-A. Offenburg.

**Edelfrauenloch**, Prz. b. Pfd. Ottenhöfen, 3 E., A.-G. u. B.-A. Achern; K.-G. u. K.-A. Baden.

**Ebenbach**, Z. u. Prz. b. R.-O. Höle, b. D. Malsburg, 28 E., Fil. von Vogelbach, A.-G. u. B.-A. Müllheim; K.-G. u. K.-A. Lörrach.

**Edenstetten**, Z. b. Pfd. Alpirsbach,

23 C., A.G. u. B.A. Elodach; A.G. u. K.A. Constanz; liegt an der Straße von Tutlingen nach Elodach.

**Ebingen**, Pfbf., 698 ew., 480 L, 10 Lr., juf. 1178 C., A.G. u. B.A. Schwetzingen; L.G. u. K.A. Mannheim; Dec. Oberheidelberg; liegt 347 p. F. üb. d. M. an der Straße von Mannheim nach Heidelberg, nahe am Neckar. Feldb. u. Tabakbau. Sehr altes Dorf, das eine schöne Aussicht auf die Bergstraße hat, Schlößchen, Bierbrauerei und vielbesuchter Bierkeller des Grafen Obenndorf. Höhere Erziehungsanstalt und Pensionat für Knaben.

**Efringen**, Pfbf., 491 ew., 50 L, juf. 541 C., L.G. u. B.A. Lörrach; A.G. u. K.A. Lörrach; Dec. Lörrach; P. u. C.A. Basel. Sitz b. P. u. C. Epp.; liegt am Fuße eines niederen Hügels unweit des Rheins. Feldb und Wiesenb., besonders aber starken Weinbau. Alte Besitzung des Hochstifts Basel, ging C. zuerst an St. Blasien, von diesen an den Lehenadel Reich v. Reichenstein, 1432 endlich an die Markgrafen v. Hochberg-Rötteln über. Hall u. Tel.-Stat.

**Efrizweiler**, D., nunmehr mit Kluftern zu einer Gemeinde vereint, A.G. u. B.A. Meersburg; A.G. u. K.A. Constanz; liegt in einem kleinen Thale. C. hatte früher Oberhartsweiler geheißen, war Sitz eines gleichnamigen Lehenadels, nach dessen Abgange es mit dem Pfarrdorf Kluftern durch die Herren v. Ratenried und Lembau an die Lehensherrschaft u. Fürstenberg-Heiligenberg 1672 gedieh.

**Egelsreuthe**, R.O. b. D. Ruischweller, 37 L C., Fil. v. Pfrungen, A.G. u. B.A. Pfullendorf; A.G. u. K.A. Constanz. Getrennte Gemarkung u. Gemeindevermögen; liegt nahe an der württemberg. Grenze. Etsbhr.: Fürst von Fürstenberg.

**Egelsberg**, Z. b. Pfbf. Siegelau, 137 C., A.G. u. B.A. Waldkirch; A.G. u. K.A. Freiburg.

**Egelsee**, Hf. u. Pfz. b. Pfbf. Allmannsdorf, 18 C., A.G. u. B.A. Constanz; A.G. und K.A. Constanz; liegt an der Straße von Constanz nach Radolphzell.

**Egerten**, R.-D. b. Pfbf. Wollbach, 93 C., A.G. u. B.A. Lörrach; A.G. u. K.A. Lörrach. Gemarkung u. Gemeindevermögen gemeinschaftlich; liegt in einem kleinen Thälchen, ganz von Wald umgeben. Feldb u. Wiesenbau.

**Egetten**, Z. b. Pfbf. Nußbach, 26 C., A.G. u. B.A. Triberg; A.G. und K.A. Villingen.

**Egg**, R.-D. des Pfbf. Allmannsdorf, 127 C., A.G. und B.A. Constanz; A.G. und K.A. Constanz; Gemarkung u. Gemeindevermögen gemeinschaftlich; liegt am Ufer des Ueberlingersees an der Straße v. Constanz nach Dingelsdorf. Feldb, Weinb, Obstbau und Fischerei.

**Egg**, R.O. b. Pfbf. Großschönach, 44 C., A.G. u. B.A. Pfullendorf; A.G. u. K.A. Constanz. Gemarkung u. Gemeindevermögen getrennt; liegt in einem Seitenthälchen des Kochthales.

**Egg**, Hf. b. Pfbf. Beuren, 8 C., A.G. u. B.A. Meersburg; A.G. u. K.A. Constanz; liegt ziemlich hoch am südlichen Abhang des Heiligenberges. Eisbhr.: Fürst von Fürstenberg.

**Egg**, R.O. b. D. Willaringen, 141 L C., Fil. v. Ridenbach, L.G. und B.A. Sädingen; A.G. u. K.A. Waldshut; Gemarkung u. Gemeindevermögen getrennt; liegt an einem Urnen in die Heidenmühre mündenden Bache.

**Eggen**, Z. b. Pfbf. Nußbach, 26 C., A.G. u. B.A. Triberg; A.G. und K.A. Villingen.

**Eggenhäusle**, Hf. u. Pfz. b. Pfbf. Owingen, 4 C., A.G. u. B.A. Ueberlingen; A.G. u. K.A. Constanz.

**Eggenstein**, Pfbf., 1366 ew., 43 L, juf. 1409 C., A.G. u. B.A. Carlsruhe; A.G. u. K.A. Carlsruhe; L.Dec. Carlsruhe; liegt 379 p. F. üb. d. M. an der Straße von Carlsruhe nach Mannheim. Feldb u. Wiesenbau. Urkundlich Heerinstein, alter Besitz von Speyer. Mächtige Torflager.

**Eggenweiler**, Hf. u. Pfz. b. D. Wittenhofen, 10 L C., Fil. v. Roggenbeuren,

A.G. u. B.A. Meersburg; A.G. u. K.A. Constanz. Stdshr.: Fürst v. Fürstenberg.

**Eggenweiler**, Hf. und Pfr. b. Pfbf. Bonndorf, 13 E., A.G. u. B.A. Ueberlingen; A.G. u. K.A. Constanz.

**Egisholz**, R.D. b. Pfbf. Bollbach, 114 ew. C., A.G. u. B.A. Lörrach; A.G. u. K.A. Lörrach; Gemarkung u. Gemeindevermögen gemeinschaftlich; liegt auf der östlichen Gebirgsseite des Kanderthales, dicht am Walde. Guter Weinbau.

**Egringen**, Pfdf., 704 ew., 131 L., 1 isr., zus. 724 C., A.G. u. B.A. Lörrach; A.G. u. K.A. Lörrach; Dec. Lörrach; liegt an der Esselbach zwischen niederen Bergen, Feld-, Wiesen- und trefflichen Weinbau.

**Ehingen**, Pfdf., 664 L., 5 ew., zus. 669 C., A.G. u. B.A. Engen; A.G. u. K.A. Constanz; L.A. Engen; liegt in einem freundlichen Thale an der kleinen Hopr u. Kallenbach. Feld-, Wiesen- u. etwas Weinbau nebst Biehzucht.

**Ehnersfahrnau**, Hf. u. Pfr. b. Stl. Schopfheim, 4 C., A.G. und B.A. Schopfheim; A.G. u. K.A. Lörrach; liegt am rechten Ufer der Wiese.

**Ehrenbächle**, Hf. und Pfr. b. D. Ramsbach. 5 C., Fil. von Peterthal; A.G. u. B.A. Oberkirch; A.G. u. K.A. Offenburg.

**Ehrenstetten**, MPfl., 1434 L., 6 ew., zus. 1440 C., Fil. v. Kirchhofen, A.G. u. B.A. Staufen; A.G. u. K.A. Freiburg. Sit b. Dst. Mot.; liegt an der Möhlinbach am westlichen Fuße des Schwarzwaldes. Beträchtlicher Wein- u. Obstbau. Schicksale wie von Kirchhofen, zu dessen Herrschaft es gehört. MDe.: V. u. R.M. 10. Aug.

**Ehrsberg**, D., 609 f. C., Fil. v. Hag, A.G. u. B.A. Schönau; A.G. u. K.A. Lörrach; liegt sehr hoch. Feld- u. Wiesenbau; Baumwoll- und Seidenbandweberei.

**Ehrstädt**, Pfdf., 449 ew., 33 L., 21 Diss., 65 Men., 34 isr. zus. 619 C., A.G. u. B.A. Sinsheim; A.G. u. K.A. Heidelberg; Dec. Neckarbischofsheim; liegt 832 p. F. üb. d. M. In einem kleinen von einem

Bächlein bewässerten Thälchen. Feld- und Wiesenbau, besonders aber bedeutende Schaafzucht. Schloß der Erbhrn. v. Degenfeld.

**Eichbach**, Z. b. Pfbf. rx. Thennenbronn, 25 C., A.G. u. B.A. Triberg; A.G. u. K.A. Villingen.

**Eichbach**, Z. b. Pfbf. lath. Thennenbronn, 119 C., A.G. u. B.A. Triberg; A.G. u. K.A. Villingen.

**Eichberg**, R.D. b. Pfbf. Büßl., 118 l. C., A.G. u. B.A. Jestetten; A.G. und K.A. Waldshut; Gemarkung u. Gemeindevermögen getrennt. Stabhalter; liegt ziemlich hoch und hat Feld-, Wiesen- u. Weinbau.

**Eichberg**, Hf. u. Pfr. b. Pfbf. Reichenbach, 11 l. C., A.G. u. B.A. Lahr; A.G. u. K.A. Offenburg. Stdshr.: Fürst v. d. Leyen.

**Eichberg**, Hf. u. Pfr. b. D. Lehengericht, 7 ew. C., Fil. v. Schiltach, A.G. u. B.A. Wolfach; A.G. u. K.A. Offenburg.

**Eichbühl**, Hf. u. Pfr. b. Pfbf. Oberschwörstadt, 4 L. C., A.G. und B.A. Säckingen; A.G. u. K.A. Waldshut; liegt ziemlich hoch unfern des Rheins. Grdhr.: Frhr. v. Schönau-Wehr.

**Eichbühlhof**, Hf. und Pfr. b. Pfbf. Lienheim, 9 C., A.G. u. B.A. Waldshut; A.G. u. K.A. Waldshut.

**Eichel**, D., 246 ew., 6 L., zus. 252 C., Fil. v. Wertheim, A.G. und B.A. Wertheim; A.G. u. K.A. Mosbach; liegt am Main, 484 p. F. üb. d. M. Stdshr.: Fürst v. Löwenstein-Wertheim-Freudenberg.

**Eichelbach**, Z. b. Stbl. Oppenau, 25 l. C., A.G. u. B.A. Oberkirch; A.G. und K.A. Offenburg.

**Eichelberg**, Hf. u. Pfr. b. D. Zimmerholz, 6 L C., Fil. v. Engen, A.G. u. B.A. Engen; A.G. und K.A. Constanz. Stdshr.: Fürst v. Fürstenberg.

**Eichelberg**, D., 13 ew., 352 L. zus. 365 C., Fil. v. Tiefenbach, A.G. u. B.A. Eppingen; A.G. u. K.A. Heidelberg; liegt 817 p. F. üb. d. M. nahe beim Eichelberg. Einiger Feldbau, mittelmäßiger Biehstand.

**Eichen,** D., 116 ew. 19 L. zuf. 435 C., Fil. v. Schopfheim, A.-G. und B.-A. Schopfheim; K.-G. u. K.-A. Lörrach; liegt in einem schönen Thälchen zwischen niederen Hügeln an der Straße von Schopfheim nach Wehr. Feld- und guten Obstbau nebst Viehzucht.

**Eichen,** unter den, Hf. und Prj. d. Pfdf. Zell a. H., 3 L C., A.-G. u. B.-A. Gengenbach; A.-G. u. K.-A. Offenburg.

**Eichenbach,** Z. d. Stdt. Haslach, 4 C., A.-G. Haslach, B.-A. Wolfach; A.-G. u. K.-A. Offenburg.

**Eichhalden,** oder Jägerhaus, Hf. u. Prj. d. Stdt. Freiburg, 4 L C., A.-G. z. B.-A. Freiburg; A.-G. u. K.-A. Freiburg. Beliebter Vergnügungsort der Freiburger.

**Eichhaldern,** Hf. und Prj. d. Pfdf. Mühlenbach, 137 L C., A.-G. Haslach, B.-A. Wolfach; A.-G. u. K.-A. Offenburg.

**Eichhof,** Hf. u. Prj. d. Pfdf. Allfeld, 11 C., A.-G. und B.-A. Mosbach; A.-G. z. K.-A. Mosbach.

**Eichholz,** Hf. u. Prj. b. Pfdf. Ewattingen ab Egg, 9 L C., A.-G. z. B.-A. Engen; A.-G. und K.-A. Constanz; liegt ziemlich einsam unweit der württ. Grenze.

**Eichholz,** R.-O. b. Pfdf. Dlesleth, 90 ew. C., A.-G. und B.-A. Schopfheim; A.-G. u. K.-A. Lörrach; Gemarkung und Gemeindevermögen getrennt; liegt am Rollenkopfe. Feld-, u. Wiesenbau, Viehzucht und Holzhandel.

**Eichsel, Nieder- u. Ober-,** Pfdf., 4 ew., 440 L, zuf. 444 C., A.-G. u. B.-A. Schopfheim; A.-G. u. K.-A. Lörrach; L.-R. Wiesenthal; liegt ziemlich hoch. Feld- und Wiesenbau, Viehzucht, Holzfällen, Handel mit Vieh und Getreide, namentlich Dinkel, der auf dem Dinkelsberge sehr gut geräth.

**Eichstetten,** Mfl., 2281 ew., 16 L, 366 Hfr., zuf. 2663 C., A.-G. u. B.-A. Emmendingen; A.-G. u. K.-A. Freiburg; Dec. Emmendingen; P.-K. Freiburg. Sitz der B.-Abl., Dist.-Rot.; liegt am linken Ufer der Dreisam und am östlichen Abhange des Kaiserstuhles. Starker Wein- u. Wiesenbau

nebst Viehzucht. Altjährlicher Lehenbesitz eines gleichnamigen Adels und der Herren v. Usenberg. Bei Abtheilung der jähringischen Besitzthümer kam C. theilweise an die Herzoge von Zähringen, theilweise an die Mkgf. v. Baden, welche im 15. Jahrhbt. den ganzen Besitz erwarben. Mkte.: D. u. K.-M. 5. Mai u. 15. Septbr.

**Eichtersheim,** Pfdf., 461 ew., 205 L., 138 Hfr., zuf. 804 C., A.-G. u. B.-A. Sinsheim; K.-G. u. K.-A. Heidelberg; Dec. Sinsheim; kath. Fil. v. Mühlhausen; P.-A. Heidelberg. Sitz b. P.-Exp.; liegt 538 p. F. üb. d. M. an der Angelbach. Feld-, Wiesen- und Weinbau. Schloß mit Garten der Grundherrschaft v. Venningen, an welche es im 16. Jahrh. durch die Landschaden v. Steinach kam, die es vom Kloster Lorsch zu Lehen trugen. Mkte.: Hanf- u. Leinwand-Mkt. 27. Mai, 24. Nov.

**Eiersheim,** Pfdf., 579 l. C., A.-G. u. B.-A. Tauberbischofsheim; A.-G. u. K.-A. Mosbach; L.-R. Tauberbischofsheim; liegt 1031 p. F. üb. d. M. zwischen niedern Hügeln. Feld-, Wiesenbau u. Viehzucht. Eibthr.: Fürst v. Leiningen.

**Eigeltingen,** Pfdf., 3 ew., 1054 L., zuf. 1057 C., A.-G. u. B.-A. Stockach; A.-G. u. K.-A. Constanz; L.-R. Engen; D.-A. Stockach. Sitz. b. P.-Exp.; liegt an der Straße von Engen nach Stockach. Feld-, Wiesen- u. Weinbau nebst bedeutender Pferdezucht. Mkte.: 12. Febr., 18. Mai, 24. Sept., 26. Nov.

**Eimeldingen,** Pfdf. 439 ew., 17 L, zuf. 456 C., A.-G. u. B.-A. Lörrach; A.-G. u. K.-A. Lörrach; Dec. Lörrach; P.-A. Basel. Sitz b. P.-Abl.; liegt an der Straße von Freiburg über Leopoldshöhe nach Basel an der Kanderbach. Feld-, Wiesen-, Obst- und namentlich Kirschen- u. Weinbau nebst Viehzucht. Wein- und Kirschenhandel nach Basel. Schon 764 Eigenthum der Abtei St. Denis, später Schicksale wie Efringen. Halt- und Tel.-Stat.

**Einach,** Z. d. Stdt. Gengenbach, 17 L. C., A.-G. u. B.-A. Gengenbach; K.-G. u. K.-A. Offenburg.

**Einach,** Hf. z. Prj. d. D. Schwalbach, 10 C., Fil. v. Gengenbach, A.-G. u.

B.-A. Gengenbach; A.-G. u. K.-A. Offenburg.

**Einbach,** D., 4 ev., 772 L. juf. 776 C., Fil. v. Haujach, A.-G. u. B.-A. Wolfach; A.-G. u. K.-A. Offenburg; liegt im Kinzigthale. Stvstr.: Fürst v. Fürstenberg. Alte Besitzung der Dynasten v. Waffenstein und Wolfach; von ersteren erlaufchte St. Georgen 1092 die Hälfte und erhielt 1148 einem Wald zugleich mit der Kirche zu Haufach geschenkt, die andere Hälfte gedieh wahrscheinlich mit dem Zähringen'schen oder Wolfach'schen Erbe an Fürstenberg, welches später in den Besitz des Ganzen kam.

**Einbach,** D., 8 ev., 142 L. jul. 150 C., Fil. v. Limbach, A.-G. u. B.-A. Buchen; A.-G. u. K.-A. Mosbach; liegt 1301 p. J. üb. d. M.; wenig Feldbau, aber harte Viehzucht. Stvstr.: Fürst v. Leiningen.

**Einöde,** Hf. u. Prz. b. K.-O. Seelitingen, 15 L C., Fil. v. Mahlspüren, A.-G. u. B.-A. Uebelingen; A.-G. u. K.-A. Conftanz.

**Einsiedel,** Prz. b. K.-O. Brudbach, b. Pfdf. Breitnau, 73 C., A.-G. u. B.-A. Freiburg; A.-G. u. K.-A. Freiburg. Viehzucht u. Feldbau.

**Einsiedelhof,** Hf. u. Prz. b. Pfdf. Kappelwindeck, 45 L C., A.-G. und B.-A. Bühl; A.-G. u. K.-A. Baden.

**Eifenbach,** D., 568 L C., Fil. v. Friedenweiler, A.-G. u. B.-A. Neustadt; A.-G. u. K.-A. Freiburg; P.-A. Freiburg. Sitz d. P.-Abt.; liegt sehr hoch in einem kleinen Thale das in das Bregthal mündet. Viehzucht, Holzhandel; Uhren- und Uhrenschildfabrication. Namentlich Stockuhren, worunter das älteste und größte Geschäft von S. Mauret. Silberne Medaille.

**Eisenbrecht,** K.-O. b. D. Blasiwald, 43 L C., Fil. v. Schluchsee, A.-G. und B.-A. St. Blasien; A.-G. und K.-A. Waldshut; liegt an der Schwarza, unweit des Schluchsees; getrennte Gemarkung, gemeinschaftliches Gemeindevermögen.

**Eisenhammer,** Prz. b. Stdt. Eberbach, 32 C., A.-G. und B.-A. Eberbach; A.-G. u. K.-A. Mosbach.

**Eifenhammer,** Prz. b. Pfdf. Alp-

berg, 27 C., A.-G. u. B.-A. Walldürn; A.-G. u. K.-A. Mosbach, Hammerwerk.

**Eifrafprung,** Prz. b. D. Unterenteröbach, 39 C., Fil. von Zell a. H., A.-G. u. B.-A. Gengenbach; A.-G. und K.-A. Offenburg.

**Eisenthal,** Pfdf., 5 ev., 1300 L. juf. 1305 C., A.-G. u. B.-A. Bühl; A.-G. und K.-A. Baden; L.-A. Otterswier; liegt zwischen niedern Rebhügeln. Obst- u. trefflichen Weinbau.

**Eisenwerk,** Prz. b. Stdt. Zell, 14 C., A.-G. u. B.-A. Schönau; A.-G. und K.-A. Lörrach; großherzogl. Hammerwerk mit 1 Hochofen, 5 Frifchfeuern, 2 Kleinfeuern, 1 Walzwerf, producirt über 30,000 Ctr. Eifen in einem Bruttordöfe von mehr als 100,000 fl.

**Eifingen,** Pfdf., 807 ev., 74 Diff. juf. 681 C., A.-G. u. K.-A. Pforzheim; A.-G. u. K.-A. Carlsruhe; Dec. Pforzheim; liegt an einem kleinen Bache an der Straße von Pforzheim nach Etlin. Feld-, Wiefen- und besonders Weinbau nebft ftarfer Viehzucht.

**Eiterbach,** K.-O. b. Pfdf. Heiligkreuzfteinach, 287 C., A.-G. u. K.-A. Heidelberg; A.-G. u. K.-A. Heidelberg; Gemarkung u. Gemeindevermögen getrennt; liegt nahe an der heffifchen Grenze am gleichnamigen Bache.

**Eckartsbrunn,** D., 112 L C., Fil. v. Hohfletten, A.-G. u. B.-A. Engen; A.-G. u. K.-A. Conftanz; liegt ziemlich hoch. Feldbau und Viehzucht. Wunderfchöne Aussicht über den ganzen Hegau, Bodenfee und die Schweizergrenze.

**Eckartfchwand,** Prz. b. K.-O. Riebingen, b. D. Schlageten, 11 L C., Fil. v. Urberg; A.-G. u. B.-A. St. Blafien; A.-G. u. K.-A. Waldshut.

**Elbenfchwand,** D., 266 ev., 11 L. juf. 297 C., Fil. v. Tegernau, A.-G. und B.-A. Schopfheim; A.-G. u. K.-A. Lörrach; liegt an der Belchenwiefe.

**Elchesheim,** Pfdf., 2 ev. 844 L. juf. 846 C., A.-G. u. B.-A. Rastatt; A.-G. und K.-A. Baden; L.-A. Gernsbach; liegt 374 p. J. üb. d. M. Feldbau u. Viehzucht.

**Elgersweier**, Pfd., 1 ev., 715 I., juf. 716 C., A.-G. u. B.-A. Offenburg; A.-G. u. R.-A. Offenburg; L.-A. Lahr; liegt am linken Ufer der Kinzig. Feld- und Wiesenbau.

**Elisabethenwörth**, Prz. b. Pfd. Huttenheim, 19 C., A.-G. und B.-A. Philippsburg; R.-G. u. R.-A. Carlsruhe.

**Ellenfurth**, R.-D. b. Pfd. Traggenhausen, 12 L. C., A.-G. u. B.-A. Pfullendorf; R.-G. u. R.-A. Constanz; getrennte Gemarkung, gemeinschaftliches Gemeindevermögen. Stdshr.: Fürst v. Fürstenberg.

**Ellenfurth**, R.-D. b. Pfd. Heiligenberg, 70 C., A.-G. u. B.-A. Pfullendorf; A.-G. u. R.-A. Constanz; getrennte Gemarkung, gemeinschaftliches Gemeindevermögen. Stdshr.: Fürst v. Fürstenberg.

**Ellenfurter-Tobel**, Prz. b. R.-D. Unterboshasel, b. T. Winterfulgen, 13 L. C., Fil. v. Röhrenbach, A.-G. und B.-A. Pfullendorf; A.-G. u. R.-A. Constanz.

**Ellengrund**, Hf. u. Prz. b. T. Fischerbach, 21 L. C., Fil. v. Weiler, A.-G. Haslach, B.-A. Wolfach; A.-G. u. R.-A. Offenburg. Stdshr.: Fürst von Fürstenberg.

**Ellighofen**, Z.b. Pfd. Bollschweil, 30 L. C., A.-G. u. B.-A. Staufen; A.-G. u. R.-A. Freiburg. Grdhr.: Fehr. v. Berstett.

**Ellmendingen**, Pfd., 914 ev., 12 L., 53 Diss., juf. 979 C., A.-G. u. B.-A. Pforzheim; R.-G. u. R.-A. Carlsruhe; Dec. Pforzheim. Sitz b. Dist.-Rath; liegt an der Straße von Pforzheim nach Ettlingen. Feld-, Wein- u. Wiesenbau. Mkte.: 7. April, 2. Novbr.

**Ellmenegg**, R.-D. b. T. Amriglschwand, 123 I. C., Fil. v. Höchenschwand, A.-G. u. B.-A. St. Blasien; A.-G. u. R.-A. Waldshut. Gemarkung und Gemeindevermögen getrennt; liegt ziemlich hoch.

**Elmen**, Hf. u. Prz. b. Pfd. Dehningen, 18 L. C., A.-G. u. B.-A. Radolphzell; R.-G. u. R.-A. Waldshut; ist sehr alt.

**Elmlisberg**, Hf. u. Prz. b. T. Lebergericht, 14 ev. C., Fil. v. Schiltach, A.-G. u. B.-A. Wolfach; A.-G. u. R.-A. Offenburg.

**Elmlisberg**, Hf. u. Prz. b. T. Kin-

zigthal, 92 C., Fil. v. Wolfach; A.-G. u. B.-A. Wolfach; A.-G. u. R.-A. Offenburg.

**Eisenz**, T., 708 ev., 448 L, jul. 1056 C., Fil. v. Hilsbach, A.-G. u. B.-A. Eppingen; A.-G. u. R.-A. Heidelberg; D.-A. Bruchsal. Sitz b. B.-AM.; liegt 897 p. F. üb. d. M. Feldbau u. Viehzucht. Altspeierscher Besitz, theilweise an das Stift Odenheim abgetreten. Die Burg, von der Pfalz an mehrere Herren verpfändet, endlich 1612 wieder zurückerworben. Name wie der des Baus von dem gleichnamigen Bache.

**Elzach**, Stdt., 3 ev., 1028 L, jul. 1033 C., A.-G. u. B.-A. Waldkirch; A.-G. und R.-A. Freiburg; L.-A. Freiburg; D.-A. Freiburg. Sitz b. Posthalters und Dist.-Rath; liegt am rechten Ufer der Elzach in einem freundlichen Thale, 1130 p. F. üb. d. M. Feld-, Wiesenbau, Viehzucht und Gewerbebetrieb unter letzterem besonders Brauntwein, Packpapier u. Pappendeckelfabrikation, sodann Zwilch-, Leinwand- u. Erbildsfabrikation der Gebr. Castrill, welche auf einfachen Webstühlen ausgeführt wird. — Spätgothische Kirche mit guten Glasgemälden und den Epitaphien der Pfalzgrafen Georg u. Conrad v. Tübingen 1524. Nach dem Aussterben der ursprünglichen Herren, der Schürm vogts u. Schwarzenberg-Waldkirch in mehrfachem Besitze seit einem Jahrhundert bei der jetzigen Grundherrschaft von Wittenbach. Mkte.: A.-M. 17. Febr., 18. Oct.

**Elzbach**, Prz. b. T. Rohrhardsberg, 17 C., Fil. v. Schonach, A.-G. u. B.-A. Triberg; R.-G. u. R.-A. Villingen.

**Elzbach**, Prz. b. Pfd. Schonach, 17 C., A.-G. u. B.-A. Triberg; A.-G. und R.-A. Villingen.

**Elzhof**, Z. b. T. Rohrhardsberg, 36 C., Fil. v. Schonach, A.-G. und B.-A. Triberg; A.-G. u. R.-A. Villingen.

**Elzhofen**, Z. b. T. Weitenung, 20 I. C., Fil. v. Steinbach, A.-G. u. B.-A. Bühl. A.-G. u. R.-A. Baden.

**Emmendingen**, Stdt., 1806 ev., 356 I., 208 isr., jul. 2170 C., A.-G. u. R.-A. Freiburg; L.-A. Freiburg; J.-J. Freiburg; D.-A. Freiburg. Sitz b. A.-G., B.-A., A.-

Pf., G.-R., D.-G., 2 D.-B., B.-J., Bez.-Inſp., P. u. C.-B., ev. Dec. u. W. u. Gl.-B.-Inſp., D.-N., b. höheren Bürger u. Gewerbeſchule; liegt nahe bei der Elz und an der Brettenbach am Fuße eines weſtlichen Vorſprungs des Schwarzwaldes an der Straße von Carlsruhe nach Baſel, 674 p. J. üb. b. M. in einer der ſchönſten Gegenden des Landes, Feld-, Wieſenbau und Viehzucht, Gewerbe- u. Fabrikbetrieb, unter dem letzteren ſind zu erwähnen: die mech. Hanfſpinnerei u. Weberei, fertigt Trockengeſpinnſte in Hanf, Flachs u. Werg u. namentlich Schuhgarne, ſilberne Medaille. Die Kattunfabrik v. Sartori u. Comp. liefert ſchwarze Druckkattune, ſilb. Med., die Holzgalanteriewaarenfabrik von Hetzel u. Mackmrobl, ſodann Fabriken von Cigarren, Hüten, Leim, Papier, Steingut, Seidezwirnerei, Bergſpinnerei, Mahl- u. Oehlmühle. Handel mit Hanf und ſonſtigen Landesprodukten. Mkte.: B. u. K.-M. 3. März, 19. Mai, 3. Nov., 10. Decbr., Vieh- u. Schweine-M. 5. Febr., 5. März, 1. April, 7. Mai, 3. Juni, 2. Juli, 6. Aug., 3. Septbr., 1. Oct., 5. Nov., 3. Decbr. — Auf dem Marktplatz die Statue des Mgf. Karl II., am Rathhauſe die Jakobs III. Als Anemuotingen in das frühe Mittelalter hinaufreichend, erhielt es 1418 Marktrecht, wurde 1581 ummauert, und war Reſidenz des Mgf. Jakob III., der 1590 hier das Colloquium Emmendingenſe abhalten ließ. Längerer Aufenthalt Schöpflins, ward es unter Joh. Georg Schloſſers Amtsverwaltung öfters von Göthe, ſeinem Schwager, beſucht.

**Emmenthaler Mühle**, Hs. u. Pfr. b. Pfdſ. Werbachhauſen, 7 E., L.-G. u. B.-A. Tauberbiſchofsheim; K.-G. u. K.-A. Mosbach.

**Emmersbach**, Wlr. b. Pfdſ. Prinzbach, 86 E., L.-G. u. D.-A. Lahr; K.-G. u. K.-A. Offenburg; liegt nicht weit von Hohengeroldsed. Sbdſchr.: Fürſt v. d. Leyen.

**Emmersbach**, Z. b. D. Schönberg, 24 L. E., Fil. v. Brinzbach, L.-G. u. B.-A. Lahr; K.-G. u. K.-A. Offenburg. Sbdſchr.: Fürſt v. d. Leyen.

**Emmingen ab Egg**, Pfdſ. 16 ev., 1071 L., zuf. 1087 E., L.-G. u. B.-A. Engen; K.-G. u. K.-A. Conſtanz; L.-A. Engen; liegt an einem in die Donau ſich mündenden Bache. Feld- u. Wieſenbau; reichliches Dohrerz; bei den drei Buchen herrliche Ausſicht auf Hegau und Bodenſee. Der Name von dem Gebirgszuge Egge, einem Theil der Scheere.

**Endenburg**, D., 539 ev., 8 L. zuf. 547 E., Fil. v. Weitenau, A.-G. u. B.-A. Schopfheim; K.-G. u. K.-A. Lörrach; liegt in einem engen Thale. Feld- u. Wieſenbau, Holz-, Holzwaaren- und Kohlenhandel.

**Endermettingen**, D., 239 L. E., Fil. v. Untermettingen, A.-G. u. B.-A. Waldshut; K.-G. u. K.-A. Waldshut; liegt ziemlich hoch. Sbdſchr.: Fürſt v. Fürſtenberg.

**Endingen**, Stbt., 68 ev., 2795 L., zuf. 2863 E., L.-G. und B.-A. Kenzingen; K.-G. u. K.-M. Freiburg; P.-A. Freiburg. Sitz b. L.-A. und D.-Not., D.-Exp.; liegt 582 p. J. üb. b. M. am nördlichen Fuße des Kaiſerſtuhles in einer ſehr fruchtbaren Gegend, Feld- u. ſtarken Weinbau u. anſehnlicher Gewerbebetrieb, hat ſtarke Vorderh- und Jahrmärkte, bedeutender Handel mit Wein, Hanf, Früchten u. Leder. Mkte.: V. u. K.-M. 24. Febr., 25. Aug., 17. Nov. Das anſehnliche Rathhaus und die übrigen ſtattlichen Gebäude deuten auf eine erhebliche Geſchichte. Kaiſerliche Schenkung der Ottonen an Einſiedeln, dann Hauptort der Herren v. Uſenberg, früher v. Kirnſingen, Vögte der Kloſter Einſiedel'ſchen Güter im Breisgau, die das Schloß Kohlenberg nahe anbauten. Nach deren Ausſterben kam es ſofort an Oeſterreich, von welchem 1415 Kaiſer Sigismund auf kurze Zeit die Stadt an das Reich nahm.

**Endreshans**, Hs. u. Pfr. b. Stbt. Marktdorf, 15 E., L.-G. u. B.-A. Meersburg; K.-G. u. K.-A. Conſtanz.

**Enge**, Z. b. Pfdſ. Rohrbach, 5 E., L.-G. u. B.-A. Triberg; K.-G. und K.-A. Villingen.

**Engelberg**, Hf. b. Pfdſ. Oberharmersbach, 241 L. E., A.-G. u. B.-A. Gengenbach;

A.-G. u. L.-A. Offenburg; liegt in einem engen u. wilden Thale am Fuße des Täfchen= lopfes, Viehzucht und Holzhandel.

**Engelhof,** Hf. u. Prz. b. Pfdf. Hohen= tengen, 8 L E., A.-G. u. B.-A. Je= stetten; A.-G. u. K.-A. Waldshut.

**Engelmühle,** Hf. u. Prz. b. Sdt. Philippsburg, 11 L E., A.-G. u. B.-A. Philippsburg; K.-G. u. K.-A. Carlsruhe; liegt 331 p. F. üb. d. M. an der Saalbach.

**Engelschwand,** D., 315 L. E., Fil. v. Görwihl, A.-G. und B.-A. Waldshut; K.-G. u. K.-A. Waldshut; liegt sehr hoch am Engelberge in wilder und einsamer Gegend. Viehzucht, Holzhandel u. Köhlerei.

**Engelswies,** Pfdf. 1 ev., 481 l., zus. 482 E., K.-G. u. B.-A. Mehlkirch; A.-G. u. K.-A. Constanz; L.-A. Mehlkirch; liegt ziemlich hoch an der Straße von Stodach nach Sigmaringen. Feldbau u. Viehzucht.

**Engen,** Sdt., 24 ev., 1620 l., zus. 1644 E., A.-G. u. A.-A. Constanz; F.-J. Donaueschingen; P.-A. Stodach. Sitz des A.-G., B.-A., L.-Ph., O.-A., B.-F. D.-R., L.-A. u. Pfdflr.; liegt 1738 p. F. üb. d. M. an der Aach, an der Straße von Donau= eschingen nach Stodach, theils auf einer stei= len Anhöhe, theils am Fuße der Wasser= scheide zwischen Donau und Rhein in einem kleinen Thale. Nördlichstes Vordringen der Rebe, Feldbau, Viehzucht, Obst= und Wein= bau, Gewerbebetrieb u. Weißfärberei. Mkte.: K.= u. B.-M.: 19. Feb., 28. Febr., 5. März, 7. Mai, 7. Sept., 16. Nov. K.-M.: 30. März, 2. Juli, 3. Aug., 12. Oct. (zugleich Farren= markt), 28. Dec. — Alter Ort, dessen Abel im 11. Jahrh. in Schaffhauser Urkun= den vorkommt. Die Martins= (Friedhof=) Kirche in Altdorf ragt nach den Ueberresten des alten Baues über das 10. Jahrhundert hinauf. Grabmäler der Herren v. Hewen u. Luyden. Die Pfarrkirche, von einem bür= gerlichen Baumeister, ist nach dem byzantini= schen Portal zu schließen, aus dem 12. Jahrh. und hat Grabmäler der Grafen v. Pappen= heim. Im Jahr 1499 ward E. von den Schweizern vergeblich belagert, 1640 von den Schweden und Franzosen, 1796 von

Moreau's Armee wegen Angriffen auf fran= zösische Marodeurs und 1800 nach dem Ge= fechte, wodurch Kray seinen Rückzug zu decken suchte, durch die Franzosen geplündert und theilweise abgebrannt. Auf der Höhe von E. das Schloß Reutrenkingen, jetzt, wie das Städtchen selbst, durch Pappenheim'sche Erb= schaft an Fürstenberg übergegangen.

**Engenmühle,** Hs. und Prz. b. D. Winterswetter, 12 L E., Fil. v. May= pach, A.-G. u. B.-A. Lörrach; A.-G. und K.-A. Lörrach.

**Enkendorf,** Z. b. Pfdf. Wehr, 526 L E., A.-G. u. B.-A. Säckingen; K.-G. u. K.-A. Waldshut; liegt an der Haselbach; Feldbau und Viehzucht Gebhr.; Frhr. von Schönau=Wehr.

**Entrusstein,** T., 146 ev. E., Fil. von Eichsel, A.-G. u. B.-A. Schopfheim; K.-G. und K.-A. Lörrach; liegt an einem kleinen Bache. Feld=, Wiesenbau, Viehzucht und Holzhandel.

**Enterbach,** A.-D. b. Pfdf. Tobinau= berg, 93 L E., A.-G. u. B.-A. Schönau; K.-G. und K.-A. Lörrach; liegt an einem Seitenabhang des Feldberges. Gemarkung und Gemeindevermögen getrennt; Wiesen= bau, Viehzucht und Bürstenhandel.

**Eulenberg,** Z. b. Pfdf. Oberwin= den, 35 L E., A.-G. u. B.-A. Waldkirch; A.-G. u. K.-A. Freiburg.

**Entenschwand,** A.-D. b. D. Schö= nenberg, 56 L. E., Fil. v. Schönau, A.-G. u. B.-A. Schönau; K.-G. u. K.-A. Lörrach. Schöne Aussicht nach Schönenberg u. auf das Wiesenthal bei Schönau. Gemarkung und Gemeindevermögen gemeinschaftlich.

**Epfenbach,** Mkfl., 847 ev., 273 L, zus. 1120 E., A.-G. Neckarbischofsheim u. B.-A. Sinsheim; K.-G. u. K.-A. Offenburg; Dec. Neckarbischofsheim; liegt 692 p. F. üb. d. M. zwischen niederen Bergen. Feldbau, Viehzucht und Gewerbebetrieb.

**Epfenhofen,** Pfdf., 219 L E., A.-G. u. B.-A. Bonndorf; K.-G. u. K.-A. Walds= hut; L.-A. Stühlingen; liegt am Ursprunge eines kleinen Baches und ist auf drei Sei= ten von Bergen umgeben. Feld=, Wiesen= bau und Viehzucht.

**Eppelheim**, Pfd., 950 ev., 463 l., juf. 1413 C., L.-G. u. B.-A. Heidelberg; A.-G. u. A.-A. Heidelberg; Dec. Oberheidelberg; liegt rechts von der Straße von Heidelberg nach Schwetzingen in einer fruchtbaren Ebene. Feldbau u. Gewerbebetrieb, Handel mit Getreide u. Tabak. Alter Lorscher Besitz; in der Kirche soll Luther auf seinem Wege nach Worms gepredigt haben.

**Eppingen**, Stdt., 2301 ev., 620 l., 40 Diss., 188 ifr., juf. 3147 C., A.-G. u. A.-A. Heidelberg; L.-A. St. Leon; B.-A. Bruchsal Sitz b. A.-G., B.-A., A.-Ph., O.-R., D.-Not., ev. Dec. u. Pfthlr., höheren Bürgerschule u. Gewerbeschule; liegt an der Elsenzbach in einer freundlichen hügeligen Gegend an der Straße von Carlsruhe nach Heilbronn. Feldbau u. Viehzucht. Gewerbebetrieb u. Cigarrenfabrikation. Mkte.: A.-M. 9. März, 13. Mai, 24. Aug., 26. Octbr. D.-M.: 16. Febr., 18. Mai, 27. August, 2. Decbr. Nach der Sage von König Dagobert zum Pfarrort erhoben, wurde das Kammergut theilweise durch Otto III. 965 dem Hochstifte Worms, theilweise durch Heinrich IV. an Speyer geschenkt. Der inzwischen zur Reichsstadt erwachsene Ort um 1220 von Friedrich II. an Mgf. Hermann von Baden verpfändet, von König Rudolf in seinen Rechten bestätigt, von Albrecht I. nach dem Muster von Heilbronn gemehrt, wurde 1402 C. von den Mkgf. v. Baden gelöst, worauf es nach der Schlacht von Sedenheim, durch Verzichtleistung auf das Einlösungsrecht, unwiderruflich pfälzischer Besitz wurde, bis es mit der diesseitigen Rheinpfalz wieder an die frühere Herrschaft kam. Nach dem Auszug im Bauernkriege unter Anführung des später zu Bruchsal enthaupteten Pfarrers Eisenhut, im 30jährigen und im orleans'schen Kriege, wo C. 220,271 fl. Kriegsschaden hatte, und im Revolutionskriege mußte die Stadt schwere Drangsale erdulden. Inzwischen erholte sich C. wieder, trug die erwachsenen Schulden ab und legte Kapitalien an.

**Epplingen**, D., 238 ev., 48 l., juf. 296 C., ev. Fil. v. Schweigern, l. Fil. v. Vorberg, A.-G. u. B.-A. Vorberg; A.-G.

u. A.-A. Waldshut; liegt 1042 p. F. üb. b. M. zwischen niederen Hügeln. Feldb., Wiesen- u. Weinbau. Anfänge des Weinbaus. Bad seit 1839 entdeckt, dessen Quelle in 12 Unzen 0,091 Gr. kohlens. Kali, 0,005 Gr. kohlens. Natron, 0,050 Gr. kohlens. Magnesia, 0,169 Gr. kohlens. Kalk, 0,028 Gr. kohlens. Eisenoxydul u. 0,133 Chlorkalium neben Spuren von Kiesel, Thonerde u. nicht unbeträchtlicher Menge organischer Substanz enthält, deren sehr beachtenswerthes Wasser von besonderer Heilkraft ist. Das Bad hat passende Wirthschaftsgebäude.

**Epplinsberg**, Hf. und Prz. b. D. Fischerbach, 14 l. C., Fil. v. Weiler, A.-G. Haslach, B.-A. Wolfach; A.-G. und A.-A. Offenburg, Stdhr.: Fürst v. Fürstenberg.

**Epplinsgraben**, Hf. u. Prz. b. D. Fischerbach, 7 C., Fil. v. Weiler, A.-G. Haslach, B.-A. Wolfach; A.-G. und A.-A. Offenburg, Stdhr.: Fürst v. Fürstenberg.

**Erdersbronn**, J. b. Pfd. Forbach, 59 l. C., A.-G. u. B.-A. Gernsbach; A.-G. u. A.-A. Baden; liegt an der Rauhmünzach.

**Erdbeeremühl**, Hs. u. Prz. b. Pfd. Leibertingen, 7 C., A.-G. und B.-A. Meßkirch; A.-G. u. A.-A. Constanz.

**Erdbeerhof**, Hf. und Prz. b. Pfd. Gondelsheim, 15 ev., 10 Men., juf. 25 C., A.-G. u. B.-A. Bretten; A.-G. u. A.-A. Carlsruhe; liegt 643 p. F. üb. b. M. zwischen niederen Hügeln. Feldb., Wiesenbau u. Viehzucht. Grdhr.: Graf v. Langenstein.

**Erdlesbach**, Ober-, J. b. D. Lehengericht, 24 ev. C., Fil. v. Schilach, A.-G. u. B.-A. Wolfach; A.-G. u. A.-A. Offenburg; liegt im Schilachthale.

**Erdlesbach**, Unter-, J. b. D. Lehengericht, 42 ev. C., Fil. v. Schilach, A.-G. u. B.-A. Wolfach; A.-G. u. A.-A. Offenburg; liegt im Schilachthale.

**Erdmannsweiler**, D., 260 ev., 4 l., 13 Diss. u. Men., juf. 277 C., Fil. v. Weblin, A.-G. u. B.-A. Villingen; A.-G. und A.-A. Villingen. Feldb- u. Waldbau, starke Viehzucht.

**Erfeld**, D., 501 l. C., Fil. v. Brehmgen, A.-G. u. B.-A. Wallbürn; A.-G. und K.-A. Moßbach; liegt 1054 p. F. üb. b. M. an der Erfa. Feldb., Wiesenbau u. Viehzucht, Handel mit Getreide und Wolle.

**Ergersbach**, H. b. Pfd. Durbach, 34 l. E., A.-G. u. B.-A. Offenburg; A.-G. u. K.-A. Offenburg. Weinbau.

**Erhardterhof**, Hf. u. Prj. b. Pfd. Schönenbach, 38 E., A.-G. u. B.-A. Villingen; A.-G. u. K.-A. Villingen.

**Erlach**, D., 544 l. E., Fil. v. Ulm, L.-G. u. B.-A. Oberkirch; A.-G. u. K.-A. Offenburg. Feldbau u. Viehzucht.

**Erlebach**, Hf. u. Prj. b. Pfd. St. Märgen, 79 l. E., L.-G. u. B.-A. Freiburg; A.-G. u. K.-A. Freiburg.

**Erlen**, H. b. D. Ibach, 7 l. E., Fil. v. Oppenau, A.-G. und B.-A. Oberkirch; A.-G. u. K.-A. Offenburg; liegt im Renchthale.

**Erlenbach**, H. b. D. St. Wilhelm, 6 l. E., Fil. v. Oberried, A.-G. u. B.-A. Freiburg; A.-G. u. K.-A. Freiburg; liegt hoch an einem nördlichen Ausläufer des Feldberges. Viehzucht.

**Erlenbach**, D., 3 ev., 355 l., zuf. 358 E., Fil. v. Balkenberg; A.-G. u. B.-A. Boxberg; A.-G. u. K.-A. Moßbach; liegt 843 p. F. üb. b. M. an der Erlenbach und nahe an der württenberg. Grenze. Feldbau und Viehzucht.

**Erlenbad**, Kurort u. Prj. b. D. Oberlasbach, 39 E., Fil. v. Sasbach, A.-G. u. B.-A. Achern; A.-G. u. K.-A. Baden; liegt 542 p. F. üb. b. M. am Fuße mit Reben bedekter Hügel, hinter welchen sich die Hornisgrinde erheben, mit herrlicher Aussicht. Die Quelle ist eine kochsalzhaltige, salinische Therme, die in 10,000 Theilen Waſſer 3,0737 Theile doppelt kohlens. Kalk 0,0798 doppelt kohlens. Magnesia, 0,0428 Thl. doppelt kohlens. Eisenoxydul, 3,4543 Thl. schwefels. Kalk, 0,8318 Thl. schwefels. Magnesia, 0,7303 Thl. schwefels. Natron, 14,1361 Thl. Chlornatrium, 0,8293 Thl. Chlorkalium, 0,0644 Thl. Chlorlithium, 0,2095 Thl. Kieselerde, 0,7436 Thl. Kohlensäure, 0,1149 Thl.

Stickstoff und geringe Spuren von Mangan, Phosphorsäure, Jod und organischen Stoffen enthält. Das spec. Gewicht des Wassers ist bei 28° C 1,0034 und dem Volumen nach befindet sich in einem Liter Wasser 37,18 Kubikcentimeter freie Kohlensäure und 9,10 Kubikcentimeter Stickstoff bei 0° und 0m., 76 Barometerstand und die Temperatur des Wassers ist 17° R. Das Kurhaus hat 36 Wohnzimmer für Kurgäste, die meistens aus dem Elsaß kommen. An Sonn- und Feiertagen starker Besuch aus der Umgegend.

**Erlenbruck**, H. b. Pfd. Hinterzarten, 29 E., A.-G. u. B.-A. Freiburg; A.-G. u. K.-A. Freiburg; liegt in einer wilden und einsamen Gegend.

**Erlenhaus**, Hf. u. Prj. b. D. Hollstein, 5 E., Fil. v. Steinen, A.-G. und B.-A. Lörrach; A.-G. und K.-A. Lörrach; liegt im Wiesenthale nahe bei der Straße von Lörrach nach Schopfheim.

**Erlenhof**, Hf. u. Prj. b. D. Rohrhardsberg, 12 E., Fil. v. Schonach, A.-G. u. B.-A. Triberg; A.-G. u. K.-A. Villingen.

**Ernatsreuthe**, K.D. b. D. Baumbergen, 75 E., Fil. am Lippertsreuthe, A.-G. u. B.-A. Ueberlingen; A.-G. u. K.-A. Constanz; liegt links von der Straße von Ueberlingen nach Heiligenberg. Gemarkung und Gemeindevermögen getrennt.

**Ernsbach**, H. b. Pfd. Norbrach, 80 l. E., A.-G. u. B.-A. Gengenbach; A.-G. u. K.-A. Offenburg.

**Ernsthof**, Hf. u. Prj. b. Pfd. Dörlesberg, 28 E., A.-G. u. B.-A. Wertheim; A.-G. u. K.-A. Moßbach; liegt 1106 p. F. üb. b. M. Erbhr.: Fürst v. Löwenstein-Wertheim-Rosenberg.

**Ernsthal**, Col. b. D. Mörschenhardt, 52 l. E., Fil. v. Mudau, A.-G. u. B.-A. Buchen; A.-G. und K.-A. Moßbach; B.-A. Heidelberg. Sitz b. Polstirds; liegt 914 p. F. üb. b. M. an der Ottorfszellerbach in einem engen Thale. Erbhr.: Fürst v. Leiningen.

**Eſchingen**, Pfd., 14 ev., 1178 l., zuf.

1192 C., A.-G. u. B.-A. Pforzheim, A.-G. und A.-A. Carlsruhe; L.-A. Mühlhausen; P.-A. Pforzheim. Sitz d. P.-Abn.; liegt in einem kleinen Thale an einem in die Pfinz mündenden Bache. Feldbau, Viehzucht und Weinbau. Alter Ort. Halt- u. Tel.-Stat. Mkte.: 5. Mai, 12. Novbr.

**Erzbach**, J. b. Pfdf. Biberach, 61 C., A.-G. u. B.-A. Gengenbach; A.-G. u. A.-A. Offenburg; liegt in einem kleinen Thälchen auf der linken Seite des Kinzigthales.

**Erzenbach**, J. b. Pfdf. Oberwinden, 111 L C., A.-G. u. B.-A. Waldkirch; A.-G. u. A.-A. Freiburg.

**Erzingen**, Pfdf., 11 ev., 906 L., juf. 917 C., A.-G. u. B.-A. Jestetten; A.-G. u. A.-A. Waldshut; L.-R. Klettgau; P.-A. Waldshut. Sitz d. P.-Abl.; liegt am Klingenbache, 1132 p. J. üb. b. M. Feldbau, Viehzucht, Weinbau u. Bienenzucht. Schon im 9. Jahrh. Eigenthum von Rheinau, das hier besondere Lehensabel hatte. Halt- und Tel.-Stat. Mkte.: A.- u. B.-M. 16. Febr., 7. April, 3. Sept., 26. Nov.

**Eschach**, Pfdf., 130 L., 1 ev., juf. 131 C., A.-G. u. B.-A. Bonndorf, A.-G. und A.-A. Waldshut; L.-R. Billingen; liegt an einem kleinen in die Wutach fließenden Bache. Feldbau, Obstbau und Viehzucht. Handel mit Korn u. Vieh.

**Eschau**, J. b. D. Filcherbach, 156 L C., A.-G., Fil. von Weiler, A.-G. Haslach, B.-A. Wolfach; A.-G. u. A.-A. Offenburg. Stdsbhr.: Fürst v. Fürstenberg.

**Eschbach**, Pfdf., 6 ev., 652 L., juf. 658 C., A.-G. u. B.-A. Freiburg; A.-G. u. A.-A. Freiburg; L.-R. Breisach; liegt an dem von St. Peter herkommenden gleichnamigen Bache. Feld-, Wiesenbau u. Viehzucht.

**Eschbach**, Pfdf., 925 L., 13 ev., juf. 938 C., A.-G. u. B.-A. Staufen; A.-G. u. A.-A. Freiburg; L.-A. Neuenburg; liegt unweit der Straße von Freiburg nach Basel. Feldbau, Viehzucht, wenig Weinbau.

**Eschbach**, T., X01 C., Fil. v. Waldshut, A.-G. u. B.-A. Waldshut; A.-G. u. A.-A. Waldshut; liegt in einem kleinen Thälchen.

**Eschbach**, J. b. D. Unterentersbach, 17 L. C., Fil. v. Zell a. H., A.-G. u. B.-A. Gengenbach; A.-G. u. A.-A. Offenburg.

**Eschbach**, J. b. T. Filcherbach, 87 L. C., Fil. v. Weiler, A.-G. Haslach, B.-A. Wolfach; A.-G. u. A.-A. Offenburg. Stdsbhr.: Fürst v. Fürstenberg.

**Eschbach**, J. b. T. Stahlhof, 22 C., Fil. v. Waldkirch; A.-G. u. B.-A. Waldkirch; A.-G. u. A.-A. Freiburg.

**Eschbach**, Pfdf., 936 ev., 197 L., 36 Ilr., juf. 1169 C., A.-G. u. B.-A. Sinsheim; A.-G. u. A.-A. Heidelberg; Dec. Sinsheim; kath. Fil. v. Balzfeld; liegt 607 p. J. üb. b. M. zwischen niedern Hügeln an einem kleinen Bache. Feld-, Wiesen- u. Weinbau, Viehzucht.

**Eschelbronn**, Pfdf., 965 ev., 47 L., juf. 1012 C., A.-G. und B.-A. Sinsheim; A.-G. u. A.-A. Heidelberg; Dec. Sinsheim; liegt an der Schwarzach, 625 p. J. üb. b. M. in einem freundlichen Thale. Feld-, Wiesenbau und Viehzucht. Grdhr.- Frhr. v. Venningen.

**Eselbach**, J. b. D. Bergzell, 24 L C., Fil. v. Schenkenzell, A.-G. und B.-A. Wolfach; A.-G. u. A.-A. Offenburg. Stdsbhr.: Fürst v. Fürstenberg.

**Eselmühle**, Hs. und Prz. b. R.-O. Hausen, b. Pfdf. Kirchen, 15 L C., A.-G. u. B.-A. Engen; A.-G. u. A.-A. Constanz. Stdsbhr.: Fürst v. Fürstenberg.

**Espastingen**, Pfdf., 11 ev., 450 L., juf. 461 C., A.-G. und B.-A. Stockach; A.-G. u. A.-A. Constanz; L.-R. Stockach; liegt an der Stockach in einem fruchtbaren Wiesengrunde, der das Hegau mit dem Bodensee verbindet. Feld-, besonders Hanf-, Zuckerrüben-, Obst- und Wiesenbau. Bedeutende Steibrerei. v. Bobmann'sche Brauerei. Grdhr.: Frhr. v. Bodmann.

**Esselbrunn**, J. b. Pfdf. Gissigheim, 42 C., A.-G. u. B.-A. Tauberbischofsheim; A.-G. u. A.-A. Mosbach; liegt 1210 p. J. üb. b. M. Grdhr.: Frhr. v. Berlichingen.

**Essigberg**, Hf. u. Prz. b. D. Gaisbach, 25 C., Fil. v. Oberkirch, A.-G. und B.-A. Oberkirch; A.-G. u. A.-A. Offenburg.

5

**Eßlingen**, Pfd., 2 ev., 232 l., juf. 234 C., A.-G. u. B.-A. Donaueschingen; A.-G. u. A.-A. Villingen; liegt an einem in die Donau mündenden Bache nahe an der württ. Grenze.

**Etschenrute**, Hf. und Prz. b. Pfd. Mühlingen, 5 l. C., A.-G. und B.-A. Stockach; A.-G. u. A.-A. Constanz. Grbhr.: Frhr. v. Buol.

**Ettenberg**, J. b. Pfd. Gütenbach, 23 l. C., A.-G. und B.-A. Triberg; A.-G. u. A.-A. Villingen.

**Ettenheim**, Stdt., 41 ev., 2811 l., 79 ifr., juf. 2931 C., A.-G. u. A.-A. Freiburg; L.-A. Lahr; F.-J. Offenburg; P.-A. Freiburg. Sitz b. A.-G., B.-A., G.-R., A.-Ph., B.-J., D.-R., P.-C. u. einer höheren Bürgerschule; liegt in einem angenehmen Thale an der linken Seite der Ettenbach u. dem nördlichen Abhange des Kalenbergs. Feldbau, Viehzucht, bedeutender Gewerbebetrieb, Sägmühlen, Holz-, Garn- u. Hanfhandel. Nach der Sage durch Ebbo oder Heddo, den Sohn des Herzogs Atich (Etticho), im Elsaß erbaut — wahrscheinlicher von Bischof Heddo von Straßburg, in dessen Urkunde von 738 schon die Kirche zu E. erwähnt wird. Unter straßburgischer Herrschaft blühende, erwarb die junge Stadt sich im 15. Jahrh. Ringstelm, war von 1790—1803 die Residenz des durch die Halsbandgeschichte bekannten Cardinalbischofs Ed. v. Rohan, dessen Verwandter der Herzog v. Enghien, 15. März 1804 auf Napoleons Befehl durch 400 Gensdarmen von hier hinweggeschleppt wurde, um sein Ende in dem Festungsgraben von Vincennes zu finden. Mkte.: D.- u. A.-M. 1. Febr., 10. Juni, 26. August, 11. Novbr. V.-M.: 18. März, 15. April, 20. Mai, 8. Juli, 16. Sept., 21. Octbr.

**Ettenheimmünster**, Prz. des s. Münsterthal, 15 l. C., Fil b. Pfarrgem. Münsterthal, A.-G. und B.-A. Ettenheim; L.-G. u. A.-A. Freiburg; liegt im Münsterthale an der Ettenbach. Ehemalige Benedictinerabtei, die sehr alt und deren Ursprung in Sagen gehüllt ist. Mkte.: 1. Mai, 21. Sept.

**Ettenheimweiler**, A.-D. b. Stdt.

**Ettenheim**, 406 C., A.-G. u. B.-A. Ettenheim; A.-G. und A.-A. Freiburg; liegt in einem kleinen Thälchen östlich am Kalenberge. Gemarkung u. Gemeindevermögen gemeinschaftlich. Feldbau u. Viehzucht.

**Ettersbach**, J. b. Pfd. Unterlimonswald, 133 l. C., A.-G. und B.-A. Waldkirch; L.-G. u. A.-A. Freiburg.

**Ettikon**, Hf. u. Prz. b. Pfd. Kadelburg, 19 l. C., A.-G. u. B.-A. Waldshut; A.-G. u. A.-A. Waldshut; liegt am Rheine.

**Ettingen**, A.-O. b. Pfd. Tannenkirch, 206 ev., 9 l., juf. 215 C., A.-G. u. B.-A. Lörrach; A.-G. und A.-A. Lörrach. Gemarkung u. Gemeindevermögen gemeinschaftlich; liegt zwischen niedern Hügeln. Feldbau u. Viehzucht. Gutes Eisenerz und Marmor.

**Ettlingen**, Stdt., 549 ev., 4420 l., 47 ifr., juf. 5016 C., A.-G. u. A.-A. Carlsruhe; F.-A. Carlsruhe; P.-A. Carlsruhe, C.-A. Carlsruhe. Sitz b. A.-G., A.-Ph., G.-R., B.-A., B.-J., D.-R., L.-A., P.- u. C.-Exp., d. milit. Hauptmag. u. Montirungs-Commissariats, d. kath. Schullehrerseminars, d. höheren Bürger- u. Gewerbeschule. Halt- u. Tel.-Stat.; liegt an der Alb und am Fuße des Rollberges, eines Vorsprunges des Schwarzwaldes am Eingange des schönen und romantischen Albthales 408 p. F. üb. d. M. mit einem durch die Mkgfn. Elysalla Augusta von Baden-Baden nach dem Brande des früheren markgräflichen Schlosses (1689) erbauten Schloßgebäude, jetzigem Montirungscommissariat, mit großem Garten, ehemaligem Jesuitencollegium, jetzt höhere Bürgerschule u. Schullehrer-Seminar, Stiftskirche — Thurm und Chor aus früherer Zeit im Brande von 1669 allein verschont, ehemaliges Landesspital, jetzt Amthaus u. Gülteuthaus. Feld-, Wiesen- u. Weinbau, Gewerbe- u. bedeutender Fabrikbetrieb. Zu letzterem gehören die Papierfabrik der Gebr. Buhl. J.-J. 1791 erwarb der Großvater der jetzigen Besitzer die sogen. obere und 1809 die sogen. untere Papiermühle, 1829 ward sodann eine Papiermaschine eingestellt, die erste in Deutschland und in der Folge das Wasserwerk durch Turbinen vervollkommnet. Gegenwärtig sind nun 4 Turbinen, 15 Holländer, 2 Papiermaschinen und 1 Bütte für das zu Wertheffecten dienende Handpapier im Gang und werden bei günstigem Wasserstand täglich allein an Schreibpapier 300 Ries gefertigt. Das Fabrikat hat Absatz im Zollverein, in die Schweiz, nach Holland, Amerika und Ostindien. Goldene Medaille. Actiengesellschaft für Baumwollspinnerei und Weberei, begann ihre Thätigkeit 1638 und besitzt 28,000 Feinspindeln, 1000 mechanische Webstühle, wovon 300 für Sammtweberei verwendet werden, die Weite werden durch die Alb mittelst 3 Tangentialrädern u. 3 Turbinen in Bewegung gesetzt und haben zur Aushülfe 2 Dampfmaschinen von resp. 100 und 25 Pferdekräften; ihre Production besteht aus 125,000 Stücken verschiedener Zeuge als: rohe Calicos, Shirtings, Futterzeuge, Croisés, Diagonals, Piqués, façonnirte Zeuge, Möbelstoffe, Satins, Beavertins, Moleslins u. Sammt im Werthe v. 2,000,000 fl. Goldene Medaille; ferner 1 Stärkefabrik, Essigfabriken, Dezimalwagenfabrik, Seifen- und Lichterfabrik u. mehrere Oelmühlen. Mkte.: K.-M. 24. Febr., 28. Juni, 11. Nov., 15. December. V.-M.: 19. Jan., 16. Febr., 16. März, 20. April, 18. Mai, 15. Juni, 20. Juli, 17. Aug., 21. Sept., 19. Octbr., 16. Novbr., 21. December. Jeden Mittwoch ist Frucht- und Schweinmarkt. Schöne Spaziergänge nach dem Albthale. Die Stadt ist römischen Ursprungs, nach dem am Rathhause eingemauerten Votivsteine, sie wurde 1224 als Stadt der Hohenstaufen an Mgf. Hermann v. Baden vertauscht, Kirchensatz und Zehnten durch dessen Wittwe Irmengard und ihren Sohn Rudolf I. an Lichtenthal geschenkt, 1549 durch das Testament Mgf. Jakob I. seinem Sohn Georg zugetheilt. Aus vielfachen Leiden im dreißigjährigen u. orleans'schen Kriege durch einen 1829 abgeschlossenen, im westphälischen Frieden mehrfach abgeänderten Vertrag zwischen Baden-Durlach und Baden, unter letzterer Herrschaft allmählig sich erholend, gelangt die Stadt erst jetzt durch ihren bedeutenden Gewerbe- und Fabrikbetrieb zu verhältnißmäßiger Blüthe.

**Ettlingenweier**, Pfdf., 3 ev., 521 l., juf. 324 G., A.-G. u. B.-A. Ettlingen; K.-G. u. K.-A. Carlsruhe; L.-R. Ettlingen; liegt am westlichen Fuße des Schwarzwaldes in einer freundlichen und fruchtbaren Gegend. Feldb., Wein- u. Wiesenbau, gute Viehzucht.

**Etzenbach**, Wlr. b. Pfdf. Grunern, 23 l. G., A.-G. u. B.-A. Staufen; K.-G. u. K.-A. Freiburg; liegt im Münsterthale.

**Etzenroth**, D., 12 ev., 253 l., juf. 263 G., Fil. v. Bulenbach, A.-G. u. B.-A. Ettlingen; K.-G. u. K.-A. Carlsruhe. Feldb-, Wiesenbau u. Viehzucht. Namen gebender Wohnsitz einer Linie der Calwer Grafen im 11. Jahrh.

**Etzwihl**, H.-O. b. D. Buch, 240 l. G., Fil. v. Birndorf, A.-G. u. B.-A. Waldshut; K.-G. u. K.-A. Waldshut; getrennte Gemarkung, gemeinschaftliches Gemeindevermögen; liegt ziemlich hoch.

**Eulenberg**, Hf. u. Prz. b. Pfdf. Obergimpern, 14 ev. C., A.-G. Reckarbischofsheim u. B.-A. Sinsheim; K.-G. u. K.-A. Heidelberg; liegt 634 p. F. üb. d. M. am südlichen Abhange eines Hügels. Feldb., Wiesenbau und Viehzucht.

**Eulenhof**, Schloß und Prz. b. Pfdf. Ehrstädt, 33 ev. C., A.-G. und B.-A. Sinsheim; K.-G. u. K.-A. Heidelberg; liegt 665 p. F. üb. d. M. sehr hoch und einsam. Starke Landwirthschaft.

**Eulenmühle**, Hs. u. Prz. b. Pfdf. Unadingen, 13 l. C., A.-G. u. B.-A. Donaueschingen; K.-G. u. K.-A. Villingen; liegt an einem in die Wutach fließenden Bache.

**Eulersbach**, J. b. D. Lebensgericht, 79 ev. C., Fil. v. Schiltach, A.-G. u. B.-A. Wolfach; K.-G. u. K.-A. Offenburg; liegt im Schiltachthale.

**Eulscherbenhof**, Hf., Mühle u. Prz. b. Pfdf. Hamburg, 16 l. G., A.-G. u. B.-A. Wertheim, K.-G. u. K.-A. Mosbach; liegt am linken Ufer der Tauber, 523 p. F. üb. d. M. Grdhrn.: Grafen v. Ingelheim.

**Etlingen**, Pfdf., 1120 ev., 31 l., juf. 1171 G., A.-G. u. B.-A. Pforzheim; K.-G. und K.-A. Carlsruhe; Dec. Pforzheim; P.-A. Pforzheim. Sitz der B.-Abt.; liegt am linken Ufer der Enz an der Straße von Pforzheim nach Stuttgart in einer schönen Gegend. Feldb., Wiesen- u. Weinbau u. bedeutende Viehzucht.

**Ewattingen**, Pfd., 772 k. E., A.-G. u. B.-A. Bonndorf; A.-G. u. A.-A. Walbshut; L.-A. Stühlingen; D.-A. Freiburg. Sitz d. P.-Abl.; liegt ziemlich hoch. Feldbau und Viehzucht. In der Gegend Torflager und Gypsgruben mit Alabasterbänken an und in der Wutach. Früher Egibetinga, alter Ort, als Egipeitingen 889 v. König Arnulf an seinen Vasallen Egino geschenkt. Unter den zahlreichen Versteinerungen ein Mensch, indessen wahrscheinlicher ein Molch, wie jener, der zu Scheuchzer's vorsündfluthlichem Menschen wurde.

## F.

**Fahl**, R.-D. b. D. Brandenberg, 118 k. E., Fil. v. Tobtnau, A.-G. u. B.-A. Schönau; A.-G. und A.-A. Lörrach; Gemarkung und Gemeindevermögen getrennt; liegt an der Wiese am südlichen Fuße des Feldberges, Viehzucht, Holzwaaren, Bürsten- und Hundertfabrikation und Taglohnarbeit oder Köhlerei.

**Fahlenbach**, J. b. Pfd. Urach, 34 k. E., A.-G. u. B.-A. Neustadt; A.-G. und A.-A. Freiburg.

**Fahren**, J. b. Stdt. Oppenau, 25 k. E., A.-G. u. B.-A. Oberkirch; A.-G. u. A.-A. Offenburg; liegt im Rauchthale.

**Fahrenbach**, D., 297 ev., 334 k., juf. 631 E., Fil. v. Lohrbach; A.-G. u. B.-A. Mosbach; A.-G. u. A.-A. Mosbach; liegt 1214 p. F. üb. d. M. zwischen niederen Hügeln. Ackerbau, Viehzucht, Besenbinderei u. Holzfällen. Stdhr.: Fürst v. Leiningen.

**Fahrenbauerhof**, Hf. u. Brz. b. Pfd. Schönwald, 16 E., A.-G. u. B.-A. Triberg; A.-G. u. A.-A. Villingen.

**Fahrenberg**, Hf. u. Brz. d. D. Steig, 184 E., Fil. v. Hinterzarten, A.-G. u. B.-A. Freiburg; A.-G. und A.-A. Freiburg; liegt in einem Seitenthale des Höllenthals. Grundherrschaft: Frhr. v. Meyronet u. Montureux.

**Fahrenberg**, Hf. und Brz. b. Pfd. Schönwald, 96 E., A.-G. u. B.-A. Triberg; A.-G. u. A.-A. Villingen.

**Fahrenbuck**, Hf. und Brz. b. Pfd. Weitenau, 40 E., A.-G. u. B.-A. Schopfheim; A.-G. u. A.-A. Lörrach.

**Fahrhaus**, Hs. u. Brz. b. Stdt. Waldshut, 20 E., A.-G. u. B.-A. Waldshut; A.-G. u. A.-A. Waldshut.

**Fahrnau**, D., 292 ev., 45 L., juf. 337 E., Fil. v. Schopfheim, A.-G. und B.-A. Schopfheim; A.-G. u. A.-A. Lörrach; liegt an der Straße von Schopfheim nach Schönau; F. hat eine Mahlmühle, Gerberei u. Maschinenriemenfabrik, Essigfabrik u. mech. Weberei.

**Fahrnauhof**, Hf. und Brz. b. Pfd. Wittnau, 7 E., A.-G. u. B.-A. Freiburg; A.-G. u. A.-A. Freiburg; liegt beim Schönberge.

**Fahrwirthshaus**, Hs. u. Brz. b. Pfd. Sasbach, 3 E., A.-G. u. B.-A. Breisach; A.-G. u. A.-A. Freiburg.

**Falkau**, D., 1 ev., 339 k., juf. 340 E., Fil. v. Altglashütte, A.-G. u. B.-A. Neustadt; A.-G. u. A.-A. Freiburg; liegt an der Schwarzach. Actien-Draht- u. Schraubenfabrik. Dieses seit 1828 bestehende Geschäft ging 1856 an die gegenwärtige Actiengesellschaft über und wurde nach dem Brande im Winter 1857/58 sofort in größerem Maßstabe wieder aufgebaut. Die Fabrik ist auf eine jährliche Bearbeitung von 8000 Ctr. Eisen eingerichtet und fertigt außer Draht in allen Nummern, Drahtstiften u. Schrauben, auch Ketten, Möbelfedern und Nieten. Der Absatz geht hauptsächlich nach Württemberg, Bayern, Hessen u. Sachsen, und wird dieselbe durch Wasserkraft in Betrieb gesetzt. Silberne Medaille. Villingen 1858. Stdhr.: Fürst v. Fürstenberg.

**Falken**, J. b. Pfd. ev. Thennenbronn, 35 E., A.-G. u. B.-A. Triberg; A.-G. u. A.-A. Villingen.

**Falkenhalden**, Hf. b. Pfr. Oberbombach, 4 L.E., Fil. v. Roggenbeuren, A.G. u. B.A. Pfullendorf; A.G. u. A.A. Eonflanz. Getrenntes Gemarkung, gemeinschaftliches Gemeindevermögen. Stdsbz.: Fürst v. Fürstenberg.

**Falkensberg**, Hf. u. Prz. b. Stdt. Baden, 6 L.E., A.G. u. B.A. Baden; A.G. u. A.A. Baden; derselbe liegt unweit der Stadt.

**Falkensteig**, D., 322 L.E., Fil. von Buchenbach, A.G. und B.A. Freiburg; A.G. u. A.A. Freiburg; liegt im Höllenthal, Eisengießerei, Hammer u. Walzwerk, Drathzug u. Drathstift-Fabrik nebst mech. Werkstätte. Es bildet zerstreute Häuser im romantischen Höllenthal, dessen Felsenpaß der Hirschsprung bei den Touristen Ruf hat.

**Falkensteig**, H. b. D. Buchenbach, 183 L.E., A.G. u. B.A. Freiburg; A.G. u. A.A. Freiburg.

**Falkenstein**, Schloßruine u. Prz. b. D. Falkensteig, auf jähem Felskegel in der Falkensteig gelegen; A.G. u. A.A. Freiburg; A.G. u. A.A. Freiburg. Eine Schauergeschichte des ausgehenden Mittelalters die Ursache seiner Zerstörung durch die Bürger von Freiburg.

**Fallengrund**, H. b. Pfbf. Neukirch, 48 L.E., A.G. u. B.A. Triberg; A.G. u. A.A. Villingen; liegt hoch.

**Fallershof**, Hf. u. Prz. b. H. Unterlangenordnach, b. D. Langenordnach, 10 L.E., Fil. v. Friedenweiler, A.G. u. B.A. Neustadt; A.G. u. A.A. Freiburg.

**Fallerhof**, Hf. u. Prz. b. Pfbf. Urach, 41 E., A.G. u. B.A. Neustadt; A.G. u. A.A. Freiburg.

**Fallershof**, Hf. und Prz. b. Pfbf. Schönenbach, 15 E., A.G. und B.A. Villingen; A.G. u. A.A. Villingen.

**Fallgrund**, s. Schwarzhäusle.

**Fallgrund**, s. Simmelberg.

**Fames**, H. b. Pfbf. Mühlenbach, 126 L.E., A.G. Haslach, B.A. Wolfach; A.G. u. A.A. Offenburg. Stdsbz.: Fürst v. Fürstenberg.

**Farbmühle**, Hs. u. Prz. b. D. Bergzell, 55 E., Fil. v. Schonmell, A.G. u. B.A. Wolfach, A.G. u. A.A. Offenburg.

**Faulenfürst**, Wlr., 154 L.E., Fil. v. Schluchsee, A.G. u. B.A. Bonndorf; A.G. u. A.A. Waldshut; liegt ziemlich hoch an der Straße von St. Blasien nach Lenzkirch. Schon im Jahre 1245 gehörte ein Gut daselbst der Abtei St. Blasien.

**Faustenhof**, auch Fasanenhof geheißen, Hf. u. Prz. b. Mtfl. Bödigheim, 1 L., 3 Men., juf. 4 E., A.G. u. B.A. Buchen; A.G. u. A.A. Waldshut; liegt an der Gedach, 1034 p. F. üb. b. M. Grdfr.: Frhr. von Rüdt-Collenberg-Bödigheim.

**Fautenbach**, Pfbf., 849 L.E., A.G. u. B.A. Achern; A.G. u. A.A. Baden; L.H. Ottersweier; ist ein ziemlich langes Dorf, das an der Straße nach Freiburg liegt, treibt Obst-, Wein-, Wiesenbau und Viehzucht, sowie Handel mit Getreide, Hanf und Kirschenwasser. Der Ursprung des Dorfes geht in das 11. Jahrh. zurück, auch hatte es schon frühe eine Pfarrei, welcher die Herren v. Bock und v. Staufenberg im 13. Jahrh. verschiedene Güter vermachten.

**Favorite**, Lustschloß u. Prz. b. A.O. Förch, b. Pfbf. Niederbühl, 7 E., A.G. u. B.A. Rastatt; A.G. u. A.A. Baden; inmitten eines schönen Parkes 1725 von der Markgräfin Sibylla Augusta angelegt. Das Gebäude bildet ein längliches Viereck mit hervorspringenden Seiten, nahe dabei beginnen zwei Reihen Arkaden. Das Schloß hat viele Zimmer, die alle aufs kostbarste eingerichtet sind, u. a. Mosaik, schönes Sevres-Porzellan u. andere Schmucksachen, einen Spiegelsaal u. a. m. Von der Terrasse auf der Nordseite genießt man eine sehr schöne Aussicht. Auf der südlichen Seite des Parks liegt, vom Gebüsch umgeben, die Einsiedelei, worin die Markgräfin Buße that. Bei dem Schlößchen liegen noch einige Wohnhäuser und Stallungen.

**Felben**, Hf. u. Prz. b. Pfbf. Ittendorf, 9 L.E., A.G. Meersburg, B.A. Ueberlingen; A.G. u. A.A. Constanz.

**Feldberg**, Pfbf., 640 en., 27 L., juf.

667 E., U.-G. u. B.-A. Müllheim; R.-G. und K.-A. Lörrach; Dec. Müllheim; liegt zwischen niedern Hügeln in einem kleinen Thälchen, das nur gegen Kiel einen Ausgang hat. Wein-, Feld-, Wiesenbau u. Viehzucht. Das Dorf ist sehr alt und erscheint schon im Jahr 869, wo es König Arnulf an Egino gab.

**Feldern,** F. b. Pfdf. Schonach, 29 L. E., U.-G. u. B.-A. Triberg; R.-G. und K.-A. Villingen.

**Feldkirch,** Pfdf., 1 ev., 298 k., juf. 299 E., U.-G. u. B.-A. Staufen; R.-G. u. K.-A. Freiburg; L.-K. Breisach; liegt an der Sollenbach. Feld-, Wiesenbau u. Viehzucht. Grundherrschaftliches Schloß u. zeitweiliger Aufenthalt der Freiherrn v. Wessenberg, von welchen in neuerer Zeit der österr. Staatsminister und der frühere Bisthumsverweser zu Constanz dem Geschlechte bauernden Namen gegeben.

**Feldseehäusle,** Hs. u. Prz. b. D. Bärenthal, 7 L. E., Fil. v. Altglashütte, U.-G. u. B.-A. Neustadt; R.-G. u. K.-A. Freiburg.

**Felsenthälerhof,** Hs. u. Prz. b. D. Schollach, 25 L. E., Fil. v. Urach, U.-G. u. B.-A. Neustadt; R.-G. u. K.-A. Freiburg.

**Ferberhof,** Hs. u. Prz. b. F. Unterlangenordnach, b. D. Langenordnach, 26 L. E., Fil. v. Friedenweiler, U.-G. u. B.-A. Neustadt; R.-G. u. K.-A. Freiburg.

**Ferdinandsdorf,** D., 5 ev., 30 L. juf. 35 E., Fil. v. Strümpfelbrunn, liegt 1722 v. F. üb. b. M. in einer einsamen u. rauhen Gegend. Feldbau u. Viehzucht, sehr wenig beträchtlich. Namen von dem Erbauer Graf Ferdinand v. Wieser zu Anfang des vorigen Jahrh. Sibshr.: Fürst v. Leiningen.

**Fernach,** D., 10 ev., 211 L. juf. 221 E., Fil. b. Stbt. Oberkirch, U.-G. u. B.-A. Oberkirch; R.-G. u. K.-A. Offenburg. Der untere Theil des Orts gehörte früher zu Oesterreich, der obere aber dem Hochstifte Straßburg.

**Fernudobel,** F. b. Pfdf. Waldau, 20 L. E., U.-G. u. B.-A. Freiburg; R.-G. u. K.-A. Freiburg.

**Fernudobel,** F. b. R.-O. Altglashütte, b. D. Hinterstraß, 32 E., Fil. von St. Märgen, U.-G. und B.-A. Freiburg; R.-G. u. K.-A. Freiburg.

**Fernudobel,** F. b. Pfdf. Neukirch, 12 L. E., U.-G. u. B.-A. Triberg; R.-G. u. K.-A. Villingen.

**Fernhof,** F. b. Pfdf. Neukirch, 10 t. E., U.-G. u. B.-A. Triberg; R.-G. und K.-A. Villingen.

**Festloch,** F. b. R.-O. Rubbach, b. D. Freiamt, 35 L. E., Fil. v. Ottoschwanden, U.-G. u. B.-A. Emmendingen; R.-G. u. K.-A. Freiburg.

**Fessenbach,** D., 1 ev., 549 k., juf. 550 E., Fil. v. Weingarten, U.-G. u. B.-A. Offenburg; R.-G. u. K.-A. Offenburg; liegt in einem freundlichen Thälchen zwischen Rebhügeln, die sehr gesuchten Wein erzeugen. Bis 1236 gehörte F. zur Grafschaft Ortenberg, worauf es der Ortsnau einverleibt wurde.

**Festraushof,** Hs. u. Prz. b. Pfdf. Eichsel, 6 E., U.-G. und B.-A. Schopfheim; R.-G. u. K.-A. Lörrach; liegt ziemlich hoch.

**Fetzenbach,** Hs. u. Prz. b. Pfdf. Gerbach, 28 ev. E., U.-G. u. B.-A. Schopfheim; R.-G. u. K.-A. Lörrach; liegt in einem kleinen Thale zwischen hohen Bergen.

**Feudenheim,** Pfdf., 1641 ev., 672 k., juf. 2513 E., U.-G. u. B.-A. Ladenburg; R.-G. und K.-A. Mannheim; Dec. Ladenburg; L.-A. Weinheim. Siß b. D.-A.; liegt 347 p. F. üb. b. M. nicht weit vom rechten Ufer des Neckars. Feldbau, Viehzucht u. starken Tabakbau. Das Dorf kommt schon in Lorscher Urkunden vor und hat seinen Namen von einem gewissen Deit erhalten.

**Feuerbach,** Pfdf., 336 ev., 2 L. juf. 338 E., U.-G. u. B.-A. Müllheim; R.-G. u. K.-A. Lörrach; Drc. Müllheim; liegt in einem kleinen Thälchen, hat Steinbrüche mit schönen Versteinerungen. Feldbau, Viehzucht und erzeugt einen sehr guten rothen Wein. Das Dorf ist schon sehr alt; früher gehörte der Kirchensaß den Herren v. Staufen, wurde aber 1297 an den Johanniter Orden verkauft.

**Feuerberg**, Prz. b. A. Unteraltenweg, b. D. Birchhäfer, 53 L C., Fil. von Neuſtadt, A.G. u. B.A. Neuſtadt; H.G. u. A.A. Offenburg.

**Flegenbach**, Z. b. D. Oebebach, 5 L C., Fil. v. Oberkirch, A.G. u. B.A. Oberkirch; A.G. n. A.A. Offenburg.

**Füberharbt**, Z. b. D. Railach, 25 L C., Fil. v. Oppenau, A.G. und B.A. Oberkirch; A.G. u. A.A. Offenburg.

**Finkenhaufen**, Z. b. D. Leuſetten, 14 L C., Fil. v. Weildorf, A.G. Meersburg, B.A. Ueberlingen; A.G. u. A.A. Conſtanz. Stbehr.: Fürſt v. Fürſtenberg.

**Flufterbach**, Hf. b. D. Au, 12 L C., Fil b. Pfol. Merzhaufen, A.G. u. B.A. Freiburg; A.G. u. A.A. Freiburg. Grdhr.: Frhr. v. Türzheim.

**Finsterlingen**, A.D. b. D. Wolpadingen, 127 L C., Fil. v. Unteralpfen, A.G. und B.A. St. Blaſien; H.G. und A.A. Waldshut. Getrennte Gemarkung, gemeinſchaftliches Gemeindevermögen. Es gehörte ſchon in ſehr früher Zeit der Abtei St. Blaſien.

**Fluftermatten**, Z.b.D. Rohrhardsberg, 14 C., Fil. v. Schonach, A.G. u. B.A. Triberg; A.G. u. A.A. Villingen.

**Fiſchbach**, D., 256 L C., Fil. von Lentkirch, A.G. u. B.A. Neuſtadt; A.G. u. A.A. Freiburg. Stbehr.: Fürſt v. Fürſtenberg. Alter, theilweiſe zur Herrſchaft Lenzkirch, theilweiſe zum Kloſter Schaffhauſen — ſpäter St. Blaſien — ſchon im 12. Jahrhb. gehöriger Ort. Zwiſchen demſelben und Schwende führt über Hinterhäuſer der gut erhaltene Weg über den hohen Plumberg, welcher an Großartigkeit der Ausſicht über Baar, Bodenſee u. Schweiz dem Feldberge kaum nachſteht.

**Fiſchbach**, Pfol., 20 ev, 435 L., ꝛuf. 453 C., A.G. u. B.A. Villingen; A.G. u. A.A. Villingen; L.A. Triberg; liegt an der Glasbach nahe bei der württ. Grenze. Feldbau und Viehzucht. Das Dorf iſt ſchon alt und gehörte der Stadt Rottweil, von der es 1803 an Württemberg und 1810 an Baden kam.

**Fiſchbach**, A.D. b. D. Neubäuſer, 78 L C., Fil. v. Kappel, A.G. u. B.A. Freiburg; A.G. u. A.A. Freiburg. Getrennte Gemarkung und gemeinſchaftliches Gemeindevermögen.

**Fiſchbach**, A.D. b. Pfol. Schluchſee, 84 L C., A.G. u. B.A. St Blaſien; H.G. u. A.A. Waldshut. Getrennte Gemarkung, gemeinſchaftliches Gemeindevermögen.

**Fiſchbach**, Hf. u. Prz. b. D. Lebengericht, 10 ev. C., Fil v. Schiltach, A.G. u. B.A. Wolfach; A.G. u. A.A. Offenburg.

**Fiſchenberg**, A.D. b. Pfol. Dies, 109 ev.C., A.G. u. A.A. Schopfheim; A.G. u. A.A. Lörrach. Gemarkung u. Gemeindevermögen getrennt.

**Fiſcherbach**, D., 1010 L C., Fil. v. Weiler, A.G. Haslach, B.A. Wolfach; A.G. u. A.A. Offenburg. Das Dorf bildet eine lang gestreckte Vogtei, die früher einer eigenen Adel hatte, dann von der Oberlehensherrſchaft v. Gerolbsed an Fürſtenberg gedieh.

**Fiſcherhaus**, Hs. u. Prz. b. D. Kaltbrunn, 6 L C., Fil. v. Altensbach, A.G. u. B.A. Conſtanz; A.G. u. A.A. Conſtanz war ſchon im 9. Jahrh. die Wohnung des Azzo und anderer Fiſcher, wurde an Kloſter Reichenau vermacht mit dem dazu gehörigen Walde um das Krankenbad zu heizen. Die beſtrittene Schenkung eines laiſerlichen Förſters beſtätigte ſofort Arnulf v. Kärnten.

**Fiſcherhaus**, Hs. u. Prz. b. D. Neufrach, 11 L C., Fil. von Lentkirch, A.G. Meersburg, B.A. Ueberlingen; A.G. u. A.A. Conſtanz.

**Fiſcherhaus**, Hs. u. Prz. b. D. Oberuhldingen, 11 L C., Fil v. Seeleben, A.G. Meersburg, B.A. Ueberlingen; A.G. u. A.A. Conſtanz.

**Fiſcherhöfen**, Z. b. Pfol. Neuſat, 64 L C., A.G. u. B.A. Bühl; A.G. und A.A. Baden.

**Fiſcherhöhe**, Prz. b. Hf. Fiſcherhof,

Prz. b. D. Bregenbach, 4 L C., Fil. v. Urach, A.-G. u. B.-A. Neustadt; K.-G. u. K.-A. Freiburg.

**Fischerhof**, Hf. u. Prz. b. D. Bregenbach, 24 L C., Fil. v. Urach, A.-G. u. B.-A. Neustadt; A.-G. u. K.-A. Freiburg.

**Fischerhof**, Hf. und Prz. b. Stdt. Oppenau, 15 L C., A.-G. u. B.-A. Oberkirch; K.-G. u. K.-A. Offenburg.

**Fischhaus**, Hf. u. Prz. b. Stdt. Durlach, 5 ev. C., A.-G. u. B.-A. Durlach; A.-G. u. K.-A. Carlsruhe.

**Fischingen**, D., 345 ev., 10 L, zuf. 355 C., Fil. v. Schallbach, A.-G. u. B.-A. Lörrach; K.-G. u. K.-A. Lörrach; liegt am südlichen Abhange eines Hügels. Weinbau, Feld- u. Wiesenbau. J. hat ein Bad, das als Gesundheitsbad gebraucht, im Uebrigen aber noch nicht bekannt ist.

**Fischerhaus**, Hf. u. Prz. b. D. Hohenbodmann, 7 L C., Fil. v. Blaffenhosen, A.-G. u. B.-A. Ueberlingen; K.-G. u. K.-A. Constanz.

**Fitzenweiler**, Wlr. b. Stdt. Markdorf, 16 L C., A.-G. Meersburg, B.-A. Ueberlingen; A.-G. u. K.-A. Constanz.

**Flachenberg**, Wlr. b. d. Pfdf. Mühlenbach, 65 L C., A.-G. Haslach, B.-A. Wolfach; A.-G. u. K.-A. Offenburg. Stdhr.: Fürst v. Fürstenberg.

**Flachshof**, Hf. u. Prz. b. Pfdf. Jestetten, 9 L C., A.-G. u. B.-A. Jestetten; A.-G. u. K.-A. Waldshut.

**Flacken**, J. b. Pfdf. Norbach, 25 L C., A.-G. u. B.-A. Gengenbach; A.-G. u. K.-A. Offenburg.

**Flehingen**, Pfdf., 444 ev., 532 L, 128 thr., zuf. 1104 C., A.-G. u. B.-A. Bretten; A.-G. u. K.-A. Carlsruhe; Dec. Bretten; L.-A. u. B.-A. Bruchsal. Sitz b. D.-Abl.; liegt 380 p. F. üb. b. M. an der Kraichbach und an der Straße von Bretten nach Eppingen. Feld-, Wiesenbau u. Gewerbebetrieb. Grdhr.: Graf v. Metternich-Gracht.

**Flinsbach**, Pfdf., 384 ev., 9 L, 3 Diff., zuf. 396 C., A.-G. Neckarbischofsheim, B.-A.

Sinsheim; Dec. Neckarbischofsheim; liegt 647 p. F. üb. b. M. an dem gleichnamigen Bache. Feld-, Wiesenbau und Viehzucht.

**Föhrenbächle**, J. b. D. Langenschiltach, 126 ev. C., Fil. v. St. Georgen; A.-G. u. B.-A. Triberg; A.-G. und K.-A. Villingen.

**Föhrenschallstadt**, N.-D. des D. Schallstadt, 117 ev. C., Fil. v. Wollenweiler, A.-G. u. B.-A. Freiburg; K.-G. u. K.-A. Freiburg; Gemarkung u. Gemeindevermögen gemeinschaftlich; liegt in einer fruchtbaren Ebene. Feld- u. Weinbau.

**Föhrenthal**, D., 1 ev., 489 L, zuf. 490 C., Fil. v. Unterglottertal, A.-G. u. B.-A. Waldkirch; A.-G. u. K.-A. Freiburg; liegt in einem kleinen Thälchen. Grdhr.: Frhr. v. Weffenberg.

**Föhrenwald**, Hs. u. Prz. b. D. Steig, 10 L C., Fil. v. Breitnau, A.-G. u. B.-A. Freiburg; A.-G. u. K.-A. Freiburg. Grundherrschaft: v. Meyronet u. v. Monturenx.

**Föhrenwald**, Hf. u. Prz. b. Pfdf. Breitnau, 5 L C., A.-G. u. B.-A. Freiburg; A.-G. u. K.-A. Freiburg.

**Förch**, N.-D. b. Pfdf. Niederbühl, 5 ev., 166 L, zuf. 191 C., A.-G. u. B.-A. Rastatt u. A.-G. u. B.-A. Baden. Gemarkung u. Gemeindevermögen gemeinschaftlich; liegt in einer Ebene beim Schlosse Favorite.

**Fohren**, J. b. Pfdf. Schutterthal, 83 L C., A.-G. u. B.-A. Lahr; A.-G. u. K.-A. Offenburg. Stdhr.: Fürst v. Fürstenberg.

**Fohrenbach**, J. b. Pfdf. Röggenschwihl, 11 L C., A.-G. u. B.-A. Waldshut; A.-G. u. K.-A. Waldshut.

**Fohrenbühl**, Hf. u. Prz. b. D. Reichenbach, 8 ev. C., A.-G. u. B.-A. Triberg; A.-G. u. K.-A. Villingen.

**Forbach**, Prz. b. Hf. Bernreuthehof, Prz. b. D. Bregenbach, 8 L C., Fil. v. Urach, A.-G. u. B.-A. Neustadt; A.-G. u. K.-A. Freiburg.

**Forbach**, Pfdf., 20 ev., 1247 L, zuf. 1267 C., A.-G. u. B.-A. Gernsbach; A.-G. u. K.-A. Baden; L.-A. Gernsbach; P.-A.

Carlsruhe. Sitz d. B.-Abt. Gem.-Förster u. Rot.; liegt im hinteren Murgthale u. zwar an und über der Murg in freundlicher Thalebene, während auf- und abwärts der Fluß durch Felsen eingeengt über Trümmergestein mühsam sich den Weg bahnt. In der hochgelegenen Kirche gute Altargemälde von Kopmann und Grund. Außer einigem Mühlenbetrieb u. wenigem mühsamem Feldbau ist Holzbauen die vorzüglichste Erwerbsquelle der Gemeinde.

**Forchheim**, Pfdf., 13 ev., 1538 l. ⌠uf. 1551 C., A.-G. u. B.-A. Kenzingen; K.-G. u. K.-A. Freiburg; L.-K. Endingen; liegt ganz eben. Feldbau, Viehzucht und Handel mit Gerste und Vieh. Das Dorf ist sehr alt und bildete eine eigene Mark.

**Forchheim**, D., 2 ev. 1007 l., ⌠uf. 1009 C., Fil. v. Mörsch, A.-G. u. B.-A. Ettlingen; K.-G. u. K.-A. Carlsruhe; liegt 386 p. F. üb. d. M. an der Federbach, unweit der Straße von Rastatt nach Carlsruhe. Starker Feldbau, schöne Pferdezucht, Fischerei u. Faschinenbau. F. ist sehr alt und war in früherer Zeit die Gerichtsstätte der Grafschaft Forchheim, aus welcher Zeit auch die große eiserne Glocke stammt.

**Forenwald**, Z. b. D. Rohrhardsberg, 20 ſ. C., Fil. v. Schonach, A.-G. u. B.-A. Triberg; K.-G. u. K.-A. Villingen.

**Forst**, Hſ. u. Prſ. b. Pfdf. Salem, 16 C., A.-G. Meersburg, B.-A. Ueberlingen; K.-G. und K.-A. Conſtanz; liegt auf einem niederen Hügel. Im Jahr 1134 Salmannsweiler geſchenkt, kam er ſpäter an die Rthln. v. Baden.

**Forſt**, Pfdf., 3 ev., 1805 l., ⌠uf. 1806 C., A.-G. u. B.-A. Bruchſal; K.-G. u. K.-A. Carlsruhe; L.-R. Bruchſal; P.-A. Bruchſal. Sitz d. P.-Abt.; liegt 251 p. F. üb. d. M. Das ehedem weil Uetnere Dorf iſt im raſchen Wachſen begriffen.

**Forſthaus**, Hſ. u. Prſ. b. D. Unterſchwarzach, 5 C., Fil. v. Neunlirchen, K.-G. Neckargemünd, B.-A. Heidelberg, K.-G. u. K.-A. Heidelberg.

**Forſthaus**, Hſ. u. Prſ. b. Pfdf. Wieſen

thal, 4 l. C., A.-G. u. B.-A. Philippsburg; K.-G. u. K.-A. Carlsruhe.

**Forſthof**, Z. b. R.-D. Hauvach, b. Pfdf. Häg, 29 l. C., A.-G. u. B.-A. Schönau; K.-G. und K.-A. Lörrach; liegt ſehr hoch an der Straße von Zell nach Todtmoos. Grdhr.: Frhr. v. Schönau-Zell.

**Fräuliehof**, Hf. und Pr. b. Pfdf. Urach, 11 l. C., A.-G. und B.-A. Neuſtadt; K.-G. u. K.-A. Freiburg.

**Fräulinsberg**, Z. b. D. Bergzell, 59 l. C., Fil. v. Schentenzell, A.-G. u. B.-A. Wolfach; K.-G. u. K.-A. Offenburg; liegt ſehr hoch.

**Frankenbach**, Z. b. Pfdf. Kippenhauſen, 26 C., A.-G. Meersburg, B.-A. Ueberlingen; K.-G. u. K.-A. Conſtanz.

**Frankenmühle**, Hf. u. Pr. b. Stdt. Wallbürn, 101. C., A.-G. und B.-A. Wallbürn; A.-G. u. K.-A. Mosbach.

**Franzenriehof**, Hf. u. Pr. b. Pfdf. Urach, 17 l. C., A.-G. u. B.-A. Neuſtadt; K.-G. u. K.-A. Freiburg.

**Franzoſenhäusle**, Hf. u. Pr. des Pfdf. Ippingen, 5 l C., A.-G. u. B.-A. Donaueſchingen; K.-G. u. K.-A. Villingen. Eldsbhr.: Fürſt v. Fürſtenberg.

**Frauenalb**, K.-D. b. D. Schielberg, 26 ev., 26 l., ⌠uf. 52 C., Fil. v. Burbach, liegt im hinteren Albthale; A.-G. u. B.-A. Ettlingen; K.-G. u. K.-A. Carlsruhe. Gemarkung und Gemeindevermögen getrennt. Dieſes ehemalige Benedictiner-Nonnenkloſter verdankt ſeine Gründung einer Geiſtererſcheinung, die Berthold II. v. Eberſtein 1138 gehabt haben will, das im Albthale ſchon gelegen, durch Schenkungen u. Ankäufe im Gebirge und in der Rheinebene bald ſehr begütert geworden; die 1399 durch Verträge zur Hälfte an Baden gekommene Schirmvogtei gab bei den Anſprüchen von Churpfalz 1403 Veranlaßung zur Eindicherung des Kloſters durch badiſche Soldaten, worauf der Neubau 1507 abermals ein Raub der Flammen wurde. Nachdem Ernſt Friedrich von Baden-Durlach die baden-badenſchen Lande in Beſitz genommen, wollte er J. reformiren, wobei er die diesem Acte sich widersetzende Aebtissin 1597 gefänglich einziehen ließ. Erst durch das Restitutions=edict wurde das Kloster von der 1631 er=wählten Aebtissin, Johanna Maria v. Mansbertscheid, wieder eingerichtet, und die Unterthanen zur katholischen Lehre zurückgeführt. Vergeblich war 1648 der Versuch der Grafen v. Eberstein, dasselbe zu sacularisiren, da Baden=Baden mit seinem Schirmrechts=antheil sich dazwischen legte. Gleichwohl mußte 1771 Karl Friedrich die Anerkennung der Landesherrlichkeit durch 11jährigen Prozeß erkämpfen. In Folge des lüneviller Friedens wurde es sächularisirt und in seinen Räumen in neuerer Zeit eine große Actienbrauerei eingerichtet, die jedoch in neuester Zeit wiederum eingegangen ist.

**Frauenberg**, Hf. und Prz. b. Pfdf. Bobmann, 5 L.G., A.G. und B.A. Stockach; K.G. und K.A. Constanz; hat eine Wallfahrtskirche mit einem Marienbilde, welche früher zum Kloster Salmannsweiler gehörten. Grdhr.: Frhr. v. Bobmann.

**Freiamt**, D., 2054 ev., 106 k., juf. 2160 G., Fil. v. Ottoschwanden, Waldgemeinde, A.G. und B.A. Emmendingen, K.G. u. K.A. Freiburg.

**Freiersbach**, K.O. b. Stdt. Zell im Wiesenthal, 40 G., A.G. u. B.A. Schönau, K.G. u. K.A. Lörrach. Gemarkung und Gemeindevermögen gemeinschaftlich; liegt auf dem linken Ufer der Wiese zwischen Zell und Atzenbach. Grdhr.; Frhr. v. Schönau-Zell.

**Freiburg**, Stdt., 2071 m., 14,765 k., 20 Diff. 27 ifr., juf. 16,683 G. Sitz des Erzbisthums, des Erzbischofs u. Metropoliten, der oberrheinischen Kirchenprovinz, des erzbisch. Domkapitels und des Collegium theologicum, ferner b. L.G., K.G. u. B.A. d. A.G. u. B.A., G.R., K.-Ph., Dom.G., J.-J. H.-St. Wfr., u. Str.-B.-J., B.-J. B.A u. S.A., L.-R., ev. Dec., P. u. C.-A., Haft. u. Tel.-Stat., K.C. u. H.O., 4 Not., endlich Sitz der Universität, des Lyceums, der höheren Bürgerschule, der Gewerbeschule, zweier Frauenklöster mit Erziehungsinstituten für Mädchen höherer Stande, eines Waisenhauses, Blindeninstituts, der Commandantschaft, einer Garnison u. eines Arbeitshauses. — J. liegt etwa 860 p. F. üb. b. M. an der Dreisam und der Straße von Carlsruhe nach Basel und ins Höllenthal in einer der schönsten und fruchtbarsten Gegenden des Landes am westlichen Fuße des Schwarzwaldes und ist die dritte Hauptstadt Badens. Feld, Weinbau, Gewerbe u. bedeutender Fabrikbetrieb, zu letzterem gehören die Schaumwein= und Cichorienfabrik von Kuenzer u. Comp., die Seidenfabrik von Gebr. Metz, und zwar wurde die Seidenwirnfabrik 1834 errichtet und das damals in Haubern bestehende Geschäft später mit ersterer vereinigt, 1838 wurde das Filialgeschäft in Niedereschach, 1845 jenes in Umkirch und 1858 jenes in Endingen gegründet und 1843/44 ein Einkaufsgeschäft in Amassion in Kleinasien ins Leben gerufen, sowie in Newyork ein Verkaufsgeschäft gegründet. Die Fabrikate aus roher Seide, zweifachen Trama, farbigem Nähseide, Nähmaschinenseide bestehend u. insbesondere die Feinschwarz sind weithin vortheilhaft bekannt. Goldene Medaille Billingen. Die Papierfabrik von J. Jllufch, aus zwei Etablissements, einem älteren im Jahr 1836 angekauften und in eine mech. Papierfabrik mit englischen Maschinen umgewandelten und einem im Jahre 1850 neuerbauten, mit einer von Escher u. Wyse in Zürich gelieferten Papiermaschine bestehend, welch' letztere in neuerer Zeit auch noch mit einer Dampfmaschine versehen worden ist; die Turbinen beiber haben 130 Pferdekräfte. Das jährliche Erzeugniß beläuft sich auf 12,000 Ctr. Papier bei einem Lumpenverbrauch von etwa 18,000 Ctr. Den kaufmännischen Verschleiß besorgen die Hauptcomptoirs in Frankfurt a. M. und Leipzig, goldne Medaille. An diese Fabriken reihen sich die Porzellanknöpfe-Fabrik von Riekler, Dutfoy u. Comp. Die Feilen= und Werkzeugfabrik von Bisser, die Farbenfabrik von Krumeich, die Woll- u. Baumwollwaaren fabrik sodann eine Bleiweißfabrik, Baumwollweberei u. Zwirnerei, Champagnerfabriken, Cigarrenfabriken, Eisen= u.

Messingglöberei, Feuerwerkschneiderei, Glocken- und Spritzenfabrikation, Metalltuch und Mineralwasserfabrikation, Pianoforte-, Möbel u. Wagenfabriken, Doll[p]lanteri u. Hanf- fabrikation wie andere mehr u. neben dem Export dieser Fabrikate hat F. noch bedeutenden Holzhandel u. Messen: 27. April, 6 Tage, 9. Novbr. 6 Tage. L.-M.: 8. Jan., 12. Febr., 12. März, 21. Mai, 11. Juni, 9. Juli, 13. Aug., 10. Sept., 8. Oct., 12. Novbr. u. 10. Dec. Das wahrscheinlich von Fischern und Jägern angelegte Dorf, über welchem sich bald ein Schloß erhob, wurde von Berthold III. und Conrad I. von Zähringen zur Stadt erhoben und von letzterem mit einer Verfassung nach Cölner Muster beschenkt, um welche Zeit auch mit dem Bau des Domes begonnen worden. Nach dem Erlöschen der herzoglichen Linie 1218 kam Freiburg an die Grafen von Urach, von welchen eine Linie sich nach der Stadt nannte. Unter diesen Grafen blühte die Stadt bald auf, indessen entwickelten sich im 13. Jahrhdt. auch hier wie in anderen deutschen Städten innere Zwistigkeiten, in Folge deren die Bürger 1248 Antheil an der Stadtverwaltung der Geschlechter errangen, sofort entspannen sich Streitigkeiten mit ihren Grundherren, bei welcher Veranlassung sie im Streite mit Egon III. die Burg Zähringen zerstörten. Nachdem endlich 1299 die Stadt vergeblich berannt worden war, kam ein Vergleich zu Stande, wornach sie gegen eine jährliche Abgabe von 300 M. Silber auf die Dauer von 17 Jahren von dem Grafen das Versprechen erhielt, von ihm nicht mehr mit Krieg überzogen zu werden. Im Jahr 1327 erwarb die Stadt Freiheit ihrer Güter, einzugehender Bündnisse und manchen Eingriff in das Hausrecht ihrer Herrn für die Summe von 4000 M. Silber. Conrad II., des vorigen Sohn, bestätigte der Stadt das von seinem Vater ihr zugesagte Münzrecht, sowie andere Gerechtsame. Im Jahr 1368 den 30. März errang sie endlich nach einer unglücklichen Schlacht gegen den ihr aufgedrungenen Herrn Egon IV. Conrad II., Halbbruder, durch einen Vergleich völlige Freiheit, auf welche

# 75

sie aber am 23. Juni desselben Jahres zu Gunsten Oesterreichs verzichtete. Nachdem mit Martin Malterer sie ihre tapfersten Bürger in der Schlacht von Sempach verloren, kam sie 1415 während der Ungnade des Herzogs Friedrich an das Reich, kehrte jedoch 1427 an den früheren Herrn zurück, erhielt von Erzherzog Albrecht VI. 1456 ihre Universität, wurde sodann von Erzherzog Sigismund an Karl den Kühnen v. Burgund verpfändet, und huldigte endlich als nach Aufhebung dieses Pfandvertrags Sigismund sie vergeblich an Bayern zu verpfänden gesucht hatte, 1490 dem Kaiser Maximilian. Nach glücklicher Abwehr des Bundschuh ergab sich die Stadt 1525 an die aufständischen Bauern, welche das Schloß überrumpelt hatten, und lieferte Geschütz nebst 3000 fl. Brandgeld. Nach strenger Abwehr reformirter Grundsätze von der Universität; wurde letztere 1620 den Jesuiten übergeben, nachdem sie früher sich nach Rabolzsell geflüchtet hatte. Im 30jährigen Kriege, 29. Decbr. 1632, den Schweden übergeben, war F. der Schauplatz wechselnden Besitzes und blutiger Kämpfe. Im Jahre 1677 von den Franzosen weggenommen, wurde sie 2 Jahre später im Frieden von Nymwegen denselben förmlich abgetreten, worauf sie endlich im Frieden von Ryswick an das Reich wieder zurückgegeben wurde. Doch schon 1713 von Marschall Villars wieder eingenommen und um mehr als 1 Million Franken gebrandschatzt, fiel es erst 1714 wieder an Oesterreich zurück, von welchem es 1744 die Franzosen abermals eroberten, worauf es erst am Schlusse des 7jährigen Krieges wieder an Oesterreich fiel. Mit dem Breisgau kam F. sodann 1798 an Modena, nach dem Tode des Herzogs Hercules III., dem man 1803 gehuldigt, wurde es in selbem Jahre an Erzherzog Ferdinand übergeben, bei welchem die Stadt bis zum Frieden von Preßburg blieb. In Folge dieses Friedens aber kam das Breisgau und mit ihm Freiburg an Carl Friedrich von Baden, dem 1806 gehuldigt wurde. — Die Stadt hat manches Sehenswerthe, so das Münster mit seinem herrlichen Thurme, seinen Glasmalereien, Epitaphien, seinen kunstvoll aus Holz geschnitzten Altären und seinen von Hans Baldung gemalten Altarbildern. Die im byzantinischen Style ausgeführte Ludwigskirche. — Das Kaufhaus mit seinen Statuen österreichischer Kaiser an der Hauptfacade. — Die Universität mit ihrer trefflichen Klinik, botanischen Garten, anatomischen, mineralogischen und zoologischen Sammlungen u. ihrer reichen Bibliothek. Den Marktbrunnen Bertholds III. v. Zähringen, das große. Palais, das Theater, die Commandantschaft, die Kunsthalle, die Statuen Rotteck's und Berthold Schwarz u. s. w. Außerdem ist die Stadt Sitz verschiedener Gesellschaften als für Beförderung der Naturwissenschaften und für Beförderung der Geschichtskunde, mehrerer Vereine u. a. eines Gewerbe-Vereins und eines Arbeiterbildungsvereins u. s. w.

**Freiersbach**, Z. und Bad b. Pfh. **Petersthal**, 15 L. C., A.-G. u. B.-A. **Oberkirch**; K.-G. u. A.-A. **Offenburg**; B.-A. **Kehl**. Sitz b. B.-Abt.; liegt in einem freundlichen Thale. Die Quellen des Bades bilden ein merkwürdiges Ensemble, sofern die Schwefelwasser und die Stahlwasser sich hier vereinigt haben, dieselben sind 1) die Schwefelquelle, 2) die Stahlquelle, 3) die Gasquelle und 4) die Salzquelle. Die erstere Quelle, welche in 1 Stunde 104 bab. C.-Fuß Wasser liefert, enthält nach Bunsen in 10,000 Theilen Wasser 5,5940 Th. doppeltkohlens. Kali, 2,0649 Thl. doppeltkohlens. Magnesia, 1,0117 doppeltkohlens. Eisenoxyd, Spuren von doppeltkohlens. Mangan, 0,9831 Thl. doppeltkohlens. Natron, 0,2464 Thl. Chlornatrium, 2,8119 Thl. schwefels. Natron, 0,2682 Thl. Kali, 0,5374 Thl. Kieselsäure, 18,6100 freie Kohlensäure, Spuren von Thonerde und Spuren von organischen Substanzen, dabei enthält diese Quelle 1504 Ctmtr. halb oder ganz gebundene Kohlens., 3008 Ctmtr. ganz gebundene Kohlens. und 9366 Ctmtr. freie Kohlensäure. 2) Die Stahlquelle, welche 34³/₄ C.-F. Wasser in 1 Stunde liefert, enthält in 10,000 Theilen Wasser 8,3398 doppeltkohlens. Kali, 4,7322 Thl. doppeltkohlens. Bittererde, 0,1826 Thl. doppeltkohlens. Eisenoxyd, Spuren von doppeltkohlens. Mangan, 1,7168 doppeltkohlens. Natron, 0,4138 Chlornatrium, 5,6317 Thl. schwefels. Natron, 0,4668 Kali, 0,7507 Thl. Kiesels., 23,3578 freie Kohlensäure, Spuren von Thonerde. 0,00059 Thl. Stickstoff und Spuren von organischen Substanzen, sodann sind in 10,000 Gr. dieses Wassers 2437,4 Ctmtr. halb gebundene Kohlensäure, 4474,4 Ctmtr. halb oder ganz gebundene Kohlens., 11252,2 Ctmtr. freie Kohlensäure und 4,5 Stickstoff enthalten. 3) Die 130½ C.-Fuß Wasser in 1 Stunde liefernde Gasquelle enthält in 10,000 Thl. Wasser 13,6548 Thl. doppeltkohlens. Kali, 5,7349 Thl. doppeltkohlens. Magnesia, 0,5160 doppeltkohlens. Eisen, Spuren von doppeltkohlens. Mangan, 2,0636 Thl. doppeltkohlens. Natron, 0,6507 Thl. Chlornatrium, 7,5653 Thl. schwefels. Natron, 0,6201 Thl. Kali, 0,7936 Thl. Kieselsäure, 19,7896 Thl. freie Kohlensäure, Spuren von Thonerde, 0,0054 Thl. Stickstoff, Spuren von organischen Substanzen, und in 10,000 Thl. enthält sie 3471 Cub.-Ctmtr. halbgebundene Kohlensäure, 6942 Cubctmtr. halb oder ganz gebundene Kohlensäure, 9958,0 Cubctmtr. freie Kohlensäure und 4,2 Stickstoff. Endlich liefert 4) die Salzquelle 22½ C.-Fuß. Wasser in 1 Stunde und enthält nach Jungbanns in 10,000 Thl. Wasser 16,244 Thl. doppeltkohlens. Kali, 2,297 doppeltkohlens. Magnesia, 0,657 Thl. doppeltkohlens. Eisen, 0,716 doppeltkohlens. Mangan, 6,058 Thl. doppeltkohlens. Natron 0,538 Thl. Chlornatrium, 13,242 Thl. schwefels. Natron, Spuren von schwefels. Kali 1,256 Thl. Kieselsäure, 11,616 Thl. freie Kohlensäure, 0,178 Thl. Thonerde u. hat in 10,000 Gr. 3952,5 Gr. halb oder ganz gebundene Kohlensäure. Die Temperatur dieser Quelle beträgt + 8° R. Das seit 1851 ganz neu hergerichtete und erweiterte Bad enthält auch Dampf- u. Kiesernadelbäder, und das damit in Verbindung stehende Hôtel läßt nichts zu wünschen übrig.

**Freigraben**, J. d. Pfh. Zell, 10 l. C., K.-G. u. B.-A. Schönau; A.-G. und K.-A. Lörrach.

**Freiheit**, Pfr. b. Pfdf. Schonach, 8 L C., A.G. und B.A. Triberg; A.G. u. K.A. Villingen.

**Freiolsheim**, D., 372 L E., Fil. von Moosbronn, A.G. u. B.A. Gernsbach; M.G. u. K.A. Baden; liegt ziemlich hoch auf einem Berge nahe an der Landesgrenze. Wiesenbau und Viehzucht. Ein durch Holzhauer und Köhler entstandener Ort, im 13. Jahrh. zeitweiliger Aufenthalt der Grafen von Eberstein, der schon frühe an Herrenalb vergabt wurde, mit herrlicher Aussicht auf das Rheinthal. Mkte.: 26. Febr., 25. Mai.

**Freistett**, Pfdf., 1730 ev., 18 L., jul. 1748 C., A.G. u. B.A. Kork; A.G. u. K.A. Offenburg; Dec. Rheinbischofsheim; liegt unweit des Rheins, Aderbau, Schifffahrt, Hanfbereitung, Handel mit Seegras. Sehr alter Ort gemäß der Heidenkapelle. Ruin des Dorfes und Untergang der dabei liegenden Ortschaften Rencherlach u. Krench zu Ende des 17. Jahrhunderts. Rheinübergang des Marschall Villars 1703 u. 1705; seit 1601 ein Rheinhafen angelegt.

**Fremersberg**, B. d. Stdt. Baden, 25 L C., A.G. u. B.A. Baden; M.G. u. K.A. Baden. Hier befand sich einst ein Franziskaner-Kloster, nach dessen Aufhebung ein wegen seiner reizenden Aussicht auf das wie ein Garten daliegende Rheinthal vielbesuchtes Gasthaus stand, das sich jetzt in eine Privatwohnung verwandelt hat.

**Fremersberg**, Hf. b. Pfdf. Sinzheim, 3 L C., A.G. u. B.A. Baden; M.G. u. K.A. Baden; liegt nahe beim Vorigen.

**Freudenberg**, Hf. und Pfr. b. R.D. Ochsenbach, b. Pfr. Burgweiler, 9 L C., Fil. v. Dentingen, A.G. u. B.A. Pfullendorf; A.G. u. K.A. Constanz. Stdhr.: Fürst v. Fürstenberg.

**Freudenberg**, Stdt., 6 ev., 1516 L, 77 isr., zul. 1601 C., A.G. u. B.A. Wertheim; A.G. u. K.A. Maßbach; L.A. Buchen; B.A. Heidelberg. Sitz b. P.C., Dist.-Rot.; liegt 418 p. F. üb. b. M. auf dem linken schmalen Ufer des Mains am Fuße eines hohen Berges. Starken Obst-, Feld-,

Wiesen- u. Weinbau. Handel mit Obst u. Bausteinen. Seit 1803 Entschädigung der Virneburg'schen, jetzt Freudenberg'schen Linie des Löwenstein-Wertheim'schen Hauses für die obgenannte Herrschaft. Frühere Lehen von Würzburg an die alten Grafen von Wertheim.

**Freudenthal**, D., 173 L C., Fil. v. Langenrain, A.G. u. B.A. Constanz; M.G. u. K.A. Constanz; liegt ziemlich hoch. Feld-, Wiesen- u. Weinbau nebst Viehzucht. Wahrscheinlich ursprünglich Cisterzienser-Nonnen-Kloster, welches nach Constanz verlegt wurde, später v. Bodmann'sches Schloß mit interessanten alten Ueberresten, welches nach mannigfachem Wechsel durch Kauf u. Verlauf 1804 wieder an diese Herrschaft zurückkehrte.

**Freunel**, Pfr. b. Pfdf. Breitnau, 30 L C., A.G. u. B.A. Freiburg; A.G. u. K.A. Freiburg.

**Frieden**, Hf. u. Pfr. b. Stdt. Constanz, 9 L C., A.G. u. B.A. Constanz; M.G. u. K.A. Constanz.

**Friedenweiler**, Pfdf., 4 ev., 243 L, jul. 247 C., A.G. u. B.A. Neustadt; A.G. u. K.A. Freiburg; L.A. Villingen; liegt an einem kleinen Bache, Viehzucht u. Holzhandel, Uhrenfabrikation und Uhrenschildmalerei. F. entstand durch das im Jahr 1123 gestiftete Filial-Nonnenkloster v. St. Georgen, welches erst im 16. Jahrh. an den Cisterzienserorden überging — jetzt f. f. Brauhaus mit starkem Absatz über den Schwarzwald hin. Eine romantische Sage läßt in der Gegend des nachmaligen Klosters den Abt von St. Georgen vom Sturze über einen Felsenabhang an dem Orte gerettet werden, wo an die Stelle eines alten Vestabildes christliche Hirten ein Crucifix und ein Graf von Fürstenberg eine Feldkapelle gestiftet hatte. Der Platz zu dem Kloster wurde auch noch nach vorhandener Urkunde, von dem Abte von Reichenau, welcher die Sage zum Begleiter des von St. Georgen macht, gegen andere Güter eingetauscht. In der nahe auf dem Kamme des großen um das Kloster liegenden Tannenforsts weite moosrige Strecken, ergiebig für die Auerhahnenbalz, zu welcher alljährlich die Fürsten v. Fürstenberg einige Zeit hier zuzubringen pflegen. Stdsbhr.: Fürst v. Fürstenberg.

**Friedingen**, Pfdf., 349 L C., A.-G. u. B.-A. Radolphzell; K.-G. u. K.-A. Constanz; L.-R. Engen; liegt an der Aach im Aachthale. Feldb., Wein- und Wiesenbau, Viehzucht, Handel mit Getreide und Wein nach der Schweiz.

**Friedlinsbach**, Hf. und Prz. b. D. Rabenmoos, 90 L. C., Fil. von Oberspitzenbach, A.-G. u. B.-A. Waldkirch; K.-G. u. K.-A. Freiburg.

**Friedrichsdorf**, D., 119 ev., 114 L., jüd. 233 C., Fil. v. Strümpfelbach, A.-G. u. B.-A. Oberbach; K.-G. u. K.-A. Mosbach; P.-A. Heidelberg. Sitz b. A.-Abl.; liegt 725 p. F. üb. d. M., an der Itterbach und der hessischen Grenze in einer rauhen Gebirgsgegend. Feldbau und etwas Viehzucht. Es wurde zu Anfang des 16. Jahrh. von einem Herrn v. Hirschhorn gegründet. Stdsbhrn.: Mtzl. v. Baden.

**Friedrichsfeld**, D., 359 ev., 263 L., pfr. 622 C., Fil. v. Seckenheim, A.-G. u. B.-A. Schwetzingen; K.-G. u. K.-A. Mannheim; P.- und C.-A. Heidelberg; Sitz b. P.-Abl. und C.-C.; liegt 352 p. F. üb. d. M. in einer fruchtbaren Ebene. Feld-, Wiesen-, Hopfen- u. Tabakbau, bedeutende Viehzucht. Starker Handel mit Tabak. F. wurde von französischen Emigranten 1684 erbaut und nach Friedrich I. benannt, der hier die von Seckenheim genannte Schlacht 1462 schlug, deren Andenken ein Denkstein bewahrt.

**Friedrichsthal**, Mstl., 1123 ev., 11 i., jüd. 1134 C., A.-G. u. B.-A. Carlsruhe; K.-G. u. K.-A. Carlsruhe; Dec. Carlsruhe; liegt 379 p. F. üb. d. M. an der Heglach und dem Hardtwalde. Starker Tabakbau. F. wurde 1699 von französ. Emigranten erbaut und zu Ehren des Mkgfn. Friedrich Magnus benannt. Mtz.: 12. Mai u. 13. Oct.

**Friesenheim**, Pfdf., 1102 ev., 917 L., 97 kr., pfr. 2116 C., A.-G. u. B.-A. Lahr; K.-G. u. K.-A. Offenburg; Dec. Lahr und L.-R. Lahr. B.-A. Offenburg. Sitz b. R.-Abl. und b. Not.; liegt an der Straße von Offenburg nach Freiburg am Fuße niederer Berge. Außer starkem Feld-, Wiesen- u. Weinbau wird hier viel Tabak gepflanzt. Ein Gut daselbst wurde schon 961 von Bischof Otto von Straßburg der dortigen Kirche vermacht.

**Fritschenberg**, Hf. und Prz. b. Pfdf. Oberharmersbach, 31 L C., A.-G. u. B.-A. Gengenbach; K.-G. u. K.-A. Offenburg.

**Fritschenweiler**, Wlr. Mlr. b. A.-O. Seelfingen, b. D. Mahlspüren im Thale, 33 L. C., A.-G. u B.-A. Ueberlingen; K.-G. u. K.-A. Constanz.

**Frittingen**, Pfdf., 2 ev., 893 L., jüd. 895 C., A.-G. Meersburg, B.-A. Ueberlingen; K.-G. und K.-A. Constanz; L.-R. Linzgau; am Fuße des Heiligenberges zwischen Weinbergen u. Obstbäumen anmuthig gelegen, wurde von den Lehensbesitzern von Justingen 1236 an das Hochstift Constanz verkauft. Stdsbhr.: Fürst v. Fürstenberg.

**Frischnau**, Wlr. b. Pfdf. Oberbierbach, 195 L C., A.-G. u. B.-A Waldkirch; K.-G. u. K.-A. Freiburg; liegt am Fuße des Hühnersabels. Feld-, Wiesenbau u. Viehzucht. Grbhr.: Fchr. v. Wittenbach.

**Frischnau**, Z. b. Pfdf. Oberprechthal, 443 L C., Fil. v. Elzach, A.-G. u. B.-A. Waldkirch; K.-G. u. K.-A. Freiburg.

**Fritzenmühle**, Hs. u. Prz. b. Pfdf. Unterwittighausen, 8 L C., A.-G. Gerlachsheim, B.-A. Tauberbischofsheim; K.-G. u. K.-A. Mosbach.

**Fröhnd**, K.-O. b. D. Wolpadingen, 69 L C., Fil. v. Unteralpfen, A.-G. und B.-A. St. Blasien; K.-G. u. K.-A. Waldshut. Getrennte Gemarkung u. gemeinschaftliches Gemeindevermögen.

**Fröhnd**, D., 625 L C., Vogtei Fil. v. Schönau, A.-G. u. B.-A. Schönau; K.-G. u. K.-A. Lörrach. Die Vogtei des Orts mit seinen Zugehörden kam im 13. Jahrh. von den Herren v. Rünaberg und die höhere Gerichtsbarkeit schon im 11. Jahrh. den Herren v. Stausen gehörend, wurde durch ihren Rechtsnachfolger, Alb. v. Buchheim, 1371 an St. Blasien verkauft, welches dadurch breisgauische Landstandschaft erhielt.

**Fröschbach**, 3. b. Pfbf. Biberach, 34 k. E., A.-G. u. B.-A. Gengenbach, K.-G. u. K.-A. Offenburg.

**Fröschlach**, 3. b. R.-O. Käfersberg, b. Pfbf. Ortenberg, 28 k. E., Fil. v. Ortenberg, A.-G. u. B.-A. Offenburg; K.-G. u. K.-A. Offenburg.

**Frohnau**, 3. b. T. Einbach, 80 L E., Fil. v. Haulach, A.-G. u. B.-A. Wolfach; K.-G. u. K.-A. Offenburg. Stdshr.: Fürst v. Fürstenberg.

**Frohnschwand**, R.-O. b. T. Tiefenhäusern, 1271 E., Fil. v. Höchenschwand, A.-G. u. B.-A. St. Blasien; K.-G. u. K.-A. Waldshut; getrennte Gemarkung und gemeinschaftliches Gemeindevermögen.

**Frombach**, 3. b. T. Reichenbach, 23 w. E., Fil. v. Hornberg, A.-G. u. B.-A. Triberg; K.-G. u. K.-A. Villingen.

**Frombach**, 3. b. Pfbf. Niederwasser, 18 k. E., A.-G. und B.-A. Triberg; K.-G. u. K.-A. Villingen.

**Frombach**, 3. b. Pfbf. Oberwolfach, 96 k. E., A.-G. u. B.-A. Wolfach; K.-G. und K.-A. Offenburg. Stdshr.: Fürst von Fürstenberg.

**Froschhof**, Hf. u. Prz. b. R.-O. Maisenbühl, b. T. Herzthal, 3 k. E., Fil. v. Nußloch, A.-G. u. B.-A. Oberkirch; K.-G. u. K.-A. Offenburg.

**Fuchsbühl**, 3. b. Pfbf. Häg, 41 k. E., A.-G. u. B.-A. Schönau; K.-G. u. K.-A. Lörrach. Stdshr.: Frhr. v. Schönau-Zell.

**Fuchsfalle**, 3. b. Pfbf. Rohrbach, 4 k. E., A.-G. u. B.-A. Triberg; K.-G. u. K.-A. Villingen.

**Fuchsloch**, Hf. u. Prz. b. Pfbf. Bonndorf, 3 k. E., A.-G. u. K.-A. Ueberlingen; K.-G. u. K.-A. Constanz.

**Fuchsloch**, Wlr. b. Pfbf. Döhrenbach, 44 k. E., A.-G. u. B.-A. Villingen; K.-G. u. K.-A. Villingen. Stdshr.: Fürst v. Fürstenberg.

**Fuchstobel**, R.-O. b. Pfbf. Oberbomberg, 20 k. E., Fil. v. Unterheurtingen, A.-G. u. B.-A. Pfullendorf; K.-G. u. K.-A. Constanz; liegt in einer düstern Waldgegend, hart an der württ. Grenze. Getrennte Gemarkung u. gemeinschaftl. Gemeindevermögen. Stdshr.: Fürst v. Fürstenberg.

**Fürabel**, 3. b. Pfbf. Buchenberg, 25 k. E., A.-G. u. B.-A. Triberg; K.-G. u. K.-A. Villingen.

**Fürsaß**, Hf. u. Prz. b. Dlr. Sprießelsbach, b. D. Wiethäler, 8 L E., Fil. v. Neustadt, A.-G. u. B.-A. Neustadt; K.-G. u. K.-A. Freiburg.

**Fürsaß**, 3. b. Pfbf. Hinterzarten, 33 k. E., A.-G. u. B.-A. Zwiburg; K.-G. u. K.-A. Freiburg.

**Fürsaß**, 3. b. Pfbf. Rohrbach, 17 k. E., A.-G. u. B.-A. Triberg; K.-G. u. K.-A. Villingen.

**Fürstenberg**, Hs. und Prz. b. Pfbf. Dollmatingen, 7 L E., A.-G. u. B.-A. Constanz; K.-G. u. K.-A. Constanz; früher sehr besuchter Bierkeller mit entzückender Aussicht auf Constanz, die Schweiz und den Bodensee.

**Fürstenberg**, Pfbf., 2 w. 331 k. zuf. 333 E., A.-G. u. B.-A. Donaueschingen; K.-G. u. K.-A. Villingen; L.-R. Villingen; liegt auf dem Rücken eines sanft absteigenden Berges; im Volksmunde „Neufürstenberg" genannt zum Unterschiede von dem 1841 abgebrannten Städtchen auf der Höhe des Berges, an dessen Einfassung die Bewohner das jetzige Dorf erbauten. Jenes war schon im 11. Jahrh. ein Besitzthum des Zollern'schen Hauses, aus welchem wahrscheinlich jener Hesso Capitan v. Fürst oder Fürstenberg entstammte, der um 1096 Güter in Eglisheim im Hohenbergischen und Werenwag an Kloster St. Georgen vermachte. Im folgenden Jahrhundert wurde es von Herzog Berthold IV. erobert und blieb in dessen Hause, bis es als Erbtheil an den Schwager des letzten Herzogs, Egino v. Urach, gedieh. Bei der Erbtheilung dieses Hauses erhielt Heinrich, dessen Enkel, dasselbe und nannte sich von Fürstenberg.

Bei seinem Tode wurde der ältere Sohn darauf abgetheilt, dessen Linie sich in die von Geisingen, Heiligenberg, vom Kinzigthal, Möhlirch, Weitra, in die reichsfürstliche und böhmische — jetzt noch herrschende Linie — abzweigte. Das über die ganze Baar hin niederschauende Schloß, welches beim Ausbruch von Feuersbrünsten durch Kanonenschüsse der Umgegend signalisirte, wurde im Bauernkriege überrumpelt, im 30jährigen Kriege übergeben und zerstört.

**Fürstenberg**, auch Neufürstenberg genannt, Schloßruine u. Prz. v. Hammereisenbach, Fil. v. Urach, A.-G. und B.-A. Neustadt; K.-G. u. K.-A. Freiburg; liegt im Bregerthale, wo das Uracher Thal in dasselbe mündet.

**Fürsteneck**, Schloß und Prz. b. D. Butschbach, 5 E., Fil. von Oberkirch, A.-G. u. B.-A. Oberkirch; K.-G. u. K.-A. Offenburg.

**Fützen**, Pfdf., 8 ew., 799 E., juf. 607 E., A.-G. u. B.-A. Bonndorf; K.-G. und K.-A. Waldshut; L.-R. Stühlingen; P.-A. Freiburg. Sitz d. P.-Abl.; liegt an einem Seitenbache der Wutach; starker Feldbau, guten Wiesenbau, schöner Vieh- und Pferdezucht. In der Nähe Kalkfelsen und schöner Marmor. Nach den Alterthumsforschern ad fauces, wie die gleichnamige Stadt in Bayern. Oestlich von dem Dorfe zieht von Juliomagus (bei Schleitheim) nach Brigobanne die Römerstraße der Peutinger'schen Tafel. Auch germanische Gräberfunde zeugen für das Alter des Orts.

**Fautenbad**, Bad. f. Wolfach.

**Fautenstadt**, F. b. D. Unterharmersbach, 220 L E., Fil. v. Zell a. H. A.-G. u. B.-A. Gengenbach; K.-G. und K.-A. Offenburg.

**Furschenbach**, T., 289 L E., Fil. v. Ottenhöfen, A.-G. u. B.-A. Achern; K.-G u. K.-A. Baden; P.-A. Kehl; Sitz b. P.-Abl.; Feld-, Wiesen- und Weinbau nebst Viehzucht.

**Furthhof**, N.-O. d. D. Hattenweiler, 10 L. E., Fil. v. Dentingen, A.-G. u. B.-A. Pfullendorf; K.-G. u. K.-A. Waldshut; liegt an der Straße von Ueberlingen nach Ostrach. Getrennte Gemarkung u. gemeinschaftliches Gemeindevermögen.

**Furthmühle**, Hf. und Prz. b. D. Großstadelhofen, 15 L E., Fil. von Astholderberg, A.-G. u. B.-A. Pfullendorf; K.-G. u. K.-A. Constanz.

**Furtwängle**, F. b. Pfdf. Furtwangen, 86 L E., A.-G. u. B.-A. Triberg; K.-G. u. K.-A. Villingen.

**Furtwangen**, Mfdf., 34 ew., 2740 L., juf. 2794 E., A.-G. u. B.-A. Triberg; K.-G. u. K.-A. Villingen; L.-R. Triberg; P.-A. Freiburg. Sitz der P.-G.; liegt an der Brege. Feldbau, Viehzucht u. Gewerbebetrieb, namentlich Uhrenfabrikation, Uhrenschildmalerei, Spieluhren- und Musikwerkfabrikation, Taschenuhrenfabrikation, Tonlebernfabrikation, Blechladierfabrik, Strohmanufactur, Kunst-Mühlen, Säg-Mühlen, Uhrenspedition und Holzhandel. F. hat eine Gewerbeschule u. wurde im Winter 1856/57 durch eine Feuersbrunst schwer beimgesucht. Mkte.: 13. Mai, 17. Juni, 2. Sept., 4. Dez.

**Fußbach**, Prz. b. Prz. Viertel, b. Pfdf. Schönwald, 17 L E., A.-G. u. B.-A. Triberg; K.-G. u. K.-A. Villingen.

**Fußbach**, F. b. D. Bermersbach, 339 L. E., Fil. v. Gengenbach; A.-G. u. B.-A. Gengenbach; K.-G. u. K.-A. Offenburg.

**Fußbühl**, Hf. b. Prz. b. Pfdf. Oberharmersbach, 15 L E., A.-G. u. B.-A. Gengenbach; K.-G. u. K.-A. Offenburg.

## G.

**Gabertshof**, Hf. u. Prz. b. F. Glasbach, b. T. Langenbach, 11 l. E., Fil. v. Bohrenbach; A.-G. und B.-A. Villingen; K.-G. u. K.-A. Villingen.

**Gänsberg**, F. b. T. Furschenbach, 7 L E., Fil. v. Ottenhöfen, A.-G. u. B.-A. Achern; K.-G. u. K.-A. Baden.

**Gänslacherhof**, Hf. u. Prz. b. Pfdf.

Allfeld, 19 L E., A.-G. u. B.-A. Mosbach; K.-G. u. A.-A. Mosbach; liegt nahe an der württ. Grenze.

**Gärteman,** 3. b. Pfd. Mühlenbach, 95 L E., A.-G. Haslach, B.-A. Wolfach; A.-G. u. A.-A. Offenburg.

**Gaggenau,** D., 37 ev., 1233 l., juf. 1270 E., Fil. v. Rothenfels, A.-G. u. B.-A. Rastatt; A.-G. u. A.-A. Baden; P.-A. Carlsruhe. Sitz b. B.-E.; liegt 477 p. F. üb. d. M. am Eingange des Murgthales. Bedeutendes Eisenhammerwerk und Glashütte. Ersteres ist eines der älteren derartigen Werke, das von den Mgfn. v. Baden gegründet, jedoch nie von ihnen auf eigene Rechnung betrieben wurde. Das Werk blieb in jeder Beziehung untergeordnet u. wechselte seine Pächter sehr häufig. Im Jahr 1753 kam das Werk an Anton Möhner aus Rastatt in Pacht, in dessen Familie es seither blieb, indem es 1780 an dessen Tochtermann Michael Görger überging, dessen Sohn Louis Görger dasselbe im Jahre 1800 um 3000 fl. käuflich erwarb, nachdem zuvor schon das Inventar sein Eigenthum geworden. Unter ihm und seinem Tochtermann L. Ricke, dem Vater des gegenwärtigen Besitzers, entwickelte sich das Werk. Im Jahre 1852 wurde sodann eine Sägmühle damit verbunden u. eine Cupolofengießerei nebst Maschinenwerkstatt errichtet u. hiefür eine Jouval'sche Turbine mit 6 Pferdekräften erbaut, 1858 wurde endlich ein Walzwerk mit ähnlicher Turbine von 25 Pferdekräften hergestellt und hiezu nun als Betriebskraft die Murg in Verbindung mit einem Sammelweier mit einer Rohkraft von beiläufig 75—80 Pferdekräften verwendet. Das 30 Mann beschäftigende Werk verarbeitet Rassauer Roheisen mit ⅛ Altelsen gattirt. Silberne Medaille. Die Glashütte von A. Rindeschwender angelegt, welchem Großherzog Carl Friedrich auf den Wiesengründen vor dem Dorfe ein Denkmal errichtete, u. die jetzt im Besitz von E. Ader u. Comp. ist, hat in früheren Jahren nur ordinäre schwarzwälder Waare producirt, liefert aber jetzt auch feinere und kunstvollere Fabrikate. Silberne Medaille.

**Gaiberg,** Pfd., 409 ev. 132 L., juf. 540 E., A.-G. Neckargemünd, B.-A. Heidelberg; A.-G. u. A.-A. Heidelberg; Dekanat Neckargemünd; liegt auf dem südlichen Abhange des Königstuhls ziemlich hoch und bietet eine schöne Aussicht auf die östliche Gebirgsgegend bis in's Württembergische. Ackerbau und Viehzucht, starker Obst-, namentlich Kirschenbau. Das Dorf ist sehr alt und erscheint schon 780 unter dem Namen Gowinberch.

**Gaisenhofen,** D., 294 L E., Fil. von Horn, A.-G. u. B.-A. Radolphzell, A.-G. u. A.-A. Constanz; liegt anmuthig am Untersee, gegenüber von Ranbegg, Berlingen u. Stedtborn. Feld-, Weinbau und Viehzucht. Von den Grafen v. Werdenberg 1299 dem Hochstift Constanz wieder ausgegeben, dann an mehrere Lehensleute, endlich von den Erbin des Herrn von Sax zu Misox, Clementine von Montfort dem Hochstifte wieder verkauft, 1499 von den Schweizern erobert, nach dem Frieden von Basel aber dem Bischof wieder zurückgestellt.

**Gaisreuthe,** 3. b. Pfd. Emmingen ab Egg, 10 L E., A.-G. und B.-A. Engen; A.-G. u. A.-A. Constanz.

**Gailhöfe,** K.-O. b. Pfd. Salem, 49 L E., Fil v. Altheim, A.-G. Meersburg, B.-A. Ueberlingen; A.-G. u. A.-A. Constanz. Gemarkung und Gemeindevermögen getrennt. Feldbau und Viehzucht.

**Gailingen,** Pfd., 39 ev., 966 l., 975 isr, juf. 1980 E., A.-G. u. B.-A. Radolphzell; K.-G. u. A.-A. Constanz; L.-R. Hegau; P.-A. Stockach. Sitz b. P.-Abl.; liegt unweit des Rheins, Diessenhofen gegenüber. Feld-, Weinbau u. Viehzucht u. bedeutender Obstbau. Früher Sitz eines eigenen Adels, der im 13. Jahrh. zu Schaffhausen verburgrechtet war.

**Gaisbach,** 3. b. K.-O. Oberbeuern, b. Pfd. Lichtenthal, 46 L E., A.-G. und B.-A. Baden; K.-G. u. A.-A. Baden.

**Gaisbach,** D., 3 ev., 389 l., juf. 392 E., Fil v. Oberkirch, A.-G. u. B.-A. Oberkirch; A.-G. u. A.-A. Offenburg. Grdhrn.: Frhrn. v. Schauenburg.

Galsbenloch, Prj. b. Pfsf. Grem̃mlsbach, 7 t. C., A.G. u. B.A. Triberg; R.G. und A.A. Billingen.

Galsberg, H. b. Pfsf. Niederwasser, 4 L C., A.G. und B.A. Triberg; R.G. u. A.A. Billingen.

Galsbühl, H. b. D. Bingen, 21 t. C., Fil. v. Hochial, A.G. u. B.A. Säckingen; R.G. u. A.A. Waldshut.

Galsbühl, R.O. b. D. Rieblchen, 82 L C., Fil. v. Zell. A.G. u B.A. Schönau; R.G. u. A.A. Lörrach; liegt ziemlich hoch; Gemarkung und Gemeindevermögen gemeinschaftlich. Erbhr.: Frhr. von Schönau-Zell.

Galsbürde, Hf. u. Prz. b. D. Hofstetten, 15 L C., Fil. v. Haslach, A.G. Haslach, B.A. Wolfach; R.G. und A.A. Offenburg. Erbbhr.: Fürst v. Fürstenberg.

Gais, R.O. b. Pfsf. Waldtirch, 233 t. C., A.G. u. B.A. Waldshut; R.G. u. A.A. Waldshut; Gemarkung und Gemeindevermögen getrennt.

Gaitsbauernhof, Hf. u. Prz. v. Schildwende, Wlr. b. D. Werthäler, 3 L C., Fil. v. Neustadt, A.G. u. B.A. Neustadt; R.G. u. A.A. Freiburg.

Galshütte, Hs. und Prz. b. Pfsf. Jailingen, 9 t. C., A.G. und B.A. Radolphzell; R.G. u. A.A. Constanz.

Galgen, beim, Z. b. Pfsf. Rohrbach, 13 t. C., A.G. u. B.A. Triberg; R.G. u. A.A. Villingen.

Gallenbach, R.O. b. D. Varnhalt, 283 L C., Fil. v. Steinbach, A.G. u. B.A. Bühl; R.G. u. A.A. Baden. Gemarkung u. Gemeindevermögen gemeinschaftlich.

Gallenweiler, Pfsf., 192 ev. 6 t., zus. 198 C., A.G. u. B.A. Staufen; R.G. u. A.A. Freiburg; Dec. Müllheim; liegt in einer schönen Ebene. Trefflichen Weizen- und guten Weinbau.

Gallmannsweil, Pfsf., 221 t. C. A.G. u. B.A. Stockach; R.G. u. A.A. Constanz; L.A. Stockach; liegt ziemlich hoch.

Gamburg, Pfsf., 9 ev., 689 L, zus. 698 C., A.G. u. B.A. Wertheim; R.G. u. A.A. Rotbach; L.A. Tauberbischofsheim; P.A. Heidelberg. Sitz b. P.Abl.; liegt 586 p. F. Ab. b. R. am linken Ufer der Tauber. Feld-, Wiesenbau. Viehzucht und Gewerbebetrieb. Zwei Schlösser, des Juliusspitals zu Würzburg u. der Grundherrschaft Grafen v. Ingelheim, an welche es durch die Herren von Dalberg übergegangen ist.

Gampenhof, R.O. b. D. Ruschweiler, 13 t. C., Fil. v. Pfrungen, A.G. u. B.A. Pfullendorf; R.G. u. A.A. Constanz. Gemarkung und Gemeindevermögen getrennt. Stbbhr.: Fürst v. Fürstenberg.

Gamshurst, Pfsf., 7 ev., 1105 L, zus. 1112 C., A.G. u. B.A. Achern; R.G. u. A.A. Baden; L.A. Dürrsweiler; liegt in einer Ebene an der Straße von Achern nach Nemprechtshofen. Feldbau und Viehzucht. Das Dorf ist sehr alt; denn schon im Jahre 903 besaß das Kloster St. Trudpert Güter hier.

Gangweiler, Z. b. D. Riedheim, 13 L C., Fil. v. Markdorf, A.G. Meersburg, B.A. Ueberlingen; R.G. und A.A. Constanz.

Gansect, Hf. u. Prz. b. Pfsf. Kappelrobed, 10 t. C., A.G. u. B.A. Achern; A.G. u. A.A. Baden. Stbbhr.: Fürst v. Fürstenberg.

Ganterliesgrund, Z. b. D. Mailach, 15 L C., Fil. v. Oppenau, A.G. u. B.A. Oberkirch; R.G. u. A.A. Offenburg.

Gantershof, Hf. und Prz. v. Oberlangenordnach, Wlr. b. D. Langenordnach, 34 L C., Fil. von Friedenweiler, A.G. u. B.A. Neustadt; R.G. und A.A. Freiburg.

Ganterhof, Hf. u. Prz. v. Oberaltenweg, Z. v. Altenweg, Wlr. b. D. Dierthäler, 12 L C., Fil. v. Neustadt, A.G. u. B.A. Neustadt; R.G. u. A.A. Freiburg.

Garnisonsmühle, Hs. u. Prz. b. Stt. Philippsburg, 6 L C., A.G. u. B.A. Philippsburg; A.G. u. A.A. Carlsruhe.

Gaß, Z. b. Wlr. Bernau-Außerthal, b. Pfb. Bernau, 139 L. E., A.-G. u. B.-A. St. Blasien; K.-G. u. A.-A. Waldshut.

**Gaffen**, 3. b. Pfst. Furtwangen, 39 l. E., A.-G. und B.-A. Triberg; R.-G. und A.-A. Villingen.

**Gaffen**, 3. b. D. Ibach, 13 l. E., Fil. v. Oppenau, A.-G. u. B.-A. Oberkirch; R.-G. u. A.-A. Offenburg.

**Ganangelloch**, Pfdf., 318 rw., 177 L., 3 Men., juj. 498 E., A.-G. Nedargemünd, B.-A. Heidelberg; R.-G. u. K.-A. Heidelberg; Dec. Nedargemünd; liegt 700 p. F. üb. b. M. an der Angelbach. Das Dorf hatte seinen eigenen Adel, welcher auf der hiesigen Burg residirte. In der Mitte des 15. Jahrh. ging G. durch Kauf an die jetzige Grundh., die Frhrn. v. Bettendorf, über.

**Gauchenmühle**, Hs. u. Prz. b. D. Dittishausen, 12 l. E., Fil v. Löffingen. A.-G. u. B.-A. Neustadt; R.-G. u. A.-A. Freiburg. Ebschr.: Fürst a. Fürstenberg.

**Gausbach**, D., 453 l. E., Fil. von Forbach, A.-G. u. B.-A. Gernsbach, R.-G. u. A.-A. Baden. An schwindelndem Feldabhang über der Murg gelegen, wo die Straße sich steil wieder zur Thalsohle senkt; mühseliger Feldbau und Holzsällen ist der Erwerb des Dorfes.

**Gebersberg**, 3. b. Pfdf. Neusatz, 209 l. E., A.-G. u. B.-A. Bühl; R.-G. u. A.-A. Baden.

**Gebhardsweiler**, R.-O. b. D. Mühlhofen, 52 l. E., Fil. v. Seefelden, A.-G. Meersburg, B.-A. Ueberlingen; R.-G. u. K.-A. Constanz. Gemarkung u. Gemeindevermögen getrennt; liegt an der Straße von Meersburg nach Salem. Ebschr.: Mrgfn. v. Baden.

**Gebleg**, R.-O. b. Pfbf. Durbach, 45 l. E., A.-G. u. B.-A. Offenburg; R.-G. u. A.-A. Offenburg. Stabhalterei.

**Gechsbach**, 3. b. D. Einbach, 24 l. E., Fil. v. Hausach, A.-G. u. B.-A. Wolfach; R.-G. u. A.-A. Offenburg. Ebschr.: Fürst v. Fürstenberg.

**Gefäll**, Hf. u. Prz. b. Pfbf. Grenmelsbach, 36 l. E., A.-G. u. B.-A. Triberg; K.-G. u. K.-A. Villingen. Ebschr.: Fürst v. Fürstenberg.

**Gefällhof**, Hf. u. Prz. b. Pfbf. Welschingen, O l. E., A.-G. u. B.-A. Engen; R.-G. u. K.-A. Constanz.

**Geherenhof**, Hf. u. Prz. b. D. Bermersbach, 23 l. E., Fil. v. Gengenbach, A.-G. u. B.-A. Gengenbach; R.-G. u. A.-A. Offenburg.

**Geigergut**, Hf. u. Prz. b. Pfbf. Owingen, 5 l. E., A.-G. u. B.-A. Ueberlingen; K.-G. u. K.-A. Constanz.

**Geigerhöfe**, Hf. u. Prz. b. D. Münsterthal, 4 l. E., Fil. v. Ottenheimmünster, A.-G. u. B.-A. Ottenheim; R.-G. u. K.-A. Freiburg.

**Geigershof**, Hf. u. Prz. v. Oberaltenweg, Z. von Allmenweg, Wlr. b. D. Vierthäler, 12 l. E., Fil. v. Neustadt, A.-G. u. B.-A. Neustadt; R.-G. u. A.-A. Freiburg.

**Geisberg**, Hf. u. Prz. b. R.-O. Ellenfurt, b. Pfbf. Heiligenberg, 31 l. E., Fil. v. Röhrenbach, A.-G. u. B.-A. Pfullendorf; R.-G. und K.-A. Constanz; liegt unweit Heilgenberg. Ebschr.: Fürst v. Fürstenberg.

**Geisingen**, Stbt., 21 rw., 1094 L., 7 Diss. juf. 1122 E., A.-G. u. B.-A. Donaueschingen, R.-G. u. A.-A. Villingen; L.-R. Geisingen; R.-A. Elodach; F.-A. Donaueschingen. Sitz b. Vollhalters u. B.-F. u. Notars; liegt am linken Ufer der Donau, Feld-, Wiesenbau u. Viehzucht. F. f. Landeshospital, Erzwäsche für das in der Umgegend gefundenen Bohnerz. Früher Gisinga, alt St. Gallischer Besitz und Stammburg eines gleichnamigen Lehensadels, welcher den halben Zähringer Adler im Wappen führte. Von ihm kam der Ort durch die Herren v. Wartenberg an Fürstenberg, welches davon eine Linie abzweigte, die 1483 ausstarb. Ihre Grabmäler sind in der Friedhofskirche neben dem Landespital. Mkte.: Fruchtschranne, Vieh-, Schweine- u. Kr.-M.: 17. März, 19. Mai, 28. Juli, 3. Novbr. Vieh- u. Schweine-M.: 10. Febr., 29. April, 15. Sept., 15. Decbr.

**Geißlingen**, D., 560 E. G., Fil. von **Grießen**, L.G. u. B.A. Jestetten; A.G. u. A.A. Waldshut; liegt an der Straße von Waldshut nach Jestetten. Feld-, Wiesen- u. Weinbau nebst Viehzucht.

**Geistermühle**, Hf. u. Prj. b. N.O. Norgenwies, b. Pfd. Hrudorf, 8 E. G., A.G. u B.A. Stockach; A.G. und A.A. Constanz; liegt an einem Seitenbache der Stockach.

**Gelbach**, Z. b. Pfd. Oberwolfach, 208 E. G., A.G. u. B.A. Wolfach; A.G. u. A.A. Offenburg.

**Gelbach**, vor, Z. b. Pfd. Oberwolfach, 45 E. G., A.G. u. Ph.A. Wolfach; A.G. u. A.A. Offenburg.

**Gelkenhof**, Hf. u. Prt. b. Pfd. Eichsel, 11 E. G., A.G. u. B.A. Schopfheim; A.G. u. A.A. Lörrach; liegt ziemlich hoch.

**Gemeinwerthof**, Hf. u. Prj. b. D. Kaltbrunn, 1t L G., Zil. v. Allensbach, L.G. u. B.A. Constanz; A.G. u. A.A. Constanz. In der frühesten Zeit war der Hof Lehen der Abtei Reichenau.

**Gemmingen**, Pfd., 1046 ev., 7 L, 3 Men., 271 fr., jul. 1327 G., A.G. u. B.A. Eppingen; A.G. und A.A. Heidelberg; Dec. Eppingen; Ph.A. Bruchsal. Elz b. Ph.Abl. u. NoL; liegt an der Straße von Eppingen nach Heilbronn. Getreide-, Reps-, Mohn- u. Welnbau nebst Biehzucht. Nach diesem Dorfe nennt sich die vielverzweigte freiherrliche Familie, und später die gleichnamige Linie derselben, welche 3/8 des Dorfes besitzt, während die übrigen 5/8 der gräflich Neipperg'schen Familie zugehören. Ursprünglich Allod, später den Grafen von Württemberg v. Hohenlohe zu Lehen aufgetragen, besaß der Ort 1520 eine adelige Schule, durch den eifrigen Beförderer der Reformation, Polf. v. G., an welcher der Ettlinger Humanist Jrenicus 1530 lehrte und der Churfürst v. Mainz, Wolfgang v. Dalberg, erzogen wurde. Beim Bauernaufruhr 1525 rief der durch seine Humanität beliebte Stifter, als die Dorfschaft durch den dichten Haufen des Pfarrers Eisenhut von Eppingen zum Mitzuge aufgefordert wurde: „Wer gut gemmingisch ist, stehe zu mir" und mit Ausnahme zweier Männer blieben alle Einwohner auf seiner Seite.

**Gemmingerhof**, Hf. u. Prt. b. Pfd. Oberschwandorf, 14 E. G., A.G. u. B:A. Stockach; A.G. u. A.A. Constanz.

**Gengenbach**, Sldt., 37 ev., 213t E., jul. 2168 G., A.G., A.A. u. L.A. Offenburg; F.N. Offenburg; B.A. Offenburg. Sitz b. A.G., B.A., A.Ph., G.R., B.J., U.G., Tlst.Rol.; liegt am linken Ufer der Kinzig in einem ziemlich freundlichen Thale an der von Offenburg nach Schaffhausen führenden Straße. Feld-, Weinbau, Viehzucht, Gewerbe und Fabrikbetrieb, zu welch' letzterem die Papierfabrik zu rechnen ist, mech. Sägmühle, Mahl- u. Oelmühlen. Bedeutender Handel mit Wein nebst starken Wochenmärkten. Messen u. Mkte.: 22. April, 4. Novbr. je 2 Tage. — Hier führt eine schöne Brücke über die Kinzig, und die freundliche Marktplatz mit dem stattlichen Rath- und Kaufhause, überragt von den Klostergebäuden der ehemaligen Abtei und der schön gelegenen Bergkirche sind sehenswerth. Einst römisches Kastell nach den zahlreichen Anticaglien u. Inschriftsteinen, wurde es nach Besitznahme der Zehentlande durch die Deutschen Königsgut, um welche Zeit, gemäß einer Sage, der heil. Fridolin das Kloster gestiftet haben soll, dessen erster Bestätigungsbrief aber erst von 1139 datirt ist. Von Heinrich dem Heiligen dem Bisthum Bamberg geschenkt, kam der Ort als Lehen an die Vögte des Stiftes, die Herzoge von Zähringen. Nach deren Erlöschen ertstiß Friedrich II. den Grafen v. Urach dieses Erbe, dem es jedoch durch den Bischof v. Straßburg, Heinrich v. Stahleng, auf Befehl des Papstes 1234 wieder genommen wurde. So blieb G. bambergisches Lehen des Hochstifts Straßburg bis es während des Interregnums reichsfrei wurde. 1308 sich unter den Schutz des Otto von Ochsenstein stellend, ward es 1331 von Kaiser Ludwig den Grafen v. Oettingen verpfändet, welches Pfand 1334 an den Mkgf. Rudolf v. Baden übertragen wurde, worauf es die Schicksale Offenburgs theilte. Im

Kloster selbst wurde unter Abt Friedrich v. Reppenbach (1531) die Reformation angenommen, aber bald wieder unterdrückt. Aus den schweren Drangsalen des dreißigjährigen Krieges, wo sie geplündert u. des orleans'schen Krieges, wo sie niedergebrannt wurde, erhob sich die Abtei wieder zu ziemlicher Blüthe und schloß mit dem zu Gengenbach gebornen Abte Bernhard Schwörer die Reihe seiner Vorsteher. G. ist der Geburtsort des k. k. österr. Feldmarschall Bender, der um 1780 in den Reichsfreiherrnstand erhoben wurde und 1798 zu Prag starb.

**Germenbach**, Wlr. b. Pfdf. Feldberg, 47 l. C., A.-G. u B.-A. Müllheim; A.-G. u. K.-A. Lörrach; liegt sehr hoch, hat eine Heilquelle, die noch ziemlich unbekannt ist.

**Gerach**, Nedar=, Pfdf., 408 ew., 329 l., jul. 637 C., A.-G. u. B.-A. Oberbach; A.-G., K.-A. Mosbach; Dec. Mosbach; L.-R. Mosbach; liegt 496 p. F. üb. d. M. In reizender Gegend am Einfluß der Gerach in den Nedar, der Minnaburg gegenüber. Ziemlich Obstbau, Bienen= und Biehzucht. Ertrag an Lohrinde aus den im 18jährigen Betriebe stehenden Hardwaldungen u. Schiffahrt. Fundort römischer Münzen u. schon 976 mit dem Stifte Mosbach an das Hochstift Worms gediehen. Alte Nedarfähre.

**Gerchsheim**, Pfdf., 823 l. C., A.-G. u. B.-A. Tauberbischofsheim; A.-G. u. K.-A. Mosbach; L.-R. Lauba; P.-A. Heidelberg. Sitz d. Postsladmstr. u. P.-Abt.; liegt 1117 p. F. üb. d. M. zwischen niederen Hügeln an der bayrischen Grenze. Feldbau u. Biehzucht. Das Dorf soll einst ein Freidorf gewesen sein.

**Gereuth**, J. d. Pfdf. Reichenbach, 75 l. C. A.-G. u. B.-A. Lahr; A.-G. u. K.-A. Offenburg; liegt im Schutterthale. Stdbchr.: Fürst v. b. Leyen, grundherrl. Rechte, zur Hälfte Frhr. Röder v. Tiersburg.

**Gerichtstetten**, Pfdf., I ev., 771 L., jul. 772 C., A.-G. u. B.-A. Walldürn; A.-G. und K.-A. Mosbach; L.-R. Buchen; liegt 1132 p. F. üb. d. M. an der Erfa. Feldbau, Biehzucht. Handel mit Frucht nach Wertheim. Stdbchr.: Fürst v. Löwenstein-Wertheim und Fürst v. Leiningen je zur Hälfte.

**Gerlachsheim**, Mkfl., 13 ev., 1047 L., jul. 1062 C., A.-G. und K.-A. Mosbach; B.-A. Tauberbischofsheim; L.-R. Lauba; F.-J. Mosbach; P.-A. Heidelberg. Sitz b. A.-G., A.-Pfl., G.-R., Dom.-B., B.-P.-J., P.-J., P.-C., Not.; liegt 641 p. F. üb. d. M. In einem freundlichen Thale unweit dem Einflusse der Grünbach in die Tauber, Wein-, Feldbau und Biehzucht. Mkte.: 15. April, 24. Juni. G. hatte früher ein Prämonstratenserkloster, welches 1803 aufgehoben wurde und von nun ab den Salm'schen Standesherren zum Wohnsitz diente, bis diese 1840 ihre Standesherrschaft an Baden verkauften.

**Gernsbach**, Sidt., 1192 ew., 837 l., 45 ifr., jul. 2074 C., A.-G. u. K.-A. Baden; Stdt.-Dec. Carlsruhe; L.-R. Gernsbach; P.-A. Carlsruhe. Sitz b. A.-G., B.-A., G.-R. u. A.-Pfl.; F.-J.; B.-F.; P.-C.; Postsim. u. Not. Höhere Bürger= u. Gewerbeschule; liegt 638 p. F. üb. d. M. im Murgthale und zwar an und über der Murg auf steil ansteigendem Höhenrücken mit schönem Quai am Flusse. Feld-, Weinbau und Biehzucht. Gewerbe- u. Fabrikbetrieb. Sitz der seit dem 16. Jahrh. urkundlichen Murgflößer oder sogenannten Schiffernesellschaft, welche das Thal auf= und abwärts mit Sägmühlen zu Schnittwaaren besetzt und von Weißenbach an bis zur Mündung in den Rhein flößbar gemacht hat. Mkte: 23. März, 18. Mai, 24. August, 21. Dezbr. Die Stadt ist ein alter Besitz der Herrschaft Eberstein, schon 1248 von der Pfarrei Rothenfels getrennt und bald darauf mit Mauern umgeben, war es nach dem Aussterben eines gleichnamigen Lehengeschlechts der Grafen v. Eberstein zeitweiliger Aufenthalt eines Zweiges dieser Familie, welche mit Baden die Stadt gemeinsam besaß u. 1411 die Streitigkeiten über Besetzung des Gerichts durch Vertrag endigte, bis neue Streitigkeiten mit dem Bisthum Speyer entstanden, welchem die Eberstein'schen Allodialerben v. Gronstein und Wollenstein ihren Theilbesitz abgetreten hatten. Von der kath. Kirche und ihrem Pfarrhofe hat man eine herrliche Aussicht auf die Berge am rechten Murgufer, über Stadt u. Thal; in der protest. Kirche befindet sich die Gruft der diesem Bekenntnisse angehörigen Glieder des gräfl. Eberstein'schen Hauses. Unter dem Hauptplatze des Städtchens, das im Renaissancestyl erbaut, schöne Rathhaus, vor der Stadt thalaufwärts, zumeist das neueingerichtete Kiefernadelnbad mit 24 Zimmern und Salons, 11 Badekabinette mit Inhalationseinrichtung und Douchen, sowie Nadelnbäder und zwei Flußbädern; weiter hinauf die im goth. Style umgebaute sogen. Altingscapelle, an welche sich eine schöne Geistersage knüpft.

**Geroldseck**, Z. b. D. Schönberg, 60 t. E., Fil. v. Prinzbach, A.-G. u. B.-A. Lahr; K.-G. u. R.-A. Offenburg; liegt bei der Schloßruine Hohengeroldseck, dem Hauptsitz der gleichnamigen Grafschaft. Nach der Sage von Gerold, Karl des Großen Schwager, erbaut, ist sie 1218 Wohnsitz des freien Heinrich v. Geroldseck, einem Sohne des 1179 vorkommenden Heinrich v. Lahr, dessen Enkel den gräflichen Titel v. Velben annahm, worauf sie sich in die Linien von Lahr und Velben theilte, von welch letzterer die Linie von Tübingen mit den weiteren Verzweigungen von Sulz und Hohengeroldseck sich abzweigte. Letztere behauptete Schloß und Herrschaft von 1330—1624. Nachdem Oesterreich den Marschall v. Kroneberg damit belehnt hatte, so entstand ein langer vergeblicher Streit zwischen dem Gemahl der Erbtochter, Markgraf Friedrich V. v. Baden mit dem Belehnten, ebenso vergeblich war die Besitznahme durch Friedrich VII. 1602 nach Erlöschen des Kroneberg'schen Geschlechts. Er wurde 1697 vertrieben und die Herrschaft den Grafen, später Fürsten von der Leyen ertheilt, 1430 ward das Schloß durch Heinrich v. Fürstenberg in dem Kriege der Söhne Walthers von Geroldseck gegen den Vater erobert u. 1471 in dem Rachekrieg für begangenen Raub von den Bernern und Straßburgern belagert.

**Geroldshofstetten**, K.-O. b. D. Mettenberg, 77 l. E., Fil. v. Riedern, A.-G. u. B.-A. Bonndorf; K.-G. u. R.-A. Waldshut. Gemarkung u. Gemeindevermögen getrennt.

**Geroldsthal**, Z. b. Pfd. Oberrieb, 47 l. E., A.-G. u. B.-A. Freiburg; K.-G. u. R.-A. Freiburg.

**Geroldsthal**, K.-O. b. D. Tietenbach, 105 L. E., Fil. v. Kirchzarten, A.-G. u. B.-A. Freiburg; K.-G. u. R.-A. Freiburg.

**Gerolsau**, K.-O. b. Pfd. Lichtenthal, 375 l. E., A.-G. u. B.-A. Baden; K.-G. u. R.-A. Baden. Gemarkung u. Gemeindevermögen gemeinschaftlich; liegt in einer ziemlich rauhen Gegend und wird seines Wasserfalles wegen von Baden aus sehr besucht.

**Gerolzahn**, T., 200 L. E., Fil. von Wallbürn, A.-G. u. B.-A. Wallbürn; K.-G. u. R.-A. Mosbach; liegt 1200 p. F. üb. d. M., wird auch Gerolsbahn geschrieben. Schbr.: Fürst v. Leiningen.

**Gersbach**, Z. b. Pfd. kath. Thennenbronn, 135 l. E., A.-G. u. B.-A. Triberg; K.-G. u. R.-A. Villingen.

**Gersbach**, Pfd. 634 ev., 106 l. juf. 740 E., A.-G. u. B.-A. Schopfheim; K.-G. u. R.-A. Lörrach; Dec. Schopfheim; liegt 2700 p. F. üb. d. M. In einer rauhen wildem Gegend. Holz- u. Kohlenhandel. Alter Ort.

**Gerthelsbach**, Z. b. Pfd. Herrenwies, 5 l. E., A.-G. u. B.-A. Bühl; K.-G. u. R.-A. Baden.

**Gertrudenhof**, Hf. und Bz. b. D. Pfaffenroth, 8 l. E., Fil. v. Burbach, A.-G. u. B.-A. Ettlingen; K.-G. u. R.-A. Carlsruhe.

**Geschächtrig**, Z. b. Pfd. Ottoschwaben, 46 l. E., A.-G. u. B.-A. Emmendingen; K.-G. u. R.-A. Freiburg.

**Gescheid**, Z. b. K.-O. Keppenbach. b. D. Friesam, 39 ev. E., Fil. v. Keppenbach, A.-G. u. B.-A. Emmendingen; K.-G. u. R.-A. Freiburg.

**Geschwend**, T., 1 ev. 258 l. juf. 259 E., Fil. v. Schönau, A.-G. u. B.-A.

Schönau; A.-G. und A.-A. Lörrach; liegt eben am Fuße des Elsberges und dem Eingange des Prägerthales; wenig Feldbau, guter Wiesenbau, Küblerei, Löffelblechschmiederei und Potaschesiederei.

**Gewerthinsel**, 42 Jauchert große Rheininsel u. J. d. Pfdl. Wyhlen, unbewohnt, A.-G. und B.-A. Lörrach; A.-G. u. A.-A. Lörrach.

**Geyersneft**, A.-D. b. Pfdl. St. Ulrich, 179 l. E., A.-G. u. B.-A. Staufen; A.-G. u. A.-A. Freiburg; liegt in einem kalten u. winterlichen Thale. Viehzucht, etwas Feldbau und Holzarbeiten. G. hatte einen eigenen gleichnamigen Adel.

**Gfäll**, J. d. Pfdl. Neukirch, 8 l. E., A.-G. u. B.-A. Triberg; A.-G. u. A.-A. Villingen.

**Gfälldebesenhof**, Hf. u. Prz. b. Pfdl. Schönenbach, 21 L E., A.-G. u. B.-A. Villingen; A.-G. u. A.-A. Villingen.

**Gfällhof**, Hf. u. Prz. b. Eidl. Döhrenbach, 3 L E., A.-G. u. B.-A. Villingen; A.-G. und A.-A. Villingen. Eldshr.: Fürst v. Fürstenberg.

**Gfällmatte**, Hf. u. Prz. b. D. St. Wilhelm, 17 l. E., Fil von Oberried, A.-G. u. B.-A. Freiburg; A.-G. u. A.-A. Freiburg; liegt am Fuße des Feldbergs am Hochferren.

**Gfellhof**, Hf. u. Prz. b. D. Scholl ach, 17 l. E., Fil. v. Urach, A.-G. und B.-A. Neustadt; A.-G. u. A.-A. Freiburg.

**Gickelhof**, Hf. u. Prz. b. D. Steinbach, 11 L E., Fil. v. Hundheim, A.-G. u. B.-A. Wertheim; A.-G. u. A.-A. Mosbach; liegt 1200 p. F. üb. d. M. Eibshr.: Fürst v. Löwenstein-Wertheim.

**Giedensbach**, A.-D. b. D. Oebach, 95 L E., Fil. v. Oberkirch, A.-G. u. B.-A. Oberkirch; A.-G. u. A.-A. Offenburg. Gemarkung u. Gemeindevermögen getrennt.

**Gieringerloch**, J. d. Pfdl. Petersthal, 15 L E., A.-G. u. B.-A. Oberkirch; A.-G. u. A.-A. Offenburg.

**Giesen**, Hf. u. Prz. b. Pfdl. Reichenbach, 19 L E., A.-G. u. B.-A. Lahr; A.-G.

u. A.-A. Offenburg. Eibshr.: Fürst v. d. Leyen, grundherrl. Rechte, Frhr. Röder v. Diersburg.

**Girkpach**, A.-D. b. D. Wehrhalden, 164 L E., Fil. v. Herrischried, A.-G. und B.-A. Säckingen; A.-G. u. A.-A. Waldshut. Gemarkung und Gemeindevermögen gemeinschaftlich.

**Gissigheim**, Pfdl., 850 L., 97 ilr., zul. 1047 E., A.-G. und B.-A. Tauberbischofsheim; A.-G. und A.-A. Mosbach; L.-H. Buchen; liegt 896 p. J. üb. d. M. an der Brehmbach. Feld-, Wiesen-, Weinbau, Schaf-, Schwein- und Rindviehzucht; Mahl-, Säg- u. Oehlmühle nebst Handel mit den Landesprodukten. Neue in byzantinischem Style erbaute Kirche. Schloß der grundherrlichen Familie v. Bettendorf, an welche die Herrschaft 1702 von den Echter v. Mespelbrunn kam, die im 17. Jahrhd. durch Tausch von den Erben der Herren v. Riedern in den Besitz gekommen waren.

**Glasbach**, J. b. D. Langenbach, 28 L E., Fil. v. Döhrenbach, A.-G. und B.-A. Villingen; A.-G. u. A.-A. Villingen.

**Glashalden**, J. des Pfdl. Buchenberg, 17 ev. E., A.-G. u. B.-A. Triberg; A.-G. u. A.-A. Villingen.

**Glashausen**, auch Glasig genannt. J. b. D. Freiamt, 136 L E., Fil. von Heppenbach, A.-G. u. B.-A. Emmendingen; A.-G. u. A.-A. Freiburg.

**Glashof**, Hf. u. Prz. b. Pfdl. St. Blasien, 14 L E., A.-G. u. B.-A. St. Blasien; A.-G. u. A.-A. Waldshut.

**Glashof**, Hf. u. Prz. b. D. Waldhausen, 25 ev. 20 l., zul. 32 E., Fil u. Limbach, A.-G. u. B.-A. Buchen; A.-G. u. A.-A. Mosbach; liegt 1264 p. F. üb. d. M. Grbhr.: Frhr. v. Rüdt-Collenberg-Bödigheim.

**Glashofen**, D., 231 L E., Fil. von Wallbürn, A.-G. u. B.-A. Wallbürn; A.-G. und A.-A. Mosbach; liegt 1326 p. F. üb. d. M. Eibshr.: Fürst v. Leiningen.

**Glashütte**, A.-D. b. Pfdl. Gündelwangen, 41 L E., A.-G. u. B.-A. Bonndorf; A.-G. u. A.-A. Waldshut. Gemarkung und Gemeindevermögen getrennt.

**Glashütte,** 8 b. B.-O. Rorgenwies, b. Pfdf. Heudorf, 15 k. E., A.-G. u. B.-A. Stockach; A.-G. u. A.-A. Constanz.

**Glashütte,** 3. b. Pfdf. Lauf, 96 k. E., A.-G. u. B.-A. Bühl; A.-G. u. A.-A. Baden.

**Glashütte, Frz.** b. D. Gaggenau, 137 k. E., Fil. v. Rothenfels, A.-G. u. B.-A. Gernsbach; A.-G. und A.-A. Baden (G. Gaggenau).

**Glashüttehof, Hs.** u. Prz. b. D. Hecheln, 12 k. E., Fil. von Mühlingen, A.-G. u. B.-A. Stockach; A.-G. u. A.-A. Constanz.

**Glashütten,** 3. b. Pfdf. Honstetten, 33 k. E., A.-G. und B.-A. Engen; A.-G. u. A.-A. Constanz. Etbshr.: Fürst v. Fürstenberg.

**Glashütten,** B.-O. b. D. Illmangen, 120 k. E., Fil. von Oberhomberg; A.-G. u. B.-A. Pfullendorf; A.-G. u. A.-A. Constanz. Getrennte Gemarkung und gemeinschaftliches Gemeindevermögen. Etbshr.: Fürst v. Fürstenberg.

**Glashütten,** B.-O. b. D. Altenschwand, 260 k. E., Fil. v. Rickenbach, A.-G. u. B.-A. Säckingen; A.-G. u. A.-A. Waldshut. Getrennte Gemarkung und gemeinschaftliches Gemeindevermögen.

**Glashütten,** B.-O. b. Pfdf. Hasel, 136 en., 8 L, zuf. 135 E., A.-G. u. B.-A. Schopfheim; A.-G. u. A.-A. Lörrach. Gemarkung und Gemeindevermögen getrennt.

**Glashüttenhof, Hs.** u. Prz. b. Stdt. Kandern, 6 k. E., A.-G. u. B.-A. Lörrach; A.-G. u. A.-A. Lörrach.

**Glaswald,** 8. b. Pfdf. Schapbach, 108 k. E., A.-G. u. B.-A. Wolfach; A.-G. u. A.-A. Offenburg. Etbshr.: Fürst von Fürstenberg.

**Glockenberg, Prz.** b. Stdt. Thiengen, 6 k. E., A.-G. u. B.-A. Waldshut; A.-G. u. A.-A. Waldshut.

**Glotterbad,** Bad u. Prz. b. D. Oberglotterthal, 17 k. E., Fil. von Unterglotterthal, A.-G. u. B.-A. Waldkirch; A.-G. u. A.-A. Freiburg. Das schon im 16. Jahrh. bekannte Bad wird stark besucht und seine Quelle enthält in 1 Maas Wasser ½ Gr. kohlensaures Eisenoxydul, 1¾ Gr. kohlens. Kalkerde, 1 Gr. kohlens. Bittererde u. Spuren von schwefels. Kalkerde, salzs. Bittererde und Thonerde. Das keine freie Kohlensäure enthaltende Wasser ist farb- und geruchlos, hat einen zusammenziehenden und austrocknenden Geschmack und bildet in einem offenen Gefäß einen roth-gelben, flockigen Niederschlag. Dasselbe wird aus der Umgegend viel besucht, und von den Freiburgern gerne zum Sommeraufenthalt gewählt.

**Gnad,** 8. b. B.-O. Siebensbach, b. D. Erdebach, 15 k. E., Fil. von Oberkirch, A.-G. u. B.-A. Oberkirch; A.-G. und A.-A. Freiburg.

**Grabenthal, Prz.** b. Pfdf. Reubingen, 10 k. E., A.-G. u. B.-A. Donaueschingen; A.-G. und A.-A. Villingen. Etbshr.: Fürst v. Fürstenberg.

**Gochsheim,** Stdt., 1393 ev., 12 k., 19 isr., zuf. 1424 E., A.-G. u. B.-A. Bretten; A.-G. u. A.-A. Carlsruhe; Dec. Bretten; liegt 583 p. F. üb. d. M. an der Kraichbach. Feld-, Wiesen- und Weinbau nebst starker Viehzucht, hat Mahl-, Gyps- und Oelmühle. Mkte.: 17. März, 24. Juni, 24. Novbr. Alter Oberstein'scher Besitz und seit 1220 mit Marktrecht zur Stadt erhoben. Von Eberstein an die Pfalz gediehen, wurde es im bayrischen Erbfolgekriege 1504 von Ulrich von Württemberg erobert, den Ebersteinern wieder zu Lehen gegeben und nach ihrem Erlöschen als Frauenerbe von Württemberg-Neustadt in Besitz genommen. Auf die Hauptlinie vererbt kam es auf kurze Zeit an die Landhofmeisterin von Würben als Kunkellehen, mußte jedoch 1738 wieder aufgegeben werden, und kam 1806 an Baden. Das 1689 niedergebrannte und 1700 wieder aufgebaute Schloß ist jetzt Schulhaus.

**Göbrichen,** Pfdf., 691 E., 33 Diff., zuf. 924 E., A.-G. und B.-A. Pforzheim; A.-G. u. A.-A. Carlsruhe; Dec. Pforzheim. Alter Ort.

**Göggingen**, Pfd., 2 ev., 699 L, zuf. 701 E., A.=G. u. B.=A. Meßkirch; A.=G. u. K.=A. Constanz; L.R. Meßkirch; liegt an der Ablach und an der Straße von Meßkirch nach Mengen. Ehebhr.: Fürst von Fürstenberg.

**Göhrenberg**, Wlr. b. Ebl. Markdorf, 17 l. E., A.=G. Meersburg, B.=A. Ueberlingen; A.=G. u. A.=A. Constanz.

**Göhrenberg**, Ober= und Unter=, A.=O. b. Pfd. Oberhomberg, 141 E., A.=G. u. B.=A. Pfullendorf; A.=G. u. K.=A. Constanz. Getrennte Gemarkung, gemeinschaftliches Gemeindevermögen; liegt auf einem waldreichen, an der Aachebene isolirt sich erhebenden Berge mit schöner Aussicht auf Ravensburg, das Schussenthal bis zum Allgäu. Schon 661 als Keranberc vorkommend, kam der obere altwelfische Hof als Schenkung an Weingarten, während der untere früher im Besitz des Klosters Salem war.

**Gölshausen**, Pfd., 720 ev., 4 L. zuf. 724 E., A.=G. u. B.=A. Bretten; A.=G. u. K.=A. Carlsruhe; Tel. Bretten; liegt 703 p. F. üb. d. M. an der Straße von Bretten nach Eppingen. Feldbau. Altes Dorf; denn schon 806 schenkte ein Priester Willa hier 3 Höfe dem Kloster Lorsch.

**Görwihl**, Pfd., 7 ev., 1086 L, zuf. 1093 E., A.=G. u. B.=A. Waldshut; A.=G. u. K.=A. Waldshut; L.R. Waldshut, B.=A. Waldshut, Siz b. P.=Abl u. d. Dist.=Rot. Feld=, Obstbau u. Biehzucht. Mkte.: 23. April, 15. Juni, 1. Septbr., 11. Novbr.

**Göschweiler**, Pfd., 450 l. E., A.=G. u. B.=A. Neustadt; A.=G. und K.=A. Freiburg; L.R. Billingen. Feldbau. Biehzucht und Uhrenhandel. Alter Ort „Coseriuvillare" an der früher einzigen Straße vom südlichen Schwarzwald in die Baar, welche über Stallegg ins Wutachthal führte, weite Aussicht über die Berge u. Thäler des Schwarzwaldes.

**Götzingen**, Pfd., 1 ev., 823 L, zuf. 824 E., A.=G. u. B.=A. Buchen; A.=G. u. K.=A. Mosbach; L.R. Buchen; liegt 1111 p. F. üb. d. M. an der Kniebach. Feld=,

Wiesenbau u. Biehzucht; Oel= und Mahlmühlen. Mkt.: 20. Octbr. Ehebhr.: Fürst v. Leiningen.

**Goldbach**, F. b. Etbl. Ueberlingen, 60 l. E., A.=G. und B.=A. Ueberlingen; K.=G. u. K.=A. Constanz; liegt am gleichnamigen Bache, beinahe ganz von Zellen umgeben. Die hiesige Mühle gehörte ehedem dem Spitale zu Constanz.

**Goldbach**, F. b. A.=O. Bernaudorf, b. Pfd. Bernau, 27 E., A.=G. u. B.=A. St. Blasien; A.=G. u. K.=A. Waldshut.

**Goldenhof**, Hf. und Wrz. b. A.=O. Auberurberg, b. Pfd. Immenberg, 13 l. E., A.=G. u. B.=A. St. Blasien; A.=G. u. K.=A. Waldshut.

**Goldscheuer**, A.=O. b. Pfd. Marlen, 667 E., A.=G. u. B.=A. Offenburg; A.=G. u. K.=A. Offenburg. Gemarkung u. Gemeindevermögen gemeinschaftlich; liegt an der Straße von Kehl nach Lahr. Feld= u. Gartenbau, Biehzucht. Goldwäscherei.

**Solpertsweiler**, Wlr. b. Pfd. Frickingen, 25 l. E., A.=G. Meersburg, B.=A. Ueberlingen; A.=G. u. K.=A. Constanz. Ehebhr.: Fürst v. Fürstenberg.

**Sommersdorf**, Pfd., 12 ev., 834 L. zuf. 646 E., A.=G. u. B.=A. Boxberg; A.=G. u. K.=A. Mosbach; L.R. Krautheim; liegt 825 p. F. üb. d. M. an der Jaxt und bei der württ. Grenze. Große 1834 von dem Fürsten von Salm=Krautheim erreichtete Brauerei, von welchem G. 1840 durch Kauf an Baden kam.

**Gondelsheim**, Mflk., 1223 ev., 68 L, 13 Men., 105 lfr., zuf. 1407 E., A.=G. u. B.=A. Bretten; A.=G. u. K.=A. Carlsruhe; Tel. Bretten; B.=A. Bruchsal. Siz b. D.=E.; liegt 517 p. F. üb. d. M. an der Saalbach. Feldbau u. Biehzucht. Oel=, Säg= u. Mahlmühlen nebst Hanfreibe. Mkte.: Krämer=M. 23. April, 25. Juli, 4. Octbr. 18. Novbr. Bieh=M.: 11. März, 7. Juli.

**Gorgesenberg**, F. b. Pfd. Oberharmersbach, 9 l. E., A.=G. u. B.=A. Gengenbach; A.=G. u. K.=A. Offenburg.

**Gottenheim**, Pfd., 1131 l. E., A.=G.

u. B.-A. Breisach; A.-G. u. K.-A. Freiburg; L.-R. Breisach; P.-A. Freiburg. Sitz der P.-Abl.; liegt an der nördlichen Abdachung des Tunibergs, dem Kaiserstuhle gegenüber. Feld-, Weinbau und Viehzucht. Guter Weizen, Kabisbraut und Hanf. Das Dorf ist sehr alt.

**Gottersdorf**, D., 131 L C., Fil. v. Amorbach, L.-G. u. B.-A. Wallbürn; A.-G. u. K.-A. Mosbach; liegt 1212 p. F. ü. d. M. an der bayr. Grenze. Stdsbhr.: Fürst von Leiningen.

**Gottesaue**, Brz. b. Stdt. Carlsruhe, A.-G. u. B.-A. Carlsruhe; A.-G. u. K.-A. Carlsruhe. Schloß u. ehemaliges Benedictinerkloster, jetzt Artilleriekaserne. — Graf Berthold v. Hohenberg, aus dem Geschlechte der Pfinzgaugrafen, stiftete mit seiner Gattin Luitgarde das Kloster Gottesau durch Vermittlung der Äbte Hirsau, und wurde durch den Bischof von Speyer, Gebhard v. Urach, eingeweiht. Nach dem Aussterben der Familie des Stifters gedieh die Schirmvogtei an die Mkgfn. von Baden, welche, nachdem das Kloster durch Streitigkeiten u. Kriege viel eingebüßt hatte, dasselbe zuerst im 15. Jahrh. in eine Karthause verwandelten, dann im 16. Jahrh. zur Reformation veranlassen wollten, und als diese von den Mönchen nicht angenommen wurde, dies als einen Rechtsgrund zur Aufhebung des Klosters ansahen. Nachdem im Bauernaufstande 1525 die Klostergebäude niedergebrannt worden waren, erbaute Markgrf. Karl II. 1553 an ihrer Stelle ein Schloß, welches aber nach dem Restitutionsedicte 1629 von P. Eisenschmied wieder in Besitz genommen wurde, da die nach Ochsenhausen geflüchteten Mönche stets gegen die Aufhebung protestirt hatten, welche auch so lange die katholischen Waffen die Oberhand hielten, wiederum im Besitze blieben. Nach dem westphälischen Frieden ging das Kloster wieder an die Markgrafen über, das 1689 von den Franzosen eingeäschert, zu Anfang des 18. Jahrh. wieder erbaut und 1740 in seiner gegenwärtigen Gestalt vollendet wurde. Von 1789—1818 befand sich in den Oekonomiegebäuden eine große Schä-

ferei, worauf das Ganze seiner jetzigen Verwendung gewidmet wurde.

**Gottmadingen**, Pfdf., 42 ew., 970 L., juf. 1012 C., A.-G. u. B.-A. Radolphzell; A.-G. und K.-A. Constanz; L.-R. Hegau; P.-A. Stockach. Sitz b. B.- und C.-Eyp.; liegt an der Straße v. Stockach nach Schaffhausen. Feld-, Wiesenbau, Vieh- u. besonders Schweinezucht. Grundbhr.: Graf von Langenstein.

**Gottschläg**, F. b. Pfdf. Ottenhofen, 120 L. C., A.-G. u. B.-A. Achern; A.-G. u. K.-A. Baden.

**Graben**, weiler, F. b. D. Wallburg, 28 L C., Fil. u. Münchweier, A.-G. u. B.-A. Ettenheim; A.-G. u. K.-A. Freiburg.

**Graben**, R.-D. des Pfdf. Bleben, 109 L C., A.-G. u. B.-A. Schönau; A.-G. u. K.-A. Lörrach. Gemarkung u. Gemeindevermögen getrennt. Feldbau u. Viehzucht.

**Graben**, Mktfl., 1603 ew., 31 L, 31 ilr., juf. 1865 C., A.-G. u. B.-A. Carlsruhe; A.-G. und K.-A. Carlsruhe; L.-Dec. Carlsruhe; F.-J. Carlsruhe; P.-A. Bruchsal. Sitz b. B.-J. u. P.-Abl.; Mkte.: 10. März, 1. Decbr.; liegt 366 p. F. ü. b. M. an der Straße nach Mannheim. Durch den Speyer'schen Lehenadel von Ubstadt 1360 an die Mkgfn. v. Baden verkauft, ward es im 15. Jahrh. zeitweiliger Pfandbesitz. Das Schloß mehrmals Wittwensitz der Markgräfinnen v. Baden wurde 1689 mit dem Dorfe niedergebrannt. In späterer Zeit ein bei der neuen Organisation des Großherzogthums wieder aufgehobener Amtsort.

**Gräffingen**, Hf. und Brz. b. Pfdf. Uiffingen, 30 ew., 26 l., juf. 58 C., A.-G. u. B.-A. Vorberg; A.-G. und K.-A. Mosbach; liegt 1138 p. F. ü. b. M. Sttdsbhr.: Fürst v. Leiningen.

**Grafenbach**, F. b. Pfdf. Rippoldsau, 15 L C., A.-G. u. B.-A. Wolfach; A.-G. u. K.-A. Offenburg. Stdsbhr.: Fürst v. Fürstenberg.

**Grafenberg**, Hf. und Brz. b. Pfdf. Norbrach, 17 l. C., A.-G. u. B.-A. Gengenbach; A.-G. u. K.-A. Offenburg.

**Grafenhausen**, Pfdf., 21 ew., 1023 L,

puf. 1044 E., U.-G. u. B.-A. Bonndorf; R.-G. u. K.-A. Waldshut; L.-K. Stühlingen; liegt ziemlich hoch. Feldbau u. Viehzucht. Alter Sitz der Thurgaugrafen (von Nellenburg), woher der Name. Sie stifteten dort schon vor der Mitte des 11. Jahrh. die Celle der h. Fides, welche sie dem Kloster St. Salvator zueigneten. Zu Lehen gegeben wurde es im 14. Jahrh. von diesem Kloster zurückerkauft und kam im 16. Jahrh. durch Tausch zur Herrschaft Lupfen-Stühlingen, von der es 1609–1612 St. Blasien mit der Jurisdiction erkaufte. Mkte.: 23. April, 11. Juni, 6. Octb.

**Grafenhausen**, Pfdf., 3 ev., 1439 E., puf. 1442 E., A.-G. u. B.-A. Ettenheim; R.-G. u. K.-A. Offenburg; L.-K. Lahr; liegt in einer fruchtbaren Ebene. Feldbau, namentlich Cichorien, Runkelrüben u. Tabak, Viehzucht und Gewerbebetrieb.

**Grafenloch**, J. b. Pfdf. Rippach, 116 E., A.-G. u. B.-A. Triberg; R.-G. u. K.-A. Villingen.

**Grafenweiler**, J. b. D. Wittenhofen, 36 E. E., Fil. von Roggenbeuren, A.-G. Meersburg, B.-A. Ueberlingen; R.-G. u. K.-A. Constanz.

**Graisbach**, J. b. Pfdf. Rußbach, 15 E. E., A.-G. u. B.-A. Triberg; R.-G. u. K.-A. Villingen.

**Grauget**, J. b. Pfdf. Oberwolfach, 30 E. E., A.-G. u. B.-A. Wolfach; R.-G. u. K.-A. Offenburg.

**Grasbeuren**, D., 4 ev., 127 E., puf. 131 E., Fil. von Mimmenhausen, A.-G. Meersburg, B.-A. Ueberlingen; R.-G. und K.-A. Constanz; liegt an der Seefelber Tach. Feld-, Wiesen-, Obstbau u. Viehzucht. Schon 1179 hatte das Kloster Kreuzlingen hier Besitztum. 1243 wurden die meisten Güter von den Herren v. Baz u. a. Edlen an das Kloster Salem verkauft, mit welchem dasselbe an die Mgfn. v. Baden gediehen.

**Gravelsbaum**, D., 209 ev., 1 E., puf. 210 E., Fil. v. Lichtenau, A.-G. u. B.-A. Kork; R.-G. u. K.-A. Offenburg; liegt am Rheine. Feldbau, Viehzucht, Fischerei und Schifffahrt.

**Greffern**, D., 8 ev., 708 E., puf. 716 E., Fil. v. Schwarzach, A.-G. u. B.-A. Bühl; R.-G. u. K.-A. Baden; liegt am Rheine.

**Gregorishof**, Hf. u. Prt. b. Pfdf. Urach, 40 E. E., A.-G. u. B.-A. Neustadt; R.-G. u. K.-A. Freiburg.

**Gremmelsbach**, Pfdf., 7 ev., 593 E., puf. 600 E., A.-G. u. B.-A. Triberg; R.-G. u. K.-A. Villingen; L.-K. Triberg; liegt in einem rauhen und wilden Thale. Feldbau, Viehzucht und Strohflechten.

**Grempp**, J. b. Pfdf. Neukirch, 32 E. E., A.-G. u. B.-A. Triberg; R.-G. und K.-A. Villingen.

**Grendel**, J. b. der Stdt. Oberkirch, 35 E. E., A.-G. u. B.-A. Oberkirch; R.-G. u. K.-A. Offenburg.

**Grenzach**, Pfdf., 787 ev., 151 E., 9 Men., puf. 957 E., A.-G. u. B.-A. Lörrach; R.-G. und K.-A. Lörrach; Tel.-Station; P.- und E.-A. Basel. Sitz b. P.-Abl. und Dist.-Rat., Halb-Station; liegt unweit des Rheins an der Straße von Basel nach Säckingen. Wein-, Feldbau, Viehzucht und Gewerbebetrieb. Mkt.: 24. Juni.

**Grenzacherhorn**, J. b. Pfdf. Grenzach, 134 E. E., A.-G. und B.-A. Lörrach; R.-G. u. K.-A. Lörrach.

**Grenzmühle**, Hs. und Prz. b. D. Oberwittighausen, 15 E. E., Fil. von Unterwittighausen, A.-G. Gerlachsheim, B.-A. Tauberbischofsheim; R.-G. u. K.-A. Mosbach; liegt an der bayr. Grenze.

**Grenzhof**, N.-O. b. Pfdf. Wieblingen, 113 ev., 43 E., puf. 156 E., A.-G. und B.-A. Heidelberg; R.-G. und K.-A. Heidelberg; liegt 356 p. J. üb. d. M. Große Landwirthschaft.

**Gresgen**, D., 394 ev., 10 E., puf. 404 E., Fil. v. Tegernau, A.-G. u. B.-A. Schopfheim; R.-G. u. K.-A. Lörrach. Feldbau u. Viehzucht.

**Greßhausen**, D., 136 E. E., Fil. v. Oberrimsingen, A.-G. u. B.-A. Breisach; R.-G. u. K.-A. Freiburg. Feldbau u. Viehzucht.

**Griesbach**, Bad u. J. b. D. Döttelbach, 19 L C., Fil. v. Peterthal, A.-G. u. B.-A. Oberkirch; K.-G. u. K.-A. Offenburg; B.-A. Kehl. Sitz b. P.-G.: liegt 1499 v. J. üb. d. M. in einem engen und romantischen Thale und ist das höchstgelegene aller Renchtbalbäder. Das Bad hat zwei Quellen, nämlich die Trinkquelle und die Badquelle, wovon die erstere eine Temperatur von 9,84 C., die letztere 8,43 C. hat. Das Wasser des seit dem 17. Jahrh. besuchten Bades wurde schon sehr oft analysirt, in der neuesten Zeit von Geheimerath Bunsen, nach dessen Analyse enthält das Wasser der Trinkquelle in 1000 Grammen

| | |
|---|---|
| Doppeltkohlens. Kali | 1,592142 |
| „ Magnesia | 0,091774 |
| „ Eisenoxydul | 0,078151 |
| „ Manganoxydul | 0,003911 |
| Schwefelsauren Kali | 0,286298 |
| „ Magnesia | 0,193035 |
| „ Natron | 0,788283 |
| Chlornatrium | 0,011150 |
| Chlorkalium | 0,023325 |
| Thonerde | 0,002945 |
| Kieselerde | 0,045560 |
| Freie Kohlensäure | 2,413478 |
| Freien Stickstoff | 0,000396 |
| Freien Sauerstoff | 0,000033 |
| Bedeutende Spuren v. Arsen. | 0,000000 |
| Quell- u. Quellsalzsäure | 0,000000 |
| | 5,530354 |

Sodann enthält es in 1000 Gramm

| | |
|---|---|
| Halbgebundene Kohlensäure | 272,*061 |
| Halb- u. ganzgebundene Kohlens. | 544, 122 |
| Freie Kohlensäure | 1214, 628 |
| Freien Stickstoff | 0, 293 |
| Freien Sauerstoff | 0, 023 |

Die Badquelle enthält nach Kölreutter in 10,000 Theilen Wasser:

| | |
|---|---|
| Doppeltkohlens. Kali | 9,29900 |
| „ Magnesia | 0,84490 |
| „ Eisenoxydul | 0,32659 |
| „ Manganoxydul | 0,02266 |
| Schwefelsauren Kali | 2,42541 |
| „ Magnesia | 0,83741 |
| „ Natron | 4,49195 |
| Chlornatrium | 0,19234 |
| Chlorkalium | 0,15851 |
| Uebertrag | 18,59877 |

| | |
|---|---|
| Uebertrag | 18,59877 |
| Thonerde | 0,01519 |
| Kieselsäure | 0,46227 |
| Freie Kohlensäure | 15,79910 |
| Beträchtl. Spuren von Arsen. | 0,00000 |
| Spuren von Quellsäure und Quellsalzsäure | 0,00000 |
| | 34,87533 |

Sodann enthält diese Quelle in 10,000 Grammen:

| | |
|---|---|
| Halbgebundene Kohlensäure | 1631,6 eC. |
| Halb- u. ganz gebundene Kohlens. | 3263,2 „ |
| Freie Kohlensäure | 7971,8 „ |

und hat bei 26°6 C. ein spec. Gewicht von 1,0025. Somit gehört dieses Wasser unter die salinischen Stahlwasser, deren Wirkung tonisch belebend ist. Die Einrichtung der Badanstalt, die eine Trinkhalle besitzt, hat 41 Badkabinette und gegen 100 Wohnzimmer, von welchen mehrere der Badkabinette mit Douchen versehen sind.

**Griesbachershof**, Hf. und Brz. b. Mr. Schiltwende, b. D. Bierthäler, 13 L. C., Fil. v. Neustadt, A.-G. u. B.-A. Neustadt; K.-G. u. K.-A. Freiburg.

**Griesdobel**, Z. b. D. Wagensteig, 19 L C., Fil. v. Buchenbach, A.-G. und B.-A. Freiburg; K.-G. u. K.-A. Freiburg.

**Griesdobel**, Z. b. Bfdt. Breitnau, 3 L C., A.-G. u. B.-A. Freiburg; K.-G. u. K.-A. Freiburg.

**Griesgen**, Z. b. Bldf. Nußbach, 32 L C., A.-G. u. B.-A. Triberg; K.-G. und K.-A. Villingen.

**Griesheim**, Pfdf., 759 L C., A.-G. u. B.-A. Offenburg; K.-G. u. K.-A. Offenburg; L.-A. Offenburg; liegt an der Kinzig. Starker Feldbau, gute Viehzucht. Hanfhandel.

**Grießbach**, Z. b. D. Altsimonswald, 283 L. C., Fil. v. Untersimonswald, A.-G. u. B.-A. Waldkirch; K.-G. u. K.-A. Freiburg.

**Grießen**, Pfdf., 6 cv., 961 L. zuf. 987 C., A.-G. u B.-A. Jestetten; K.-G. u. K.-A. Waldshut; L.-A. Klettgau; P.-A. Waldshut. Sitz der B.-Bh.; liegt an der Straße von Waldshut nach Jestetten. Feld-, Wein-, Wiesenbau, Viehzucht u. Gewerbebetrieb. Mkte.: 3. März, 10. August, 26. Oct., 28. Dec. Biehm.. 1. Jan., 5. Febr., 2. April, 7. Mai, 4. Juni, 2. Juli, 3. Septb., 5. Novbr.

**Griesheim**, Pfdf. 3 ev., 1005 l., jsr. 1008 C., A.-G. u. B.-A. Staufen; A.-G. und K.-A. Freiburg; L.R. Neuenburg, liegt unweit des Rheins, Feldbau und Viehzucht.

**Grimerswald**, H. b. D. Seebach, 165 l. C., Fil. v. Ottenhöfen, A.-G. und B.-A. Achern; K.-G. und R.-A. Baden, bildet ein langes Thal, das von der Hornisgrinde ausgeht.

**Grimmelshofen**, D., 354 l. C., Fil. v. Fützen, A.-G. u. B.-A. Bonndorf, K.-G. und K.-A. Waldshut, O.-A. Freiburg, Sitz b. P.-Abl., liegt an der Wutach, Feld-, Wiesenbau, Viehzucht und Gypshandel. Ehedem Grimmwaldshofen, hatte das D. den gleichen Wechsel der Herrn, wie das nahe Blumenegg; das Dogtrecht kam von Alstr. Allerheiligen in Schaffhausen an St. Blasien. Die hier über die Wutach führende Brücke wurde 1799 bei einem Gefecht zwischen Desterreichern und Franzosen und 1849 von den Aufständischen niedergebrannt.

**Grimmerdbach**, Z. b. R.-O. Gierbenbach, v. D. Oedsbach, 15 l. C., Fil. v. Oberkirch, A.-G. u. B.-A. Oberkirch; K.-G. und R.-A. Offenburg.

**Grobbelmaierhof**, Hf. und Prt. b. Pfdf. Riethingen, 7 l. C., A.-G. u. B.-A. Mehlich; A.-G. u. R.-A. Constanz. Elbehr.: Fürst v. Fürstenberg.

**Gröbern**, Z. b. D. Unterentersbach, 28 l. C., Fil. v. Zell a. H., A.-G. und B.-A. Gengenbach; A.-G. u. R.-A. Offenburg.

**Grötzingen**, Pfdf., 1911 ev., 54 l., 126 isr., jsr. 2091 C., A.-G. u. B.-A. Turlach; A.-G. und R.-A. Carlsruhe, Dec. Durlach; P.-A. Pforzheim, Sitz b. B.-Abl., Haltstation, liegt 441 p. F. üb. d. M., an der Pfinz, Feld-, Klapp- und Weinbau, Krätzenfabrik. Von Weißenburg und Mußbach abgekommener Lehenbesitz des großen

Calw'schen Grafenhauses, von welchem ein Zweig sich auf den Thurmberg ansiedelte und davon den Namen annahm. Nach dessen Aussterben wurde der Ort von Herrn von Roßwaag an Markgraf Rudolf von Baden verkauft. Von Rudolf v. Habsburg 1274, vom Straßburger Bischof Conrad von Lichtenberg 1281 eingenommen, kam das alte Schloß in letzterem Kriege oder bald darauf in Abgang, worauf im Orte selbst das neue Schlößchen erbaut wurde. Von der Gemahlin des Markg. Friedrich, Magnus, Augusta von Holstein-Gottorp 1674 zu vergrößern angefangen, nach den Melac'schen Verwüstungen 1699 ausgebaut, blieb es der Letztern Wittwensitz; 1877 wurde sodann Schloß und Schloßgüter durch Markg. Wilhelm von Baden in eine Musterwirthschaft verwandelt.

**Grombach**, Pfdf., 125 ev., 529 l., 1 Diss., 43 Men., 57 isr., jsr. 755 C., A.-G. u. B.-A. Sinsheim; A.-G. u. R.-A. Heidelberg; Dec. Nedarbischofsheim; L.R. Waibstadt, liegt 814 p. F. üb. d. M., zwischen nicht hohen Bergen, Feld-, Wiesenbau, Viehzucht und Handel mit Früchten. Keps u. s. w. Mkt. 17. Mai.

**Grommet**, Z. b. Pfdf. Oberharmersbach, 9 l. C., A.-G. und B.-A. Gengenbach; A.-G. und R.-A. Offenburg.

**Großehof**, Hf. u. Z. b. D. Schwarzenbach, 53 l. C., Fil. v. Friesenweiler, A.-G. u. B.-A. Neustadt, A.-G. u. R.-A. Freiburg.

**Großeicholzheim**, Pfdf., 520 ev., 166 l., 10 Diss., 1 Men., 43 isr., jsr. 790 C., A.-G. u. B.-A. Abelsheim; A.-G. u. R.-A. Mosbach; Dec. Mosbach, lath. C., Fil. v. Kittersbach, liegt 1086 p. F. üb. b. M., Feld- und Wiesenbau.

**Großrinderfeld**, Pfdf., 1 ev., 1171 l., jsr. 1172 C., A.-G. und B.-A. Tauberbischofsheim; A.-G. und R.-A. Mosbach; L.R. Tauberbischofsheim; B.-A. Heidelberg, Sitz b. A.-Abl.; liegt 1032 p. F. üb. d. M., an der Straße nach Würzburg. Feld- u. Wiesenbau, starke Viehzucht; bedeutender Handel mit Korn, Gerste, Widen, Linsen u. Keps.

**Großsachsen**, Pfdf., 788 ew., 248 L, zuf. 1072 G., A.-G. u. B.-A. Weinheim; K.-G. u. K.-A. Mannheim; Dec. Weinheim; L. Fil. v. Hohensachsen; liegt an der Straße von Heidelberg nach Frankfurt. Frucht, Tabak- und Weinbau. Von gewaltsamer Uebersiedlung sächsischer Gefangener u. Unterworfener durch Karl den Großen so benannt.

**Großschönach**, Pfdf., 9 ew., 459 L, zuf. 462 G., A.-G. u. B.-A. Pfullendorf; K.-G. u. K.-A. Constanz; L.-A. Linzgau; Feldbau u. Viehzucht.

**Großstadelhofen**, D., 9 ew., 319 L, zuf. 328 G., Fil. v. Altholderberg, A.-G. u. B.-A. Pfullendorf; K.-G. u. K.-A. Constanz.

**Großweier**, Pfdf., 3 ew., 543 L, zuf. 546 G., A.-G. u. B.-A. Achern; K.-G. u. K.-A. Baden; L.-A. Ottersweier; liegt in einer Ebene. Feld-, Wiesenbau, Viehzucht, Flachs- und Hanfspinnen. Von diesem Orte nannte sich ein eigenes zum Ritterstande gehöriges Geschlecht.

**Grub**, g. b. Pfdf. Ottoschwanden, 42 G., A.-G. und B.-A. Emmendingen; K.-G. u. K.-A. Freiburg;

**Grub**, g. b. Pfdf. Schonach, 45 L. G., A.-G. u. B.-A. Triberg; K.-G. und K.-A. Villingen.

**Grub**, g. b. Pfdf. Mühlenbach, 10 L. G., A.-G. Haslach, B.-A. Wolfach; K.-G. und K.-A. Offenburg. Stdhr.: Fürst von Fürstenberg.

**Grub**, g. b. Pfdf. Kinzigthal, 32 ew. G., A.-G. u. B.-A. Wolfach; K.-G. u. K.-A. Offenburg. Stdhr.: Fürst v. Fürstenberg.

**Grube**, evang., g. b. Pfdf. Nirnbach, 19 ew. G., A.-G. u. B.-A. Triberg; K.-G. u. K.-A. Villingen.

**Grubersgrund**, g. b. D. Bergzell, 16 l. G., Fil. v. Schentenzell, A.-G. und B.-A. Wolfach; K.-G. u. K.-A. Offenburg.

**Grün**, g. b. D. Allsimonswald, 157 G., Fil. v. Untersimonswald, A.-G. u. B.-A. Waldkirch; K.-G. u. K.-A. Freiburg.

**Grün**, g. b. Schl. Gengenbach, 248 L. G., A.-G. u. B.-A. Gengenbach; K.-G. u. K.-A. Offenburg.

**Grün**, g. b. D. Unterharmersbach, 165 L G., Fil. v. Zell a. H., A.-G. und B.-A. Gengenbach; K.-G. und K.-A. Offenburg.

**Grünbach**, g. b. Pfdf. Oberwolfach, 219 L G., A.-G. u. B.-A. Wolfach; K.-G. und K.-A. Offenburg. Stdhr.: Fürst von Fürstenberg.

**Grünberg**, g. b. K.-D. Siebensbach, b. D. Oedsbach, 15 l. G., Fil. von Oberkirch, A.-G. u. B.-A. Oberkirch; K.-G. u. K.-A. Offenburg.

**Grünburg**, g. b. Pfdf. Unadingen, 10 L G., A.-G. u. B.-A. Donaueschingen; A.-G. u. K.-A. Villingen. Stdhr.: Fürst v. Fürstenberg.

**Gründelbach**, Hf. und Brg. des D. Münchhof, 29 l. G., Fil. v. Gigeltingen, A.-G. u. B.-A. Stockach; K.-G. u. K.-A. Constanz. Grdhr.: Graf v. Langenstein.

**Gründle**, Brg. b. D. Rothenbauernhof, 15 L G., Fil. b. Pfdf. Schönenbach, A.-G. u. B.-A. Villingen; K.-G. u. K.-A. Villingen.

**Gründle**, g. b. K.-D. Siebensbach, b. D. Oedsbach, 15 l. G., Fil. von Oberkirch, A.-G. u. B.-A. Oberkirch; K.-G. u. K.-A. Offenburg.

**Grüneck**, K.-D. b. D. Riedichen, 12 L G., Fil. v. Zell, A.-G. u. B.-A. Schönau; K.-G. u. K.-A. Lörrach. Gemarkung und Gemeindevermögen gemeinschaftlich. Grdhr.: Frhr. v. Schönau-Zell.

**Grünenbach**, Wlr. b. Pfdf. Oeflingen, 68 L G., A.-G. u. B.-A. Säckingen; K.-G. u. K.-A. Waldshut. Grdhr.: Frhr. v. Schönau-Wehr.

**Grünenwörth**, D., 234 ew., 17 L, zuf. 251 G., Fil. v. Wertheim, A.-G. und B.-A. Wertheim; K.-G. u. K.-A. Mosbach; liegt 491 p. F. üb. M. am Main. Stdhr.: Fürst v. Löwenstein-Wertheim.

**Grünfleckerhof**, Hf. u. Brg. b. Pfdf. Boll, 9 L G., A.-G. u. B.-A. Meßkirch;

A.-G. u. A.-A. Constanz. Stdhr.: Fürst v. Fürstenberg.

**Grünherdtmoos**, Z. b. Pfbf. Neulirch, 17 l. C., A.-G. u. B.-A. Triberg; A.-G. u. R.-A. Villingen.

**Grünlingen**, Pfbf., 1 ev., 278 L, juf. 279 C., A.-G. u. B.-A. Villingen; A.-G. u. R.-A. Villingen; L.-R. Villingen; liegt auf der rechten Seite der Brigach. Feldbau u. Viehzucht. Zu Anfang des 14. Jahrh. von Fürstenberg an den Johanniterorden vergabt. Gegenüber der „Weinberg", eine der zahlreichen Spuren des Weinbaues in der Baar im 14. Jahrh.

**Grünsfeld**, Stdt., † 186 f., 57 isr., juf. 1243 C., A.-G. Gerlachsheim, B.-A. Tauberbischofsheim; A.-G. u. R.-A. Mosbach; L.-R. Lauda; P.-A. Heidelberg. Sitz b. Dift.-Rat. u. P.-Abl; liegt 704 p. J. üb. b. M. an der Grünbach. Feld-, Wein-, Wiesenbau u. Viehzucht. In früherer Zeit war G. seft.

**Grünsfeldhausen**, D., 204 l. C., Fil. v. Grünsfeld, A.-G. Gerlachsheim, B.-A. Tauberbischofsheim; A.-G. u. R.-A. Mosbach; liegt 711 p. J. üb. b. M. an der Grünbach.

**Grünwald**, Z. b. Pfbf. Rappel, 136 l. C., A.-G. u. B.-A. Neustadt; A.-G. u. R.-A. Freiburg. Ursprünglich ein zur Herrschaft Lenzkirch gehöriger Hof zur Wildenhaab, 1360 dem Augustiner-Eremitenorden durch Heinrich v. Blumenegg vergabt und zu einem Kloster eingerichtet, das lange Zeit mit der Herrschaft Fürstenberg Kämpfe zu bestehen hatte, welche das Klostervogteirecht als Rechtsnachfolgerin der Blumenegger ausfprach. Diefe Protefte u. Reprotefte wiederholten fich trotz des 1657 zu Stande gekommenen Vergleichs stets wieder bis 1730. Nachdem es ziemlich zurückgekommen, wurde es aufgehoben und zur Dotation des f. f. Landspitals geschlagen. Der letzte Administrator des Stifts lebte noch im Kloster bis in das zweite Jahrzehnt unferes Jahrh.

**Grünwangen**, N.-D. b. Pfbf. Unterfiggingen, 441 l. C., A.-G. Merrsburg, B.-A. Ueberlingen; A.-G. u. R.-A. Constanz. Gemarkung u. Gemeindevermögen getrennt. Stdhr.: Fürst v. Fürstenberg.

**Grünwettersbach**, Pfbf., 962 ev., 81., juf. 970 C., A.-G. u. B.-A. Durlach; A.-G. u. R.-A. Carlsruhe. Feld-, Wiefenbau und Viehzucht.

**Grünwinkel**, D., 67 ev., 356 L, juf. 423 C., Fil. v. Daxlanden, A.-G. u. B.-A. Carlsruhe; A.-G. u. R.-A. Carlsruhe.

**Grüßgott**, Hf. u. Prz. b. D. Raltbrunn, 17 L C., Fil. v. Wittichen, A.-G. u. B.-A. Wolfach; A.-G. u. R.-A. Offenburg. Stdhr.: Fürft v. Fürftenberg.

**Grumpbächle**, Z. b. D. Lehengericht, 10 ev. C., Fil. v. Schiltach, A.-G. u. B.-A. Triberg; A.-G. u. R.-A. Villingen.

**Grumpen**, Hf., u. Prz. b. D. Lehengericht, 11 ev. C., Fil. v. Schiltach, A.-G. u. B.-A. Triberg; A.-G. u. R.-A. Villingen.

**Grumpenhof**, Hf. u. Prz. b. D. Bregenbach, 12 L C., Fil. v. Urach, A.-G. u. B.-A. Neustadt; A.-G. u. R.-A. Freiburg.

**Grund**, Z. b. Pfbf. Gütenbach, 38 l. C., A.-G. u. B.-A. Triberg; A.-G. und R.-A. Villingen.

**Grund**, Z. b. Pfbf. Niederwasfer, 4 l. C., A.-G. u. B.-A. Triberg; A.-G. u. R.-A. Villingen.

**Grund, im**, Z. b. Pfbf. Schonach, 29 l. C., A.-G. u. B.-A. Triberg; A.-G. u. R.-A. Villingen.

**Grundbauernhof**, Hf. u. Prz. b. Z. Unterlangenordnach, b. D. Langenordnach, 13 l. C., Fil. von Friedenweiler, A.-G. u. B.-A. Neustadt; A.-G. u. R.-A. Freiburg.

**Grunern**, Pfbf., 432 l. C., A.-G. u. B.-A. Staufen; A.-G. u. R.-A. Freiburg; L.-R. Breisach; liegt am Fuße des Gebirges. Feld-, Wiefen-, Wein- und Obstbau; Holzhandel.

**Grunholz**, D., 9 ev. 224 L, juf. 233 C., Fil. v. Luttingen, A.-G. u. B.-A. Waldshut; A.-G. u. R.-A. Waldshut.

**Gscheidhof**, Hf. u. Prz. b. Pfbf. Siegelau, 23 l. C., A.-G. u. B.-A. Waldkirch; A.-G. und R.-A. Freiburg.

**Gucken**, Z. b. Pfbf. Kappelwindeck, 93 l. C., A.-G. u. B.-A. Bühl; A.-G. u. R.-A. Baden.

**Sackinsdorf**, Z. b. Gdbl. Oppenau, 20 l. E., A.G. u. B.A. Oberkirch; A.G. u. K.A. Offenburg.

**Sandelwangen**, Pfdf., 4 ev., 425 l., juf. 429 E., A.G. u. B.A. Bonndorf; A.G. u. K.A. Waldshut; L.K. Stühlingen; P.A. Freiburg; Sitz d. P.Aͤmt.; Feld-, Wiesenbau, Viehzucht, Mahl- und Sägmühle.

**Sandenhausen**, Wlr. b. Stdt. Schopfheim, 80 ev., 20 l., puf. 100 E., A.G. u. B.A. Schopfheim; A.G. u. K.A. Lörrach.

**Sändlingen**, Pfdf., 2 ev., 633 l., juf. 635 E., A.G. u. B.A. Breisach; A.G. u. K.A. Freiburg; L.A. Breisach. Feldbau, Viehzucht, Frucht- und Hanfhandel. Alter Ort.

**Günterstal**, Pfdf., 13 ev., 604 l., juf. 619 E., A.G. u. B.A. Freiburg; A.G. u. K.A. Freiburg; L.A. Breisach; liegt in einem freundlichen Thälchen, zwischen hohen, mit Tannen bedeckten Bergen, Gewerbebetrieb, Feld- und Wiesenbau; mech. Baumwollweberei Günterstal. Nach der Sage von einem auf dem Ribfelsen wohnenden Edlen, Günther, wahrscheinlicher aber vom Kloster Tennenbach als Filial-Nonnenkloster gestiftet. Nach der Aufhebung 1806 verwandelt es sich in eine Fabrik, 1829 brannte das ganze alte Etablissement ab, wobei die Kirche 1835 neu erbaut wurde. 1849 Treffen der badischen Truppen gegen die Aufständischen, die hier nach Freiburg durchbrechen wollten. Vielbesuchter schattenreicher Spaziergang in das reizende Thälchen durch den Sternwald.

**Sänzgen**, D., 1 ev., 117 l., puf. 118 E., Fil. v. Hohentengen, A.G. u. B.A. Jestetten; A.G. u. K.A. Waldshut.

**Sütenbach**, Pfdf., 5 ev., 1272 l., 7 Dff., juf. 1284 E., A.G. u. B.A. Triberg; A.G. u. K.A. Villingen; L.A. Triberg; P.A. Freiburg. Sitz d. P.Aͤmt., liegt an einem Bache in einem rauhen Thale, Feldbau, Viehzucht; Fabrikation von Uhren, Uhrenschilder, Uhrenketten,

Strohmanufactur. Handel mit diesen Fabrikaten.

**Säriqhofen**, Z. b. Pfdf. Wollschweil, 15 l. E., A.G. u. B.A. Stausen; A.G. u. K.A. Freiburg. Feldbau u. Viehzucht. Grdbhr.: Frhr. von Berstett.

**Sätighofen**, Wlr. b. Mkfl. Ehrenstetten, 36 l. E., Fil. v. Kirchhofen, A.G. u. B.A. Stausen; A.G. u. K.A. Freiburg.

**Sätle**, Z. b. Pfdf. Wollschweil, 14 l. E., A.G. u. B.A. Stausen; A.G. u. K.A. Freiburg. Grdbhr.: Freiherr v. Berstett.

**Süttighelm**, R.D. b. Pfdf. Britzingen, 30 ev., 10 L., puf. 60 E., A.G. u. B.A. Müllheim; A.G. u. K.A. Lörrach. Gemeinschaftliche Gemarkung und getrenntes Gemeindevermögen.

**Süttlingen**, Pfdf., 1 ev., 301 l., juf. 302 E., A.G. u. B.A. Constanz; A.G. u. K.A. Constanz; L.A. Stodach. Feldbau, Viehzucht. G. hat ein Schloß mit schöner Aussicht. Grdbhr.: Frhr. v. Bedmann.

**Guggenbühl, obere**, Z. b. D. Oberschach, 19 l.E., Fil. v. Neuhansen, A.G. u. B.A. Villingen; A.G. u. K.A. Villingen.

**Guggenbühl, untere**, Z. b. D. Oberschach, 19 l.E., Fil. v. Neuhausen, A.G. u. B.A. Villingen; A.G. u. K.A. Villingen.

**Guggenhausen**, R.D. b. Pfl. Heudorf, 58 l. E., Fil. v. Rorpenwies; A.G. u. B.A. Stodach; A.G. u. K.A. Constanz. Gemarkung und Gemeindevermögen getrennt.

**Guggenmühle**, Hs. u. Brz. b. Pfdf. Döggingen, 16 l E., A.G. u. B.A. Donaueschingen; A.G. u. K.A. Villingen. Grdbhr.: Fürst v. Fürstenberg.

**Guggenmühle**, Hf. u. Brz. b. Pfdf. Hohentengen, 9 l.E., A.G. u. B.A. Jestetten; A.G. u. K.A. Waldshut.

**Gum**, Z. b. D. Rohrharsberg, 16 l E., Fil. von Schonach, A.G. u. B.A. Triberg; A.G. u. K.A. Villingen.

**Gumatten**, Z. b. D. Rohrhartsberg, 13 l. E., Fil. v. Schonach; L.G. u. B.A. Triberg; A.G. u. A.A. Villingen.

**Gumm**, 3 b. Pfd. Gremmelsbach, 21 L E., A.G. u. B.A. Triberg; A.G. u. A.A. Villingen.

**Gumm**, 3 v. b. Pfd. Schonach, 22 l. C., A.G. u. B.A. Triberg; A.G. u. A.A. Villingen.

**Gummenbs**, 3 b. Pfd. Gremmelsbach, 6 l. E., A.G. und B.A. Triberg; A.G. u. A.A. Villingen.

**Gundelfingen**, Pfd., 712 ev., 36 L., 14 Men., juſ. 762 E., A.G. u. B.A. Freiburg; A.G. u. A.A. Freiburg. Der Freiburg, liegt an der Straße nach Carlsruhe. Feld-, Wieſen-, Weinbau und Viehzucht.

**Gundelhof**, Hſ. u. Prz. b. Pfd. Immendingen, 10 l. E., A.G. u. B.A. Engen; A.G. u. A.A. Conſtanz.

**Gundholzen**, D., 144 l. E., Fil. v. Horn, A.G. u. B.A. Radolphzell; A.G. u. A.A. Conſtanz, liegt am Unterſee.

**Gunzenbach**, 3 b. Stdt. Baden, 78 l. E., A.G. u. B.A. Baden; A.G. u. A.A. Baden.

**Gunzenriedhof**, Hſ. u. Prz. b. Pfd. Jeſtetten, 3 l. E., A.G. u. B.A. Jeſtetten; A.G. u. A.A. Waldshut.

**Gupf**, A.O b. Pfd. Tannenkirch, 178 E., A.G. und B.A. Lörrach; A.G. u. A.A. Lörrach, Gemarkung u. Gemeindevermögen gemeinſchaftlich. Feld-, Wieſen- und Weinbau. Erzgruben. Der Ort iſt ſehr alt, denn ſchon im 13. Jahrh. erhielt die Probſtei Bürglen von Dietrich v. Räitnfels hier einen Hof geſchenkt.

**Gurtweil**, Pfd., 582 l. E., A.G. u. B.A. Waldshut; A.G. u. A.A. Waldshut; L.A. Waldshut, liegt in einem freundlichen Thale, am ſüdlichen Fuße des Schwarzwaldes, Feld-, Obſt-, Wein-, Wieſenbau u. Viehzucht nebſt Handel mit Wein, Holz und Vieh. Mahlmühle, Hanfreibe, Sägmühle. Rettungsanſtalt ſeit 1860 gegründet. Stickereigeſchäft für Kirchenparamente, beſchäf-

tigt 10 Schweſtern und beſichtigte Kinder, welche von dem Reinertrag erhalten werden; Zweck den ſchlechten Geſchmack in der von Frankreich kommenden Paramentenſtickerei zu verdrängen.

**Gutach**, Pfd., 1983 ev., 13 L, juſ. 1996 E., A.G. u. B.A. Triberg; A.G. u. A.A. Villingen. Dec. Hornberg, B.A. Offenburg; Sitz b. P.Abl.; liegt am gleichnamigen Flüßchen. Das Thal iſt lang aber ſchön, äußerſt fruchtbar und beſonders reich an Obſtbäumen.

**Gutach**, D., 377 l. E., Fil. v. Waldkirch, A.G. u. B.A. Waldkirch; A.G. u. A.A. Freiburg.

**Guten**, 3 b. Pfd. Gütenbach, 19 l. C., A.G. u. B.A. Triberg; A.G. u. A.A. Villingen.

**Gutenburg**, A.O. b. Pfd. Aichen, 32 l. E., A.G. und B.A. Bonndorf; A.G. und A.A. Waldshut. Der Ort hat ein Schloß, in welchem nach dem Erwerb von den fränkingſchen Lehenadel die Herrſchaft St. Blaſien ihren Sitz hatte, bis Abt Franz I. 1640 dasſelbe ſelbſt zerſtörte, nachdem es zwei Jahre zuvor abwechſelnd von Bernhard v. Weimar und den Oeſtreichern belagert und erobert worden war.

**Gutenſtein**, Pfd., 1 ev., 462 L, juſ. 463 E., A.G. u. B.A. Meßkirch; A.G. u. A.A. Conſtanz; L.A. Meßkirch, liegt an der Donau. Feldbau und Viehzucht; Handel mit Wachholder, Latwerge und Schnecken. G. hat ein altes Schloß, deſſen Beſitz von einem gleichnamigen Adel an die Schenken von Staſtel, lodann an Salem u. Baden, ſpäter an die gräfl. Langenſtein'ſche Erbherrſchſt. überging. Gegenüber eine ſteile Felſenwand mit großer Höhle, dem Teuſelsloch, in welcher in den Franzoſenkriegen des vorigen Jahrh. die Einwohner einmal 14 Tage lang Zuflucht fanden.

**Gutleuthaus**, Prz. b. Stdt. Staufen, 14 E., A.G. u. B.A. Staufen; A.G. u. A.A. Freiburg.

**Gutmadingen**, Pfd., 393 L, 16 Diſſ., juſ. 409 E., A.G. u. B.A. Donauſchin-

gen; A.-G. u. K.-A. Villingen; L.-R. Gel=
fingen. Feld=, Wiesenbau, Viehzucht, Erz=
grube, Korn und Holzhandel. Stdhr.:
Fürst v. Fürstenberg.

**Guttenbach**, D., 242 ev., 129 l.,
zuf. 371 E., ev. Fil. v. Breitenbronn, kath.
Fil. v. Neunkirchen, A.-G. u. B.-A. Mos=
bach; K.-G. u. K.-A. Mosbach.

**Guttenberg**, Schloß u. Prz. b. Pfdf.
Neckarmühlbach, 9 E., A.-G. u. B.-A.
Mosbach; A.-G. u. K.-A. Mosbach. Von die=
ser über dem Dorfe gelegenen Ruine, welche

### H.

**Haag**, Pfdf., 250 l., 30 ev., zuf. 280
E., A.-G. Neckargemünd; B.-A. Heidelberg;
A.-G. u. K.-A. Heidelberg. Dec. Neckarge=
münd, 1. Fil. v. Neunkirchen, liegt 1202
p. F. üb. b. M.; Feldbau, Viehzucht.

**Haagen**, D., 845 ev., 430 l., 19
Diss., zuf. 1294 E., Fil. v. Rötteln,
A.-G. u. B.-A. Lörrach; A.-G. u. K.-A.
Lörrach, P.-A. Basel; Siß b. P.-Abl.;
liegt an der Wiese; 1835 wurde hier
die Baumwollspinnerei von Felir Sa=
rasin und Häusler gegründet und 1841
und 1859 erweitert. Das Etabliſſement
beſitzt mit jenem zu Rötteln 43,000 Fein=
spindeln für Garne von Nro. 644 und 800,
Zwirnspindeln für gezwirnte Garne und
Strickgarne, welche größtentheils auf Sel=
factingſtühlen, zum kleineren Theil noch
auf Troſſeln und Handſpinnſtühlen arbei=
ten. Sie besißen in den vorhandenen Waſ=
ſergefällen zuſammen 380 Pferdekräfte für
2 Turbinen und 2 Wasſerräder in Hagen
und 2 Turbinen in Rötteln und beschäfti=
gen etwa 700 Arbeiter. Goldene Medaille.

**Haardt**, Z. des Pfdf. Allmanns=
dorf, 49 l. E., A.-G. u. B.-A. Conſtanz;
A.-G. u. K.-A. Conſtanz.

**Haarlachen**, Wlr. b. D. Stetten, 17 l.
E., A.-G. Meersburg, B.-A. Ueberlingen;
A.-G. u. K.-A. Conſtanz, liegt am Bodenſee.

**Haarlaß**, Z. b. Pfdf. Ziegelhau=
ſen, 13 l. E., A.-G. u. B.-A. Heidelberg;
A.-G. u. K.-A. Heidelberg.

**Haberjockelshof**, Hſ. u. Prz. von
Ihale, Z. b. D. Schwerzenbach, 18 l. E., Fil.

772 p. F. üb. b. M. im Neckarthale liegt
und eine wunderschöne Ausſicht bietet,
führte eine der Gemmingen'ſchen Linie den
Namen.

**Gursberg**, Z. b. Pfdf. Kirchzarten,
2 l. E., A.-G. u. B.-A. Freiburg; A.-G.
u. K.-A. Freiburg.

**Gyſenburgerhof**, Hſ. und Prz. b.
D. Münſterthal, 15 l. E.; Fil. b. Pfrgem.
Münſterthal, A.-G. u. B.-A. Ettenheim;
A.-G. u. K.-A. Freiburg.

v. Friedenweiler, A.-G. u. B.-A. Neuſtadt;
A.-G. u. K.-A. Freiburg.

**Haberstweiler**, Wlr. b. D. Rauf=
rach, 46 l. E., Fil. v. Leutkirch; A.-G.
Meersburg; B.-A. Ueberlingen; A.-G. u.
K.-A. Conſtanz. Feldbau und Obſtzucht.

**Habsmoos**, Z. b. D. Hinterſtraß,
9 l. E., Fil. v. St. Märgen, A.-G. und
B.-A. Freiburg; A.-G. u. K.-A. Freiburg.

**Hach**, Wlr. b. Pfdf. Auggen, 90 ev.
E., A.-G. u. B.-A. Müllheim; A.-G. und
K.-A. Lörrach.

**Hadsbach**, Z. b. Pfdf. Durbach, 25
l. E., A.-G. u. B.-A. Offenburg; A.-G. u.
K.-A. Offenburg.

**Häg**, Pfdf., 11 ev., 1177 l., zuf. 1188
E., A.-G. u B.-A. Schönau; A.-G. u. K.-A.
Lörrach; L.-A. Wieſenthal, liegt ziemlich
hoch in einem engen Thale, Feldbau, Vieh=
zucht, Baumwoll= u. Seidenweberei. Grbhr.:
Frhr. v. Schönau-Zell.

**Hägelberg**, D., 280 ev., 3 l., zuf.
283 E., Fil. v. Steinen, A.-G. u. B.-A.
Lörrach; A.-G. u. K.-A. Lörrach.

**Hägelehof**, Hſ. und Prz. b. Pfdf.
Honstetten, 10 l. E., A.-G. u. B.-A.
Engen; A.-G. u. K.-A. Conſtanz. Stdhr.:
Fürſt von Fürstenberg.

**Högenhof**, Hſ. u. Prz. b. D. Au, 11
l. E., Fil. v. Merzhauſen, A.-G. u. B.-A.
Freiburg; A.-G. u. K.-A. Freiburg. Grbhr.:
Frhr. v. Türkheim.

**Häuſer**, Pfdf., 1 ev., 705 l., zuf. 706
E., A.-G. u. B.-A. Säckingen; A.-G. u.

A.-A. Waldshut; L.-R. Waldshut. Feld-, Wiesenbau und Viehzucht.

**Häuslebauernhof**, Hf. u. Prz. b. Wlr. Spriegelsbach, b. D. Biettbäler, 17 l. E., Fil. v. Neustadt. A.-G. u. B.-A. Neustadt; A.-G. u. R.-A. Freiburg.

**Häringshof**, Wlr. b. D. Pfaffenweiler, 50 l. E., Fil. v. Kirchdorf, A.-G. und B.-A. Villingen; A.-G. und R.-A. Villingen.

**Häselhof**, Hf. and Brz. von Reichenbach, Z. b. D. Schwerzenbach, 16 l. E., Fil. v. Friedenweiler, A.-G. u. B.-A. Neustadt; A.-G. u. R.-A. Freiburg.

**Häselhof**, Hf. u. Prz. b. Pfd. Kappelrodeck, 7 l. E., A.-G. und B.-A. Achern; A.-G. u. R.-A. Baden.

**Häuserhof**, N.-O. b. D. Dettighofen, 14 l. E., Fil. v. Bühl; A.-G. und B.-A. Jestetten; A.-G. u. R.-A. Waldshut. Getrennte Gemarkung und gemeinschaftliches Gemeindevermögen.

**Häusern**, Hf. u. Prz. b. D. Hohenbobmann, 9 l. E., Fil. v. Pfaffenhofen, A.-G. u. B.-A. Ueberlingen; A.-G. u. R.-A. Constanz.

**Häusern**, D., 421 l. E., Fil. v. St. Blasien, A.-G. u. B.-A. St. Blasien; A.-G. u. R.-A. Waldshut, liegt an der Straße von St. Blasien nach Lenzkirch, Feld- und Waldbau, Viehzucht und starker Dorfpannverkehr nach St. Blasien, Lenzkirch und Rothhaus-Waldshut.

**Häusle im Süssenbach**, Prz. von Hochberg, Z. b. D. Schollach, 13 l. E., Fil. v. Urach, A.-G. u. B.-A. Neustadt; A.-G. u. R.-A. Freiburg.

**Häusle im Süssenbach**, Prz. b. Pfd. Weißenhof, b. D. Schollach, 4 l. E., Fil. v. Urach, A.-G. u. B.-A. Neustadt; A.-G. u. R.-A. Freiburg.

**Häusle im Kleineisenbächle**, Z. b. Hf. Lohrenhof, vom D. Schwerzenbach, 10 l. E., Fil. v. Friedenweiler, A.-G. u. B.-A. Neustadt; A.-G. u. R.-A. Freiburg.

**Häuslerhof**, Hf. u. Prz. b. Pfd. Owingen, 10 l. E., A.-G. u. B.-A. Ueberlingen; A.-G. u. R.-A. Constanz.

**Häuslefickert**, Hf. u. Prz. b. Pfd. Kirchzarten, 5 l. E., A.-G. u. B.-A. Freiburg; A.-G. u. R.-A. Freiburg.

**Hafnersbach**, Z. b. Pfd. Peterthal, 17 l. E., A.-G. u. B.-A. Oberkirch; A.-G. u. R.-A. Offenburg.

**Haft**, Z. b. Pfd. Otterweier, 171 l. E., A.-G. u. B.-A. Bühl; A.-G. u. R.-A. Baden.

**Hagberg**, Z. b. Pfd. Bühlerthal, 150 l. E., A.-G. u. B.-A. Bühl; A.-G. u. R.-A. Baden.

**Hagelsberg**, Z. b. D. Seebach; 56 l. E., Fil. v. Ottenhöfen, A.-G. und B.-A. Achern; A.-G. u. R.-A. Baden.

**Hagenbach**, im, Z. b. Pfd. Oberharmersbach, 16 l. E., A.-G. u. B.-A. Gengenbach; A.-G. u. R.-A. Offenburg.

**Hagenbach**, vor, Z. b. Pfd. Oberharmersbach. 52 l. E., A.-G. u. B.-A. Gengenbach; A.-G. u. R.-A. Offenburg.

**Hagenbach**, Z. b. Pfd. Zunsweier, 16 l. E., A.-G. u. B.-A. Offenburg; A.-G. u. R.-A. Offenburg.

**Hagenbach**, Col., 95 ev., 1 L. juf. 96 E., Fil. v. Schliersdadt, A.-G. u. B.-A. Abelsheim; A.-G. u. R.-A. Mosbach.

**Hagenbacherhof**, Hf. u. Prz. b. D. Degerfelden, 16 l. E., Fil. v. Herthen, A.-G. und B.-A. Lörrach; A.-G. u. R.-A. Lörrach.

**Hagenberg**, Z. b. Pfd. Kappelrodeck, 3 l. E., A.-G. u. B.-A. Achern; A.-G. u. R.-A. Baden.

**Hagenberg**, Z. b. Pfd. Sasbachwalden, 43 l. E., A.-G. u. B.-A. Achern; A.-G. u. R.-A. Baden.

**Hagenbrack**, Z. b. Pfd. Ottenhöfen, 33 l. E., A.-G. u. B.-A. Achern; A.-G. u. R.-A. Baden.

**Hagenbuch**, Z. b. Eibt. Haufach, 28 l. E., A.-G. Hasslach; B.-A. Wolfach; A.-G. u. R.-A. Offenburg. Eibhöhr.: Fürst von Fürstenberg.

**Hagenmühle**, Hf. und Prz. b. D.

Bauerbach, 14 L. C., A.-G. u. B.-A. Bretten; K.-G. u. K.-A. Carlsruhe.

**Hagenmühle**, Hf. u. Prz. b. Pfdf. Großeichholzheim, 9 L. C., A.-G. u. B.-A. Adelsheim; K.-G. u. K.-A. Mosbach.

**Hagenmühle**, Hof u. Prz. b. Pfdf. Ulfingen, 10 ev. E., A.-G. und B.-A. Boxberg; K.-G. u. K.-A. Mosbach, liegt 697 p. F. üb. b. M., Stbhr.: Fürst von Leiningen.

**Hagenweiler**, Hf. und Prz. b. D. Anbelshofen, 21 L. C., Fil. v. Lippertsreuthe. A.-G. u. B.-A. Ueberlingen; K.-G. u. K.-A. Constanz.

**Haghof**, Hf. u. Prz. b. Mthl. Seelbach, 9 L. C., A.-G. und B.-A. Lahr; K.-G. u. K.-A. Offenburg.

**Hagnau**, J. b. Pfdf. Reutlingen, 23 L C., A.-G. u. B.-A. Bonndorf; K.-G. u. K.-A. Waldshut.

**Hagnau**, Pfdf., 1 ev., 602 k., juf. 603 C., A.-G. Meersburg; B.-A. Ueberlingen; K.-G. u. K.-A. Constanz; L.-R. Linzgau, liegt am Bodensee, Feldbau und Biehzucht, bedeutender Wein und Obstbau, letzterer verfieht zur Kirschenzeit vorzüglich den Markt zu Constanz. Die Gerichtsbarkeit über den frühe cultivirten Ort kam schon im 14. Jahrh. von den Grafen von Werdenberg an das Bisthum Constanz, von diesem durch Kauf an Weingarten, welches zuletzt noch die mannigfach wechselnden Güter an sich brachte. Eine seltene Erscheinung in solchen Dörfern ist eine Jahresstiftung von 100 fl. an zwei brave Mädchen.

**Hagsbach**, J. b. Pfdf. Mühlenbach, 138 k. C., A.-G. Haslach. B.-A. Wolfach; K.-G. u. K.-A. Offenburg.

**Hagsfel**, Hf. u. Prz. b. D. Au, 20 k. C., Fil. von Merzhausen, A.-G. u. B.-A. Freiburg; K.-G. u. K.-A. Freiburg. Grdhr.: Frhr. v. Türkheim.

**Hagsfeld**, Pfdf., 966 ev., 11 L, 8 Diff., juf. 985 C., A.-G. u. B.-A. Carlsruhe, L.-Dec. Carlsruhe, liegt 385 p. F.

üb. b. M., nahe am Hardtwalde. Feldbau und Biehzucht.

**Hagsgut**, Hf. u. Prz. b. Pfdf. Owingen, 8 k. C., A.-G. u. B.-A. Ueberlingen; K.-G. u. K.-A. Constanz.

**Hahnenneft**, K.-D. b. Pfdf. Burgweiler, 47 k. C., A.-G. u. B.-A. Pfullendorf; K.-G. u. K.-A. Constanz, Gemarkung u. Gemeindevermögen getrennt. Stbhr.: Fürst v. Fürstenberg.

**Hahnhof**, Hf. und Prz. b. Stdt. Baden, 28 k. C., A.-G. und B.-A. Baden; K.-G. u. K.-A. Baden.

**Hahnkrähenhof**, Hf. u. Prz. von Oberlangenordnach, J. b. D. Langenordnach. 14 L C., Fil. v. Friedenweiler; A.-G. und B.-A. Neustadt; K.-G. und K.-A. Offenburg.

**Haid**, hintere, J. b. D. Rohrharsberg, 15 L C., Fil. v. Schonach, A.-G. u. B.-A. Triberg; K.-G. u. K.-A. Villingen.

**Haid**, vordere, J. b. D. Rohrharsberg, 13 L C., Fil v. Schonach, A.-G. u. B.-A. Triberg; K.-G. und K.-A. Villingen.

**Haide**, Prz. b. K.-D. Ewihl, b. D. Buch, 9 k. C., Fil. v. Birndorf, A.-G. u. B.-A. Waldshut; K.-G. und K.-A. Waldshut.

**Haidhof**, Hf. u. Prz. b. Stdt. Wertheim, 26 ev. C., A.-G. u. B.-A. Wertheim; K.-G. u. K.-A. Mosbach, liegt 922 p. F. üb. b. M. Stbhr.: Fürst v. Löwenstein-Wertheim.

**Haigerach**, J. b. D. Reichenbach, 190 k. C., Fil. v. Gengenbach. Langes fruchtbares Thal, in welchem Biehzucht, Weinbau und schöne Waldungen getroffen werden.

**Haimstadt**, Pfdf., 7 ev., 1020 k., 172 ifr., juf. 1199 C., A.-G. u. B.-A. Buchen; K.-G. u. K.-A. Mosbach; L.-A. Walldürn, liegt 1244 p. F. üb. b. M. Feldbau, Wiesenbau und starke Biehzucht.

**Halberstung,** K.-D. b. Pfdf. Eins
heim, 259 f. C., A.-G. u. B.-A. Baben;
A.-G. u. A.-A. Baden, liegt in der Ebene.
Gemarkung und Gemeindevermögen gemeinschaftlich.

**Halbe,** Z. b. Pfdf. Schonach, 8 f. C.,
A.-G. u. B.-A. Triberg; A.-G. und A.-A.
Villingen.

**Halben,** Z. b. Pfdf. Buchenberg,
16 ev. C., A.-G. u. B.-A. Triberg; A.-G.
u. A.-A. Villingen.

**Halden,** Hf. b. Pfdf. ev. Tennenbronn, 8 ev. C., A.-G. u. B.-A. Triberg;
A.-G. u. A.-A. Villingen.

**Halden,** Z. b. Pfdf. Oberwinden,
136 f. C., A.-G. u. B.-A. Waldkirch; A.-G.
u. A.-A. Freiburg.

**Haldenbündle,** Ha. und Prz. b. P.
Sulzbach, 5 l. C., Fil. v. Haujach, A.-G.
Haslach; B.-A. Wolfach; A.-G. und A.-A.
Offenburg.

**Haldenhof,** Hf. und Prz. b. Pfdf.
Mühlingen, 4 l. C., A.-G. und B.-A.
Stockach; A.-G. u. A.-A. Constanz. Grdhr.:
Frhr. v. Buol.

**Haldenhof,** Hf. und Prz. b. Pfdf.
Bonndorf, 16 l. C., A.-G. und B.-A.
Ueberlingen; A.-G. u. A.-A. Constanz.

**Haldenhof,** Hf. und Prz. b. K.-O.
Hinterheubronn, b. Pfdf. Neuenweg,
6 l. C., A.-G. und B.-A. Schopfheim;
A.-G. u. A.-A. Lörrach.

**Haldenstetten,** Z. b. Pfdf. Böhringen, 16 f. C., A.-G. und B.-A. Radolfzell; A.-G. u. A.-A. Constanz; Dec.
Lörrach.

**Halle,** Z. b. Pfdf. Schweighausen,
67 f. C., A.-G. u. B.-A. Ettenheim; A.-G.
u. A.-A. Freiburg.

**Hallendorf,** Z. b. T. Mühlhofen,
12 l. C., Fil. v. Seefelden, A.-G. Meersburg; B.-A. Ueberlingen; A.-G. u. A.-A.
Constanz. liegt an der Aach.

**Haltenhof,** Hf. b. Prz. b. D. Ramsbach, 11 l. C., Fil. v. Oppenau; A.-G.
und B.-A. Oberkirch; A.-G. und A.-A.
Offenburg.

**Haltingen,** Pfdf., 901 ev., 63 L, 5
Diff., zuf. 969 C., A.-G. u. B.-A. Lörrach;
A.-G. u. A.-A. Lörrach; P.- u. C.-A. Basel. Sitz b. P.- und C.-Exp.; liegt ganz
eben am Fuße freundlicher Rebhügel. Wein-,
Feldbau und Viehzucht und Bereitung vorzüglichen Kirschengeistes. Vom Hochstift
Basel im 12. Jahrh. an St. Blasien geschenkt, dann in der Hand mehrerer Lehenbesitzer bis 1399 die Markgrafen v. Hochberg durch Kauf in den Vollbesitz kamen.

**Haltnau,** Z. b. Schl. Meersburg,
20 l. C., A.-G. Meersburg; B.-A. Ueberlingen; A.-G. u. A.-A. Constanz. Grundherrschaft: Spital zu Constanz.

**Homberg,** D., 16 ev., 376 L, zuf. 394
C., Fil. v. Neuhausen, A.-G. und B.-A.
Pforzheim; A.-G. u. A.-A. Carlsruhe, am
Hagenschirß und der Würm gelegen, hat
es starken Feldbau und Viehzucht.

**Hambrücken,** Pfdf., 1 ev., 1257 L,
zuf. 1258 C., A.-G. u. B.-A. Bruchsal;
A.-G. und A.-A. Carlsruhe; C.-R. Philippsburg; P.-A. Bruchsal, Stz. b. L.-Abl.,
liegt 361 p. F. üb. d. M. im Hardtwalde,
Feldbau und Viehzucht nebst Taglohnarbeit.

**Hammer,** Wr. b. Stbl. Schopfheim, 34 ev. C., A.-G. und B.-A.
Schopfheim; A.-G. und A.-A. Lörrach,
liegt an der Straße nach Schönau.

**Hammereisenbach,** D., 19 ev., 193
L, zuf. 212 C., Fil. v. Urach, A.-G. und
B.-A. Neustadt; A.-G. u. A.-A. Freiburg,
liegt an der Eisenbach. Bedeutendes und
lange bestehendes s. f. Eisenwerk mit trefflichen technischen Einrichtungen und zeitweiligem Hochofenbetrieb, am Fuße der
Ruine Neufürstenberg, die im Bauernkriege
niedergebrannt wurde. In der Kreuzung
des Breg-, Urach- und Eisenbacherthales
gelegen, war der Ort früher schon durch
seine Industrie bedeutsam, vorzüglich seit
im 14. Jahrh. die Villinger die neue Herrstraße über die Urach und Wiesneg nach

Freiburg gebaut hatten. In die Kapelle wurden der Volksſage nach die Glocken von Mittelbronn geborgen, als dieſer Ort durch die Peſt ganz ausgeſtorben war.

**Hammereloch**, Hf. und Prz. b. D. Steig, 2 L. E., Fil. v. Brettnau, A.-G. u. B.-A. Freiburg; K.-G. u. K.-A. Freiburg.

**Hammerſchmiede**, Hf. und Prz. b. Pfbſ. Kappelrobeck, 6 L. E., A.-G. u. B.-A. Achern; K.-G. u. K.-A. Baden.

**Hammerſtein**, K.-O. b. Pfbſ. Wollbach, 135 ev. E., A.-G. u. B.-A. Lörrach; K.-G. und K.-A. Lörrach; Gemarkung und Gemeindevermögen gemeinſchaftlich. Mahl-, Oel- und Schleifmühle, Gypsſtampfe, Walle und Hanfreibe.

**Hammerwerk**, Z. b. Pfbſ. Bolleriz-bauten, 20 L. E., A.-G. u. B.-A. Stodach; K.-G. und K.-A. Conſtanz. Erbhr.: Graf v. Langenſtein.

**Hammerwerk**, Z. b. Pfbſ. Hauſach, 1 ev., 89 L., zſſ. 90 E., A.-G. Hoslach; B.-A. Wolfach; K.-G. und K.-A. Offenburg, bedeutendes fürſtl. fürſtenb. Hammerwerk. Erbhr.: Fürſt von Fürſtenberg.

**Handſchuchsheim**, Pfbſ., 1711 ev., 623 L., 29 iſr., zuſ. 2363 E., A.-G. und B.-A. Heidelberg; K.-G. u. K.-A. Heidelberg; Dec. Ladenburg; L.-R. Weinheim, liegt 406 v. F. üb. d. M.; am Fuße des Heiligenberges, an der Straße von Heidelberg nach Frankfurt, in einer ſehr freundlichen u. fruchtbaren Gegend, Feld-, Wieſen-, Weinbau, Obſt- und Baumzucht, worunter namentlich Kaſtanien. In der angeblich im 11. Jahrh. erbauten Kirche mehrere Grabmäler des gleichnamigen Adels, welcher zwei Schlöſſer beſaß, von deren einem nur wenige Ruinen und der Name Burgſtraße übrig ſind. Von dem Geſchlechte H. kam der Ort als Lorſcher Lehen zu die von Schauenburg, deren letzter Sproſſe 1600 auf dem Markte von Heidelberg durch Friedrich v. Hirſchhorn erſtochen wurde. Dann an die Pfalz gediehen, ward es im Pfälzerkriege das Hauptquartier

Tillys, wobei es ſo gedrückt wurde, daß Mütter aus Hungersnoth ihre Kinder verzehrten. Bei der Zerſtörung durch Melac ſollen über 200 Einwohner das Leben eingebüßt haben; 1795 Treffen zwiſchen den Oeſterreichern und Franzoſen. Das den Herren von Ubhe gehörige Schlößchen hat eine anſehnliche Sammlung mexikaniſcher Alterthümer.

**Hangelbach**, Z. b. K.-O. Gibensbach b. D. Oedsbach, 13 L. E., Fil. v. Oberkirch, A.-G. u. B.-A. Oberkirch; K.-G. u. K.-A. Offenburg.

**Haugenhof**, Hf. u. Prz. b. D. Bittelbrunn, 3 l. E., Fil. v. Engen, A.-G. u. B.-A. Engen; K.-G. u. K.-A. Conſtanz. Eibshr.: Fürſt v. Fürſtenberg.

**Hangenſteinerhof**, Hf. und Prz. b. Pfbſ. Niefern, 10 l. E., A.-G. u. B.-A. Pforzheim; K.-G. u. K.-A. Carlsruhe.

**Haugloch**, K.-O. b. Pfbſ. Todtnauberg, 56 l. E., A.-G. u. B.-A. Schönau; K.-G. u. K.-A. Lörrach; Gemarkung und Gemeindevermögen getrennt. In der Nähe der Todtnauberger Waſſerfall.

**Happach**, K.-O. b. Pfbſ. Hägz, 84 L. E., A.-G. u. B.-A. Schönau; K.-G. u. K.-A. Lörrach, liegt ſehr hoch.

**Happach**, Hf. u. Prz. b. Sibſ. Hauſach, 9 l. E., A.-G. Haslach, B.-A. Wolfach; K.-G. u. K.-A. Offenburg. Eibshr.: Fürſt v. Fürſtenberg.

**Happach**, Z. b. Pfbſ. Oberwolfach, 35 L. E., A.-G. u. B.-A. Wolfach; K.-G. und K.-A. Offenburg. Eibshr.: Fürſt von Fürſtenberg.

**Happenmühle**, Hſ. und Prz. b. D. Hohenbodmann, 26 L. E., Fil. v. Pfaffenhofen, A.-G. und B.-A. Ueberlingen; K.-G. u. K.-A. Conſtanz.

**Happingen**, K.-O. b. D. Willingen, 226 l. E., Fil. v. Unteralphen, A.-G. u. B.-A. St. Blaſien; K.-G. u. K.-A. Waldshut. Getrennte Gemarkung und gemeinſchaftliches Gemeindevermögen.

**Hardererhof**, Hf. u. Prz. b. Pfbſ.

Beisweil, 8 ev. C., A.G. u. B.A. Kenzingen; A.G. und A.A. Freiburg.

Hardhaus, Hs. und Prz. b. Stbl. Schwetzingen, 3 ev. C., A.G. u. B.A. Schwetzingen; A.G. u. A.A. Mannheim.

Hardheim, Mkfl., 14 ev., 2126 L, 126 Isr., zus. 2266 C., A.G. u. B.A. Walldürn; A.G. u. A.A. Mosbach; L.A. Buchen. F.-J. Mosbach, B.A. Heidelberg. Sitz d. B.A., Phyltr. und Dist.-Not., liegt 910 p. J. üb. d. M., an der Erfa, Feld-, Wiesenbau u. Viehzucht; früher Besitz eines eigenen Lehenadels von Würzburg, an welches zuletzt alle Lehensansprüche übergingen. Spitalabhängigkeit des Juliushospitals zu Würzburg.

Hardhof, Hf. u. Prz. b. Stbl. Mosbach, 66 L C., A.G. u. B.A. Mosbach; A.G. u. A.A. Mosbach, liegt 1136 p. J. üb. d. M. Sthehr.: Fürst v. Leiningen.

Hardhof, Hf. u. Prz. b. D. Oftersheim, 8 ev. C., Fil. v. Schwetzingen, A.G. u. B.A. Schwetzingen; A.G. und A.A. Mannheim.

Hardmühle, Hs. und Prz. b. Pfdf. Friedingen, 7 L. C., A.G. u. B.A. Radolfzell; A.G. u. A.A. Constanz.

Hardt, F. b. D. Waldmatt, 13 L C., Fil. v. Neusatz, A.G. u. B.A. Bühl; A.G. u. A.A. Baden.

Harg, F. b. Pfdf. Oberharmersbach, 8 l. C., A.G. u. B.A. Gengenbach; A.G. u. A.A. Offenburg.

Harmersbach, F. b. Pfdf. Schweighausen, 170 L C., A.G. u. B.A. Ettenheim; A.G. u. A.A. Freiburg.

Harmersbächle, F. b. D. Schönberg, 38 l. C., Fil. v. Prinzbach, A.G. u. B.A. Lahr; A.G. u. A.A. Offenburg. Stbhr.: Fürst v. b. Leyen.

Harnischwald, R.-D. b. D. Kollnau, 29 L C., Fil. v. Waldkirch, A.G. und B.A. Waldkirch; A.G. und A.A. Freiburg. Gemeinschaftliche Gemarkung, getrenntes Gemeindevermögen.

Harpolingen, D., 1 ev., 409 L, zus. 410 C., Fil. v. Obersäckingen, A.G. und B.A. Säckingen; A.G. u. A.A. Waldshut.

Harresheim, F. b. D. Willenbofen, 85 L C., Fil. v. Roggenbeuren, A.G. Meersburg; B.A. Ueberlingen; A.G. und A.v.A. Constanz. Stbhr.: Fürst v. Fürstenberg.

Hartheim, Pfdf., 435 L C., A.G. u. B.A. Meßkirch; A.G. u. A.A. Constanz; L.A. Meßkirch, liegt auf dem Hardt am Heuberge. Feldbau und Viehzucht; Lehenherrn: die früheren Freiherrn von Wildenstein. Grbhr.: Fürst v. Fürstenberg.

Hartheim, D., 7 ev., 811 L, 1 ifr., zus. 819 C., Fil. v. Feldkirch, A.G. und B.A. Breisach; A.G. u. A.A. Freiburg.

Hartleswies, Hf. u. Prz. b. D. Ibach, 17 l. C., Fil. v. Oppenau, A.G. und B.A. Oberkirch, und A.A. Offenburg.

Hartschwand, D., 240 l. C., Fil. v. Görwihl, A.G. und A.A. Waldshut; A.G. u. A.A. Waldshut.

Harzerhäuser, Prz. b. F. Obereisenbach, b. D. Eisenbach, 68 L C., Fil. v. Friedenweiler, A.G. u. B.A. Neustadt; A.G. u. A.A. Freiburg.

Hasbach, Wlr. b. D. Aftersteg, 32 L C., Fil. v. Todtnau, A.G. u. B.A. Schönau; A.G. u. A.A. Lörrach, liegt sehr hoch.

Hasel, Pfdf., 643 ev., 64 L, zus. 707 C., A.G. u. B.A. Schopfheim; A.G. u. A.A. Lörrach; Dec. Schopfheim, liegt in einem freundlichen Thale an der Haselbach. Feld-, Wiesenbau und Viehzucht. In weiten Kreisen durch die große Tropfsteinhöhle — Erdmannshöhle, Haselhöhle — bekannt. Besonders schön der Anblick mit Fackeln von der Brücke. Die Orgel, Kanzel; Fürstengruft.

Haselbach, Hs. und Prz. b. Pfdf. Weilheim, 10 L C., A.G. und B.A. Waldshut; A.G. u. A.A. Waldshut, liegt an der Haselbach.

Haselhof, Hf. und Prz. b. Pfdf. Dwingen, 8 l. C., A.G. u. B.A. Ueberlingen; A.G. und A.A. Constanz.

**Hasenbauernhof**, Hf. u. Prz. von Josthal, Wlr. b. T. Bierthäler, 21 l. C., Fil. v. Neustadt, A.-G. u. B.-A. Neustadt; R.-G. und R.-A. Freiburg.

**Hasenberg**, Hf. und Prz. b. Pfdf. Norbach, 4 l. C., A.-G. und B.-A. Gengenbach; R.-G. u. R.-A. Offenburg.

**Hasenbrunnen**, Wlr. b. Pfdf. Rickenbach, 16 l. C., A.-G. u. B.-A. Säckingen; R.-G. u. R.-A. Waldshut.

**Hasenbühele**, Z. b. Pfdf. Neukirch, 12 l. C., A.-G. u. B.-A. Triberg; R.-G. u. R.-A. Villingen.

**Hasengrund**, Z. b. R.-O. Weierbach, b. D. Zell, 57 l. C., Fil. v. Weingarten, A.-G. u. B.-A. Offenburg; R.-G. u. R.-A. Offenburg.

**Hasenhof**, Hf. und Prz. von Reichenbach, Wlr. b. T. Schwerzenbach, 9 l. C., Fil. v. Friesenweiler, A.-G. und B.-A. Neustadt; R.-G. u. R.-A. Freiburg.

**Hasenhof**, Hf. und Prz. b. Pfdf. Thiengen, 16 l.C., A.-G.u.B.-A. Waldshut; R.-G. u. R.-A. Waldshut.

**Hasenhof**, Hf. und Prz. b. Mkft. Seelbach, 9 l. C., A.-G. u. B.-A. Lahr; R.-G. und R.-A. Offenburg. Stbhr.: Fürst v. b. Leyen.

**Hasenloch**, Z. b. T. Haagen, 24 l. C., Fil. v. Rötteln, A.-G. und B.-A. Lörrach; R.-G. u. R.-A. Lörrach.

**Hasenmühle**, jetzt Beimühle, Hs. u. Prz. b. Pfdf. Mühlhausen, 6 l. C., A.-G. u. B.-A. Engen; R.-G. und R.-A. Constanz.

**Hasenweide**, Hf. und Prz. b. D. Dellendorf, 11 l. C., Fil. v. Seefelden, A.-G. und B.-A. Ueberlingen; R.-G. und R.-A. Constanz.

**Haslach**, Hf. u. Prz. b. Stdt. Markdorf, 9 l. C., A.-G. Meersburg; B.-A. Ueberlingen.

**Haslach**, Pfdf., 244 ev., 226 L, zuf. 470 C., A.-G. u. B.-A. Freiburg; R.-G. und R.-A. Freiburg; Dec. Freiburg. Feld-, Wiesen-, Weinbau, Viehzucht u. Gewerbebetrieb.

**Haslach**, Stbl., 7 ev., 1566 L, zuf. 1573 C., B.-A. Wolfach; R.-G. u. R.-A. Offenburg; L. R. Lahr; B.-A. Offenburg; Sitz b. A.-G., G.-R., Pfkmstr., P.-C. u. Not., liegt auf der linken Seite der Kinzig in einer sehr fruchtbaren Gegend. Feld-, Obst-, Weinbau, Viehzucht und Gewerbebetrieb, Eisenhammer, Holzschuhfabrikation, Oel-, Säg-, Mahl- und Kunstmühlen; Handel mit Holz, Hanf, Leinwand, Getreide und Wein. Mrkte: Kr.-M., 23. Febr., 4. Mai, 6. Juli, 5. Okt., 16. Novbr. Viehm., 5. Jan., 3. Febr., 2. März, 7. April, 4. Mai, 1. Juni, 6. Juli, 3. Aug., 7. Septbr., 5. Okt., 2. Novbr., 7. Dezbr. Altjährliche Besitzung wurde der Ort v. Friedrich II. dem Allodialerben des letzten Herzogs v. Zähringen abgetrungen, weil es als Lehen heimfällig und zudem die Ansprüche von den Ied'schen Erben ihm verlauft seien. Nach kurzem Besitze durch Straßburg 1246 wurde es endlich von Rudolf v. Habsburg als Lehen dem erbberechtigten Grafen Heinrich v. Fürstenberg übergeben, unter dessen Söhnen eine Linie darauf abzweigte, die mit Graf Johann zu Sempach 1386 auf der Wahlstatt endigte. Die Ansprüche des Haupstammes auf dieses Lehen wurden von Kaiser Wenzel nicht berücksichtigt, der die Herrschaft einem böhmischen Hauptmanne als erledigtes Lehen ertheilte, der dasselbe sodann an Straßburg verkaufte, von welchem nach langem Hader Fürstenberg endlich die Herrschaft als Lehen erhielt. Im Gasthause: Fürstenbergischer Hof befindet sich eine Badanstalt.

**Haslach**, D., 1 ev., 520 L C., Fil. v. Ulm, A.-G. und B.-A. Oberkirch; R.-G. und R.-A. Offenburg. Feld-, Wiesen-, Weinbau und Viehzucht.

**Haslachhof**, Hf. u. Prz. b. Pfdf. Roggenbeuren, 5 l. C., A.-G. Meersburg; B.-A. Ueberlingen; R.-G. und R.-A. Constanz. Stbhr.: Fürst von Fürstenberg.

**Haslachsimonswald**, D., 383 l. C., Fil. v. Untersimonswald, A.-G. u. B.-A. Waldkirch; R.-G. und R.-A. Freiburg.

**Haslerhof**, Hf. und Prz. b. Pfdf.

Bleibingen, 6 L.E., A.-G. und B.-A. Meßkirch; K.-G. u. K.-A. Constanz.

**Haffelbach**, D., 240 ev., 19 L, 7 Diff., 41 Men., zuf. 307 E., Fil. v. Übersbach, A.-G. Neckarbischofsheim, B.-A. Sinsheim; K.-G. u. K.-A. Heidelberg, liegt 937 p. F. üb. b. M., Feldbau, Viehzucht. Grundherrschaft v. Helmstadt.

**Haffelbacherhof**, A.-D. b. Stdt. Schönau, 12 ev., 7 L., zuf. 24 E., A.-G. u. B.-A. Heidelberg; K.-G. und K.-A. Heidelberg.

**Haßlach**, Hf. u. Prz. b. Pfbf. Wiechs, 10 l. E., A.-G. u. B.-A. Engen; K.-G. u. K.-A. Constanz.

**Haßmersheim**, Pfbf., 1238 ev., 380 l., zuf. 1838 E., A.-G. und B.-A. Mosbach; K.-G. u. K.-A. Mosbach; Dec. Mosbach und L.-A. Waibstadt, liegt 477 p. F. üb. b. M., am linken Ufer des Neckars. Bedeutende Schifffahrt bis Rotterdam; Gyps- und Steinbrüche, Floßholzhandel und ergiebiger Tabakbau. Mkte.: 7. Mai, 20. Aug., 26. Novbr. Früher eine, nach der Errichtung der Saline Rappenau eingegangene Salzquelle. Schon 774 Wormser Besitz, theilweise 976 an die Abtei Mosbach geschenkt.

**Hattelmühle**, Hs. u. Prz. b. K.-D. Holzach, b. Pfbf. Oberschwandorf, 5 L.E., L.-G. u. B.-A. Stockach; K.-G. u. K.-A. Constanz.

**Hattenweiler**, D., 13 ev., 363 L, zuf. 376 E., Fil. v. Schönach, A.-G. und B.-A. Pfullendorf; K.-G. u. K.-A. Constanz. Geschichte wie Denkingen.

**Hattingen**, Pfbf., 21 ev., 560 L, zuf. 581 E., A.-G. und B.-A. Engen; K.-G. u. K.-A. Constanz; L.-A. Geisingen, P.-A. Stockach; Sitz d. P.-Abl. Feldbau, Wiesenbau, Köhlereibetrieb und Erzgruben.

**Hatzenweiler**, D., 1 ev., 137 L, zuf. 158 E., Fil. v. Bühl. A.-G. u. B.-A. Bühl; K.-G. u. K.-A. Baden.

**Hau**, F. b. Pfbf. Neuenweg, 22 ev. E., A.-G. u. B.-A. Schopfheim; K.-G. u. K.-A. Lörrach.

**Hauackerhof**, Hf. und Prz. bei D. Kübnach, 7 L. E., Fil. v. Görwihl, A.-G. u. B.-A. Waldshut; K.-G. u. K.-A. Waldshut.

**Hausach**, Hf. u. Prz. b. Pfbf. Biberach, 13 L.E., A.-G. und B.-A. Gengenbach; K.-G. u. K.-A. Offenburg.

**Hauenberstein**, Pfbf., 1 ev., 1111 L., zuf. 1112 E., A.-G. u. B.-A. Baden; K.-G. und K.-A. Baden; L.-A. Gernsbach, liegt 462 p. F. üb. b. M., Feld-, Wiesen-, Weinbau u. Viehzucht. Erhielt den Namen wahrscheinlich als Hafenberstein durch die Auswanderung der Häfner von Balg in die Ebene.

**Hauenstein**, Z. b. Pfbf. Niederwasser, 19 L. E., A.-G. u. B.-A. Triberg; K.-G. u. K.-A. Villingen.

**Hauenstein**, Stdt., 187 L. E., Fil. v. Luttingen, A.-G. und B.-A. Waldshut; K.-G. und K.-A. Waldshut. Ehemaliger Hauptort der gleichnamigen Herrschaft, deren Bewohner durch Tracht und Sitte, Einfachheit der Lebensweise und theilweise aus Mißtrauen gegen Regierungsmaßregeln sich mehrmals gegen ihre Herrschaften aufgelehnt haben. Der ganze Stamm bestand aus 4 Innungen — 4 ober, 4 unter der Alb, die wenigsten waren frei, sondern größtentheils Zinsbauern von St. Blasien, Säckingen, oder einheimischem Adel. Erstere standen unter Schirmvögten von Habsburg-Oesterreich. Ueber dem Städtchen in schöner Lage befinden sich die Ruinen der Burg Hauenstein, von einem gleichnamigen Lehenadel bis zum 14. Jahrhundert besetzt.

**Hauingen**, Pfbf., 645 ev., 230 L, 2 Diff., zuf. 877 E., A.-G. u. B.-A. Lörrach; Dec. Lörrach, liegt am rechten Ufer der Wiese. Feldbau, Obst- und Viehzucht, hat ein Bad, dessen Geschichte, Bestandtheile und Wirkungen unbekannt sind.

**Haumühle**, Hs. u. Prz. b. K.-D. Dorherbeubach, b. Wlr. Lampenhain, 8 ev. E., Fil. v. Heiligkreuzsteinach, A.-G. und B.-A. Heidelberg; K.-G. und K.-A. Heidelberg.

**Hausach**, Stbt., 3 ev., 1032 L., zuf. 1035 C., U.-G. Haslach, B.-A. Wolfach; A.-G. u. A.-A. Offenburg; L.-R. Triberg; P.-A. Offenburg; Siß b. P.-G., liegt in einer sehr angenehmen u. freundlichen Gegend im Kinzigthale. Obst-, Feldbau, Schweinzucht und Gewerbebetrieb, namentlich Strohmanufaktur. Mrkte.; 13. Jan. 3. Novbr. 6. Decbr. Stammsitz ber mit den Zähringern verwandten Dynasten v. Husen, die mit Berthold im 12. Jahrhundert ausstarben und die Herrschaft an die Zähringer vermachten. Nach Aussterben des herzogl. Stammes die gleichen Schicksale wie Haslach. Die auf steilem Hügel befindliche Burg fiel 1643 bei Niederbrennung des Städtchens durch die Franzosen in Ruinen.

**Haus Baden**, Wlr. b. Pfdf. Badenweiler, 10 ev., 8 L., zuf. 18 C., A.-G. und B.-A. Müllheim; A.-G. und A.-A. Lörrach. Feldbau, Biehzucht und Taglohnarbeit und Holzmachen.

**Haus Baden**, F. b. D. Lipburg, 2 L. C., Fl. v. Badenweiler, A.-G. und B.-A. Müllheim; A.-G. und A.-A. Lörrach, liegt am Fuße des Blauen, hat eine nicht sehr reichhaltige Silbergrube.

**Hausebene**, F. b. Mrktfl. Furtwangen, 23 L. C., A.-G. u. B.-A. Triberg; A.-G. und A.-A. Villingen.

**Hausen**, A.-D. b. Pfdf. Kirchen, 209 L. C., A.-G. und B.-A. Engen; A.-G. und A.-A. Constanz. Gemarkung und Gemeindevermögen gemeinschaftlich, liegt im Donauthale an der Straße nach Stockach. Feldbau, Diehzucht. Stböhr.: Fürst v. Fürstenberg.

**Hausen**, Pfdf., 583 ev. 101 L., zuf. 684 C., A.-G. und B.-A. Schopfheim; A.-G. und A.-A. Lörrach; Dec. Schopfheim, liegt auf der rechten Seite der Wiese in einem der schönsten Punkte des Wiesenthales, Sitz der Hüttenverwaltung. Bedeutendes Eisenwerk mit 1 Hochofen, 5 Frischfeuern, 1 Kleinfeuern und 1 Walzwerk; es erzeugt 24,430 Ctr. Roheisen u. 12,613 Ctr. Stabeisen im Betrag von ca. 200,000 fl. Heimath des zu Basel geborenen alemannischen Volksdichters Hebel.

**Hausen vor Wald**, Pfdf., 2 ev., 277 L., 3 Diff., zuf. 262 C., A.-G. und B.-A. Donaueschingen; L.-G. und A.-A. Villingen; L.-R. Villingen. H. ist sehr alt und erscheint schon im Jahr 889. Stböhr.: Fürst v. Fürstenberg.

**Hausen im Thal**, Pfdf., 5 ev., 240 L., zuf. 248 C., A.-G. und B.-A. Meßkirch; A.-G. und A.-A. Constanz; L.-R. Meßkirch, liegt an der Donau, Feldbau und Biehzucht. Geschichte wie Gutenstein, Lehensherren: die früheren Freiherren v. Wildenstein. Stböhr.: Graf v. Langenstein.

**Hausen**, Schloß, Hs. u. Brz. b. Pfdf. Hausen im Thal, 7 C., A.-G. und B.-A. Meßkirch; A.-G. u. A.-A. Constanz.

**Hausen a. d. Aach**, Pfdf., 1 ev., 292 L., zuf. 293 C., A.-G. und B.-A. Radolfzell; A.-G. und A.-A. Constanz; L.-R. Hegau. Feldbau und Viehzucht.

**Hausen a. d. Möhlin**, D., 416 L. C., Fil. v. Feldkirch, A.-G. und B.-A. Breisach; A.-G. und A.-A. Freiburg. Feldbau, Biehzucht. Grbhr.: Frhr. von Falkenstein.

**Hauserbach**, F. b. D. Einbach, 201 L. C., Fil. v. Hausach, A.-G. und B.-A. Wolfach; A.-G. u. A.-A. Offenburg. Stböhr.: Fürst von Fürstenberg.

**Hauserhof**, Hf. u. Brz. b. D. Anselfingen, 10 L. C., Fil. v. Engen, A.-G. u. B.-A. Engen; A.-G. u. A.-A. Constanz.

**Hausgereuth**, D., 107 L. C., Fil. von Rheinbischofsheim, A.-G. und B.-A. Kork; A.-G. und A.-A. Offenburg.

**Hebsack**, F. b. Pfdf. Gündelwangen, 3 L. C., A.-G. und B.-A. Bonndorf; A.-G. und A.-A. Waldshut.

**Hebsack**, Hf. und Brz. b. Pfdf. Lippertsreuthe, 17 L. C., A.-G. und B.-A. Ueberlingen; A.-G. und A.-A. Constanz.

**Hebsack**, F. b. A.-O. Ernatsreuthe, b. D. Bambergen, 10 L. C., Fil. v. Blossenhofen, A.-G. und B.-A. Ueberlingen; A.-G. und A.-A. Constanz.

**Hechelgrabenhof**, Hf. u. Brz. b. Pfdf. Schultherthal, 9 L. C., A.-G. u. B.-A.

Lahr; A.G. und A.A. Freiburg. Stdsbz.: Fürst v. d. Leyen.

**Hecheln**, D., 168 E. C., Fil v. Mühlingen, A.G. u. B.A. Stockach; A.G. u. A.A. Constanz. Feldbau u. Diehzucht.

**Hechthof**, Hf. u. Pfr. b. D. Sulzbach, 24 ev. C., Fil. von Hauſach, A.G. Haslach, B.A. Wolfach; A.G. und A.A. Offenburg.

**Hechwihl**, N.O. b. D. Buch, 30 L C., Fil. v. Birndorf, A.G. u. B.A. Waldshut; A.G. u. A.A. Waldshut. Getrennte Gemarkung u. gemeinſchaftliches Gemeindevermögen. Kommt ſchon im J. 874 vor.

**Hecken**, H. b. D. Rohrhardsberg, 9 L C., Fil. v. Schonach, A.G. u. B.A. Triberg; A.G. u. A.A. Villingen.

**Heckenloch**, H. b. D. Rohrhardsberg, 18 L C., Fil. von Schonach, A.G. und B.A. Triberg; A.G. und A.A. Villingen.

**Heckfeld**, Pfdf., 700 L C., A.G. Gerlachsheim, B.A. Tauberbiſchofsheim, A.G. u. A.A. Waldshut; L.R. Laudu; liegt 1092 v. F. üb. b. M. Starker Feldbau u. Viehzucht. Letzte Grenze des Weinbaus gegen das rauhere Hochland.

**Hecklingen**, Pfdf., 12 ev., 635 L, juf. 647 C., A.G. u. B.A. Kenzingen, A.G. u. A.A. Freiburg; L.R. Freiburg; liegt an der Straße von Freiburg nach Offenburg. Feld-, Wieſen-, Weinbau u. Viehzucht. Aus dem theilweiſen Beſitz des Dorfes durch die Grafen v. Sulz, die ihren Antheil 1273 an das Klöſterlein Rippoldsau ſchenkten und aus dem Namen Hermann und Berthold läßt ſich auf eine Ehverbindung dieſes Geſchlechts mit den Zähringern u. den Markgrafen von Baden ſchließen. Der andere Beſitzantheil kam durch eine Erbtochter der Grafen v. Freiburg an die Pfalzgrafen v. Tübingen, von dieſen nach mannigfachem Wechſel an die jetzige Grundherrſchaft, die Grafen v. Hennin. Schloßruine Lichteneck, Namen gebender Wohnſitz einer auch über Riegel ſich erhebenden Herrſchaft.

**Heddesbach**, Pfdf., 338 ev., 10 L, juf. 348 C., A.G. u. B.A. Heidelberg; A.G. u. A.A. Heidelberg; Dec. Lobenburg; liegt 686 p. F. üb. b. M. im Thale der Carbach an der heſſiſchen Grenze. Feldbau u. Viehzucht. In der Nähe die Ruinen des Schloſſes Hartenburg. Sitz eines Zweiges der Herren v. Steinach.

**Heddesheim**, Pfdf., 952 ev., 806 L, 4 Mhn., juf. 1762 C., A.G. u. B.A. Lobenburg; Dec. Lobenburg; L.R. Weinheim; liegt 331 p. F. üb. b. M. an der Straße von Mannheim nach Heidelberg. Starker Feld-, namentlich Tabakbau u. Handel mit denſelben.

**Hedertsweiler**, Hf. u. Pfr. b. Pfdf. Owingen, 17 L C., A.G. u. B.A. Ueberlingen; A.G. u. A.A. Conſtanz. Stdsbz.: Mtgl. v. Baden.

**Hefhäusle**, Hs. u. Pfr. b. D. Bambergen, 6 L C., Fil. von Pfaffenhofen, A.G. u. B.A. Ueberlingen; A.G. u. A.A. Conſtanz.

**Hegmichshof**, Hf. u. Pfr. b. Pfdf. Kirchheim, 7 ev. C., A.G. und B.A. Heidelberg; A.G. und A.A. Heidelberg. Starker Feldbau und Viehzucht.

**Hegne**, D., 5 ev., 140 L, juf. 145 C., Fil. v. Allensbach, A.G. u. B.A. Conſtanz; A.G. u. A.A. Conſtanz. Feld-, Wein- und Obſtbau. Fiſcherei und Schifffahrt.

**Hegne**, Schloß u. Pfr. b. D. Hegne, 41 C., A.G. u. B.A. Conſtanz; A.G. u. A.A. Conſtanz; liegt am Unterſee. Ehemaliges fürſtbiſchöfliches Jagdſchloß.

**Hegwerhof**, Hf. und Pfr. b. N.O. Wiehre, b. Stdt. Freiburg, 10 L C., A.G. u. B.A. Freiburg; A.G. u. A.A. Freiburg.

**Heidach**, Hf. u. Pfr. b. Stdt. Pforzheim, 13 ev. C., A.G. u. B.A. Pforzheim; A.G. u. A.A. Carlsruhe.

**Heidbrennen**, Hf. u. Pfr. b. N.O. Wippertsweiler, b. D. Oberhomberg, 11 L C., A.G. u. B.A. Neuſtadt; A.G. und A.A. Freiburg. Stdsbz.: Fürſt von Fürſtenberg.

**Heidburg**, Schloßruine, G. b. T. Hofstetten, 95 E. E., Fil. v. Haslach, A.G. Haslach, B.A. Wolfach; A.G. u. A.A. Offenburg; ehedem Allgeroldseckisches Schloß mit Herrschaft in der Fehde mit den Herren v. Faltenstein von den Straßburgern als Verbündeten der Grafen von Fürstenberg erobert, seit dem 16. Jahrh. in unbestrittenem Fürstenberg'schem Besitz. Seit neuerer Zeit auf dem Schloßgute verebelter Weinbau.

**Heideggerhof**, Hl. und Brz. b. T. Geislingen, 12 L E., Fil. n. Grießen, A.G. u. B.A. Jestetten; A.G. u. K.A. Waldshut; auch Heidenschlößchen genannt, ist eine zu Anfang dieses Jahrh. entdeckte Station der römischen 11. Legion. Römerstraße von hier über die Gemarkung von Erzingen nach Schlaitheim.

**Heidelberg**, Stdt., 9721 ev., 6135 l., 43 Diss., 2 Men., 386 Isr., zuf. 16,269 E. Sitz b. A.G., A.A., A.G., G.R., L.Ph. B.A.; Dec., L.A., F.J., D.A., H.-El.-A., V.- und E.A.; B.B.J.; Tel.-St.; Not.; Universität, Lyceum, höhere Bürger- u. Gewerbschule; liegt am linken Ufer des Neckars, wo dessen schönes Thal endet, 387 p. F. üb. b. M. In einer der schönsten Gegenden des Landes, während auf der südlichen Seite der Stadt sich der Königstuhl erhebt, blicken auf der nördlichen Seite alle Ruinen vom Heiligenberg herab. Gewerbe, Fabrikbetrieb und Handel, worunter die 1849 gegründete Ultramarinfabrik Heidelberg. Seit 1859 im Besitz einer Actiengesellschaft, arbeitet sie mit Dampfkraft u. gehört ihrer Arbeiterzahl nach zu den größten auf dem Continente. Dieses Etablissement, welches die besten Qualitäten Ultramarin erzeugt, erhielt in New-York 1853, München 1854 Preismedaillen, in Paris 1855 den Preis erster Klasse, in Carlsruhe 1861 die goldene Medaille. Die Löschgeräthefabrik von Metz erhielt 1846 Carlsruhe goldene Medaille. München 1854 die große Denkmünze und in Paris die Ehrenmedaille in Gold nebst der Medaille II. Klasse; die medicinische Instrumenten- und Apparaten-Fabrik von Fr. Fischer u. Comp. entwickelte sich aus einer Schreinerei, indem der Vater des jetzigen Besitzers 1831 anfing sogen. Materkoffers zu verfertigen, wofür in München 1854 die Ehrenmedaille ertheilt wurde. An diese reihen sich Tabak- u. Cigarren-, Maschinen-, Tapeten-, Wagen- u. Zwirnfabriken, Oelrafferie, Mahl- u. Kunstmühlen. Messen: 18. Mai 8 Tage, 19. Oct. 14 Tage, Vieh-Markt; jeden Montag, Fruchtmarkt: jeden Dienstag. — Römische Niederlassung, wurde es wie aller Römerbesitz Königsgut und seit dem 12. Jahrh. Wohnsitz des Pfalzgrafen am Rhein, Conrad des Staufers. Schon hatte sich die Stadt im Schutze des Schlosses erhoben, als die Pfalzgrafenwürde an Herzog Ludwig den Bayer gedieh, bei dessen Geschlecht sie bis in die neueste Zeit verblieb. Von Pfalzgraf Ruprecht I. erweitert, erhielt die Stadt ihre bleibende Blüthe durch die 1386 gestiftete Universität der Wissenschaften. 1518 sah die Stadt die Disputation M. Luther's in der Augustiner-Kirche; 1539 wandte sich die Pfalz dem helvetischen Reformationsbekenntnisse zu und 1613 fanden in H. die großen Vermählungs-Feierlichkeiten des Churfürsten Friedrich V. mit Elisabeth von England statt, durch deßen Annahme der böhmischen Königskrone über die Stadt der Sturm der Zerstörung hervorgerufen wurde, sofern nach Erstürmung der Stadt durch Tilly 1622 nur noch das Gasthaus zum Ritter von derselben übrig blieb. 1633 wurde das Schloß wieder von den Schweden eingenommen und 1635 nochmals an die Kaiserlichen übergeben. Der Friede zu Osnabrück und Münster gab dem Sohne Friedrichs V. fast nur Ruinen der Stadt zurück. Und auch diese traf bald darauf, 26. Oct. 1688, unter Melac eine noch grauenvollere Verwüstung. Gleiche Verwüstung traf im Jahre 1693 was noch übrig geblieben, ober unter dem Schutze österreichischer Besatzung seit 1689 wieder aufgebaut worden. Seit jener Zeit ist das Schloß Ruine geblieben, soweit es durch die Mordbrennerschaaren zerstört werden konnte. Die Wiedererbauung wurde, durch die Verlegung der Residenz nach Mannheim unterlassen, da wegen Abtretung der heil. Geistkirche die Bürger in Zerwürfniß mit dem die Reformation mehr und mehr unterdrückenden Pfalzgrafen gekommen, bei der Theilnahme der Fürsten von halb Europa zuletzt Recht behielten. Im Jahr 1803 erblühte durch den Anfall an Baden der Stadt und Universität eine beſſere Zeit. Letztere feiert im Namen des Großherzog Karl Friedrich als zweiten Stifter.

**Heidelsheim**, Stbl. 1706 ev., 281 l., 1 Men., 176 iſr., zuſ. 2164 C., A.-G. u. B.-A. Bruchsal; A.-G. u. K.-A. Carlsruhe; Ter. Bretten; P.-A. Bruchsal. Sitz b. P.-C.; liegt an der Saalbach, 463 p. üb. d. M. Feldb., Wiesen, Weinbau u. Viehzucht, war 1300 bereits reichsfrei, 1311 an Conrad v. Deringen u. Markgraf Hermann v. Baden verpfändet, dann wurde 1362 die eine Hälfte von Pfalzgraf Rupert durch Einlösung an die Pfalz gebracht. Ein Erbvertrag mit Baden machte den Besitz des Ganzen so lange streitig, bis nach der Schlacht bei Sedenheim Markgraf Carl ſeine Ansprüche abtreten mußte, ſo daß die Stadt erst 1803 wieder mit Baden vereinigt wurde. Mkte.: 7. Mai, 28. Septbr. Vieh-M.: 19. Febr., 29. Octbr.

**Heidemühle**, Hs. u. Prz. b. D. Staufen, 8 L. C., Fil. v. Brmden, A.-G. und B.-A. Bonndorf; A.-G. u. K.-A. Waldshut.

**Heidenbach**, J. b. Pfdf. Ottenhöfen, 240 L. C., A.-G. and B.-A. Achern; A.-G. u. K.-A. Baden.

**Heidenbühl**, J. b. D. Döltelbach, 15 L. C., Fil. v. Petersthal, A.-G. u. B.-A. Oberkirch; A.-G. u. K.-A. Offenburg.

**Heidenhof**, Hf. u. Prz. b. Stbl. Freiburg, 8 L. C., A.-G. u. B.-A. Freiburg; A.-G. u. K.-A. Freiburg.

**Heidenhofen**, Pfdf., 4 ev., 177 l., zuſ. 181 C., A.-G. u. B.-A. Donaueschingen; A.-G. u. K.-A. Villingen; L.-A. Villingen. Auf der ersten Terrasse der Baar, dem eigentlichen Fruchtbezirke gelegen, wird ſchon 759 auf den Zilbern genannt. Schöne Aussicht über die Donauebene bis zum Feldberg.

**Heidenloch**, Hf. u. Prz. b. D. Unterbränd, 9 L. C., Fil. von Hubertshofen, A.-G. u. B.-A. Donaueschingen; A.-G. u. K.-A. Villingen.

**Heidenschloß**, Prz. b. Pfdf. St. Peter, 12 L. C., A.-G. u. B.-A. Freiburg; A.-G. u. K.-A. Freiburg.

**Heidenschloß**, J. b. Pfdf. Furtwangen, 23 L. C., A.-G. u. B.-A. Triberg; A.-G. u. K.-A. Villingen.

**Heidenstein**, J. b. Pfdf. Nußbach, 25 L. C., A.-G. u. B.-A. Triberg; A.-G. u. K.-A. Villingen.

**Heidersbach**, D., 7 ev., 375 l., zuſ. 382 C., Fil. v. Hettingen, A.-G. u B.-A. Buchen; A.-G. u. K.-A. Mosbach.

**Heidhüfe**, N.-D. b. D. Oberbollen, 21 L. C., Fil. v. Schönau, A.-G. u. B.-A. Schönau; A.-G. u. K.-A. Lörrach. Gemarkung und Gemeindevermögen getrennt.

**Heiligenberg**, Pfdf., 8 ev., 526 l., zuſ. 534 C., A.-G. u. B.-A. Pfullendorf; A.-G. u. K.-A. Conſtanz; L.-A. Linzgau; B.-A. Stockach. Sitz d. Pfthlrs.; liegt auf dem gleichnamigen Berge und hat Feldbau und Viehzucht. Einer der anmuthigsten und bestbekannten Edelsitze am Bodensee, von dem dazu gehörigen Dorfe durch breiten Felsgraben getrennt mit entzückender Aussicht auf Linz und Hegau, die Ufer des Bodensees und den ganzen Alpenkranz, vom Allgäu bis zur Jungfrau. Von den alten Grafen von Heiligenberg im 1260 erbaut, ihr früherer Wohnsitz lag westlich auf dem sogenannten Altheiligenberg, wurde es durch Graf Joachim von Fürstenberg und seiner Gemahlin Anna v. Zimmern bei Gelegenheit der Vermählung ihres Sohnes Friedrich mit Elisabeth v. Solz 1584 völlig umgestaltet. Die an das Dorf grenzenden Amtswohnungen, der Vorhof, wurden 1680 von dem Fürsten Anton v. Fürstenberg erbaut. Im 30jährigen Kriege der Vernichtung durch Sprengung anheimgegeben, wurde es nur durch den glücklichen Zufall gerettet, daß die von den abziehenden Franzosen gelegte Miene nicht zündete, später von den Fürſten verlassen und verwahrlost, ward es erst als Wittwensitz wieder zu Ehren gebracht.

**Heiligenberg**, J. b. Pfdf. Gätenbach, 24 L.G., A.G. u. B.A. Triberg; R.G. u. A.A. Villingen.

**Heiligenbrunnen**, Hf. u. Prz. b. Wbr. Spriegelsbach, b. D. Blenthäler, 21 l. E., Fil. v. Neustadt; A.G. u. B.A. Neustadt; R.G. u. A.A. Freiburg.

**Heiligenholz**, R.O. b. D. Hattenweiler, 37 L.E., Fil. v. Schönach, A.G. u. B.A. Pfullendorf; A.G. u. A.A. Constanz; auf der Höhe des Bergrückens gelegen, welchen die Linzer Aach im weiten Bogen durchschneidet, mit lohnender Aussicht über das Linzgau und das Panorama der Alpen.

**Heiligenreuthe**, A. b. Pfdf., Berghaupten, 72 L.E., A.G. u. B.A. Gengenbach; A.G. u. A.A. Offenburg.

**Heiligenwald**, A. b. Pfdf. Gütenbach, 25 L.E., A.G. u. B.A. Triberg; A.G. u. A.A. Villingen.

**Heiligenzell**, D., 68 ev., 464 t., zuf. 532 E., Fil. v. Friesenheim, A.G. u. B.A. Lahr; R.G. u. A.A. Offenburg.

**Heiliggrab**, Hf. und Prz. b. Pfdf. Weilerbingen, 6 L.E., A.G. u. B.A. Engen; A.G. u. A.A. Constanz. Gebhr.: Frhr. v. Hornstein.

**Heiligkreuz**, Hf. u. Kapelle b. Stdt. Neuenburg, 6 l. E., A.G. und B.A. Müllheim; A.G. u. A.A. Lörrach.

**Heiligkreuz**, R.O. b. D. Rippenweier, 108 ev., 11 L, zuf. 119 E., Fil. v. Hohensachsen, A.G. u. B.A. Weinheim; R.G. u. A.A. Mannheim; liegt 656 p. F. üb. d. M.

**Heiligkreuzsteinach**, Pfdf., 683 ev., 307 L, zuf. 990 E., A.G. u. B.A. Heidelberg; A.G. und A.A. Heidelberg; Dec. Ladenburg; L.A. Weinheim; liegt an der Steinach, 829 p. F. üb. d. M. Das Dorf ist sehr alt und besaß schon frühe eine Kirche.

**Heimatsweiler**, R.O. b. D. Hattenweiler, 42 L.E., A.G. und B.A. Pfullendorf; A.G. u. A.A. Constanz. Getrennte Gemarkung und gemeinschaftliches Gemeindevermögen.

**Heimbach**, Pfdf., 11 ev., 615 L, zuf.

629 E., A.G. und B.A. Emmendingen; A.G. u. A.A. Freiburg; L.A. Freiburg. Feldbau u. Viehzucht; ziemlich bedeutende Steinbrüche der von Ulm'schen Grundherrschaft. Mkt.: 19. Octbr.

**Heimbach**, A. b. Stdt. Oberkirch, 13 L.E., A.G. u. B.A. Oberkirch; A.G. u. A.A. Offenburg.

**Heimbach**, A. b. Pfdf. Durbach, 103 L.E., A.G. u. B.A. Offenburg; A.G. u. A.A. Offenburg.

**Heimbronnhof**, Hf. u. Prz. b. Mühl. Stein, 10 ev., 1 L, 7 Men., zuf. 18 E., A.G. u. B.A. Bretten; A.G. u. A.A. Carlsruhe; liegt 1073 p. F. üb. d. M. Starke Landwirthschaft. Grbherrsch.: Graf v. Langenstein.

**Heimerz**, A. b. D. Stabhof, 32 l. E., Fil. v. Waldkirch, A.G. u. B.A. Waldkirch; A.G. u. A.A. Freiburg.

**Heimishof**, Hf. u. Prz. b. D. Oberfaßbach, 31 l. E., Fil. v. Saßbach, A.G. u. B.A. Achern; A.G. u. A.A. Baden.

**Heinsheim**, Pfdf., 374 ev., 370 l., 111 isr., zuf. 855 E., A.G. u. B.A. Mosbach; A.G. u. A.A. Mosbach; Dec. Neckarbischofsheim; liegt 689 p. F. üb. b. M. am Neckar. Feldbau, Wiesenbau u. Viehzucht. In der Nähe die Ruine des Stammsitzes der Herren v. Ehrenberg. Schönes Schlößchen der Grundherrn Frhrn. v. Racknitz, an welche das Dorf von den Herren v. Gemmingen kam.

**Heinstetten**, Pfdf., 6 ev., 555 l., zuf. 563 E., A.G. u. B.A. Meßkirch; A.G. u. A.A. Constanz; L.A. Meßkirch. Feldbau, Viehzucht, Wetzsteinerei. Stdhr.: Fürst v. Fürstenberg.

**Helterhof**, Hf. u. Prz. b. D. Bergöschingen, 6 l. E., Fil. v. Hohenthengen, A.G. u. B.A. Jestetten; A.G. u. A.A. Waldshut.

**Heltersheim**, Stdt., 28 ev., 1289 L., zuf. 1314 E., A.G. u. B.A. Staufen; A.G. u. A.A. Freiburg; L.A. Neuenburg; P.- und C.A. Freiburg. Sitz b. P.- und C.Exp.; liegt in einer sehr freundlichen und heitern Gegend. Feld-, Obstbau, Viehzucht und Gewerbebetrieb. Kr.- und Vieh-Mkte.:

31. Aug., 7. Dez. B.-Mkte.: 3. Febr., 2. März, 7. April, 11. Mai, 1. Juni, 6. Juli, 3. Aug., 5. Octbr., 2. Novbr. An fruchtreiche Rebhügel gelehnt hat es ein schönes Schloß, seit dem 16. Jahrh. Sitz des Johanniter-Großpriors für Deutschland, welchem Orden es 1290 durch Mkgf. Heinrich v. Hachberg geschenkt wurde. Zu Anfang dieses Jahrh. durch den letzten Ordenskanzler v. Ittner ein Sitz der Gelehrsamkeit, heiteren Lebensgenusses und freundschaftlichen Verkehrs der literarischen Notabilitäten Deutschlands.

**Heiblingsmatt**, Wlr. b. D. Pfass senberg, 20 l. E., Fil. v. Zell, L.-G. u. B.-A. Schönau; K.-G. u. A.-A. Lörrach; liegt ziemlich hoch. Gbshr.: Frhr. v. Schönau-Zell.

**Heidenhof**, Hf. und Pfz. b. Pfd. Bonndorf, 12 l. E., L.-G. und B.-A. Ueberlingen; K.-G. u. A.-A. Constanz.

**Heigenthube**, J. b. N.-D. Reichenbach, b. T. Freiamt, 35 l. E., Fil. von Keppenbach, L.-G. u. B.-A. Emmendingen; K.-G. u. A.-A. Freiburg.

**Hellenwandhof**, Hf. u. Pfz. b. D. Schwarzenbach, 11 l. E., Fil. v. Friedenweiler, L.-G. u. B.-A. Neustadt; K.-G. u. A.-A. Freiburg.

**Helmhof**, N.-D. der Stbt. Neckarbischofsheim, 83 ev., 19 l., 28 Mem., zus. 128 E., L.-G. Neckarbischofsheim und B.-A. Sinsheim; liegt 641 p. F. üb. d. M. an der Korbsbach. Gemarkung u. Gemeindevermögen gemeinschaftlich. Grbhr.: Graf v. Helmstadt.

**Helmlehof**, Hf. und Pfz. b. N.-D. Gerolsthal, v. D. Dietenbach, 12 l. E., Fil. v. Kirchzarten, L.-G. u. B.-A. Freiburg; K.-G. u. A.-A. Freiburg.

**Helmlingen**, D., 611 ev., 6 l., zus. 617 E., Fil. v. Lichtenau, L.-G. u. B.-A. Kork; K.-G. u. A.-A. Offenburg; liegt am Rhein. Feldbau, Viehzucht, Fischfang und Goldwäsche.

**Helmsdorf**, J. b. Mkfl. Immenstaab, 9 l. E., L.-G. Meersburg, B.-A. Ueberlingen; K.-G. und A.-A. Constanz. Gbshr.: Fürst v. Fürstenberg.

**Helmsheim**, Pfd., 512 ev., 354 L., zus. 866 E., L.-G. u. B.-A. Bruchsal; K.-G. u. K.-A. Carlsruhe; L.-R. Bruchsal; liegt 494 p. F. üb. d. M. Feldbau u. Viehzucht. Ist sehr alt und erscheint schon 801.

**Helmstadt**, Mktfl., 1156 ev., 177 L., 1 Diss., 18 Mem., zus. 1352 E., L.-G. Neckarbischofsheim, B.-A. Sinsheim; K.-G. u. K.-A. Heidelberg; Dec. Neckarbischofsheim; P.-R. Heidelberg. Sitz der P.-Abl. liegt 596 p. F. üb. d. M. an der Wellenbach. Feldbau, Wiesenbau und Viehzucht. Wohlhabender Marktflecken, Handel mit Früchten, Vieh u. Wolle. Mkte.: 19. Aug. 27. Octbr. Im 8. Jahrh. Güterbesitz von Lorsch. Später Stammort der gleichnamigen jetzt gräflichen Familie, welche dem Hochstifte Speyer zwei Bischöfe gab. Von drei Schlössern ist Grafenelst jetzt Wohnung der grundherrlichen Familie von Berlichingen-Rossach, die im 17. Jahrh. theilweise den Besitz der Herrschaft sich erwarb.

**Helmstheim**, J. b. Pfdf. Altheim, 36 l. E., L.-G. u. B.-A. Wallbürn; K.-G. u. A.-A. Mosbach.

**Hemmenhofen**, Pfdf., 5 ev., 277 L., zus. 282 E., L.-G. u. B.-A. Radolphzell; K.-G. und A.-A. Constanz; L.-R. Hegau; liegt am Untersee und Rhein, Stedborn gegenüber. Alt St. Gallen'scher Besitz, von welchem Kloster es 1282 durch Tausch an das gegenüber bei Stedborn in der Schweiz liegende Frauenkloster Feldbach gedieh u. hiedurch bei Einziehung der Klostergüter anfänglich das Loos hatte, als schweizer Freigut behandelt zu werden, nachher aber erst von Oesterreich, dann von Württemberg, endlich von Baden in Besitz genommen wurde.

**Hemsbach**, D., 178 l. E., Fil von Schlierstadt, L.-G. u. B.-A. Adelsheim; K.-G. u. A.-A. Mosbach; liegt 829 p. F. üb. d. M. Schbhr.: Fürst v. Leiningen.

**Hemsbach**, Pfdf., 674 ev., 585 L., zus. 1592 E., L.-G. u. B.-A. Weinheim; K.-G. u. A.-A. Mannheim; L.-R. Weinheim; P.-R. Heidelberg. Sitz b. P.-E.; liegt 362 p. F. üb. d. M. an der Straße von Heidelberg nach Frankfurt. Getreide-, Hanf- u. Weinbau, kam vom Kloster Lorsch an die Pfalz und nach 250jährigem Pfandbesitze des Hochstiftes Worms 1705 an dieselbe zurück. Altes Schloß, angeblich Sitz der Tempelherren, neues mit Gartenanlagen des Barons v. Rothschild; 1849 erster Zusammenstoß der aufständischen Truppen mit der Reichsarmee.

**Hengelen,** R.⸱O. b. Pfd. Winterspüren, 71 k. C., A.⸱G. u. B.⸱A. Stockach; K.⸱G. u. K.⸱A. Constanz. Gemarkung und Gemeindevermögen getrennt.

**Hengstbach,** Z. b. R.⸱O. Siebenbach, b. D. Oedsbach, 15 k. C., Fil. von Oberkirch, A.⸱G. u. B.⸱A. Oberkirch; K.⸱G. u. K.⸱A. Offenburg.

**Hennegraben,** Z. b. D. Balbmatt, 12 k. C., Fil. v. Neusatz, A.⸱G. u. B.⸱A. Bühl; K.⸱G. u. K.⸱A. Baden.

**Hennenmatt,** Z. b. Pfd. Rickenbach, 64 k. C., A.⸱G. u. B.⸱A. Säckingen; K.⸱G. u. K.⸱A. Waldshut.

**Henschenberg,** Hf. u. Prz. b. Pfd. Zell, 14 k. C., A.⸱G. u. B.⸱A. Schönau; K.⸱G. u. K.⸱A. Lörrach. Grdhr.: Frhr. v. Schönau-Zell.

**Henschenberg,** R.⸱O. b. Pfd. Wieleth, 29 ev. C., A.⸱G. u. B.⸱A. Schopfheim; K.⸱G. u. K.⸱A. Lörrach. Gemarkung und Gemeindevermögen getrennt.

**Heppach,** R.⸱O. b. D. Riedheim, 237 k. C., Fil. v. Untertheuringen, A.⸱G. Meersburg, B.⸱A. Ueberlingen; K.⸱G. und K.⸱A. Constanz. Gemarkung u. Gemeindevermögen getrennt; liegt an der Straße von Meersburg nach Ravensburg. Stdhr.: Fürst v. Fürstenberg.

**Heppenschwand,** R.⸱O. b. D. Tiefenhäusern, 113 k. C., Fil. v. Höchenschwand, A.⸱G. u. B.⸱A. St. Blasien; K.⸱G. u. K.⸱A. Waldshut. Getrennte Gemarkung und gemeinschaftliches Gemeindevermögen.

**Heppfach,** Hf. u. Prz. b. R.⸱O. Herbern, b. Stdt. Freiburg, 10 k.C., K.⸱G.u.B.⸱A. Freiburg; K.⸱G. und K.⸱A. Freiburg; liegt ziemlich hoch am nördlichen Abhange des Roßkopfes und hat eine sehr schöne Aussicht.

**Herbolzheim,** Stdt., 5 ev., 2058 k.,

zus. 2063 C., A.⸱G. u. B.⸱A. Kenzingen; A.⸱G. und K.⸱A. Freiburg; L.⸱R. Lahr; P.⸱A. Freiburg. Sitz b. Not. u. P.⸱Abl.; liegt an der Straße von Carlsruhe nach Basel. Feldb., besonders Hanfbau, Weinbau und Viehzucht, Gewerbebetrieb, Baumwoll- u. Leinwaaren, Cigarren, Essig- u. Seifenfabrikation, Hänferei, Ziegelei, Mühlenbetrieb. Kalksteingruben. Halt- u. Tel.⸱Stat. Mkte.: 7. April, 26. Mai, 28. Oct. Wahrscheinlich als Ehesteuer der Tochter Herzog Bertholds IV. an die Grafen von Alburg geblieben, fiel es mit der Riburger Herrschaft an die Habsburger und kam endlich mit dem Breisgau an Baden.

**Herbolzheim,** Pfd., 3 ev., 659 k., zus. 662 C., A.⸱G. u. B.⸱A. Mosbach; K.⸱G. u. K.⸱A. Mosbach; L.⸱R. Mosbach; liegt 534 p. F. üb. d. M. an der Jagst. Feldb., Weinbau und Viehzucht.

**Herbolzheimer Höfe,** Hf. u. Prz. b. Stdt. Herbolzheim, 3 k. C., A.⸱G. u. B.⸱A. Kenzingen; K.⸱G. u. K.⸱A. Freiburg.

**Herbsthof,** Hf. u. Prz. b. R.⸱O. Seelfingen, b. D. Mahlspüren im Thale, 11 k. C., Fil. v. d. Pfrrern. Mahlspüren, A.⸱G. und B.⸱A. Ueberlingen; K.⸱G. und K.⸱A. Constanz.

**Herbstkopf,** Z. b. R.⸱O. Bottenau, b. Pfd. Durbach, 34 k. C., A.⸱G. u. B.⸱A. Offenburg; K.⸱G. u. K.⸱A. Offenburg.

**Herbstwasen,** Z. b. D. Döttelbach, 9 k. C., Fil. v. Petersthal, A.⸱G. u B.⸱A. Oberkirch; K.⸱G. u. K.⸱A. Offenburg.

**Hercherhof,** Hf. und Prz. b. Pfd. Neuershausen, 9 k. C., A.⸱G. u. B.⸱A. Freiburg; K.⸱G. u. K.⸱A. Freiburg.

**Herdern,** R.⸱O. b. Stdt. Freiburg, 26 ev., 940 k., zus. 966 C., A.⸱G. u. B.⸱A. Freiburg; K.⸱G. und K.⸱A. Freiburg. Ein alter Ort, der schon im Jahre 806 bestand. Gemarkung u. Gemeindevermögen gemeinschaftlich.

**Herdern,** R.⸱O. b. Pfd. Hohentengen, 2 ev., 194 k., zus. 196 C., A.⸱G. u. B.⸱A. Jestetten; K.⸱G. u. K.⸱A. Waldshut. Getrennte Gemarkung u. gemeinschaftliches Gemeindevermögen.

**Herdtle,** Hf. u. Brz. b. Pfbf. Mahlspüren, 6 L. E., A.G. u. B.A. Stockach; K.G. u. K.A. Constanz.

**Herbwangen,** Pfdf., 10 ev., 799 k., juf. 809 C., A.G. u. B.A. Pfullendorf; A.G. und K.A. Constanz; L.K. Linzgau. Feldbau u. Biehzucht. Urkundlich Hedewang, wurde um 1050 von Graf Eberhard von Bodmann dem Kloster Petershausen geschenkt; hierauf an Lehensmänner abgegeben, von welchen der Schaffhauser Bürger, Heinrich Brümfi, 1402 das Vogtrecht an das Spital zu Ueberlingen verkaufte.

**Hergenstadt,** Col., 51 ev., 78 k. juf. 129 C., Stabhalterei. A.G. u. B.A. Adelsheim; A.G u K.A. Mosbach; liegt 1143 p. F. üb. d. M. Ortbhr.: Fchr. v. Adelsheim.

**Herlinsbach,** Hf. und Brz. b. Stbt. Hauſach, 7 L. C., A.G. Hasſach, B.A. Wolfach; A.G. u. K.A. Offenburg. Sibchr.: Fürſt v. Fürſtenberg.

**Hermersberg,** Hf. u. Brz. b. Pfdf. Oberharmersbach, 47 L. C., A.G. u. B.A. Gengenbach; A.G. u. K.A. Offenburg.

**Hermeshof,** Hf. u. Brz. von Unteraltenweg, Wlr. b. D. Bierthäler, 17 L. C., Fil. v. Neuſtadt, A.G. u. B.A. Neuſtadt; A.G. u. K.A. Freiburg.

**Herrenbach,** F. b. D. Wagenſteig, 8 k. C., Fil. v. Buchenbach, A.G. und B.A. Freiburg; A.G. u. K.A. Freiburg.

**Herrenbach,** F. b. Pfdf. Gulach, 60 ev. C., A.G. u. B.A. Triberg; A.G. und K.A. Villingen.

**Herrengut,** F. b. Stdt. Baden, 82 k. C., A.G. u. B.A. Baden; A.G. u. K.A. Baden. Schöne Ausſicht.

**Herrenholz,** Hf. u. Brz. b. D. Unterharmersbach, 14 L. C., Fil. v. Zella H., A.G. u. B.A. Gengenbach; A.G. u. K.A. Offenburg.

**Herrenmühle,** Ha. u. Brz. b. Mktf. Eichſtetten, 10 ev. C., A.G. u. B.A. Emmendingen; A.G. u. K.A. Freiburg.

**Herrenſchwand,** K.O. b.D. Präg, 177 k. C., Fil. v. Todtmoos, A.G. u. B.A. Schönau; A.G. u. K.A. Lörrach. Gemarkung und Gemeindevermögen getrennt.

**Herrentrotte,** Hf. und Brz. b. Pfbf. Hohenthengen, 3 k. C., A.G. u B.A. Jeſtetten; A.G. u. K.A. Waldshut.

**Herrenwälderberg,** F. b. Pfbf. Schonach, 43 L. C., A.G. u. B.A. Triberg; A.G. u. K.A. Villingen.

**Herrenwald,** F. b. D. Bergzell, 8 L. C., Fil. v. Schentenzell, A.G. u. B.A. Wolfach; A.G. u. K.A. Offenburg.

**Herrenweg,** Hf. u. Brz. b.D. Lehengericht, 4 ev. C., Fil. v. Schillach, A.G. u. B.A. Wolfach; A.G. u. K.A. Offenburg.

**Herrenwies,** Pfbf., 2 ev., 102 L, juf. 104 C., A.G. u. B.A. Bühl; A.G. und K.A. Baden; L.K. Otterswelar; F. Inſp. Gernsbach. Sitz b. B. F.; liegt in einer rauhen Hochebene von Bergkegeln eingeſchloſſen. Diehzucht, Holzfällen, Flößerei auf der Murg. Früh cultivirt, beſitzt es Spuren alter Bewohner und Ruinen am Bernſteinfelſen mit Vollſage vom Mädchenraub. Aus ſeiner Veröbung 1748 Holzmachern und Glaſern eingeräumt, erhielt es durch letztere ein Kirchlein, für welches 1818 die jetzige Pfarrei ſelbſtſtändig gebildet wurde.

**Herrifchried,** Pfbf., 6 ev., 776 L, juf. 783 C., A.G. und B.A. Säckingen; A.G. u. K.A. Waldshut; L.K. Waldshut; liegt ſehr hoch und gehörte früher zur Herrſchaft Hauenſtein.

**Herrifchwand, Groß-,** D., 312 L C., Fil. v. Herrifchried, A.G. u. B.A. Säckingen; A.G. u. K.A. Waldshut.

**Herrifchwand, Kleinr,** K.O. b. D. Wehrhalden, 108 L.C., Fil. v. Herrifchried, A.G. u. B.A. Säckingen; A.G. u. K.A. Waldshut. Gemarkung u. Gemeindevermögen gemeinſchaftlich.

**Herrmannsberg,** K.O. b. D. Haltenweiler, 17 L. C., Fil. von Schönach, A.G. u.B.A. Pfullendorf; A.G. u.K.A. Conſtanz. Getrennte Gemarkung und gemeinſchaftliches Gemeindevermögen. H. urkundlich 1274 Hermoltsberge, hatte damals

8

eine eigene Pfarre, später ein in neuerer Zeit in ein Brauhaus verwandeltes Kloster.

**Herrmannswald**, J. b. R.-O. Gebirg, b. Pfsf. Durbach, 9 l. E., A.-G. u. B.-A. Offenburg; K.-G. u. K.-A. Offenburg.

**Hersberg**, Schloß u. Prz. b. Stdt. Meersburg, 8 l. E., A.-G. Meersburg, B.-A. Ueberlingen; K.-G. u. K.-A. Constanz. Stattliches Schloß über der Straße nach Lindau, auf einem Rebhügel unfern des Sees gelegen, mit reizender Aussicht über dessen Ufer auf die Schweizer Alpen. Jetzt Wohnsitz eines Zweiges der fürstl. Salmschen Familie.

**Herthen**, Pfsf., 28 ev., 669 l., zuj. 697 E., A.-G. u. B.-A. Lörrach; K.-G. u. K.-A. Lörrach; L.-A. Wiesenthal. Feldbau, Wiesenbau, Biehzucht u. Steinhandel. Dasselbe war den Römern unter dem Namen Arednnum bekannt.

**Hertingen**, Pfsf., 462 ev., 23 l., zuj. 485 E., A.-G. u. B.-A. Lörrach; K.-G. u. K.-A. Lörrach; Dec. Müllheim. Feldbau u. Biehzucht. H. ist ziemlich alt und entstand im 13. Jahrh. aus einzelnen Maierhöfen.

**Herzogenweiler**, D., 13 ev., 154 l., zuj. 167 E., Fil. v. Böhrenbach, A.-G. u. B.-A. Billingen; K.-G. u. K.-A. Billingen. Bedeutende Glashütte, die gute Geschäfte in die Gegenwart macht. H. hat seinen Namen von den Herzogen v. Zähringen und war früher bedeutend als Mutterkirche der ganzen Umgegend, die im 11. Jahrh. an Salem vergabt und später theilweise in die Stadt Villingen gezogen wurde.

**Herzthal**, D., 8 ev., 353 l., zuj. 361 E., Fil. v. Nußbach, A.-G. u. B.-A. Oberkirch; K.-G. und K.-A. Offenburg. Feldbau, Wiesen- Wein- u. Obstbau nebst Biehzucht.

**Hespengrund**, J. b. Pfsf. Durbach, 87 l. E., A.-G. u. B.-A. Offenburg; K.-G. u. K.-A. Offenburg. Grdhr.: Frhr. v. Neveu.

**Hesselbach**, J. b. Pfsf. Großweier, 84 l. E., A.-G. u. B.-A. Achern; K.-G. u. K.-A. Baden.

**Hesselbach**, R.-O. b. D. Bulfchbach, 215 l. E., Fil. v. Oberkirch, A.-G. u. B.-A. Oberkirch; K.-G. u. K.-A. Offenburg. Starken Obst- u. Weinbau u. Biehzucht. Gemarkung und Gemeindevermögen getrennt.

**Hesselhurft**, Pfsf., 391 ev., 3 l., zuj. 396 E., A.-G. u. B.-A. Kork; K.-G. und K.-A. Offenburg; Dec. Kork. Feldb., Wiesenbau u. Biehzucht. Handel mit Landesproducten.

**Hessenberg**, Hf. und Prz. b. Pfsf. Schweighausen, 9 l. E., A.-G. u. B.-A. Ettenheim; K.-G. u. K.-A. Freiburg.

**Hestlich**, J. b. Stdt. Baden, 62 l. E., A.-G. u. B.-A. Baden; K.-G. u. K.-A. Baden.

**Hestlingshof**, Col. b. Pfsf. Gommersdorf, 30 l. E., A.-G. u. B.-A. Boxberg; A.-G. u. K.-A. Mosbach; liegt 1040 v. F. üb. b. M.

**Hettingen**, Pfsf., 1 ev., 1139 l., zuj. 1140 E., A.-G. u. B.-A. Buchen; A.-G. u. K.-A. Mosbach; L.-R. Walldürn; liegt 1289 p. F. üb. b. M. Feldbau, Biehzucht und Fruchthandel. Stdthr.: Fürst v. Leiningen.

**Hettingenbeuern**, Pfsf., 305 l. E., A.-G. u. B.-A. Buchen; A.-G. und K.-A. Mosbach; L.-R. Walldürn; liegt 1779 p. F. üb. b. M. an der Morrebach. Feldbau und starke Biehzucht.

**Heubach**, R.-O. b. D. Bierbronnen, 74 l. E., Fil. v. Weilheim, A.-G. u. B.-A. Waldshut; A.-G. u. K.-A. Waldshut. Gemarkung u. Gemeindevermögen getrennt. H. wurde 1300 von Werner ab dem Wettenberg der Abtei St. Blasien geschenkt.

**Heubach**, J. b. D. Bergzell, 10 l. E., Fil. v. Schenkenzell, A.-G. und B.-A. Wolfach; A.-G. u. K.-A. Offenburg.

**Heubach**, J. b. D. Kaltbrunn, 104 l E., J. b. d. Pfrgem. Wittichen, A.-G. u. B.-A. Wolfach; A.-G. u. K.-A. Offenburg.

**Heuberg**, Hf. u. Prz. b. D. Schlächlenhaus, 20 ev. E., Fil. von Weltnau, A.-G. u. B.-A. Schopfheim; A.-G. u. K.-A. Lörrach.

**Heuberg**, Hf. und Prz. b. D. Oebs-

**115**

bach, 9 L. E., Fil. v. Oberkirch, A.-G. u. B.-A. Oberkirch; L.-G. u. K.-A. Offenburg.

**Hendorf**, Pfdf., 416 L. E., A.-G. u. B.-A. Meßkirch; L.-G. u. K.-A. Constanz; L.-A. Meßkirch. Feldbau u. Viehzucht. Beträchtliche Eisenerzgruben. Stdshr.: Fürst v. Fürstenberg.

**Hendorf**, Pfdf., 11 ev., 573 L., zuf. 586 E., A.-G. u. B.-A. Stockach; A.-G. u. K.-A.Constanz; L.-A.Stockach. Feldbau, Viehzucht; bedeutende Eisenerzgruben. Ruinen der Burg, welche der Stammsitz eines gleichnamigen Adels war, aus welchem Peregrin v. H. in den Schwertzerlegen des 15. Jahrh. eine bedeutende Rolle spielte und durch mißlungenen Angriff den Verlust von Schaffhausen herbeiführte.

**Henweiler**, Pfdf. 405 L. E., A.-G. u. B.-A. Waldkirch; A.-G. u. K.-A. Freiburg; L.-A. Freiburg. Feldb., Wiesen, Weinbau u. Viehzucht.

**Henwies**, Hf. u. Pz. d. D. Lehengericht, 4 ev. E., Fil. v. Schiltach, A.-G. u. B.-A. Wolfach; A.-G. u. K.-A. Offenburg.

**Hegenloch**, Z. d. Pfdf. Reutirch, 29 L. E., A.-G. u. B.-A. Triberg; A.-G. u. K.-A. Villingen.

**Hierbach**, A.-O. b. D. Bilsingen, 166 L. E., Fil. von Unteralpfen, A.-G. u. B.-A. St. Blasien; A.-G. u. K.-A. Waldshut. Getrennte Gemarkung u. gemeinschaftliches Gemeindevermögen.

**Hierholz**, A.-O. b. D. Wolpadingen, 110 L. E., Fil. v. Unteralpfen, A.-G. u. B.-A. St. Blasien; A.-G. u. K.-A. Waldshut. Getrennte Gemarkung u. gemeinschaftliches Gemeindevermögen.

**Hildegrund**, Hf. u. Pz. b. D. Mahlspüren im Thale, 12 L. E., Fil. der Pfrgem. Mahlspüren i. Th., A.-G. und B.-A. Ueberlingen; A.-G. u. K.-A. Constanz.

**Hildmannsfeld**, D., 198 L. E., Fil. v. Schwarzach, A.-G. u. B.-A. Bühl; A.-G. u. K.-A. Baden.

**Hillersberg**, Hf. u. Pz. b. D. Nieberwinden, 14 L. E., Fil. v. Oberwinden, A.-G. u. B.-A. Waldkirch; A.-G. u. K.-A. Freiburg. Srbhr.: Fchr. v. Berstett.

**Hilpertenhof**, Hf. u. Pz. v. Oberlangenordnach, Wlr. b. D. Langenordnach, 11 L. E., Fil. von Friedenweiler, A.-G. u. B.-A. Neustadt; A.-G. und K.-A. Freiburg.

**Hilpertenhof**, Hf. u. Pz. v. Spriegelsbach, Wlr. b. D. Vierthäler, 16 L. E., Fil. v. Neustadt, A.-G. und B.-A. Neustadt; A.-G. u. K.-A. Freiburg.

**Hilversan**, D., 2 ev., 395 l., zuf. 397 E., Fil. v. Gernsbach, A.-G. u. B.-A. Gernsbach; A.-G. und K.-A. Baden; liegt 604 p. F. üb. d. M.

**Hilpertsburg**, A.-O. b. Pfdf. Tenlingen, 34 L. E., A.-G. u. B.-A. Pfullendorf; A.-G. u. K.-A. Constanz. Gemarkung und Gemeindevermögen getrennt.

**Hilsbach**, Z. b. Pfdf. Durbach, 132 L., 2 isr., zuf. 134 E., A.-G. und B.-A. Offenburg; A.-G. und K.-A. Offenburg. Weinbau.

**Hilsbach**, Stdt., 705 ev., 452 l., 28 Disf., 1 Men., 23 isr., zuf. 1209 E., A.-G. u. B.-A. Sinsheim; A.-G. u. K.-A. Heidelberg; Drc. Sinsheim; L.-A. Waibstadt; liegt 850 p. F. üb. d. M. an dem gleichnamigen Bache. Feldbau u. Viehzucht. Als Lorscher Besitz an die Pfalz gediehen, war der Ort frühe befestigt, daher Aufenthalt mehrerer adeligen Familien aus der Umgegend. Stdshr.: Fürst v. Leiningen.

**Hilsbach, Wald-**, D., 281 ev., 44 L., zuf. 325 E., Fil. v. Gaiberg, l. Fil. v. Neckargemünd, A.-G. Neckargemünd, B.-A. Heidelberg; A.-G. und K.-A. Heidelberg.

**Hilsen**, Hf. u. Pz. b. D. Galsbach, 9 L. E., Fil. v. Oberkirch, A.-G. u. B.-A. Oberkirch; A.-G. u. K.-A. Offenburg. Grundherren: Frhrn. v. Schauenburg.

**Hilsenhain**, A.-O. b. D. Lampenhain, 69 ev., 2 L., zuf. 71 E., Fil. von Heiligkreuzsteinach, A.-G. u. B.-A. Heidelberg; A.-G. u. K.-A. Heidelberg; liegt 1560 p. F. üb. d. M. an der hessischen Grenze. Gemarkung u. Gemeindevermögen getrennt.

**Hilzingen**, Mktfl. 7 ev., 1318 L. zuf. 1325 E., A.-G. u. B.-A. Engen; A.-G. u. K.-A. Constanz; L.-A. Hegau; B.-A. Stockach. Sitz d. Bühlkrs. Feldb., Obst- u. Weinbau

bau, Viehzucht. Mkte.: 15. Juni, 19. Oct.
25. Nov. Als Hiltifingen 1050 Bambergischer Besitz, der zum Kloster Stein gehörte, wurde mit diesem österreichisch, gedieh Lodamm durch Kauf an die Herren v. Randegg. im 16. Jahrh. mit dieser Herrschaft an den gelehrten Hans v. Schellenberg, später an Petershausen und mit diesem Kloster an Baden.

**Himmelburg**, Hf. u. Pf. b. Pfrr. Ihringen, 20 ev. C., A.-G. und B.-A. Breisach; R.-G. u. K.-A. Freiburg.

**Himmelreich**, Z. d. N.-O. Höllen, b. D. Burg, 48 l. C., Fil. v. Kirchzarten, A.-G. u. B.-A. Freiburg; R.-G. u. K.-A. Freiburg.

**Himmelreich**, Z. des Pfrr. Berghaupten, 12 l. C., A.-G. u. B.-A. Gengenbach; R.-G. u. K.-A. Wolfach.

**Hindelwangen**, Pfrr., 325 l. C., A.-G. u. B.-A. Stockach; R.-G. und K.-A. Constanz; L.R. Stockach. Feldbau u. Viehzucht. In der Kirche das Grabmal eines Grafen von Nellenburg, die hier ihre Hofkapläne hatten.

**Hindenhöfe**, Z. d. Pfrr. Kappelrodeck, 16 l. C., A.-G. u. B.-A. Achern; R.-G. u. K.-A. Baden.

**Hintenofen**, Z. d. Pfrr. Grimmelsbach, 9 l. C., A.-G. u. B.-A. Triberg; R.-G. u. K.-A. Villingen.

**Hinterbauernhof**, Hf. u. Prj. b. D. Linach, 17 l. C., Fil. von Schönenbach, A.-G. u. B.-A. Villingen; R.-G. u. K.-A. Villingen.

**Hinterberg**, Z. d. Pfrr. Petersthal, 13 l. C., A.-G. u. B.-A. Oberkirch; R.-G. u. K.-A. Offenburg.

**Hinterberghof**, Hf. u. Pf. b. Pfrr. Nesselwangen, 6 l. C., A.-G. u. B.-A. Ueberlingen; R.-G. u. K.-A. Constanz.

**Hinterfalken**, Prj. b. D. Falkau, 106 l. C., Fil. v. Altglashütte, A.-G. u. B.-A. Neustadt; R.-G. u. K.-A. Villingen.

**Hintergass**, Z. d. D. Oltenbach, 12 l. C., Fil. v. Altglashütte, A.-G. und B.-A. Neustadt; R.-G. u. K.-A. Freiburg.

**Hintergeissberg**, Z. d. Pfrr. Schweighausen, 70 l. C., A.-G. u. B.-A. Ettenheim; R.-G. u. K.-A. Freiburg.

**Hintergrund**, Z. d. Pfrr. Mühlenbach, 36 l. C., A.-G. Haslach, B.-A. Wolfach; R.-G. u. R.-A. Offenburg. Eibshr.: Fürst v. Fürstenberg.

**Hinterhäuser**, R.-O. d. D. Fischbach, 46 l. C., Fil. v. Lenzkirch, A.-G. u. B.-A. Neustadt; R.-G. u. K.-A. Freiburg. Getrennte Gemarkung u. gemeinschaftliches Gemeindevermögen. Eibshr.: Fürst von Fürstenberg.

**Hinterhambach**, Z. d. D. Unterharmersbach, 164 l. C., Fil. v. Zella H., A.-G. u. B.-A. Gengenbach; R.-G. u. K.-A. Offenburg.

**Hinterhausen**, Z. d. Stbt. Constanz, 39 l. C., A.-G. u. B.-A. Constanz; R.-G. u. K.-A. Constanz.

**Hinterhausen**, Z. d. Pfrr. Allmannsdorf, 42 l. C., A.-G. u. B.-A. Constanz; R.-G. u. K.-A. Constanz.

**Hinterhenbach**, R.-O. d. D. Altenbach, 22 ev. C., Fil. v. Heiligkreuzsteinach, A.-G. u. B.-A. Heidelberg; R.-G. u. K.-A. Heidelberg.

**Hinterhenbronn**, R.-O. des Pfrr. Neuenweg, 51 ev. C., A.-G. u. B.-A. Schopfheim; R.-G. u. K.-A. Lörrach. Gemarkung und Gemeindevermögen getrennt.

**Hinterhenweiler**, Z. d. Pfrr. Heuweiler, 130 C., A.-G. u. B.-A. Waldkirch; R.-G. u. K.-A. Freiburg.

**Hinterhof**, Hf. und Prj. b. Stbt. Haslach, 11 l. C., A.-G. Haslach, B.-A. Wolfach; R.-G. u. R.-A. Offenburg. Eibshr.: Fürst v. Fürstenberg.

**Hinterhof**, Hf. u. Prj. b. D. Lehengericht, 12 l. C., Fil. v. Schiltach, A.-G. u. B.-A. Wolfach; R.-G. u. K.-A. Offenburg.

**Hinterholz**, Z. d. R.-O. Holz, b. D. Fröhnd, 30 l. C., Fil. v. Schönau, A.-G. u. B.-A. Schönau; R.-G. u. K.-A. Lörrach.

**Hinterholz**, Z. d. D. Lehengericht, 19 ev. C., Fil. v. Schiltach, A.-G. u. B.-A. Wolfach; R.-G. u. K.-A. Offenburg.

**Hinterlangenbach**, Z. b. D. Langenbach, 88 f. E., Fil. von Rohrenbach, A.G. u. B.A. Villingen; L.G. u. K.A. Villingen.

**Hinterlauben**, Z. b. Pfd. Schonach, 54 f. E., A.G. u. B.A. Triberg; L.G. u. K.A. Villingen.

**Hintermagrat**, Prz. b. Z. Magrut, b. D. Schwerzenbach, 23 L. E., Fil. von Friedenweiler, A.G. und B.A. Neustadt; L.G. u. K.A. Freiburg.

**Hinterohlsbach**, Z. b. D. Ohlsbach, 104 f. E., A.G. u. B.A. Gengenbach; L.G. u. K.A. Offenburg.

**Hintersteigen**, Z. b. Pfd. Fridingen, 10 L E., A.G. Meersburg. B.A. Ueberlingen; L.G. und K.A. Conftanz. Eibehr.: Fürst v. Fürstenberg.

**Hinterstraß**, D., 415 f. E., Fil. von St. Märgen, A.G. und B.A. Freiburg; L.G. u. K.A. Freiburg.

**Hinterthal**, Z. b. Pfd. Oberried, 59 f. E., A.G. u. B.A. Freiburg; L.G. u. K.A. Freiburg.

**Hinterthal**, Z. b. Pfd. Gütenbach, 869 L. E., A.G. u. B.A. Triberg; L.G. u. K.A. Villingen.

**Hinterthal**, Z. b. Pfd. Rußbach, 102 f. E., A.G. u. B.A. Triberg; L.G. u. K.A. Villingen.

**Hinterthal**, Z. b. Pfd. Drechlhal, 137 L E., A.G. u. B.A. Waldkirch; L.G. u. K.A. Freiburg.

**Hinterthal**, Z. b. Pfd. Nordrach, 150 f. E., A.G. und B.A. Gengenbach; L.G. u. K.A. Offenburg.

**Hinterwald**, Z. b. D. Hinterstraß, 16 f. E., Fil. v. St. Märgen, A.G. und B.A. Freiburg; L.G. u. K.A. Freiburg.

**Hinterzarten**, Pfd., 2 ev., 776 f. zuf. 778 E., A.G. u. B.A. Freiburg; L.G. u. K.A. Freiburg; L.A. Breisach; liegt in einer wilden und rauhen Gegend hinter dem Höllenthal. Früher Hinterstraß, am Durchbruch der großen Schwarzwaldseen in die Schluchten der Wutach u. Treisam. Starke Industrie in Uhren, Blechlöffeln u. Holzhandel.

**Hintschingen**, D., 1 ev., 175 E., zuf. 176 E., Fil. v. Kirchen, A.G. und B.A. Engen; L.G. und K.A. Conftanz. Landwirthschaft. Eibehr.: Fürst v. Fürstenberg.

**Hippen**, Z. b. Mbt. Furtwangen, 41 L E., A.G. u. B.A. Triberg; L.G. u. K.A. Villingen.

**Hippersbach**, Z. b. D. Unterharmersbach, 32 f. E., Fil. von Zell a. H., A.G. u. B.A. Gengenbach; L.G. u. K.A. Wolfach.

**Hipscheuthal**, Z. b. Pfd. Gütenbach, 41 f. E., A.G. u. B.A. Triberg; L.G. u. K.A. Villingen.

**Hirz**, Z. b. Pfd. Saig, 26 L E., A.G. u. B.A. Neuftadt; L.G. und K.A. Freiburg.

**Hirlingsgrund**, Z. b. D. Fischerbach, 19 L E., Fil. v. Weiler, A.G. Haslach, B.A. Wolfach; L.G. u. A.A. Offenburg. Eibehr.: Fürst v. Fürstenberg.

**Hirschbach**, Z. b. Pfd. Bühlerthal, 32 f. E., A.G. u. B.A. Bühl; L.G. und K.A. Baden.

**Hirschbach**, Z. b. D. Lierbach, 11 f. E., Fil. v. Oppenau, A.G. und B.A. Oberkirch; L.G. u. K.A. Offenburg.

**Hirschbach**, Z. b. Pfd. Schapbach, 62 f. E., A.G. u. B.A. Wolfach; L.G. und K.A. Offenburg. Eibehr.: Fürst von Fürstenberg.

**Hirschberg**, Z. b. Eibl. Freiburg, 8 f. E., A.G. u. B.A. Freiburg; L.G. u. K.A. Freiburg.

**Hirschbühl**, Z. b. D. Hinterstraß, 6 f. E., Fil. v. St. Märgen, A.G. und B.A. Freiburg; L.G. u. K.A. Freiburg.

**Hirschlanden**, Col. b. D. Münchhöf, 25 f. E., Fil. v. Raithaslach, A.G. u. B.A. Stockach; L.G. u. K.A. Conftanz.

**Hirschlanden**, Pfd., 419 ev., 9 L, zuf. 428 E., A.G. u. B.A. Adelsheim; L.G. und K.A. Mosbach; Dec. Borberg; liegt 990 p. F. üb. d. M. in einem freundlichen

Thale an der Kernaubach. Feld-, Wiesenbau und Viehzucht. Treffliche Kartoffeln. Stdhr.: Löwenstein-Wertheim.

**Hirschwald**, F. b. Pfdf. Rußbach, 38 l. E., A.-G. u. B.-A. Triberg; A.-G. u. K.-A. Villingen.

**Hirtenhaus**, Hf. und Prz. b. Stdt. Freiburg, 7 l. E., A.-G. u. B.-A. Freiburg; A.-G. u. K.-A. Freiburg.

**Hirtenhof**, Hf. und Prz. b. Pfdf. Zizzelringen, 12 l. E., A.-G. u. B.-A. Constanz; A.-G. u. L.-A. Constanz. Grbhr.: Frhr. v. Bodmann.

**Hirzig**, Hf. u. Prz. b. D. Lierbach, 11 l. E., Fil. v. Oppenau, A.-G. u. B.-A. Oberkirch; A.-G. u. K.-A. Offenburg.

**Hittisheim**, Hf. und Prz. b. Pfdf. Worblingen, 15 l. E., A.-G. u. B.-A. Radolphzell; A.-G. u. K.-A. Constanz.

**Hochberg**, Hf. und Prz. von Oberlangenordnach, Wlr. b. D. Langenordnach, 9 l. E., Fil. v. Friedenweiler, A.-G. und B.-A. Neustadt; A.-G. u. K.-A. Freiburg.

**Hochberg**, Hf. u. Prz. b. D. Scholl, ach, 22 l. E., Fil. v. Urach, A.-G. und B.-A. Neustadt; A.-G. u. K.-A. Freiburg.

**Hochberg**, Hf. u. Prz. b. D. Lehengericht, 5 ev. E., Fil. v. Schiltach, A.-G. u. B.-A. Wolfach; A.-G. u. K.-A. Offenburg.

**Hochbrunnen**, Hf. u. Prz. b. D. Peterzell, 13 ev. E., Fil. v. St. Georgen, A.-G. u. B.-A. Triberg; A.-G. und K.-A. Villingen.

**Hochburg**, Hf. und Schloß b. Pfdf. Sezau, 43 ev., 13 l., zuf. 56 E., A.-G. u. B.-A. Emmendingen; A.-G. und K.-A. Freiburg. Alte Burg der Zähringer, kam schon unter Berthold I. an die markgräfl. Linie, von welcher ein Zweig von ihr den Namen Hochburg oder Hachberg annahm. Durch Markgraf Friedrich VI. in eine moderne Festung verwandelt, wurde sie bereits im folgenden Jahre geschleift. Jetzt befindet sich daselbst eine beachtenswerthe, vielbesuchte landwirthschaftliche Musterschule mit landwirthschaftlicher Geräthefabrik v. W. Roth,

die solid gearbeitete Geräthe neuester Construction liefert. Silberne Medaille.

**Hochdorf**, Pfdf., 599 l. E., A.-G. u. B.-A. Freiburg; A.-G. u. K.-A. Freiburg; L.-A. Freiburg. Feld-, Wirtenbau u. starke Viehzucht. Grbhr.: Frhr. v. Berstett.

**Hochebene**, F. b. Stdt. Oppenau, 9 l. E., A.-G. u. B.-A. Oberkirch; A.-G. u. K.-A. Offenburg.

**Hochebenehof**, Hf. und Prz. v. D. Schwarzenbach, 7 l. E., Fil. v. Friersweiler, A.-G. u. B.-A. Neustadt; A.-G. u. K.-A. Freiburg.

**Hochemmingen**, Pfdf., 19 ev, 502 l., zuf. 521 E., A.-G. u. B.-A. Donaueschingen; A.-G. u. K.-A. Villingen; L.-A. Geisingen. Feld-, Wiesenbau, starke Viehzucht. Handel mit Getreide, Pferden und Hornvieh. Stdhr.: Fürst v. Fürstenberg.

**Hochhausen**, Pfdf., 340 ev., 117 l., 10 Men., 63 isr., zuf. 530 E., A.-G. und B.-A. Mosbach; A.-G. u. K.-A. Mosbach; Dec. Neckarbischofsheim; (liegt 480 p. F. üb. d. M. am linken Ufer des Neckars. Feldbau, Viehzucht u. Hanfbarbeit. Wahrscheinlich altes Königsgut, welches später an die Herren v. Horneck kam, von welchem es an Speyer zurückfiel und an die jetzigen Grundherren Grafen v. Helmstädt geblieb, die hier ein schönes Schloß haben. In der Kirche schöne Altargemälde, die sich auf die Legende der heiligen Rotturna beziehen, der angeblichen Tochter König Dagoberts, von welcher eine anziehende Legende sich an eine nahe Felsenhöhle knüpft. Das Grabmal der Heiligen, im Style des 7. Jahrh., befindet sich in der Kirche.

**Hochhausen**, Pfdf., 1 ev. 622 l., 76 isr., zuf. 899 E., A.-G. u. B.-A. Tauberbischofsheim; A.-G. u. K.-A. Mosbach; L.-A. Tauberbischofsheim; (liegt 601 p. F. üb. d. M. an der Tauber. Feld-, Weinbau und Viehzucht. Starker Handel mit Wein. Früher Besitz der Karthause Grünau.

**Hochkopf**, Hf. u. Prz. b. K.-D. Siebensbach, b. D. Oedsbach, 7 l. E., Fil. v. Oberkirch, A.-G. und B.-A. Oberkirch; A.-G. u. K.-A. Offenburg.

**Hochsal**, Pfd., 2 ev., 438 l., juf. 440 C., A.-G. u. B.-A. Waldshut; R.-G. u. K.-A. Waldshut; L.-R. Waldshut. Feldbau und Viehzucht. In der Kirche, an deren Chor angeblich die Jahrzahl 1068 eingehauen ist, soll der Sage nach die heil. Mechthild begraben sein.

**Hochstetten**, R.-D. b. Erbl. Breisach, 71 l. C., A.-G. u. B.-A. Breisach; K.-G. u. K.-A. Freiburg. Gemarkung u. Gemeindevermögen gemeinschaftlich. Ziegelei.

**Hochstetten**, Pfd., 587 ev., 20 l., juf. 607 C., A.-G. u. B.-A. Carlsruhe; K.-G. u. K.-A. Carlsruhe; Land-Dec. Carlsruhe; liegt 370 p. F. üb. d. M. beim Rheine. Feld-, Wiesenbau u. Torfstich. Handel mit Hanf. Am alten Hochgestade des Rheins, woher der Name, seit 1538 durch den Speyer'schen Lehenadel von Löwenstein an Baden-Durlach verkauft.

**Hochstroß**, 3. b. Pfd. Waldau, 27 L C., A.-G. u. B.-A. Freiburg; K.-G. u. K.-A. Freiburg.

**Hockenhard**, Hf. u. Prz. b. D. Schönberg, 12 L C., Fil. v. Prinzbach, A.-G. u. B.-A. Lahr; K.-G. u. K.-A. Offenburg. Erbhsr.: Fürst v. d. Leyen.

**Hockenheim**, Pfd., 1712 ev., 1486 L, 1 Men., 139 isr., juf. 3338 C., A.-G. u. B.-A. Schwetzingen; K.-G. u. K.-A. Mannheim; L.-R. St. Leon; D.-R. Heidelberg. Sitz b. B.-Exp.; liegt 348 p. F. üb. d. M. Feld-, Wiesenbau, Viehzucht, namentlich starker Tabackbau u. Torfstich. Handel mit Hopfen, Tabak, Heu und Vieh. Alter schon um 800 genannter Ort.

**Höchenschwand**, Pfd., 2 ev., 363 L, 1 isr., juf. 366 C., A.-G. u. B.-A. St. Blasien; K.-G. u. K.-A. Waldshut; L.-R. Waldshut; P.-A. Waldshut. Sitz der P.-Abl.; starke Viehzucht, wenig und nicht sehr ergiebigen Feldbau, Linnenweberei, Köhlerei. H., urkundlich Hachinswand, ist das höchstgelegene Dorf in Baden. Gegen 300 Männer wandern im Sommer als Maurer aus und verdienen im Winter ihr Brod durch Verfertigung von Holzwaaren und Besenbinden.

**Höchst**, 3. b. Mlr. Obereisenbach, b. D. Eisenbach, 95 L C., Fil. v. Friedenweiler, A.-G. u. B.-A. Neustadt; K.-G. u. K.-A. Freiburg. Lebhafte Uhrenmanufactur im ganzen Thale. Weiteste Rundsicht vom Feldberg bis zu den Voralpen am Bodensee und den größten Theil der Baar.

**Höchsten**, 3. b. R.-D. Rübacker, b. Pfd. Oberhomberg, 9 L C., A.-G. u. B.-A. Pfullendorf; K.-G. u. K.-A. Constanz.

**Höchsten**, 3. b. R.-D. Glashütten b. D. Illwangen, 11 L C., Fil. v. Illmensee, A.-G. u. B.-A. Pfullendorf; K.-G. u. K.-A. Constanz.

**Höchstschreiner**, 3. b. Pfd. Friesenweiler, 10 L C., A.-G. und B.-A. Neustadt; K.-G. u. K.-A. Freiburg.

**Hödingen**, Pfd., 2 ev., 297 L, juf. 299 C., A.-G. u. B.-A. Ueberlingen; K.-G. u. K.-A. Constanz; L.-R. Linzgau. Feld-, Obst- und Weinbau. Gute Viehzucht und Hornhandel nach der Schweiz.

**Höf**, 3. b. Pfd. Lauf, 73 L C., A.-G. u. B.-A Bühl; K.-G. u. K.-A. Baden.

**Höfe**, R.-D. b. D. Malsburg, 36 ev. C., Fil. v. Vogelbach, A.-G. u. B.-A. Müllheim; K.-G. u. K.-A. Lörrach.

**Höfe**, äußere, 3. b. Pfd. Brenden, 28 L C., A.-G. u. B.-A. Bonndorf; K.-G. u. K.-A. Waldshut.

**Höfe**, hintere, 3. b. Pfd. Ottoschwanden, 38 L C., A.-G. und B.-A. Emmendingen; K.-G. u. K.-A. Freiburg.

**Höfe**, innere, 3. b. Pfd. Brenden, 31 L C., A.-G. u. B.-A. Bonndorf; K.-G. u. K.-A. Waldshut.

**Höfe**, obere drei, 3. b. D. Wasser, 33 L C., Fil. v. Emmendingen; A.-G. u. B.-A. Emmendingen; K.-G. und K.-A. Freiburg.

**Höfe**, untere drei, 3. b. D. Wasser, 21 L C., Fil. v. Emmendingen, A.-G. u. B.-A. Emmendingen; K.-G. und K.-A. Freiburg.

**Höfen**, Hf. u. Prz. b. Pfd. Langenrain, 9 L C., A.-G. u. B.-A. Constanz; K.-G. u. K.-A. Constanz.

**Höfen,** 8. b. D. Horheim, 156 L.C., Fil. v. Schwerzen, A.G. u. B.A. Bonndorf; A.G. u. A.A. Waldshut. Stdsbr.: Fürst v. Fürstenberg.

**Höfen,** 8. b. D. Dörlinbach, 72 L. C., Fil. v. Schwelghausen, A.G. u. B.A. Ettenheim; A.G. u. A.A. Freiburg.

**Höfen,** A.O. b. D. Burg, 104 L.G., Fil. v. Kirchzarten, A.G. u. B.A. Freiburg; A.G. u. A.A. Freiburg. Getrennte Gemarkung u. gemeinschaftliches Gemeindevermögen.

**Höfen,** bei den, 8. b. Pfdf. Gutach, 79 L. C., A.G. u. B.A. Triberg; A.G. u. A.A. Villingen.

**Höfen,** 8. ber Stdt. Schopfheim, 29 ew., 14 L., jus. 43 C., A.G. u. B.A. Schopfheim; A.G. u. A.A. Lörrach; liegt an der Wiese unweit Schopfheim an der Straße von Lörrach in's Wiesenthal. Papierfabrik von I. Sutter. Seit dem 17. Jahrh. eine Papiermühle, wurde sie 1836/37 in eine mech. Papierfabrik mit 7 Holländern umgeschaffen. Das Wasserwerk hat 50 Pferdekräfte und die Zahl der Arbeiter beträgt 65 bis 70. Liefert alle Sorten Papiere in ausgezeichneter Qualität und erhielten die Kupferdruck- und Seidenpapiere in München 1854 die Ehrenmünze. Goldene Medaille.

**Höfen,** in den, 8. b. Pfdf. Sasbachwalden, 110 L.C., A.G. u. B.A. Achern; A.G. u. A.A. Baden.

**Höfen,** A.O. des Pfdf. Schullerwald, 453 L. C., A.G. u. B.A. Offenburg; A.G. und A.A. Offenburg. Gemarkung u. Gemeindevermögen gemeinschaftlich.

**Höfen,** 8. b. D. Lehengericht, 39 ew. C., Fil. v. Schilach, A.G. u. B.A. Wolfach; A.G. u. A.A. Offenburg.

**Höfle,** 8. b. D. Ramsbach, 13 L. C., Fil. v. Oppenau, A.G. u. B.A. Oberkirch; A.G. u. A.A. Offenburg.

**Höfleshof,** Hf. und Prz. b. Wlr. Spriegelsbach, b. D. Bierthäler, 16 L. C., Fil. v. Neustadt, A.G. u. B.A. Neustadt; A.G. u. A.A. Freiburg.

**Höge,** Ober- und Unter-, A.O. b. Pfdf. Oberhomberg, 29. L. C., A.G. u. B.A. Pfullendorf; A.G. u. A.A. Constanz. Getrennte Gemarkung und gemeinschaftliches Gemeindevermögen.

**Höhefeld,** D., 375 ew., 13 L, jus. 388 C., Fil. v. Richlaßhausen, A.G. u. B.A. Wertheim; A.G. u A.A. Mosbach; liegt 1060 p. J. üb. b. M. Stbsbr.: Löwenstein-Wertheim.

**Höhehaus,** Hf. u. Prz. b. Pfdf. Rothenbach, 13 L.C., A.G. u. B.A. Neustadt; A.G. u. A.A. Freiburg.

**Höhleberg,** 8. b. Pfdf. Schonach, 6 L. C., A.G. u. B.A. Triberg; A.G. u. A.A. Villingen.

**Höhrengrund,** Hf. u. Prz. b. Pfdf. Oberried, 15 L C., A.G. u. B.A. Freiburg; A.G. u. A.A. Freiburg.

**Höhreute,** A.O. b. D. Illwangen, 75 f. C., Fil. v. Zußdorf; A.G. u. B.A. Pfullendorf; A.G. u. A.A. Constanz. Getrennte Gemarkung, gemeinschaftliches Gemeindevermögen. Stbsbr.: Fürst v. Fürstenberg.

**Hölgenstöckle,** 8. des Pfdf. Ottoschwanden, 60 L C., A.G. und B.A. Emmendingen; A.G. u. A.A. Freiburg.

**Höll,** 8. b. Pfdf. Innerarberg, 19 f. C., A.G. u. B.A. Sl. Blasien; A.G. u. A.A. Waldshut. Getrennte Gemarkung, gemeinschaftliches Gemeindevermögen.

**Höll,** Prz. b. A.O. Winterbach, b. Pfdf. Lautenbach, 16 L C., A.G. und B.A. Oberkirch; A.G. u. A.A. Offenburg.

**Höllbühl** Prz. b. D. Pfaffenberg, 11 L C., Fil. v. Zell, A.G. und B.A. Schönau; A.G. u. A.A. Lörrach.

**Hölle,** Prz. b. Pfdf. Schapbach, 3 L C., A.G. u. B.A. Wolfach; A.G. und A.A. Offenburg.

**Höllenberg,** 8. b. Pfdf. Ottoschwanden, 64 L C., A.G. und B.A. Emmendingen; A.G. u. A.A. Freiburg.

**Höllenthal,** 8. b. Pfdf. Breitnau, 3 L C., A.G. u. B.A. Freiburg; A.G. u. A.A. Freiburg.

**Höllgraben,** Hf. und Brz. des T. Lebengericht, 12 ev. C., Fil. v. Schiltach, L.-G. und B.-A. Wolfach; A.-G. u. K.-A. Offenburg.

**Höllhacken,** H. b. Pfd. Rollingen, 4 L. C., A.-G. u. B.-A. Säckingen; A.-G. und K.-A. Waldshut. Hier ist ein Stromwirbel des Rheins.

**Höllstein,** T., 539 ev., 223 L., jul. 762 C., Fil. v. Steinen, A.-G. und B.-A. Lörrach; A.-G. u. K.-A. Lörrach. Maschinenfabrik, Baumwollspinnerei u. mech. Baumwollweberei von Louis Merian. Die Maschinenfabrik, 1835 gegründet, entwickelte sich aus sehr kleinen Anfängen und fertigt vorzugsweise die für Baumwollspinnerei u. Weberei erforderlichen Maschinen und Einrichtungen, zugleich werden auch Drehbänke und andere Werkzeugmaschinen für Eisenbahn- und andere Werkstätten gefertigt. — Die Baumwollspinnerei arbeitet mit 7000 Spindeln, die mech. Weberei mit 152 Webestühlen, welche von den Produkten der Spinnerei etwa 200,000 Pfd. aus den Nummern 36 u. 44 verarbeiten, während der Rest mit 50,000 Pfd. aus den niedrigeren Nummern als Garn versendet wird. Die Zahl der Arbeiter, für welche eigene Wohnungen errichtet sind, beträgt 300. Die bisher vom Auslande bezogenen Banca & Broches fertigt diese Maschinenfabrik. 1854 in München Ehrenmünze. Goldene Medaille.

**Höllthal,** Z. b. Pfd. Schönwald, 157 L. C., A.-G. u. B.-A. Triberg; A.-G. u. K.-A. Villingen.

**Höllwangen,** Hf. und Brz. b. Stdt. Ueberlingen, 12 L. C., A.-G. u. B.-A. Ueberlingen; A.-G. u. K.-A. Constanz.

**Hölzle,** A.-D. b. Pfd. Bietlingen, 65 L. C., A.-G. u. B.-A. Meßkirch; A.-G. und K.-A. Constanz. Gemarkung und Gemeindevermögen getrennt. Stdthr.: Fürst v. Fürstenberg.

**Hölzleberg,** Z. b. A.-D. Gebirg, b. Pfd. Durbach, 6 L. C., A.-G. u. B.-A. Offenburg; A.-G. u. K.-A. Offenburg.

**Hölzlebruck,** Z. b. Stdt. Neustadt,

---

**121**

39 L. C., A.-G. u. B.-A. Neustadt; A.-G. u. K.-A. Freiburg.

**Hölzlehof,** Hf. und Brz. der Stdt. Bräunlingen, 13 L. C., A.-G. u. B.-A. Donaueschingen; A.-G. u. K.-A. Villingen.

**Höpfingen,** Pfd., 1241 l. C., A.-G. u. B.-A. Walldürn; A.-G. u. K.-A. Mosbach; L.-A. Buchen; B.-A. Heidelberg. Sitz b. P.-Abl.; liegt 1261 p. F. üb. d. M. Feld-, Wiesenbau u. Viehzucht. Stdthr.: Fürst v. Leiningen.

**Hörchenberg,** Z. b. Pfd. Sasbachwalden, 59 l. C., A.-G. u. B.-A. Achern; A.-G. und K.-A. Baden.

**Hörden,** T., 956 l., 73 lfr., juf. 1029 C., Fil. v. Gernsbach, A.-G. u. B.-A. Gernsbach; A.-G. u. A.-A. Baden. Mkte.: 7, April, 23. Juni, 29. Septbr.; liegt in der Nähe des Schlosses Eberstein u. hängt mit Hilpensau u. Obertsroth fast zusammen; hat zahlreiche Sägwerke und Holzeinrichtungen auf der Murg.

**Hörmannsberg,** Hf. u. Brz. b. T. Rohrhardsberg, 11 L. G., Fil. v. Schonach, A.-G. u. B.-A. Triberg; A.-G. u. K.-A. Villingen.

**Hof,** A.-D. b. D. Fröhnb. 75 L. C., Fil. v. Schönau, A.-G. u. B.-A. Schönau; A.-G. u. K.-A. Lörrach. Gemarkung und Gemeindevermögen getrennt.

**Hof,** Z. b. Pfd. Gremmelsbach, 6 L. C., A.-G. u. B.-A. Triberg; A.-G. u. K.-A. Villingen.

**Hof,** A.-D. b. D. Untermünsterthal, 251 L. C., Fil. v. Obermünsterthal, A.-G. und B.-A. Staufen; A.-G. u. K.-A. Freiburg. Gemarkung u. Gemeindevermögen gemeinschaftlich.

**Hof,** Z. b. Pfd. Bühlerthal, 85 L. C., A.-G. und B.-A. Bühl; A.-G. und K.-A. Baden.

**Hofbauernhof,** Hf. u. Brz. b. Pfd. Schönenbach, 13 L. C., A.-G. u. B.-A. Villingen; A.-G. u. K.-A. Villingen.

**Hofen,** Z. b. T. Schlechtenhaus, 167 C., Fil. v. Weitenau, A.-G. u. B.-A. Schopfheim; A.-G. und K.-A. Lörrach.

**Hoffelderhof,** Hf. u. Brz. b. Pfd.

Schweinberg, 24 l. C., A.⸗G. u. B.⸗A. Wallbürn; A.⸗G. u. A.⸗A. Mosbach.

**Hoffenheim**, Pfd., 1138 ev., 122 L, 3 Men., 209 ifr., jul. 1474 C., A.⸗G. u. B.⸗A. Sinsheim; A.⸗G. u. A.⸗A. Heidelberg; Dec. Sinsheim; P.⸗A. Heidelberg. Sitz der P.⸗Abl; liegt 532 p. F. üb. d. M. an der Elsenzbach an der Straße von Sinsheim nach Heidelberg. Feld-, Wiesenbau u. Viehzucht. Gwbhr.: Frhr. v. Gemmingen-Hornberg.

**Hofgrund**, Prz. b. Hfd. Hofbauernhof, b. Pfd. Schönenbach, 111. C., A.⸗G. u. B.⸗A. Villingen; A.⸗G. u.A.⸗A. Villingen.

**Hofhauselshof**, Hf. u. Prz. b. Pfd. Schönenbach, 9 L. C., A.⸗G. u. B.⸗A. Villingen; A.⸗G. u. A.⸗A. Villingen.

**Hofraithe**, Prz. b. A.⸗D. Biebenbach, b. D. Oedsbach, 13 l. C., Fil. von Oberkirch, A.⸗G. u.B.⸗A. Oberkirch; A.⸗G. u. A.⸗A. Offenburg.

**Hofsgrund**, Pfd., 293 l. C., A.⸗G. u. B.⸗A. Freiburg; A.⸗G. und A.⸗A. Freiburg; L.⸗A. Breisach; liegt im rauhen Hochthale am Westabhange des Feldbergs und Luginsland. Im 16. und 18. Jahrh. starker Hüttenbetrieb auf Bleierze u. Silber, auch wurden in neuerer Zeit wieder ähnliche Versuche gemacht.

**Hofstetten**, Z. b. Pfd. Heiligenberg, 11 l. C., A.⸗G. und B.⸗A. Pfullendorf; A.⸗G. und A.⸗A. Constanz. Eivbhr.: Fürst v. Fürstenberg.

**Hofstetten**, D., 783 l. C., Fil. von Haslach, A.⸗G. Haslach, B.⸗A. Wolfach; A.⸗G. u. A.⸗A. Offenburg. Sibshr.: Fürst von Fürstenberg.

**Hofstetten**, Wlr. b. Pfd. Messelhausen, 98 L. C., A.⸗G. Gerlachsheim, B.⸗A. Tauberbischofsheim; A.⸗G. u. A.⸗A. Mosbach; liegt 1110 p. F. üb. d. M. Grbhr.: Frhr. v. Zobel.

**Hofwald**, Z. b. Pfd. Gremmelsbach, 4 l. C., A.⸗G. u. B.⸗A. Triberg; A.⸗G. und A.⸗A. Villingen.

**Hofweier**, Pfd. 3 ev., 1157 l., jul. 1160 C., A.⸗G.u.B.⸗A. Offenburg; A.⸗G. u. A.⸗A. Offenburg; L.⸗A. Lahr: liegt an der Straße nach Freiburg und hat Feld-, Wiesen-, Weinbau und Viehzucht.

**Hofwiesen**, A.⸗D. b. Pfd. Bieningen, 60 l. C., A.⸗G. und B.⸗A. Engen; A.⸗G. u. A.⸗A. Constanz. Gemarkung und Gemeindevermögen getrennt. Grbhr.: Frhr. v. Hornstein.

**Hogschür**, D., 359 L. C., Fil. von Herrischried, A.⸗G. und B.⸗A. Säckingen; A.⸗G. u. A.⸗A. Waldshut.

**Hohbaum**, A. des Pfd. Kappelwindek, 104 L. C., A.⸗G. u. B.⸗A. Bühl; A.⸗G. u. A.⸗A. Baden.

**Hohbühn**, Wlr. b. Pfd. Linx, 116 ev. C., A.⸗G. und B.⸗A. Kork; A.⸗G. und A.⸗A. Offenburg.

**Hohebrack**, A. b. D. Ibach, 9 L. C., Fil. v. Oppenau, A.⸗G. und B.⸗A. Oberkirch; A.⸗G. u. A.⸗A. Offenburg.

**Hoheck**, Z. b. Pfd. Ottoschwanden, 75 l. C., A.⸗G. und B.⸗A. Emmendingen; A.⸗G. u. A.⸗A. Freiburg.

**Hohenberg**, Z. b. A.⸗D. Gebirg, b. Pfd. Durbach, 47 L. C., A.⸗G. und B.⸗A. Offenburg; A.⸗G. u. A.⸗A. Offenburg.

**Hohenbodmann**, D., 9 ev., 259 L., jul. 269 C., Fil. v. Pfaffenhofen, A.⸗G. u. B.⸗A. Ueberlingen; A.⸗G. und A.⸗A. Constanz. Von der alten Burg, einer Linie des von Bodmann'schen Geschlechts, wird noch der riesige Thurm, als Merkzeichen der Schiffer auf dem Ueberlinger See, erhalten. Vom Hochstift Constanz im 14. Jahrh. verpfändet, kam die Herrschaft 1307 endlich als Eigenthum an den jetzigen Besitzer, den Spital zu Ueberlingen.

**Hoheneck**, A.⸗D. b. D. Raich, 110 ev. C., Fil. v. Tegernau, A.⸗G. und B.⸗A. Schopfheim; A.⸗G. u. A.⸗A. Lörrach. Gemarkung und Gemeindevermögen getrennt.

**Hohenharberhof**, Hf. u. Prt. b. Pfd. Baierthal, 19 l. C., A.⸗G. und B.⸗A. Wiesloch; A.⸗G. u. A.⸗A. Heidelberg; liegt 687 p. F. üb. d. M.

**Hohenhöwen**, Schloß u. Hf. b. D. Anselfingen, 10 l. C., Fil. v. Engen, A.⸗G. und B.⸗A. Engen; A.⸗G. u. A.⸗A.

Conſtanz. H. iſt eine ſtattliche Burgruine auf weithinblickendem Baſaltkegel; ſeit dem 12. Jahrh. Sitz des Geſchlechtes v. Hewen, welches dem Domſtifte Conſtanz mehrere Biſchöfe gab und gegen Ende des 15. Jahrh. ausſtarb. Ein Jahrh. zuvor hatte das Geſchlecht die Herrſchaft mit dem dazu gehörigen Engen an Oeſterreich verkauft und von demſelben theilweiſe wieder als Lehen erhalten. Während der Aechtung Friedrichs mit der leeren Taſche nahm H. v. Luplen die Herrſchaft in Beſitz und vererbte ſie ungeachtet mehrerer Gegenanſprüche auf die Herren v. Pappenheim, die im 30jährigen Kriege von hier aus manche Streifzüge in das Gebiet katholiſcher Stände machte, weshalb 1639 die Burg von den Bayern belagert, erobert und zerſtört wurde und von denen ſie nicht ohne Kampf u. Widerſpruch an Fürſtenberg gedieh. In der Nähe wurden im tertiären Kalke verſteinerte Schildkröten gefunden, die im Naturalienkabinette zu Hüfingen aufbewahrt werden. Eibſchr.: Fürſt v. Fürſtenberg.

**Hohenkrähen,** Schloßruine u. Hf. d. Pfd. Duchlingen, 12 k. E., A.-G. u. B.-A. Engen; K.-G. und K.-A. Conſtanz, auf einem kegelförmigen Klingſteinberge mit ſchönen Naturalthen gelegen, hat eine prachtvolle Ausſicht auf den Hegau u. den Bodenſee. Im 13. Jahrh. Sitz eines ſich davon nennenden Lehenadels, war es ſpäter wechſelndes Eigenthum der Herren v. Friedingen, v. Homburg, v. Jugger-Kaltenau, endlich 1759 durch Kauf an die gegenwärtigen Beſitzer, die Freiherrn v. Reiſchach. Den ehmaligen Vogt einer Freiin von Homburg, Popoltus Maler, läßt die Volksſage gefenſterweiſe mit dem Humor des Rübezahl ſpuken. Zuerſt von Eberhard v. Württemberg den Herren v. Friedingen abgenommen, wurde die Burg durch Georg v. Frundsberg auf Befehl Kaiſer Maximillans wegen Räuberei ihres Beſitzers belagert, erobert und zerſtört. Später wiederaufgebaut, wurde ſie im 30jährigen Kriege 1632 durch den Commandanten Vöſch auf Hohentwiel eingenommen und von ſeinem Nachfolger Wiederhold 1634 für immer in Ruinen gelegt.

**Hohenliuben,** Hf. und Prz. b. Eibl. Ueberlingen, 11 k. E., A.-G. u. B.-A. Ueberlingen; K.-G. u. K.-A. Conſtanz.

**Hohenlupfen,** Schloß u. Prz. b. Eibl. Stühlingen, 3 L E., A.-G. und B.-A. Bonndorf; K.-G. u. K.-A. Waldshut; auf dem Rande der Stühlinger Alp erbaut, mit ſchöner Ausſicht auf das tiefliegende Wutachthal (ſ. Stühlingen).

**Hohenreuthe,** Hf. u. Prz. b. Pfdf. Owingen, 12 k. E., K.-G. Meersburg, B.-A. Ueberlingen; K.-G. u. K.-A. Conſtanz. Eibſchr.: Mkgrf. v. Baden.

**Hohenſachſen,** Pfdf., 500 ev., 162 L, zuſ. 662 E., A.-G. und B.-A. Weinheim; K.-G. u. K.-A. Mosbach; Dec. Sinsheim; L.-K. Weinheim; liegt 512 p. F. üb. b. M. hart am Gebirge. Bedeutende Obſtzucht. Feld- und Tabakbau. Weiße Steinbrüche; mehrere Mühlen. Urſprung wie Großlachſen nur durch eine im Gemeindebuche aufgezeichnete Sage mannigfach modifizirt.

**Hohenſtadt,** Pfdf., 261 ev., 68 k., zuſ. 349 E., A.-G. u. B.-A. Adelsheim; K.-G. und K.-A. Mosbach; Dec. Boxberg; liegt 990 p. F. üb. d. M. an der Kirnaubach. Feldbau und Handel mit Spelz, Vieh und Holz. Der Waſſermangel bedingt, daß aus dem einzigen Brunnen der nothwendige Bedarf durch einen Rathsmann Morgens u. Abends vertheilt wird, während die übrige Zeit die Brunnenſtube verſchloſſen bleibt.

**Hohenſtein,** F. d. D. Lehengericht, 39 ev. E., Fil. v. Schlicht, A.-G. u. B.-A. Wolfach; K.-G. u. K.-A. Offenburg.

**Hohenſtoffeln,** drei, Schloßruine u. Hf. d. Pfdf. Binningen, 11 k. E., A.-G. u. B.-A. Engen; K.-G. u. K.-A. Conſtanz. Der Hof liegt auf der ſüdlichen Seite des Berges in gleicher Höhe mit Hohentwiel. Auf einem dreizackigen Baſaltkegel mit herrlicher Ausſicht, einerſeits bis zum Feldberge, andererſeits bis zu den Höhen des Allgäuer- und Bregenzerwaldes befinden ſich die drei Hohenſtoffeln genannte Schloßruinen, einſt der Sitz eines gleichnamigen Adelsgeſchlechtes, aus welchem der Dichter des Gabriel von Montavel, Conrad von St. ſtammte.

Durch Erblöcher gebieh die dazu gehörige Herrschaft theils an die Herren v. Reischach, theils an die jetzigen Besitzer v. Hornstein, welche 1629 die ganze Herrschaft als Lehen erwarben. Vom Obersten Widerhold 1632 vergeblich belagert, mußte sich die Burg 1633 an Herzog Bernhard von Sachsen-Weimar ergeben, worauf sie geschleift wurde. Erst im westphälischen Frieden gelangte die Familie v. Hornstein wieder in den Besitz der Herrschaft.

**Hohenthengen**, Pfdf., 2 ev., 628 L., juf. 630 C., A.G. u. B.A. Jestetten; R.G. u. K.A. Waldshut; L.R. Klettgau; P.A. Waldshut. Sitz d. Pf.Abt.; liegt am Rheine und hat Feld-, Wiesen-, Weinbau, Vieh- u. Bienenzucht.

**Hohenwarth**, D., 7 ev., 300 f., juf. 307 C., Fil. v. Schellbronn, A.G. u. B.A. Pforzheim; A.G. u. R.A. Carlsruhe.

**Hohenweg**, 8. b. Pfdf. Sulach, 79 ev. C., A.G. u. B.A. Triberg; R.G. u. R.A. Villingen.

**Hohenweg**, 8. b. Pfdf. Mühlenbach, 16 l. C., A.G. Haslach, B.A. Wolfach; R.G. u. R.A. Offenburg.

**Hohenwettersbach**, D., 433 ev., 107 L., 13 Diff., 12 Mem., juf. 565 C., Fil. v. Grünwettersbach, A.G. und B.A. Durlach; R.G. u. R.A. Carlsruhe; liegt 772 p. F. üb. b. M., Feldbau und Viehzucht. H., früher Dürrenwettersbach genannt, ist sehr alt und seit 1725 im Besitze der jetzigen Grundherrschaft, Frhr. v. Schilling. Neben obigem Feld- u. Wiesenbau bedeutenden Kleingewerbebetrieb in Wesen u. s. w., die in Vereinigung mit dem Handel und Victualien Verdienst liefern.

**Hohlebeu**, Hf. u. Prz. b. D. Lehengericht, 8 ev. C., Fil. v. Schiltach, A.G. u. B.A. Wolfach; R.G. u. R.A. Offenburg.

**Hohlengraben**, 8.b.R.O. Allglashütte, b. D. Hinterstrah, 14 L.C., Fil. v. St. Märgen, A.G. und B.A. Freiburg; R.G. u. K.A. Freiburg.

**Hohlgraben**, Hs. und Prz. b. Wlr. Josthal, b. D. Bierthäler, 3 L. C., Fil. v. Neustadt, A.G. u. B.A. Neustadt; R.G. u. R.A. Freiburg.

**Hohmatte**, 8. b. D. Hofstellen, 13 l. C., Fil. v. Haslach, A.G. Haslach, B.A. Wolfach; R.G. u. R.A. Offenburg.

**Hohnen**, 8. b. Pfdf. Nußbach, 49 l. C., A.G. u. B.A. Triberg; R.G. u. R.A. Villingen.

**Hohnhurst**, D., 274 ev. C., Fil. v. Odarsweier, A.G. und B.A. Kork; R.G. u. R.A. Offenburg.

**Hohreute**, 8. b. Pfdf. Ottoschwanden, 117 l. C., A.G. u. B.A. Emmendingen; R.G. u. R.A. Freiburg.

**Holänderhäusle**, Hs. u. Prz. b. D. Bregenbach, 4 L C., Fil. von Urach, A.G. u. B.A. Neustadt; R.G. und R.A. Freiburg.

**Holber**, 8. b. Pfdf. Niederwasser, 10 L C., A.G. u. B.A. Triberg; R.G. u. R.A. Villingen.

**Holdersbach**, 8. des Pfdf. Oberharmersbach, 128 l. C., A.G. u.B.A. Gengenbach; R.G. u. R.A. Offenburg.

**Holdersbach**, 8. des Pfdf. Schapbach, 100 l. C., A.G. u. B.A. Wolfach; R.G. u. R.A. Offenburg. Eibhr.: Fürst von Fürstenberg.

**Holderskopf**, 8. b. Pfdf. Petersthal, 49 l. C., A.G. u. B.A. Oberkirch; R.G. u. R.A. Offenburg.

**Holderskopf**, 8. b.R.O. Siebenbach, b. D. Erdsbach, 43 f. C., Fil. von Oberkirch, A.G. u. B.A. Oberkirch; R.G. u. R.A. Offenburg.

**Holl**, R.O. b. D. Albenschwand, 67 ev. C., Fil. v. Tegernau, A.G. u. B.A. Schopfheim; R.G. u. R.A. Lörrach. Gemarkung und Gemeindevermögen getrennt.

**Holleckle**, Hf. u. Prz. b. D. Ibach, 10 l. C., Fil. v. Oppenau, A.G. u.B.A. Oberkirch; R.G. u. R.A. Offenburg.

**Hollenbach**, 8. b. Pfdf. Schonach, 29 L C., A.G. u. B.A. Triberg; R.G. u. R.A. Villingen.

**Hollerbach**, Pfdf., 162 l. C., A.G. u. B.A. Buchen; R.G. u. R.A. Mosbach;

L.-R. Wallburn; liegt 1177 p. J. üb. d. M. Feldv, Wiesenbau u. Viehzucht nebst Handel mit Holz u. Hornvieh. Stdehr.: Fürst v. Leiningen.

**Hollwangen,** Hl. u. Prj. b. D. Aarfau, 11 L. E., Fil. v. Beuggen, A.-G. u. B.-A. Säckingen; A.-G. u. K.-A. Waldshut.

**Holz,** N.-D. b. D. Fröhnd, 701. C., Fil. v. Schönau, A.-G. u. B.-A. Schönau; A.-G. u. K.-A. Lörrach. Gemarkung und Gemeindevermögen getrennt.

**Holz,** Z. b. Pfbf. Schonach, 101 L. C., A.-G. u. B.-A. Triberg; A.-G. u. K.-A. Villingen.

**Holzach,** N.-D. b. Pfbf. Oberschwanborf, 73 l. C., A.-G. u. B.-A. Stockach; A.-G. u. K.-A. Conftanz. Gemarkung und Gemeindevermögen getrennt.

**Holzbühl,** Z. b. D. Döttelbach, 17 L. C., Fil. v. Petersthal, A.-G. u. B.-A. Oberkirch; A.-G. u. K.-A. Offenburg.

**Holzebene,** A. b. D. Bergsell, 30 l. C., Fil. v. Schenkenzell, A.-G. u. B.-A. Wolfach; A.-G. u. K.-A. Offenburg. Stdehr.: Fürst von Fürstenberg.

**Holzen,** Pfbf., 313 ev., 18 L., zuf. 331 C., A.-G. u. B.-A. Lörrach; A.-G. u. K.-A. Lörrach; Der. Lörrach; liegt in einem freundlichen Thale. Feldv, Wiesen, Weinbau und Biehzucht. Das ziemlich alte Dorf entstand aus einigen Höfen.

**Holzhausen,** Pfbf., 540 L. C., A.-G. u. B.-A. Emmendingen; A.-G. und K.-A. Freiburg; L.-R. Freiburg; liegt an einem mit Reben bewachsenen Hügel. Starker Feldbau und Biehzucht. Grbhr.: Frhr. v. Harsch.

**Holzhausen,** D., 405 ev., 5 L., zuf. 410 C., Fil. v. Rheinbifchofsheim, A.-G. u. B.-A. Kork; A.-G. u. K.-A. Offenburg.

**Holzhof,** Hf. u. Prj. b. Wlr. Schildwende, b. D. Dierthäler, 11 L. C., Fil. v. Neuftadt, A.-G. u. B.-A. Neuftadt; A.-G. u. K.-A. Freiburg.

**Holzhof,** Hl. u. Prj. b. Pfbf. Daghurft, 7 L. C., A.-G. u. B.-A. Achern; A.-G. u. K.-A. Baden.

**Holzinshans,** A.-O. b. D. Killtern, 54 l. C., Fil. v. Schönau, A.-G. u. B.-A. Schönau; A.-G. und K.-A. Lörrach. Gemarkung und Gemeindevermögen getrennt.

**Holzmühle,** Hs. und Prj. des Pfbf. Seelau, 9 ev. C., A.-G. u. B.-A. Emmendingen; A.-G. u. K.-A. Freiburg.

**Holzplatz,** Z. b. D. Lierbach, 11 L. C., Fil. v. Oppenau, A.-G. u. B.-A. Oberkirch; A.-G. und K.-A. Offenburg.

**Holzfack,** Hf. u. Prj. b. Pfbf. Oberharmersbach, 7 L. C., A.-G. u. B.-A. Gengenbach; A.-G. und K.-A. Offenburg.

**Holzschlag,** D., 100 l. C., Fil. v. Gündelwangen, A.-G. u B.-A. Bonndorf; A.-G. und K.-A. Waldshut. Das Dorf entstand durch Holzhacker, welche die Gemarkung um 3400 fl. von St. Blasien kauften.

**Holzschlag,** Z. b. Pfbf. St. Märgen, 97 L C., A.-G. u. B.-A. Freiburg; A.-G. u. K.-A. Freiburg.

**Holzschlag,** Z. b. Pfbf. Gütenbach, 10 L C., A.-G. u. B.-A. Triberg; A.-G. u. K.-A. Villingen.

**Holzwald,** Z. b. Pfbf. Rippoldsau, 277 L C., A.-G. u. B.-A. Wolfach; Stdehr.: Fürst v. Fürftenberg.

**Homberg,** Ober, Pfbf., 16 ev., 761 L., zuf. 777 C., A.-G. u. B.-A. Ueberlingen; A.-G. u. K.-A. Conftanz; L.-R. Lingau. Stdehr.: Fürft v. Fürftenberg.

**Homberg,** Z. b. Pfbf. Riedölchingen, 10 l. C., A.-G. u. B.-A. Donaueichingen; A.-G. u. K.-A. Villingen. Stdehr.: Fürft v. Fürftenberg.

**Homberg,** N.-D. b. D. Münchhof, 210 L C., Fil. v. Raithaslach, A.-G. und B.-A. Stockach; A.-G. u. K.-A. Conftanz. Getrennte Gemarkung und gemeinschaftliches Gemeindevermögen.

**Homberg,** Hf. u. Prj. b. D. Hohenbohmann, 17 L C., Fil. v. Owingen, A.-G. u. B.-A. Ueberlingen; A.-G. u. K.-A. Conftanz.

**Homburgerhof**, Hf. u. Prz. b. Pfbf. Owingen, 12 l. C., A.-G. und B.-A. Ueberlingen; K.-G. u. K.-A. Constanz.

**Homboll**, Schlb., Hf. u. Prz. b. Pfbf. Weilerdingen, 13 l. C., A.-G. u. B.-A. Engen; K.-G. u. K.-A. Constanz. Bei H. ist eine Ruine. Grbhr.: Frhr. v. Hornstein.

**Homburg**, Schlb., Hf. u. Prz. b. Pfbf. Stahringen, 66 l. C., A.-G. und B.-A. Stockach; K.-G. und K.-A. Constanz. Alte Burg eines gleichnamigen seit dem 13. Jahrhundert vorkommenden Lehenadels. Im 30jährigen Kriege abwechselnd von Schweden und Kaiserlichen eingenommen, wurde es endlich von Oberst Wiederhold zerstört. Wegen Rechtsansprüchen an Mark- dorf ward Conrad von Homburg intellec- tueller Urheber des Mordes an Bischof Johann Windlock. Im Jahr 1560 wurde es an Bodmann, später an St. Gallen und zuletzt an Constanz verkauft. Bei ei- nem der Höfe fand Otlen zahlreiche Stein- überreste. Auch hat man hier eine schöne Aussicht auf einen Theil des Hegaus, der Schweiz und des Bodensees.

**Homburg**, Col. b. Pfbf. Thiengen, 16 l. C., A.-G. u. B.-A. Waldshut; K.-G. und K.-A. Waldshut.

**Honau**, Z. b. D. Altschweier, 17 l. C., Fil. von Kappel, A.-G. und B.-A. Bühl; K.-G. u. K.-A. Baden.

**Honau**, Pfbf., 4 en, 349 l., zus. 353 C., A.-G. u. B.-A. Kork; K.-G. und K.-A. Offenburg; L.-A. Ottersweier. Liegt am Rheine, wenig Feld-, Wiesenbau u. Vieh- zucht, Fischerei und etwas Handel mit Hanf.

**Hondingen**, Pfbf. 432 l. C., A.-G. u. B.-A. Donaueschingen; K.-G. u. K.-A. Dillingen; L.-A. Villingen. Feldbau und Viehzucht, nebst Handel mit Korn und Vieh. Im Jahre 1798 fand in der Nähe ein kleines Scharmützel zwischen Oestreichern und Franzosen statt.

**Honisheim**, Hf. u. Prz. b. D. Sa- zinhofen, 8 l. C., Fil. v. Horn, A.-G. u. B.-A. Rabolpzell; K.-G. und K.-A. Constanz.

**Honstetten**, Pfbf., 1 en., 510 l., zus. 317 C., A.-G. u. B.-A. Engen; K.-G. u. K.-A. Constanz; L.-A. Engen. Feldbau u. Viehzucht. Ständshr.: Fürst v. Fürstenberg.

**Hoppetenzell**, Pfbf., 470 l. C., A.-G. und B.-A. Stockach; K.-G. u. K.-A. Con- stanz; L.-A. Stockach. Feldbau u. Viehzucht.

**Horbach**, K.-D. b. D. Witten- schwand, 52 l. C., Fil. v. Urberg, A.-G. und B.-A. St. Blasien; K.-G. und K.-A. Waldshut. Zerrennte Gemarkung, gemein- schaftliches Gemeindevermögen.

**Horben**, Hf. u. Prz. b. D. Birken- dorf, 9 l. C., Fil. v. Grafenhausen, A.-G. und B.-A. Bonndorf; K.-G. und K.-A. Waldshut.

**Horben**, Pfbf., 363 l. C., A.-G. und B.-A. Freiburg; K.-G. u. K.-A. Freiburg; L.-A. Breisach, liegt ziemlich hoch. Wenig Feld aber guten Wiesenbau, daher starke Viehzucht. Handel mit Korn und Mastvieh.

**Horben**, Hf. u. Prz. b. D. Kinzig- thal, 14 l. C., Fil. b. Pfarrgemeinde Kin- zigthal, A.-G. u. B.-A. Wolfach; K.-G. u. K.-A. Offenburg.

**Horemerhof**, Hf. und Prz. b. Pfbf. Schwenningen, 2 l. C., A.-G. u. B.-A. Messkirch; K.-G. u. K.-A. Constanz.

**Horheim**, D., 9 en., 565 l., zus. 574 C., Fil. u. Schwerzen, A.-G. u. B.-A. Bonndorf; K.-G. und K.-A. Waldshut. Feld-, Wein-, Obstbau und Viehzucht. Ständshr.: Fürst v. Fürstenberg.

**Horn**, Pfbf., 290 l. C., A.-G. und B.-A. Rabolpzell; K.-G. und K.-A. Con- stanz; L.-A. Hegau. Feld-, Wein-, Wiesen- bau und Viehzucht. Handel mit Wein, Früchten und Vieh. H. hat seinen Namen von der Spitze der zwischen Rhein und Zellersee nach Süden auslaufenden Land- zunge, auf welcher das Dorf liegt, das schon im 14. Jahrh. seine eigene, durch den Bischof von Constanz zu besetzende Pfarre hatte.

**Horn**, auf dem, Z. b. Pfbf. Scho- nach, 26 l. C., A.-G. u. B.-A. Triberg; K.-G. u. K.-A. Villingen.

**Hornbach**, D., siehe Horrenbach.

**Hornberg**, Hf. und Prz. b. Pfbf. Ebnet, 30 L G., Fil. v. Bonndorf; A.-G. und B.-A. Bonndorf; K.-G. und K.-A. Waldshut.

**Hornberg**, J. b. D. Hinterstrak, 29 l. C., Fil. von St. Märgen; A.-G. u. B.-A. Freiburg; K.-G. u. K.-A. Freiburg.

**Hornberg**, Stdt, 1234 ev., 140 k., auf. 1374 C., A.-G. und B.-A. Triberg; K.-G. u. K.-A. Villingen; Der Hornberg; B.-A. Offenburg. Sitz d. Pfhltr. Rot und D.-V. und höheren Bürgerschule, liegt am Fuße des Hornisstopfes an der Gutach in einem engen, von hohen Bergen umgebenen Thale. Feldbau, Obst- und Viehzucht. Gewerb- und Fabrikbetrieb, worunter namentlich die Steingutfabrik der Gebr. Horn, welche 300 Arbeiter beschäftigt und mit zahlreichen mechanischen Hülfsvorrichtungen versehen ist. Die Thone werden theils in der Umgegend gewonnen, theils aus England bezogen. Die Fabrik fertigt weiße und farbig glasirte, vergoldete und bronzirte Waare, namentlich auch das schwierige Flaving und in neuerer Zeit auch noch Kunstgegenstände aus hartgebrannter Steinmasse, wie Ulrichsbier und Uhrgehäuse. 1858 silberne Medaille. Da sich hier die drei Straßen von Schwaben über Schramberg, Villingen und Triberg einigen, so ist hier ein reger Verkehr. Holzhandel, Kirschwasserbrennereien, Mahl-, Oel- und Sägmühlen. Mkte.: Vieh- u. Krumte. 19. März, 29. Juni, 31. Aug. 12. Novbr., 18. Dezbr. — Das Städtchen wird überragt von der Burg Althornberg. An Württemberg kam H. mit St. Georgen, an welches Kloster es von einem eigenen Adel gediehen war. Im Reichskriege gegen Herzog Ulrich wurde es von den Villingern eingenommen und ihnen eine zeitlang zur Nutznießung eingeräumt. Im 30jährigen Kriege ward es von beiden Parteien abwechselnd erobert. Erst 1810 fiel es an Baden. Mkte.: 19. März, 29. Juni, 31. Aug., 12. Novbr., 28. Dezbr.

**Hornberg**, D., 335 l. C., Fil. von Herrischried, K.-G. und B.-A. Säckingen; K.-G. und K.-A. Waldshut. Feldbau und Viehzucht.

**Hornberg**, Schloß und Prz. b. Pfbf. Nedarzimmern, 12 ev. C. A. -G. u. B.-A. Mosbach; K.-G. u. K.-A. Mosbach, liegt am rechten Ufer des Nedars, 879 v. F. üb. d. M. H. ist ein theilweise zerstörtes, in den Nebengebäuden erhaltenes Schloß, der gleichnamigen Freiherren v. Gemmingen, die ihren Wohnsitz im neuen Schloß im Dorfe Nedarzimmern haben. Herrliche Aussicht auf das Nedarthal und vortreffliche Weinberge ziehen sich bis zur Thalsohle hinab. Ursprünglich Speyer'scher Lehenbesitz der Grafen v. Lausen, kam es nach deren Aussterben an einen gleichnamigen Lehensadel, und im 15. Jahrh. durch Kauf in Besitz der Herren von Berlichingen; daher im Ritterfaale die Rüstung von Götz von Berlichingen mit verschiedenen Waffenstücken und Gemälden. Im 17. Jahrh. durch Kauf an den gelehrten Hans von Gemmingen gekommen, ward es 1645 geplündert und theilweise zerstört. In der Kapelle befindet sich die Gruft seines Geschlechts.

**Hornenberg**, J. b. Pfbf. Lauf, 190 l. C., A.-G. und B.-A. Bühl; K.-G. u. K.-A. Baden.

**Hornkopf**, J. b. D. Mailach, 15 L C., Fil. v. Oppenau, A.-G. und B.-A. Oberkirch; K.-G. u. K.-A. Offenburg.

**Hornsfaab**, Wlr. b. Pfbf. Horn, 40 l. C., A.-G. u. B.-A. Nadolphzell; K.-G. u. K.-A. Constanz.

**Hornstein**, Hf. u. Prz. b. D., Wittenhofen, 10 l. C., Fil. v. Roggenbeuren, A.-G. Merrburg; B.-A. Ueberlingen; K.-G. u. K.-A. Constanz.

**Horrenbach**, D., 70 L C., Fil. v. Krautheim, liegt 940 v. F. üb. b. R., A.-G. und B.-A. Waldürn; K.-G. und K.-A. Constanz.

**Horrenbach**, J. b. Pfbf. Eisenthal, 92 L C., A.-G. und B.-A. Bühl; K.-G. u. K.-A. Baden.

**Horrenberg**, D., 810 l. E., A.-G. u. B.-A. Wiesloch; A.-G. u. M.-A. Heidelberg, liegt 543 p. F. üb. b. M. und gehörte früher zu Speyer.

**Hotterloch**, Hf. und Brz. b. Pfbf. Mühlingen, 10 L E., A.-G. und B.-A. Stodach; A.-G. u. A.-A. Constanz. Gebhr.: Frhr. von Buol.

**Hottingen**, D., 431 L E., Fil. von Ridenbach, A.-G. und B.-A. Sädingen; A.-G. u. A.-A. Waldshut.

**Hub**, Z. b. D. Dörlinbach, 46 L E., Fil. v. Schweinhausen, A.-G. u. B.-A. Ottenheim; A.-G. u. A.-A. Freiburg.

**Hub**, Z. b. Pfbf. ev. Thennenbronn, 47 ev. E., A.-G. u. B.-A., Triberg; A.-G. u. A.-A. Villingen.

**Hub**, Z. b. Pfbf. l. Thennenbronn, 40 luth. E., A.-G. u. B.-A. Triberg; A.-G. u. A.-A. Villingen.

**Hub**, Bad und Z. b. Pfbf. Ottersweier, 260 L E., A.-G. u. B.-A. Bühl; A.-G. u. A.-A. Baden, liegt an dem Ausgang eines in die Rheinebene auslaufenden Thälchens. Dieses Bad war schon im Jahre 1475 bekannt und berühmt, und um es noch mehr in Aufnahme zu bringen, wurde es mit entsprechenden Kurgebäuden versehen. Die Quelle, deren Wasser zu den lauen Kallthermen gehört, hat eine Temperatur von 23° R. und unterscheidet sich von den Quellen zu Peterthal, Freiersbach und Erlenbad, durch einen leicht nachweisbaren Jodgehalt, der zwar sehr gering ist, aber demungeachtet von wesentlichem Einfluß auf die medizinische Wirkung des Wassers sein muß. Nach den neuesten Analysen enthält das Wasser dieser Quelle in 10,000 Theilen:

| | |
|---|---|
| Zweifach kohlenf. Kalk . . . . | 3,0748 |
| " " Magnesia . . | 0,0938 |
| " " Eisenoxydul . . | 0,0321 |
| Schwefelsauren Kalk . . . . | 4,6378 |
| " Natron . . | 2,6361 |
| " Magnesia . . | 0,6334 |
| Chlornatrium . . . . . . . | 14,5261 |
| Chlorkalium . . . . . . . | 0,8020 |
| Uebertrag . . . . . . | 26,4061 |

| | |
|---|---|
| Uebertrag . . . . . | 26,4061 |
| Chlorlithium . . . . . . | 0,0469 |
| Kieselerde . . . . . . . | 0,2698 |
| Kohlensäure . . . . . . | 2,9244 |
| Stickstoff . . . . . . | 0,3709 |
| Erhebliche Spuren von Jodverbindungen und organischen Stoffen | 0,0000 |
| | 30,0581 |

An Gasen enthält die Quelle Kubikcentimeter in 1000 Grammen:

| | |
|---|---|
| Halbgebundene Kohlensäure . . | 32,13 |
| Halb u. ganz gebundene Kohlens. . | 64,26 |
| Freie Kohlensäure . . . . . | 31,59 |
| Freier Stickstoff . . . . . | 19,13 |

Das Kurhaus zählt 24 Badkabinette und ist die Einrichtung getroffen, künstliche Bäder, wie Stahl-, Schwefel- und andere Bäder bereiten zu können. Mit dieser Kuranstalt sind eine Molkenkur, Kaltwasserkur und Traubenkur in Verbindung gebracht. Das sehr besuchte Bad wird insbesondere an Sonntagen von Straßburgern sehr frequentirt.

**Hub**, Z. b. Pfbf. Oberharmersbach, 236 L E., A.-G. u. B.-A. Gengenbach; A.-G. u. A.-A. Offenburg.

**Hubacker**, Hf. und Brz. b. Pfbf. Lautenbach, 13 L E., A.-G. u. B.-A. Oberkirch; A.-G. u. A.-A. Offenburg, an der Stelle der Schloßruine Hubacker, die im Renchthale gelegen ihren Ursprung bis in die frühesten Zeiten zurückführt.

**Haberloch**, Z. b. Pfbf. Ottenhöfen, 13 L E., A.-G. und B.-A. Achern; A.-G. und A.-A. Baden.

**Hubertshofen**. Pfbf., 2 ev., 249 l., jus. 251 E., A.-G. und B.-A. Donaueschingen; A.-G. und A.-A. Villingen. Villingen. Feldbau und Holzfällen.

**Hubhof**, Hf. u. Brz. b. Stbt. Gengenbach, 11 l. E., A.-G. und B.-A. Gengenbach; A.-G. und A.-A. Offenburg.

**Hubhof**, Hf. u. Brz. b. Pfb. Schutterthal, 11 L E., A.-G. u. B.-A. Lahr; A.-G. u. A.-A. Offenburg. Gbhr.: Fürst v. d. Leyen.

**Hubmühle**, Hf. und Brz. b. A.-O.

Kleinschönach, bes. Pfst. Großschönach, 5 k. C., A.-G. u. B.-A. Pfullendorf; R.-G. u. K.-A. Constanz.

Huchenfeld, Pfdf., 755 ev., 13 k., kath. 770 C., A.-G. u. B.-A. Pforzheim; R.-G. u. K.-A. Carlsruhe; Dec. Pforzheim: J.-J. Carlsruhe. Sitz d. B.-J.; liegt bei der Nagold. Feld-, Wiesenbau, Viehzucht u. Fabrikarbeit.

Hubelhof, Hof u. Pr. b. Pfdf. Boll, 10 k. C., A.-G. u. B.-A. Meßkirch; R.-G. und K.-A. Constanz. Eibsehr.: Fürst von Fürstenberg.

Hüffenhardt, Pfdf., 937 ev., 60 k. 15 lfr., juf. 1032 C., A.-G. Neckarbischofsheim; B.-A. Einsheim; R.-G. und K.-A. Heidelberg; Dec. Neckarbischofsheim. Sitz b. Rot.; liegt 870 p. J. üb. d. M. zwischen niederen Hügeln. Feld-, Wiesen-, Obstbau, starke Vieh- und Schweinezucht, Gewerbebetrieb, Gemeindeschäferei. Im 11. Jahrh. theilweise Hirschau'scher Besitz. Durch die Herren v. Weinsberg als Lehensträger des Hochstifts Worms, 1449 an das Geschlecht der jetzigen Grundherren von Gemmingen verkauft.

Häfingen, Eibt., 15 ev., 1647 k., juf. 1662 C., A.-G. u. B.-A. Donaueschingen; R.-G. u. K.-A. Villingen; L.-R. Villingen; B.-A. Freiburg. Sitz b. B.-C. und Rot.; liegt an der Brege. Landwirthschaft u. Gewerbebetrieb, worunter die Strickgarn- und Wollwaarenfabrik von J. C. Roder; 1832 wurde unter Benützung einer kleinen Wasserkraft eine Streichwollgarnspinnerei errichtet, 1846/47 wurden neue mech. Verbesserungen eingeführt und 1858/59 eine kleine Dampfmaschine behufs des Betriebs einer Dampffärberei, einer Walke und Apparatur damit in Verbindung gebracht. Das 12 bis 15 Arbeiter beschäftigende Etablissement liefert mit seinen 4 Webestühlen weiße u. farbige Strickgarne, glatte u. façonnirte Wolltuche, Hemdenflanell, Multon, feinste Biber, Decken u. Teppiche. Ferner hat H. eine Maschinenfabrik u. Messinggießerei, Ziegelei und Cementfabrik, Leimfabrik, Bleiche, Säge, Uhrenmacherei, Torfstich. — Aeltester des Bildhauers L. Reich, Heimath seines Bruders, des Malers u. Schriftstellers Lucian Reich, ihrer Verwandten, des Musikers Schelble und des Malers Seele, von welchem das Hauptaltarbild der Pfarrkirche herrührt. Anstalt für sittlich verwahrloste Kinder. — Spuren einer ausgedehnten römischen Niederlassung auf dem Mühlöschle mit den Resten der alten Militärstraße und beim sog. Römerbade. — Stationshaus der 11. Legion, letzteres durch Ueberbauung vor völligem Ruine geschützt. Die Anticaglien befinden sich in der k. k. Sammlung im Schlosse. Im Mittelalter Sitz eines gleichnamigen Lehenadels, dann der Herren von Blumberg, später der v. Schellenberg, von welchen es an die Lehenherrschaft v. Fürstenberg durch Kauf im vorigen Jahrh. überging. Im Bauernkriege öffnete H. den Aufständischen die Thore und wurde 1632 einem württemberg. Streifcorps übergeben, welche eine große Anzahl der vertheidigenden Bauern erschlugen und die Stadt plünderten. Mkte.: 26. März, 21. Mai, 30. Juli, 15. Octbr., 1. Decbr.

Hügelheim, Pfdf., 634 ev., 29 k., juf. 663 C., A.-G. u. B.-A. Müllheim; R.-G. u. K.-A. Lörrach; Dec. Müllheim; liegt an der Straße von Freiburg nach Basel. Feld-, Wiesen-, Weinbau u. Viehzucht. Korn- u. Weinhandel.

Hügelsheim, Pfdf., 6 ev., 937 k., juf. 943 C., A.-G. u. B.-A. Rastatt; R.-G. u. K.-A. Baden; L.-R. Ottersweier; liegt 410 p. F. üb. d. M. unweit des Rheins an der Straße von Carlsruhe nach Straßburg. Feld-, Wiesenbau und Viehzucht, ziemlich starke Torflager.

Häusgheim, Pfdf., 456 k., 30 lfr., juf. 486 C., A.-G. u. B.-A. Adelsheim; R.-G. und K.-A. Mosbach; L.-R. Buchen; liegt 983 p. F. üb. d. M. am Kasselbache, der hier Hasselbach heißt. Feld-, Wiesenbau u. Viehzucht.

Hürrlingen, D., 293 k. C., Fil. von Rieden, A.-G. u. B.-A. Bonndorf; R.-G. u. K.-A. Waldshut.

Häfingen, D., 351 ev., 21 k., juf.

9

372 E., Fil. v. Steinen, A.-G. und B.-A. Lörrach; A.-G. und A.-A. Lörrach. Feld-, Wiesenbau u. Viehzucht.

**Hütmannsfeld**, G. b. Pfdf. Lippertsreuthe, 9 l. E., A.-G. u. B.-A. Ueberlingen; A.-G. u. A.-A. Constanz.

**Hüttbach**, N.-O. b. Pfdf. Wieben, 14 l. E., A.-G. u. B.-A. Schönau; A.-G. u. A.-A. Lörrach. Gemarkung u. Gemeindevermögen getrennt.

**Hütte**, auf der, Hf. u. Prj. b. D. Lebengericht, 6 ev. E., Fil. v. Schilach, A.-G. u. B.-A. Wolfach; A.-G. u. A.-A. Offenburg.

**Hütten**, D., 461 l. E., Fil. v. Riderbach, A.-G. u. B.-A. Säckingen; A.-G. u. A.-A. Waldshut.

**Hütten**, N.-O. b. D. Riedichen, 24 l. E., Fil. v. Zell, A.-G. u. B.-A. Schönau; A.-G. und A.-A. Lörrach. Gemarkung und Gemeindevermögen gemeinschaftlich. Grdhr.: Frhr. v. Schönau-Zell.

**Hütteneck**, Hf. u. Prj. b. D. Ramsbach, 13 l. E., Fil. v. Oppenau, A.-G. u. B.-A. Oberkirch; A.-G.u. A.-A. Offenburg.

**Hüttenhof**, Hf. u. Prj. b. Pfdf. St. Blasien, 6 l. E., A.-G. und B.-A. St. Blasien; A.-G. u. A.-A. Waldshut.

**Hüttersbach**, Bad und G. des D. Schwaibach, 72 l. E., Fil. v. Gengenbach, A.-G. und B.-A. Gengenbach; A.-G. u. A.-A. Offenburg; liegt in einem Seitenthale der Kinzig. Die Quelle des Bades aus Granit entspringend, bildet einen starken rothbraunen Niederschlag, der aus Eisenoxydul besteht und der Badwanne ein rothbraunes Aussehen verleiht, hat einen tintenartigen Geschmack und riecht stark nach Schwefelwasserstoffsäure. Das Wasser enthält in 2½ Litres:

Chlorkalium  
Chlornatrium } . . . . 1 Gran.  
Extractionstoff  
Schwefels. Kalkerde . . . . 0,2 „  
Kohlens. Kalkerde } . . 0,7 „  
„ Bittererde  
Uebertrag . . . 1,9 Gran.

Uebertrag . . 1,9 Gran.  
Kohlens. Eisenoxydul . . . 1,4 „  
Kieselerde . . . . . 2,5 „  
  5,8 Gran.

und wird sowohl zum Trinken als zum Baden benützt. Innerlich wirkt es verstopfend, in größerer Menge genommen aber Durchfall erregend.

**Hüttigsmühle**, Hf. u. Prj. b. Pfdf. Hüffenhardt, 7 ev. E., A.-G. Neckarbischofsheim, B.-A. Sinsheim; A.-G. und A.-A. Heidelberg; liegt an der Wollenbach, 783 p. F. üb. b. M.

**Hugenhof**, Hf. u. Prj. b. D. Ibach, 6 l. E., Fil. v. Oppenau, A.-G. u. B.-A. Oberkirch; A.-G. u. A.-A. Offenburg.

**Hugstetten**, Pfdf., 2 ev., 520 L, juf. 522 E., A.-G. u. B.-A. Freiburg; A.-G. u. A.-A. Freiburg; L.-A. Freiburg; liegt eben an der Treisam. Feldbau und Viehzucht. Grdhr.: Frhr. v. Anblaw.

**Hugsweier**, Pfdf., 762 ev., 24 L, juf. 786 E., A.-G. u. B.-A. Lahr; A.-G. und A.-A. Offenburg; Derc. Lahr; liegt an der Straße von Kehl nach Dinglingen u. Freiburg. Feld-, besonders Cichorienbau und Viehzucht. Handel mit Vieh und Cichorien.

**Humenloch**, G. d. D. Rohrhardsberg, 6 l. E., Fil. v. Schonach, A.-G. u. B.-A. Triberg; A.-G. u. A.-A. Villingen.

**Hummelberg**, Hf. und Prj. b. Pfdf. Weitenau, 18 ev. E., A.-G. und B.-A. Schopfheim; A.-G. u. A.-A. Lörrach.

**Hummelshof**, Joseph-, Hf. u. Prj. b. Z. Vorderlangenbach, b. D. Langenbach, 12 l. E., Fil. von Böhrenbach, A.-G. u. B.-A. Villingen; A.-G. u. A.-A. Villingen.

**Hummelswald**, Z. b. N.-O. Bollenau, b. Pfdf. Durbach, 15 l. E., A.-G. u. B.-A. Offenburg; A.-G. u. A.-A. Offenburg.

**Hundheim**, Pfdf., 4 ev., 726 L, juf. 730 E., A.-G. u. B.-A. Wertheim; A.-G. und A.-A. Mosbach; L.-A. Tauberbischofsheim; B.-A. Heidelberg. Sitz b. Pfarramts. und B.-Abl.; liegt 1234 p. F. üb. b. M.

**131**

Feldbau u. Viehzucht, Handel mit Getreide und Reps. Stdsbhr.: Fürst v. Leiningen.

**Hundloch,** J. b. Pfdf. Gütenbach, 13 L C., A.-G. u. B.-A. Triberg; K.-G. u. K.-A. Villingen.

**Hundsfall,** J. b. D. Lehengericht, 25 ev. C., Fil. v. Schiltach, A.-G. u. B.-A. Wolfach; K.-G. u. K.-A. Offenburg.

**Hundsbach,** Col. u. D., 2 ev., 268 l., jul. 290 C., Fil. v. Herrenwies, A.-G. u. B.-A. Bühl; K.-G. u. K.-A. Baden.

**Hundsbach,** Hf. und Prz. b. Pfdf. Jorbach, 11 l. C., A.-G. u. B.-A. Gernsbach; K.-G. u. K.-A. Baden.

**Hundseck,** J. b. Pfdf. Herrenwies, 6 l. C., A.-G. u. B.-A. Bühl; K.-G. und K.-A. Baden.

**Hundweiler,** Hf. und Prz. b. Pfdf. Ittendorf, 10 l. C., A.-G. Meersburg. B.-A. Ueberlingen; K.-G. u. K.-A. Constanz.

**Hungerberg,** Hf. und Prz. b. Stbt. Baden, 16 l. C., A.-G. u. B.-A. Baden; K.-G. u. K.-A. Baden.

**Hungerberg,** Hf. und Prz. b. Pfdf. Bühlerthal, 32 l. C., A.-G. u. B.-A. Bühl; K.-G. u. K.-A. Baden.

**Hungerberg,** H. b. R.-D. Winterbach, b. Pfdf. Lautenbach, 6 l. C., A.-G. u. B.-A. Oberkirch; K.-G. u. K.-A. Offenburg.

**Hursterhof,** Hf. und Prz. b. Pfdf.

**Dinglingen,** 12 ev. C., A.-G. u. B.-A. Lahr; K.-G. u. K.-A. Offenburg.

**Hüsurenmühle,** Hf. u. Prz. b. R.-D. Rohrberg, b. Pfdf. Hag, 13 l. C., A.-G. u. B.-A. Schönau; K.-G. u. K.-A. Lörrach.

**Hutneck,** J. b. D. Peterzell, 9 l. C., Fil. v. St. Georgen, A.-G. u. B.-A. Triberg; K.-G. u. K.-A. Villingen.

**Huttenheim,** Pfdf., 7 ev., 977 l., juf. 984 C., A.-G. u. B.-A. Philippsburg; K.-G. u. K.-A. Carlsruhe; L.-K. Philippsburg; B.-A. Bruchsal. Eis b. B.-Abn.; liegt 361 p. F. üb. b. M. an der Straße von Carlsruhe nach Philippsburg. Feldbau, Viehzucht, Torfstich. Handel mit Korn, Hanf u. Torf. H. hieß früher Knaubenheim und lag hart am Rheine; nach seiner Zerstörung 1758 u. 1759 durch den Rhein wurde es weiter zurückverlegt und nach dem Fürstbischofe v. Speyer, Cardinal v. Hutten, benannt. Ueberraschung des Polen Mieroslawky's, Führer der Aufständischen, u. Wegnahme einer Kasse des 3. Regiments derselben durch die Preußen am 20. Juni 1849.

**Huttenhof,** Hf. u. Prz. b. Pfdf. Munbingen, 17 ev. C., A.-G. u. B.-A. Emmendingen; A.-G. u. K.-A. Freiburg.

**Hüttingen,** D., 3 ev., 315 l., juf. 318 C., Fil. v. Rhein, A.-G. und B.-A. Lörrach; K.-G. u. K.-A. Lörrach; gehörte ehedem zum Hochstifte Basel.

**J.**

**Jägerhaus,** Hf. und Prz. des Pfdf. Martelfingen, 10 l. C., A.-G. u. B.-A. Constanz; K.-G. und K.-A. Constanz.

**Jägerhaus,** Hf. und Prz. b. Pfdf. Ehrstädt, 2 l. C., A.-G. u. B.-A. Eindheim; K.-G. u. K.-A. Heidelberg.

**Jägerhof,** Hf. u. Prz. b. Pfdf. Emmingen ab Egg, 6 l. C., A.-G. u. B.-A. Engen; K.-G. u. K.-A. Constanz. Stdbhr.: Fürst v. Fürstenberg.

**Jägerhof,** Hf. u. Prz. b. Stbt. Breisach, 3 l. C., A.-G. und B.-A. Breisach; K.-G. u. K.-A. Freiburg.

**Jägersteig,** Hf. und Prz. b. Pfdf. Waldau, 9 l. C., A.-G. u. B.-A. Freiburg; K.-G. u. K.-A. Freiburg.

**Jagdhaus,** Hf. u. Prz. b. Pfdf. Oos, 3 l. C., A.-G. u. B.-A. Baden; K.-G. u. K.-A. Baden; liegt 811 p. F. üb. b. M. an der nordwestlichen Abdachung des Fremersberges. Von der Straße von Oos nach Baden führt eine gerade Allee nach dem schön gelegenen Jagdhause, das von Markgraf Ludwig Georg erbaut, die Gestalt eines achteckigen Hubertuskreuzes hat.

**Jansbach,** J. b. Pfdf. Oberharg=

mersbach, 19 L. E., A.-G. u. B.-A. Gengenbach; R.-G. u. R.-A. Wolfach.

**Ibach**, D., 700 E. E., Fil. v. Oppenau, A.-G. u. B.-A. Oberkirch; R.-G. u. R.-A. Offenburg; hat mehrere Mahl- und Sägmühlen.

**Ibach, Ober-**, Pfdf., 460 E. E., A.-G. u. B.-A. St. Blasien; R.-G. u. R.-A. Waldshut; L.-R. Waldshut. Feldbau u. Viehzucht.

**Ibach, Unter-**, R.-D. b. Pfdf. Oberibach, 20 L. E., A.-G. u. B.-A. St. Blasien; R.-G. u. R.-A. Waldshut. Gemarkung und Gemeindevermögen gemeinschaftlich.

**Ibendörfle**, 3. b. D. Altsimonswald, 49 L. E., Fil. v. Untersimonswald, A.-G. u. B.-A. Waldkirch; R.-G. u. R.-A. Freiburg.

**Ibendörfle**, 3. des Pfdf. Untersimonswald, 65 L. E., A.-G. u. B.-A. Waldkirch; R.-G. u. R.-A. Freiburg.

**Ibich**, 3. b. D. Altsimonswald, 30 L. E., Fil. v. Untersimonswald, A.-G. u. B.-A. Waldkirch; R.-G. u. R.-A. Freiburg.

**Ichenheim**, Pfdf., 686 ev., 789 k., 8 Diff., zuf. 1483 E., A.-G. u. B.-A. Lahr; R.-G. u. R.-A. Offenburg; Dec. Lahr u. L.-R. Lahr; J.-J. Offenburg. Elz b. B.-J.; liegt an der Straße von Kehl nach Dinglingen. Starken Feldbau u. Viehzucht.

**Jechtingen**, Pfdf., 4 ev., 923 L., zuf. 927 E., A.-G. u. B.-A. Breisach; R.-G. u. R.-A. Freiburg; L.-R. Endingen; liegt an der Straße von Kehl nach Dinglingen in schöner Gegend. Starken Feldbau u. Viehzucht. Reizende Lage, besonders von der auf steilem Felsen am Rheinufer sich erhebenden Burgruine Sponeck, welche von den Lehensbesitzern Schnewlin v. Freiburg und ihren Rechtsnachfolgern in Württemberg übergangen war, worauf es bieken bei der Achterklärung des Herzogs Ulrich wieder entrissen wurde und erst 1648 wieder in seinen Besitz gelangte.

**Jebensbach**, 3. b. Pfdf. Oberharmersbach, 34 L. E., A.-G. u. B.-A. Gengenbach; R.-G. and R.-A. Offenburg.

**Jestetten**, Pfdf., 36 ev., 947 l., zuf.

983 E., A.-G. u. R.-A. Waldshut; L.-R. Kletigau; J.-J. Säckingen; R.-A. Waldshut. Elz b. A.-G., B.-A., G.-R., L.-Th., B.-J.-B.-E. u. Rot.; liegt an der Straße von Waldshut und Zürich nach Schaffhausen. Guter Weinbau, etwas Fruchthandel nach Schaffhausen und lebhafter Verkehr auf der Schaffhauser-Züricher Straße. Der schon im 8. Jahrh. genannte Ort wurde auf einer römischen Niederlassung gegründet. Das Schloß war zeitweiliger Aufenthalt der Landgrafen von Sulz.

**Jettweiler**, R.-D. b. Pfdf. Wintersspüren, 23 L. E., A.-G. u. B.-A. Stockach; R.-G. u. R.-A. Constanz. Gemarkung und Gemeindevermögen getrennt.

**Iffezheim**, Pfdf., 4 ev., 1524 l., zuf. 1528 E., A.-G. u. B.-A. Rastatt; R.-G. u. R.-A. Baden; L.-R. Ottersweier; liegt 418 v. J. üb. d. M. an einem Arme der Sandbach unweit des Rheins. Feldbau u. starke Viehzucht. Seit 1858 finden hier im Monate September große Wettrennen an drei verschiedenen Tagen statt. Zu diesem Behufe wurden auf dem der Gemeinde gehörigen Allmendplatze von dem geschickten Architekten, Hrn. Blum, in Baden äußerst geschmackvolle Tribünen erbaut. Die Preise der Rennen bewegen sich zwischen 15,000 und 1000 Frcs., zu welch ersteren von dem hohen Protektor dieser Course, Sr. Königl. Hoheit d. Großherzoge, jedesmal noch werthvolle Kunstgegenstände hinzugefügt werden.

**Igelbach**, 3. b. D. Reichenbach, 13 ev. E., Fil. v. Hornberg, A.-G. u B.-A. Triberg; R.-G. u. R.-A. Villingen.

**Igelsbach**, Col., 58 ev., 6 l., zuf. 64 E., Fil. v. Oberbach, A.-G. u. B.-A. Oberbach; R.-G. u. R.-A. Mosbach; liegt 660 v. J. üb. d. M.

**Igelschlatt**, R.-D. b. D. Birlenbori, 97 l. E., Fil. v. Riedern, A.-G. u. B.-A. Bonndorf; R.-G. und R.-A. Waldshut. Getrennte Gemarkung, gemeinschaftliches Gemeindevermögen.

**Ihringen**, Pfdf., 2208 ev., 17 L, 46 Diff. 255 ifr., zuf. 2526 E., A.-G. u. B.-A. Breisach; R.-G. u. R.-A. Freiburg; Dec.

Freiburg; B.A. Freiburg. Sitz d. V.-Abl.; liegt an der Straße von Breisach nach Emmendingen. Feld-, Wiesen-, Wein-, Obstbau und Viehzucht.

**Ilgenthal**, Whr. b. Pfd. Voll, 19 L. E., A.-G. u. B.-A. Meßkirch; K.-G. u. K.-A.Constanz. Stdpfr.: Fürst v. Fürstenberg.

**Ilgenthal**, Z. b. N.-O. Unterschwandorf, b. Pfd. Oberschwandorf, 18 l. C., A.-G. und B.-A. Stockach; K.-G. u. K.-A. Constanz.

**Illenau**, Irren-, Heil- u. Pflegeanstalt, Prz. b. Stdt. Achern, 15 L. C.; liegt nahe bei Achern und der hier durchziehenden großen Bergstraße unfern des Türmm'schen Monuments bei Sasbach am Fuße des großartigen und steigenden 3600 Fuß hohen Gebirges Hornisgründe in der weiten Rheinebene nahe am Ausgange der romantischen Thäler von Kappel und Sasbachwalden. J. ist eine eben so großartig ausgeführte als rationell geleitete Landesirrenanstalt mit 3 bis 4 Aerzten, zwei Hausgeistlichen, vielen Kranken aus allen Theilen Deutschlands. 1635 zu bauen beschlossen, 1837 in Angriff genommen, wurde es 1842 für 100 Pfleglinge eingerichtet. Plan der Gebäude von Baumeister H. Boß und dem Direktor des Hauses Dr. Roller, für die schönen Gartenanlagen von Garten-Director Metzger von Heidelberg. Badeanstalten, Eintheilung der Gebäude in Heil- und Pflegeanstalt. Beschäftigung der Pfleglinge in Oeconomie, Garten und Anlagen, während gesellschaftliche Erheiterungen den Eindruck des Ganzen vollenden.

**Illenbach**, Hf. u. Prz. b. Pfd. Oberachern, 18 l. C., A.-G. u. B.-A. Achern; K.-G. u. K.-A. Baden.

**Illenbach**, Hf. u. Prz. b. Pfd. Obersasbach, 6 l. C., Fil. v. Sasbach, A.-G. u. B.-A. Achern; K.-G. u. K.-A. Baden.

**Illenberg**, Z. b. Pfd. Oberbleibach, 63 l. C., A.-G. u. B.-A. Waldkirch; K.-G. u. K.-A. Freiburg.

**Illenberg**, Z. b. D. Katzenmoos, 23 L. C., Fil. v. Elzach, A.-G. und B.-A. Waldkirch; K.-G. u. K.-A. Freiburg.

**Illenthal**, K.-O. b. Pfd. Durbach, 91 l. C., A.-G. u. B.-A. Offenburg; K.-G. u. K.-A. Offenburg. Gemarkung und Gemeindevermögen getrennt.

**Illingen**, D., 502 L. C., Fil. v. Elchesheim, A.-G. u. B.-A. Rastatt; K.-G. und K.-A. Baden; liegt 371 p. F. üb. d. M. Fischerei, Korbmacherei, Goldsandwaschen und Feldbau.

**Illmensee**, Pfd., 2 ev., 275 L. jul. 277 C., A.-G. u. B.-A. Pfullendorf; K.-G. u. K.-A. Constanz; L.-A. Linzgau; liegt am gleichnamigen See. Feldbau u. Viehzucht. Es war ein altes Besitzthum der Grafen von Heltenstein, von welchem es später an die Grafen von Zollern überging, die es mehreren Lehensgeschlechtern übergaben, die sich zum Theil davon schrieben. In der Folge wurde die Fischenz als Lehen von Zollern 1327 an Salem durch den Lehensträger Schwenninger von Lichtenstein verkauft. Hier und in dem dabei gelegenen Ruschweiler- und Volzer-See werden sehr oft Wels von 50 Pfd., zahlreiche Hechte, Karpfen, Schleien und Krebse gefangen.

**Illmühle**, Hs. u. Prz. b. Pfd. Bettmaringen, 13 L. C., A.-G. und B.-A. Bonndorf; K.-G. u. K.-A. Waldshut.

**Illwangen**, D., 8 ev., 410 L. jul. 419 C., Fil. v. Illmensee, A.-G. u. B.-A. Pfullendorf; K.-G. und K.-A. Constanz. Stdpfr.: Fürst v. Fürstenberg.

**Ilmspan**, Pfd., 1 ev., 422 L. jul. 423 C., A.-G. Gerlachsheim, B.-A. Tauberbischofsheim; K.-G. und K.-A. Roßbach; L.-A. Lauda; liegt 1550 p. F. üb. d. M. Feldbau u. Viehzucht.

**Ilvesheim**, Pfd., 709 ev., 567 L., 142 Isr., jul. 1438 C., A.-G. Ladenburg, B.-A. Mannheim; K.-G. und K.-A. Mannheim; L.-A. Heidelberg; liegt 334 p. F. üb. d. M. am rechten Ufer des Neckar, ev. Fil. von Sedenheim. Ale zu Feudesheim u. Sedenheim reicher Tabakbau. Vor dem Dorfe das Schlößchen der Grundherren, Frhrn. v. Hundheim, jetzt rückfälliges Lehen, welches von dem Grafen von Hamilton 1696 an die v. Hundheim überging. Nachdem der Ort vom Kloster Lorsch an die Pfalz gekommen war, wurde derselbe von den Churfürsten als Lehen an die v. Erlichheim u. Steinach gegeben, während des 30jährigen Krieges aber von Bayern als heimfällig eingezogen und dem General v. b. Horst verliehen.

**Imenthal**, Z. b. D. Zizenhausen, 26 l. E., Fil. v. Hindelwangen, A.-G. u. B.-A. Stockach; R.-G. u. K.-A. Constanz.

**Immelhäuserhof**, Hf. u. Prz. b. Sdt. Sinsheim, 56 men. E., A.-G. u. B.-A. Sinsheim; R.-G. u. K.-A. Heidelberg; liegt 620 p. F. üb. b. M. Starke Landwirthschaft. Stdshr.: Fürst v. Leiningen.

**Immenbühl**, Z. b. K.O. Allglas hütte, b. D. Hinterzah, 8 l. E., Fil. v. St. Märgen, A.-G. und B.-A. Freiburg; R.-G. u. K.-A. Freiburg.

**Immendingen**, Pfdf., 42 ev., 685 L., juf. 727 C., L.-G. u. B.-A. Engen; R.-G. u. K.-A. Constanz; L.-K. Geisingen; P.-A. Stockach. Sitz der B.-Abl.; liegt an der Donau; Feld-, Wiesenbau u. Fabrikbetrieb, namentlich die fürstlich Fürstenberg'sche Maschinenfabrik. Alter Ort; sofern man Spuren einer untergegangenen germanischen Niederlassung in der Nähe der Möhringer Straße in Grundmauern und Gräbern entdeckt. Vom 12. Jahrh. an hatte es einen eigenen Lehenadel, dann ward es in zwei Schlößer abgetheilt, wovon das obere einem Zweige der Herren v. Almendshofen gehörte, durch die Knöringen, Egloff von Zell, Schreckenstein an die Frhrn. v. Reischach gedieh, welche das untere Schloß von den Jägern, genannt Späth, ererbt hatten, worauf sie die ganze Herrschaft an Fürstenberg verkauften. Bei dem Dorfe wird die Donau theilweise vom Boden eingesogen u. soll als Aachquelle im Hegau wieder zu Tage kommen.

**Immeneich**, D., 1 ev., 223 L., juf. 224 E., Fil. v. Unteralpfen, A.-G. u. B.-A. St. Blasien; R.-G. und K.-A. Waldshut; P.-A. Waldshut. Sitz b. P.-Abl.

**Immenhofen**, Z. b. Pfdf. Pfohren, 45 l. E., A.-G. u. B.-A. Donaueschingen; R.-G. u. K.-A. Billingen.

**Immenstaad**, Mkfl., 15ev., 720 L.,juf. 741 C., A.-G. Meersburg, B.-A. Ueberlingen; R.-G. u. K.-A. Constanz; L.-K. Linzgau; P.-A. Stockach. Sitz b. P.-Abl.; liegt am Bodensee, nicht weit von der württemb. Grenze. Feld-, Obstbau u. Viehzucht nebst Schifffahrt.

**Impflingen**, Pfdf., 553 L., 34 ifr., juf. 587 C., A.-G. u. B.-A. Tauberbischofsheim; R.-G. u. K.-A. Mosbach; L.-K. Lauda; liegt 640 p. F. üb. b. M. an dem rechten Ufer der Tauber. Feld-, Wiesen-, Weinbau und starke Viehzucht. Weinhandel nach Würtemberg und bis Sachsen.

**Indlekofen**, D., 300 l. E., Fil. v. Weilheim, A.-G. u. B.-A. Waldshut; R.-G. u. K.-A. Waldshut.

**Jagelheimerhof**, Hf. und Prz. des Mfl. Helmstadt, 37 l. E., A.-G. Neckarbischofsheim, B.-A. Sinsheim; R.-G. und K.-A. Heidelberg; liegt 713 p. F. üb. b. M. Grdhrr.: Frhrn. v. Berlichingen.

**Insultheimerhof**, Col., 52 ev., 21 L., juf. 73 C., Fil. v. Hockenheim, A.-G. und B.-A. Schwetzingen; R.-G. u. K.-A. Mannheim; liegt 325 p. F. üb. b. M.

**Jnzlingen**, Pfdf., 48 ev., 1081 l., juf. 1129 C., A.-G. u. B.-A. Lörrach; R.-G. u. K.-A. Lörrach; L.-K. Wiesenthal. Feld-, Obst-, Weinbau und starke Viehzucht.

**Jöhlingen**, Pfdf. 1 ev., 2312 l., 94 ifr., juf. 2407 C., A.-G. u. B.-A. Durlach; R.-G. u. K.-A. Carlsruhe; L.-K. Bruchsal; liegt 551 p. F. üb. b. M. an der Drechwalze und Straße von Carlsruhe nach Bretten. Feldbau und Viehzucht.

**Johannesberg**, Hf. u. Prz. b. Sdt. Staufen, 3 l. E., A.-G. u. B.-A. Staufen; R.-G. u. K.-A. Freiburg.

**Johannisberg**, oder Aarthaus, Prz. b. Sdt. Freiburg, 24 l. E., A.-G. u. B.-A. Freiburg; R.-G. u. K.-A. Freiburg. Grdhr.: Frhr. v. Türkheim.

**Johannishof**, Hf. u. Prz. b. D. Bittelbrunn, 10 l. E., Fil. v. Engen; A.-G. u. B.-A. Engen; R.-G. u. K.-A. Constanz.

**Johannisthalerhof**, Hf. u. Prz. b. Pfdf. Königsbach, 19 l. E., A.-G. und

B.-A. Durlach; A.-G. u. K.-A. Carlsruhe.

**Jokeleshof**, Hf. u. Prz. d. D. Schollach, 5 l. C., Fil. a. Urach, A.-G. und B.-A. Neustadt; A.-G. u. K.-A. Freiburg.

**Jokenhof**, Hf. u. Prz. d. D. Schollach, 21 l. C., Fil. v. Urach, A.-G. und B.-A. Neustadt; A.-G. u. K.-A. Freiburg.

**Jomistobel**, Z. b. A.-D. Burg, b. Pfdf. Oberhomberg, 13 l. C., A.-G. u. B.-A. Pfullendorf; A.-G. u. K.-A. Constanz.

**Josefenbauernhof**, Hf. u. Prz. b. D. Rudenberg, 9 l. G., Fil. v. Friedenweiler, A.-G. u. B.-A. Neustadt; A.-G. u. K.-A. Freiburg.

**Josephof**, Hf. u. Prz. b. D. Schollach, 21 l. C., Fil. v. Urach, A.-G. u. B.-A. Neustadt; A.-G. u. K.-A. Freiburg.

**Josenhof**, Hs. u. Prz. b. Wlr. Josthal, b. D. Viertthäler, 23 l. C., Fil. v. Neustadt, A.-G. u. B.-A. Neustadt; A.-G. u. K.-A. Freiburg.

**Joseppenhof**, Hf. u. Prz. b. Wlr. Schildwende, b. D. Viertthäler, 6 l. C., Fil. v. Neustadt; A.-G. u. B.-A. Neustadt; A.-G. u. K.-A. Freiburg.

**Josleshof**, Hf. und Prz. b. Wlr. Spriegelsbach, b. D. Viertthäler, 9 l. C., Fil. v. Neustadt, A.-G. u. B.-A. Neustadt; A.-G. u. K.-A. Freiburg.

**Josthal**, Wlr. b. D. Viertthäler, 25 l. C., Fil. v. Neustadt, A.-G. u. K.-A. Freiburg.

**Ipplichen**, Z. b. D. Kinzigthal, 119 l. C., Fil. v. Kinzigthal, A.-G. u. B.-A. Wolfach; A.-G. u. K.-A. Offenburg.

**Ippingen**, Pfdf., 2 ev., 396 L, juf. 398 C., A.-G. u. B.-A. Donaueschingen; A.-G. u. K.-A. Billingen; L.-R. Geisingen; liegt ziemlich hoch im Gebirge. Feldbau u. Viehzucht.

**Ispringen**, Pfdf., 869 ev., 10 L, 28 Difs., juf. 997 C., A.-G. u. B.-A. Pforzheim; A.-G. u. K.-A. Carlsruhe; Dec. Pforzheim; P.- u. T.-A. Pforzheim. Siz d. P.-Abl. Feld-, Wiesen-, Weinbau und Viehzucht. Hall-Etat.

**Istein**, Pfdf., 12 ev., 516 L, juf. 528 C., A.-G. u. B.-A. Lörrach; A.-G. u. K.-A. Lörrach; L.-R. Wiesenthal; liegt am Rheine und hat guten Weinbau. Sehenswerther Tunnel durch den Isteiner Klotz, auf welchem an schwindelnder Felswand die St. Veitskirche erbaut ist. Grdhr.: Frhr. von Freistett.

**Ittendorf**, Pfdf., 6 ev., 426 L., juf. 432 C., A.-G. Meersburg, B.-A. Ueberlingen; A.-G. u. K.-A. Constanz; L.-R. Linzgau; liegt an der Straße von Meersburg nach Markdorf. Feld-, Weinbau u. Viehzucht. J. hat ein Schlößchen mit schöner Aussicht gegen Heiligenberg und über den Bodensee, früher bischöfl. Constanzisches Jagdschloß. Das Bisthum erkaufte die Herrschaft mit Ahausen, mit welchem es vom 15. Jahrh. an gleiches Schicksal hatte. Die Herren v. Ellerbach, die es an Ueberlingen verkauften, waren durch eine Erbtochter der bischöfl. Constanzischen Schenken von Ittendorf in den Besitz derselben gekommen.

**Ittenschwand**, A.-D. b. D. Fröhnd, 76 l. C., Fil. v. Schönau, A.-G. u. B.-A. Schönau; A.-G. u. K.-A. Lörrach. Gemarkung und Gemeindevermögen getrennt.

**Ittersbach**, Pfdf., 844 ev., 3 L., juf. 847 C., A.-G. u. B.-A. Pforzheim; A.-G. u. K.-A. Carlsruhe; Dec. Pforzheim; liegt 1089 p. F. üb. d. M. an der württ. Grenze. Feld-, Wiesenbau und Viehzucht. Auf den nördlichen Anhöhen die Spuren einer Römerstraße. Der Sage nach als Wolmersbach früher tiefer im östlichen Thale gelegen und den Herren v. Weiler gehörig. Im Jahr 1293 schenkte es Markgraf Rudolf II. von Baden an Herrenalb, woher es zuerst württembergisch wurde u. erst 1803 durch Tausch wieder an Baden geblieb.

**Ittlingen**, Pfdf., 1211 ev., 13 L, 36 Difs., 27 Men., 172 Ifr., juf. 1439 C., A.-G. u. B.-A. Eppingen; A.-G. u. K.-A. Heidelberg; Dec. Eppingen; P.-A. Bruchsal Siz b. P.-Abl.; liegt 610 p. F. üb. d. M. an der Elsenz, mehrere Mühlen, starker Feld- u. Wiesenbau nebst guter Viehzucht.

**Jackenhof**, Hf. und Prz. b. Pfdf.

Hohenthengen, 10 L.G., L.G. u. B.A. Jestetten; A.G. u. A.A. Waldshut.

Jadersberg, R.-D. b. D. Auschweiler, 94 L.E., Fil. v. Burgweiler, L.G. u. B.A. Pfullendorf; L.G. u. A.A. Constanz. Siehr.: Fürst von Fürstenberg. Gemarkung und Gemeindevermögen getrennt.

Junghof, Hf. u. Prz. b. Eibl. Hilsbach, 13 meu. E., L.G. und B.A. Sinsheim; A.G. u. A.A. Heidelberg; liegt 835 v. F. üb. d. M. Sbshr.: Fürst v. Leiningen.

Jungholz, Z. b. D. Steig, 9 l. E.,
Fil. v. Hinterzarten, L.G. v. B.A. Freiburg; A.G. u. A.A. Freiburg.

Jungholz, Z. b. Pfd. Breitnau, 25 L.E., L.G. u. B.A. Freiburg; A.G. u. A.A. Freiburg.

Jungholz, Wlr. b. D. Willarixgen, 178 L.E., Fil. v. Rickenbach, L.G. u. B.A. Säckingen; A.G. u. A.A. Waldshut. Gemarkung u. Gemeindevermögen getrennt.

Jzuang, D., 1 ev., 326 L., jul. 327 E., Fil. v. Weiler, L.G. u. B.A. Radolfzell; A.G. und A.A. Constanz; Pf.A. Constanz. Sitz b. B.Abt.; liegt am Untersee und gehörte zum Hochstift Constanz.

## K.

Kadelburg, Pfdf., 387 ev., 390 l., juf. 777 E., L.G. u. B.A. Waldshut; A.G. u. A.A. Waldshut; Dec. Schopfheim; L.A. Aletigau; Pf. u. C.A. Waldshut. Sitz b. Pf.Abt.; liegt am Rhein u. hat Feld-, Wiesen-, Weinbau und Viehzucht. Mrkt.: 9. März, 26. Mai, 31. Aug.

Käferegg, Z. b. D. Eisenbach, 4 L.E., Fil. v. Hammereisenbach, L.G. u. B.A. Neustadt; A.G. u. A.A. Freiburg.

Käfersberg, R.-D. b. Pfdf. Ortenberg, 240 L.E., L.G. u. B.A. Offenburg; A.G. u. A.A. Offenburg.

Käferthal, Pfdf., 901 ev., 1683 l., 3 Diff., juf. 2597 E., L.G. Ladenburg, B.A. Mannheim; A.G. u. A.A. Mannheim; Dec. Ladenburg; L.A. Weinheim; liegt 335 v. F. üb. d. M. Feldbau und Viehzucht nebst Handel mit Tabak u. sonstigen Landesprodukten nach Mannheim.

Kälbertshausen, Pfdf., 301 ev., 5 l., juf. 306 E., L.G. u. B.A. Mosbach; A.G. u. A.A. Mosbach; Dec. Neckarbischofsheim; liegt 1001 v. F. üb. d. M., der Sage nach römische Niederlassung, auf deren Ruinen eine mittelalterliche Burg gebaut wurde. Auf dem Friedhof ein Grabstein mit alter Inschrift, angeblich des letzten Besitzers aus einer gräflichen Familie, an welche sich der Name Grafenweg knüpfte.

Käsacker, Prz. b. R.-D. Vogelbach,
b. D. Malsburg, 41 ev. E., Fil. v. Vogdbach, L.G. u. B.A. Müllheim; A.G. u. A.A. Lörrach.

Käfern, R.-D. b. D. Pfaffenberg, 80 l. E., Fil. v. Zell, L.G. u. B.A. Schönau; A.G. u. A.A. Lörrach. Gemarkung und Gemeindevermögen getrennt. Grdhr.: Frhr. v. Schönau-Zell.

Kaibach, Z. b. D. Bergzell, 45 l. E., Fil. v. Schenkenzell, L.G. u. B.A. Wolfach; A.G. u. A.A. Offenburg.

Kaisershaus, Prz. b. Pfdf. Bernau, 169 l. E., L.G. u. B.A. St. Blasien; A.G. u. A.A. Waldshut.

Kaisershof, Hf. u. Prz. b. Wlr. Josthal, b. D. Bierthäler, 13 l. E., Fil. von Neustadt, L.G. u. B.A. Neustadt; A.G. u. A.A. Freiburg.

Kalikut, Z. b. D. Ramsbach, 11 l. E., Fil. v. Oppenau, L.G. u. B.A. Oberkirch; A.G. u. A.A. Offenburg.

Kalkhof, Hf. und Prz. b. Pfdf. kath. Thennenbronn, 14 l. E., L.G. u. B.A. Triberg; A.G. u. A.A. Villingen.

Kalkofen, Hs. u. Prz. b. D. Spielberg, 5 L.E., Fil. v. Langensteinbach, L.G. u. B.A. Durlach; A.G. u. A.A. Carlsruhe.

Kallenberg, Hf. u. Prz. b. Pfdf. Buchheim, 17 l. E., L.G. u. B.A. Messkirch; A.G. und A.A. Constanz. Burgruine mit

Aussicht bis zur Baar, kam mit Herrenwaag an die Jchrn. v. Ulm.

**Kaltbächle**, Prj. b. J. Menwangen, b. D. Witternhofen, 11 l. C., Fil. v. Roggenbeuren, A.-G. Meersburg, B.-A. Ueberlingen; K.-G. u. K.-A. Constanz.

**Kaltenbach**, K. b. K.-O. Murbach, b. Pfdf. Ranbern, 7 l. C., A.-G. u. B.-A. Rabolphzell; K.-G. u. K.-A. Constanz.

**Kaltenbach**, K.-O. b. D. Malsburg, 208 l. C., Fil. v. Vogelbach, A.-G.; u. B.-A. Müllheim; A.-G. u. K.-A. Lörrach. Gemarkung und Gemeindevermögen getrennt.

**Kaltbrunn**, D., 4 ev., 168 l., juf. 172 C., Fil. v. Wurnsbach, A.-G. u. B.-A. Constanz; K.-G. u. K.-A. Constanz.

**Kaltbrunn**, D., 22 ev., 568 l., juf. 590 C., Fil. v. Wittichen, A.-G. u. B.-A. Wolfach; K.-G. u. K.-A. Offenburg.

**Kaltenbronn**, Col. b. D. Reichenthal, 17 l. C., Fil. v. Weißenbach, A.-G. u. B.-A. Gernsbach; K.-G. u. K.-A. Baden; F.-J. Gernsbach. Sitz b. B.-J.; liegt 2893 p. J. üb. b. M. auf der Höhe des Gebirges gegen die Teufelsmühle in moosreicher Gegend. Alljährlicher Besuch der Großherzoglichen Prinzen zur Auerhahnenbalz.

**Kaltenbrunn**, D., 90 l. C., Fil. v. Wallbürn, A.-G. u. B.-A. Wallbürn; K.-G. und K.-A. Mosbach; liegt 1024 p. J. üb. b. M. an der bayrischen Grenze. Sitbehr.: Fürst v. Leiningen.

**Kaltenherberg**. Z. b. D. Zimmerholz, 3 l. C., Fil. v. Engen, A.-G. u. B.-A. Engen; K.-G. und K.-A. Constanz.

**Kaltenherberg**, Z. b. Pfdf. Urach, 31 l. C., A.-G. u. B.-A. Neustadt; K.-G. u. K.-A. Freiburg.

**Kaltenherberg**, Z. b. Pfdf. Tannenkirch, 26 ev. C., A.-G. u. B.-A. Lörrach; K.-G. u. K.-A. Lörrach; P.-A. Basel. Sitz b. Poststntrb. Früher vielbesuchte Station an der alten Straße nach Basel.

**Kalvarienberg**, Hf. u. Rap. b. Pfdf. Schwaningen, 6 l. C., A.-G. u. B.-A. Ueberlingen; K.-G. und K.-A. Constanz. Sibehr.: Fürst v. Fürstenberg.

**Kammbach**, Ober-, Wlr. b. Pfdf. Schutterthal, 57 l. C., A.-G. u. B.-A. Lahr; K.-G. u. K.-A. Offenburg. Sibehr.: Fürst v. b. Leyen.

**Kammbach**, Unter-, Wlr. b. Pfdf. Schutterthal, 76 l. C., A.-G. u. B.-A. Lahr; K.-G. u. K.-A. Offenburg.

**Kamererbecke**, 8 b. D. Reichenbach, 16 l. C., Fil. v. Hornberg, L.-G. u. B.-A. Triberg; K.-G. u. K.-A. Villingen.

**Kammersbrunn**, Z. b. D. Obersasbach, 26 l. C., Fil. v. Sasbach, A.-G. u. B.-A. Achern; K.-G. u. K.-A. Baden.

**Kandelberg**, Prj. b. J. Rohr, des Pfdf. St. Peter, 57 l. C., A.-G. u. B.-A. Freiburg; K.-G. u. K.-A. Freiburg.

**Kandelhof**, Hf. u. Prj. b. Pfdf. Unterlimonswald, 8 l. C., A.-G. und B.-A. Waldkirch; K.-G. u. K.-A. Freiburg.

**Kandern**, Stdt., 1255 ev., 136 l., 7 Mm., juf. 1398 C., A.-G. u. B.-A. Lörrach; K.-G. u. K.-A. Lörrach; Dek. Lörrach; P.-A. Basel Sitz b. P.-G. und Distr.-Not. Feld-, Wiesen- u. Weinbau, Gewerbe und Fabrikbetrieb, worunter eine bedeutende Papierfabrik, Wollspinnerei u. Halbtuchfabrikation, Weinhandel, Getreidevertauf auf sehr belebten Wochenmärkten, großes Eisenwerk mit 2 Frisch- und einem Kleinfeuer und jährlicher Produktion von etwa 14,000 Ctr. Sparkasse. Spital. Schon im 8. Jahrh. besaß Kloster Lorsch Güter in Kandern, welches schon im 15. Jahrh. bedeutender Doppelflecken war, von welchem 1525 Hinterland- bern durch die aufständischen Bauern zerstört wurde. 1848 Ueberfall der Aufständi- schen burch Struve. Mktt.: 17. Mai, 25. Nov.

**Kappel**, Pfdf., 1 ev., 500 l., juf. 501 C., A.-G. u. B.-A. Freiburg; K.-G. u. K.-A. Freiburg; L.-R. Stühlingen; P.-A. Freiburg. Sitz der P.-Abl. Alter Kirchenort, im 13. Jahrh. an das Kloster Grünwald geschenkt u. erst nach Aufhebung des Klosters wieder zur Pfarre erhoben. Schöne Aussicht vom Feldberg bis zur Stühlinger Alp. Auf den Abhängen gegen das Wulachthal fand ein Gefecht während des Moreau'schen Rückzugs statt, in welchem die Oesterreicher vom Revierförster Columban Kalser von Lenzkirch geführt und poſtirt den Franzoſen die Straße nach Lenzkirch verlegten.

**Rappel**, D., 2 ev., 317 L. juſ. 319 C., Fil. v. Villingen, A.-G. u. B.-A. Villingen; R.-G. u. K.-A. Villingen. Feld-, Wieſenbau und Viehzucht. Handel mit Eiſen-, Glas-, Stroh- und Quincaillerieswaaren. Eibthr.: Fürſt v. Fürſtenberg.

**Rappel**, Pfdf., 6 ev., 1309 L, juſ. 1315 C., A.-G. u. B.-A. Ettenheim; R.-G. u. K.-A. Freiburg; L.-R. Lahr; liegt am Ausfluß der Elz in den Rhein in einer fruchtbaren Ebene. Starker Feldbau, Viehzucht, Fiſchfang und Schiffahrt.

**Rappel**, Pfdf., 420 L. C., A.-G. und B.-A. Freiburg; R.-G. u. K.-A. Freiburg; L.-R. Freiburg; P.-L. Kehl, Siß d. B.-Abl., liegt in einem Thale und treibt Feldbau, Viehzucht und Holzhandel.

**Rappelberg**, H. b. Pfdf. Sasbachwalden, 26 L C., A.-G. u. B.-A. Achern; R.-G. u. K.-A. Baden.

**Rappelnhof**, Hf. u. Pfr. b. D. Rohrhardsberg, 6 L C., Fil. v. Schonach, A.-G. u. B.-A. Triberg; R.-G. und K.-A. Villingen.

**Rappelrodeck**, Pfdf., 16 ev., 2107 L., juſ. 2125 C., A.-G. u. B.-A. Achern; R.-G. u. K.-A. Baden; L.-R. Otterswier; P.-A. Kehl, Siß b. A.-Abl. Feldbau, Viehzucht und ſtarken Weinbau, Obſt- und Kaſtanienzucht. Handel mit den Produkten in die Umgegend. Name von der im 11. Jahrh. erbauten Burg Robeck; ſchön gelegene Burgruine, früher Lehen der Herren v. Hohenrod nach ihrem Ausſterben 1631 des jetzigen grundherrlichen Geſchlechts v. Neuenſtein. Der vorletzte Grundherr berühmte Führer der bad. Truppen in Spanien, General Karl v. Neuenſtein, geſtorben 1838.

**Rappelwinbeck**, Pfdf., 2 ev., 1498 L, juſ. 1500 C., A.-G. u. B.-A. Bühl; R.-G. u. K.-A. Baden; L.-R. Otterswier; liegt unterhalb des Schloſſes Windeck und treibt Feld-, Wieſenbau, Wein- u. Obſtzucht. In der Kirche die Gruft der Herren v. Windeck, deren Schloßruine vielbeſuchter Spaziergang iſt. Von Reinhard v. Windeck 1470 zu einem badiſchen Lehen gemacht, kam bald nach Erlöſchen des Geſchlechts 1592 Schloß und Herrſchaft an Baden, welches den Jehenten und Pfarrſatz früher beſaß und 1453 an Kl. Lichtenthal geſchenkt hatte.

**Kargegg**, Hf. u. Prj. b. Pfdf. Bobmann, 11 L C., A.-G. u. B.-A. Stockach; R.-G. u. K.-A. Conſtanz.

**Karlsdorf**, Pfdf., 1 ev., 746 L, juſ. 747 C., A.-G. u. B.-A. Bruchſal; R.-G. u. K.-A. Carlsruhe; L.-R. Bruchſal; liegt 372 p. F. üb. b. M. an der Saalbach, mit kleiner Gemarkung, daher wenig Feldbau und mehr Taglohnarbeit.

**Karlshäuſerhof**, Hf. u. Prj. b. Pfdf. Dürren, 21 ev., A.-G. u. B.-A. Pforzheim; R.-G. u. K.-A. Carlsruhe.

**Karlsſtollen**, Hf. und Prj. b. Pfdf. Badenweiler, 5 ev. C., A.-G. u B.-A. Müllheim; R.-G. u. K.-A. Baden.

**Karſau**, D., 145 ev., 768 L, juſ. 913 C., Fil. v. Dehr, A.-G. u. B.-A. Säckingen; R.-G. u. K.-A. Waldshut; liegt ſehr hoch. Feld-, Wieſenbau und Viehzucht.

**Karthaus**, Hf. u. Prj. b. Stdt. Freiburg, 24 L C., A.-G. u. B.-A. Freiburg; R.-G. u. K.-A. Freiburg. An dieſer Stelle ſtand ehemals ein Karthäuferkloſter.

**Kartung**, R.-O. b. Pfdf. Sinzheim, 471 C., A.-G. u. B.-A. Baden; R.-G. u. K.-A. Baden. Gemarkung u. Gemeindevermögen gemeinſchaftlich.

**Kasparsmühle**, Hf. u. Prj. b. Pfdf. Unterwittighauſen, 10 L C., A.-G. Gerlachsheim, B.-A. Tauberbiſchofsheim; R.-G. u. K.-A. Mosbach; liegt 816 p. F. üb. b. M.

**Kasperleshof**, Hf. und Prj. b. D. Schollach, 11 L C., Fil. v. Urach, A.-G. u. B.-A. Neuſtadt; R.-G. u. K.-A. Freiburg.

**Kaſtel**, R.-O. b. D. Fröhnd, 66 L C., Fil. v. Schönau, A.-G. u. B.-A. Schönau; R.-G. u. K.-A. Lörrach; liegt ziemlich hoch an der Straße durch das Wieſenthal. Gemarkung u. Gemeindevermögen gemeinſchaftlich.

**Kaſtel**, Hf. u. Prj. b. D. Bürchau,

14 L C., Fil. v. Neuenweg, A.-G. u. B.-A.
Schopfheim; A.-G. u. A.-A. Lörrach.

**Kastelbach,** H. b. Pfd. Rippoldsau,
12 L C., A.-G. u. B.-A. Wolfach; A.-G. u.
A.-A. Offenburg.

**Kastelhof,** Hf. u. Pfz. b. D. Tottingen, 14 L C., Fil b. Pfd. Ballrechten,
A.-G. u. B.-A. Staufen; A.-G. und A.-A. Freiburg.

**Kastlermühle,** Hf. u. Pfz. b. A.-D.
Kastel, b. D. Fröhnd, 9 L C., Fil. von
Schönau, A.-G. u. B.-A. Schönau; A.-G.
u. A.-A. Lörrach.

**Kastlet,** A.-D. b. D. Mettenberg,
26 l. C., Fil. v. Rüdern, A.-G. und B.-A.
Bonndorf; A.-G. u. A.-A. Waldshut. Getrennte Gemarkung, gemeinschaftliches Gemeindevermögen.

**Katharinenthalerhof,** Hf. u. Pfz.
b. Pfd. Göbrichen, 23 L C., A.-G. und
B.-A. Pforzheim; A.-G. u. A.-A. Carlsruhe.
Starke Landwirthschaft.

**Kattenhorn,** Wlr. b. Pfd. Dehningen, 104 L C., A.-G. u. B.-A. Radolphzell;
A.-G. u. A.-A. Constanz. Trefflichen Weinbau, dessen Erzeugniß zu den besten Sorten
des Seeweins gerechnet wird. Stdhr.: Fürst
v. Fürstenberg.

**Katzenbach,** Wald-, D., 349 ev., 59 l.,
zul. 428 C., Fil. v. Strümpfelbrunn, A.-G.
u. B.-A. Oberbach; A.-G. u. A.-A. Mosbach.

**Katzenhäusle,** Hf. u. Pfz. b. Pfd.
Kesselwangen, 3 l. C., A.-G. u. B.-A.
Ueberlingen; A.-G. u. A.-A. Constanz.

**Katzenmaierhof,** Hf. u. Pfz. b. Pfd.
Krumbach, 6 L C., A.-G. u. B.-A. Mefkirch; A.-G. und A.-A. Constanz. Stdhr.:
Fürst v. Fürstenberg.

**Katzenmoos,** H. b. A.-D. Oberflzgingen, b. Pfd. Deggenhausen, 15 L C., A.-G.
u. B.-A. Pfullendorf; A.-G. u. A.-A. Constanz.

**Katzenmoos,** D., 402 L C., Fil. v.
Elzach, A.-G. u. B.-A. Waldkirch; A.-G. u.
A.-A. Freiburg.

**Katzenmooshof,** Hf. u. Pfz. b. Stdt.
Sädingen, 14 L C., A.-G. und B.-A.
Sädingen; A.-G. u. A.-A. Waldshut.

**Katzensteig,** A.-D. b. D. Hallenweiler, 40 L C., Fil. v. Schönach, A.-G. u.
B.-A. Pfullendorf; A.-G. u. A.-A. Constanz.
Getrennte Gemarkung, gemeinschaftliches Gemeindevermögen.

**Katzensteig,** H. b. D. St. Wilhelm,
35 L C., Fil. v. Oberried, A.-G. u. B.-A.
Freiburg; A.-G. u. A.-A. Freiburg; liegt
am nordwestlichen Abhange des Feldbergs.

**Katzensteig,** Z. b. Pfd. Furtwangen, 342 L C., A.-G. u. B.-A. Triberg;
A.-G. u. A.-A. Villingen.

**Katzenthal,** Hf. und Pfz. b. Mühlhilzingen, 20 L C., A.-G. und B.-A.
Engen; A.-G. u. A.-A. Constanz. Stdhr.:
Markgrafen v. Baden.

**Katzenthal,** Z. b. Pfd. Horben, 122
L C., A.-G. u. B.-A. Freiburg; A.-G. und
A.-A. Freiburg.

**Katzenthal,** D., 1 ev., 356 l., zul.
357 C., Fil. v. Billigheim, A.-G. u. B.-A.
Mosbach; A.-G. u. A.-A. Mosbach; liegt
642 p. F. üb. b. M. Stdhr.: Mkgf. von
Baden.

**Katzenwellerhof,** Hf. u. Pfz. b. Pfd.
Schullerthal, 14 l. C., A.-G. u. B.-A.
Lahr A.-G. u. A.-A. Offenburg. Stdhr.:
Fürst v. d. Leyen.

**Katzenhof,** Hf. u. Pfz. b. Pfd. Bonndorf, 8 l. C., A.-G. u. B.-A. Ueberlingen; A.-G. u. A.-A. Constanz.

**Kecherhof,** Hf. u. Pfz. b. D. Münsterthal, 11 l. C., Fil. v. Ettenheimmünster,
A.-G. u. B.-A. Ettenheim; A.-G. u. A.-A.
Freiburg.

**Kehl,** Stdt. 807 ev., 816 L., zul. 1623 C.,
A.-G. u. B.-A. Kork; A.-G. u. A.-A. Offenburg; Dec. Kork; L.-A. Offenburg. Sitz d.
Hpt.-Zoll-A., D. u. G.-A., Btnmtr.-Dist.-Not.,
Halb- u. Tel.-Stat. u. Garnison. Mkt.: 25.
Mai; liegt am Rhein und an der Kinzig, der
französischen Festung Straßburg gegenüber.
Gewerbe, Fabrikbetrieb, wozu die Baumwolltricotzeugefabrik auf dem Rundstuhl von
Herbin Schlumberger und Morel und die
versilberte Tafelgeräthsfabrik von C. Stückherr, die Metallbuchstabenfabrik von Lang

und die Goldrahmenfabrik von Sundhauser zu zählen sind. Erstere besteht seit 1847 und ist die erste, welche diesen Industriezweig in Baden eingeführt hat, sie bezieht ihre Garne aus badischen Spinnereien und beschäftigt in der Fabrik 25—30 Arbeiter und außerdem 60—70 Frauenspersonen; die von C. F. Krapp begann im Jahr 1855 mit 6 Maschinen und besitzt jetzt 24; in der Fabrik finden 30, außerhalb 40—50 Personen Beschäftigung. Außer der Industrie, Spedition u. Holzhandel, Flößerei auf der Kinzig und dem Rheine. Die Stadt entstand aus dem Dorfe Kehl, als die dabei aufgeführte Schanze 1678 durch den französischen General v. Montclas eingenommen wurde. Den 1. Oct. 1683 wurde der erste Stein zu der von Vauban erbauten Festung gelegt, die im Ryswicker Frieden an das Reich zurückfiel und als Entschädigung dem Markgrafen Ludwig v. Baden-Baden zugetheilt wurde. 1703 durch Villars wieder erobert, blieb es nach dem Rastatt-Badener Frieden so lästiger Besitz für das badische Haus, daß dasselbe auf Schleifung der Festungswerke vergeblich drang u. als es im polnischen Erbfolgekrieg, 29. Oct. 1733, wieder erobert und endlich 1736 dem Reiche wieder eingeräumt war, stellte dieses das gleiche Begehren, welchem sich die damalige badische Regierung nach veränderter Ansicht widersetzte. Mittlerweile wurden die Festungswerke und deren Besatzung vernachlässigt, innerhalb und auf den Wällen nach und nach die kleine Stadt erbaut, welche durch das Bombardement von 1793 fast zerstört, 1796 durch die Franzosen genommen und durch Erzherzog Karl wieder erobert wurde, während die meisten Bürger nach Straßburg oder die umliegenden Dörfer geflohen waren. Gleiches Schicksal traf die Stadt bei der Belagerung von 1797, wo sie durch den Frieden von Campoformio wieder angelegten Einwohner von Einquartierung fast erdrückt wurden; 1806 stellten sodann die Franzosen die Festungswerke wieder her. Erst die Schleifung derselben, als die Stadt nach dem Sturze Napoleons wieder an Baden kam, bahnte bessere Verhältnisse an, unter welchen sie rasch aufblühte. Stehende Brücke über den Rhein.

**Kehl**, Pfdf., 2100 ev., 373 L., 20 Diff., zuf. 2483 E., A.-G. u. B.-A. Kork; A.-G. u. K.-A. Offenburg; Dec. Kork; L.-K. Offenburg; liegt an der Kinzig und dem Rheine. Hier werden die Kinzigthalflöße durch diesige Flößer in größere zusammengesetzt und die Steinmauern und oft noch weiter Stromabwärts geführt. Alter ursprünglich Gerolsedck'scher Ort, von welchem schon im 14. Jahrh. ein Theil, Tringheim, vom Rheine weggeschwemmt wurde. Von den Drangsalen des Krieges, womit die Stadt u. Festung heimgesucht, wurde es jedesmal schwer betroffen und fast zerstört.

**Kehrengraben**, Hf. und Prz. b. D. Raitbach, 20 L. E., Fil. v. Schopfheim, A.-G. u. B.-A. Lörrach; A.-G. und K.-A. Lörrach.

**Keler**, Hf. und Prz. b. Pfdf. Ulm, 11 L. E., A.-G. u. B.-A. Oberkirch; A.-G. u. K.-A. Offenburg.

**Kellerhof**, Hf. u. Prz. b. Pfdf. Mahlspüren, 6 L. E., A.-G. u. B.-A. Stockach; A.-G. u. K.-A. Offenburg.

**Kellermatten**, Z. b. Pfdf. Schonach, 20 L. E., A.-G. u. B.-A. Triberg; A.-G. u. K.-A. Villingen.

**Keller Lucas' Hof**, Hf. u. Prz. b. Pfdf. Emmingen ab Egg, 14 L. E., A.-G. u. B.-A. Engen; A.-G. u. K.-A. Constanz.

**Kellershof**, Hf. u. Prz. b. D. Mahlspüren im Thale, Fil. v. Seefingen, 8 L. E., A.-G. und B.-A. Ueberlingen; A.-G. und K.-A. Constanz.

**Kembach**, Pfdf., 414 ev., 4 l., zuf. 418 E., A.-G. u. B.-A. Wertheim; A.-G. u. K.-A. Mosbach; Dec. Wertheim; liegt 761 p. F. üb. d. M. Feldbau, Viehzucht, Wein- und Wiesenbau.

**Kenzingen**, Stdt., 58 ev., 2255 l., zuf. 2313 E., A.-G. u. K.-A. Freiburg; L.-K. Freiburg; F.-J. Offenburg; P.-A. Emmendingen. Sitz b. A.-G., G.-R., A.Ph., B.-A., B.-F., P.-u. E.-Exp., Bltmstr. u. Not.; liegt an der Elz und Bleiche, am westlichen Fuße der Vorhügel des Schwarzwaldes in einer ebenen u. fruchtbaren Gegend. Feld-, Wiesenbau, Viehzucht, Handel mit Hanf, Garn u. Nießsamen, Gewerbebetrieb, Kunst-, Lohn u. Sägmühle, Strohmanufactur. Die Stadt ist geschichtlich bedeutsam, im 8. Jahrh. als Hof theilweise dem Kloster Lorsch, im 10. dem Kloster Einsiedeln geschenkt. Von den Herren v. Usenberg 1249 an jetziger Stelle erbaut, mit einem Stadtrecht nach dem Muster Freiburgs beschenkt. Nach dem Aussterben dieser Familie um 1350 von den Markgrafen von Hachberg und von Oesterreich angesprochen, von diesem mit der Herrschaft Kirnberg 1360 gegen 20,000 Mark Silbers behauptet. 1415 zur freien Reichsstadt erklärt, wurde sie von Herzog Ernst, dem Bruder Friedrich des Geächteten, an die Schnewlin v. Landed verpfändet, 1564 von Oesterreich wieder eingelöst. Von den Schweden 1639 und von den Franzosen später seiner Mauern beraubt, kam die Stadt mit der Herrschaft Kirnberg endlich an Baden. Mkte.: 28. April, 11. Aug., 3. Dezbr.

**Kenzinger Au**, Z. b. Stdt. Kenzingen, 11 L C., A.-G. u. B.-A. Kenzingen; R.-G. u. K.-A. Freiburg.

**Kepprnbach**, Pfrwlr. b. D. Freiamt, 138 L C., A.-G. und B.-A. Emmendingen; R.-G. u. K.-A. Freiburg. Gemarkung und Gemeindevermögen gemeinschaftlich; liegt im Gebirge. Feld-, Wiesenbau u. starke Viehzucht.

**Kernenhof**, Hf. u. Prj. b. D. Herzthal, 6 L C., Fil. v. Nußbach, A.-G. u. B.-A. Oberkirch; R.-G. u. K.-A. Offenburg.

**Kernenhof**, Hf. u. Prj. b. Pfdf. Urloffen, 7 L C., A.-G. u. B.-A. Offenburg; R.-G. u. K.-A. Offenburg.

**Keßelbach**, Prj. b. Hf. Michelshof, b. D. Linach, 6 L C., Fil. v. Schönenbach, A.-G. u. B.-A. Billingen; R.-G. u. K.-A. Billingen.

**Ketsch**, Pfdf., 1 ev., 1169 L., 48 ifr., juf. 1218 C., A.-G. u. B.-A. Schwetzingen; L.-G. u. K.-A. Mannheim; L.-K. El Leon; liegt 309 p. J. üb. d. M. am Rheine. Neben

Getriebe, Tabaks- u. Hopfenbau, nicht unerhebliche Schafzucht.

**Ketterershof**, Hf. u. Prj. b. Wlr. Oberlangenordnach, b. D. Langenordnach, 24 L C., Fil. von Friedenweiler, A.-G. u. B.-A. Neustadt; R.-G. u. K.-A. Freiburg.

**Ketterer, Kaspar's Hof**, Hf. und Prj. b. D. Langenbach, 13 L C., Fil. v. Böhrenbach, A.-G. u. B.-A. Neustadt; R.-G. u. K.-A. Freiburg.

**Kiechlinsbergen**, Pfdf., 1 ev., 859 L., juf. 860 C., A.-G. u. B.-A. Breisach; R.-G. u. K.-A. Freiburg; L.-K. Endingen; liegt am Kaiserstuhle in einem Thale, das von 3 Seiten umschlossen ist. Feld-, Wiesen-, Wein-, Obstbau u. Viehzucht. Im 12. Jahrh. an Einsiedeln geschenkt, von diesem theilweise an das Stift Andlaw im Elsaß übergegangen, endlich an Thennenbach verkauft, welches das stattliche Statthalterei gebäude erbaute, in welchem zeitweilig die Domänenverwaltung ihren Sitz hatte, nach deren Abzug Marq. Huber, der Beförderer des hiefigen Weinbaues, es erkaufte.

**Kiefersäge**, Hf. u. Prj. b. Stdt. Sulzburg, 6 L C., A.-G. u. B.-A. Müllheim; R.-G. u. K.-A. Lörrach.

**Kienbach, Groß-**, Hf. u. Prj. b. D. Lehengericht, 35 ev. C., Fil. v. Schiltach, A.-G. u. B.-A. Wolfach; R.-G. u. K.-A. Offenburg.

**Kienbach, Klein-**, Hf. u. Prj. b. D. Lehengericht, 11 ev. C., Fil. v. Schiltach, A.-G. u. B.-A. Wolfach; R.-G. u. K.-A. Offenburg.

**Kienbronn**, Hf. u. Prj. b. D. Lehengericht, 32 C., Fil. v. Schiltach, A.-G. u. B.-A. Wolfach; R.-G. u. K.-A. Offenburg.

**Kiefelbronn**, Pfdf., 974 ev., 3 L., juf. 977 C., A.-G. u. B.-A. Pforzheim; R.-G. u. K.-A. Carlsruhe; Dec. Pforzheim. Landwirthschaft. Grdhr.: Frhr. von Göler von Ravensburg.

**Kiefenbach**, D., 1 ev., 247 L., juf.

248 E., Fil. v. Dogern, L.G. und B.A. Waldshut; A.G. u. A.A. Waldshut.

**Kilchberg**, H. b. D. Döttelbach, 11 L E., Fil. v. Peterthal, A.G. u. B.A. Oberkirch; A.G. u. A.A. Offenburg.

**Kilianenbartelshof**, Hf. u. Prz. b. D. Siegelbach, 13 L E., Fil. v. Breitnau, A.G. u. B.A. Neustadt; A.G. und A.A. Freiburg.

**Kilianenhof**, Hf. und Prz. b. Dfr. Unterschwerzenbach, b. D. Schwerzenbach, 16 L E., Fil. v. Friedenweiler, A.G. u. B.A. Neustadt; A.G. u. A.A. Freiburg.

**Killenberg**, Hf. und Prz. b. Pfdf. Rimmenhausen, 2 rom. E., A.G. Meersburg, B.A. Ueberlingen; A.G. und A.A. Constanz; liegt in einem rings von Wald umschlossenen Weiler.

**Killisfeld**, Hf. u. Prz. b. Stbf. Durlach, 5 ev. E., A.G. u. B.A. Durlach; A.G. u. A.A. Carlsruhe; liegt 400 p. F. üb. b. M.

**Kilpach**, F. b. Pfdf. Gütenbach, 151 L E., A.G. u. B.A. Triberg; A.G. und A.A. Villingen.

**Kinzhurst**, Dfr. b. D. Oberbruch, 89 L E., Fil. v. Bimbuch, A.G. u. B.A. Bühl; A.G. u. A.A. Baden.

**Kinzigmühle**, Hf. u. Prz. b. Stbt. Gengenbach, 7 L E., A.G. und B.A. Gengenbach; A.G. u. A.A. Offenburg.

**Kinzigthal**, D., 76 ev., 1166 L, juf. 1262 E., Fil. v. b. Pfarrgem. Kinzigthal zu St. Roman, A.G. u. B.A. Wolfach; A.G. u. A.A. Offenburg.

**Kippenhausen**, Pfdf. 220 L E., A.G. Meersburg, B.A. Ueberlingen; A.G. und A.A. Constanz; L.A. Linzgau. Feld-, Wiesen-. Weinbau u. Viehzucht.

**Kippenheim**, Mktfl., 696 ev., 987 L, 247 kfr., juf. 1930 E., A.G. u. B.A. Ettenheim; A.G. u. A.A. Freiburg; Dec. Lahr; L.A. Lahr; Pf. u. E.A. Offenburg. Sitz b. P.G.; liegt an der Straße von Carlsruhe nach Freiburg am Fuße der Vorhügel des Schwarzwaldes. Schöner Marktflecken mit bedeutendem Feldbau, besonders Hanf und Arpes. Heimath des Georg Stulz, der vom Schneider durch seine großartigen Stiftungen sich zum Freiherrn v. Ortenberg aufschwang, und u. A. hier ein Spital gründete und ein zubekanntes Denkmal errichtete. Halt-Stat. Mkte.: 24. Febr., 21. Octbr.

**Kippenheimweiler**, D., 357 ev., 168 L, juf. 325 E., Fil. von Kippenheim, A.G. u. B.A. Ettenheim; A.G. u. A.A. Freiburg. Feldbau. Das Dorf ist vom Pfarrorte nur durch einen Wald getrennt.

**Kirch**, ob der, F. b. Pfdf. Gulach, 178 ev. E., A.G. u. B.A. Triberg; A.G. u. A.A. Villingen.

**Kirch**, ob der, F. b. Pfdf. Schönwald, 68 L E., A.G. u. B.A. Triberg; A.G. u. A.A. Villingen.

**Kirche**, bei der, F. b. Pfdf. Oberwolfach, 177 L E., A.G. u. B.A. Wolfach; A.G. u. A.A. Offenburg. Stbhr.; Fürst v. Fürstenberg.

**Kirchardt**, Pfdf., 791 ev., 283 l., 3 ifr., juf. 1077 E., A.G. u. B.A. Sinsheim; A.G. u. A.A. Heidelberg; Dec. Sinsheim; B.A. Heidelberg. Sitz b. P.-Abl.; liegt 763 p. F. üb. b. M. an der Straße von Sinsheim nach Heilbronn und von Eppingen nach Rappenau. Feldbau u. Viehzucht.

**Kirchberg**, Hf. und Schloß b. Pfdf. Salem, 13 L E., A.G. Meersburg, B.A. Ueberlingen; A.G. und A.A. Constanz. Schloßgut mit Wirthschaft 1288 durch Salem von der Abtei Kempten erworben. Aufenthaltsitz des letzten Prälaten; sonst Aufenthalt der Salemer Aebte zur Sommerfrische, jetzt zeitweiliger Sommeraufenthalt des Großherzogs Friedrich. Im Schlosse alte Kapelle, in den Gängen die Bildnisse der Aebte v. Salem und beachtenswerthe Gemälde der altdeutschen Schule von einem Ulmer Meister. Herrliche Aussicht auf die Alpen und alle Ufer des Sees. Schöner Garten der bis zum See sich erstreckt mit Lust- u. Badhäuschen am See.

**Kirchberg**, F. b. Pfdf. Peterthal, 11 L E., A.G. u. B.A. Oberkirch; A.G. u. A.A. Offenburg.

**143**

**Kirchbühl,** H. d. Pfsf. Gremmelsbach, 3 L.E., A.G. u. B.A. Triberg; K.G. u. K.A. Villingen.

**Kirchbühl,** H. d. Pfsf. Neusatz, 106 k.E., A.G. u. B.A. Bühl; K.G. u. K.A. Baden.

**Kirchdorf,** Pfsf., 2 ev. 268 k., juf. 270 E., A.G. u. B.A. Villingen; K.G. u. K.A. Villingen; L.K. Villingen; liegt im Brigachthale an der Straße von Villingen nach Donaueschingen. Feld-, Wiesenbau u. Viehzucht, Handel mit Korn u. Vieh.

**Kirchen,** Pfsf., 7 ev., 579 L, juf. 586 E., A.G. u. B.A. Engen; K.G. u. K.A. Constanz; L.K. Geisingen; liegt im Donauthale. Feldbau und Viehzucht. Der Sage nach der älteste Ort der Umgegend; hier wurde in neuester Zeit in einem Grabe ein Schmuck gefunden. Im Jahre 806 wurde es theilweise an St. Gallen geschenkt.

**Kirchen,** Pfsf., 819 ev., 71 k., 175 isr., juf. 1065 E., A.G. und B.A. Lörrach; A.G. u. K.A. Lörrach; Dec. Lörrach. Feldbau, Viehzucht u. Weinbau, Mühlenbetrieb.

**Kirchenbauernhof,** Hf. u. Prj. d. Pfsf. Schönenbach, 28 L E., A.G. und B.A. Villingen; K.G. u. K.A. Villingen.

**Kirchhausen,** K.-O. d. D. Enbenburg, 113 ev. E., Fil. v. Binzen, A.G. u. B.A. Schopfheim; K.G. u. K.A. Lörrach. Gemarkung und Gemeindevermögen getrennt.

**Kirchheim,** Pfsf., 1609 ev., 303 k., juf. 1914 E., A.G. u. B.A. Heidelberg; K.G. u. K.A. Heidelberg; Dec. Oberheidelberg; liegt 363 p. üb. d. M. Besonders am Kirchweihfeste sehr besuchter Ort. Reicher Tabaksbau.

**Kirchhofen,** Pfsf., 4 ev., 1262 k., juf. 1266 E., A.G. u. B.A. Staufen; K.G. und K.A. Freiburg; L.K. Breisach; liegt am Fuße des Batzenberges in einer freundlichen und fruchtbaren Gegend. Feld-, Wiesen-, Weinbau u. Viehzucht. Seinem Namen gemäß Kirchdorf für weiten Bezirk, zu welchem Staufen und die umliegenden Dörfer gehörten. Im 12. Jahrh. Güterbesitz des Bisthums Basel, Oberherrlichkeit der Herzoge v. Zähringen, später der Grafen v. Urach-Freiburg. Von diesen kam es als Lehen an die Schnewlin zum Weiher, die 1270 auch den Basler Hof daselbst eintauschten. Dann 1371 an die Herren v. Blumenegg verkauft, von denen einer in der Kirche seine Grablege hat. Endlich nach manchem Wechsel 1570 an Oesterreich gekommen, überließ es dasselbe 1577 dem Lazarus v. Schwendi pfandrechtlich, der das Spital stiftete. Doch schon 1607 an einen anderen Pfandbesitzer übergeben, wurde es 1722 wieder eingelöst und 1738 an den letzten Besitzer, das Stift St. Blasien verkauft. Im 30jährigen Kriege wurde die sämmtliche Einwohnerschaft, aus 300 Bauern bestehend, erschlagen.

**Kirchloch,** H. d. Pfsf. Petersthal, 19 L E., A.G. u. B.A. Oberkirch; K.G. u. K.A. Offenburg.

**Kirchsteig,** Prj. d. Stbl. Neustadt, 11 l. E., A.G. u. B.A. Neustadt; K.G. u. K.A. Freiburg.

**Kirchzarten,** Pfsf., 14 ev., 737 L, juf. 751 E., A.G. u. B.A. Freiburg; K.G. u. K.A. Freiburg; L.K. Breisach; Pf.A. Freiburg. Sitz d. B.Abl., liegt vor dem Eingange des Höllenthals. Feldbau u. Viehzucht. In der Kirche schönes Grabmal eines Herrn von Falkenstein, welches Geschlecht Güter daselbst von den Johannitern in Freiburg, den Rechtsnachfolgern des Klosters St. Gallen, das seit 791 hier begütert war, erkaufte, von denen es durch die Grafen v. Hohenberg an die Turner, Schnewlin-Blumenegg, Blumeneck, endlich Schnewlin-Landeck an die Stadt Freiburg übergieng.

**Kirnbach,** K.-O. d. D. Haltenweiler, 70 L E., Fil. v. Schönach, A.G. u. B.A. Pfullendorf; K.G. u. K.A. Constanz. Gemarkung u. Gemeindevermögen getrennt.

**Kirnbach,** Pfsf., 884 ev., 11 l., juf. 895 E., A.G. u. B.A. Triberg; K.G. u. K.A. Villingen; Dec. Hornberg. Feld-, Wiesenbau und Viehzucht.

**Kirnbach,** H. d. D. Unterharmersbach, 225 L E., Fil. u. Zell a.H., A.G.

und B.-A. Gengenbach; A.G. und A.A. Offenburg.

**Kirnberg**, Hf. u. Prz. b. D. Dittlshausen, 10 l. C., Fil. v. Löffingen, A.G. u. B.-A. Neustadt; A.G. u. A.A. Freiburg. Schähr.: Fürst v. Fürstenberg.

**Kirnershof**, Hf. u. Prz. b. D. Rubenberg, 13 l. C., Fil. v. Friedenweiler, A.G. u. B.-A. Neustadt; A.G. u. A.A. Freiburg.

**Kirnershof**, Hf. und Prz. b. Pfdf. Urach, 14 l. C., A.G. u. B.-A. Neustadt; A.G. u. A.A. Freiburg.

**Kirnhalden**, A.O. b. Stbt. Kenzingen, 6 ev., 5 l., zuf. 11 C., A.G. u. B.A. Kenzingen; A.G. u. A.A. Freiburg. Getrennte Gemarkung u. gemeinschaftliches Gemeindevermögen. K. ist ein in reizender Lage von der Burg Kirnberg benannte Badeanstalt, die nach chemischen Untersuchungen immer von Pfeffers sehr nahe stehen soll u. früher als Wunderbad mit einem Paulinerkloster verbunden war, dann an das zu Kenzingen gehörige Cisterzienserkloster Wonnenthal, das im 13. Jahrh. von den Herren v. Usenberg gestiftet, nach der Säkularisation in eine bald eingegangene Cichorienfabrik umgewandelt, endlich in Privathände überging.

**Kirnhalderhof**, Hf. u. Prz. b. Pfdf. Bleichheim, 13 l. C., A.G. und B.-A. Kenzingen; A.G. u. A.A. Freiburg. Grdhr.: Graf v. Kageneck.

**Kirnhaldermühle**, Hs. und Prz. b. Pfdf. Bleichheim, 6 l. C., A.G. u. B.-A. Kenzingen; A.G. u. A.A. Freiburg.

**Kirnhalder Schlossgebäude**, Hs. u. Prz. b. Stbt. Kenzingen, 4 l. C., A.G. u. B.-A. Kenzingen; A.G. u. A.A. Freiburg.

**Kirrlach**, Pfdf., 5 ev., 1611 l., zuf. 1616 C., A.G. Philippsburg, B.-A. Bruchsal; A.G. u. A.A. Carlsruhe; L.A. St. Leon; liegt 361 p. F. üb. d. M. im Lusthardwalde. Feld- und Wiesenbau.

**Kirschbaumwasen**, Z. b. Pfdf. Forbach, 51 l. C., A.G. u. B.-A. Gernsbach; A.G. u. A.A. Baden; liegt an der Murg unweit der württ. Grenze, dem hohen Dallstein gegenüber, in wilder und einsamer Gegend.

**Kirschgartshausen**, Col., 89 ev., 36 l., zuf. 125 C., Stabhalterei u. Fil. v. Sandhofen, A.G. u. B.-A. Barberg; A.G. u. A.A. Mosbach. Feld-, Wiesenbau und Viehzucht.

**Kirschletterhof**, Hf. u. Prz. b. Pfdf. Obrigheim, 32 l. C., A.G. u. B.-A. Mosbach; A.G. u. A.A. Mosbach.

**Kislau**, Schloß u. Prz. b. Pfdf. Mingolsheim, 30 ev., 110 l., zuf. 140 C., A.G. u. B.-A. Bruchsal; A.G. u. A.A. Carlsruhe; liegt 374 p. F. üb. d. M. auf einem Felsen oder einer ehemaligen Rheininsel, Rinselinsel genannt, in welchem gegenwärtig eine polizeiliche Verwahrungsanstalt untergebracht ist. Dasselbe, sehr alt, gedieh aus dem Besitze gleichnamiger Herren an das Bisthum Speyer und wurde von diesem zum Sommeraufenthalte seiner Bischöfe bestimmt, das nach dem Anfalle von Baden bis 1850 Staatsgefängniß und Garnison der Invalidencompagnie war.

**Klittersburg**, A.O. b. Pfdf. Marlen, 501 l. C., A.G. u. B.-A. Offenburg; A.G. und A.A. Offenburg; liegt an der Schutter. Feldbau und Viehzucht.

**Klammenhölzle**, Z. b. D. Deisendorf, 17 l. C., Fil. v. Gerselden, A.G. und B.-A. Ueberlingen; A.G. und A.A. Constanz.

**Klausbubenhof**, Hf. u. Prz. b. Wlr. Josthal, b. D. Vierthäler, 17 l. C., Fil. von Neustadt, A.G. und B.-A. Neustadt; A.G. u. A.A. Freiburg.

**Klausenhof**, Hf. und Prz. b. Col. Grünwald, 13 l. C., Fil. von Kappel, A.G. u. B.-A. Neustadt; A.G. u. A.A. Freiburg.

**Klausenhof**, Hf. u. Prz. b. Z. Hinterlangenbach, b. D. Langenbach, 11 l. C., Fil. v. Löhrenbach, A.G. und B.-A. Villingen; A.G. u. A.A. Villingen.

**Klausenhof**, Hf. und Prz. b. Stbt.

Thiengen, Bl.C., A.G. u. B.A. Waldshut; A.G. u. K.A. Waldshut.

**Klausenmartinshof**, Hf. u. Prj. b. 3. Hinterlangenbach, b. D. Langenbach, 14 L.C., Fil. v. Bährenbach, A.G. u. B.A. Villingen; A.G. u. K.A. Villingen.

**Klausenmühle**, Hf. u. Prj. b. A.O. Bulgenbach, b. D. Staufen, 22 l. C., Fil. v. Brenden, A.G. u B.A. Bonndorf; A.G. u. K.A. Waldshut.

**Kleebad**, J. b. Eibl. Zell a. H., 18 L.C., A.G. u. B.A. Gengenbach; K.G. u. K.A. Offenburg. Die Badeanstalt hat eine neue Einrichtung erhalten und wird mit Zufriedenheit besucht.

**Kleineicholzheim**, D., 100 ev., 98 l., 3 Diff., 16 Men., 102 lfr., juf. 319 C., A.G. u. B.A. Adelsheim; A.G. u. K.A. Mosbach; ev. Fil. v. Mittels, kath. Fil. v. Oberschefflenz; liegt 997 p. F. üb. b. M. Sehr fruchtbare Gemarkung. Grdhr.: Graf v. Waldkirch, der hier ein Schloß hat.

**Kleineisenbächle**, Z. b. D. Elsenbach, 60 l.C., Fil. v. Friedenweiler, A.G. u. B.A. Neustadt; A.G. u. K.A. Freiburg.

**Kleineisenbächle**, Z. b. Pfdf. Ilebenweiler, 41 L.C., A.G. u. B.A. Neustadt; A.G. u. K.A. Freiburg.

**Kleingemünd**, D., 345 ev., 86 l., juf. 431 C., Fil. v. Neckargemünd, A.G. Neckargemünd, B.A. Heidelberg; A.G. u. K.A. Heidelberg; liegt 410 p. F. üb. b. M. auf dem rechten Ufer des Neckars. Mehrere Sandsteinbrüche.

**Kleinkems**, Pfdf., 273 ev., 18 l., juf. 291 C., A.G. u. B.A. Lörrach; A.G. u. K.A. Lörrach; Dec. Lörrach; Halt-Stat.; liegt hart am Rhein. Feld-, Wiesen-, Weinbau und Viehzucht.

**Kleinlaufenburg**, Eibl., 30 ev., 3721, juf. 402 C., A.G. und B.A. Säckingen; A.G. u. K.A. Waldshut; L.R. Wiesenthal. P. u. E.A. Waldshut. Sitz b. P. u. E. Exp.; liegt am rechten Ufer des Rheins an der Straße von Waldshut nach Säckingen, da wo der südliche Abhang des Schwarzwaldes ganz an den Rhein herantritt. Feld-,

Wiesenbau, Viehzucht, Fischfang, Holzflößerei, Gewerbe u. Fabrikbetrieb, worunter Seidebandfabriken, sowie Mühlenbetrieb u. Holzflößerei. An die Felsen des rechten Ufers angelehnt, über welche sich der Rhein in einer so bedeutenden Stromschnelle stürzt, daß die Schiffe ausgeladen und an Tauen saßabwärts geleitet werden müssen. Mit Großlaufenburg, wohin eine Rheinbrücke führt, früher eine Herrschaft — Stift Sädingen'sches Lehen — welche von den Grafen v. Lenzburg-Baden zu Ende des 12. Jahrh. an die Grafen von Habsburg sich vererbte und der älteren Linie derselben den Namen gab. 1386 wurde die Herrschaft von Graf Johann v. Habsburg der herzoglichen Linie seines Hauses verkauft, 1415 auf kurze Zeit reichsfrei, ward es nach Befreiung Herzog Friedrichs von der Reichsacht wieder österreichisch. Nach der Schlacht bei Rheinfelden 1638 wurde General Savelli hier von den Schweden in Gefangenschaft gehalten, und als er entfloh, der Dechant Wunderlin und sein Caplan Zeller als Mitschuldige gefoltert und hingerichtet. Mkte.: 12. März, 22 Juli, 25. Novbr.

**Kleinschönach**, A.O. b. Pfdf. Großschönach, 71 L.C., A.G. u. B.A. Pfullendorf; A.G. u. K.A. Constanz. Gemarkung u. Gemeindevermögen getrennt.

**Kleinstadelhofen**, A.O. b. D. Großstadelhofen, 38 L.C., Fil. v. Denkingen, A.G. u. B.A. Pfullendorf; A.G. u. K.A. Constanz. Gemarkung u. Gemeindevermögen getrennt.

**Kleinsteinbach**, D., 491 ev., 17 l., juf. 508 C., Fil. v. Singen, A.G. u. B.A. Durlach; A.G. u. K.A. Carlsruhe; liegt 505 p. F. üb. b. M. an der Pfinz.

**Kleiserhansenhof**, Hf. u. Prj. b. D. Linach, 13 L.C., Fil v. Schönenbach, A.G. u. B.A. Villingen; A.G. u. K.A. Villingen.

**Kleisermartinshof**, Hf. u. Prj. b. Wlr. Spriegelsbach, b. D. Vierthäler, 10 L.C., Fil v. Neustadt, A.G. u. B.A. Neustadt; A.G. u. K.A. Freiburg.

**Kleisershof**, Hf. u. Prj. b. Wlr. Un-

terlangenordnach, b. Wlr. Langenord=
nach, 17 L C., Fil. v. Friedenweiler, A.-G.
u. B.-A. Neustadt; K.-G. u. K.-A. Freiburg.

**Kielfershof,** Hf. und Prz. b. Pfdf.
Urach, 22 L C., A.-G. u. B.-A. Neustadt;
K.-G. u. K.-A. Freiburg.

**Klemenzenhof,** Hf. u. Prz. b. Pfdf.
Emmingen ab Egg, 7 L C., A.-G. u.
B.-A. Engen; K.-G. u. K.-A. Constanz.

**Klemm,** Z. b. Pfdf. Neuenweg, 4
L C., A.-G. u. B.-A. Schopfheim; K.-G.
u. K.-A. Lörrach.

**Klemmsmühle,** Hs. und Prz. b. Pfdf.
Reichartshausen, 15 L C., A.-G. Redar=
bischofsheim, B.-A. Sinsheim; K.-G. u. K.-A.
Heidelberg.

**Klengen,** D., 6 ev., 562 L., zuf. 568 C.,
Fil. v. Kirchdorf, A.-G. u. B.-A. Villingen;
K.-G. u. K.-A. Villingen. Urkundlich Chnei=
gun. Schon im 12. Jahrh. mehrfach strei=
tiges Besitzthum von Salem u. St. Georgen.

**Klepsau.** Pfdf., 2 ev., 454 L., zuf.
456 C., A.-G. u. B.-A. Boxberg; K.-G. u.
K.-A. Mosbach; L.-R. Krautheim; liegt
384 p. F. üb. d. M. an der Jart. Feld=,
Wiesen=, Weinbau u. Viehzucht.

**Klettner,** Z. des Pfdf. Welschen=
steinach, 101 L C., A.-G. Haslach, B.-A.
Wolfach; K.-G. u. K.-A. Offenburg. Stbstr.:
Fürst v. Fürstenberg.

**Klingelgern,** Z. b. D. Unterhar=
mersbach, 12 L. C., Fil. v. Zell a. H.,
A.-G. u. B.-A. Gengenbach; K.-G. u. K.-A.
Offenburg.

**Klingenthalerhof,** Hf. u. Prz. b. D.
Lobenfeld, unbewohnt, Fil. v. Dimmers=
bach, A.-G. Redargemünd, B.-A. Heidel=
berg; K.-G. u. K.-A. Heidelberg.

**Kloster,** Z. b. Pfdf. Wellenau, 22
ev. C., A.-G. u. B.-A. Schopfheim; K.-G.
u. K.-A. Lörrach.

**Klosterhof,** Hf. und Prz. b. Pfdf.
Wellenau, 23 ev. C., A.-G. und B.-A.
Schopfheim; K.-G. u. K.-A. Lörrach.

**Klosterhof,** Hf. und Prz. des Pfdf.
Thannheim, 28 L C., A.-G. und B.-A.
Donaueschingen; K.-G. u. K.-A. Villingen.

**Klotzberg,** Z. b. Pfdf. Bühlerthal,
55 L C., A.-G. u. B.-A. Bühl; K.-G. und
K.-A. Baden.

**Kluftern,** Pfdf., 8 ev., 494 L., zuf.
502 C., A.-G. Meersburg. B.-A. Ueber=
lingen; A.-G. u. K.-A. Constanz; L.-R. Lin=
gau; liegt im Lippachthale. Feld=, Wiesen=,
Wein=, Obstbau und Viehzucht.

**Knappenacker,** Z. b. Pfdf. Gutach,
152 ev. C., A.-G. u. B.-A. Triberg; K.-G.
u. K.-A. Villingen.

**Kniebis,** D., 168 L C., Fil. v. Rip=
poldsau, A.-G. u. B.-A. Wolfach; K.-G. u.
K.-A. Offenburg; liegt am gleichnamigen
Berge. Urkundlich Kniebuz genannt, hat in
der Nähe die aus den Zeiten des 30jährigen
Krieges stammenden Roßbühl u. Schweden=
schanze und die von Herzog Alexander v.
Württemberg 1734 angelegte Alexander=
schanze.

**Knielingen,** Pfdf., 1756 ev., 53 L.,
zuf. 1809 C., A.-G. u. B.-A. Carlsruhe;
K.-G. u. K.-A. Carlsruhe; L.-Der. Carls=
ruhe; B.-A. Carlsruhe. Sitz der P.-Abl.
liegt 386 p. F. üb. d. M. an der Alb.
Feldbau, Vieh= u. starke Pferdezucht. Han=
del mit Korn, Hanf u. Pferden. Eisenbahn=
station.

**Knöpflesbauernhof,** Hf. u. Prz. b.
D. Rudenberg, 8 L C., Fil. v. Frieden=
weiler, A.-G. u. B.-A. Neustadt; K.-G. u.
K.-A. Freiburg.

**Knöpfleshof,** Hf. und Prz. b. Wlr.
Schilbwende, b. D. Dierthäler, 5 L C.,
Fil. v. Neustadt, A.-G. u. B.-A. Neustadt;
K.-G. u. K.-A. Freiburg.

**Knopfhof,** Hf. u. Prz. b. Pfdf. Redar=
burken, 27 ev. C., A.-G. u. B.-A. Heidel=
berg; K.-G. und K.-A. Heidelberg; liegt
1105 p. F. üb. d. M. Stbstr.: Fürst von
Leiningen.

**Knopfholz,** Hf. u. Prz. b. D. Un=
terharmersbach, 19 L C., Fil. v. Zell
a. H., A.-G. und B.-A. Gengenbach; K.-G.
u. K.-A. Offenburg.

**Kochhäusle,** Hf. und Prz. b. Pfdf.
Kirchzarten, 7 L C., A.-G. und B.-A.
Freiburg; K.-G. u. K.-A. Freiburg.

**Rechmühle**, Hs. und Prz. b. Ebf.
Ettlingen, 9 L. E., A.-G. und B.-A.
Ettlingen; R.-G. u. R.-A. Carlsruhe.
**Rölblinsberg**, Z. b. N.-O. Reichenbach, b. D. Feriand, 11 L. E., Fil. von Reppenbach, A.-G. u. B.-A. Emmendingen; R.-G. u. R.-A. Freiburg.
**Röndringen**, Pfdf., 1279 ew., 33 L, 1 ilr., juf. 1313 E., A.-G. u. B.-A. Emmendingen; R.-G. u. R.-A. Freiburg; Dec. Emmendingen; liegt an der Straße von Emmendingen nach Freiburg nicht weit von der Elz; mehrere Mühlen, bedeutender Feldbau, guten Wiesenbau und starke Viehzucht. Handel mit Korn, Hanf u. Wein. Bis zum 12. Jahrh. im Besitze eines gleichnamigen Lehenadels, der Jähringer, dann durch die Herren v. Landed an Baden übergegangen.

**Rönigheim**, Pfdf., 2 ew., 1760 L., 114 Hr., juf. 1876 E., A.-G. und B.-A. Tauberbischofsheim; R.-G. u. R.-A. Mosbach; L.-R. Tauberbischofsheim; P.-A. Heidelberg. Sitz der P.-Abl.; liegt 776 p. F. üb. d. M. an der Brehmbach in einem freundlichen Thale. Feld-, Wiesen- u. Weinbau nebst Viehzucht. Ebfhr.: Fürst von Leiningen.

**Rönigsbach**, Pfdf., 1694 ew., 48 L., 4 Pfh., 36 Ren., 190 üc., juf. 1972 E., A.-G. und B.-A. Durlach; R.-G. u. R.-A. Carlsruhe; Dec. Durlach; P.-A. Pforzheim. Sitz d. R.-Abl.; liegt 649 p. F. üb. d. M. in einem freundlichen Wiesenthale am Remsbache. Feld-, Wiesenbau u. Viehzucht. Gewerbebetrieb, Handel mit Korn, Essig und Leder. Erbhrn.: Frhrn. v. St. Andre. Hafttat. Mkt.: 1º Mai, 26. Oktbr.

**Rönigschaffhausen**, D., 957 ew., 13 L., juf. 970 E., Fil. v. Leifelheim, A.-G. und B.-A. Breifach; R.-G. u. R.-A. Freiburg; P.-A. Freiburg. Sitz b. P.-Abl. Am nördlichen Abhange des Kaiserstuhls gelegen, hat starken Weinbau. Alte Königspfalz, die den Namen wahrscheinlich von der Schifflände am alten Rheinufer hatte. Im 10. Jahrh. an Kloster Waldkirch von K. Otto III. vergabt, wurde es von den Grafen v. Freiburg als Schirmherrn in Befitz genommen, und einen bunten Wechfel von Berleihung und

Verpfändung barbietend, kam es endlich an die Markgrafen v. Baden, welche als Landesherrn die Reformation dafelbst einführten.

**Rönigsfeld**, Col., 450 ew., 22 L, juf. 472 E., A.-G. u. B.-A. Billingen; R.-G. u. R.-A. Villingen; P.-A. Freiburg. Sitz der P.-Abl. Herrnhuttercolonie mit rühmlich bekanntem Erziehungsinstitut und beträchtlichem Linnenhandel.

**Rönigshofen**, Ebl., 8 ev. 1304 L, 37 ilr., juf. 1349 E., A.-G. Gerlachsheim, B.-A. Tauberbischofsheim: A.-G. u. R.-A. Mosbach; L.-R. Lauda; P.-A. Heidelberg. Sitz b. P.-Erp.; liegt 670 p. F. üb. d. M. an der Tauber und der Straße von Wertheim nach Mergentheim in einem freundlichen Thale. Feld-, Wiefen-, Weinbau und Viehzucht. Ergiebiger Gypsbruch, Handel mit Früchten, Wein u. stark besuchter Jahrmarkt. Alte Königspfalz, deren Namen in der Flurbenennung „Pfalzgasse" noch erhalten ist. Dann der Sage nach Templerhaus. Angeblich durch die, der Geflersage nachgebildeten Mißhandlung eines Edelmanns zum Bauernaufruhr 1525 gebracht. Schauplatz eines Treffens wo 8000 Bauern mit 43 Geschützen, welche den Truchseßen von Waldburg den Uebergang über die Tauber verwehren wollten und zersprengt wurden. Von 250 Bürgern des Städtchens entgingen damals nur 15 dem Tode in der Schlacht oder auf dem Schaffot. Mkte.: 23. April. 27. Sept., 6. Oktbr.

**Rönigshütten**, H.-D., b. D. Utzenfeld, 46 L. E., Fil. v. Schönau, A.-G. u. B.-A. Schönau; R.-G. u. R.-A. Lörrach. Gemarkung u. Gemeindevermögen gemeinschaftlich.

**Röppelsed**, Z. b. D. Oedsbach, 16 L. E., Fil. v. Oberlirch, A.-G. und B.-A. Oberlirch; R.-G. u. R.-A. Offenburg.

**Rogenbach**, Z. b. Ebl. Ueberlingen, 6 L. E., A.-G. u. B.-A. Ueberlingen; R.-G. u. R.-A. Constanz.

**Rohlberg**, Z. b. Pfdf. Nordrach, 16 L. E., A.-G. u. B.-A. Gengenbach; R.-G. u. R.-A. Offenburg.

**Rohlsetterhof**, Hf. u. Prz. b. Pfdf.

Bietigheim, 6 L G., A.-G. und B.-A. Meßkirch; K.-G. u. K.-A.Conftanj. Stdbhr.: Fürft von Fürftenberg.

**Kohlenbach**, K.-O. b. D. Hollnau, 99 l. C., Fil. v. Waldkirch, A.-G. u. B.-A. Waldkirch; A.-G. u. K.-A. Freiburg. Gemarkung und Gemeindevermögen getrennt.

**Kohler**, Hf. b. Pfdf. Kirnbach, 9 ew. G., A.-G. u B.-A. Triberg; K.-G. u. K.-A. Villingen.

**Kohler**, Hf. u. Prj. b. D. Ohrenstetten, 24 L G., Fil. v. Kirchholen, A.-G. u. B.-A. Staufen; A.-G. u. K.-A. Freiburg.

**Kohlerhäusle**, Hs. u. Prj. b. D. Linach, 6 l. G., Fil. von Schönenbach, A.-G. u. B.-A. Villingen; K.-G. u. K.-A. Villingen.

**Kohlerhof**, Hf. u. Prj. b. Pfdf. Lienheim, 7 l. G., A.-G. u. B.-A. Waldshut; K.-G. u. K.-A. Waldshut.

**Kohlhalden**, Hf. und Prj. b. Wlr. Ebnet, 12 l. G., Fil. v. Bonndorf, A.-G. und B.-A. Bonndorf; K.-G. und K.-A. Waldshut.

**Kohlhof**, Hf. u. Prj. b. Stbt. Heidelberg, 82 ew. C., A.-G. u. B.-A. Heidelberg; A.-G. u. K.-A. Heidelberg; liegt 1480 p. F. üb. b. M. am füdlichen Abhange des Königsftuhls. Sidbhrn.: Mtgrfn. v. Baden.

**Kohlhof**, Hf. u. Prj. b. D. Allenbach, 3 ew., 16 L, juf. 19 G., Fil. von Heiligkreuzsteinach, A.-G. u. B.-A. Heidelberg; A.-G. u. K.-A. Heidelberg.

**Kohlhof**, Hf. u. Prj. b. D. Zimmerhof, 3 ew. G., Fil. v. Heinsheim; A.-G. u. B.-A. Mosbach; A.-G. u. K.-A. Mosbach; liegt 775 p. F. üb. b. M.

**Kohllöffelhof**, Hf. u. Prj. b. Pfdf. Boll, 9 l. C., A.-G. u B.-A. Meßkirch; A.-G. u. K.-A. Conftanj. Stdbhr.: Fürft v. Fürftenberg.

**Kohllöfelhof**, K.O. b. D. Illwangen, 10 l. G., Fil. v. Illmensee, A.-G. u. B.-A. Pfullendorf; A.-G. u. K.-A. Conftanj. Getrennte Gemarkung u. gemeinschaftliches Gemeindevermögen. Stbhr.: Fürft von Fürftenberg.

**Kohlplay**, J. b. Pfdf. Reutirch, 21 L G., A.-G. u. B.-A. Triberg; K.-G. u. K.-A. Villingen.

**Kohlstatt**, J. b. A.-O. Illenthal, b. Pfdf. Durbach, 11 l. C., A.-G. u. B.-A. Offenburg; K.-G. u. K.-A. Offenburg.

**Kohlwald**, Col. b. D. Bruggen, 15 l. C., Fil. v. Bräunlingen, A.-G. und B.-A. Donaueschingen; A.-G. u. K.-A. Villingen.

**Kohlwald**, J. b. Pfdf. kath. Thennenbronn, 44 L G., A.-G. u. B.-A. Triberg; K.-G. u. K.-A. Villingen.

**Kollmersreuthe**, D., 35 l ew., 17 L, juf. 368 G., Fil. v. Ummenbingen, A.-G. u. B.-A. Ummenbingen; K.-G. und K.-A. Freiburg.

**Kollnau**, D., 14 ew., 693 L, juf.707G., Fil. v. Waldkirch; A.-G. u. B.-A. Waldkirch; A.-G. und K.-A. Freiburg. Sitz der Hüttenverwaltung eines Hammer- u. Walzwerks mit 3 Frisch- u. 2 Kleinfeuern. Das an der Elz gelegene Werk producirt jährlich 2848 Ctr. Stabeifen.

**Kommingen**, Pfdf., 261 l., 3 Men., juf. 264 G., A.-G. u. B.-A. Engen; A.-G. u. K.-A. Conftanj; L.-R. Eugen. Am nordöstlichen Abhang des Randengebirgs. Feld-, Wiesenbau und Viehzucht. In der Nähe zahlreiche Bafaltröhren, die zum Straßenbau treffliches Material liefern, litt viel beim Morean'schen Rückzug und nach dem Uebergange der Franzosen bei Stein a. Rh., da die österreichischen Truppen unter Kray in der Nähe um ihren Rückzug kämpften.

**Korb**, Pfdf., 410 ew., 7 l., 55 Ufr., juf. 472 G., A.-G. u. B.-A. Abelsheim; A.-G. u. K.-A. Mosbach; Dec. Abelsheim.

**Korberg**, Hf. b. A.-O. Maisenbühl, b. D. Herzthal, 6 L G., Fil. v. Nußbach, A.-G. u. B.-A. Oberkirch; A.-G. u. K.-A. Offenburg.

**Kork**, Mtftl., 920 ew., 62 L, juf. 1002 G., A.-G. u. K.-A. Offenburg; Dec. Kork; F.-J. Offenburg; P.-A. Kehl Sitz b. A.-G., G.-R. A.-Th., B.-A., D.-D., B.-J., P.-C.; liegt an der Mühlbach, einem Arme der Kinzig.

Starker Hanfbau, deſſen Erträgniß nach Holland verführt wird, Gewerbe: u. Mühlenbetrieb, Eſſigfabrik u. Kupferhammer. Alle Schenkung der elſäſſiſchen Dollsherzoge an St. Stephan zu Straßburg 717, und Erwerb der Thomaskirche zu Straßburg, kam nach Ausſterben der Lehenherrſchaft von Dettenweiler an das Reich und im 13. Jahrh. an das Geſchlecht Hanau-Lichtenberg, von welchem es 1736 an Heſſen-Darmſtadt und 1803 an Baden fiel. Mehrmalige Plünderung im 30jährigen Kriege durch die Kroaten und 1796 durch die Franzoſen. Halt-Stat. Mtte.: 28. Octbr.

**Korkermühle,** Hſ. u. Prſ. b. Mühl. Kork, 9 ev. C., A.-G. und B.-A. Kork; R.-G. u. R.-A. Offenburg.

**Rosbach,** Z. d. Eibl. Böhrenbach, 7 L. C., A.-G. u. B.-A. Villingen; R.-G. u. R.-A. Villingen.

**Roſtbach,** Hf. u. Prſ. d. D. Reichenbach, 21 ev. C., Fil. v. Hornberg, A.-G. u. B.-A. Triberg; R.-G. u. R.-A. Villingen.

**Roſtberg,** Z. d. D. Ziſcherbach, 13 k. C., Fil. v. Mühlenbach, A.-G. Haslach, B.-A. Wolfach; R.-G. u. R.-A. Offenburg.

**Roſtgefäll,** Wlr. b. D. Haslach-Simonswald, 43 L. C., Fil. v. Unterſimonswald, A.-G. und B.-A. Waldkirch; A.-G. u. R.-A. Freiburg.

**Roſtſpring,** Z. b. Pfbf. Peterothal, 19 k. C., A.-G. und B.-A. Oberkirch; R.-G. u. R.-A. Offenburg.

**Krähenbach,** Col. b. Pfbf. Löfflingen, 11 L. C., A.-G. u. B.-A. Neuſtadt; A.-G. u. R.-A. Freiburg; liegt im Walde. Stdshr.: Fürſt v. Fürſtenberg.

**Krähenhof,** Hſ. u. Prſ. b. D. Schlatt unter Krähen, 11 k. C., Fil. v. Mühlhauſen, A.-G. u. B.-A. Stockach; R.-G. u. R.-A. Conſtanz.

**Krähenried,** R.-O. b. Pfbf. Denkingen, 14 L. C., A.-G. u. B.-A. Pfullendorf; A.-G. u. R.-A. Conſtanz. Gemarkung und Gemeindevermögen getrennt.

**Kräher,** Hf. u. Prſ. b. D. Reichenbach, 34 ev. C., Fil. v. Hornberg, A.-G. u. B.-A. Triberg; R.-G. u. R.-A. Villingen.

**Krätlismühle,** Hſ. u. Prſ. b. Pfbf. Heuborf, 7 L. C., A.-G. u. B.-A. Stockach; R.-G. u. R.-A. Conſtanz.

**Kranchen,** Hf. u. Prſ. b. Pfbf. Deggenhauſen, 6 L. C., A.-G. u. B.-A. Pfullendorf; R.-G. und R.-A. Conſtanz. Stdshr.: Fürſt v. Fürſtenberg.

**Krantheim,** Stbl. 22 ev., 721 l., 77 iſr., zuſ. 820 C., A.-G. u. B.-A. Boxberg; R.-G. u. R.-A. Mosbach; L.-R. Krautheim; Pf.-A. Heidelberg. Siß der O.-G., T.-B., Pflths. u. Not.; liegt 1000 p. J. üb. d. M., nicht weit von der Jaxt. Feld, Wieſen, Weinbau und Viehzucht. Urſprünglich Stammort eines gleichnamigen mit Boxberg gleichſtammigen Dynaſtengeſchlechts, nach deſſen Ausſterben der um die Burg entſtandene Ort halbtheilig an Würzburg, halbtheilig an Mainz kam und dem letztern Hochſtifte durch Abtretung 1399 ganz zufiel, 1803 als Entſchädigung der davon genannten Linie der Raugrafen von Salem zugetheilt u. 1840 an Baden verkauft wurde. Die Beſitzer von Krautheim hatten die Schirmvogtei über das nahe 1246 geſtiftete Kloſter Schönthal.

**Krautloch,** Z. b. D. Rohrharbeberg, 5 L. C., Fil. v. Rußbach, A.-G. u. B.-A. Triberg; R.-G. u. R.-A. Villingen.

**Krebsbach,** Z. b. R.-O. Gebirg, b. Pfbf. Durbach, 35 k. C., A.-G. u. B.-A. Offenburg; R.-G. u. R.-A. Offenburg.

**Krebsmühle,** Hſ. und Prſ. b. Stbl. Breiſach, 5 k. C., A.-G. u. B.-A. Breiſach; R.-G. u. R.-A. Freiburg.

**Kreenheinſtetten,** Pfbf., 4 ev., 663 L., zuſ. 467 C., A.-G. und B.-A. Meßkirch; A.-G. u. R.-A. Conſtanz; L.-R. Meßkirch; liegt ziemlich hoch, hat Feld-, Wieſenbau und Viehzucht und iſt die Heimath des berühmten Volksprebigers Abraham v. St. Clara.

**Kregelbach,** Wlr. b. Pfbf. Bleibach, 107 L. C., A.-G. u. B.-A. Waldkirch; R.-G. u. R.-A. Freiburg.

**Kraukingen,** Pfd., 1 ev., 303 L, juf. 304 C., A.-G. u. B.-A. Bonndorf; A.-G. u. A.-A. Waldshut; L.-A. Waldshut; liegt im Steinachthale. Feldbau, starker Vieh- u. Pferdebestand. Mit Schloßruine auf waldbedecktem Berge ist wohl der ursprüngliche Sitz des schon im 12. Jahrh. vorkommenden freiherrlichen Geschlechts von Kräulingen, welche mehreren Schlössern im Klettgau und Hegau ihren Namen gaben. Es ging von denselben an die Grafen v. Sulz, von diesen an die Herren v. Ruwlang und von letzterem an St. Blasien über u. kam bei Auflösung des Stiftes an Baden; die hohe Gerichtsbarkeit gehörte dem Landgrafen v. Stühlingen und wurde 1612 durch den Reichsmarschall v. Pappenheim an St. Blasien verkauft.

**Kreutzheim,** Pfd., 1 ev., 330 L., juf. 331 C., A.-G. Gerlachsheim, B.-A. Tauberbischofsheim; A.-G. und A.-A. Mosbach; L.-A. Lauda; liegt 1135 p. F. üb. d. M. auf einer Anhöhe. Feldbau.

**Kretel,** A.-O. d. D. Schlechtnau, 12 l. C., Fil. v. Todtnau, A.-G. u. B.-A. Schönau; A.-G. u. A.-A. Lörrach.

**Kreuz, am,** Z. d. Pfd. Kirnbach, 13 ev. C., A.-G. u. B.-A. Triberg; A.-G. u. A.-A. Villingen.

**Kreuzbauernhof,** Hs. und Pfz. d. Wlr. Unterallenweg, d. D. Bierthäler, 46 l. C., Fil. v. Neustadt, A.-G. u. B.-A. Neustadt; A.-G. u. A.-A. Freiburg.

**Kreuzbrücke,** Hs. und Pfz. b. Stdt. Triberg, 19 l. C., A.-G. u. B.-A. Triberg; A.-G. u. A.-A. Villingen.

**Kreuzlinger-Vorstadt.** Z. b. Stdt. Constanz, 987 C., A.-G. u. B.-A. Constanz; A.-G. u. A.-A. Constanz.

**Kreuzloch,** Z. b. Pfd. Gremmelsbach, 13 l. C., A.-G. u. B.-A. Triberg; A.-G. u. A.-A. Villingen.

**Kreuzmoos,** Hs. und Pfz. b. A.-O. Oberspitzenbach, b. Pfd. Siegelau, 9 l. C., A.-G. u. B.-A. Waldkirch; A.-G. u. A.-A. Freiburg.

**Kreuzwirthshaus,** Hs. u. Pfz. b.

A.-O. Kirnhalden, 5 l. C., A.-G. und B.-A. Kenzingen; A.-G. u. A.-A. Freiburg.

**Krippenhof,** Hf. und Pfz. b. Stdt. Baden, 7 l. C., A.-G. u. B.-A. Baden; A.-G. u. A.-A. Baden.

**Kristenfallershof,** Hf. und Pfz. b. Wlr. Jostthal, b. D. Bierthäler, 19 l. C., Fil. v. Neustadt, A.-G. u. B.-A. Neustadt; A.-G. u. A.-A. Freiburg.

**Krochtel,** Hf. u. Pfz. b. Pfd. Oberharmersbach, 18 l. C., A.-G. u. B.-A. Gengenbach; A.-G. u. A.-A. Offenburg.

**Krötenmühle,** Hs. u. Pfz. b. Stdt. Eberbach, 14 ev., 9 l., juf. 23 C., A.-G. u. B.-A. Eberbach; A.-G. und A.-A. Mosbach. Stdhr.: Fürst v. Leiningen.

**Kronau,** Pfd., 2 ev., 1337 l., juf. 1339 C., A.-G. Phillippsburg, B.-A. Bruchsal; A.-G. u. A.-A. Carlsruhe; L.-A. St. Leon; liegt 374 p. F. üb. d. M. in einer Niederung. Feldbau u. Viehzucht, Handel mit Hopfen.

**Kropbach,** Wlr. d. Pfd. Grunern, 26 l. C., A.-G. u. B.-A. Staufen; A.-G. u. A.-A. Freiburg.

**Krozingen,** Pfd., 32 ev., 1246 L, juf. 1278 C., A.-G. u. B.-A. Staufen; A.-G. u. A.-A. Freiburg; L.-A. Breisach; B.-A. Freiburg. Sitz b. P.- u. C.-C., Postlstr.; liegt am Neumagen und an der Straße von Freiburg nach Basel. Feldbau u. Viehzucht. Fruchtbare Gemarkung, vorzüglicher Obstbau. Mse.: 3. Febr. u. 19. Oct. Ursprünglich dem Stifte St. Trutpert gehörig, ward es in der Hand der Schirmvögte von Staufen und eines von ihnen gesetzten Lehensadels. Seit dem 13. Jahrh. Pflegamt der breisgauischen Güter von St. Blasien und Propstei.

**Krumbach,** Pfd., 130 L. 3 sr., juf. 333 C., A.-G. u. B.-A. Mehlkirch; A.-G. u. A.-A. Constanz; L.-A. Mehlkirch; B.-A. Stockach. Sitz der A.-Abl.; liegt an gleichnamigem Bache. Feldbau und Viehzucht. Bestandtheil der Herrschaft Waldsberg, mit welcher es 1636 von den Frhrn. v. Stein an Fürstenberg-Mehlkirch verkauft ward. Als Theil der bis in den Hrisgau reichenden Goldineshuntar unter Grafen

Marquard von Kaifer Otto III. 993 an Petershaufen vermacht.

**Krumbach**, R.-O. b. Bdf. Jllmenfee, 38 L.C., A.-G. u. B.-A. Bhullendorf; R.-G. u. R.-A. Conftanz. Gemarkung und Gemeindevermögen getrennt.

**Krumbach**, D., 235 L.C., Fil. von Limbach, A.-G. u. B.-A. Mosbach; A.-G. u. K.-A. Mosbach; liegt 1298 p. F. üb. b. M. Stdöhr.: Fürft v. Leiningen.

**Krummhof**, Hf. u. Prz. b. D. Bergdſchingen, 7 L.C., Fil. von Hohenzhengen, A.-G. u. B.-A. Jeſtetten; A.-G. und A.-A. Waldshut.

**Krummlinden-Rotte**, R.-O. b. D. Obermünſterthal, 355 L.C., Fil. b. Pfrzgem. Obermünſterthal, A.-G. u. B.-A. Staufen; A.-G. u. A.-A. Freiburg. Gemarkung u. Gemeindevermögen getrennt.

**Krummſchiltach**, F. b. D. Langenſchiltach, 104 ev. C., Fil. v. St. Georgen, A.-G. u. B.-A. Triberg; A.-G. und A.-A. Villingen.

**Kuchelbach**, A.-O. b. D. Birlingen, 141 l. C., Fil. v. Birndorf, A.-G. u. B.-A. Waldshut; A.-G. u. A.-A. Waldshut. Gemarkung u. Gemeindevermögen getrennt.

**Kuchen**, Hf. u. Prz. b. Bdf. Lichtenthal, 6 L.C., A.-G. und B.-A. Raben; A.-G. u. A.-A. Baden.

**Kuchersbach**, Z. b. D. Reichenbach, 15 ev. C., Fil. v. Hornberg. A.-G. u. B.-A. Triberg; A.-G. u. A.-A. Villingen.

**Kubach**, Hf. und Prz. b. Bdf. Allheim, 57 C., A.-G. u. B.-A. Walldürn; A.-G. u. A.-A. Mosbach; liegt 1197 p. J. üb. b. M. Stdöhr.: Fürft v. Leiningen.

**Kühlenbronn**, R.-O. b. Bdf. Wies, 96 ev. C., A.-G. und B.-A. Schopfheim; A.-G. u. A.-A. Lörrach. Gemarkung und Gemeindevermögen getrennt.

**Külsheim**, Stbt., 23 ev., 1722 L, 218 Iſr., juf. 1963 C., A.-G. u. B.-A. Tauberbiſchofsheim; A.-G. und A.-A. Mosbach; L.-A. Tauberbiſchofsheim; B.-A. Heidelberg. Sitz b. B.-Abl.; liegt 1088 p. F. üb. b. M. Feldbau, Viehzucht, Gewerbebetrieb, Handel

mit Korn, Flachs, Kartoffeln u. Hornvieh. Stdöhr.: Fürft v. Leiningen. Mke.: 10. März, 12. Mai, 8. Sept. 28. Oct.

**Küsaberg**, R.-O. b. D. Fröhnd, 70 L.C., Fil. v. Schönau, A.-G. und B.-A. Schönau; A.-G. u. A.-A. Lörrach. Feldbau u. Biehzucht. K. war Burg und Sitz eines gleichnamigen Adels, der ſich ſpäter Klenberg nannte und nach Baſel überſiedelte.

**Kürnbach**, Mtfl., 517 ev., 4 L, juf. 521 C., A.-G. u. B.-A. Eppingen; A.-G. u. A.-A. Carlsruhe; Dec. Brettin; liegt 946 p. J. üb. b. M. und iſt Condominat von Heſſen-Darmſtadt. Feldb., Weinbau u. Biehzucht. Mbe.: 12. Mai, 15. Septbr.

**Kürzberg**, R.-O. b. D. Rallbach, 165 ev. C., Fil. v. Schopfheim, A.-G. u. B.-A. Schopfheim; A.-G. u. A.-A. Lörrach. Gemarkung u. Gemeindevermögen getrennt.

**Kürzell**, Bfdf., 404 ev., 759 L, juf. 1163 C., A.-G. u. B.-A. Lahr; A.-G. und A.-A. Offenburg; Dec. Lahr; L.-K. Lahr. Feldbau und Biehzucht. Alter Ort.

**Küſſenberg**, Schloß und Hf. b. D. Küßnach, 26 l. C., Fil. v. Hohenthengen, A.-G. u. B.-A. Waldshut; A.-G. u. A.-A. Waldshut. Urkundlich Küſſaberg, bedeutende Schloßruine mit weiteſter Ausſicht auf den Kleigau. Im 11. Jahrhdt. Sitz eigener Dynaſten, die im 12. Jahrh. die Landgrafſchaft zu Stühlingen ererbten, mit den Grafen v. Habsburg und den Herren v. Lupfen verſchwägert waren, vor ihrem Ausſterben die Herrſchaft an das Hochſtift Conſtanz verkauften, welches zum Vergleiche des darüber entſtandenen Rechtsſtreites die Grafſchaft Stühlingen an die Herren v. Lupfen abtrat. Aus mancherlei Pfandbeſitz ging A. 1497 an die Grafen v. Sulz, Landgrafen im Aletgau, über, wurde von den Schweizern zwei Jahre darauf erobert, endlich 1634 von der Beſatzung verlaſſen und angezündet.

**Küßnach**, D., 1 ev., 311 L, juf. 312 C., Fil. v. Hohenthengen, A.-G. u. B.-A. Waldshut; A.-G. und A.-A. Waldshut; liegt am Fuße des Küſſenberges.

**Küßbrunn**, D., 294 L C., Fil. von

**Zimmern**, L.-G. Gerlachsheim, B.-A. Tauberbischofsheim; A.-G. u. K.-A. Mosbach; liegt 1061 p. F. üb. b. M.

**Zuhbach**, D., 436 L. G., Fil. v. Seelbach, A.-G. u. B.-A. Lahr; A.-G. u. K.-A. Offenburg. Stbzbr.: Fürst v. b. Leyen.

**Zuhbach**, 8 b. D. Ramsbach, 15 L. G., Fil. v. Oppenau, A.-G. und B.-A. Oberkirch; A.-G. u. K.-A. Offenburg.

**Zuhbach**, 3 b. D. Bergzell, 30 L. G., Fil. v. Schenkenzell. A.-G. u. B.-A. Wolfach; A.-G. u. K.-A. Offenburg.

**Zuhbauernhof**, Hf. u. Prz. b. Mkr. Rängenthal, b. D. Schollach, 6 L. G., Fil. v. Urach, A.-G. und B.-A. Neustadt; A.-G. u. K.-A. Freiburg.

**Zuhberg**, 3 b. D. Bergzell, 83 L. G., Fil. v. Schenkenzell, A.-G. u. B.-A. Wolfach; A.-G. u. K.-A. Offenburg. Stbzbr.: Fürst v. Fürstenberg.

**Zuhläger**, 8 b. Pfd. Berghaupten, 37 l. G., A.-G. u. B.-A. Gengenbach; A.-G. u. K.-A. Offenburg.

**Rumbach**, Hf. u. Prz. b. D. Reichenbach, 5 ev. G., Fil. v. Homberg, A.-G. u. B.-A. Triberg; A.-G. u. K.-A. Villingen.

**Rummershof**, Hf. und Prz. b. D. Geroldsahn, 5 L. G., Fil. v. Wallbürn, A.-G. u. B.-A. Wallbürn; A.-G. u. K.-A. Mosbach; liegt 1100 p. F. üb. b. M. Stbzbr.: Fürst v. Leiningen.

**Kupferberg**, 8 b. Pfd. Schapbach, 83 L. G., A.-G. u. B.-A. Wolfach; A.-G. und K.-A. Offenburg. Stbzbr.: Fürst von Fürstenberg.

**Kuppenheim**, Stdt., 10 ev., 1681 l., 143 Ufr., juf. 1834 G., A.-G. und B.-A. Rastatt; A.-G. u. K.-A. Baden; L.-R. Gernsbach; P.-A. Carlsruhe. Sitz b. B.-Abt. i liegt 431 p. F. üb. b. M. am Eingange des Murgthales in einer fruchtbaren u. schönen Gegend. Feldbau u. Viehzucht, sowie Handel mit Holz u. Marktfeilig. Mkt.: 12 Ort. Alteberstein'scher Besitz, von dessen Befestigung noch bedeutende Ueberbleibsel vorhanden sind. Bis 1539 ein badisches Kreisamt, später Amt, welches, da 1689 die Stadt bis auf ein Haus von den Franzosen niedergebrannt worden, nach Rastatt verlegt ward. Schöner Friedhof mit freundlicher Kapelle.

**Zupprichshausen**, Pfd., 3 ev., 454 L., juf. 457 G., A.-G. u. K.-A. Boxberg; A.-G. und K.-A. Mosbach; L.-R. Lauda. Feld-, Wiesenbau u. Viehzucht. Handel mit Korn und Vieh. Stbzbr.: Fürst v. Leiningen.

**Rurethof**, Hf. u. Prz. b. Mkr. Josthal, b. D. Vierthäler, 22 L. G., Fil. v. Neustadt, A.-G. u. B.-A. Neustadt; A.-G. u. K.-A. Freiburg.

**Rurzenbach**, 8 b. Pfd. Niederwasser, 5 L. G., A.-G. u. B.-A. Triberg; A.-G. u. K.-A. Villingen.

**Rurzenbach**, 3 b. Pfd. Oberwolfach, 65 L. G., A.-G. u. B.-A. Wolfach; A.-G. u. K.-A. Offenburg.

**Rutterau**, Col. b. Pfd. St. Blasien, 26 l. G., A.-G. u. B.-A. St. Blasien; A.-G. u. K.-A. Waldshut.

**Rutzmühle**, Hs. u. Prz. b. Pfd. Liel, 5 L. G., A.-G. u. B.-A. Müllheim; A.-G. u. K.-A. Lörrach.

## L.

**Lachen**, Wlr. des Pfd. Steinach, 43 L. G., A.-G. Haslach, B.-A. Wolfach; A.-G. u. K.-A. Offenburg. Stbzbr.: Fürst v. Fürstenberg.

**Ladenburg**, Stdt., 1146 ev., 1603 l., 8 Mn., 125 Ufr., juf. 2882 G., B.-A. Mannheim; A.-G. u. K.-A. Mannheim; Dec. Ladenburg; L.-R. Weinheim; P.-A. Heidelberg. Sitz b. A.-G., G.-R., B.-C. u. Not.; liegt 353 p. F. üb. b. M. am rechten Ufer des Neckars in einer fruchtbaren Ebene an der Kanzelbach. Starke Landwirthschaft, Gewerbe- und Fabrikbetrieb, worunter Nieder- und Metallwaaren- und Cigarrenfabriken, nebst Handel mit Bauholz u. Tabak. Almosenstiftung, welches Spital, Neckar'sche, Sickingen'sche u. Nathalmosenstiftung. Sidingensche Brodstiftung, angeknüpft an das Lauten der Abendglocke und die Sage der Zurechtfindung eines Fräuleins v. S. durch dieselbe. Sehenswerth: der Bischofssaal mit Inschriften und Wappen, die sich auf die Restauration des alten Baues beziehen; die katholische Kirche aus dem 13. bis 15. Jahrh. mit Denkmälern des benachbarten und hier wohnenden Adels und Wormser Clerus; der Martinsthurm, ehemals Wormser Thor aus dem 14. Jahrh., einige alte adelige Höfe mit Inschriften zum Theil aus dem gleichen Jahrh. Gewöhnlich wird Ladenburg für das Lupodunum der Celten gehalten, welches am Neckar erbaut war, und identisch mit der von Valentinian I. auf der Landzunge zwischen Rhein und Neckar durch Ableitung des letzteren Flusses geschützte Castell und Palatium gehalten. Nach Besitznahme der Zehentlande durch die Römer, die alte Keltenstadt, die später dem Lobodungau den Namen gab, dem übrigen in Civitas Ulpia umgeändert habe, ohne daß jedoch, wie dieß sonst gewöhnlich, der alte Name verschwand. Eine Römerstraße läßt sich noch jetzt über den Straßenheimer Hof bis nach Worms verfolgen. Als Königsgut fiel nach Eroberung des Landes Ladenburg an die Merovinger, von denen schon Dagobert II. 636 den Königshof an St. Peter zu Worms geschenkt haben soll. In den Streitigkeiten mit den Bürgern von Worms nahmen schon im 12. Jahrh. die Bischöfe ihren Wohnsitz in L. von welchem die Hälfte als Pfand von den Grafen von Sponheim an die Pfalz gekommen war. In seiner Hälfte führte Churfürst Friedrich III. die Reformation ein, welche nach der Einnahme der Stadt durch Tilly unterdrückt wurde und nach dem westphälischen Frieden den Bischof von Worms vermochte auf Ablösung des Pfandes zu bringen, was ihm indessen die Pfalz verweigerte, die durch einen Vertrag mit dem Bischof endlich die Stadt ausschließlich erhielt. Mkte.: 23. Febr., 17. August.

**Ladhof**, 3. b. Pfdf. Oberprechthal, 226 k. E., Zil. u. Elzach, A.-G. u. B.-A. Waldkirch; K.-G. u. K.-A. Freiburg.

**Ladhof**, Hl. und Prz. b. D. Unterentersbach, 6 L E., Zil. v. Zell a. H., A.-G. u. B.-A. Gengenbach; K.-G. u. K.-A. Offenburg; liegt im Kinzigthale.

**Ladstadt**, 3. b. Pfdf. Furtwangen, 22 t. E., A.-G. u. B.-A. Triberg; K.-G. u. K.-A. Villingen.

**Ladstadt**, 3. b. Pfdf. Gütenbach, 29 t. E., A.-G. u. B.-A. Triberg; K.-G. u. K.-A. Villingen.

**Längenberg**, Hl. und Prz. b. Pfdf. Bühlerthal, 154 L E., A.-G. u. B.-A. Bühl; K.-G. u. K.-A. Baden.

**Längenried**, Hl. u. Prz. b. D. Neuhausen, 3 L E., Zil. v. Engen, A.-G. u. B.-A. Engen; K.-G. u. K.-A. Constanz.

**Längenthal**, 3. b. Pfdf. Dauchingen, 9 L E., A.-G. u. B.-A. Villingen; K.-G. u. K.-A. Villingen.

**Längert**, obere u. untere, 3. des Pfdf. Sasbachwalden, 63 L E., A.-G. u. B.-A. Achern; K.-G. u. K.-A. Baden.

**Längewirthshaus**, Hl. u. Prz. b. Pfdf. Klebschingen, 7 L E., A.-G. u. B.-A. Donaueschingen; K.-G. u. K.-A. Constanz.

**Länglehof**, Hl. u. Prz. b. Pfdf. Höbingen, 9 L E., A.-G. und B.-A. Ueberlingen; K.-G. u. K.-A. Constanz.

**Läufersmühle**, Hs. u. Prz. b. Pfdf. Redargerach, 2 L E., A.-G. und B.-A. Eberbach; K.-G. u. K.-A. Mosbach.

**Lagunterhof**, Hl. u. Prz. b. Pfdf. Bonndorf, 12 L E., A.-G. u. B.-A. Ueberlingen; K.-G. u. K.-A. Constanz.

**Lahr**, Stdt., 5961 ev., 1135 L, 7 isr., juf. 7103 E., A.-G. und K.-A. Offenburg; Dec. Lahr; F.-J. Offenburg; P.-A. Offenburg. Sitz b. A.-G., G.-R., A.-Ph. B.-A., B.-F., D.-G., Hpt.-St.-A. u. O.-E., P.-B., Pfflmstr., B.- und Str.-B.-J., Not., ev. Dec., Gymnasium, höhere Bürger- u. Gewerbeschule; liegt am Eingange des Schutterthals in einer fruchtbaren Gegend. Die schön gelegene kleine Stadt hat bedeutenden Fabrikbetrieb, der 1767 mit Fabrikation von Segeltüchern seinen Anfang nahm, u. welcher 10 Jahre später die Tabakfabriken von Lotbed und Hugo folgten, an die sich während der Continentalsperre die Cichorienfabriken von Völler, Trampler u. Hugo anreihten. Nun hat L. außer diesen Etablissements Baumwollwaarenfabriken, Cartonnagefabriken, worunter die von Riand, Krämer und Comp., zu Anfang der 30ger Jahre gegründet, durchschnittlich 100 Personen beschäftigt, welche gegen 2 Millionen Apothekerschachteln fertigen; sodann Esslgfabriken, Goldleistenfabriken, Hutsfabriken, Kunstblumenfabriken, Lipenschuhlabriken, eine Mousselinfabrik von Autenrieth u. Schmidt, die 1861 mit französischen Arbeitern begonnen wurde und Moll und Organdi in verschiedenen Sorten aus englischen u. schweizer Garnen fabrizirt. Die Bettenstofffabrik der Gebr. Zürcher in Lahr besteht seit 1848, arbeitet mit 100 Jacquartwebstühlen, besitzt eigene Färberei, Bleiche und Appretur und ihre Fabrikate finden im Zollverein, Belgien, Schweiz, Italien und Nordamerika Absatz. Lederfabriken, namentlich gut gegerbtes Kalbleder von Schweickart und Kurz in Lahr, die 100 Dutzend Kalbleder per Woche fertigen, außerdem liefert das Geschäft auch Sahlleder, Zeug- u. Schmahlleder, sowie Verdeckleder, welche ihren Markt in den europäischen Staaten, in der Levante, Nord- u. Südamerika, Westindien u. s. w. haben. Cigarrenfabriken, worunter das im Jahr 1838 gegründete Etablissement von Adolf Jr. Beber 500 bis 600 Arbeiter beschäftigt und hauptsächlich badische Tabake verarbeitet, das Geschäft fertigt 6—800,000 Stück per Woche, von welchem der größere Theil nach Nord- und Südamerika, Asien, Afrika, der kleinere Theil nach dem Zollverein und der Schweiz geht. München 1854 Ehrenmünze, Carlsruhe 1861 silberne Medaille. Neben diesem bedeutenden Fabrikbetrieb hat L. auch sehr ansehnliche Gewerbethätigkeit u. Handel. An bemerkenswerthen Gebäuden hat L. die Stiftskirche mit Grabmälern der Herren von Geroldseck und Silbermann'scher Orgel, die neue kath. Kirche. Das ehemalige Schloß mit Kapelle wurde in den französischen Kriegen des 17. Jahrh. verbrannt. Die erste urkundliche Erwähnung eines freien Herrn, Heinrich v. Lahr, ist von 1179; es gehörte derselbe wahrscheinlich zum Stamme von Geroldseck, welchem das Schloß und der um dasselbe entstandene Ort zustand. Ein Zweig dieser Familie, der Lahr im 13. Jahrh. zur Stadt erhob, nahm davon den Namen bis zu seinem Erlöschen 1426. Die Herrschaft ging dann nach langem Streite auf den Schwiegersohn des letzten Herrn v. Lahr, den Grafen von Mörs über, der jedoch die Hälfte der Herrschaft an die Markgrafen v. Baden zuerst verpfändete, dann verkaufte, während die andere Hälfte nach Erlöschen der Grafen v. Mörs an Nassau-Saarwerden, später Weilburg, überging. Dieses Haus erhielt in Folge einer Lokaltheilung im 17. Jahrh. Lahr, welches bei der Aechtung der Grafen von Nassau im 30jährigen Kriege einem österreich. Führer übergeben, dann 1659 an Baden-Turlach verpfändet und erst 1727 wieder an Nassau zurückgegeben wurde, von welchem durch die Huldigung von 1803 die Stadt an Baden überging, unter dessen Herrschaft sie sich zur jetzigen Blüthe erhob. Mkt.: 15. Dezbr.

**Laibach,** Z. b. K.O. Siebensbach, b. D. Debsbach, 11 L.G., Fil. v. Oberkirch, A.G. u. B.A. Oberkirch; H.G. u. K.A. Offenburg.

**Lailehäuser,** K.O. b. Pfd. Wieden, 108 L.G., A.G. u. B.A. Schönau; A.G. u. K.A. Lörrach. Gemarkung u. Gemeindevermögen getrennt.

**Laitehof,** K.O. des D. Wittenschwand, 16 L.G., Fil. von Untermbach, A.G. u. B.A. St. Blasien; A.G. u. K.A. Waldshut. Getrennte Gemarkung und gemeinschaftliches Gemeindevermögen.

**Laitenbach,** K.O. b. Pfd. Wieden, 67 L.G., A.G. u. B.A. Schönau; A.G. u. K.A. Lörrach. Gemarkung u. Gemeindevermögen getrennt.

**Laitschenbach,** Z. b. Pfd. Gremmelsbach, 91 L.G., A.G. u. B.A. Triberg; A.G. u. K.A. Villingen.

**Lammhöfe,** Z des Pfd. Kappelrodeck, 29 L.G., A.G. u. B.A. Achern; A.G. u. K.A. Baden.

**Lampach**, Wlr. b. D. Leuhstetten, 23 L. E., Fil. v. Wellhof, A.-G. Meersburg, B.-A. Ueberlingen; A.-G. und A.-A. Constanz. Stdshr.: Fürst von Fürstenberg.

**Lampenhaus**, Wlr., 329 ev., 71 L, juf. 400 E., Fil. v. Heiligkreuzsteinach, A.-G. u. B.-A. Heidelberg; A.-G. u. A.-A. Heidelberg.

**Lamprechtshof**, Hf. u. Prz. b. Stdt. Durlach, 25 E., A.-G. und B.-A. Durlach; A.-G. u. A.-A. Carlsruhe.

**Laudeck**, R.-D. b. Pfdf. Köndringen, 174 ev. E., A.-G. u. B.-A. Emmendingen; A.-G. u. A.-A. Freiburg. Getrennte Gemarkung u. gemeinschaftliches Gemeindevermögen. Wohnsitz der gleichnamigen Linie der Familie Schnewlin.

**Landgrund**, Prz. b. Hf. Altenvogtshof, b. T. Linach, 7 L. E., Fil. v. Schönenbach, A.-G. u. B.-A. Billingen; A.-G. u. A.-A. Billingen.

**Landshausen**, Pfdf., 8 ev. 639 L, juf. 647 C., A.-G. und B.-A. Eppingen; A.-G. u. A.-A. Heidelberg; L.-A. St. Leon. Feld-, Wiesenbau, Obst- u. Viehzucht.

**Landwasser**, J. b. Pfdf. Oberprechthal, 10 ev., 128 L, juf. 136 E., A.-G. u. B.-A. Waldkirch; A.-G. u. A.-A. Freiburg.

**Langackern**, Wlr. b. Pfdf. Horben, 116 L E., A.-G. u. B.-A. Freiburg; A.-G. u. A.-A. Freiburg.

**Langbrunnen**, J. b. Pfdf. Welschensteinach, 111 L. E., A.-G. Haslach, B.-A. Wolfach; A.-G. u. A.-A. Offenburg. Stdshr.: Fürst v. Fürstenberg.

**Langeck**, J. b. Pfdf. Reichenbach, 5 L. E., A.-G. u. B.-A. Lahr; A.-G. u. A.-A. Offenburg. Stdshr.: Fürst v. d. Leyen. Grdshr.: Frhr. v. Röder-Tiersburg.

**Langenalb**, Pfdf., 489 ev., 13 L, juf. 503 E., A.-G. u. B.-A. Pforzheim; A.-G. u. A.-A. Carlsruhe; Dec. Pforzheim; liegt 1243 p. J. üb. b. M. am Meisenbach und der württ. Grenze. Feldbau u. Viehzucht.

**Langenau**, D., 275 ev., 6 L, juf. 281 E., Fil. v. Schopfheim, A.-G. u. B.-A. Schopfheim; A.-G. u. A.-A. Lörrach.

**Langenbach**, D., 3 ev., 324 L, juf. 327 E., Fil. v. Döhrenbach. A.-G. u. B.-A. Billingen; A.-G. u. A.-A. Billingen. Stdshr.: Fürst v. Fürstenberg.

**Langenbach**, J. b. D. Reichenbach, 21 ev. E., Fil. v. Hornberg, A.-G. u. B.-A. Triberg; A.-G. u. A.-A. Billingen.

**Langenbach**, J. b. Pfdf. Schonach, 9 L. E., A.-G. u. B.-A. Triberg; A.-G. und A.-A. Billingen.

**Langenbach**, J. b. Pfdf. Oberharmersbach, 3 L E., A.-G. und B.-A. Gengenbach; A.-G. u. A.-A. Wolfach.

**Langenbach**, J. b. D. Ramsbach, 13 L E., Fil. v. Oppenau, A.-G. u. B.-A. Oberkirch; A.-G. u. A.-A. Offenburg.

**Langenbach**, R.-D. b. T. Kinzigthal, 203 L E., Fil. v. St. Roman, A.-G. u. B.-A. Wolfach; A.-G. und A.-A. Offenburg. Gemeinschaftliche Gemarkung u. getrenntes Gemeindevermögen. Stdshr.: Fürst v. Fürstenberg.

**Langenberg**, J. b. Pfdf. kath. Ibenbronn, 44 L E., A.-G. und B.-A. Triberg; A.-G. u. A.-A. Billingen.

**Langenberg**, J. b. Pfdf. Kappelrodeck, 11 L. E., A.-G. u. B.-A. Achern; A.-G. u. A.-A. Baden.

**Langenberg**, J. b. Pfdf. Oberharmersbach, 17 L E., A.-G. u. B.-A. Gengenbach; A.-G. u. A.-A. Offenburg.

**Langenbrand**, D., 1 ev., 403 L, juf. 406 E., Fil. v. Weisenbach, A.-G. u. B.-A. Gernsbach; A.-G. u. A.-A. Baden; liegt 685 p. J. üb. b. M. auf dem rechten Ufer der Murg an den Bergrücken hingelehnt, über welchen die Straße sich vom steiler werdenden Murgufer hinwegzieht; schöne neue Kapelle in byzantinischem Style.

**Langenbrücken**, Pfdf., 36 ev., 1364 L, juf. 1400 E., A.-G. und B.-A. Bruchsal; A.-G. u. A.-A. Carlsruhe; Dec. St. Leon; Pf. Heidelberg, Sitz b. u. E. Crp., Pfistrnstr.; liegt 400 p. J. üb. b. M. an der Straße v. Carlsruhe nach Frankfurt und Würzburg. Feld-, Wiesen-, Weinbau und Viehzucht. Handel mit Erps, Hopfen, Hanf, Tabak u. Wein

Stark besuchtes Bad. E. Amalienbad. Mkt.: 15. Septbr.

**Langenbrunn**, Col., 2 ev., 140 L, juf. 142 C., Fil. v. Hausen, A.-G. und B.-A. Meßkirch; A.-G. u. A.-A. Constanz, Erzbhr.: Fürst v. Fürstenberg.

**Langeneck**, D., 297 L C., Fil. v. Mubau, A.-G. u. B.-A. Buchen; A.-G. u. A.-A. Mosbach; liegt 1499 p. F. üb. b. M. Elbthr.: Fürst v. Leiningen.

**Langenfurt**, N.-D. b. Pfdf. Grafenhausen, 25 L C., A.-G. u. B.-A. Bonndorf; A.-G. u. A.-A. Walbshut. Gemarkung und Gemeindevermögen getrennt.

**Langengrund**, Z. b. Pfdf. Gütenbach, 10 L C., A.-G. u. B.-A. Triberg; A.-G. u. A.-A. Villingen.

**Langenhard**, Z. b. Pfdf. Sulz, 152 L C., A.-G. u. B.-A. Lahr; A.-G. u. A.-A. Offenburg.

**Langenhart**, D., 2 ev., 197 L, juf. 199 C., Fil. v. Rohrdorf und Gütenstein, A.-G. u. B.-A. Meßkirch; A.-G. u. A.-A. Constanz.

**Langenmoos**, Z. b. Pfdf. Wangen, 14 L C., A.-G. u. B.-A. Radolphzell; A.-G. u. A.-A. Constanz.

**Langenmühle**, Hf. u. Prz. b. Pfdf. Unterwittighausen, 6 L C., A.-G. Gerlachsheim, B.-A. Tauberbischofsheim; A.-G. u. A.-A. Mosbach.

**Langenordnach**, D., 279 L C., Fil. v. Friedenweiler, A.-G. u. B.-A. Neustadt; A.-G. u. A.-A. Freiburg. Feld, Wiesenbau, Viehzucht. Elbthr.: Fürst v. Fürstenberg.

**Langenrain**, Pfdf., 1 ev., 219 L, juf. 220 C., A.-G. u. B.-A. Constanz; A.-G. u. A.-A. Constanz; L.-R. Stockach. Feld, Wiesen u. Weinbau. Erbhrn.: Frhrn. v. Bodmann.

**Langenschiltach**, D., 595 ev., 12 L, juf. 607 C., Fil. v. St. Georgen, A.-G. u. B.-A. Triberg; A.-G. u. A.-A. Villingen.

**Langenstein**, Col. b. Pfdf. Orsingen, 36 L C., A.-G. u. B.-A. Stockach; A.-G. u. A.-A. Constanz. Schloß der jetzigen gleichnamigen Grundherrschaft in romantischer Lage auf und zwischen steilen Felsen mit einem Thurme aus dem 11. Jahrh. Von dem gleichnamigen reichenau'schen Lehenabel, Hug v. L., der Minnesänger. Nach Erlöschen des Geschlechts in wechselndem Besitze der Rellenburger, des Hochstifts Constanz, der Herren von Homberg, Raitenau, Meisberg wurde die Herrschaft von Großherzog Ludwig erkauft und die jetzige Grundherrschaft gebildet.

**Langenfeldbach**, Pfdf., 1178 ev., 10 L, 1 Diff., juf. 1169 C., A.-G. u. B.-A. Durlach; A.-G. u. A.-A. Carlsruhe; Der. Durlach; liegt 824 p. F. üb. b. M. an der Bocksbach. Feld, Wiesenbau u. Viehzucht. In dem Orte befindet sich eine hundert Jahre im Gebrauche gewesene, seit 1633 aufgegebene Badeanstalt, deren Quelle ein Thonsäuerling ist und die in 1 Pfd. Wasser zu 16 Unzen ¼/₂₀ Gr. salzsaure Thonerde und freier Kohlensäure und ³/₂₀ Gr. erdharzigen Extractionsstoff mit Spuren von Schwefel, somit ¹/₂₀ Gr. fixe und flüchtige Bestandtheile enthält.

**Langenthal**, Z. b. Pfdf. Sexau, 12 ev. C., A.-G. u. B.-A. Emmendingen; A.-G. u. A.-A. Freiburg.

*Langenwinkel*, D., 234 ev., 20 L, juf. 254 C., Fil. v. Dinglingen, A.-G. und B.-A. Lahr; A.-G. u. A.-A. Offenburg.

**Langenzellerhof**, Hf. u. Prz. b. Pfdf. Wiesenbach, 20 ev., 14 L, juf. 34 C., A.-G. Nedargemünd, B.-A. Heidelberg; A.-G. u. A.-A. Heidelberg; liegt 516 p. F. üb. b. M.

**Langgasse**, N.-D. b. Pfdf. Denlingen, 62 L C., A.-G. u. B.-A. Pfullendorf; A.-G. u. A.-A. Constanz.

**Langhärdle**, Z. b. Pfdf. Oberharmersbach, 26 L C., A.-G. u. B.-A. Gengenbach; A.-G. u. A.-A. Offenburg.

**Langhart**, Z. b. Pfdf. Oberharmersbach, 41 L C., A.-G. u. B.-A. Gengenbach; A.-G. u. A.-A. Offenburg.

**Langhurst**, N.-D. b. Pfdf. Schutterwald, 326 L C., A.-G. u. B.-A. Offenburg; A.-G. u. A.-A. Offenburg. Gemarkung u. Gemeindevermögen gemeinschaftlich.

**Lambegg,** Z. b. R.-O. Airach, b. Pfdf. **Ludwigshafen,** 50 L E., A.-G. und B.-A. Stockach; R.-G. u. K.-A. Constanz.

**Lauben,** Z. b. Pfdf. Bühlerthal, 300 L E., A.-G. u. B.-A. Bühl; R.-G. u. K.-A. Baden.

**Lauda,** Stdt., 993 L E., A.-G. Gerlachsheim, B.-A. Tauberbischofsheim; R.-G. u. K.-A. Mosbach; L.-A. Lauda; liegt 645 p. Z. üb. b. M. an der Tauber; Feld-, Wiesen-, Weinbau und Viehzucht. Export von Gerste und Wein. Altes Städtchen, schon 1169 beim Hochstifte Worms. Wegen Theilnahme am Bauernaufruhr 1525 nach dem Treffen bei Königshofen der Pfarrer nebst 4 Rathsherren enthauptet.

**Laudenbach,** Pfdf., 773 ev., 635 L., juf. 1431 E., A.-G. u. B.-A. Weinheim; R.-G. u. K.-A. Mosbach; Dec. Weinheim; liegt 360 p. Z. üb. b. R. an der Straße nach Frankfurt. Feld-, Wiesen-, Weinbau und Viehzucht. Vor dem Dorfe der sogen. Schlangenstein, Denkstein eines der Sage nach hier erschlagenen Ritters, nach dem Wappen neben der knieenden Figur aus dem Geschlechte von Kroneburg. Bis in die neuere Zeit auf dem nahen Kreuzberge Wallfahrt mit Einsiedelei.

**Laudenberg,** D., 325 L E., Fil. v. Limbach, A.-G. u. B.-A. Buchen; R.-G. u. K.-A. Mosbach; liegt 1140 p. Z. üb. b. R. Grdhr.: Frhr. v. Adelsheim.

**Lauenbach,** Z. b. Pfdf. Ottenhöfen, 174 L E., A.-G. u. B.-A. Achern; R.-G. u. K.-A. Baden.

**Lauf,** Pfdf., 2 ev., 2105 l., juf. 2107 E., A.-G. u. B.-A. Bühl; R.-G. u. K.-A. Baden; L.-A. Ottersweier; liegt am Fuße der Burg Neuwindeck in einem freundlichen Thale. Feld-, Weinbau, Kastanien- und Viehzucht. An das Geisterschloß zu Lauf, Ruine Neuwindeck, knüpft sich eine bedeutsame, in der Trinkhalle zu Baden abgebildete, Sage.

**Laufdobel,** Z. b. D. Rohrhardsberg, 7 L E., Fil. v. Schonach, A.-G. u. B.-A. Triberg; R.-G. u. K.-A. Villingen.

**Laufen,** Pfdf., 503 ev., 28 L, juf.

531 E., A.-G. u. B.-A. Müllheim; R.-G. u. K.-A. Lörrach; Dec. Müllheim. Feld-, Wiesen-, Weinbau u. Viehzucht. Alter Besitz des Klosters St. Gallen (767), welches den aus den Römerzeiten stammenden Weinbau pflegte. Erzeugt eine der gesuchtesten Sorten Markgräfler Weines.

**Lauffenburg,** Klein-, S. Kleinlauffenburg.

**Lauffenmühle,** Hs. u. Brz. b. Stdt. Thiengen, 43 E., A.-G. u. B.-A. Waldshut; R.-G. und K.-A. Waldshut.

**Laufenhof,** Hf. u. Prz. b. Stdt. Freudenberg, 3 L E., A.-G. u. B.-A. Wertheim; R.-G. u. K.-A. Mosbach.

**Lauleshof,** Hf. u. Prz. b. D. Schollach, 21 L E., Fil. v. Friedenweiler, A.-G. u. B.-A. Neustadt; R.-G. u. K.-A. Freiburg.

**Laulisgraben,** Wlr. b. Pfdf. Schutterthal, 42 L E., A.-G. u. B.-A. Lahr; R.-G. u. K.-A. Offenburg. Sbhr.: Fürst v. d. Leyen.

**Lausbühl,** Wlr. b. D. Malsburg, 35 ev., 3 L, 6 men., juf. 44 E., Fil. von Vogelbach, A.-G. u. B.-A. Müllheim; R.-G. u. K.-A. Lörrach.

**Lausheim,** Pfdf., 321 L E., A.-G. u. B.-A. Bonndorf; R.-G. u. K.-A. Waldshut; L.-A. Stühlingen. Feld-, Wiesen-, Obstbau und Viehzucht. Früher Lutheim; 849 ein geschlossenes Hofgut daselbst an St. Gallen vergabt. Vogtrecht der Grafen v. Nellenburg, gehörte es zum Kirchenpatronat des Klosters Allerheiligen in Schaffhausen, von welchem es an die Bürger Brümsi daselbst u. nach manchem Wechsel an St. Blasien gelangte. In der Kirche war noch bis in unser Jahrhundert ein Priesterkleid aufbewahrt, welches Geisteskranken zur Heilung angezogen wurde.

**Lautenbach,** R.-O. b. Pfdf. Herbwangen, 39 L E., Fil. v. Aichholderberg, A.-G. u. B.-A. Pfullendorf; R.-G. u. K.-A. Constanz. Gemarkung und Gemeindevermögen getrennt.

**Lautenbach,** D., 363 L E., Fil. von Gernsbach, A.-G. u. B.-A. Gernsbach; R.-G.

u. K.A. Baden; liegt 1175 p. J. üb. d. M. Sägmühle, Feldbau u. Viehzucht.

**Lautenbach**, Pfdf., 2 ev., 1356 l., zuf. 1358 C., A.G. u. B.A. Oberkirch; R.G. u. K.A. Offenburg; L.R. Offenburg; liegt im Renchthale an der Straße nach Oppenau. Feld-, Wiesen-, Weinbau u. Viehzucht. Handel mit Holz, Obst u. Kirschenwasser. Das Dorf hat eine sehr schöne im gothischen Style aufgeführte Kirche.

**Lautenbach**, J. b. Pfdf. Durbach, 60 l. C., A.G. u. B.A. Offenburg; R.G. u. K.A. Offenburg.

**Lautenbächle**, J. b. Pfdf. Lauf, 71 l. C., A.G. u. B.A. Bühl; R.G. u. K.A. Baden.

**Loretto**, Hs. und Pfr. b. J. Oberaltenweg. b. Wfr. Altenweg. b. D. Bierthäler, 3 l. C., Fil. v. Neustadt, A.G. u. B.A. Neustadt; R.G. u. K.A. Freiburg.

**Legelsau**, J. b. D. Seebach, 51 l. C., Fil. v. Ottenhöfen, A.G. und B.A. Achern; R.G. u. K.A. Baden.

**Legelshurst**, Pfdf., 1374 ev., 46 l., zuf. 1420 C., A.G. u. B.A. Kork; R.G. u. K.A. Offenburg; Dec. Kork; liegt an der Fischbiebersbach. Feld-, Wiesenbau und Viehzucht. Handel mit Schleifharz. Halt-Station.

**Lehen**, R.C. b. Pfdf. Deggenbausen, 34 l. C., A.G. u. B.A. Pfullendorf; R.G. u. K.A. Constanz. Getrennte Gemarkung und gemeinschaftliches Gemeindevermögen. Ebhör.: Fürft v. Fürstenberg.

**Lehen**, Pfdf., 1 ev., 478 L., zuf. 479 C., A.G. u. B.A. Freiburg; R.G. u. K.A. Freiburg; L.R. Freiburg; liegt an der Dreisam. Feld-, Weinbau und Viehzucht. Wohnort des Stifters des zweiten Bundschuh im Breisgau, Jos. Fritz, der einen Versuch, Freiburg zu überrumpeln mit schrecklichem Ende büßte.

**Lehen**, Hf. u. Brz. b. D. Ohrenstetten, 10 l. C., Fil. v. Kirchhofen, A.G. u. B.A. Staufen; R.G. u. K.A. Freiburg.

**Lehen**, J. b. Sbt. Triberg, 4 l. C., A.G. u. B.A. Triberg; R.G. und K.A. Villingen.

**Lehen**, J. b. Pfdf. Oberwinden, 29 l. C., A.G. u. B.A. Waldkirch; R.G. u. K.A. Freiburg.

**Lehengericht**, D., 779 ev., 47 L. zuf. 826 C., Fil. v. Schiltach, A.G. u. B.A. Wolfach; R.G. u. K.A. Offenburg; liegt im vorderen Schiltachthale.

**Lehenhof**, Hf. u. Brz. b. Pfdf. Munzingen, 10 l. C., A.G. u. B.A. Emmendingen; R.G. u. K.A. Freiburg.

**Lehenholz**, J. b. Pfdf. Amtzingen ab Egg, 9 l. C., A.G. u. B.A. Engen; R.G. und K.A. Constanz. Ebhör.: Fürst v. Fürstenberg.

**Lehenwies**, J. b. Pfdf. ev. Thennenbronn, 21 ev. C., Fil. v. Hornberg, A.G. u. B.A. Triberg; R.G. und K.A. Villingen.

**Lehenwies**, J. b. R.O. Unterkutlerau, b. D. Schlageten, 14 l. C., Fil. v. Urberg, A.G. u. B.A. St. Blasien; R.G. u. K.A. Waldshut.

**Lehnacker**, R.O. b. D. Endenburg, 170 E., Fil. von Weitenau, A.G. und B.A. Schopfheim; R.G. u. K.A. Lörrach. Gemarkung u. Gemeindevermögen getrennt.

**Lehner-Rotte**, R.O. b. D. Obermünsterthal, 638 l. C., Fil. b. Pfrqm. Obermünsterthal, A.G. u. B.A. Staufen; R.G. u. K.A. Freiburg. Gemarkung und Gemeindevermögen getrennt; liegt im hinteren Thale des Münsterthales, wodurch die Straße nach Schönau führt.

**Lehringen**, D., 8 ev., 284 L., zuf. 290 C., Fil. v. Neuhausen, A.G. u. B.A. Blotzheim; R.G. u. K.A. Carlsruhe; liegt an der württembergischen Grenze. Feld-, Wiesenbau und Viehzucht.

**Leibenstadt**, Pfdf., 468 ev., 6 L. zuf. 474 C., A.G. u. B.A. Adelsheim; R.G. u. K.A. Mosbach; Dec. Adelsheim; liegt 920 p. J. üb. d. M. Feld-, Wiesenbau u. Viehzucht. Seit dem 12. Jahrh. Schenkung an Kloster Schönthal, seit dem 15. Jahrh.

im Besitz der jetzigen Grundherrschaft von Gemmingen-Burg.

**Leibersung,** D., 400 l. E., Fil. v. Schwarzach, A.-G. u. B.-A. Bühl; K.-G. u. K.-A. Baden.

**Leibertingen,** Pfdf., 679 l. E., A.-G. u. B.-A. Meßkirch; A.-G. u. K.-A. Constanz; L.-R. Meßkirch; liegt ziemlich hoch und hat Feldbau und Viehzucht. Elbzbfr.: Fürst v. Fürstenberg.

**Leibenhardterhof,** Hf. u. Prz. b. Pfdf. Neunkirchen, 13 ew., 18 L, zuf. 31 E., A.-G. Neckargemünd, B.-A. Heidelberg; K.-G. u. K.-A. Heidelberg; liegt 1125 p. F. üb. b. M.

**Leihwiesen,** Hf. u. Prz. b. Pfdf. Ittendorf, 6 l. E., A.-G. Meersburg, B.-A. Ueberlingen; K.-G. und K.-A. Constanz.

**Leimbach,** N.-O. b. D. Riedheim, 174 l. E., Fil. v. Bergheim, A.-G. Meersburg, B.-A. Ueberlingen; K.-G. u. K.-A. Constanz. Getrennte Gemarkung und Gemeindevermögen. Elbzbfr.: Fürst v. Fürstenberg.

**Leimbach,** Z. b. Pfdf. Bollschweil, 34 l. E., A.-G. u. B.-A. Staufen; K.-G. u. K.-A. Freiburg. Grbhr.: Frhr. v. Berstett.

**Leimen,** Hf. u. Prz. b. Stdt. Oberkirch, 6 L E., A.-G. u. B.-A. Oberkirch; K.-G. u. K.-A. Offenburg.

**Leimen,** Mkfl., 1329 ew., 313 L, 22 isr., zuf. 1664 E., A.-G. u. B.-A. Heidelberg; A.-G. u. K.-A. Heidelberg; Der. Oberheidelberg; L.-R. Heidelberg; liegt 389 p. F. üb. b. M. an der Straße von Heidelberg nach Carlsruhe. Cigarrenfabrik von Jos. Müller, war zuvor eine von Bersina im Jahre 1637 gegründete Tabaksfabrik, die 1843 in die Hände des gegenwärtigen Besitzers kam, bei welchem sie sich nach und nach in eine Cigarrenfabrik verwandelte, die 100 Personen beschäftigt und wöchentlich 120—130 Mille Cigarren liefert. Seit die Pfälzer-Cigarren sich nicht mehr für den amerikanischen Export eignen, verarbeitet dieses Etablissement vorzugsweise amerikanisches und javanisches Rohmaterial. Silberne Medaille. — Tabakshandel.

**Leimgruben,** Z. b. Pfdf. Gülenbach, 30 l. E., A.-G. und B.-A. Triberg; K.-G. und K.-A. Villingen.

**Leinegg,** Hf. u. Prz. b. Pfdf. Berau, 16 l. E., A.-G. u. B.-A. Bonndorf; K.-G. u. K.-A. Waldshut.

**Leinegg,** Hf. u. Prz. b. Pfdf. Rögenschwihl, 6 l. E., A.-G. und B.-A. Waldshut; K.-G. u. K.-A. Waldshut.

**Leipferdingen,** Pfdf., 3 ew., 595 l., zuf. 598 E., A.-G. u. B.-A. Engen; K.-G. u. K.-A. Constanz; L.-R. Geisingen; liegt in einem Thale. Feld-, Wiesenbau u. Viehzucht. Handel mit Korn, Gerste, Hafer u. Vieh. Schicksale wie Büßlingen; in der Kirche altes Marienbild mit Wallfahrt.

**Leiselheim,** Pfdf., 439 ew. E., A.-G. u. B.-A. Breisach; K.-G. u. K.-A. Freiburg; Der. Freiburg; liegt am nördlichen Fuße des Kaiserstuhls. Feld-, Wiesen- u. guten Weinbau.

**Leiterloch,** Z. b. Pfdf. Neukirch, 15 l. E., A.-G. u. B.-A. Triberg; K.-G. und K.-A. Villingen.

**Leitishofen,** N.-O. b. Pfdf. Menningen, 102 l. E., A.-G. u. B.-A. Meßkirch; K.-G. u. K.-A. Constanz. Gemeinschaftliche Gemarkung und getrenntes Gemeindevermögen. Elbzbfr.: Fürst v. Fürstenberg.

**Lellwangen,** Z. b. D. Wittenhofen, 184 l. E., Fil. von Deggenhausen, A.-G. Meersburg, B.-A. Ueberlingen; K.-G. u. K.-A. Constanz.

**Lembach,** Pfdf., 1 ew., 306 L, zuf. 307 E., A.-G. und B.-A. Bonndorf; K.-G. u. K.-A. Waldshut; L.-R. Stühlingen; liegt in einer Schlucht der sog. hohen Alb, die sich in das Wutachthal öffnet. Feld-, Wiesenbau u. Viehzucht. Gewerbe u. Mühlenbetrieb. Elbzbfr.: Fürst v. Fürstenberg.

**Lendersbach,** Z. b. N.-O. Siedensbach, b. D. Ödsbach, 6 l. E., Fil. von Oberkirch, A.-G. u. B.-A. Oberkirch; K.-G. u. K.-A. Offenburg.

**Lengenfeld,** N.-O. b. Pfdf. Leibertingen, 70 l. E., A.-G. u. B.-A. Meßkirch; K.-G. u. K.-A. Constanz. Gemarkung und Gemeindevermögen gemeinschaftlich. Stdshr.: Fürst v. Fürstenberg.

**Lengenrieden,** D., 185 ev., 137 l., juf. 322 C., ev. Fil. v. Unterschüpf, kath. Fil. v. Ruppichhausen, A.-G. und B.-A. Boxberg; K.-G. u. K.-A. Mosbach; liegt 869 p. F. üb. b. M. Feld-, Weinbau und Viehzucht.

**Lenzlisberg,** Hf. und Prz. d. Mkft. Seelbach, 4 L. C., A.-G. u. B.-A. Lahr; K.-G. u. K.-A. Offenburg. Stdshr.: Fürst v. d. Leyen.

**Leopoldshafen,** D., 705 ev., 14 l., juf. 719 C. Fil. v. Eggenstein, A.-G. und B.-A. Carlsruhe; K.-G. u. K.-A. Carlsruhe; liegt 374 p. F. üb. d. M am Rheine. Früher Schröck, von Großherzog Leopold zu einem, eine Zeit lang sehr besuchten Freihafen angelegt, dessen Verkehr in neuester Zeit sich größtentheils nach Maximiliansaue gezogen hat.

**Leopoldshöhe,** Wlr. d. Pfdf. Weil, 60 ev. C., A.-G. u. B.-A. Lörrach; K.-G. u. K.-A. Lörrach; B.-A. Basel. Sitz b. P.-Abl.; Halt-Stat.

**Lerchenberg,** F. b. Stdt. Durlach, 8 ev. C., A.-G. u. B.-A. Durlach; K.-G. u. K.-A. Carlsruhe.

**Lettweis,** F. b. D. Linach, 25 l. C., Fil. v. Schönmbach; A.-G. u. B.-A. Villingen; K.-G. u. K.-A. Villingen.

**Leustetten,** D., 274 l. C., Fil. von Weildorf, A.-G. Meersburg, B.-A. Ueberlingen; K.-G. u. K.-A. Constanz. Feldbau und Viehzucht. Schon 1158 war das Collegiatstift St. Stephan zu Constanz hier begütert. Das Dorf gehörte zu den wenigen Besitzungen, die mit der Grafschaft Heiligenberg an die Grafen von Werdenberg übergingen. Alte Malstätte des Linzgaues.

**Leutersberg,** K.-D. b. Pfdf. Wolfenweiler, 179 ev. C., A.-G. u. B.-A. Freiburg; K.-G. u. K.-A. Freiburg. Gemarkung u. Gemeindevermögen gemeinschaftlich.

**Leutershausen,** Pfdf., 768 ev., 470 l., 157 ifr., juf. 1415 C., A.-G. und B.-A.

Weinheim; K.-G. u. K.-A. Mosbach; Dec. Weinheim; L.-A. Weinheim; liegt 516 p. F. üb. d. M., unweit der Straße von Heidelberg nach Frankfurt. Feldbau u. Viehzucht, Wein- u. Tabakbau. Schönes Schloß und Garten der Grundherren: Grafen v. Wiser. In der Nähe einst die Burg Hirzberg, im 14. Jahrh. Sitz eines gleichnamigen Lorscher, später pfälzischen Lehenadels.

**Leutesheim,** Pfdf., 925 ev., 6 l., juf. 931 C., A.-G. u. B.-A. Korl; K.-G. und K.-A. Offenburg; Dec. Rheinbischofsheim; liegt am Rheinbau. Feld-, besonders Hanfbau und Viehzucht. Handel mit Hanf.

**Lentkirch,** Pfrwlr. b. D. Neufrach, 65 l. C., A.-G. Meersburg, B.-A. Ueberlingen; K.-G. und K.-A. Constanz. Feld-, Obst-, Weinbau und Viehzucht.

**Leutkirch,** Vkdl. b. Stdt. Gengenbach, 200 l. C., A.-G. u. B.-A. Gengenbach; K.-G. u. K.-A. Offenburg.

**Lichtenau,** Stdt., 635 ev., 97 L, 213 ifr., juf. 1165 C., A.-G. und K.-A. Korl; A.-G. und K.-A. Offenburg; Dec. Rheinbischofsheim; P.-A. Kehl. Sitz b. Phstrs.; liegt an der Straße von Carlsruhe nach Straßburg, in einer fruchtbaren Ebene an der Acher. Feld-, besonders Hanf-, Wiesenbau, Viehzucht, Gewerbe- u. Fabrikbetrieb, worunter eine Wollenspinnerei u. Seidenwaarenfabriken, von welchen letze beste des J. H. Bleuler durch dessen Vater zuerst zu Schwarzach 1803 gegründet worden. 1828 siedelte er sodann nach Lichtenau über und theilte 1839 sein Geschäft unter seine beiden Söhne, Johann Heinrich und Georg; damals zählte es 20 Arbeiter. Ersterer erweiterte seitdem nicht ohne mancherlei Schwierigkeiten sein Geschäft, so daß dasselbe jetzt 70 Arbeiter beschäftigt, die jährlich einen Werth von etwa 100,000 fl. produziren. Silberne Medaille. Durch den Bischof von Straßburg, Conrad von Lichtenberg, 1296 zu einer Stadt angelegt und benannt; Ruinen des Schlosses u. der Befestigung kaum mehr sichtbar. Im 30jährigen Kriege und den französischen Kriegen von 1629 und 1707 zerstört, wurden nach dem Wiederaufbau die Gräben in Gärten verwandelt und 1805 die Stadtthore abgebrochen. Zeitweilige Residenz der Grafen v. Hanau, von denen Philipp IV. 1543 die Reformation einführte. Mkte.: 7. Mai, 24. Sept., 10. Dez.

**Lichtenegg**, Wlr. u. Neu-, K.-O. b. Pfdf. Illmensee, 41 E., Fil. v. Deggenhausen, A.-G. u. B.-A. Pfullendorf; A.-G. u. K.-A. Constanz. Gemarkung u. Gemeindevermögen getrennt.

**Lichtenthal**, Pfdf., 117 ev., 2524 l., jus. 2641 E., A.-G. u. B.-A. Baden; A.-G. u. K.-A. Baden; L.-K. Gernsbach; liegt sehr freundlich im Oosthale am rechten Ufer der Oos. L. hat eine Heilquelle, das sogenannte **Ludwigsbad**, die 1820 entdeckt, sofort zu einem Bade eingerichtet wurde und seither, von seiner schönen Lage begünstigt, sehr stark besucht wird. Die Quelle ist ein neutrales kohlensaures Eisenwasser und enthält:

kohlensaure Kalkerde . . . . . ⁷/₁₆ Gr.
„ Bittererde . . . . ⁵/₁₆ „
„ Eisen . . . . . ⁹/₁₆ „
salzsaure eisenhaltige Bittererde ⁴/₁₆ „
jus. 2 Gr.

fixe Bestandtheile.

**Lichtenthal**, Kloster u. Prz. b. Pfdf. Lichtenthal, 110 L E., A.-G. u. B.-A. Baden; A.-G. und K.-A. Baden; liegt in einem sehr freundlichen Thale am Fuße des Cäcilienberges, und wurde 1245 von der Markgräfin Irmengard für Cistertzienser-Nonnen gestiftet. In der beachtungswerthen alten Klosterkirche ist die Grablege mit sehenswerthen Grabmälern der badischen Markgrafen und ihrer Verwandten. Bei der Mordbrennerei der Franzosen auf die Fürbitte einer Nonne, der ehemaligen Köchin des Gouverneurs von Hagenau, verschont, wurde es bei der allgemeinen Säcularisation, zu welcher Zeit es 24,000 fl. jährlicher Einkünfte besaß, in ein Erziehungsinstitut umgewandelt. Aus der Stiftung des Georg Stulz von Ortenberg entstand das wohl dotirte gut geleitete Waisenhaus.

**Lickerlenhof**, Hf. und Prz. b. Wlr. Odbach, b. D. Sinzelbach, 6 E., Fil. v.

Breitnau, A.-G. u. B.-A. Neustadt; A.-G. u. K.-A. Freiburg.

**Liebeneck**, Hf. u. Prz. b. D. Würm, 5 ev. E., Fil. v. Schellbronn, A.-G. u. B.-A. Pforzheim; A.-G. u. K.-A. Carlsruhe; liegt im Thale der Würm.

**Liebelshof**, Hf. und Prz. b. A.-O. Mühlhofen, b. Pfdf. Sinzheim, 14 L E., A.-G. u. B.-A. Baden; A.-G. und K.-A. Baden.

**Liedolsheim**, Pfdf., 1948 ev., 33 l., 27 Ur. jus. 2006 E., A.-G. u. B.-A. Carlsruhe; A.-G. u. K.-A. Carlsruhe; Land-Dec. Carlsruhe; liegt 344 p. F. üb. d. M. Feldbau, namentlich Hanfbau, Wiesenbau u. Viehzucht.

**Liefersberg**, der hintere, Hf. und Prz. b. Pfdf. Kirnbach, 6 ev. E., A.-G. u. B.-A. Triberg; A.-G. u. K.-A. Villingen.

**Liefersberg**, der vordere, Hf. u. Prz. des D. Lehengericht, 36 ev. E., Fil. v. Schiltach, A.-G. u. B.-A. Wolfach; A.-G. u. K.-A. Offenburg.

**Liehenbach**, Z. b. Pfdf. Bühlerthal, 477 L E., A.-G. und B.-A. Bühl; A.-G. u. K.-A. Baden.

**Liel**, Pfdf., 22 ev., 782 L., 6 Diff., jus. 810 E., A.-G. und B.-A. Müllheim; A.-G. u. K.-A. Lörrach; L.-R. Neuenburg. Feldbau, Wiesenbau u. Viehzucht und trefflichen Weinbau. Grdhrn.: Frhrn. v. Baarenberg und v. Türkheim.

**Liemheim**, Pfdf., 621 L E., A.-G. u. B.-A. Waldshut; A.-G. u. K.-A. Waldshut; L.-R. Klettgau; liegt am Rheine. Feldbau, Wiesenbau, Weinbau und Viehzucht.

**Lierbach**, D., 6 ev., 364 L., jus. 390 E., Fil. v. Oppenau, A.-G. u. B.-A. Oberkirch; A.-G. u. K.-A. Offenburg; liegt im romantischen Seitenthale der Rench, welches zu den herrlichen vielbesuchten Wasserfällen des Lierbachs bei Allerheiligen führt. Feldbau, Wiesenbau, Viehzucht, Kienrußbrennen, Holzhandel.

**Liggeringen**, Pfdf., 515 L E., A.-G. u. B.-A. Constanz; A.-G. u. K.-A. Constanz; L.-R. Stockach. Feldbau, Wiesenbau, Weinbau u. Viehzucht. Grdhr.: Frhr. v. Bodmann

Lilach, Col., 39 l. E., Fil. v. Poppenhausen, A.G. Gerlachsheim, B.-A. Tauberbischofsheim; K.G. u. K.A. Mosbach; liegt 1124 p. F. üb. d. M. an der bayrischen Grenze.

Limbach, Pfdf., 3 ev., 451 l., juf. 454 E., A.G. u. B.-A. Buchen; A.G. u. K.A. Mosbach; L.A. Wallbürn; liegt 1317 p. F. üb. d. M. Feldbau. Römische Ueberreste auf dem sogen. Hungerberge, Ruinen eines von den Bauern 1525 niedergebrannten Schlosses. Mkte.: 15. Juli, 28. Octbr.

Limpach, K.-D. b. Pfdf. Oberhomberg, 125 l. E., A.G. u. B.-A. Pfullendorf; A.G. u. K.A. Constanz. Getrennte Gemarkung, gemeinschaftliches Gemeindevermögen. Feld-, Wiesenbau u. Viehzucht; bedeutende Waldungen. Gtsbhr.: Fürst v. Fürstenberg.

Limrain, F. b. Pfdf. Oberharmersbach, 44 L E., A.G. u. B.-A. Gengenbach; A.G. u. K.A. Offenburg.

Linach, D., 298 l. E., Fil. v. Schönenbach, A.G. u. B.-A. Villingen; A.G. u. K.A. Villingen.

Lindach, F. b. Pfdf. Berghaupten, 73 l. E., A.G. u. B.-A. Gengenbach; A.G. u. K.A. Offenburg.

Lindach, F. b. Pfdf. Nordrach, 59 l. E., A.G. u. B.-A. Gengenbach; A.G. u. K.A. Offenburg.

Lindach, F. b. Gtbt. Zell a. h., 7 l. E., A.G. u. B.-A. Gengenbach; A.G. u. K.A. Offenburg.

Lindach, D., 80 ev., 14 L, juf. 94 E., Fil. v. Gerach, A.G. u. B.-A. Oberbach; A.G. u. K.A. Mosbach; liegt 460 p. F. üb. d. M. an Nedar. Feldbau, Obst-, Vieh- und Bienenzucht. Gtsbhr.: Fürst von Leiningen.

Lindau, F. b. N.-D. Unterlbach, 19 l. E., Fil. v. Oberlbach, A.G. u. B.-A. St. Blasien; A.G. u. K.A. Waldshut.

Lindelbach, D., 346 ev., 4 L. juf. 350 E., Fil. v. Bettingen, A.G. u. B.-A. Wertheim; A.G. u. K.A. Mosbach. Feld-, Wiesen-, Weinbau u. Viehzucht; liegt 719

p. F. üb. d. M. Gtsbhr.: Fürst v. Löwenstein-Wertheim.

Linden, F. b. Pfdf. ev. Thennenbronn, 17 ev. E., Fil. v. Hornberg, A.G. u. B.-A. Triberg; A.G. u. K.A. Villingen.

Lindenbacherhof, Hf. u. Brz. b. Gtbt. Schönau, 5 l. E., A.G. u. B.-A. Heidelberg; A.G. u. K.A. Heidelberg; liegt an der hessischen Grenze, unweit der Steinach.

Lindenberg, Hf. u. Brz. b. D. Unteribental, 15 l. E., Fil. v. Buchenbach, A.G. u. B.-A. Freiburg; A.G. u. K.A. Freiburg. Grdhl.: Graf v. Ragenedt.

Lindenhof, Hf. u. Brz. b. Gtbt. Möhringen, 6 l. E., A.G. u. B.-A. Engen; A.G. u. K.A. Freiburg. Gtsbhr.: Fürst v. Fürstenberg.

Lindenmühle, Hs. u. Brz. b. Mkft. Hardheim, 8 l. E., A.G. und B.-A. Wallbürn; A.G. u. K.A. Mosbach.

Lingenthal, K.-D. des D. Ochsenbach, 32 ev., 4 L, juf. 36 E., Fil. von Mauer, A.G. Neckargmünd, B.-A. Heidelberg; A.G. u. K.A. Heidelberg. Gemarkung und Gemeindevermögen getrennt.

Linkenheim, Pfdf., 1310 ev., 10 l., juf. 1320 E., A.G. u. B.-A. Carlsruhe; A.G. u. K.A. Carlsruhe; Ld.-Ter. Carlsruhe; liegt 372 p. F. üb. d. M. an der Straße nach Mannheim. Feldbau, Pferde- u. Schweinezucht. Handel mit Hanf, Mais und Kartoffeln.

Linkenmühle, Hs. u. Brz. b. Pfdf. Alpperg, 8 l. E., A.G. u. B.-A. Wallbürn; A.G. u. K.A. Mosbach; liegt 609 p. F. üb. d. M. an der Murschbach. Gtsbhr.: Fürst v. Leiningen.

Linz, Pfdf., 792 ev., 15 l., juf. 807 E., A.G. u. B.-A. Korl; A.G. u. K.A. Offenburg; liegt an der Straße nach Kehl. Feld-, Wiesenbau und Handel mit Hanf.

Linz, Pfdf., 437 l. E., A.G. u. B.-A. Pfullendorf; A.G. u. K.A. Constanz; L.A. Linzgau; liegt an der Aach. Feldbau und Viehzucht. Im Namen der lange Ueberrest des Andenkens an die ehemaligen Lenzer Alemannen, Lentirnici, welche gegen Kaller Julian die Vernichtungsschlacht bei Straßburg verloren, und das von ihnen genannte mittelalterlichen Linzgaues, der vom Randengebirge bis an die Berge des Brigenzer Waldes reichte und zuletzt zur Grafschaft Heiligenberg zusammenschrumpfte. Im Dorfe ein den Jesuiten zu Constanz von den Herren v. Reischach geschenktes Schloßgut, welches in neuerer Zeit einen Theil des Domcapitels zu Freiburg und des Lyzeums zu Constanz ausmacht.

**Lipburg**, D., 223 ev., 19 L., 1 Men., zuf. 243 E., Fil. v. Badenweiler, A.-G. u. B.-A. Müllheim; K.-G. u. H.-A. Lörrach. Feld-, Wiesen-, Weinbau und Diehzucht.

**Lippach**, N.-O. des D. Riedheim, 57 l. E., A.-G. Meersburg, B.-A. Ueberlingen; K.-G. u. H.-A. Constanz. Gemarkung u. Gemeindevermögen getrennt. Feld-, Wiesen- und Weinbau. Eldbzhr.: Fürst v. Fürstenberg.

**Lippenhof**, Hf. u. Prz. b. D. Sindelbach, 9 E., Fil. v. Breitnau, A.-G. u. B.-A. Neustadt; K.-G. u. H.-A. Freiburg.

**Lippersbacherhof**, Hf. und Prz. b. Pfdf. Oberaggenen, 22 ev. E., A.-G. u. B.-A. Müllheim; K.-G. u. K.-A. Lörrach.

**Lippertsreuthe**, Pfdf., 4 ev., 240 L., zuf. 244 E., A.-G. u. B.-A. Ueberlingen; K.-G. u. R.-A. Constanz; L.-A. Linzgau; liegt an der Straße von Ueberlingen nach Pfullendorf. Feld-, Wiesenbau u. Viehzucht. Handel mit Korn und Vieh.

**Liptingen**, Pfdf., 5 ev., 1077 L., 3 ifr., zuf. 1085 E., A.-G. und B.-A. Stockach; K.-G. und K.-A. Constanz; L.-A. Stockach; B.-A. Stockach. Sitz der P.-Abt.; Hauptentscheidung der Schlacht bei Stockach (1799), da Erzherzog Karl ein Reiterregiment vom linken Flügel herbeizog, welches den Feind in der Flanke angriff und warf, wobei der kaiserl. Feldmarschalllieutenant Fürst Karl Aloys v. Fürstenberg den Heldentod starb. Mrkte.: 16. März, 4. Juni, 14. Sept., 5. Nov.

**Lirlstobel**, N.-O. b. Pfdf. Oberhomberg, 13 E., A.-G. u. B.-A. Pfullendorf; K.-G. u. K.-A. Constanz. Getrennte Gemarkung, gemeinschaftliches Gemeindevermögen. Etdbzhr.: Fürst v. Fürstenberg.

**Lieschenthal**, F. b. Mkfl. Seelbach, 125 l. E., A.-G. u. B.-A. Lahr; K.-G. u. K.-A. Offenburg. Etdbzhr.: Fürst v. d. Leyen.

**Littenweiler**, D., 9 ev., 525 l., zuf. 534 E., Fil. v. Kappel, A.-G. und B.-A. Freiburg; K.-G. u. K.-A. Freiburg; liegt sehr freundlich, unweit der Treisam u. hat sehr besuchte Bäder.

**Litzburg**, F. b. Pfdf. Sinzheim, 24 l. E., A.-G. u. B.-A. Baden; K.-G. und K.-A. Baden.

**Litzelbronn**, F. des Pfdf. Buchenberg, 14 ev. E., A.-G. u. B.-A. Triberg; K.-G. u. K.-A. Villingen.

**Litzelshausen**, F. b. Pfdf. Dehningen, 16 l. E., A.-G. u. B.-A. Radolphzell; A.-G. u. K.-A. Constanz.

**Litzelstahlerhof**, Hf. u. Prz. b. Pfdf. Heuweiler, 22 l. E., A.-G. u. B.-A. Waldkirch; K.-G. u. K.-A. Freiburg.

**Litzelstetten**, Pfdf., 232 l. E., A.-G. u. B.-A. Constanz; K.-G. und K.-A. Constanz; L.-A. Constanz; liegt am Ueberlinger See und an der Straße von Constanz nach Ludwigshafen. Feld-, Wiesen-, Weinbau, Obst-, Viehzucht und Fischerei.

**Litzloch**, Wlr. b. Pfdf. Gamshurst, 62 l. E., A.-G. u. B.-A. Achern; K.-G. u. K.-A. Baden; liegt am Acherer Mühlenbache.

**Lobenbacherhof**, Hf. u. Prz. b. Pfdf. Stein, 39 l. E., A.-G. u. B.-A. Mosbach; K.-G. u. K.-A. Mosbach; liegt 700 p. F. üb. b. M.

**Lobenfeld**, D., 125 ev., 312 l., 3 Men., zuf. 410 E., ev. Fil. v. Wimmersbach, kath. Fil. von Epechbach, A.-G. Nedargemünd, B.-A. Heidelberg; K.-G. u. K.-A. Heidelberg; liegt 623 p. F. üb. b. M. an der Lobbach, die hier eine Mühle treibt. Alte römische Niederlassung, durch zwei aufgefundene Denksteine nachgewiesen. Später als Kaisergut an Worms geschenkt und zur Dotation des Klosters Lobenfeld verwendet.

**Lobenfeld**, Kloster, N.-O. b. D. Lodenselb, 84 ev. E., A.-G. Neckargemünd, B.-A. Heidelberg; A.-G. u. A.-A. Heidelberg; liegt 611 p. F. üb. d. M. an der Lobbach, wurde angeblich durch Stiftung eines Megenlahn von Oberkirchheim 1152 gegründet, 1270 dem Ciftercienferorden übergeben und von Churfürst Friedrich III. von der Pfalz aufgehoben. Nach der Occupation der Pfalz wurde es den Jesuiten überliefert, die nach dem westphälischen Frieden wieder vertrieben wurden. Eine Quäckerniederlassung unter Churfürst Carl Friedrich wurde durch die französischen Kriege des 17. Jahrh. wieder verscheucht.

**Loch**, 3. b. Pfdf. Gremmelsbach, 34 L E., A.-G. u. B.-A. Triberg; A.-G. u. A.-A. Villingen.

**Lochbauer**, F. b. Pfdf. Schönenbach, 46 L E., A.-G. u. B.-A. Villingen; A.-G. u. A.-A. Villingen.

**Lochbrunn**, Hs. u. Prz. b. D. Peterzell, 11 ev. E., Fil v. St. Georgen, A.-G. u. B.-A. Triberg; A.-G. u. A.-A. Villingen.

**Locherhof**, Hs. u. Prz. b. Pfdf. Jestetten, 7 L E., A.-G. u. B.-A. Jestetten; A.-G. u. A.-A. Waldshut.

**Lochhäuser**, 3. b. D. Riedern, 12 L E., Fil. v. Bühl, A.-G. u. B.-A. Bonndorf; A.-G. u. A.-A. Waldshut.

**Lochhäuser**, R.-O. b. D. Wehrthalden, 115 L E., Fil. v. Herrischried, A.-G. u. B.-A. Säckingen; A.-G. u. A.-A. Waldshut. Gemarkung u. Gemeindevermögen gemeinschaftlich.

**Lochmatt**, R.-O. b. D. Hogschür, 122 L E., Fil. v. Herrischried, A.-G. und B.-A. Säckingen; A.-G. u. A.-A. Waldshut. Gemarkung und Gemeindevermögen getrennt.

**Lochmühle**, Hs. und Bez. b. Pfdf. Weiterdingen, 8 L E., A.-G. u. B.-A. Engen; A.-G. u. A.-A. Constanz. Grbh.: Frhr. v. Hornstein.

**Lochmühle**, Hs. und Prz. b. Pfdf. Berau, 9 L E., A.-G. u. B.-A. Bonndorf; A.-G. u. A.-A. Waldshut.

**Lochmühle**, Hs. und Prz. b. Pfdf.

**Lochmühle**, Hs. und Prz. b. Pfdf. Mundelfingen, 8 L E., A.-G. u. B.-A. Donaueschingen; A.-G. u. A.-A. Villingen.

**Lochmühle**, Hs. und Prz. b. Stdt. Meßkirch, 11 L E., A.-G. u. B.-A. Meßkirch; A.-G. und A.-A. Constanz.

**Lochmühle**, Hs. und Prz. b. R.-O. Bettenbrunn, b. D. Winterfulgen, 7 L E., Fil. v. Bettenbrunn, A.-G. u. B.-A. Pfullendorf; A.-G. u. A.-A. Constanz. Stbhr.: Fürst von Fürstenberg.

**Lochmühle**, Hs. und Prz. b. Pfdf. Gailingen, 5 L E., A.-G. und B.-A. Radolphzell; A.-G. u. A.-A. Constanz.

**Lochmühle**, Hs. und Prz. b. Pfdf. Eigeltingen, 9 L E., A.-G. u. B.-A. Stockach; A.-G. u. A.-A. Constanz.

**Lochmühle**, Hs. und Prz. b. Pfdf. Schönenbach, 14 L E., A.-G. u. B.-A. Villingen; A.-G. u. A.-A. Villingen.

**Lochmühle**, Hs. und Prz. b. Pfdf. Gersbach, 13 ev. E., A.-G. u. B.-A. Schopfheim; A.-G. u. A.-A. Lörrach.

**Lochmühle**, Hs. und Prz. b. Pfdf. Reutlin, 17 L E., A.-G. u. B.-A. Triberg; A.-G. u. A.-A. Villingen.

**Lochmühle**, Hs. u. Prz. b. D. Rüßwihl, 15 L E., Fil. v. Niederwihl, A.-G. u. B.-A. Waldshut; A.-G. u. A.-A. Waldshut.

**Lochmühle**, Hs. und Prz. b. Pfdf. Oberweier, 11 L E., A.-G. und B.-A. Villingen; A.-G. u. A.-A. Carlsruhe.

**Lochwald**, 3. b. Pfdf. Lauf, 114 L E., A.-G. u. B.-A. Bühl; A.-G. u. A.-A. Baden.

**Löcherberg**, 3. b. Pfdf. Oberharmersbach, 17 L E., A.-G. u. B.-A. Gengenbach; A.-G. u. A.-A. Offenburg.

**Löcherberg**, R.-O. b. D. Jbach, 140 L E., Fil. v. Oppenau, A.-G. und B.-A. Oberkirch; A.-G. u. A.-A. Offenburg. B.-A. Rth. Sitz b. B.-Abl.; Gemarkung u. Gemeindevermögen getrennt.

**Löchle**, 3. b. Pfdf. Peterthal, 17 L E., A.-G. u. B.-A. Oberkirch; A.-G. u. A.-A. Offenburg.

**Löchle**, 3. b. R.-O. Löcherberg, b. D. Jbach, 9 L E., Fil. v. Oppenau, A.-G. u. B.-A. Oberkirch; A.-G. u. A.-A. Offenburg.

**Löchle**, J. b. D. Bergzell, 29 l. E., Fil. v. Schenkenzell, A.G. u. B.A. Wolfach; A.G. u. K.A. Offenburg.

**Löffelhäuser**, R.O. b. Pfdf. Tobtnauberg, 25 l. E., A.G. u. B.A. Schönau; A.G. u. K.A. Lörrach. Gemarkung und Gemeindevermögen getrennt.

**Löffelschmiede**, J. b. D. Unterlenzkirch, 9 l. E., Fil. v. Oberlenzkirch, A.G. u. B.A. Neustadt; A.G. u. K.A. Freiburg.

**Löffingen**, Stbt., 1009 l. E., A.G. u. B.A. Neustadt; A.G. und K.A. Freiburg; L.G. Villingen; P.A. Freiburg. Sitz des Pfbhlres.; liegt an der Straße von Freiburg nach Donaueschingen. Feldbau und Viehzucht. Gewerbebetrieb. Alter Ort am Westrand der fruchtbaren Baar, daher frühe schon die Kornkammer des nahen Schwarzwaldes, woher jetzt noch jeden Wochenmarkt die Bäcker und Müller zu ihren Einkäufen eintreffen. Für altdeutsche Niederlassung zeugen Gräber am sog. Allenberge. Die St. Martinskirche, schon zu Anfang des 9. Jahrh. bekannt, die weitläufigste und reichste Pfarre der Umgegend, wurde von Karl dem Dicken an St. Gallen vergabt. Später das hiesige Schloß — jetzt Rentamtsgebäude — der Wohnsitz eines von hier sich nennenden Zweiges des Fürstenberg'schen Hauses, dessen letzter Sproße, Karl Egon, als kaiserl. Feldmarschallieutenant 1702 in der Schlacht bei Friedlingen fiel. Mkte.: 1. Mai, 21. Sept., 28. Dezbr.

**Löhningen**, D., 136 l. E., Fil. von Untermettingen, A.G. u. B.A. Bonndorf; A.G. u. K.A. Waldshut. Stbehr.: Fürst v. Fürstenberg.

**Lörch**, J. b. Pfdf. Sexau, 141 ev. E., A.G. u. B.A. Emmendingen; A.G. u. K.A. Freiburg.

**Lörrach**, Stbt., 2745 ev., 1146 l., 177 isr., 4068 E., Dek. Lörrach; J.J. Säckingen; P.A. Basel. Sitz des A.G., A.A., A.G., B.A., O.R., A.Ph., O.C., L.G., B.F., B. u. C.Oxp., Pstmstr., B.B.J., Wstr. u. Str.B.J., ev. D., Pädagogium und höheren Bürgerschule; liegt am Eingange ins Wiesenthal am linken Ufer der Wiese. Feld-, Weinbau u. Viehzucht. Handel, Gewerbe- und Fabrikbetrieb, namentlich mech. Baumwollspinnerei u. Weberei der Gebr. Großmann; diese wurde 1830 eingerichtet, besitzt 70 Pferdekräfte, beschäftigt 180–200 Personen und liefert weiße und farbige Shirtings, Glacés und Barchente. Die Gesammtproduction dieses Etablissements wie jenes zu Brombach erreicht in 12 Arbeitstagen 160–170 Ctr. Garn und 1600 bis 1800 Stück Tücher. Goldene Medaille. Druckerei, Gummibandweberei u. Wollspinnerei u. Weberei, mech. Werkstätten und Mühlenbetrieb. Im Jahr 1682 wurde der früher einem gleichnamigen Lehenadel gehörige, dann an die Markgrafen v. Hachberg zurückgefallene Ort zur Stadt erhoben. Heimath des berühmten Juristen Hugo, der seine erste Bildung am hiesigen Pädagogium erhielt. Mkte.: 16. Febr. und 16. Septbr.

**Loh**, J. b. Pfdf. Schweighausen, 120 l. E., A.G. u. B.A. Ettenheim; A.G. u. K.A. Freiburg.

**Loh**, J. b. Stbt. Oberkirch, 15 E., A.G. u. B.A. Oberkirch; A.G. u. K.A. Offenburg.

**Lohmühle**, Hs. u. Prz. b. Stbt. Bretten, 3 ev. E., A.G. und B.A. Bretten; A.G. u. K.A. Carlsruhe.

**Lohnerhof**, Hf. und Prz. b. Pfdf. Wollmatingen, 13 l. E., A.G. und B.A. Constanz; A.G. u. K.A. Constanz.

**Lohnerhof**, Hf. und Prz. b. Pfdf. Hindelwangen, 13 l. E., A.G. u. B.A. Stockach; A.G. u. K.A. Constanz.

**Lohrbach**, Pfdf., 642 ev., 303 l., zuf. 945 E., A.G. u. B.A. Mosbach; A.G. und K.A. Mosbach; Dek. Mosbach; L.R. Mosbach; liegt 954 p. F. üb. d. M. Feld-, Wiesenbau u. Viehzucht. Lorscher Besitz von 769, Lehen der Schenken von Limburg, von welchen es 1413 an die Pfalz verkauft wurde. In dem Schlosse nach der Bestimmung des Churfürsten Friedrich III. um 1572 Wittwensitz seiner Gemahlin bis 1602.

**Lohrenhof**, Hf. u. Prz. b. D. Schwärzenbach, 10 l. E., Fil. v. Friedenweiler,

L.-G. u. B.-A. Neustadt; R. G. u. A.-A. Freiburg.

**Lorenzenhof,** Hf. und Prz. d. Pfdf. Urach, 9 L. E., A.-G. und B.-A. Neustadt; A.-G. u. R.-A. Freiburg.

**Lorenzenhof,** Hf. u. Prz. d. Wlr. Josthal, b. D. Bierthäler, 17 L. E., Fil. v. Neustadt, A.-G. u. B.-A. Neustadt; A.-G. u. R.-A. Freiburg.

**Lorenzenhof,** Hf. u. Prz. d. T. Linach, 13 l. E., Fil. v. Schönenbach, A.-G. u. B.-A. Villingen; R.-G. und R.-A. Villingen.

**Loretto,** Hf. und Kapelle der Eibl. Stodach, 7 L. E., A.-G. u. B.-A. Stodach; R.-G. u. R.-A. Constanz.

**Losbach,** Z. d. Pfdf. Schonach, 15 L. E., A.-G. u. B.-A. Triberg; R.-G. und R.-A. Villingen.

**Lottrich,** Z. d. Pfdf. Petersthal, 13 L. E., A.-G. u. B.-A. Oberkirch; A.-G. u. R.-A. Offenburg.

**Lottstetten,** Pfdf., 4 ev., 889 L., zuf. 893 E., A.-G. u. B.-A. Waldshut; R.-G. u. R.-A. Waldshut; L.-A. Klettgau; liegt an der Straße von Zürich nach Schaffhausen. Feldb., Wiesen, Weinbau und Viehzucht. Starker Verkehr u. Fruchthandel nach Zürich. Ursprünglicher Besitz von Rheinau im 9. Jahrh., dann von Oehningen-Constanz. Heimath des Weihbischofs von Mainz, Bischofs von Gersonet, Martin Start, der eine Stiftung für hiesige arme Studirende machte.

**Louisenhof,** Hf. und Prz. b. Pfdf. Eldingen, 11 L. E., A.-G. u. B.-A. Bretten; R.-G. u. R.-A. Carlsruhe.

**Luchle,** Z. d. R.-O. Ballenberg, b. D. Schlagsten, 42 L. E., Fil. von Urberg. A.-G. u. B.-A. St. Blasien; R.-G. u. R.-A. Waldshut.

**Luchtenhof,** Hf. u. Prz. d. R.-O. Wolfbag, b. Stdt. Oberkirch, 11 L. E., A.-G. u. B.-A. Oberkirch; R.-G. u. R.-A. Offenburg.

**Ludwigshafen,** Pfdf., 24 ev., 889 L., 5 Rem., zuf. 918 E., L.-G. und B.-A. Stodach; R.-G. und R.-A. Constanz; L.-A. Stodach. Sitz d. Hpt.-U.-A.; R.-A. Stodach. Sitz d. P. Exp.; liegt am Bodensee, mit Freihafen. Feldb., Wiesen, Weinbau u. Viehzucht; Expedition. Früher Sernatingen genannt, ist es ein seit 1826 gegründeter und zu Ehren des Großherzogs Ludwig genannter Speditionsplatz am Bodensee, der früher 100,000 Ctr. jährlich spedirte, jetzt aber durch die neuen Verkehrswege in Abgang kommt.

**Ludwigsfaline,** s. Dürrheim.

**Ludwigsfaline,** Prz. d. Pfdf. Rappenau, 57 ev., 32 L., zuf. 89 E., A.-G. Neckarbischofsheim; B.-A. Sinsheim; R.-G. und R.-A. Heidelberg; liegt 825 p. F. üb. d. M. an der hessischen Grenze, wurde unter der Regierung des Großherzogs Ludwig, daher ihr Name, durch Sallnenininspector Rosentritt entdeckt, welche mittelst dreier Siedhäuser und den nöthigen anderweitigen Einrichtungen durchschnittlich jährlich 144,998 Ctr. Kochsalz und 8450 Ctr. Viehsalz, mithin im Gesammten 153,448 Ctr. Salz liefert.

**Lütschenbach,** R.-O. b. D. Malsburg, 152 ev. E., Fil. v. Vogelbach. L.-G. u. B.-A. Müllheim; R.-G. u. R.-A. Lörrach. Gemarkung u. Gemeindevermögen getrennt.

**Lützelsachsen,** D., 780 ev., 190 L., 120 Isr., zuf., 1090 E., A.-G. u. B.-A. Weinheim; R.-G. u. R.-A. Mannheim; Fil. v. Hohensachsen; liegt 460 p. F. üb. d. M., unweit der Straße von Heidelberg nach Frankfurt am Fuße des Getreidbergs und an einem kleinen Bache. Obst-, Feldb- und Weinbau. Vortrefflicher Rothwein, so gesucht wie der Affenthaler. Ursprung wie Großsachsen.

**Lugenhof,** Hf. u. Prz. d. Pfdf. Owingen, 10 L. E., A.-G. u. B.-A. Ueberlingen; R.-G. u. R.-A. Constanz Eisbhr.: Mzin. u. Baden.

**Lunzlehof,** Hf. und Prz. d. R.-O. Bernaudorf, b. Pfdf. Bernau, 13 l. E., A.-G. u. B.-A. St. Blasien; R.-G. u. R.-A. Waldshut.

**Luttingen,** Pfdf., 2 ev., 456 L., zuf. 458 E., A.-G. u. B.-A. Waldshut; R.-G.

u. A.-A. Waldshut; L.-A. Waldshut; liegt an der Straße von Kleinlaufenburg nach Waldshut.

Lußienberg, 3. b. Pfd. Käferthal, 4 L. E., A.-G. Ladenburg, B.-A. Mannheim; A.-G. u. A.-A. Mannheim.

# M.

**Mabachhof**, Col. b. Pfd. Rainwangen, 30 L. E., A.-G. u. B.-A. Stockach; A.-G. u. A.-A. Constanz. Eine vom 12. bis 15. Jahrh. aus verschiedenen Schenkungen und Ankäufen gebildete Colonie der Abtei Salem, als Annex des Hegaus bezeichnet.

**Mäderthal**, 3. b. Mhl. Jurtwangen, 59 L. E., A.-G. u. B.-A. Triberg; A.-G. u. A.-A. Villingen.

**Mädlerhof**, Hf. und Prz. b. Pfd. Owingen, 61. E., A.-G. u. B.-A. Ueberlingen; A.-G. u. A.-A. Constanz.

**Mägdeberg**, Schloß u. Hf. b. Pfd. Mühlhausen, 11 L. E., A.-G. u. B.-A. Engen; A.-G. u. A.-A. Constanz; war schon sehr frühe Reichenau'scher Besitz, u. wurde dieses Kloster mit seiner Kapelle auf dem Berge, wie die Sage lautet, von der heil. Ursula gestiftet, woher der Name. Nachdem die dabei befindliche Burg, deren Ruinen nächst Hohentwiel die bedeutendsten des burgenreichen Hegaus sind, als verfallenes Pfand an die Herren v. Friedingen gekommen war, gelangte sie von diesen durch Kauf als freies Eigenthum 1366 an die Grafen von Würtemberg. Als sie im Städtekrieg 1378 zerstört worden, erhielt sie nach dem Wiederaufbaue durch den Grafen Eberhard 1479 den Namen Neu-Würtemberg, als welche sie durch Meuterei der Besatzung in die Gewalt des Erzherzogs Sigismund von Österreich fiel, von wo sie nach wechselndem Pfand- und Kaufbesitz an die Grafen von Enzenberg und von diesen an die jetzige gräfl. Langenstein'sche Grundherrschaft gelangte. Die Aussicht ist bei weniger mühevoller Steigung noch lohnender als die von Hohenkrähen.

**Märkt**, D., 240 ev., 4 L., zus. 244 E., Fil. v. Eimeldingen, A.-G. u. B.-A. Lörrach; A.-G. u. A.-A. Lörrach; liegt nahe am Rheine zwischen dem Altwasser u. Seebächlein. Feld-, Wiesenbau und Viehzucht. Gyps- u. Schleifmühle.

**Märzengrund**, Hf. u. Prz. b. N.-O. Gebirg, b. Pfd. Durbach, 14 L. E., A.-G. u. K.-A. Offenburg; A.-G. u. A.-A. Offenburg.

**Magetsweiler**, N.-O. b. Pfd. Oberhomberg, 16 L. E., A.-G. u. B.-A. Pfullendorf; A.-G. u. A.-A. Constanz. Getrennte Gemarkung, gemeinschaftliches Gemeindevermögen.

**Magramshof**, Hf. und Prz. b. Wlr. Thäle, b. D. Schwerzenbach, 12 L. E., Fil. v. Friedenweiler, A.-G. u. B.-A. Neustadt; A.-G. und A.-A. Freiburg.

**Magrus**, Hf. u. Prz. b. Wlr. Ebnetmoos, b. D. Schwerzenbach, 9 L. E., Fil. v. Friedenweiler, A.-G. u. B.-A. Neustadt; A.-G. u. A.-A. Freiburg. Bedeutende Kässerei.

**Mahlberg**, Stdt., 330 ev., 773 L., zus. 1103 E., A.-G. u. B.-A. Ettenheim; A.-G. u. A.-A. Freiburg + Dec. Lahr u. L.-A. Lahr; liegt auf einem Vorhügel des Schwarzwaldes, etwas westlich von der Straße von Carlsruhe nach Freiburg in einer der fruchtbarsten Gegenden des Landes. Feld-, Weinbau u. Viehzucht. Schon dem Namen nach alte Malstätte der Ortenau. Besitzthum eines eigenen Dynastenadels, von welchem der Sage nach jene Helika stammte, die den Ort und Namen an die Herren von Geroldseck brachte. Geschichtlich richtiger ist wohl die Schenkung M. als eingezogenes Reichsgut durch Heinrich den Heiligen an das Bisthum Bamberg 1003, die Verleihung als Lehen an die Herzoge von Zähringen, nach deren Aussterben Besitzergreifung durch die Hohenstaufen 1218, endlich bei der Bannung Friedrichs II. 1250 Zugriff des Bischofs von Straßburg, zuletzt Verkauf durch Berahin v. Schwaben an die Herren von Geroldseck, mit welchen die Urach-Freiburger Erben der Zähringer noch lange um den Besitz stritten.

**Mahlspüren**, Pfdf., 1 ev., 267 E., juf. 268 C., A.-G. u. B.-A. Stodach; K.-G. u. K.-A. Constanz; L.-R. Stodach. Feld-, Wiesenbau und Viehzucht. In der Pfarrkirche des Dorfes verrichtete der Fürst von Fürstenberg seine österliche Andacht 25. März 1799 bevor er in die Schlacht zog, in welcher er fiel.

**Mahlspüren, im Thale**, D., 7 ev., 410 L., juf. 417 C., Fil. von Erefingen, A.-G. u. B.-A. Ueberlingen; A.-G. u. K.-A. Constanz; liegt an der Landesgrenze gegen Preußen. Feld-, Wiesenbau u. Viehzucht.

**Maierhof**, Hf. u. Brz. b. Pfdf. Steinenstadt, 29 E. C., L.-G. u. B.-A. Müllheim; A.-G. u. K.-A. Lörrach.

**Mainau**, Insel im Bodensee u. Brz. b. Pfdf. Litzelstetten, 51 E. C., A.-G. u. B.-A. Constanz; A.-G. u. K.-A. Constanz. M. die Perle im Smaragdschmuck des Bodensees bietet eine herrliche Aussicht auf die schwäbischen Ufer des Bodensees und auf die Berge des Allgäues und des Bregenzer Waldes. Im modernen Schlosse hübsche Schloßkapelle, Treppenverzierungen; die Wappen der alten Deutschordens-Comthure im Speisesaal. Ein langer Steg über den südlichen Seearm verbindet die Insel mit dem Festlande und erleichtert den Besuch bei ländlichen Ausflügen von Constanz durch schattigen Buchwald. An der Mitte des Stegs ein Kruzifix mit den Kreuzen der Schächer von Erguß. M. war anfänglich ein zu Dingelsdorf gehöriges Besitzthum der Reichenau und wurde später dem Lehenadel v. Langenstein mit den anderen Gütern übertragen, worauf Arnold v. L 1282 das Besitzthum mit Bewilligung des Lehensherrn an den Deutschorden verkaufte. Nach der Volkssage hatte ein H. v. Langenstein wegen unglücklicher Liebe zu einem Fräulein v. Bodmann, die Insel demselben vermacht, welche sie sofort an den deutschen Orden unter der Bedingung vergabte, daß H. v. Langenstein erster Comthur des Ordens daselbst werde. Im 30jährigen Kriege bildete

die befestigte Insel einen Zufluchtsort für bedrohtes Eigenthum von allen Seiten; da jedoch die Besatzung nicht gehörig von dem kaiserlichen Kriegscommandanten unterstützt wurde, ergab sie sich 1647 den Schweden, die mit einer Flotille von 17 Schiffen die Insel bestürmten. Umsonst versuchte man die Wiedereroberung derselben, die erst im westphälischen Frieden geplündert und entvölkert dem Orden wieder zurückfiel. Nach Aufhebung des deutschen Ordens im J. 1805 kam die Insel an Baden, war zu Anfang der 20ner Jahre der Aufenthalt des durch seine Wohlthaten bekannten Grafen Derby, wurde einige Jahre später an den Grafen Esterhazy verkauft, von diesem seinem natürlichen Sohne, dem Frhrn. v. Mainau geschenkt, von welchem sie an die Gräfin von Langenstein abgetreten wurde, deren Erben sie an den damaligen Regenten, jetzigen Großherzog, verkauften.

**Mainwangen**, Pfdf., 2 ev., 279 L., juf. 281 C., A.-G. u. B.-A. Stodach; A.-G. und K.-A. Constanz; L.-A. Stodach; liegt beim Deichbach. Feldbau u. Viehzucht.

**Mainwangen**, Col. b. R.-O. Holzach, b. Pfdf. Oberschwandorf, 15 E. C., L.-G. u. B.-A. Stodach; A.-G. u. K.-A. Constanz.

**Maisach**, D., 3 ev., 366 L., juf. 389 C., Fil. v. Oppenau, L.-G. u. B.-A. Oberkirch; A.-G. u. K.-A. Offenburg; liegt am Fuße des Anlebis.

**Maisbach**, R.-O. b. D. Ochsenbach, 135 ev. C., Fil. v. Maner, A.-G. Neckargemünd, B.-A. Heidelberg; A.-G. u. K.-A. Heidelberg. Gemarkung und Gemeindevermögen getrennt; liegt 610 p. F. üb. b. M. und war schon 1369 pfälzisches Domänengut.

**Maisenbacher Mühle**, Hs. u. Brz. b. Pfdf. Uissigheim, 9 E. C., A.-G. u. B.-A. Tauberbischofsheim; A.-G. u. K.-A. Mosbach.

**Maisenbühl**, R.-O. b. D. Herzthal, 198 E. C., Fil. v. Rußbach, L.-G. u. B.-A. Oberkirch; A.-G. u. K.-A. Offenburg.

**Maisenmühle**, Hs. u. Brz. b. Pfdf. Langenalb, 14 ev. C., A.-G. u. B.-A.

Pforzheim; A.-G. u. A.-A. Carlsruhe; liegt 1092 p. J. üb. d. M. an der Maisenbach in einer wilden und rauhen Gegend.

**Walfenthal**, Z. b. D. Seebach, 34 l. E., Fil. v. Ottenhöfen, A.-G. u. B.-A. Achern; A.-G. u. R.-A. Baden.

**Walchhurſt**, Z.b.D. Sasbachried, 33 l. E., Fil. v. Sasbach, A.-G. u. B.-A. Achern; A.-G. u. R.-A. Baden.

**Waleck**, D., 226 ev., 7 l., juſ. 233 E., Fil. v. Emmendingen, A.-G. u. B.-A. Emmendingen; A.-G. u. R.-A. Freiburg.

**Walezreuthe**, R.D. b. Pfdf. Winterſpüren, 8 l. E., A.-G. und B.-A. Stockach; A.-G. u. R.-A. Conſtanz. Gemarkung und Gemeindevermögen getrennt.

**Walsburg**, D., 959 ev., 2 l., juſ. 961 E., Fil. v. Vogelbach, A.-G. u. B.-A. Müllheim; A.-G. u. R.-A. Lörrach.

**Malſch**, Pfdf., 14 ev., 2987 l., 240 iſr., juſ. 3241 E., A.-G. u. B.-A. Ettlingen; A.-G. u. R.-A. Carlsruhe; P.-A. Carlsruhe; Siß b. Pf. u. C.-E.; L.-A. Ettlingen; liegt 491 p. J. üb. d. M. am Zuſammenfluſſe des Walperts- und des Kaufmannsbaches. Feldbau, Viehzucht und einigen Weinbau und iſt durch den Kleinhandel vieler Iſraeliten ein ſehr betriebſames Dorf. Urkundlich Maleςa, alter Beſitz der Eberſtein'ſchen Linie des Calwer Grafengeſchlechts, von deren Erben den Markgrafen v. Baden, 1318 an Herrenalb verkauft und von deſſen Schirmvögten von Württemberg in Beſitz genommen, endlich 1603 an Baden wieder abgetauſcht. Hall-Stal.

**Malſch**, Pfdf., 1240 l., 95 iſr., juſ. 1335 E., A.-G. u. B.-A. Wiesloch; A.-G. u. R.-A. Heidelberg; L.-A. St. Leon. Siß b. erzbiſchöfl. Decans; liegt 627 p. J. üb. d. M., ſüdlich vom Leßenberg. Feld-, Weinbau und Viehzucht. M. beſitzt ein Mineralbad, deſſen Schwefelquelle ein äußerſt kräftig abſorbirendes ſogenanntes alkaliniſch-muriatiſirtes Schwefelwaſſer von großer Wirkſamkeit iſt. Daſſelbe enthält nach der Analyſe des Dr. Probſt:

kohlenſaures Natron . . . 5,50 Gran,
ſchwefelſ. „ . . . 1,60 „

Chlornatrium . . . . 0,12 Gran,
kohlenſaures Kali . . . 0,19 „
Kieſelſ. Thonerde und Spuren
von Eiſen . . . . 0,06 „
freie Kohlenſäure . . . 3,25 „
Schwefelwaſſerſtoffſäure . . 0,11 „

außerdem organiſche Materie und Stickſtoff. Mit Mallenberg im 12. Jahrh. Beſitz von Maulbronn. Hall-Stal.

**Walſchbach**, Z. b. A.-D. Gerolsau, b. Pfdf. Lichtenthal, 101 l. E., A.-G. u. B.-A. Baden; A.-G. u. R.-A. Baden.

**Walſchenberg**, D., 1 ev., 539 l., juſ. 540 E., Fil. v. Malſch. A.-G. und B.-A. Wiesloch; A.-G. u. R.-A. Heidelberg.

**Walterdingen**, Mkfl., 1414 ev., 35 l., juſ. 1446 E., A.-G. u. B.-A. Emmendingen; A.-G. u. R.-A. Freiburg; Dec. Emmendingen. Starke Landwirthſchaft. Mkte.: 5. Aug. u. 1. Dezbr.

**Wambach**, D., 4 ev., 419 l., 2 Hz., juſ. 425 E., Fil. v. Zell, A.-G. u. B.-A. Schönau; A.-G. u. R.-A. Lörrach. Feld-, Wieſenbau u. Viehzucht. Grdhr.: Frhr. von Schönau-Zell.

**Wambach**, Hſ. u. Frz. b. D. Riedern, 30 l. E., Fil. von Bühl, A.-G. und B.-A. Bonndorf; A.-G. u. R.-A. Walbshut.

**Mannheim**, Stdt., 12,271 ev., 12,634 l., 206 Diſſ., 20 Men., 2041 iſr., juſ. 27,172 E., L.-A. Heidelberg. Siß h. D.-Ę.-G., A.-G., A., A.-Eſſ., L.-Com., A.-G., B.-A., G.-R. A.-Ph., O.-E., D.-D., Hptzll.-A., Rh.-O.-B., Pſt. u. Str.-B.-J., H.-B.-J. Pf. u. C.-E., Pfmſtr., 3 Rot., ev. Dec., Sternwarte, Lyceum, höheren Bürger- u. Gewerbeſchule, Handelskammer, Handelsconſ., Garniſons-Comm. u. Garniſon. Zweite Hauptſtadt des Großherzogthums; liegt 340 p. J. üb. d. M. am Einfluſſe des Neckars in den Rhein, ganz in der Ebene. Landwirthſchaft, bedeutenden Gewerbebetrieb u. Handel in Holz, Hopfen, Tabak, Droguen, Colonialwaaren, Landes- u. chemiſchen Produkten. Commiſſion u. Spedition und ſehr bedeutenden Fabrikbetrieb, namentlich in Anilin und Anilinfarben, Cartonnage und Bücherbedeln, Cement, chem. Producten, als: Verein chemiſcher Fabriken in

Mannheim, der drei Fabriken umfaßt, wovon die von Wohlgelegen bei Mannheim die bedeutendste ist, welche Schwefelsäure, Salzsäure, Salpetersäure, Soda, krystallisirte Soda, Chlorkali, raffinirten Schwefel und künstlich dargestellten Kalisalpeter erzeugt und dabei 250 Arbeiter u. eine Dampfkraft von 36 Pferden verwendet. Clemm-Lennig, dessen Geschäft künstliche Dünger, Kupfervitriol, Sublimat, Permanentweiß, Baryt u. Zinnsalze erzeugt. Sodann in Chokolade, Cigarren, Druckformen und Walzen, Essig, Farben, worunter die von C. H. Engelhorn für Tapeten u. Buntpapierfabriken in dem so beliebten Teigzustande (en pâte), und von H. Röder die sog. Diamantfarbe, in Firniß, in Guano u. Knochenmehl, in Gummiwaaren, von Hutchinson, Smith u. Comp., die eine Filiale zweier großen Kautschukwaarenfabriken in Frankreich ist und 1860 errichtet wurde; sie beschäftigt 150 Arbeiter und Arbeiterinnen und fertigt 1500 Paar Schuhe täglich. Außer den Fabrikationszweigen in Kesseln, Maschinen, Möbel, u. s. w. sind zu erwähnen: die Fabrik in Spiegelglas, als Spiegelmanufaktur Mannheim, die im Jahr 1854 durch die Aktiengesellschaft der Spiegelmanufacturen von St. Gobain, Chauny, und Cirey, deren Verwaltungsrath in Paris seinen Sitz hat, auf dem Waldhof bei Mannheim gegründet wurde, sie erzeugt: Rohgläser zu Bedachungen, versilberte Spiegelgläser zu Schaufenstern, belegte Spiegelgläser, facettirte, blanke oder belegte Spiegelgläser in jeder beliebigen Facon und Dimensionen. Die Schleif- und Pollirmaschinen werden durch Dampfkraft in Bewegung gesetzt und hiezu etwa 200 Pferdekräfte verwendet und jährlich gegen 430,000 badische Quadratfuß Spiegelgläser erzeugt. Goldene Medaille. Raucourt und Comp., Besitzer F. W. Bürk, beschäftigt 20 Arbeiter; in Stanniol, Stearinkerzen, Tabak, Tapeten, als: Engelhard u. Karth, das von Engelhard 1843 in Gemeinschaft mit J. G. Bayer gegründet und an dessen Stelle 1848 H. Karth trat, das Geschäft, mit allen Einrichtungen ausgerüstet, erzeugt jährl. 350,000 Rollen und beschäftigt etwa 175 Arbeiter.

Goldene Medaille. In moussirenden Weinen, und in Zuckerraffinerien. Messen: 1. Mai, 29. Septbr., 11. Dezbr. B.-M.: 13. Jan., 3. Febr., 10. März, 7. April, 5. Mai, 2. Juni, 7. Juli, 4. Aug., 1. Sept. 6. Oct., 3. Nov., 1. Dezbr. — In der Nähe des römischen Forts am Einflusse des Neckars in den Rhein entstandener Kaiserhof; „Mannheim" an Kloster Lorsch geschenkt, kam der Ort bald an die Pfalz und bildete sich zum Dorfe heran, in welchem schon im 14. Jahrhdt. Rhein- und Neckarzoll erhoben wurde, geschützt durch die Burgen Eicholzheim — während des Constanzer Concils zeitweiliger Aufbewahrungsort des entsetzten Papstes Johann — und Rheinhausen, beide gegen Neckarau. Durch Einwanderung vertriebener niederländischer und französischer Reformirten wurde zu Anfang des 17. Jahrh. der Ort bedeutend, mit Mauern umgeben, durch die Friedrichsburg geschützt, den 9. Dec. 1605 mit städtischen Rechten begabt, worauf im Jahr 1608 die erste Münze zu Mannheim geprägt wurde. Der schnell einkehrende Wohlstand der Stadt wurde durch die Katastrophe vernichtet, welcher unter Friedrich V. die Stadt anheimfiel. Im Sept. 1622 mußte, die Stadt durch Tilly theilweise eingeäschert und erstürmt, die Friedrichsburg capituliren; 29. December 1631 fiel die Stadt in die Hand des Herzogs Bernhard von Sachsen-Weimar, wurde 1635 wieder von den Kaiserlichen, 1644 von den Franzosen und bald darauf unter schrecklichem Gemetzel von den Bayern erobert, welche am 25. Septbr. 1649 abzogen. Der Churfürst Karl Friedrich heilte die schweren Wunden, neue Bauten wurden aufgeführt, und 1677 der Grundstein zur Concordienkirche für alle drei christlichen Confessionen gelegt. Mannheim war wieder eine bedeutende Stadt geworden, als im orleans'schen Kriege, den 12. Nov. 1688 die Stadt durch die zagenden Bürger und die meuterischen Soldaten an den General Montgelas übergeben und zur Besatzung der Friedrichsburg zum Abzug genöthigt wurde, worauf am 3. März 1689 die Zerstörung der Stadt und der Festungswerke begann, die erst 1697 nach Cohorns

Plane sich wieder aus dem Schutt erhob, neu befestigte u. wiederum bevölkerte. Churfürst Philipp legte die Residenz von Heidelberg hieher, und 1720 den Grundstein zum Schlosse, 1730 zum Kaufhause, 1733 zur Jesuitenkirche und erhob 1736 die Stadt zur Handelsstadt; unter Karl Theodor gelangte sie zum jetzigen Aussehen und zu größter Blüthe für Kunst und Wissenschaft. Indessen wurde 1777 die Residenz nach München verlegt, die meisten Kunstschätze dorthin gebracht, die Stadt 1793 von den Franzosen eingenommen, von den Kaiserlichen beschossen, wobei die Hälfte des Schlosses und der Stadt eingeäschert wurde und endlich von den einziehenden Oesterreichern die Festungswerke geschleift; die Zahl der Einwohner war von 24,000 auf 13,000 geschmolzen, als die Stadt mit der Pfalz 1803 an Baden kam. Bald aber erhob sich unter den Fürsten dieses Hauses die Stadt durch Handel und Gewerbe, vom Staate mannigfach, namentlich durch Errichtung des Freihafens mit seinen Gebäulichkeiten gefördert; reicher Fabrikbetrieb verband sich mit dem Großhandel in Landesprodukten und Spedition um die Stadt zum bedeutendsten Platze in Baden zu erheben, als welcher jetzt dieselbe dasteht. — Die Stadt hat mehrere Privaterziehungsanstalten für Knaben und Mädchen, eine Gemäldegallerie, ein Naturalienkabinet, ein Hoftheater, Bibliotheken, verschiedene wohlthätige Stiftungen, naturwissenschaftliche, historische und industrielle Vereine. Sodann sind sehenswerth das Schloß mit Park, die mit Statuen gezierten Plätze, der Paradeplatz mit Speisemarkt, der Weinmarkt, das Zeughaus, Theater, die Jesuitenkirche, die Schloßkirche, der Freihafen mit Zollgebäuden, das Bahnhofgebäude, die neuen Neckarhafengebäude u.s.w. die Synagoge im byzantinischen Style erbaut, sowie endlich die vor dem Theater errichtete Schillerstatue.

**Mappach**, Pfdf., 434 ev., 23 l., jsf. 457 C., A.-G. u. B.-A. Lörrach; A.-G. u. K.-A. Lörrach; Dec. Lörrach. Feld-, Wiesenbau und Viehzucht.

**Marbach**, Schloß b. Pfdf. Wangen, 6 L. C., A.-G. u. B.-A. Radolphzell; K.-G. u. K.-A. Constanz; liegt sehr schön an der Straße von Hemmenhofen nach Wangen, das von dem letzten Besitzer, dem Grafen v. Grimauldet modernistri wurde. Das Schloß war im Kriege mit dem Able v. Reichenau und dem Probste Mangold von Brandis 1364 durch die Constanzer erobert, verbrannt und 9 gefangene Knechte bei dem großen Stein zu Kreuzlingen enthauptet worden.

**Marbach**, D., 320 L. A., Fil. v. Kirchdorf, A.-G. u. B.-A. Dillingen; K.-G. u. K.-A. Dillingen. Feldbau u. Viehzucht.

**Marbach**, D., 196 l. C., Fil. v. Königshofen, A.-G. Gerlachsheim, B.-A. Tauberbischofsheim; A.-G. u. K.-A. Mosbach; liegt 697 p. F. üb. d. M. in einem Seitenthälchen des Tauberthales. Trefflicher Weinbau.

**Marbacherhof**, Hf. u. Prz. d. Pfdf. Großsachsen, 13 L. C., A.-G. u. B.-A. Weinheim; A.-G. u. K.-A. Mosbach.

**Mariahof**, Hf. und Prz. d. D. Illmangen, Fil. v. Illmensee, 9 l. C. A.-G. u. B.-A. Pfullendorf; K.-G. u. K.-A. Constanz. Sichbr.: Fürst von Fürstenberg.

**Maria im Sand**, Hf. u. Kapelle b. Stbd. Herbolzheim, 2 C., A.-G. u. B.-A. Kenzingen; A.-G. u. K.-A. Freiburg. Wallfahrtsort.

**Marienhöhe**, Hf. u. Prz. b. Stbd. Oberburken, 23 L. C., A.-G. und B.-A. Adelsheim; A.-G. u. K.-A. Mosbach; liegt 1181 p. F. üb. d. M. Stbhr.: Fürst v. Leiningen.

**Markdorf**, Stbd., 13 ev., 1812 L, 4 isr., jul. 1829 C., A.-G. Meersburg, B.-A. Ueberlingen; A.-G. u. K.-A. Constanz; L.A. Linzgau; F.-J. Donaueschingen; P.-A. Stockach. Sitz d. B.-A. Pfdf.; liegt am Fuße des Göhrenbergs in einem kleinen Bache und der Straße von Meersburg nach Ravensburg. Gewerbebetrieb. Feld-, Wiesen-, Weinbau und Viehzucht. Mkte.: 18. Jan., 7. März, 23. Mai, 19. Sept., 14. Nov. Schöne neue Kirche im gothischen Style nach einem Brande erbaut, der vor 25 Jahren das Städtchen fast ganz verzehrte. Sitz eines eigenen Abtels, nach dessen Aussterben den Karl IV. es dem Bischof von Constanz. Johannes Dinslod, gab, der aber aus Rache darüber von den Verwandten von weiblicher Seite befehdet und zu Constanz in seiner Pfalz ermordet wurde. Belagerung der Stadt 1090 vom Abte von St. Gallen. Tel.-Etat.

**Markelfingen**, Pfdf., 2 ev., 386 E., juf. 388 C., A.-G. u. B.-A. Constanz; A.-G. u. K.-A. Constanz; L.-R. Constanz; liegt an der Straße von Radolphzell nach Constanz an einem kleinen Bache, nicht weit vom Bodensee. Feld-, Wiesen-, Weinbau und Viehzucht.

**Markhof**, Hf. u. Pz. b. D. Bergöschingen, 2 E. C., Fil. v. Hohenthengen, A.-G. u. B.-A. Jestetten; K.-G. und K.-A. Waldshut.

**Markhof**, Hf. u. Pz. b. Pfdf. Herthen, 15 E. C., A.-G. u. B.-A. Lörrach; A.-G. u. K.-A. Lörrach.

**Markteich**, Z. b. D. Seebach, 35 L. C., Fil. v. Ottenhöfen, A.-G. u. B.-A. Achern; A.-G. u. K.-A. Baden.

**Marlen**, Pfdf., 3 ev., 2159 L., juf. 2162 C., A.-G. u. B.-A. Offenburg; A.-G. u. K.-A. Offenburg; L.-R. Lahr; liegt an der Straße von Kehl nach Dinglingen. Feldbau und Viehzucht. Handel mit Holz und insbesondere Hanf.

**Marstadt**, Wlr. b. Pfdf. Messelhausen, 43 L. C., A.-G. Gerlachsheim, B.-A. Tauberbischofsheim; A.-G. u. B.-A. Mosbach; liegt 1050 p. F. üb. d. M. Grundherren: Frhrn. v. Zobel.

**Martinshof**, Hf. u. Pz. b. D. Babstadt, 4 ev., 8 nem., juf. 12 C., Fil. von Treschklingen. A.-G. Neckarbischofsheim. B.-A. Sinsheim; A.-G. u. K.-A. Heidelberg; liegt 648 p. F. üb. d. M. Landwirthschaft. Grdhrn.: Frhrn. v. Gemmingen-Hornberg.

**Martinskapelle**, Z. u. Kapelle b. D. Ullimonswald, 10 L. C., A.-G. und B.-A. Waldkirch; A.-G. u. K.-A. Freiburg.

**Martinsweiler**, Z. b. Pfdf. Buchenberg, 206 ev. C., A.-G. u. B.-A. Triberg; A.-G. u. K.-A. Villingen.

**Marzell**, Z. b. T. Schielberg, 3 ev., 17 L., juf. 20 C., Fil. von Burbach, A.-G. u. B.-A. Ettlingen; A.-G. u. K.-A. Carlsruhe; liegt 848 p. F. üb. d. M. am Einflusse der Maisenbach in die Alp. Wallfahrtskapelle.

**Marzell**, D., 494 ev. C., Fil. v. Vogelbach, A.-G. u. B.-A. Müllheim; A.-G. u. K.-A. Lörrach; liegt beim Blauen. Kohlenbrennerei und Holzhandel.

**Mattmühle**, Hs. u. Pz. b. D. Hofstetten, 66 L. C., Fil. v. Haslach, A.-G. Haslach, B.-A. Wolfach; A.-G. u. K.-A. Offenburg. Stdhr.: Fürst v. Fürstenberg.

**Matten**, Z. b. Pfdf. Oberwolfach, 34 L. C., A.-G. u. B.-A. Wolfach; A.-G. u. K.-A. Offenburg. Stdhr.: Fürst v. Fürstenberg.

**Mattenbauernhof**, Hf. u. Pz. b. Pfdf. Urach, 8 L. C., A.-G. und B.-A. Neustadt; A.-G. u. K.-A. Freiburg.

**Mattenbauernhof**, Hf. u. Pz. b. Wlr. Josthal, b. D. Vierthäler, 31 L. C. Fil. v. Neustadt, A.-G. u. B.-A. Neustadt; A.-G. u. K.-A. Freiburg.

**Mattenhof**, Hf. u. Pz. b. D. Ramsbach, 11 L. C., Fil. v. Oppenau, A.-G. u. B.-A. Oberkirch; A.-G. u. K.-A. Offenburg.

**Mattenmühle**, Hs. u. Pz. b. Pfdf. Bleichheim, 11 L. C., A.-G. und B.-A. Kenzingen; A.-G. u. K.-A. Freiburg.

**Mattenmühle**, Hs. u. Pz. b. Pfdf. Kappelrodeck, 9 L. C., A.-G. u. B.-A. Achern; A.-G. u. K.-A. Baden.

**Mattmühlehof**, Hf. u. Pz. b. Pfdf. Niedereggenen, 3 L. C., A.-G. u. B.-A. Müllheim; A.-G. u. K.-A. Lörrach.

**Matzenhofen**, Z. b. Pfdf. Laufl, 105 L. C., A.-G. u. B.-A. Bühl; A.-G. und K.-A. Baden.

**Mauchen**, D., 582 L. C., Fil. v. Bettmaringen, A.-G. u. B.-A. Bonndorf; A.-G. u. K.-A. Waldshut; liegt an der Alb. Stdhr.: Fürst v. Fürstenberg.

**Mauchen**, D., 6 ev. 470 L., juf. 476 C., Fil. v. Schliengen, A.-G. u. B.-A. Müllheim; A.-G. u. K.-A. Müllheim.

**Mannenheim**, Pfdf., 368 l. E., A.-G. u. B.-A. Engen; K.-G. u. K.-A. Constanz; L.-R. Engen. Feld-, Wiesenbau und Viehzucht. Getreidehandel. Früher Movinhaim, eine von den Grafen von Zollern im 17. Jahrh. erkaufte s. f. Besitzung. Als germanische und celtische Niederlassungen bezeichnen zum Theil eröffnete Hügel- u. Reihengräber mit Waffen- und Schmuckbeigaben.

**Mauer**, Pfdf., 418 ev., 366 L. Jul. 782 E., A.-G. Neckargemünd, B.-A. Heidelberg; K.-G. und K.-A. Heidelberg; L.-R. Waibstadt; Dec. Neckargemünd. P.-A. Heidelberg. Sitz d. ev. Decans und d. B.-Abl.; liegt an der Straße von Neckargemünd nach Sinsheim an der Elsenz, 434 p. F. üb. b. M. in einem freundlichen Thale. Feld-, besonders Mohn- und Kartoffel- und etwas Weinbau. In der Nähe schön gelegenes Schlößchen „Sorgenfrei" der Grundherrschaft von Göler. Fundort bedeutender paläontologischer Vorkommnisse.

**Maugenhardt**, K.-O. b. Pfdf. Maypach, 88 ev. E., A.-G. u. B.-A. Lörrach; K.-G. u. K.-A. Lörrach. Gemarkung u. Gemeindevermögen gemeinschaftlich.

**Maulburg**, Pfdf. u. Bad, 1047 ev. 316 L. Jul. 1563 E., A.-G. u. B.-A. Schopfheim; K.-G. u. K.-A. Lörrach; Dec. Schopfheim; P.-A. Basel. Sitz der P.-Abl.; liegt im Wiesenthale an der Straße von Schopfheim nach Lörrach. Feld-, Wiesenbau und Biehzucht, Handel mit Holer und Hnl. Das nicht weit vom Badhause aus einem Berge entspringende Mineralwasser hat eine Temperatur von 9° R u. enthalten 12 Pfd. dieses Wassers eine geringe Menge Kohlensäure und in firen Bestandtheilen:

schwefelsaure Thonerde .... 25 Gran,
kohlensaure Kalkerde .... 12 „
schwefelsaure Kalkerde .... 27 „
Thonerde ........ 8 „

Der schon im 8. Jahrh. vorkommende Ort hat eine Baumwollspinnerei, Filiale von Steinen, eine Papierfabrik, welche durch die Herren L. A. u. Rud. Thurneisen von Basel im Jahre 1836 gegründet wurde. Sie besitzt 8 Holländer mit Turbinen u. 1 Hülfsdampfmaschine, so daß sie ständig 50 Arbeiter beschäftigt und jährlich 5400 Ctr., hauptsächlich in Kupferdruckpapieren, im bräulichen Werthe von 140,000 fl. produciren kann. Goldene Medaille. Gypsgrube, Gypsmühle, bedeutender Holzhandel nach Basel.

**Maurach**, Col. b. D. Oberuhldingen, 23 l. E., Fil. von Seelsdern, A.-G. Meersburg, B.-A. Ueberlingen; K.-G. und K.-A. Constanz. Urkundlich Muron, ein alter mit dem Namen auf römische Niederlassung deutender Hof, letzt Schlößchen der Mlgfn. v. Baden, welche den schon länger bestandenen Weinbau auf das Trefflichste cultivirten. Mit Salem, das hier ein Nonnenkloster errichtet hatte, ging es an die jetzige Herrschaft über.

**Mauracherhof**, Hf. u. Prj. b. Pfdf. Tenzlingen, 7 ev. E., A.-G. u. B.-A. Emmendingen; K.-G. u. K.-A. Freiburg; liegt sehr freundlich gegen das Elzthal hin.

**Maximiliansau**, Col. b. Pfdf. Anlelingen, 146 ev. E., A.-G. u. B.-A. Carlsruhe; K.-G. und K.-A. Carlsruhe; P.-A. Carlsruhe. Sitz b. P.-Abl.; Halt- u. Tel.-Stat. Sehr besuchtes Rheinbad, 1840 angelegt u. zu Ehren Gr. A. H. von Mlgf. Maximilian von Baden so genannt.

**Mayerhöfen**, Col. b. Pfdf. Steißlingen, 36 l. E., A.-G. u. B.-A. Stockach; K.-G. u. K.-A. Constanz.

**Meckesheim**, Pfdf., 863 ev., 203 L, 14 Men., 43 ifr., ful. 1123 E., A.-G. Neckargemünd, B.-A. Heidelberg; K.-G. u. K.-A. Heidelberg; Dec. Neckargemünd; P.- und E.-A. Heidelberg. Sitz b. P.- u. E.-E.; liegt 473 p. F. üb. b. M. an der Straße v. Neckargemünd nach Sinsheim am rechten Ufer der Elsenz, wo die Lobbach sich mit derselben vereinigt. Feld-, Wiesenbau u. Biehzucht. Tel.-Stat.

**Meersburg**, Stdt., 73 ev. 1366 L, ful. 1459 E., B.-A. Ueberlingen; Decanat Schopfheim; L.-R. Linzgau; P.-A. Stockach; Sitz b. A.-G., B.-A., P., E. u. Gl.; Gewerbeschule; liegt dicht am Bodensee an der Abstufung einer hohen Felsenwand. Feld-, Obst-, Weinbau, Fischerei, Schifffahrt, Handel mit Ciber, Getreide, Obst ꝛc. Gewerbe- und Fabrikbetrieb, nämlich Baumwollweberei von Gebr. Honegger u. Lichan wurde im Jahr 1846 mit 56 Webstühlen begonnen und besitzt nunmehr 300 solcher Stühle, worauf Jaconets, Shirtings, Druck latune und Croisées jährlich etwa 35,000 Stück gefertigt werden. Das Etablissement besitzt ein Wasserrad, ein Tangentialrad, 2 Turbinen, zusammen von 30 Pferdekräften, sodann eine Hülsedampfmaschine von 10 Pferdekräften und beschäftigt durchschnittlich 170 Arbeiter. Silberne Medaille. Alte, schon im 12. Jahrh. vom Bisthum Constanz an die Grafen v. Rohrdorf gekommene Stadt, die aber das Bisthum gegen Freigebung des Brückengeldes auf der neuen Rheinbrücke wieder zurückerhielt. Schon früher war das alte Schloß nach der Sage Wohnsitz der fränkischen Könige, das 1308 Bischof Hugo von Brettenlandenberg erweiterte und Kaiser Ludwig zu Gunsten eines gegen den österreichisch gesinnten B. Nikolaus v. Frauenfeld gesetzten Gegenbischofs aus dem Hause Hohenberg vergeblich belagerte. Im Jahre 1838 von dem berühmten Forscher Joseph v. Laßberg erkauft, wurde es bis zu dessen Tode durch seine Gastfreundschaft das Stelldichein Gelehrter aus ganz Deutschland und der Schweiz. Gegen die Mitte des 16. Jahrh. wurde das durch seine Gobelins sehenswerthe neue Schloß erbaut u. blieb die Residenz der Bischöfe, welche seit dem 16. Jahrh. in Constanz ihren zeitweiligen Wohnsitz nahmen. Von beiden Schlössern hat man die herrlichste Aussicht auf die südlichen Ufer des Sees und die Alpen. Die Veredlung des Seeweins zu ausgezeichneten guten Sorten wurde seit dem Anfall an Baden vorzüglich hier gepflegt. Die Rechte, welche die Stadt nach und nach von den Bischöfen erhalten hatte, verlor sie in Folge eines Aufstandes 1452/57 größtentheils wieder. Mkt.: 29. Aug., 11. Nov., 5. Dez. Tel.-Stat.

**Meißenheim**, Pfdf., 1027 ev., 43 L., juf. 1070 C., A.-G. u. B.-A. Lahr; K.-G. und K.-A. Offenburg; Dec. Lahr; liegt in einer fruchtbaren Ebene unweit des Rheins. Feld-, namentlich Tabak-, Hanf-, Cichorien- und Kartoffelbau, Viehzucht, Handel mit diesen Produkten und Brennholz. Aufenthaltsort und Grablege der Jugendgeliebten Göthe's, Friederike Brion, Tochter des Pfarrers von Sessenheim, † 1813 im 63. Lebensjahre.

**Melchershof**, Hf. und Prz. b. D. Schollach, 17 L. C., Fil. v. Urach, A.-G. u. B.-A. Neustadt; K.-G. u. K.-A. Freiburg.

**Membrechtshofen**, Pfdf., 386 ev., 17 L., juf. 603 C., A.-G. u. B.-A. Kork; A.-G. und K.-A. Offenburg; Dec. Rheinbischofsheim. Sitz b. ev. Dec.; liegt neben der Straße von Carlsruhe nach Kehl in einer sehr fruchtbaren Gegend. Landwirthschaft und starker Handel mit Hanf.

**Mendlishausen**, Col. b. D. Tüslingen, 19 L. C., Fil. von Mimmenhausen, A.-G. Meersburg, B.-A. Ueberlingen; K.-G. u. K.-A. Constanz. Urkundlich Mencilshausen, Sitz eines gleichnamigen Adels, der sich nach Ueberlingen und Constanz zog als 1180 Salem das Dorf vom Kloster Einsiedeln angekauft hatte.

**Mengen**, Pfdf., 716 ev., 26 L., juf. 742 C., A.-G. u. B.-A. Freiburg; K.-G. u. K.-A. Freiburg; Dec. Freiburg. Feld-, Wiesenbau u. Viehzucht. Starker Runkelrübenbau.

**Menslingen**, Pfdf., 1 ev., 387 L., juf. 388 C., A.-G. u. B.-A. Meßkirch; A.-G. u. K.-A. Constanz; L.-R. Meßkirch; liegt an der Ablach. Feld-, Wiesenbau u. Viehzucht.

**Mennwangen**, Wlr. b. D. Willenhofen, 108 L. C., Fil. v. Untersiggingen, A.-G. Meersburg, B.-A. Ueberlingen; K.-G. und K.-A. Constanz. Eibthr.: Fürst von Fürstenberg.

**Menzenschwand**, Hinterdorf, Pfdf., 300 L. C., A.-G. u. B.-A. St. Blasien; K.-G. u. K.-A. Waldshut; L.-R. Waldshut; liegt an der Alb in einem engen und rauhen Thale am südöstlichen Fuße des Feldberges. Unbedeutenden Feldbau, dagegen starke Viehzucht, Küblerwaaren- und Schachteinfabrikation. Heimath des berühmten Hofmalers Winterhalder, des Zeichners der fashionabeln Welt zu Paris.

**Menzenschwand**, Vorderdorf, K.-O. b. Pfdf. Menzenschwand, 264 L. C., A.-G. u. B.-A. St. Blasien; K.-G. u. K.-A. Waldshbut. Gemarkung u. Gemeindevermögen getrennt.

**Menzingen**, Rbfl., 1103 ev., 12 l., 38 Diff., 15 Men., 101 isr., zuf. 1269 E., A.-G. u. B.-A. Bretten; R.-G. u. A.-A. Carlsruhe; Dec. Bretten; liegt 593 p. J. üb. b. M. an einem kleinen Bache. Feld-, Wiesen-, Obstbau und Viehzucht, hat zwei Schlößer mit einem schönen Schloßgarten u. zwei Mühlen. Mke.: 17. Mai, 21. Sept. B.-M.: 3. März. Aller Ort, dessen römischer Ursprung durch neulich gefundene Inschriftsteine beurkundet ist. Als Besitz des Klosters Lorsch, welches dasselbe 878 von Prüm erhalten hatte, wohin es wahrscheinlich als kaiserliche Herrschaft gekommen war, wurde es von den Schirmvögten und Landgrafen von Heßen einem Lehenadel, dem Geschlechte der jetzigen Grundherrschaft gegeben, der davon seinen Namen annahm.

**Merchingen**, Pfdf., 834 ev., 56 l., 281 isr., zuf. 1171 E., A.-G. und B.-A. Adelsheim; R.-G. u. A.-A. Mosbach; B.-A. Heidelberg. Sitz b. A.-G.; Dec. Adelsheim; liegt 959 p. J. üb. b. M. an der Kessach in einem freundlichen und ziemlich fruchtbaren Thale. Mit hübschem Schloße der Grundherrschaft v. Berlichingen-Jaxthausen.

**Mergenbach**, F. b. Pfdf. Norbrach, 20 l. E., A.-G. u. B.-A. Gengenbach; R.-G. u. A.-A. Offenburg.

**Merzenbach**, F. b. Pfdf. Oberwolfach, 116 l. E., A.-G. u. B.-A. Wolfach; R.-G. u. A.-A. Offenburg. Erbähr.: Fürst v. Fürstenberg.

**Merzenhof**, Hf. und Prz. b. Pfdf. Urach, 9 l. E., A.-G. u. B.-A. Neustadt; R.-G. u. A.-A. Freiburg.

**Merzhausen**, Pfdf., 353 l., 10 Men., zuf. 365 E., A.-G. u. B.-A. Freiburg; R.-G. u. A.-A. Freiburg; L.-A. Breisach; liegt in einem freundlichen Thale am Fuße des Schönbergs. Feld-, Wiesen-, Weinbau und Viehzucht. Schloß der freiherrl. v. Schauenburg'schen Familie am Fuße des bem altkeltischen Cultus geweihtbaren Schönbergs.

**Messelhausen**, Pfdf., 28 ev., 460 l., 85 isr., znf. 573 E., A.-G. Gerlachsheim,

B.-A. Tauberbischofsheim; L.-A. Lauda; liegt 1015 p. J. üb. b. M. zwischen zwei Wäldchen. Feldbau, Viehzucht u. Taglöhner. Bedeutende Branntweinbrennerei der Grundherrschaft, Herrn von Zobel, an deren Geschlecht der Ort als Würzburg'sches Lehen kam.

**Meßhof**, hinterer, Hf. u. Prz. b. D. Steinbach, 16 l. E., Fil. v. Hundheim, A.-G. u. B.-A. Wertheim; R.-G. u. A.-A. Mosbach; liegt 1344 p. J. üb. b. M. Grbhr.: Fürst v. Löwenstein-Wertheim.

**Meßhof**, vorderer, Hf. u. Prz. b. D. Steinbach, 42 l. E., Fil. v. Hundheim, A.-G. u. B.-A. Wertheim; R.-G. u. A.-A. Mosbach; liegt 1314 p. J. üb. b. M. Erbähr.: Fürst v. Löwenstein-Wertheim.

**Meßkirch**, Stbt., 33 ev., 1679 l., zuf. 1726 E., A.-G. und A.-A. Constanz; L.-A. Meßkirch; F.-J. Donaueschingen; B.-A. Stockach. Sitz b. A.-G., B.-A., G.-R., A.-Ph., B.-F. Pstlhr., D.-Rol., Tel.-St.; liegt an der Ablach an der Straße von Stockach nach Sigmaringen. Feld-, Wiesenbau u. Viehzucht u. Gewerbebetrieb. Mkn.: 29. Febr., 17. Mai, 20. Juli, 27. Octbr., 13. Decbr. B.-M.: 4. Jan., 1. Febr., 7. März, 4. April, 2. Mai, 6. Juni, 4. Juli, 1. Aug., 5. Sept., 3. Oct., 7. Nov., 5. Dez. M. war früh der Pfarrort einer weiten Umgegend, daher der Name Meßkirchen. Schon im 13. Jahrh. Stadt mit eigenem Maß und Gewicht, gedieh sie von der Grafschaft Rohrdorf nach Aussterben dieses Geschlechts im 13. Jahrh. an die Herren von Reuffen, von diesen an die mächtige Familie der Truchseßen von Waldburg, von denen ein Theil sich nun von Rohrdorf schrieb. Durch Heirath mit der Erbtochter Anna kam sie 1344 in den Besitz der Herren v. Zimmern, welche ihre Familiengruft in die hiesige Martinskirche verlegten und das Schloß erbauten. Nach ihrem Aussterben gelangte die Herrschaft durch Auslösung der Miterben an die Grafen v. Hellenstein und kiel durch eine Erbtochter um 1636 an die Linie Fürstenberg-Blumberg, die sich nun in einem Zweige bis zu ihrem Aussterben 1744 von Mößtirch schrieb. In der Pfarrkirche sieht man außer beachtenswerthen Grabmälern der Herren u. Grafen von Zimmern, ein großes Altargemälde von Hans Schäufelin, dessen übrige für die Grafen von Zimmern gearbeiteten Werke in die s. s. Gemäldesammlung zu Hüfingen kamen. In der hier 1800 stattgefundenen Schlacht wurde General Kray von Morrau geschlagen.

**Mettenberg,** D., 378 E., Fil. von Riedern, A.-G. u. B.-A. Bonndorf; K.-G. u. K.-A. Waldshut; liegt an der Mettma und ist sehr alt.

**Mettenbach,** K.-D. b. Pfd. Burgweiler, 48 E., A.-G. u. B.-A. Pfullendorf; K.-G. u. K.-A. Constanz. Gemarkung u. Gemeindevermögen getrennt.

**Mettlen,** Z. b. Pfd. Wehr, 17 E. E., A.-G. u. B.-A. Säckingen; K.-G. u. K.-A. Waldshut. Grbhr.: Frhr. v. Schönau-Wehr.

**Mettlerhof,** Hf. und Prz. b. Pfd. Degernau, 5 E. E., A.-G. u. B.-A. Waldshut.

**Mettnau,** Hf. b. Eibl. Radolphzell, 17 E. E., A.-G. u. B.-A. Radolphzell; K.-G. u. K.-A. Constanz.

**Metzig,** Z. b. D. Rohrhardsberg, 10 l. E., Fil. v. Schonach, A.-G. und B.-A. Triberg; K.-G. u. K.-A. Villingen.

**Mezllischwanderhof,** Hf. u. Prz. b. Pfd. Burbach, A.-G. u. B.-A. Ettlingen; K.-G. u. K.-A. Carlsruhe.

**Michaelsitte,** K.-D. b. D. Thunau, 36 E. E., Fil. v. Schönau, A.-G. u. B.-A. Schönau; K.-G. und K.-A. Lörrach; liegt sehr freundlich auf dem westlichen Abhange eines ziemlich steilen Berges. Starke Viehzucht. Gemarkung und Gemeindevermögen getrennt.

**Michelbach,** Z. b. D. Wildthal, 63 E. E., Fil. v. Jähringen, A.-G. u. B.-A. Freiburg; K.-G. u. K.-A. Freiburg.

**Michelbach,** Pfd., 391 L E., A.-G. u. B.-A. Gernsbach; K.-G. u. K.-A. Baden; L.-K. Gernsbach; liegt 682 p. F. üb. d. M. am gleichnamigen Bache, nahe der Wasserscheide zwischen Alb und Murg an der Verbindungsstraße zwischen Ettlingen und Gernsbach. Im Jahr 1849 Schauplatz eines hitzigen Gefechts zwischen den Preußen und Aufständischen. Feldbau.

**Michelbach,** Pfd., 352 ev., 20 k., zus. 372 E., A.-G. u. B.-A. Eberbach; K.-G. und K.-A. Mosbach; Dec. Neckargemünd; kath. Fil. v. Neunkirchen; liegt 810 p. F. üb. d. M. an einem in die Schwarzbach fließenden Bache. Grbhr.: Frhr. von Berlichingen.

**Michelbrunnerhöfe,** Hf. und Prz. b. Pfd. Schutterthal, 48 L E., A.-G. u. B.-A. Lahr; K.-G. u. K.-A. Offenburg. Stdbhr.: Fürst v. d. Leyen.

**Michelbacherhof,** Hf. und Prz. b. Eibl. Schönau, 36 ev. E., A.-G. u. B.-A. Heidelberg; K.-G. u. K.-A. Heidelberg.

**Michelfeld,** Pfd., 1124 ev., 12 l., 18 Men., 174 isr., zus. 1328 E., A.-G. u. B.-A. Einsheim; K.-G. u. K.-A. Heidelberg; Dec. Einsheim; liegt 554 p. F. üb. d. M. an der Angelbach. Feldbau u. Viehzucht. Grbhr.: Frhr. v. Gemmingen-Hornberg. Tuchfabrik von Zach. Oppenheimer, Söhne, wurde 1808 gegründet und 1814 mit einer mech. Spinnerei, Walk- u. Handappreturanrichtung verbunden. Später die Wasserräder mit Turbinen vertauscht, eine Dampfmaschine von 12 Pferdekräften, Waterspinnstühle, Cylinderwalze, Langscheermaschine u. s. w. erworben und beschäftigt jetzt 60—70 Arbeiter, die gute, durch seine Wolle und schöne Appretur sich auszeichnende Tuche liefern.

**Michelsbauernhof,** Hf. u. Prz. b. D. Rudenberg, 11 L E., Fil. v. Friedenweiler, A.-G. u. B.-A. Neustadt; K.-G. u. K.-A. Freiburg.

**Michelsberg,** Kap. u. Prz. b. Pfd. Untergrombach, 3 l. E., A.-G. u. B.-A. Bruchsal; K.-G. u. K.-A. Carlsruhe; ist der nordöstliche Endpunkt des Kaiserstuhls, 800 p. F. üb. d. M., hat eine Wallfahrtskapelle und herrliche Aussicht in das Rheinthal bis zur Hornisgrinde und abwärts der Bergstraße.

**Michelsbaus,** Hs. u. Prz. b. Stbl. **Karlsdorf,** 8 l. C., A.-G. Merrsburg, B.-A. Ueberlingen; A.-G. u. K.-A. Constanz.

**Michelshof,** Hf. und Prz. b. D. **Linach,** 11 l. C., Fil. von Schönenbach, A.-G. u. B.-A. Billingen; A.-G. u. K.-A. Billingen.

**Mietersheim,** D., 475 ev., 171 l., luf. 492 C., Fil. v. Dinglingen, A.-G. u. B.-A. Lahr; A.-G. u. K.-A. Offenburg; liegt an der Straße von Carlsruhe nach Freiburg. Feld-, Wiesen-, Weinbau u. Viehzucht.

**Mimmenhausen,** Pfdf., 3 ev., 589 l., luf. 592 C., A.-G. u. B.-A. Ueberlingen; A.-G. u. K.-A. Constanz; L.-R. Linzgau; P.-A. Stockach. Sitz d. P.-Abl.; liegt an der Aach. Feldbau und Gewerbebetrieb. Früh bedeutender Ort, in welchem vor dem 13. Jahrh. Peterhausen und ein eigener Adel Besitzungen hatte, die nach und nach sämmtlich an Salem kamen. 1272 verzichteten die Grafen v. Heiligenberg auf ihre Ansprüche an die Talerngerechtigkeit daselbst und die Fischerz in der Aach. Stbhr.: Mkgf. v. Baden.

**Mingolsheim,** Pfdf., 59 ev., 1651 l., luf. 1710 C., A.-G. u. B.-A. Bruchsal; A.-G. u. K.-A. Carlsruhe; L.-R. St Leon; liegt 412 p. F. üb. b. M. an der Freibach und der Straße von Heidelberg nach Carlsruhe. Feld-, Wiesenbau u. Viehzucht, Handel mit Mastvieh, Heu u. Korn und hat eine Heilquelle, die in einer Tiefe von 80 Fuß entspringt, deren Wasser hell ist, sich aber an der Luft trübt und nach Stollen eine Temperatur von 10° R. und ein spec. Gewicht von 1,002 Pfd. besitzt. Dasselbe enthält:

| | | |
|---|---|---|
| kohlensaures Natron | 3,548 | Gran. |
| Schwefel. | 1,368 | " |
| Chlornatrium | 0,651 | " |
| kohlensaure Bittererbe | 0,723 | " |
| " Kalkerbe | 0,524 | " |
| Thonerde | 0,014 | " |
| Eisenoxydul | 0,026 | " |
| Kieselerde | 0,140 | " |
| org. Materie | 0,065 | " |
| | 7,059 | Gran. |

Fixe Bestandtheile und Gase:

| | | |
|---|---|---|
| Schwefelwasserstoff | 5,256 | Fl. |
| Kohlensäure | 4,500 | " |

Dasselbe ist in seinen medizinischen Eigenschaften dem Amalienbad bei Langenbrücken ähnlich.

**Minneburger Ziegelhütte,** Hs. u. Prz. b. D. Redarlazenbach, 9 l. C., Fil. v. Neunkirchen, A.-G. u. B.-A. Mosbach; A.-G. u. K.-A. Mosbach.

**Minfeln,** Pfdf., 4 ev., 715 l., luf. 719 C., A.-G. u. B.-A. Schopsheim; A.-G. u. K.-A. Lörrach; L.-R. Wiesenthal. Feld-, Wiesenbau u. Viehzucht, Handel mit Dinkel, Hafer, Hanf und Mastvieh.

**Missflinke,** Hf. u. Prz. b. Pfdf. Oberharmersbach, 7 l. C., A.-G. u. B.-A. Gengenbach; A.-G. u. K.-A. Offenburg.

**Mistelbrunn,** R.-D. b. D. Bruggen, 04 l. C., Fil. v. Hubertshofen, A.-G. und B.-A. Donaueschingen; A.-G. u. K.-A. Villingen. Gemarkung u. Gemeindevermögen getrennt. Stbhr.: Fürst v. Fürstenberg.

**Mittelbach,** Z. b. D. Reichenbach, 184 l. C., Fil. v. Gengenbach, A.-G. und B.-A. Gengenbach; A.-G. u. K.-A. Offenburg. Mehrere Mühlen.

**Mittelberg,** Col., 11 ev., 43 l., luf. 54 C., Fil. v. Moosbronn, A.-G. u. Gernsbach; A.-G. u. K.-A. Baden; F.-J. Gernsbach. Sitz d. B.-F.; liegt 1656 p. F. üb. d. M.

**Mittelfalkau,** Prz. b. D. Fallau, 121 l. C., Fil. v. Altglashütte, A.-G. und B.-A. Neustadt; A.-G. u. K.-A. Freiburg.

**Mittelhenbronn;** R.-O. des Pfdf. Neuenweg, 54 l. C., A.-G. u. B.-A. Schopfheim; A.-G. u. K.-A. Lörrach. Gemarkung u. Gemeindevermögen getrennt.

**Mittelhof,** Hf. und Prz. b. Pfdf. Reicholzheim, 8 l. C., A.-G. u. B.-A. Wertheim; A.-G. u. K.-A. Mosbach; liegt 987 p. F. üb. d. M. Eigenthum d. Fürsten Löwenstein-Wertheim-Rosenberg.

**Mittelmutschelbach,** R.-O. b. D. Obermutschelbach, 118 l. C., Fil. v. Röttingen, A.-G. u. B.-A. Pforzheim; A.-G. u. K.-A. Carlsruhe.

12

**Mittelschefflenz,** Pfdf., 485 ev., 1301., 2 Diff., juf. 617 C., A.-G. u. B.-A. Mosbach; L.-G. u. L.-A. Mosbach; Dec. Mosbach; liegt 915 p. F. üb. d. M. an der Schefflenz. Feldbau u. Viehzucht. Etbshr.: Fürst v. Leiningen.

**Mittelsteinweiler,** D., 1531 E., Fil. v. Leutkirch, A.-G. Meersburg, B.-A. Ueberlingen; A.-G. und K.-A. Constanz. Feld-, Wiesen-, Wein-, Obstbau und Viehzucht. Etbshr.: Mgsn. v. Baden.

**Mittelweiler,** 3. b. D. Hofstetten, 66 s. E., Fil v. Haslach, A.-G. Haslach, B.-A. Wolfach; A.-G. u. K.-A. Offenburg. Etbshr.: Fürst v. Fürstenberg.

**Möggenweiler,** 3. b. Stbf. Markdorf, 76 L. E., A.-G. Meersburg, B.-A. Ueberlingen; A.-G. und K.-A. Constanz.

**Möggingen,** Pfdf., 232 L. E., A.-G. u. B.-A. Constanz; A.-G. und K.-A. Constanz; L.-R. Stockach. Feld-, Wiesen-, Weinbau u. Viehzucht. Sitz einer davon sich nennenden Linie der freiherrlichen Familie v. Bodmann. Ehemaliges Franziskaner-Nonnenkloster, jetzt Bierbrauerei, gestiftet 1367. In der Nähe der kleine Möggingen auch Mindelsee genannt, nach der Volksfage ergründlich tief. In demselben stattliche Welse bis zu 1 Ctr. Gewicht.

**Möhringen,** Stdl., 6 ev., 1190 L., juf. 1196 E., A.-G. u. B.-A. Engen; A.-G. u. K.-A. Constanz; L.-R. Geisingen; B.-A. Stockach. Sitz b. B.-C.; liegt am linken Ufer der Donau, unweit der württ. Grenze. Feld-, Wiesenbau u. Viehzucht. Früher Sitz eines eigenen f. f. Bezirksamts, hat bedeutende Schaafmärkte. Die ältesten Besitzverhältnisse sind unbekannt; es kam 1520 durch Kauf an Fürstenberg. Heimath des am Hofe Karls VI. befindlichen Mathematikers und Optikers Anton Braun und des früheren Mannheimer Galleriedirectors Zell, von welchem ein erhebliches Gemälde in der Pfarrkirche sich befindet.

**Mönchhof,** Hf. und Pry. b. Pfdf. Buchenberg, 32 L. E., A.-G. u. B.-A. Triberg; A.-G. und K.-A. Villingen.

**Mönchhof,** Hf. u. Pry. b. D. Neuenheim, 13 ev. C., A.-G. u. B.-A. Heidelberg; A.-G. u. K.-A. Heidelberg; liegt an der Straße von Heidelberg nach Weinheim. Hier soll Luther im Jahre 1518 übernachtet haben.

**Mönchweiler,** Pfdf., 647 ev., 26 L., juf. 673 E., A.-G. und B.-A. Villingen; A.-G. u. K.-A. Villingen; Dec. Hornberg; B.-A. Freiburg. Sitz der Pf.-Abl.; liegt an der Straße von Offenburg nach Donaueschingen. Feld-, Wiesenbau, Viehzucht und Uhrenfabrikation.

**Mönchzell,** D., 269 ev., 168 L., 14 Men., juf. 471 E., A.-G. u. B.-A. Eberbach; A.-G. u. K.-A. Mosbach; ev. Fil v. Eichelbronn, kath. Fil. v. Speybach; liegt 525 p. f. üb. d. M. an der Lobbach. Feld-, Wiesenbau und Viehzucht. Grbhr.: Graf v. Uxküll. Angeblich früher Waltottesbusin. Der jetzige Name von einer früheren Celle des Klosters Lorich, welches schon im 8. Jahrh. hier begütert war. Später von der Pfalz in mannigfachem Wechsel zu Lehen gegeben.

**Mössse,** 3. b. D. Eisenbach, 11 L. E., Fil. v. Hammereisenbach, A.-G. u. B.-A. Neustadt; A.-G. u. K.-A. Freiburg.

**Mösslehof,** Hf. und Pry. b. Pfdf. Oberlenzkirch, 3 L. E., A.-G. u. B.-A. Neustadt; A.-G. und K.-A. Freiburg; liegt auf dem Wege nach Kailenbuch und hat eine Uhrenfabrik.

**Mörderloch,** 3. b. Pfdf. Gütenbach, 4 L. E., A.-G. u. B.-A. Triberg; A.-G. u. K.-A. Villingen.

**Mörbingen,** Pfdf., 1483 L. E., A.-G. u. B.-A. Breisach; A.-G. u. K.-A. Freiburg; L.-R. Breisach. Feld-, Wiesenbau u. Viehzucht; Handel mit Wein, Hanf u. Früchten. Ergiebiger Steinbruch.

**Mörsch,** Pfdf., 14 ev., 1670 L., juf. 1881 E., A.-G. u. B.-A. Ettlingen; A.-G. u. K.-A. Carlsruhe; L.-R. Ettlingen; liegt 395 p. F. üb. d. M. Feldbau u. Viehzucht.

**Mörschenhardt,** D., 13 ev., 225 L., juf. 238 E., Fil. v. Mudau, A.-G. u. B.-A. Buchen; A.-G. und K.-A. Mosbach; liegt

1611 p. F. üb. b. M. Elbchr.; Fürft v. Fürftenberg.

**Mörtelftein**, D., 346 ev., 175 f., 3 Diff., zuf. 524 E., ev. Fil. v. Obrigheim, fath. Fil. v. Neckarelz, A.-G. u. B.-A. Mosbach; M.-G. u. K.-A. Mosbach; liegt 707 p. F. üb. b. M. Feld-, Wiefen-, Weinbau u. Viehzucht.

**Mösbach**, D., 1 ev., 562 f., zuf. 869 E., Fil. v. Ulm, A.-G. u. B.-A. Achern; K.-G. u. K.-A. Baden.

**Moosfeld**, D., 1 ev., 363 f., zuf. 364 E., Fil. v. Borthal, A.-G. u. B.-A. Wertheim; K.-G. u. K.-A. Mosbach. Feld-, Wiefenbau u. Viehzucht.

**Moos**, R.-D. b. D. Hattenweiler, 39 L E., Fil. v. Schönach, A.-G. u. B.-A. Pfullendorf; K.-G. u. K.-A. Conftanz. Getrennte Gemarkung und gemeinfchaftliches Gemeindevermögen.

**Moos**, D., 301 L E., Fil. v. Bohlingen, A.-G. u. B.-A. Radolphzell; K.-G. u. K.-A. Conftanz; liegt am Bodenfee. Feldbau, Viehzucht u. Fifcherei.

**Moos**, Pfdf., 503 L E., A.-G. und B.-A. Bühl; K.-G. u. K.-A. Baden; L.-R. Otterdweier; liegt an der Scheidbach. Feld-, Wiefenbau u. Viehzucht. Handel mit Hanf, Cichorien, Spelz, Korn u. Hafer.

**Moos**, Z. b. N.-D. Siebensbach, b. D. Oedsbach, 13 f. E., Fil. von Oberlirch, A.-G. u. B.-A. Oberlirch; K.-G. und K.-A. Offenburg.

**Moosbronn**, Pfrvr. b. D. Freiolsheim, 56 L E., A.-G. und B.-A. Gernsbach; K.-G. u. K.-A. Baden; liegt 1488 p. F. üb. b. M. an der württemb. Grenze. Feld-, Wiefenbau und Viehzucht. Sehr befuchte Wallfahrtskirche „zur Maria Hilf".

**Moosbrunn**, D., 162 ev., 3 f., zuf. 165 E., Fil. v. Haag, A.-G. u. B.-A. Oberbach; K.-G. u. K.-A. Mosbach; liegt 1333 p. F. üb. b. M. Feldbau und Viehzucht. Grbhr.: Graf v. Erbach-Fürftenau.

**Moofenmättle**, Z. b. Pfdf. Kirnbach, 25 L E., A.-G. u. B.-A. Triberg; K.-G. u. K.-A. Villingen.

**Moosmühlebühl**, Z. b. Pfdf. Schönwald, 15 L E., A.-G. u. B.-A. Triberg; K.-G. und K.-A. Villingen.

**Moosweier**, Hf. u. Brz. b. D. Riebern, 61. E., Fil. v. Bühl, A.-G. u. B.-A. Jeftetten; K.-G. u. K.-A. Waldshut.

**Morgerb**, in der, Z. b. Pfdf. Kirnbach. 11 f. E., A.-G. u. B.-A. Triberg; K.-G. u. K.-A. Villingen.

**Mosbach**, Z. b. Pfdf. Norbrach, 48 L E., A.-G. u. B.-A. Gengenbach; K.-G. u. K.-A. Offenburg.

**Mosbach**, Stdt, 1363 ev., 1120 f., 16 Diff., 167 ifr., zuf. 2666 E., L.-A. und Dec. Mosbach; P.-A. Heidelberg. Sitz des K.-G. u. K.-A., b. A.-G. u. B.-A., D.-N. u. A.-Ph., F.-J., B.-F., P. u. C.-C., Pftmftr., D.-C. u. Tift.-Not., Wfr. u End-J., höheren Bürger- und Gewerbeschule, Tel.-Station liegt 527 p. F. üb. b. M. an der Azbach, in einer freundlichen und angenehmen Gegend des hier fich wieder etwas verengenden Neckarthales. Feld-, Wiefen-, Weinbau und Viehzucht. Gewerbe- u. Mühlenbetrieb. Mkte.: 8. Febr., 29. März, 12. Sept. 10. Nov., Kr. u. Leinen-Mkt.: 24. Juni, Gefpinnft-Mkt.: 30. Nov., D.-M.: 3., 9. u. 18. Febr., 1. u. 8. März, K. Rvbr. Urkundlich eine reich begüterte, 976 dem Hochftifte Worms einverleibte Abtei, fpäter Collegiatftift. Der dabei entftandene Ort wurde von Rudolf v. Habsburg zur Reichsftadt erhoben, 1297 von Adolf von Naffau an die Herren von Breuberg verpfändet, von Kaifer Ludwig, dem Bayer ausgelöst, 1331 wieder an den Pfalzgrafen Rudolph II. verpfändet, unter Ruprecht von der Pfalz diefem Haufe zu eigen gegeben und eine gleichnamige Linie der Pfalzgrafen darauf abgetheilt. Im 18. Jahrh. ftarke Induftrie in Waffenfabriken, Tuchmanufacturen, Fayencefabrik u. Saline, die fämmtlich wieder eingegangen find. Im Rathhaus ein reiches und geordnetes ftädtifches Archiv mit bedeutenden Kaiferurkunden.

**Mosenberg**, Z. b. D. Reichenbach, 25 ev. E., Fil. v. Hornberg, A.-G. u. B.-A. Triberg; K.-G. u. K.-A. Villingen.

**Rosenberg,** Z. b. Pfdf. Schonach, 16 k. C., A.-G. u. B.-A. Triberg; K.-G. u. K.-A. Villingen.

**Rosenberg,** Z. b. Pfdf. Schönwald, 32 k. C., A.-G. u. B.-A. Triberg; K.-G. u. K.-A. Villingen.

**Ruckenloch,** Hf. und Prz. b. Pfdf. Buchenberg, 6 k. C., A.-G. und B.-A. Triberg; K.-G. und K.-A. Villingen.

**Ruckenschopf,** D., 362 ev., 1 k., zuf. 363 C., Fil. v. Schetzheim, A.-G. u. B.-A. Kork; K.-G. u. K.-A. Offenburg; liegt an der Acher. Feldbau und Viehzucht. Handel mit Frucht und Hanf.

**Ruckenthal,** D., 346 k. C., Fil. v. Rittersbach, A.-G. u. B.-A. Mosbach; K.-G. u. K.-A. Mosbach. Feldbau u. Viehzucht. Stdhrr.: Fürst von Leiningen.

**Ruckenthaler Mühle,** Hs. u. Prz. b. Gibl. Kenzingen, 12 k. C., A.-G. u. B.-A. Kenzingen; K.-G. u. K.-A. Freiburg.

**Rubau,** Mkfl., 8 ev., 1162 k., zuf. 1170 C., A.-G. u. B.-A. Buchen; K.-G. u. K.-A. Mosbach; L.-R. Buchen; P.-A. Heidelberg. Sitz d. erzbischöfl. Dec. u. B.-A. I bedeutende Strohmanufactur; liegt 1507 p. F. üb. d. M. an der Mubbach. Feldbau u. Viehzucht. Mkte.: 19. März, 10. August, 29. Septbr.

**Ruckenloch,** D., 454 ev., 171 k., zuf. 625 C., ev. Fil. v. Wimmersbach, kath. Fil. v. Dilsberg, A.-G. u. B.-A. Eberbach; K.-G. u. K.-A. Mosbach; liegt 672 p. F. üb. d. M. Feldbau und Viehzucht.

**Mühlbach,** Z. b. D. Peterzell, 21 ev. C., Fil. v. St. Georgen, A.-G. u. B.-A. Triberg; K.-G. u. K.-A. Villingen.

**Mühlbach,** Pfdf., 622 ev., 88 k., zuf. 751 C., A.-G. u. B.-A. Eppingen; K.-G. u. K.-A. Heidelberg; Dec. Eppingen; liegt 769 p. F. üb. d. M. Feld-, Wiesen-, Weinbau u. Viehzucht. Früher war es in Ober- u. Niedermühlbach getheilt und wurde 1290 von Heinrich von Brettach zur Errichtung des in der Reformation aufgelösten Wilhelmiterklosters dem Stifte Marienthal bei Hagenau geschenkt, von diesem wieder ver-

kauft und endlich von der Stadt Eppingen erworben.

**Mühlbach,** Z. b. Pfdf. Welschensteinach, 232 k. C., A.-G. Haslach, B.-A. Wolfach; K.-G. u. K.-A. Offenburg. Sthdhr.: Fürst v. Fürstenberg.

**Mühlberg,** Hf. und Prz. b. Pfdf. Liggeringen, 9 k. C., A.-G. u. B.-A. Constanz; K.-G. u. K.-A. Constanz. Grbhr. Frhr. v. Bodmann.

**Mühlberghof,** Hf. und Prz. b. Pfdf. Nesselwangen, 7 k. C., A.-G. u. B.-A. Ueberlingen; K.-G. u. K.-A. Constanz.

**Mühlburg,** Stbl., 1468 ev., 545 k., 9 Men., zuf. 2022 C., A.-G. und B.-A. Carlsruhe; K.-G. u. K.-A. Carlsruhe; L.-Dec. Carlsruhe; P.-A. Carlsruhe. Sitz der B.-C.; liegt 397 p. F. üb. d. M. an den Straßen von Carlsruhe nach Rastatt, Knielingen und Mannheim. Feldbau, Viehzucht u. Gewerbebetrieb. Mkte.: 10. Mai, 25. Aug., 24. Novbr. M. hat ein altes Schloß der Mkgrfn. v. Baden, jetzt den Frhrn. v. Seldeneck gehörig, die eine bedeutende Brauerei errichteten.

**Mühle,** Hs. u. Prz. b. Pfdf. Steinenstadt, 6 k. C., A.-G. u. B.-A. Müllheim; K.-G. u. K.-A. Lörrach.

**Mühle,** Prz. b. Pfdf. Wettenung, 51 k. C., A.-G. u. B.-A. Bühl; K.-G. u. K.-A. Baden.

**Mühlebächle,** Z. b. Pfdf. Sexau, 32 ev. C., A.-G. u. B.-A. Emmendingen; K.-G. u. K.-A. Freiburg.

**Mühleberg,** Z. b. Pfdf. Schonach, 77 k. C., A.-G. u. B.-A. Triberg; K.-G. u. K.-A. Villingen.

**Mühleberg,** Höfe, Z. des Pfdf. Schönwald, 122 k. C., A.-G. u. B.-A. Triberg; K.-G. u. K.-A. Villingen.

**Mühlehof,** Hf. u. Prz. b. D. Riedlingen, 10 k. C., Fil. v. Holzen, A.-G. u. B.-A. Lörrach; K.-G. u. K.-A. Lörrach.

**Mühlenbach,** Pfdf., 1801 k. C., A.-G. u. B.-A. Wolfach; K.-G. u. K.-A. Offenburg; L.-K. Lahr. Feldbau u. Viehzucht. An der alten Römerstraße aus dem Breisgau nach Mittelschwaben. Leidet von Zeit zu Zeit durch Ueberschwemmung des gleichnamigen Baches.

Fundort des ersten der Diana Abnoba gewählten Votivsteins.

**Mühlenbach**, Z. b. D. Rohrhardsberg, 5 L. E., Fil. v. Schonach, A.-G. u. B.-A. Triberg; K.-G. u. K.-A. Villingen.

**Mühlenloch**, J. b. Pfd. Neukirch, 16 L. E., A.-G. u. B.-A. Triberg; K.-G. u. K.-A. Villingen.

**Mühlethal**, H. u. Prj. b. Pfd. Ihringen, 9 ev. E., A.-G. u. B.-A. Breisach; K.-G. u. K.-A. Freiburg.

**Mühlhalden**, Ho. und Prj. b. Pfd. Dettingen, 81. E., A.-G. u. B.-A. Constanz; K.-G. u. K.-A. Constanz.

**Mühlhausen**, Pfd., 1 ev., 634 k., juf. 655 E., A.-G. u. B.-A. Engen; K.-G. und K.-A. Constanz; L.-K. Engen; P.-A. Stockach. Sitz der B.-Abt.; liegt an der von Engen kommenden Aach. Feld-, Obst-, Weinbau und Viehzucht. Handel mit Getreide, Obst, Hanf u. Flachs. Bekannte Bierbrauerei, vom Grafen von Enzenberg errichtet. In der Kirche früher das Grabmal des Vogts Poppele v. Hohenkrähen und ein früher auf Mägdeberg, dessen Schicksal es theilte, befindliches Altarblatt, die heil. Ursula mit den 11,000 Jungfrauen (Mägden), daher der Name Mägdeberg.

**Mühlhausen**, R.-D. b. Pfd. Herbwangen, 26 k. E., A.-G. u. B.-A. Pfullendorf; K.-G. u. K.-A. Constanz. Gemarkung u. Gemeindevermögen getrennt. Standesherren: Mlgin. v. Baden.

**Mühlhausen**, Pfd., 123 ev., 327 k., 9 Men. juf. 459 E., A.-G. u. B.-A. Pforzheim; K.-G. und K.-A. Carlsruhe; L.-K. Mühlhausen; liegt an der Würm nahe an der württ. Grenze. Feld-, Wiesenbau und Viehzucht. Handel mit Hafer und Mühlsteinen. Mit Schloß der davon genannten Linie von Gemmingen an der Würm, seit 1840 an Baden verkauft. Mkte.: 29. März, 17. Mai, 14. Sept., 8. Decbr.

**Mühlhausen**, Pfd., 7 ev., 991 k., juf. 998 E., A.-G. u. B.-A. Wiesloch; K.-G. u. K.-A. Heidelberg; L.-K. Waibstadt; liegt 483 p. J. üb. b. M. an der Angelbach. Feld-, Wiesen-, Weinbau u. Viehzucht.

**Mühlhof**, H. u. Prj. b. Pfd. Oberhausen, 10 L. E., A.-G. u. B.-A. Kenzingen; K.-G. u. K.-A. Freiburg.

**Mühlhofen**, D., 29 ev., 254 k., 8 Men., juf. 291 E., Fil. v. Seefelden, A.-G. u. B.-A. Ueberlingen; K.-G. u. K.-A. Constanz; liegt an der Seefelder Aach. Der Ort hatte einen eigenen reichen Lehenadel der Grafen v. Heiligenberg, von welchen Konrad v. M. seine Besitzungen 1284 an Salem verkaufte.

**Mühlhofen**, R.-D. b. Pfd. Sinsheim, 92 k. E., A.-G. u. B.-A. Baden; K.-G. u. K.-A. Baden. Gemarkung u. Gemeindevermögen gemeinschaftlich.

**Mühlingen**, Z. b. Pfd. Salg, 166 k. E., A.-G. u. B.-A. Neustadt; K.-G. u. K.-A. Freiburg.

**Mühlingen**, Pfd., 493 L. E., A.-G. u. B.-A. Stockach; K.-G. u. K.-A. Constanz; L.-K. Stockach; liegt am sogen. Mühlenbach. Feldbau u. Viehzucht, Mühlenbetrieb, Handel mit Getreide und Vieh. Grdhr.: Frhr. v. Buol, hat ein hübsches Schloß.

**Mühlehen**, Z. b. Pfd. Buchenberg, 62 ev. E., A.-G. u. B.-A. Triberg; K.-G. u. K.-A. Villingen.

**Mühlschau**, H. u. Prj. b. R.-D. Gilsberau, b. D. Mambach, 19 k. E., Fil. v. Zell; liegt an der Wiese. Grdhr.: Frhr. v. Schönau-Zell.

**Mühlstein**, Z. b. Pfd. Norbrach, 24 L. E., A.-G. u. B.-A. Gengenbach; K.-G. u. K.-A. Offenburg.

**Mülben**, Z. b. Pfd. Petersthal, 21 L. E., A.-G. u. B.-A. Oberkirch; K.-G. u. K.-A. Offenburg.

**Mülben**, D., 145 ev., 106 k., juf. 251 E., Fil. v. Strümpfelbrunn, A.-G. u. B.-A. Eberbach; K.-G. u. K.-A. Mosbach; liegt 1685 p. J. üb. b. M. Feldbau und Viehzucht. Eidhr.: Mlgl. v. Baden.

**Müllen**, Wlr. b. Pfd. Nußbach, 19 k. E., A.-G. u. B.-A. Oberkirch; K.-G. u. K.-A. Offenburg; liegt in einem Seitenarme der Rench.

**Müllen**, Z. b. D. Stabelhofen,

13 l. E., Fil. v. Ulm, A.-G. u. B.-A. Oberkirch; R.-G. u. R.-A. Offenburg.

**Müllen,** Pfd., 2 ev. 153 l., juf. 155 E., A.-G. u. B.-A. Offenburg; R.-G. u. R.-A. Offenburg; L.-R. Lahr; liegt an der Schutter. Feldb., Wiesenbau und Viehzucht.

**Müllenbach,** A. des R.-D. Oberbeuern, b. Pfd. Lichtenthal, 42 l. E., L.-G. u. B.-A. Baden; R.-G. und R.-A. Baden.

**Müllenbach,** R.-D. b. Pfd. Eisenthal, 327 l. E., L.-G. u. B.-A. Bühl; R.-G. u. R.-A. Baden; liegt nahe bei der Landstraße. Feldb., trefflichen Weinbau und Viehzucht.

**Müllerswald,** Z. d. D. Bergzell, 9 l. C., Fil. v. Schentenzell, A.-G. und B.-A. Wolfach; R.-G. u. R.-A. Offenburg.

**Müllheim,** Stdt., 2098 ev., 383 l., 418 ifr., juf. 2899 C., A.-G. u. R.-A. Lörrach; Dec. Müllheim; P.- und C.-A. Freiburg. Sitz des A.-G., G.-R., A.-Pfl., B.-A., D.-B., D.-C., P.- u. C.-C., D.-Rot., ev. Dec. u. höheren Bürgerschule; liegt am Fuße des Hochblauen, nicht weit von der Straße von Freiburg nach Basel, hat ein wegen der Nähe von Badenweiler nur wenig besuchtes Heilbad. Tel.-Stat.

**Münchhöf,** D., 5 ev., 429 l., juf. 434 C., Fil. v. Raithaslach, A.-G. u. B.-A. Stodach; R.-G. u. R.-A. Constanz; liegt ziemlich hoch. Großh.: Graf v. Langenstein.

**Münchingen,** D., 269 l. E., Fil. v. Ewalingen, A.-G. u. B.-A. Bonndorf; R.-G. u. R.-A. Waldshut.

**Münchweier,** Pfd., 859 l. C., L.-G. u. B.-A. Ettenheim; R.-G. u. R.-A. Freiburg; L.-R. Lahr; liegt an der Ettenbach. Feldbau.

**Münster,** R.-D. b. D. Untermünsterthal, 379 l. C., Fil. v. St. Trudpert, A.-G. u. B.-A. Staufen; R.-G. u. R.-A. Freiburg. B.-A. Freiburg. Sitz d. P.-Abl.; Gemarkung u. Gemeindevermögen gemeinschaftlich.

**Münsterhalden,** R.-D. b. D. Untermünsterthal, 128 L C., Fil. v. St. Trudpert, L.-G. u. B.-A. Staufen; R.-G.

u. R.-A. Freiburg. Gemarkung u. Gemeindevermögen gemeinschaftlich.

**Münsterthal,** D., 11 ev., 480 L, juf. 491 C., Fil. d. Pfrgem. Münsterthal, A.-G. u. B.-A. Ettenheim; R.-G. u. R.-A. Freiburg. Name von dem durch den ehemaligen Abt von Reichenau, Ebbo oder Halte, gegründeten Kloster um 730.

**Münzesheim,** Mkfl., 1096 ev., 2 l., 80 lir., juf. 1178 C., A.-G. u. B.-A. Bretten; R.-G. u. R.-A. Carlsruhe; Dec. Bretten; liegt 483 p. F. üb. d. M. an der Kraichbach. Feldb., Wiesenbau u. Viehzucht. Mltt.: 2. Mai, 31. Oct.

**Mürrenbach,** Z. b. D. Oberentersbach, 2d l. E., Fil. v. Zell u. H., A.-G. u. B.-A. Gengenbach; R.-G. u. R.-A. Offenburg.

**Muggardt,** R.-D. b. Pfd. Britzingen, 109 ev. G., A.-G. und B.-A. Müllheim; R.-G. u. R.-A. Lörrach. Gemarkung gemeinschaftlich u. getrenntes Gemeindevermögen. Trefflicher Weinbau.

**Muggenbrunn,** D., 364 l. C., Fil. v. Todtnau, A.-G. u. B.-A. Schönau; R.-G. u. R.-A. Lörrach; liegt in rauher u. düsterer Gegend.

**Muggensturm,** Pfd., 6 ev., 1710 l., 54 ifr., juf. 1770 C., A.-G. u. B.-A. Rastatt; R.-G. u. R.-A. Baden; L.-R. Gernsbach; P.- und C.-A. Carlsruhe. Sitz der P.- u. C.-C. und P.-Simstr.; liegt 404 p. F. üb. d. M. an der Federbach. Feldb., Wiesenbau u. Viehzucht. Ursprünglich wohl Mouchinsborn, gab der Name zu seltsamen Erklärungen Veranlassung. Alter Ort u. Schloß der Grafen v. Eberstein, 1387 hälftig an Baden verkauft, welches mit den übrigen Eberstein'schen Herrschaften auch die andere Hälfte erbte. Half. u. Tel.-Stat.

**Muhren,** Z. b. D. Federmettlingen, 20 l. E., Fil. v. Untermettlingen, A.-G. u. B.-A. Jestetten; R.-G. u. R.-A. Waldshut.

**Mukenfturm,** Col., 51 ev., 14 l., juf. 65 C., Fil. v. Heddesheim, A.-G. Ladenburg, B.-A. Mannheim; R.-G. u. R.-A. Mannheim; Stabhalterei; liegt 334 p. F.

üb. b. R. Starke Landwirthschaft u. reiche Torflager.

**Mukwies**, F. b. D. Riedern, 15 f. E., Fil. v. Bühl, A.-G. u. B.-A. Bonndorf; A.-G. u. A.-A. Waldshut.

**Mulden**, N.-C. b. D. Untermünsterthal, 360 f. E., Fil. v. St. Trudpert, A.-G. u. B.-A. Staufen; A.-G. u. A.-A. Freiburg. Gemarkung und Gemeindevermögen gemeinschaftlich.

**Mulenbühl**, F. b. Pfd. ev. Thennenbronn, 29 ev. C., A.-G. u. B.-A. Triberg; A.-G. u. A.-A. Villingen.

**Mundelfingen**, Pfd., 9 ev., 667 L, juſ. 676 C., A.-G. u. B.-A. Donaueſchingen; A.-G. u. A.-A. Villingen; L.-R. Villingen; liegt nicht weit von der Gaucha. Feldbau und Viehzucht, ſowie Handel mit Früchten.

**Mundenhof**, Col. b. Pfd. Umkirch, 24 L E., A.-G. u. B.-A. Freiburg; A.-G. u. A.-A. Freiburg.

**Mundingen**, Pfd., 784 ev., 19 f., juſ. 603 C., A.-G. u. B.-A. Emmendingen; A.-G. u. A.-A. Freiburg; Dec. Emmendingen, liegt an einem Bache, der hier eine Mühle treibt. Feld-, Wein-, Wiesenbau u. Viehzucht.

**Munzingen**, Pfd., 9 ev., 767 L, 4 Men., juſ. 760 C., A.-G. u. B.-A. Freiburg; A.-G. und A.-A. Freiburg; L.-R. Breiſach; P.-A. Freiburg. Siß der P.-Abl.; liegt am ſüdweſtlichen Theile des Tunibergs. Feld-, Wieſen-, Weinbau und Viehzucht. Schloß u. Garten der Gebhrn.: Grafen v. Kageneck. Schon im 8. Jahrh.

als kaiſerliche Villa an St. Stephan in Straßburg geſchenkt.

**Murbach**, N.-O. b. Pfd. Randegg, 86 L E., A.-G. u. B.-A. Radolphzell; A.-G. u. A.-A. Conſtanz. Gemarkung u. Gemeindevermögen getrennt.

**Murberg**, F. b. Pfd. Sasbachwalden, 73 L E., A.-G. und B.-A. Achern; A.-G. u. A.-A. Baden.

**Murg**, Pfd., 30 ev., 643 L., juſ. 673 C., A.-G. u. B.-A. Sädingen; A.-G. u. A.-A. Waldshut; L.-R. Wiesenthal; P.-A. Waldshut. Siß der P.-Abl.; liegt am Rhein und an der Straße von Sädingen nach Waldshut und hat ſeit 1857 eine von Hüſſl und Künzli errichtete Baumwollweberei, welche 150 Stühle und 100 Arbeiter beſchäftigt u. jährlich 18,000—20,000 Stück fabrizirt.

**Mußbach**, N.-O. b. D. Freiamt, 307 C., Fil. v. Ottoſchwanden, A.-G. und B.-A. Emmendingen; A.-G. u. A.-A. Freiburg. Gemarkung und Gemeindevermögen gemeinſchaftlich.

**Mußbach**, F. b. Pfd. Siegelau, 107 L E., A.-G. u. B.-A. Waldkirch; A.-G. u. A.-A. Freiburg.

**Mutterbühl**, F. b. N.-O. Altenſtein, b. Pfd. Häg, 16 L E., A.-G. und B.-A. Schönau; A.-G. u. A.-A. Lörrach. Grdbr.: Frhr. v. Schönau-Zell.

**Mutterslehen**, F. b. Pfd. Oberibach, 71 L C., A.-G. u. B.-A. St. Blaſien; A.-G. u. A.-A. Waldshut.

**Muttert**, F. b. D. Furſchenbach, 33 L. C., Fil. v. Ottenhöfen, A.-G. u. B.-A. Achern; A.-G. u. A.-A. Baden.

## N.

**Nachmühle**, Hſ. und Brz. b. Ebſt. Herbolzheim, 3 L E., A.-G. u. B.-A. Kenzingen; A.-G. u. A.-A. Freiburg.

**Nachtwald**, F. b. Pfd. Durbach, 42 L E., A.-G. u. B.-A. Offenburg; A.-G. u. A.-A. Offenburg.

**Nack**, Wlr. b. Pfd. Lottſtetten, 139 f. E., A.-G. u. B.-A. Jeſtetten; A.-G. u. A.-A. Waldshut.

**Nächſtenbach**, F. b. Ebſt. Weinheim, 30 L E., A.-G. u. B.-A. Weinheim; A.-G. u. A.-A. Mannheim.

**Nägeleſee**, F. b. Pfd. Buchenberg, 62 ev. E., A.-G. u. Pfd. Triberg; A.-G. u. A.-A. Villingen.

**Nägelsförſterhof**, Hf. und Brz. b. D. Barnhalt, 13 L C., Fil. v. Steinbach, A.-G. u. B.-A. Bühl; A.-G. u. A.-A. Baden.

**Naglerfriedrichshof**, Wlr. b. Pfbf. Aichenbach, 11 L. C., A.-G. und B.-A. Säckingen; A.-G. u. A.-A. Waldshut.

**Naffenhof**, Hf. u. Prz. b. T. Billafingen, 3 L. C., Fil. von Pfaffenhofen, A.-G. u. B.-A. Ueberlingen; A.-G. u. A.-A. Constanz. Grdhr.: Frhr. Roth v. Schreckenstein.

**Naffenthal**, Hf. u. Prz. b. T. Billafingen, 6 L. C., Fil. von Pfaffenhofen, A.-G. u. B.-A. Ueberlingen; A.-G. u. A.-A. Constanz.

**Naffig**, Pfbf., 742 ev., 43 L, juf. 785 C., A.-G. u. B.-A. Wertheim; A.-G. u. A.-A. Mosbach; Dec. Wertheim; liegt 1059 p. F. üb. b. M. Feldb., Weinbau, Viehzucht und Holzhandel. Stdbhr.: Fürst v. Löwenstein-Wertheim.

**Nebenau**, Wlr. b. Pfbf. Wollbach, 114 ev. C., A.-G. u. B.-A. Lörrach; A.-G. und A.-A. Lörrach; hat eine unfreundliche Lage und eine ziemlich warme Quelle, die ehedem als Bad benutzt wurde. Gemarkung und Gemeindevermögen gemeinschaftlich.

**Nebenhäusle**, Hs. und Prz. b. Hl. Urichhof, b. D. Schollach, 3 L. C., Fil. v. Urach, A.-G. u. B.-A. Neustadt; A.-G. und A.-A. Freiburg.

**Neckarau**, Pfbf., 1437 ev., 752 L, juf. 2209 C., A.-G. und B.-A. Schwetzingen; A.-G. u. A.-A. Mannheim; Dec. Oberheidelberg; L.-A. Heidelberg. Sitz b. ev. Dec.; liegt 329 p. F. üb. b. M., an der Straße nach Mannheim. Feldbau, Viehzucht und starker Handel mit Tabak. Römischer Ursprung durch mannigfache Funde nachgewiesen, beliebter Ausflug von Mannheim. Der Thurm der evangelischen Kirche angeblich aus dem 9. Jahrh., in welchem N. vom gegenüberliegenden Altripp getrennt wurde und eine Kirche erhielt, die 882 mit dem Dorfe an Kloster Prüm geschenkt wurde.

**Neckarbischofsheim**, Stdt., 1703 ev., 103 L, 7 Diff., 24 Men., 179 ifr., juf. 2016 C., A.-G. u. A.-A. Heidelberg; B.-A. Sinsheim; Dec. Neckarbischofsheim; B.-A. Heidelberg. Sitz b. A.-G., G.-N., P.-E. u.

Diff.-Not.; liegt 585 p. F. üb. b. M., an der Krebsbach, Landwirthschaft u. Gewerbebetrieb und Handel mit Früchten. Mkte.: 4. April, 19. Sept. Alter Besitz v. Worms, daher der Name. Zwei Schlößchen der gräfl. Helmstädtischen Grundherrschaft. Tel.-Stat.

**Neckarburken**, Pfbf., 358 ev., 34 L, 2 Diff., juf. 394 C., A.-G. u. B.-A. Mosbach; A.-G. u. A.-A. Mosbach; Dec. Mosbach; liegt 625 p. F. üb. b. M. an der Elzbach sehr freundlich, hat bedeutende Waldungen. Feldb., Wiesen u. Weinbau. Handel mit Spelz, Leinwand und Holz. Alter Römerort, durch ausgegrabene Denksteine beurkundet, dann Lorscher Besitz, durch die Herren v. Weinsberg an die Schenken von Limburg gediehen.

**Neckarelz**, Pfbf. 628 ev., 438 L, juf. 1066 C., A.-G. u. B.-A. Mosbach; A.-G. u. A.-A. Mosbach; Dec. und L.-A. Mosbach; B.-A. Heidelberg. Sitz b. P. u. C. E.; liegt 482 p. F. üb. b. M. am Einflusse der Elz in den Neckar. Sitz b. fürfl. Leiningen'schen Rentamts. Gewerbe- u. Mühlenbetrieb. Feldb., Wiesen-, Weinbau und Viehzucht. Mkte.: 17. Mai, 22. Aug. Mit der Abtei Mosbach 976 an Worms geschenkt. Die Kirche, angeblich vom Templerorden erbaut, hat einen Tauffstein und 7 Götterbildern. Durch die Herren v. Weinsberg theilweise, der Rest von Hans von Hirschhorn 1393 an Bischof-Mosbach gediehen. Die jetzige Kellerei angeblich auf den Trümmern des alten Tempelhofes. Stdbhr.: Fürst v. Leiningen. Tel.-Station.

**Neckargemünd**, Stdt., 1623 ev., 741 L, 1 Men., 1 ifr., juf. 2366 C., A.-G. u. A.-A. Heidelberg; B.-A. Heidelberg; Dec. Neckargemünd; L.-A. Heidelberg; P.-A. Heidelberg. Sitz b. A.-G., G.-N., D.-B., P.- u. C.-E., u. Diff.-Not., Gewerbeschule; liegt 403 p. F. üb. b. M. am Einflusse der Elsenz in den Neckar, in einem freundlichen aber engen Thale. Feldb., Wiesenbau, Viehzucht, Steinbrüche, Gewerbebetrieb. Mkte.: 8. Febr., 24. Juni, 23. Novbr., D.-M.: 23. Febr., 26. April, 26. Septbr. Römische Niederlassung durch Fund von Münzen und eines

Denkmals bewirken. N. war Kaisergut und kam als solches im 10. Jahrh. mit seinem großen Königsbau bis Cimbern am Ursprung der Elsenz an Worms, von dem es angeblich die Grafen v. Lauffen erwarben, wurde aber während des Interregnums reichsunmittelbar. Im Jahr 1296 an den Grafen von Katzenelnbogen, 1312 an die Herren v. Weinsberg, 1330 an die Churfürsten von der Pfalz verpfändet, gelang es den letzteren, sich nach und nach in den ständigen Besitz dieser und der anderen Pfandschaften zu setzen. Tel.-Stat.

**Neckarhäuserhof**, R.-D. des D. Mudenloch, 78 ev., 5 l., zuf. 83 E., ev. Fil. v. Dimmersbach, kath. Fil. von Tilsberg, A.-G. Neckargemünd, B.-A. Heidelberg; R.-G. u. K.-A. Heidelberg; liegt 1402 p. F. üb. d. M. am Neckar.

**Neckarhausen**, Pfdf, 389 ev., 717 L, zuf. 1106 E., A.-G. Ladenburg, B.-A. Mannheim; R.-G. u. K.-A. Mannheim; L.-R. Heidelberg; liegt 344 p. F. üb. d. M. am linken Ufer des Neckars. Taglöhnen und Schiffreiten. Hopfen- und Tabakbau. Alte Neckarfähre dem Hochstifte Worms zuständig. Der Neckardamm wurde nach großer Ueberschwemmung des Flusses 1784 gebaut. Schlößchen mit Garten des Grafen von Oberndorf.

**Neckarkatzenbach**, D., 150 ev., 70 l., zuf. 220 E., ev. Fil. v. Breitenbronn, kath. Fil. v. Neunkirchen, A.-G. u. B.-A. Mosbach; R.-G. u. K.-A. Mosbach; liegt 600 p. F. üb. d. M.

**Neckarmühlbach**, Pfdf, 234 ev., 13 l., zuf. 247 E., A.-G. u. B.-A. Mosbach; R.-G. und K.-A. Mosbach; Dec. Neckarbischofsheim; liegt 520 p. F. üb. d. N. am Fuße der Ruine Guttenberg. Feld-, Obstbau und Viehzucht. Schöne, 1390 von Conrad von Weinsberg erbaute Kirche mit Altarbildern u. Schnitzwerk. Ueber dem Dorfe die Ruinen vom Schloß Guttenberg, von welchem eine v. Gemmingen'sche Linie den Namen führt.

**Neckarzimmern**, Pfdf, 566 ev., 23 l., 64 lir., zuf. 653 E., A.-G. u. B.-A. Mosbach; R.-G. u. K.-A. Mosbach; Dec. Mos-

bach; liegt 508 p. F. üb. d. M. am rechten Ufer des Neckars. Feldbau, Viehzucht und Weinbau, Handel mit Holz.

**Negelhof**, Hl. u. Brz. b. Pfdf. Bonndorf, 15 k. E., A.-G. u. B.-A. Ueberlingen; R.-G. u. K.-A. Constanz.

**Reibsheim**, Pfdf., 2 ev., 1138 L, zuf. 1140 E., A.-G. u. B.-A. Bretten; R.-G. u. K.-A. Carlsruhe; L.-R. Bruchsal; liegt 578 p. F. üb. d. M. an einem kleinen Bache zwischen niederen Hügeln.

**Reibelsbach**, D., 21 ev., 29 L, 11 Nen., zuf. 61 E., A.-G. u. B.-A. Boxberg; R.-G. u. K.-A. Mosbach; ev. Fil. v. Hohenstadt, kath. Fil. v. Rosenberg; liegt 1180 p. F. üb. d. M. Handel mit Früchten u. Vieh. Sibshr.: Fürst von Löwenstein-Wertheim-Rosenberg.

**Reibenstein**, D., 485 ev., 192 L, 260 isr., zuf. 937 E., ev. Fil. v. Eichelbronn, kath. Fil. v. Waibstadt, A.-G. und B.-A. Sinsheim; R.-G. u. K.-A. Heidelberg; P.-A. Heidelberg. Siz b. P.-Abl.; liegt 543 p. F. üb. d. M. an der Schwarzach. Feld-, Wiesen-, Weinbau u. Viehzucht. In der Kirche mehrere Grabmäler der Grbhrn. v. Benningen.

**Reidingen**, D., 136 k E., Fil. von Hausen, A.-G. u. B.-A. Meßkirch; R.-G. u. K.-A. Constanz. Landwirtschaft u. Gewerbebetrieb. Grbhrn.: Grafen v. Langenstein.

**Rellenburg**, Col. b. Pfdf. Hindelwangen, 40 L E., A.-G. u. B.-A. Stockach; R.-G. u. K.-A. Constanz. Schon 1056 genannte Burg der alten Zürich- u. Thurgaugrafen, die von da ihren Namen führten, 1100 ausstarben und ihn auf Verwandte von Meersburg übertrugen, nach deren Abgang Name und Herrschaft noch im 12 Jahrh. an zwei aufeinander folgende Zweige der Grafen v. Benningen gedieh, deren Wappen — das Hirschhorn — Wappenbild der Grafschaft wurde. Durch eine Erbtochter gelangt Burg und Grafschaft um 1400 an die Herren v. Tengen, von diesen 1465 an Oesterreich, welches die Grafschaft bis zur Aufhebung des deutschen Reiches behauptete.

**Neuzingen**, Pfd., 819 l. E., A.-G. u. B.-A. Stodach; A.-G. u. K.-A. Constanz; L.-A. Engen; Feld-, Wiesen-, Wein-, Obstbau und Viehzucht, Mühlenbetrieb.

**Nessellachen**, F. b. D. Fallensteig, 9 l. E., Fil. v. Buchenbach, A.-G. und B.-A. Freiburg; K.-G. u. K.-A. Freiburg.

**Nessellachen**, F. b. Pfd. Buchenbach, 8 l. E., A.-G. u. B.-A. Freiburg; A.-G. u. K.-A. Freiburg.

**Nessellachen**, F. b. Pfd. Breitnau, 9 l. E., A.-G. u. B.-A. Freiburg; A.-G. u. K.-A. Freiburg.

**Nesselried**, K.-O. b. Pfd. Durbach, 363 l. E., Stabhalterei, A.-G. und B.-A. Offenburg; A.-G. u. K.-A. Offenburg.

**Nesselwangen**, Pfd., 1 ev., 237 l., 3 Diff., zuf. 241 E., A.-G. u. B.-A. Ueberlingen; A.-G. und K.-A. Constanz; L.-A. Stodach; liegt an der Strasse von Ueberlingen nach Stodach. Feld-, Wiesenbau, Viehzucht, bedeutende Waldungen.

**Nesslerhäuser**, K.-C. b. Pfd. Wieden, 35 l. E., A.-G. u. B.-A. Schönau; A.-G. u. K.-A. Lörrach. Gemarkung und Gemeindevermögen getrennt.

**Neubau**, F. b. Pfd. Diedelsheim, 5 l. E., A.-G. u. B.-A. Bretten; A.-G. u. K.-A. Carlsruhe.

**Neuberg**, Hf. und Prz. b. D. Herzthal, 11 l. E., Fil. v. Russbach, A.-G. u. B.-A. Oberkirch; K.-G. u. K.-A. Offenburg.

**Neubrunn**, K.-O. b. D. Ruschweiler, 102 l. E., Fil. v. Denlingen, A.-G. u. B.-A. Pfullendorf; A.-G. u. K.-A. Constanz. Gemarkung und Gemeindevermögen getrennt. Stdsherr.: Fürst von Fürstenberg.

**Neuburg**, Stift, Hf. u. Prz. b. Pfd. Ziegelhausen, 15 ev. E., A.-G. u. B.-A. Heidelberg; A.-G. u. K.-A. Heidelberg; liegt unweit Heidelberg auf einem etwas vorspringenden Hügel, 458 v. F. üb. d. M.; schon 1444 vom Kloster Lorsch besetzt, wurde später in ein Nonnenkloster verwandelt, in welchem nur adelige Damen aufgenommen wurden. Nach vergeblichen Versuchen der Aufhebung durch Papst Martin V. 1431 erlitt es dieses Schicksal in der Reformationszeit, wurde Witwensitz der Churfürstinnen, und ward 1716 den Jesuiten eingeräumt. In neuester Zeit durch den Rath Schlosser, seinen letzten Besitzer, in einen herrlichen Sommersitz umgeschaffen, wurde es den Affiliirten des Ordens wieder vermacht.

**Neuburg**, Schloss und Prz. b. Pfd. Obrigheim, 9 l. E., A.-G. u. B.-A. Mosbach; K.-G. u. K.-A. Mosbach; liegt Neckarelz gegenüber, auf einem Bergvorsprunge, 652 p. F. üb. d. M. Dieses Schloss mit schöner Aussicht auf das Neckarthal kam von den Herrn v. Obrigheim 1400 an die Pfalz, wurde von dieser an mehrere Herren vergabt und im 30jährigen Kriege von Bayern in Besitz genommen und dem Kanzler Jeltbach verliehen. Im westphälischen Frieden aber an die Pfalz zurückgegeben. In neuester Zeit kam es als Entschädigung an die jetzige Standesherrschaft Leiningen.

**Neuburgweier**, D., 2 ev., 366 l., zuf. 368 E., Fil. v. Mörsch, A.-G. u. B.-A. Ettlingen; K.-G. u. K.-A. Carlsruhe; liegt 366 p. F. üb. d. M. an der Federbach, unweit des Rheins. Feld-, Wiesenbau, Viehu. besonders Pferdezucht.

**Neudenau**, Stdt., 16 ev., 1096 l., 37 isr., zuf. 1139 E., A.-G. u. B.-A. Mosbach; A.-G. u. K.-A. Mosbach; L.-A. Mosbach; B.-A. Heidelberg. Sitz b. erzbischöfl. Decans u. B.-Abl.; liegt an der Jagst, 635 p. F. üb. d. M. Feld-, Wiesen-, Weinbau u. Viehzucht. Seit 1802 Entschädigung mit Mainzer Kirchengut an die davon Rechnennende Linie der Leiningen'schen Standesherrschaft. Eisenhammer.

**Neudingen**, Pfd., 2 ev., 696 l., zuf. 698 E., A.-G. u. B.-A. Donaueschingen; A.-G. u. K.-A. Billingen; L.-A. Villingen; liegt an der Donau. Feld-, Wiesenbau und Viehzucht. Kaiserliche Pfalz, in welcher Karl der Dicke starb und zeitweiliger Sitz des Baargauer Grafenamts. Auf der Pfalz wurde gegen Ende des 13. Jahrhdts. das Dominikaner-, später Cistercienser-Nonnenkloster, Maria auf dem Hof, gegründet und zur Grablege der Grafen von Fürstenberg

Fürstenberg gewählt. Nach Aufhebung des Klosters, Taubstummenanstalt, später Rettungshaus für verwahrloste Kinder, brannten die Gebäude 1850 ab. Auf ihrer Stätte wurde die jetzige, durch ihre Architektonik und innere Ausstattung sehenswerthe Gruftkirche der Fürsten von Fürstenberg erbaut. Die Pfarrkirche hat vom alten Bau noch ein byzantinisches Portal aus dem 12. Jahrh.

**Neudorf**, Pfdf., 4 ev., 1035 l., jul. 1039 E., L.G. Philippsburg, B.-A. Bruchsal; A.-G. u. A.-A. Carlsruhe; L.-H. Philippsburg; P.-A. Bruchsal. Siz d. P.-Abl. u. d. erzbischöfl. Dec.; liegt 371 p. F. üb. d. M. an der Straße von Carlsruhe nach Mannheim. Feld-, Wiesenbau, Viehzucht u. starken Torfstich.

**Neuenbach**, F. d. D. Einbach, 53 l. E., Fil. von Hauslach. L.-G. und P.-A. Wolfach; A.-G. u. A.-A. Offenburg. Stdhr.: Fürst v. Fürstenberg.

**Neuenbürg**, D., 11 ev., 434 l., jul. 445 E., Fil. v. Oberöwisheim, L.-G. und B.-A. Bruchsal, A.-G. u. A.-A. Carlsruhe; liegt 587 p. F. üb. d. M.

**Neuenburg**, D., 70 l. E., Fil. von Bachheim, A.-G. u. B.-A. Donaueschingen; A.-G. u. A.-A. Villingen. Feld- u. Obstbau, Vieh- u. Bienenzucht. Besitz einer Linie von Allmendshofen.

**Neuenburg**, Stdt., 36 ev., 1194 L., auf. 1230 E., L.-G. u. B.-A. Müllheim; A.-G. u. A.-A. Lörrach; L.-R. Neuenburg; liegt am Rheine. Feld-, Wiesenbau, Viehzucht, Gewerbebetrieb, Fischerei u. Schiffahrt. Die Stadt wurde im 15. Jahrh. durch die Fluthen des Rheins größtentheils vernichtet, weshalb Kaiser Maximilian den Neubau durch Erhöhung des Zolls begünstigte. Siz der Grafen v. Neuenburg, einer Nebenlinie des Zähringen'schen Hauses vom 11.–13. Jahrh. Als Berthold, der letzte Graf, um 1212 das Geschlecht beschloß, nachdem er einen großen Theil seiner Güter an Bischof Conrad von Straßburg verkauft hatte, machte Friedrich II. darauf Ansprüche als heimgefallenes Reichslehen, dagegen Berthold V. v. Zähringen als Erbberechtigter. Nach dem Aussterben des herzoglichen Hauses 1218 verwickelte sich der Streit noch mehr, da sowohl die markgräfliche Linie als die Grafen v. Urach-Freiburg an das Erbe der Neuenburger Anspruch erhoben. Heinrich v. Luxemburg übertrug die Städte u. Burgen Neuenburg, Ortenberg und Offenburg dem Grafen Conrad v. Freiburg, was 1248 Papst Innocenz IV. bestätigte; die Hohenstaufen gaben die Ansprüche auf Neuenburg dem Bischof v. Basel, welchem nach Vertreibung des Grafen Heinrich v. Freiburg 1272 die Stadt bis zur Wahl eines neuen Reichsoberhauptes sich mit Brisach ergab. Unter Rudolph v. Habsburg oder Adolf v. Nassau wurde sie reichsunmittelbar und erhielt von letzterem 1292 ein Privilegium, wurde aber 1331 an Oesterreich verpfändet und erst während der Ungnade Herzog Friedrich's wieder reichsfrei, unterwarf sich jedoch nach dessen Aussöhnung wieder. Im 30jährigen Kriege von den Schweden genommen, starb Herzog Bernhard hier in seinem Hauptquartire 1639; im J. 1649 verlor sie sodann ihre Festungswerke und wurde 1672 und 1702 von den Franzosen theilweise und 1704 ganz niedergebrannt. Noch sind schätzbare Urkunden vorhanden, indessen soll der größte Theil der Privilegien 1657 unwiderruflich nach Enzisheim verbracht worden sein.

**Neuenheim**, D., 906 ev., 261 l., 35 Diss., 2 Ihr., jul. 1204 E., ev. Fil v. Ziegelhausen, kath. Fil. von Handschuhsheim, L.-G. u. B.-A. Heidelberg; A.-G. u. A.-A. Heidelberg; liegt Heidelberg gegenüber, am rechten Ufer des Neckars, 362 p. F. üb. d. M. an der Straße von Heidelberg nach Frankfurt. Feld-, Wiesen-, Weinbau u. Viehzucht. Alter Römerort u. seit dem 8. Jahrh. Besitz des Klosters Lorsch.

**Neuenhof**, Hf. u. Prz. d. D. Billafingen, 9 l. E., Fil. v. Bonndorf, L.-G. und B.-A. Ueberlingen; A.-G. und L.-A. Constanz.

**Neuenweg**, Pfdf., 506 ev., 14 l., jul. 520 E., L.-G. u. B.-A. Schopfheim; A.-G. u. A.-A. Lörrach; Dec. Schopfheim; liegt am südlichen Abhange des Belchen in einem tiefen Thale. Feldbau, Viehzucht, Handel mit Früchten.

**Neuenweg**, H. b. Mühl. Furtwangen, 79 f. C., A.-G. und B.-A. Triberg; R.-G. u. A.-A. Villingen.

**Neuershausen**, Pfdf., 12 ev., 617 L, zuf. 629 C., A.-G. und B.-A. Freiburg; R.-G. u. A.-A. Freiburg; L.-A. Freiburg; liegt unweit der Dreisam. Grbhr.: Frhr. v. Falkenstein.

**Neufrach**, D., 2 ev., 617 L, zuf. 619 C., Fil. u. Leutkirch, A.-G. Meersburg, B.-A. Ueberlingen; R.-G. u. A.-A. Constanz; liegt an der Straße von Salem nach Markdorf. Stabhrn.: Mtgsl. v. Baden.

**Neufreistett**, Edbl., 296 ev., 58 L, 86 ist., zuf. 442 C., A.-G. u. B.-A. Kork; R.-G. u. A.-A. Offenburg; Fil. v. Altfreistett. Sitz d. Hpt.-St.-A.; liegt an der Straße von Rastatt nach Kehl. Feldbau, Viehzucht und Gewerbebetrieb.

**Neuglashütten**, D., 60 C., Fil. v. Altglashütten, A.-G. und B.-A. Neustadt; R.-G. u. A.-A. Freiburg.

**Neuhäuser**, D., 228 C., Fil. v. Kirchzarten, A.-G. u. B.-A. Freiburg; R.-G. u. A.-A. Freiburg.

**Neuhäusle**, R.-O. b. D. Untermünsterthal, 280 f. C., Fil. v. St. Trudpert, A.-G. u. B.-A. Staufen; R.-G. und A.-A. Freiburg. Gemarkung u. Gemeinde vermögen gemeinschaftlich.

**Neuhäuserhof**, Hf. u. Przl. b. Pfdf. Schutterthal, 6 L C., A.-G. u. B.-A. Lahr; R.-G. u. A.-A. Offenburg.

**Neuhaus**, Hf. u. Brz. b. D. Nordhalden, 20 f. C., Fil. von Nommingen, A.-G. u. B.-A. Engen; R.-G. und A.-A. Constanz.

**Neuhaus**, Hf. u. Brz. b. Pfdf. Kirchen, 8 L C., A.-G. und B.-A. Engen; R.-G. u. A.-A. Constanz.

**Neuhaus**, Hf. u. Brz. b. Pfdf. Friesenbingen, 11 L C., A.-G. u. B.-A. Radolphzell; R.-G. u. A.-A. Constanz.

**Neuhaus**, Hf. u. Brz. b. Pfdf. Liptingen, 7 L C., A.-G. u. B.-A. Stockach; R.-G. u. A.-A. Liptingen.

**Neuhaus**, Hf. u. Brz. b. Pfdf. Gersbach, 22 ev. C., A.-G. u. B.-A. Schopfheim; R.-G. u. A.-A. Lörrach.

**Neuhaus**, Hf. u. Brz. b. D. Staufenberg, 9 ev. C., Fil. von Gernsbach, A.-G. u. B.-A. Gernsbach; R.-G. u. A.-A. Baden.

**Neuhaus**, Hf. u. Brz. b. Pfdf. Chrställ, 37 ev. C., A.-G. u. B.-A. Sinsheim; R.-G. u. A.-A. Heidelberg; liegt 860 p. F. üb. d. M. Grbhrn.: v. Degenfeld.

**Neuhausen**, D., 319 f. C., Fil. von Engen, A.-G. u. B.-A. Engen; R.-G. u. A.-A. Constanz; liegt an der Engener Aach. Feld, Wiesen, Weinbau und Viehzucht. Stabhr.: Fürst v. Fürstenberg.

**Neuhausen**, Pfdf., 2 ev., 437 L, zuf. 439 C., A.-G. u. B.-A. Villingen; R.-G. u. A.-A. Villingen. Feld, Wiesenbau und Viehzucht. Urkundlich Ruwenhausen schon im 11. Jahrh. theilweise an St. Georgen vergabt. Die Gerichtsbarkeit kam von Adelringen an die Johannitercommende Villingen, in welche Stadt 1300 das 1238 hier gestiftete Clarisserkloster verlegt wurde.

**Neuhausen**, H. b. Pfdf. Bergbauten, 26 f. C., A.-G. u. B.-A. Gengenbach; R.-G. u. A.-A. Offenburg.

**Neuhausen**, H. b. Edbl. Zell a. H., 119 f. C., A.-G. und B.-A. Gengenbach; R.-G. u. A.-A. Offenburg.

**Neuhausen**, Pfdf., 13 ev., 870 L, zuf. 683 C., A.-G. u. B.-A. Pforzheim; R.-G. u. A.-A. Carlsruhe; L.-A. Mühlhausen; liegt im Hagenschießwalde. Feldbau, Viehzucht u. Handel mit Hafer.

**Neuhof**, Hf. und Brz. b. D. Hohenbodmann, 15 f. C., Fil. v. Pfaffenhofen, A.-G. und B.-A. Ueberlingen; R.-G. u. A.-A. Constanz.

**Neuhof**, Hf. u. Brz. b. Pfdf. Sulzfeld, 31 ev. C., A.-G. u. B.-A. Eppingen; R.-G. und A.-A. Heidelberg; liegt an der

Straße von Eppingen nach Bretten. Grbhr.: Frhr. Göler v. Ravensburg.

**Neuhof,** Hs. u. Prz. b. D. Bodenroth, 36 ev. C., Fil. von Sachsenhausen, A.-G. u. B.-A. Wertheim; K.-G. u. K.-A. Mosbach; liegt an der Straße von Wertheim nach Miltenberg. Elbhr.: Löwenstein-Wertheim-Rosenberg.

**Neuhofer-Rotte,** R.-O. b. D. Obermünsterthal, 130 L.C., Fil. v. Ev. St. Trudpert, A.-G. u. B.-A. Staufen; K.-G. und K.-A. Freiburg. Gemarkung u. Gemeindevermögen getrennt.

**Neukirch,** Pfdf., 27 ev., 982 L., zuf. 1009 C., A.-G. u. B.-A. Triberg; K.-G. u. K.-A. Villingen; L.-A. Triberg; hat ein rauhes Klima, daher wenig Feldbau und Viehzucht. Uhrenfabrikation und Strohmanufactur.

**Neulaßheim,** D., 935 ev., 12 I., zuf. 947 C., A.-G. u. B.-A. Schwetzingen; K.-G. u. K.-A. Mannheim; Fil. v. Altlußheim; liegt 325 p. F. üb. d. M. an der Straße von Carlsruhe nach Mannheim und ist regelmäßig gebaut.

**Neumalsch,** S. des Pfdf. Malsch, 27 ev., 4 L., zuf. 31 C., A.-G. und B.-A. Ettlingen; K.-G. u. K.-A. Carlsruhe; liegt 409 p. F. üb. d. M.

**Neumühl,** D., 553 ev., 13 L., zuf. 566 C., Fil. v. Kork A.-G. u. B.-A. Kork; K.-G. u. K.-A. Offenburg; liegt am rechten Ufer der Kinzig an der Straße von Offenburg nach Kehl. Holzflößerei.

**Neumühl,** Z. b. Pfdf. Weiler, 8 L. C., A.-G. u. B.-A. Pforzheim; K.-G. u. K.-A. Carlsruhe.

**Neumühle,** Hs. u. Prz. b. Col. Thiergarten, 11 L. C., Fil. v. Kreenheinstetten, A.-G. u. B.-A. Meßkirch; K.-G. und K.-A. Constanz; liegt an der Donau. Elbhr.: Fürst v. Fürstenberg.

**Neumühle,** Hs. und Prz. b. Sdt. Breisach, 7 L. C., A.-G. u. B.-A. Breisach; K.-G. u. K.-A. Freiburg.

**Neumühle,** Hs. und Prz. b. Pfdf. Königringen, 10 ev. C., A.-G. u. B.-A. Emmendingen; K.-G. u. K.-A. Freiburg.

**Neumühle,** Z. b. R.-O. Unterwaschenegg, b. D. Tiefenhäusern, 13 L. C., Fil. v. Höchenschwand, A.-G. u. B.-A. St. Blasien; K.-G. u. K.-A. Waldshut.

**Neumühle,** Hs. u. Prz. b. Pfdf. Grünsfeld, 11 L. C., A.-G. Gerlachsheim, B.-A. Tauberbischofsheim; liegt an der Grünbach.

**Neumühle,** Hs. u. Prz. b. Pfdf. Wenkheim, 12 ev. C., A.-G. u. B.-A. Tauberbischofsheim; K.-G. u. K.-A. Mosbach.

**Neumühle,** Hs. und Prz. b. Rfdf. Königheim, 8 L. C., A.-G. und B.-A. Tauberbischofsheim; K.-G. u. K.-A. Mosbach.

**Neunkirch,** Z. b. Pfdf. Wasenweiler, 8 L. C., A.-G. und B.-A. Breisach; K.-G. u. K.-A. Freiburg.

**Neunkirchen,** Pfdf., 657 ev., 308 L., zuf. 965 C., A.-G. u. B.-A. Eberbach; K.-G. und K.-A. Mosbach; Dec. Neckargemünd; L.-A. Waibstadt; liegt 998 p. F. üb. d. M. in gebirgiger Gegend. Feld-, Obstbau und Viehzucht.

**Neunstetten,** Pfdf., 544 ev., 10 L., 16 lsr., zuf. 570 C., A.-G. u. B.-A. Boxberg; K.-G. u. K.-A. Mosbach; Dec. Boxberg; liegt 1026 p. F. üb. d. M. an der Erlenbach. Beträchtlicher Frucht-, früher auch Weinbau. In der Kirche das Denkmal Johann Gottfrieds von Berlichingen, gest. 1588, des Ahnen der jetzigen mit der Freiin v. Gemmingen-Widdern sich in die Herrlichkeit theilenden Grundherren v. Berlichingen, Roßacher Linie.

**Neusägehof,** Hf. und Prz. b. D. Aisenhausen, 3 L. C., Fil. v. Hindelwangen, A.-G. u. B.-A. Stockach; K.-G. u. K.-A. Constanz.

**Neusand,** Z. b. Pfdf. Sand, 13 ev. C., A.-G. u. B.-A. Kork; K.-G. u. K.-A. Offenburg.

**Neusatz,** Wlr. b. D. Geroljahn, 68 L. C., Fil. v. Wallbürn, A.-G. u. B.-A. Wallbürn; K.-G. u. K.-A. Mosbach. Gemarkung und Gemeindevermögen getrennt;

liegt 1428 p. F. üb. d. M. Eisbhr.: Fürst v. Leiningen.

**Neusatz**, Pfdf., 1 ev., 1332 L., zuf. 1333 C., A.-G. u. B.-A. Bühl; A.-G. und A.-A. Baden; L.-A. Ottersweier; liegt auf dem Gebirge hinter dem Hubbade. Feld-, Wiesen-, Weinbau, Viehzucht, Obst, Kastanien. Handel mit Bau- u. Brennholz, Oel, Wein, Obst, Kirschenwasser u. Kastanien.

**Neusatzeck**, Z. b. Pfdf. Neusatz, 230 L. C., A.-G. u. B.-A. Bühl; R.-G. u. A.-A. Baden.

**Neuschoren**, Z. b. D. Hecheln, 11 L. C., Fil. v. Mühlingen, A.-G. u. B.-A. Stockach; K.-G. u. L.-A. Constanz.

**Neustadt**, Stdt., 22 ev., 1630 l., zuf. 1652 C., A.-G. u. A.-A. Freiburg; L.-A. Billingen; F.-G. Freiburg; P.-A. Freiburg. Sitz d. A.-G., O.-R., A.-Ph., B.-A., B.-G., A.-G. und B.-Stnastr., 2 Tit. Rol., Gewerbeschule; liegt an der Wutach, die hier Gutach genannt wird, an der Straße von Freiburg nach Donaueschingen im Schwarzwalde. Feld-, Wiesenbau, Viehzucht u. Gewerbebetrieb, namentlich Uhrenfabrikation u. Strohmanufactur, Kupferhammer, Kunst- u. Sägmühlen, Messinggießerei, Emailfabrikation und Tuchfabrik von J. Merz, dessen Etablissement durch seine Jonval'sche Turbine von 20 Pferdekräften in Bewegung gesetzt wird, 60 Arbeiter beschäftigt u. eine mech. Wollwäscherei, Färberei, mech. Spinnerei u. Weberei, Walkerei u. Appretur in sich vereinigt. Silberne Medaille. Schon im 14. Jahrh. als Niumenstadt eine Fürstenberg'sche Zollstätte an der Straße von Löffingen nach dem Breisgau. Auf der Höhe über der Stadt ein 1669 gestiftetes Kapuzinerkloster, nach dem Aussterben der letzten Mönche in Privatwohnungen verwandelt, haben eine schöne Aussicht auf das Wutachthal. Mkte.: 20. Januar, 7. März, 9. Mai, 1. Aug., 31. Octbr.

**Neuthard**, Pfdf., 716 l. C., A.-G. u. B.-A. Bruchsal; A.-G. u. A.-A. Carlsruhe; L.-A. Bruchsal; liegt 380 p. F. üb. d. M. an der Pfinz. Feld-, Wiesenbau u. Viehzucht.

**Neuthenholz**, Hf. und Bez. d. Pfdf. Hebdesheim, 7 L. C., A.-G. Ladenburg, B.-A. Mannheim; A.-G. u. A.-A. Mannheim.

**Neuweg**, Z. b. D. Altsimonswald, 106 L. C., Fil. v. Untersimonswald, A.-G. u. B.-A. Waldkirch; A.-G. u. A.-A. Freiburg.

**Neuweier**, D., 3 ev., 1292 l., zuf. 1295 C., Fil. v. Steinbach, A.-G. u. B.-A. Bühl; A.-G. und A.-A. Baden; liegt in einem freundlichen Thale mit trefflichem Obst-, Kastanien- und Weinbau. Schönes zwischen Kastanienwäldern u. Weinbergen verstecktes Schlößchen aus dem Besitze einer Ganerbschaft zuletzt an die Herren v. Knebel und nach langem Prozesse an die jetzige Grundherrschaft: Frau Aßmuth und ihren Schwiegersohn, Stallmeister v. Gillmann, übergegangen. Beim Schlosse ein Wein, der an Ruhm dem Affenthaler nicht nachsteht, besonders die „Mauerwein" genannte Sorte. Im Schlosse eine schöne theilweise noch erhaltene Gemäldesammlung des letzten Besitzers.

**Neuweiler**, K.-D. b. D. Haltenweiler; 13 L. C., Fil. v. Schönach, A.-G. u. B.-A. Pfullendorf; A.-G. u. A.-A. Constanz. Gemarkung getrennt u. gemeinschaftliches Gemeindevermögen.

**Neuwelt am Sommerberg**, Z. b. Pfdf. St. Peter, 49 L. C., A.-G. u. B.-A. Freiburg; A.-G. u. A.-A. Freiburg.

**Neuwelt am Winterberg**, Z. des Pfdf. St. Peter, 16 L. C., A.-G. u. B.-A. Freiburg; A.-G. u. A.-A. Freiburg.

**Nielashausen**, Pfdf., 370 ev., 13 l., zuf. 383 C., A.-G. und B.-A. Wertheim; A.-G. u. A.-A. Mosbach; Dec. Wertheim; liegt 562 p. F. üb. d. M. am rechten Ufer der Tauber. Landwirthschaft. Stdshr.: Löwenstein-Wertheim. Bekannt durch die Bauernpredigten des Hans Böhm im J. 1476.

**Niederbach**, Z. b. Pfdf. Steinach, 170 L. C., A.-G. Haslach, B.-A. Wolfach; A.-G. u. A.-A. Offenburg. Stdshr.: Fürst v. Fürstenberg.

**Niederböllen,** N.⸺O. b. D. Böllen, 57 k. E., Fil. v. Schönau, A.⸺G. u. B.⸺A. Schönau; A.⸺G. u. K.⸺A. Lörrach.

**Niederbühl,** Pfd., 6 ev., 1006 k., zuf. 1012 E., A.⸺G. und B.⸺A. Rastatt; H.⸺G. und K.⸺A. Baden; L.⸺A. Gernsbach; liegt 409 p. F. üb. b. M. links von der Murg. Feld-, namentlich Meerrettig-, Wiesenbau und Viehzucht. Bei der Blockirung von Rastatt 1849 von den Aufständischen großentheils in Brand geschossen.

**Niederdossenbach,** N.⸺O. des Pfd. Oberschwörstadt, 99 k. E., A.⸺G. und B.⸺A. Säckingen; K.⸺G. u. K.⸺A. Waldshut. Gemarkung u. Gemeindevermögen getrennt. Im Jahre 1849 fand hier das Zusammentreffen der von Herweg u. Schimmelpennig angeführten Flüchtlingsschaar mit den württemb. Truppen statt, wobei letzterer fiel. Grdhr.: Frhr. v. Schönau-Wehr.

**Niedereggenen,** Pfd., 417 ev, 20 l., 22 Diff., zuf. 459 E., A.⸺G. u. B.⸺A. Müllheim; H.⸺G. u. K.⸺A. Lörrach; Dec. Müllheim; liegt in einem ziemlich fruchtbaren Thale. Feld-, Wein-, Wiesenbau u. Viehzucht.

**Niederemmendingen,** D., 576 ev., 20 k., 145 isr., zuf. 741 E., Fil. v. Emmendingen, A.⸺G. u. B.⸺A. Emmendingen; K.⸺G. u. K.⸺A. Freiburg.

**Niederschach,** Pfd., 11 ev., 793 L, zuf. 604 E., A.⸺G. und B.⸺A. Villingen; K.⸺G. u. K.⸺A. Villingen; L.⸺A. Triberg; liegt an der württ. Gränze. Feld-, Wiesenbau u. Viehzucht. Urkundlich Aschaba; hatte im 11. Jahrh. eigenen freiherrl. Adel und wurde oft verwechselt mit Asen, Asheim.

**Niedergebisbach,** D., 261 l. E., Fil. v. Rickenbach, A.⸺G. u. B.⸺A. Säckingen; K.⸺G. u. K.⸺A. Waldshut.

**Niedergirst,** Z. b. Pfd. Niederwasser, 25 L E., A.⸺G. u. B.⸺A. Triberg; K.⸺G. u. K.⸺A. Villingen.

**Niederhausen,** D., 949 l. E., Fil. v. Oberhausen, A.⸺G. u. B.⸺A. Kenzingen; K.⸺G. u. K.⸺A. Freiburg; liegt am Rheine. Feld-, namentlich Hanf-, Cichorien- und Tabakbau u. Fischerei. Fischhandel u. Frachtschifffahrt.

**Niederhepschingen,** N.⸺O. b. D. Fröhnd, 30 k. E., Fil. von Schönau, A.⸺G. u. B.⸺A. Schönau; K.⸺G. u. K.⸺A. Lörrach. Gemarkung und Gemeindevermögen getrennt.

**Niederhof,** Z. b. Mkfl. Singen, 12 k. E., A.⸺G. und B.⸺A. Radolfzell; K.⸺G. u. K.⸺A. Constanz.

**Niederhof,** D., 37 ev., 546 k., zuf. 583 E., Fil. von Murg, A.⸺G. u. B.⸺A. Säckingen; K.⸺G. u. K.⸺A. Waldshut.

**Niederhofels,** Z. b. Pfd. Sipplingen, 13 L E., A.⸺G. u. B.⸺A. Ueberlingen; K.⸺G. u. K.⸺A. Constanz.

**Niederlehen,** Z. b. D. Thiergarten, 11 k. E., Fil. v. Ulm, A.⸺G. und B.⸺A. Oberkirch, K.⸺G. u. K.⸺A. Offenburg.

**Niedermättle,** Z. b. D. Lierbach, 13 L E., Fil. v. Oppenau, A.⸺G. u. B.⸺A. Oberkirch; K.⸺G. u. K.⸺A. Offenburg.

**Niedermatte,** Z. b. N.⸺O. Laitenbach, b. Pfd. Wieden, 9 k. E., A.⸺G. u. B.⸺A. Schönau; K.⸺G. u. K.⸺A. Lörrach.

**Niedermühle,** N.⸺O. b. D. Dillingen, 63 L E., Fil. v. Unteralpfen, A.⸺G. und B.⸺A. St. Blasien; K.⸺G. und K.⸺A. Waldshut. Getrennte Gemarkung u. gemeinschaftliches Gemeindevermögen.

**Niederrimsingen,** Pfd., 1 ev., 598 k., zuf. 599 E., A.⸺G. u. B.⸺A. Breisach; K.⸺G. u. K.⸺A. Freiburg; L.⸺A. Breisach, liegt am Hünenberge sehr freundlich. Feldbau, Weinbau und Viehzucht.

**Niederschopfheim,** Pfd., 4 ev., 1237 l., zuf. 1241 E., A.⸺G. und B.⸺A. Offenburg; K.⸺G. u. K.⸺A. Offenburg; B.⸺A. Offenburg; Sitz b. P.⸺Abl.; L.⸺A. Lahr; liegt an der Straße von Offenburg nach Freiburg. Feld-, Wiesen-, Weinbau und Viehzucht. Bedeutende Waldungen. Grdhr.: Frhr. v. Frankenstein. Bedeutende Sandsteinbrüche.

**Niederschwörstadt,** D., 319 L E., Fil. v. Oberschwörstadt, A.⸺G. und B.⸺A. Säckingen; K.⸺G. und K.⸺A. Waldshut. Grdhr. Frhr. v. Schönau-Wehr.

**Niedertegernau,** N.⸺O. b. Pfd. Obertegernau, 134 ev., 2 L, zuf. 136 E., A.⸺G.

u. B./A. Schopfheim; A.G. u. A.A. Lörrach. Gemarkung und Gemeindevermögen getrennt.

**Niederthal**, F. d. A.-O. Mußbach, b. D. Freiamt, 150 ev. E., Fil. v. Ottoschwanden, A.G. u. B.A. Emmendingen; A.G. u. A.A. Freiburg.

**Niederwasser**, Pfdf., 9 ev., 349 l., zuf. 358 C., L.G. und B.A. Triberg; A.G. u. A.A. Villingen; L.A. Triberg. liegt an der Gutach; Landwirthschaft, Uhrenfabrikation, Strohmanufaktur, Holzhandel, Bienenzucht.

**Niederwasser-Thal**, F. d. Pfdf. Niederwasser, 40 l.C., L.G. u B.A. Triberg; A.G. u. A.A. Villingen.

**Niederwasserthal**, F. d. Pfdf. Gremmelsbach, 71 l. E., L.G. u. B.A. Triberg; A.G. u. A.A. Villingen.

**Niederweier**, A.-O. b. Pfdf. Oberweier, 205 l. C., L.G. u. B.A. Rastatt; A.G. u. A.A. Baden. Gemarkung u. Gemeindevermögen gemeinschaftlich.

**Niederweiler**, A.-O. b. D. Jllwangen, 64 l. C., Fil. v. Pirungen, A.G. u. B.A. Pfullendorf; A.G. u. A.A. Constanz. Gemarkung und Gemeindevermögen getrennt. Stdhr.: Fürst von Fürstenberg.

**Niederweiler**, Hf. und Pfz. d. D. Hohenbodmann, 15 l. E., Fil. von Pfaffenhofen, A.G. u. B.A. Ueberlingen; A.G. u. A.A. Constanz.

**Niederweiler**, D., 551 ev., 33 l., zuf. 584 E., Fil. v. Badenweiler, A.G. u. B.A. Müllheim; A.G. u. A.A. Lörrach, liegt seitwärts von Badenweiler in einem freundlichen Thale.

**Niederwihl**, Pfdf., 4 ev., 487 l., zuf. 491 C., L.G. und B.A. Waldshut; A.G. u. A.A. Waldshut; L.A. Waldshut. Feld-, Wiesenbau und Viehzucht.

**Niederwinden**, D., 521 l. C., Fil. v. Oberwinden, A.G. u. B.A. Waldkirch; A.G. u. A.A. Freiburg, liegt an der Elz. Feldbau und Viehzucht und Gewerbebetrieb. Grdhr.: Frhr. v. Berstett.

**Niederzell**, F. d. Pfdf. Reichenau 169 l. E., A.G. u. B.A. Constanz; A.G. u. A.A. Constanz hat eine im byzantinischen Style von Bischof Egino von Verona erbaute Kirche, dessen alte Grabschrift auf neuer Erztafel vorhanden ist.

**Niedingen**, F. d. D. Schlageten, 17 l. C., Fil. v. Urberg, A.G. und B.A. St. Blasien; A.G. und A.A. Waldshut. Getrennte Gemarkung und gemeinschaftliches Gemeindevermögen.

**Niefern**, Pfdf., 1591 ev., 20 l., zuf. 1611 E., A.G. u. B.A. Pforzheim; A.G. und H.A. Carlsruhe, Decanat Pforzheim, P.A. Pforzheim. Sitz der P.-Abl.; liegt am rechten Ufer der Enz, wo der das Dorf stets verunreinigende Kimbach ein Seitenthälchen bildet. Feld-, Wiesen-, Weinbau und Viehzucht. Papierfabrik von Bohnenberger und Comp. in Pforzheim, dieselbe wurde im Jahre 1858 wesentlich verbessert und liefert nun vorzügliche geleimte und ungeleimte Druck- und Kupferdruckpapiere im Betrage von 12,000 Ctr. jährlich, wobei 120 Arbeiter und Arbeiterinnen beschäftigt sind. Ihr Absatzgebiet ist der Zollverein und England. N. ist eine vom gleichnamigen Adel in mehrfachen Theilbesitz, endlich an Baden übergegangene Herrschaft, mit schönem vom Kanzler Martin Achtynit erbauten Schlosse „Niefernburg", welches in neuester Zeit zu einer Rettungsanstalt für verwahrloste Jugend verkauft wurde.

**Rill**, Hf. u. Prz. d. D. Fischerbach, 21 l. E., Fil. v. Weiler, A.G. Haslach, B.A. Wolfach; A.G. und A.A. Offenburg. Stdhr.: Fürst v. Fürstenberg.

**Nimburg**, Pfdf., 878 ev. 7 l, zuf. 885 E., A.G. und B.A. Emmendingen; A.G. u. A.A. Freiburg; Dec. Emmendingen, liegt am linken Ufer der Glotter am nördlichen Fuße eines Hügels. Feld-, Wiesenbau und Viehzucht, Handel mit Hanf und Früchten.

**Röggenschwihl**, Pfdf., 440 l. C., L.G. u. B.A. Waldshut; A.G. u. A.A. Waldshut; L.A. Waldshut, liegt ziemlich hoch. Feld-, Wiesenbau u. Viehzucht. Hanbel mit Holzwaaren. Urkundlich Notleriswilare, alter Besitz v. St. Gallen, woher der Name, 1279 an St. Blasien verlauft. Hier war der Pfarrsitz des berühmten St. Blasischen Mönches P. Herr.

**Röttingen,** Pfdf., 764 ev., 2 L, jüf. 766 C., A.-G. u. B.-A. Pforzheim; A.-G. u. K.-A. Carlsruhe, Dec. Pforzheim, liegt an der Pfinz; Feldbau, Biehzucht und Mühlenbetrieb. Hunderte von römischen Denksteinen, wovon zwei in den Schloßgarten von Durlach kamen und einer mit dem Bilde Marius in der Kirche eingemauert ist. Heimath des berühmten Ingenieurs Tulla † 1828.

**Rollingen,** Pfdf., 17 ev., 893 L, jüf. 750 C., A.-G. u. B.-A. Sädingen; K.-G. u. K.-A. Waldshut; L.-K. Wiesenthal, liegt am südlichen Fuße des Dinkelberges an der Straße von Lörrach nach Sädingen; Feld, Wiesen, Obst und Weinbau, sowie Biehzucht.

**Nonnenbach,** Z. b. D. Altsimonswald, 86 L C., Fil. v. Obersimonswald, A.-G. u. B.-A. Waldkirch; K.-G. u. K.-A. Freiburg.

**Nonnenbach,** Z. b. Pfdf. Obersimonswald, 66 L. C., A.-G. u. B.-A. Waldkirch; K.-G. u. K.-A. Freiburg.

**Nonnenbacherhof,** Hf. und Prz. b. D. Altsimonswald, 46 L C., Fil v. Obersimonswald, A.-G. u. B.-A. Waldkirch; K.-G. u. K.-A. Freiburg.

**Nonnenweier,** Pfdf., 1107 ev., 6 L, 2 diss., 226 ifr., jüf. 1343 C., K.-G. u. B.-A. Lahr; K.-G. u. K.-A. Offenburg; Dec. Lahr. Feld, Wiesenbau, Biehzucht, Goldwäscherei, Fischerei, Hanfbau und Garnhandel. Name von dem Frauenkloster St. Stephan zu Straßburg, von welchem es an das Hochstift überging und dem Lehenadel von Windeck später von Geroldseck übertragen wurde, bis es nach mannigfaltigem Wechsel an die jetzigen Besitzer v. der Tann, von Bödlin und von Oberkirch kam.

**Nordhalden,** D., 11 ev., 194 L, jüf. 205 C., Fil. v. Rommingen, K.-G. und B.-A. Engen; K.-G. und K.-A. Constanz. Feld, Wiesenbau, Biehzucht und Mühlenbetrieb.

**Nordrach,** Pfdf. 1568 L C., A.-G. und B.-A. Gengenbach; K.-G. und K.-A. Offenburg; L.-K. Offenburg, Feld, Wiesenbau und Biehzucht. Früher in kirchlicher und politischer Beziehung abhängig von Zell a. H.

**Nordrach,** Col. b. Pfdf. Nordrach, 138 L C., A.-G. u. B.-A. Gengenbach; K.-G. u. K.-A. Offenburg. Kloster Gengenbach gründete diese Colonie durch Erbauung einer Glasfabrik, welche das Kloster in Schulden stürzte und auf der Abt Roscher der Erbauer derselben starb.

**Nordschwaben,** D., 241 L C., Fil. von Minseln, A.-G. u. B.-A. Schopfheim; K.-G. u. K.-A. Lörrach. Feldbau und Biehzucht.

**Nordstetten,** Wlr. b. Stdt. Billingen, 74 ev. C., Fil. v. Mönchweiler, A.-G. u. B.-A. Villingen; K.-G. u. K.-A. Villingen.

**Nordwasser,** Hf. und Prz. b. Stdt. Oppenau, 11 L C., A.-G. u. B.-A. Oberkirch; K.-G. u. K.-A. Offenburg, liegt im Lierbacher Thale, hat eine Mineralquelle, die Chlorcalcium, Chlornatrium, schwefelsaures Kali, doppelt kohlensaures Natron und Kalkerde, kohlensaures Eisenoxydul, Manganoxydul und Kupferoxydul enthält, geruch und geschmacklos ist und auflösend, sowie abführend wirken soll.

**Nordweil,** D., 1 ev., 717 L, jüf. 718 C., Fil. v. Bleichheim, A.-G. und B.-A. Kenzingen; K.-G. u. K.-A. Freiburg, liegt im Gebirge, Feld, Wiesen, Weinbau u. Biehzucht.

**Norsingen,** D., 2 ev., 499 L, jüf. 501 C., Fil. v. Kirchhofen, A.-G. u. B.-A. Staufen; K.-G. u. K.-A. Freiburg, Feld, Wiesen, Weinbau und Biehzucht. Der hier erzeugte Rothwein reiht sich hinsichtlich der Güte an den Asenthaler an.

**Rothalde,** Z. b. D. Ohlsbach, 92 L C., Fil. v. Gengenbach, A.-G. u.B.-A. Gengenbach; K.-G. u. K.-A. Offenburg.

**Rosenberg**, Hf. und Brz. b. Bfdf. Mühlingen, 6 l. G., L.G. und B.A. Stodach; K.G. u. K.A. Conſtanz.

**Rüſtenbach**, D., 276 ew., 38 L, puf. 314 G. Fil. v. Nedareltz, L.G. u. B.A. Roßbach; A.G. u. A.A. Roßbach, liegt 850 p. F. üb. b. M. Feldbau, Wieſenbau, Viehzucht. Ersbhr.: Fürſt v. Leiningen.

**Rußbaum**, Bfdf., 630 ew., 2 l., 10 Diſſ., zuſ. 642 C., L.G. u. B.A. Bretten; A.G. u. A.A. Carlsruhe; Dec. Bretten, liegt 191 p. F. üb. b. M. in einer freund- lichen Gegend. Feld-, Wieſenbau, Obſt u. Viehzucht.

**Ruſpllingen**, D., 1 ev., 171 l., zuſ. 172 C. Fil. v. Stetten a. l. M., L.G. u. B.A. Meßkirch; A.G. u. A.A. Conſtanz. Grbhr.: Graf v. Langenſtein.

**Rußerhöfe**, Z. b. D. Mahlpü- ren im Thale, 21 l. C., Fil. v. Seel- fingen, L.G. u. B.A. Ueberlingen; A.G. u. A.A. Conſtanz.

**Rußbach**, Pfdf. 3 ew., 1097 l., zuſ. 1102 C., L.G. u B.A. Triberg; A.G. u. A.A. Villingen; L.R. Triberg; liegt in einem engen und rauhen Thale, Feld-, Wieſenbau u Viehzucht, anſehnliche Wal- bungen; Uhrenfabrikation und Strohma- nufaktur.

**Rußbach**, Pfdf., 724 l. G., L.G. und B.-A. Oberkirch; A.G. und A.A. Offenburg; L.R. Offenburg, liegt an der Straße von Oberkirch nach Appenweier, Feld-, Wieſen-, Weinbau und Viehzucht, Handel mit Kirſchen, Kirſchenwaſſer, Wein u. Obſt. Beſitz von Allerheiligen, deſſen Probſt Andreas Rohard von Reuenſtein ein Jahr nach dem Kloſterbrande 1471 die ſehrens- werthe Kirche erbaute, welche eine Stein- kapelle und trefflich reſtaurirte altdeutſche Gemälde beſitzt.

**Rußdorf**, D., 181 l. C., Fil. v. See- felden, L.G. Meersburg; B.A. Ueberlin- gen; A.G. u. A.A. Conſtanz, liegt an der Straße von Ueberlingen nach Salem. Elsbhr.: Mrkgfn. v. Baden.

**Rußhart**, Brz. b. F. Unterleim- berg. b. Pfdf. Rußbach, 6 l. C., L.G. u. B.A. Triberg; A.G. u. A.A. Villingen.

**Rußloch**, Mkfl., 1226 ew., 915 l., 7 Diſſ., 82 iſr., zuſ. 2231 C., L.G. und B.A. Heidelberg; A.G. u. A.A. Heidel- berg; Dec. Oberheidelberg; L.R. Heidel- berg, liegt 465 p. F. üb. b. M. und hat an der Straße von Heidelberg nach Carls- ruhe eine ſehr freundliche Lage, Feld-, Weinbau und Gewerbebetrieb, Steinbrüche. Bedeutende Tabakskulturen u. Handel mit Kirſchen.

## O.

**Oberachern**, Pfdf., 4 ev., 1038 L, zuſ. 1042 C., L.G. und B.A. Achern; A.G. u. A.A. Baden; L.R. Ottersweier, liegt am Eingang des Achertales ſehr freundlich, Feld-, Wieſen-, Weinbau und Viehzucht, Mühlenbetrieb, worunter die Pa- piermühle v. J. Benz, welche mit 2 Hol- ländern, 1 Bütte und 4 Hilfsperſonen ge- gen 500 Ctr. Lumpen jährlich verarbeitet. Silberne Medaille, Lebermanufaktur, Han- del mit Hanf und Wein. Urſprünglicher Pfarrort v. Achern. Der Sage nach alte Stadt mit eigenem Schloſſe, deſſen Ruinen abgebrochen wurden.

**Oberacker**, Pfdf., 483 ew., 1 L, zuſ. 484 C., L.G. u B.A. Bretten; A.G. u. A.A. Carlsruhe, Dec. Bretten; liegt 823 p. F. üb. b. M. Feld-, Wieſenbau und Viehzucht.

**Oberallemühl**, N.O. b. D., Ober- ſchönbrunn, 69 ew. C., Fil. v. Haag, L.G. Nedargemünd, B.A. Heidelberg; A.G. u. A.A. Heidelberg. Gemarkung und Gemeindevermögen gemeinſchaftlich.

**Oberalp**, Hf. u. Brz. b. D. Ober wangen, 17 l. C., Fil. v. Balmaringen, L.G. u. B.A. Jeßtetten; A.G. und A.A. Waldshut Elsbhr.: Fürſt von Fürſtenberg.

**Oberalpfen**, D., 348 l. C., Fil. v. Waldkirch, A.G. u B.A. Waldshut; A.G. u. A.A. Waldshut, liegt an der Alb. Feld- bau und Viehzucht.

**Oberaltenweg,** J. b. Wlr. Altenweg, b. D. Vierthäler, 15 l. C., Fil. v. Neustadt, A.-G. u. B.-A. Neustadt; A.-G. u. A.-A. Freiburg.

**Oberambringen,** R.-D. b. Pfd. Kirchhofen, 222 C., A.-G. und B.-A. Stauffen; A.-G. und A.-A. Freiburg. Gemarkung und Gemeindevermögen gemeinschaftlich.

**Oberbach,** J. b. Pfd. Steinach, 58 l. C., A.-G. Haslach, B.-A. Wolfach; A.-G. u. A.-A. Offenburg. Stbhr.: Fürst v. Fürstenberg.

**Oberbäckenbauernhof,** Hf. u. Prz. b. Wlr. Altenweg, b. D. Vierthäler, 10 l. C., Fil. v. Neustadt, A.-G. und B.-A. Neustadt; A.-G. u. A.-A. Freiburg.

**Oberbahnhof,** J. b. Pfd. Leiberlingen, 5 l. C., A.-G. u. B.-A. Meßkirch; A.-G. u. A.-A. Constanz.

**Oberbalbach,** Pfd., 3 ev., 601 l., juf. 604 C., A.-G. Gerlachsheim, B.-A. Tauberbischofsheim; L.-R. Lauda, liegt 827 v. F. üb. b. M., an der württemb. Grenze und an einem kleinen Wiesenbach. Feld-, besonders Reps-, Wein- Wiesenbau und Viehzucht. Ein von Ostseld kommender Bach verschwindet in der Nähe in dem zerklüfteten Boden. Mannigfacher Theilbesitz erregte Streitigkeiten in Betreff der eingeführten Reformation, bis 1628 der letzte evangelische Pfarrer, Caspar Augustin Calem, von den Deutschordenssoldaten gefangen genommen wurde.

**Oberbaldingen,** D., 791 ev., 3 L, juf. 794 C., Fil. v. Oefingen, A.-G. und B.-A. Donaueschingen; A.-G. und A.-A. Villingen, liegt in einem Thale an der Köchenbach. Feld-, Wiesenbau u. Viehzucht.

**Oberberg,** J. b. Pfd. Waldulm, 141 l. C., A.-G. u. B.-A. Achern; A.-G. u. A.-A. Baden.

**Oberbergen,** Pfd., 1 ev., 916 L, juf. 917 C., A.-G. und B.-A. Breisach; A.-G. u. A.-A. Freiburg; L.-R. Endingen, liegt in einem Thale des Kaiserstuhle, Feld-, Weinbau und Viehzucht. Grbhrn.: Frhrn. v. Falkenberg.

**Oberbeuern,** R.-D. b. Pfd. Lichtenthal, 404 l. C., A.-G. u. B.-A. Baden; A.-G. u. A.-A. Baden. Gemarkung und Gemeindevermögen gemeinschaftlich.

**Oberbichtlingen,** R.-D. b. D. Wasser, 98 l. C., Fil. v. Meßkirch, A.-G. u. B.-A. Meßkirch; A.-G. u. A.-A. Constanz. Gemarkung u. Gemeindevermögen getrennt. Stbhr.: Fürst v. Fürstenberg.

**Oberbiederbach,** S. Biederbach.

**Oberbiegelhof,** Col. b. D. Haffelbach, 30 ev., 15 Men., juf. 45 C., Fil. v. Adersbach, A.-G. Neckarbischofsheim, B.-A. Sinsheim; A.-G. und A.-A. Heidelberg, liegt 889 p. F. üb. b. M. Starke Landwirthschaft. Grbhrn.: Grafen v. Helmstadt.

**Oberbildstein,** R.-D. b. Pfd. Inner-Urberg, 11 l. C., A.-G. und B.-A. St. Blasien; A.-G. u. A.-A. Waldshut. Getrennte Gemarkung und gemeinschaftliches Gemeindevermögen.

**Oberbirken,** R.-D. b. D. Siegen, 107 l. C., Fil. v. Kirchzarten, A.-G. u. B.-A. Freiburg; A.-G. und A.-A. Freiburg. Gemarkung und Gemeindevermögen gemeinschaftlich. Grbhrn.: Graf v. Kageneck.

**Oberboshafel,** R.-D. b. D. Winterfulgen, 46 l. C., Fil. v. Illmensee, A.-G. und B.-A. Pfullendorf; A.-G. und A.-A. Constanz. Gemarkung und Gemeindevermögen getrennt. Stbhr.: Fürst v. Fürstenberg.

**Oberbräud,** D., 225 l. C., Fil. v. Bubenbach, A.-G. und B.-A. Neustadt; A.-G. u. A.-A. Freiburg, liegt ziemlich hoch. Wenig Feldbau; Handel mit Uhren und Uhrenfabrikation.

**Oberbruch,** D., 356 l. C., Fil. v. Bimbuch, A.-G. u. B.-A. Bühl; A.-G. und A.-A. Baden. Feld-, Wiesenbau, Viehzucht und Torfsich.

**Oberbühl,** Hf. und Prz. b. Pfd. Schienen, 5 l. C., A.-G. und B.-A. Rudolfzell; A.-G. u. A.-A. Constanz.

**Oberbill,** J. b. Pfd. Nußbach, 17

L. G., A.G. und B.A. Triberg; R.G. and R.A. Villingen.

**Oberdorf**, Z. b. Stbl. Gengenbach; 528 l. C., A.G. u. B.A. Gengenbach; R.G. u. R.A. Offenburg.

**Oberdorf**, R.O. b. Stbl. Oberkirch, 145 l. C., A.G. u. B.A. Oberkirch; R.G. u. R.A. Offenburg. Gemarkung und Gemeindevermögen gemeinschaftlich.

**Oberdoitingen**, Wlr. b. D. Dotingen, 12 ev., 23 L., jus. 35 C., Fil. v. Vallrechten, A.G. u. B.A. Staufen; R.G. u. R.A. Freiburg.

**Obereggenen**, Pfdf., 592 ev., 26 L, jus. 818 C., A.G. und B.A. Müllheim; R.G. u. R.A. Lörrach; Dec. Müllheim. Feld-, Wiesen- und Weinbau, Obst- und Viehzucht, Handel mit Wein, Obst, Vieh und Holz.

**Obereggingen**, Pfdf., 1 ev., 257 L, jus. 258 C., A.G. u. B.A. Bonndorf; R.G. u. R.A. Waldshut; L.A. Klettgau, liegt in einem Nebenthale auf der rechten Seite der Wutach und ist auf 3 Seiten von hohen Bergen umschlossen. Feld-, besonders Korn- und Hanfbau nebst Viehzucht. Stdshr.: Fürst v. Fürstenberg.

**Obereisenbach**, Z. b. D. Eisenbach, 15 l. C., Fil. v. Friedenweiler, A.G. u. B.A. Neustadt; R.G. und R.A. Freiburg.

**Oberengenbach**, Z. b. D. Schollach, 12 L. C., Fil. v. Urach, A.G. und B.A. Neustadt; R.G. u. R.A. Freiburg.

**Oberentersbach**, D., 231 l. C., Fil. v. Zell a. H., A.G. und B.A. Gengenbach; R.G. u. R.A. Offenburg.

**Oberrschach**, D., 12 ev., 635 L., 18 Diff., jus. 663 C., Fil. v. Neuhausen, A.G. u. B.A. Villingen; R.G. u. R.A. Villingen, liegt an der Eschbach, Feld-, Wiesenbau und Viehzucht.

**Oberenbigheim**, R.O. b. Pfdf. Unterenbigheim, 8 ev., 46 L, jus. 54 C., A.G. und B.A. Borberg; R.G. und R.A. Waldshut. Gemarkung u. Gemeindevermögen gemeinschaftlich, liegt 1150 p. F. üb. b. M.

**Oberfall**, Z. b. Pfdf. Niederwasser, 14 l. C., A.G. und B.A. Triberg; R.G. und R.A. Villingen.

**Oberfischbach**, Z. b. Stbl. Marktdorf, 16 l. C., A.G. Merzburg; B.A. Ueberlingen; R.G. und R.A. Constanz.

**Oberflockenbach**, D., 399 ev., 62 l. jus. 461 C., Fil v. Leutershausen, A.G. u. B.A. Weinheim; R.G. u. R.A. Mannheim; liegt 927 p. F. üb. b. M. in einem rauhen Thale.

**Obergailingen**, Wlr. b. Pfdf. Gailingen, 2 ev., 17 L., jus. 19 C., R.G. und B.A. Radolphzell; R.G. und R.A. Constanz; liegt am Rhein. Grbhr.: Frhr. v. Mainau.

**Obergeblsbach**, R.O. b. D. Hornberg, 144 l. C., Fil. v. Ridenbach, A.G. u. B.A. Säckingen; R.G. u. R.A. Waldshut. Gemarkung und Gemeindevermögen getrennt.

**Oberglet**, Z. b. Pfdf. Niederwasser, 18 l. C., A.G. und B.A. Triberg; R.G. u. R.A. Villingen.

**Obergimpern**, Pfdf., 346 ev. 641 L, 4 Diff., 3 Men., 98 isr., jus. 1092 C., A.G. Neckarbischofsheim, B.A. Sinsheim; R.G. und R.A. Heidelberg; Dec. Neckarbischofsheim; L.A. Waibstadt; P.A. Heidelberg. Sitz b. L.Abl; liegt 836 p. F. üb. b. M. an der Krebsbach in einem freundlichen Thale. Feld-, Wiesenbau und Viehzucht. Grdhrn.: Grafen v. Drich.

**Oberglashütte**, D., 177 l. C., Fil. v. Stetten, A.G. u. B.A. Mehkich; R.G. u. R.A. Constanz. Grdhr.: Graf v. Langenstein.

**Oberglotterthal**, D., 554 l C., Fil. v. Unterglotterthal, A.G. u. B.A. Waldkirch; R.G. und R.A. Freiburg; liegt in einem freundlichen Thale. Feldbau und Viehzucht.

**Obergrombach**, Pfdf., 1 ev., 614 L, 65 isr., jus. 680 C., A.G. u. B.A. Bruchsal; R.G. u. R.A. Carlsruhe; L.A. Bruchsal; liegt 566 p. F. üb. b. M. in einem kleinen Thälchen an einem kleinen Bache, unweit der Straße von Bruchsal nach Carlsruhe. Feld-, Wiesen-, Weinbau und Viehzucht. Eisenerzgrube.

**Oberhäuser,** K.-D. b. P. Raich, 87 ev. E., Fil. v. Tegernau, A.-G. u B.-A. Schopfheim; K.-G. u. K.-A. Lörrach. Gemarkung u. Gemeindevermögen getrennt.

**Oberhalden,** Hf. u. Brj. b. D. Boll, 15 k. C., Fil. v. Bonndorf, A.-G. u. B.-A. Bonndorf; K.-G. u. K.-A. Waldshut.

**Oberharmersbach,** Pfdf., 2 ev., 2163 L, jul. 2165 E., A.-G. u. B.-A. Gengenbach; K.-G. u. K.-A. Offenburg. Feld-, Wiesen-, Obstbau und Viehzucht. Gewerbebetrieb, Granatenbohren u. Granatenschleifen. Handel mit Holz und Vieh.

**Oberhaslach,** K.-O. b. D. Winterfulgen, 25 L E., Fil. v. Tentingen, A.-G. u. B.-A. Philippsdorf; K.-G. u. K.-A. Constanz. Gemarkung und Gemeindevermögen getrennt. Stbzhr.: Fürst v. Fürstenberg.

**Oberhatzenweiler,** J. b. Pfdf. Ditersweier, 83 k. E., A.-G. und B.-A. Bühl; K.-G. u. K.-A. Baden.

**Oberhausen,** Pfdf., 16 ev., 1720 L, jul. 1736 E., A.-G. und B.-A. Kenzingen; K.-G. u. K.-A. Freiburg; L.-R. Endingen; liegt in der Ebene beim Rhein. Feld-, namentlich Eichorien-, Tabak- und Hanfbau, Wiesenbau, Viehzucht, Frachtschifffahrt.

**Oberhausen,** Pfdf., 111 ev., 2090 L, 1 jüz., jul. 2202 E., A.-G. Philippsburg, B.-A. Bruchsal; K.-G. u. K.-A. Carlsruhe; L.-R. Philippsburg; liegt 351 p. F. üb. d. M., Feld-, Wiesenbau, Viehzucht u. Taglöhnen.

**Oberhofschlagen,** K.-O.b.D. Fröhnd, 100 l E., Fil. v. Schönau, A.-G. u. B.-A. Schönau; K.-G. u. K.-A. Lörrach. Gemarkung und Gemeindevermögen getrennt.

**Oberhenbach,** J. b. Pfdf. Neukirch, 19 k. E., A.-G. u. B.-A. Triberg; K.-G. u. K.-A. Villingen.

**Oberhippenbach,** J. b. Pfdf. Niederwasser, 16 k. E., A.-G. u. B.-A. Triberg; K.-G. u. K.-A. Villingen.

**Oberhöfen,** J. b. Wlr. Josthal, b. D. Birrthäler, 18 l. E., Fil. von Neustadt, A.-G. u. B.-A. Neustadt; K.-G. und K.-A. Villingen.

**Oberhöge,** K.-D. des Pfdf. Oberhomberg, 23 l E., A.-G. u. B.-A. Phullendorf; K.-G. u. K.-A. Constanz. Getrennte Gemarkung u. gemeinschaftliches Gemeindevermögen.

**Oberhöllgrund,** J. b. Pfdf. Strümpfelbrunn, 61 l. E., A.-G. und B.-A. Eberbach; K.-G. u. K.-A. Mosbach; liegt 1186 p. F. üb. b. M. in einem rauhen Thale. Stbzhrn.: Mrkgfn. v. Baden.

**Oberhof,** Hf. u. Brj. b. D. Oberuhldingen, 20 l E., Fil. v. Seefelden, A.-G. Meersburg, B.-A. Ueberlingen; K.-G. u. K.-A. Constanz. Stbzhrn.: Mrkgfn. von Baden.

**Oberhof,** D., 3 ev., 552 L, jul. 555 E., Fil. v. Hänner, A.-G. u. B.-A. Säckingen; K.-G. u. K.-A. Waldshut. Feld-, Wiesenbau und Viehzucht.

**Oberhof,** Col b. D. Herrenberg, 63 k. E., Fil. v. Balzfeld, A.-G. u. B.-A. Wiesloch; K.-G. u. K.-A. Heidelberg; liegt 570 p. F. üb. b. M.

**Oberibenthal,** Wlr. b. Pfdf. St. Peter, 286 l E., A.-G. u. B.-A. Freiburg; K.-G. u. K.-A. Freiburg.

**Oberkirch,** Stbl., 66 ev., 2002 L, jul. 2068 E., K.-G. u. K.-A. Offenburg; L.-R. Offenburg; P.-A. Achl, Sig b. A.-G., G.-R., A.-Ph., B.-A., D.-B. u. B.-C.; liegt im Renchthale in einer sehr freundlichen Gegend. Feld-, Wiesen-, Weinbau, Viehzucht u. Gewerbebetrieb, Wochenmarkt, 3 Jahrmärkte: 28. April, 4. Aug. u. 1. Dezbr. und im Sommer 3 Kirchenmärkte, deren Zufuhr theils frisch, theils als vortreffliches Kirschenwasser bis Paris ihren Absatz findet. Die Stadt war Zähringen'scher Besitz, wurde Heinrich v. Fürstenberg durch König Rudolf v. Habsburg zuerkannt, von dessen Geschlechte aber an den Bischof v. Straßburg verkauft. Zuerst an die Stadt Straßburg, dann an andere Pfandherren verpfändet, so 1604 an Herzog Eberhard v. Württrnberg, später an den Herzog v. Lothringen, an den Prinzen v. Laudemont bis im Namen des Bischofs, Franz Egon v. Fürstenberg das Pfand lösten. Als dieser 1683 zu Frankreich hielt, gab der Kaiser Leopold die Herrschaft dem Markgrafen v. Baden. Sie fiel jedoch im Frieden von 1697 an das Hochstift zurück und kam von diesem 1802 wieder an Baden.

**Oberkirnach**, D., 427 ew., 23 L., juf. 450 C., Fil. von St. Georgen, A.-G. und B.-A. Villingen; K.-G. u. K.-A. Villingen. Feldbau und Viehzucht.

**Oberkrautenbach**, Z. b. D. Altschweier, 33 L. C., Fil. v. Kappel, A.-G. u. B.-A. Bühl; K.-G. u. K.-A. Baden.

**Oberkrummen**, Wlr. b. Pfsf. Schluchsee, 14 L. C., A.-G. u. B.-A. St. Blasien; K.-G. u. K.-A. Waldshut.

**Oberkunzenbach**, Z. b. D. Ritschweier, 21 L. C., Fil. von Hohensachsen, A.-G. u. B.-A. Weinheim; K.-G. u. K.-A. Mannheim.

**Oberkutteran**, R.-O. b. Pfsf. Inner-Urberg, 23 L. C., A.-G. u. B.-A. St. Blasien; K.-G. und K.-A. Waldshut. Getrennte Gemarkung und gemeinschaftliches Gemeindevermögen.

**Oberlachen**, Hf. u. Prz. b. D. Wittenhofen, 14 L. C., Fil. v. Roggenbeuren, A.-G. Meersburg, B.-A. Ueberlingen; K.-G. u. K.-A. Constanz.

**Oberlangenordnach**, Wlr. b. D. Langenordnach, 26 L. C., Fil. v. Friedenweiler, A.-G. u. B.-A. Neustadt; K.-G. u. K.-A. Freiburg.

**Oberlauchringen**, Pfsf., 25 ew., 610 L., juf. 635 C., A.-G. und B.-A. Waldshut; K.-G. u. K.-A. Waldshut; L.-A. Aletigau; P.-A. Waldshut. Sitz b. P. u. C.-C.; Feld-, Wiesenbau und Viehzucht.

**Oberlauda**, D., 621 L. C., Fil. von Lauda, A.-G. Gerlachsheim, B.-A. Tauberbischofsheim; K.-G. und K.-A. Waldshut; liegt 771 p. F. üb. b. M. in einem freundlichen Thale. Feldbau u. Viehzucht. Stdshr.: Fürst v. Leiningen.

**Oberlehen**, Z. b. Pfsf. Bernau, 228 L. C., A.-G. u. B.-A. St. Blasien; K.-G. u. K.-A. Waldshut.

**Oberlehmannsgrund**, Z. b. Pfsf. Gütenbach, 43 L. C., A.-G. und B.-A. Triberg; K.-G. u. K.-A. Villingen.

**Oberlenzkirch**, Mtfl., 4 ew., 939 L., 1 ifr., juf. 944 C., A.-G. u. B.-A. Neustadt; K.-G. u. K.-A. Freiburg; L.-A. Stühlingen; liegt an der Urfenbach und Haslbach. Feld-, Wiesenbau u. Viehzucht; bedeutende Uhrenfabrikation und Strohmanufactur, zur ersteren gehört die seit 1851 gegründete Actiengesellschaft, die 150 Arbeiter und Arbeiterinnen beschäftigt, und deren Etablissement nur feine massive Uhrwerke mit den elegantesten Kästen versehen, fertigt. — 1854 in München große Denkmünze, 1858 in Villingen goldene Medaille. — Zu letzterer die Strohmanufactur von Faller, Tritscheller u. Comp., welches Etablissement das bedeutendste unter den Strohmanufacturen des Schwarzwaldes und wohl überhaupt eines der ersten Geschäfte dieses Industriezweigs ist. Die ersten Gründer dieser Firma begaben sich 1760 in die Sette commune im venetianischen Staate, um daselbst Strohhüte für den Absatz in Lothringen anzufertigen zu lassen, worauf sie im Jahre 1811 in Italien feste Niederlassungen gründeten, nämlich die eine in Florenz, die andere in Ballonara bei Bassano. Von da an ist Rs. Faller letzterer als Chef vorgestanden, während in gleicher Zeit Joh. Gg. Tritscheller theils in Florenz, theils in der Schweiz und in Frankreich das Geschäft leitete, bis Faller und Tritscheller 1826 zu dem Entschlusse kamen, die Strohhutfabrikation nach dem toskanischen Systeme in die eigene Heimath zu verpflanzen, zu welchem Zweck sie die hier stehende Fabrik 1829 erbauten, welche gegenwärtig von den drei Brüdern Paul, Nikolas u. Georg Tritscheller umgetrieben und 40—50 Personen innerhalb u. 500—800 je nach der Saison außerhalb der Fabrik beschäftigt, während dem Ballonaer Geschäft, das mit dem hiesigen in inniger Verbindung steht, Franz Joseph Faller und sein

Reste Lorenz Faller vorsteht. — 1827 in Carlsruhe silberne Medaille, 1854 in München Ehrenmünze, 1858 in Villingen die große goldene Verdienstmedaille. — Seit dem Brande von 1813, der fast den ganzen Flecken verzehrte, mit neuen schönen Häusern versehen. Im 14. Jahrh. von Elisabeth v. Biesingen aus dem Fürstenberg'schen Lehenadel von Blumenegg dem Johanniterorden zu einem Bruder- und Schwesterhause vergabt.

**Oberliemberg**, F. b. Pfd. Nußbach, 19 L. E., A.-G. u. B.-A. Triberg; R.-G. u. R.-A. Villingen.

**Obermaurach**, Col. b. D. Oberuhldingen, 19 L. E., Fil. v. Seefelden, A.-G. Meersburg, B.-A. Ueberlingen; R.-G. u. R.-A. Constanz.

**Obermettingen**, T., 281 L. E., Fil. v. Untermettingen. A.-G. u. B.-A. Bonndorf; R.-G. u. R.-A. Waldshut; liegt in einem freundlichen Thale. Ständh.: Fürst v. Fürstenberg.

**Obermühle**, Hs. u. Prz. b. Stdt. Hüfingen, 9 L. E., A.-G. u. B.-A. Donaueschingen; R.-G. u. R.-A. Villingen.

**Obermühle**, Hs. u. Prz. b. T. Seppenhofen, 13 L. E., Fil. von Lossingen, A.-G. u. B.-A. Neustadt; R.-G. und R.-A. Freiburg.

**Obermünsterthal**, D., 1217 L. E., Fil. v. St. Trudpert, A.-G. u. B.-A. Staufen; R.-G. u. R.-A. Freiburg. Feldbau, Vieh- und Bienenzucht u. Mühlenbetrieb.

**Obermutten**, R.-D. b. D. Aitern, 27 L. E., Fil. v. Schönau, A.-G. u. B.-A. Schönau; R.-G. u. R.-A. Lörrach. Gemarkung und Gemeindevermögen getrennt; liegt sehr hoch am nördlichen Abhange des Belchen.

**Obermutschelbach**, D., 357 ev., 1 j., jud. 358 E., Fil. v. Röttingen, A.-G. und B.-A. Pforzheim; R.-G. u. R.-A. Carlsruhe; liegt 852 p. F. üb. d. M.

**Obernborf**, R.-D. b. Pfd. Dingelsdorf, 44 L. E., A.-G. u. B.-A. Constanz; R.-G. u. R.-A. Constanz. Gemarkung und Gemeindevermögen gemeinschaftlich.

**Oberndorf**, D., 308 L. E., Fil. von Kuppenheim, A.-G. u. B.-A. Rastatt; R.-G. u. R.-A. Baden; liegt 450 p. F. üb. d. M. am linken Ufer der Murg.

**Oberndorf**, D., 8 ev., 158 L., juf. 166 E., Fil. v. Krautheim, A.-G. u. B.-A. Boxberg; R.-G. u. R.-A. Walbdürn; liegt 926 p. F. üb. d. M. an der Erlenbach.

**Oberndorf**, D., 137 L. E., Fil. v. Hollerbach, A.-G. u. B.-A. Buchen; R.-G. u. R.-A. Mosbach; liegt 1358 p. F. üb. d. M. Ständh.: Fürst v. Leiningen.

**Oberöwisheim**, Pfd., 759 ev., 434 L, juf. 1193 E., A.-G. und B.-A. Bruchsal; R.-G. u. R.-A. Carlsruhe; Dec. Bretten; L.-A. Bruchsal; liegt 525 p. F. üb. d. M. an einem kleinen Bache. Alter Ort, der schon unter Karl dem Großen als zum Kloster Lorsch gehörig in Urkunden aufgeführt wird.

**Oberort**, F. b. Pfd. Schönwald, 60 L. E., A.-G. u. B.-A. Triberg; R.-G. u. R.-A. Villingen.

**Oberrain**, F. b. Pfd. Gutach, 18 L. E., A.-G. u. B.-A. Triberg; R.-G. u. R.-A. Villingen.

**Oberreichenbach**, Wlr. b. D. Reichenbach, 127 ev. E., Fil. v. Hornberg, A.-G. u. B.-A. Triberg; R.-G. und R.-A. Hornberg.

**Oberrheina**, R.-D. b. D. Winterjulgen, 45 L. E., Fil. von Röhrenbach, A.-G. u. B.-A. Pfullendorf; R.-G. u. R.-A. Constanz. Gemarkung u. Gemeindevermögen getrennt. Ständh.: Fürst v. Fürstenberg.

**Oberried**, F. b. Stdt. Ueberlingen, 5 L. E., A.-G. u. B.-A. Ueberlingen; R.-G. u. R.-A. Constanz.

**Oberried**, Pfd., 550 L. E., A.-G. u. B.-A. Freiburg; R.-G. u. R.-A. Freiburg; L.-A. Breisach; liegt an der Brugga am nördlichen Fuße des Feldberges. Feldbau, Viehzucht, Taglöhnen, Holzhandel. Auf kurze Zeit bis 1244 Aufenthalt der Nonnen von Günterthal; von 1255 der Wilhelmitermönche von Marienport, endlich 1507 mit denen zu Freiburg vereinigt, wo sich ein Theil der früheren Niederlassung schon 1252 angesiedelt hatte. 1699 nach Zerstörung dieses Klosters neu bezogen, incorporirte sich dasselbe 1729 mit St. Blasien, welches nun hier ein Priorat errichtete.

**Oberrieden,** Hf. u. Brz. b. D. Mühlhofen, 4 E. C., Fil. von Seefelden, A.-G. Meersburg, B.-A. Ueberlingen; A.-G. und A.-A. Constanz.

**Oberrimsingen,** Pfdf., 3 ev., 726 f., zus. 729 E., A.-G. u. B.-A. Breisach; A.-G. u. A.-A. Freiburg; L.-A. Breisach; P.-A. Freiburg. Sitz der P.-Abl.; liegt am westlichen Fuße des Tuniberges. Feld-, Wiesen, Weinbau und Viehzucht. Stammsitz der gleichnamigen Edlen, die später v. Ulenberg sich nannten. Grdhrn.: Frhrn. von Falkenstein.

**Oberröthenbach,** Z. b. Pfdf. Gremmelsbach, 9 E. C., A.-G. u. B.-A. Triberg; A.-G. u. A.-A. Villingen.

**Oberolsbach,** A.-D. b. D. Altern, 31 L. E., Fil. v. Schönau, A.-G. u. B.-A. Schönau; A.-G. u. A.-A. Lörrach. Gemarkung und Gemeindevermögen getrennt.

**Oberrothwrach,** Z. b. Pfdf. Urach, 21 E. C., A.-G. u. B.-A. Neustadt; A.-G. u. A.-A. Freiburg.

**Obersäckingen,** Pfdf., 8 ev., 634 E., zus. 642 E., A.-G. und B.-A. Säckingen; A.-G. u. A.-A. Waldshut; L.-R. Wiesenthal; liegt am Rheine. Grdhr.: Frhr. von Schönau-Wehr.

**Obersasbach,** D., 729 t. C., Fil. v. Sasbach, A.-G. u. B.-A. Achern; A.-G. u. A.-A. Baden; liegt am Eingange des Sasbachwaldener Thales. Feld-, Weinbau und Viehzucht.

**Oberschaffhausen,** Pfrvrw. b. Pfdf. Bötzingen, 139 E., A.-G. und B.-A. Emmendingen; A.-G. und A.-A. Freiburg. Gemarkung u. Gemeindevermögen gemeinschaftlich.

**Oberschefflenz,** Pfdf., 507 ev., 385 L, 1 Men., zus. 893 E., A.-G. u. B.-A. Mosbach; A.-G. u. A.-A. Mosbach; L.-A. Mosbach; P.-A. Heidelberg. Sitz b. Poshll.; ev. Fil. v. Mittelschefflenz; liegt 952 p. F. üb. b. M. an der Schefflenzbach und an der Straße von Mosbach nach Würzburg. Feld-, namentlich Hanf-, Wiesenbau und Viehzucht.

**Oberscheidenthal,** D., 241 t. C., Fil. v. Mudau, A.-G. und B.-A. Buchen; A.-G. u. A.-A. Mosbach; liegt 1732 p. F. üb. b. M. Sttbhr.: Fürst v. Leiningen.

**Oberschopfheim,** Pfdf., 5 ev., 1229 f., zus. 1234 E., A.-G. u. B.-A. Lahr; A.-G. u. A.-A. Offenburg; L.-R. Lahr; liegt unweit der Straße von Offenburg nach Freiburg. Feld-, Wiesen-, Weinbau u. Viehzucht.

**Oberschüpf,** D., 543 ev., 17 L., zus. 562 E., Fil. v. Unterschüpf, A.-G. u. B.-A. Boxberg; A.-G. u. A.-A. Walbdurn; liegt 746 p. F. üb. b. M. an einem Bache. Mit einem zerfallenen und noch bewohnbaren Schlosse der Grundherren Leiningen-Jungen-Kirchberg und Hohened und Gemmingen-Wibbern.

**Oberschwarzach,** D., 77 ev., 109 L., zus. 186 E., Fil. v. Neunkirchen, A.-G. u. B.-A. Eberbach; A.-G. u. A.-A. Mosbach; liegt 800 p. F. üb. b. M. an einem Bache. Feldbau und Viehzucht. Hier Burgruine. Mit dem Dorfe als Worms'sches Lehen an die Herren v. Weinsberg gekommen, ging es durch Kauf 1319 an die Pfalz über.

**Oberschweingrube,** Hf. u. Brz. b. D. Münchhöf, 22 t. C., Fil von Rabbastadt, A.-G. u. B.-A. Stockach; A.-G. u. A.-A. Constanz. Schweingrube, schon im 12. Jahrh. Salem'scher Besitz, ein eingezäunter Platz bezeichnet die Stätte wo Karl Aloys v. Fürstenberg in der Schlacht bei Stockach und Liptingen fiel.

**Oberschwörstadt,** Pfdf., 431 t. C., A.-G. u. B.-A. Säckingen; A.-G. u. A.-A. Waldshut; L.-R. Wiesenthal; liegt am Rhein und an der Straße von Säckingen nach Basel. In der Nähe altkeltische Antiquitäten. Das Schloß hatte früher einen mächtigen Adel, dann war es Pfand der Herren von Schönau, welchen es von Karl V. bestätigt wurde.

**Obersexau,** Wlr. b. Pfdf. Sexau, 129 ev. E., A.-G. u. B.-A. Emmendingen; A.-G. u. A.-A. Freiburg.

**Oberäggingen,** K.-O. b. Pfdf. Degenhaufen, 95 l. E., A.-G. und B.-A. Pfullendorf; A.-G. u. R.-A. Conftanz. Getrennte Gemarkung und gemeinschaftliches Gemeindevermögen. Sitz eines gleichnamigen Lehensadels der Sunnentalb v. D., die im 14. Jahrh. erloschen. Bon diesen kam die Herrschaft an das Hochstift Conftanz und wurde von diesem 1483 an die Grafen von Werdenberg-Heiligenberg verkauft, von denen sie auf Fürstenberg sich vererbte.

**Oberfimonswald,** Pfdf., 2 ev., 635 l., zuf. 937 C., A.-G. und B.-A. Waldkirch; K.-G. u. K.-A. Freiburg; L.-K. Freiburg. Unbedeutender Feldbau, starker Wiesenbau und Viehzucht. Handel mit Kohlen u. Holz.

**Oberfpitzenbach,** K.-O. b. Pfdf. Siegelau, 151 l. E., A.-G. u. B.-A. Waldkirch; K.-G. und R.-A. Freiburg; liegt in einem rauhen Thale. Gemarkung und Gemeindevermögen gemeinschaftlich. Feldbau, Viehzucht u. Leinenweberei.

**Oberfpring,** J. b. K.-O. Gebirg, b. Pfdf. Durbach, 15 l. E., A.-G. u. B.-A. Offenburg; K.-G. u. K.-A. Offenburg.

**Oberftaad,** Hf. u. Prz. b. Pfdf. Oehningen, 4 l. E., A.-G. u. B.-A. Radolfzell; K.-G. u. K.-A. Conftanz. O. ist Schloßgut, welches wahrscheinlich durch die Zähringer als Vögte v. Bamberg-Stein an die Fürsten v. Fürstenberg gedieh, verschiedene Lehensbefitzer hatte, 1499 von den Schweizern verbrannt, dann in der jetzigen Gestalt, an der Stelle wo der aus dem Unterfee tretende Rhein sich durch stärkere Strömung bemerkbar macht, wieder aufgebaut wurde. Als die Tochter des letzten Besitzers, ein Fräulein v. Lenz, in denselben auf geheimnißvolle schauderhafte Weise ermordet worden war, verkaufte der Vater den blutbefleckten Wohnsitz, worauf es von dem Verkäufer in eine Kaltunbruderei und Türkischrothfärberei verwandelt wurde.

**Oberftaig,** J. b. D. Reichenbach, 24 ev. E., Fil. v. Hornberg, A.-G. u. B.-A. Triberg; K.-G. u. K.-A. Villingen.

**Oberfteig,** J. b. Pfdf. Schmieheim, 91 l. E., A.-G. u. B.-A. Ettenheim; A.-G. u. K.-A. Freiburg.

**Oberfteinhalden,** J. b. Pfdf. Nußbach, 13 l. E., A.-G. u. B.-A. Triberg; K.-G. u. K.-A. Villingen.

**Oberfteuweiler,** D., 138 l. E., Fil. v. Leutkirch, A.-G. u. B.-A. Ueberlingen; K.-G. u. K.-A. Conftanz. Stvßhrn.: Mlgfn. v. Baden.

**Oberftockhof,** Hf. u. Prz. b. D. Bergzell, 20 l. E., Fil. v. Schenkenzell, A.-G. u. B.-A. Wolfach; K.-G. u. K.-A. Offenburg.

**Oberteuwald,** J. b. Pfdf. Gremmelsbach, 9 l. E., A.-G. u. B.-A. Triberg; K.-G. u. K.-A. Villingen.

**Oberthal,** J. b. Pfdf. Schonach, 102 l. E., A.-G. u. B.-A. Triberg; K.-G. u. K.-A. Villingen.

**Oberthal,** J. b. Pfdf. Rohrbach, 212 l. E., A.-G. u. B.-A. Triberg; K.-G. u. K.-A. Villingen.

**Oberthal,** J. b. Pfdf. Bühlerthal, 354 l. E., A.-G. u. B.-A. Bühl; K.-G. u. K.-A. Baden.

**Oberthal,** J. b. Pfdf. Durbach, 121 l. E., A.-G. u. B.-A. Offenburg; K.-G. u. K.-A. Offenburg.

**Obertsroth,** D., 20 ev., 485 l., zuf. 505 E., Fil. v. Gernsbach, A.-G. u. B.-A. Gernsbach; K.-G. u. K.-A. Baden; liegt am linken Ufer der Murg, 600 p. F. üb. d. M. unterhalb dem Schloß Oberftein.

**Oberuhldingen,** D., 2 ev., 465 l., zuf. 467 E., Fil. v. Seefelden, A.-G. Meersburg, B.-A. Ueberlingen; K.-G. u. K.-A. Conftanz. Stvßhrn.: Mlgfn. v. Baden.

**Oberwangen,** D., 277 l. E., Fil. v. Bettmaringen, A.-G. u. B.-A. Jestetten; K.-G. u. K.-A. Waldshut. Stdßhrn.: Fürst v. Fürstenberg.

**Oberwaffer,** D., 1 ev., 336 l., zuf. 337 E., Fil. v. Unzhurft, A.-G. u. B.-A. Bühl; K.-G. u. K.-A. Baden.

**Oberweler,** D., 178 l. E., Fil. von Simbach, A.-G. u. B.-A. Bühl; K.-G. u. K.-A. Baden.

**Oberweier,** D., 332 L. E., Fil. von Ettlingenweier, A.-G. u. B.-A. Ettlingen; A.-G. u. K.-A. Carlsruhe; liegt 493 p. J. üb. b. M.

**Oberweier,** Pfdf., 152 ev., 544 L, juf. 696 E., A.-G. u. B.-A. Lahr; A.-G. u. K.-A. Offenburg; L.-R. Lahr; ev. Fil. v. Friesenheim; liegt im Gebirge. Feld-, Wiesen-, Weinbau u. Viehzucht.

**Oberweier,** Pfdf., 4 ev., 813 L., juf. 817 E., A.-G. u. B.-A. Rastatt; A.-G. u. K.-A. Baden; L.-R. Gernsbach; liegt 625 p. J. üb. b. M.

**Oberweiler,** H.-O. b. Bürgerm. Oberhomberg, 20 L E., A.-G. u. B.-A. Stühlingen; A.-G. u. K.-A. Constanz. Getrennte Gemarkung u. gemeinschaftliches Gemeindevermögen. Stbhr.: Fürst v. Fürstenberg.

**Oberweiler,** D., 476 ev., 52 L, juf. 528 E., Fil. v. Babenweiler, A.-G. u. B.-A. Müllheim; A.-G. u. K.-A. Lörrach; P.-A. Freiburg. Sitz b. P.-AW.; liegt in einem freundlichen Thale.

**Oberweiler,** Z. b. Pfdf. Durbach, 43 f. E., A.-G. u. B.-A. Offenburg; A.-G. u. K.-A. Offenburg.

**Oberweschnegg,** H.-O. b. D. Tiefenhäusern, 75 L E., Fil. v. Höchenschwand, A.-G. u. B.-A. St. Blasien; A.-G. u. K.-A. Waldshut. Getrennte Gemarkung und gemeinschaftliches Gemeindevermögen.

**Oberwiehren,** H.-O. b. Pfdf. Wiehren, 118 L. E., A.-G. u. B.-A. Schönau; A.-G. u. K.-A. Lörrach. Gemarkung u. Gemeindevermögen getrennt.

**Oberwihl,** D., 2 ev., 552 L, juf. 554 E., Fil. v. Niederwihl, A.-G. u. B.-A. Waldshut; A.-G. u. K.-A. Waldshut. Feld-, Wiesenbau, Viehzucht und Baumwollweberei.

**Oberwinden,** Pfdf., 1020 L E., A.-G. u. B.-A. Waldkirch; A.-G. u. K.-A. Freiburg; L.-R. Freiburg; P.-A. Freiburg. Sitz b. P.-AW.; liegt an der Elz. Feld-, Wiesenbau und Viehzucht.

**Oberwirthshaus,** Hs. u. Brz. b. D. Langenordnach, 16 L E., Fil. v. Friedenweiler, A.-G. u. B.-A. Neustadt; A.-G. u. K.-A. Freiburg.

**Oberwittighausen,** D., 224 L E., Fil. v. Unterwittighausen, A.-G. Gerlachsheim, B.-A. Tauberbischofsheim; liegt an der Wittigbach, 860 p. J. üb. b. M. Feld-, Wiesenbau u. Viehzucht.

**Oberwittstadt,** Pfdf., 816 L E., A.-G. u. B.-A. Boxberg; A.-G. u. K.-A. Waldshut; L.-R. Krautheim. Elz des erzbischöfl. Decans; liegt 1036 p. J. üb. b. M. an der Erlenbach. Feld-, Wiesen- u. Weinbau.

**Oberwolfach,** Pfdf., 1 ev., 2120 L, juf. 2121 E., A.-G. und B.-A. Wolfach; A.-G. u. K.-A. Offenburg; L.-R. Triberg. Feld-, Wiesenbau, Viehzucht, Handel mit Holz und Taglöhnen. Stbhr.: Fürst von Fürstenberg.

**Oberwolfloch,** Z. b. Pfdf. Neukirch, 14 L E., A.-G. u. B.-A. Triberg; A.-G. u. K.-A. Villingen.

**Oberzarten,** Z. des Pfdf. Hinterzarten, 54 L E., A.-G. u. B.-A. Freiburg; A.-G. u. K.-A. Freiburg.

**Oberzell,** Brz. b. Pfdf. Reichenau, 13 L E., A.-G. u. B.-A. Constanz; A.-G. u. K.-A. Constanz; hat eine von dem später zum Erzbischof von Mainz ernannten Abt Hatto um 888 erbaute Kirche.

**Obrigheim,** Pfdf., 732 ev., 741 L, juf. 1473 E., A.-G. und B.-A. Mosbach; A.-G. u. K.-A. Mosbach; Dec. und L.-R. Mosbach; liegt 502 p. J. üb. b. M. am linken Ufer des Neckars und an der Straße nach Würzburg. Feld-, Wiesenbau u. Viehzucht. Römische Niederlassung durch Denksteine und Münzfunde bewiesen.

**Ochsenbach,** H.-O. b. Pfdf. Burgweiler, 130 L E., A.-G. u. B.-A. Pfullendorf; A.-G. u. K.-A. Constanz. Gemarkung u. Gemeindevermögen getrennt. Stbhr.: Fürst v. Fürstenberg.

**Ochsenbach,** D., 287 ev., 18 L., juf. 305 E., Fil. von Mauer, A.-G. Neckargemünd, B.-A. Heidelberg; A.-G. u. K.-A. Heidelberg; liegt 700 p. J. üb. b. M. am gleichnamigen Bache.

**Odelshofen,** D., 359 ev., 14 L, juf. 373 E., Fil. v. Kork, A.-G. u. B.-A. Kork; A.-G. und K.-A. Offenburg; liegt an der Straße von Offenburg nach Kehl.

**Odenheim**, Pfdf., 39 ev., 2031 E., 154 ifr., zuf. 2224 C., A.-G. u. B.-A. Bruchſal; K.-G. u. K.-A. Carlsruhe; L.-R. St. Leon; F.-A. Heidelberg; P.-A. Bruchſal. Sitz d. B.-A. u. P.-Abl.; liegt 616 p. F. üb. d. M. an der Katzbach. Feldb., Wein-, Wieſenbau u. Viehzucht.

**Odersbach**, A. b. T. Steig, 31 l. C., Fil. v. Hinterzarten, A.-G. u. B.-A. Freiburg; K.-G. u. K.-A. Freiburg.

**Odengefäß**, D., 84 ev., 23 L., zuf. 107 C., Fil. v. Raſtig, A.-G. und B.-A. Wertheim; K.-G. u. K.-A. Mosbach; liegt 1120 p. F. üb. d. M. Stdhr.: Fürſt von Löwenſtein-Wertheim.

**Odengefäßerhof**, Hf. u. Prz. d. T. Odengefäß, 9 ev. C. A.-G. u. B.-A. Wertheim; K.-G. u. K.-A. Mosbach.

**Odsbach**, D., 926 L. C., Fil. v. Oberkirch, A.-G. u. B.-A. Oberkirch; K.-G. u. K.-A. Offenburg; liegt in einem Thale am linken Uſer der Rench.

**Oeffingen**, Pfdf. 632 ev., 19 L., zuf. 871 C., A.-G. u. B.-A. Donaueſchingen; A.-G. u. K.-A. Billingen; Dec. Hornberg; liegt ſehr hoch in rauher Gegend. Feldb., Wieſenbau und Viehzucht.

**Oeflingen**, Pfdf., 29 ev., 949 l., zuf. 978 C., A.-G. u. B.-A. Säckingen; A.-G. u. K.-A. Waldshut; L.-R. Wieſenthal; liegt an der Werra. Feldb., Wieſenbau, Viehzucht u. Mühlenbetrieb. Grdhr.: Frhr. v. Schönau-Wehr.

**Oehlberg**, J. b. A.-O. Altglashütte, b. T. Hinterſtraß, 5 L. C., Fil. von St. Märgen, A.-G. u. B.-A. Freiburg; K.-G. u. K.-A. Freiburg.

**Oehle**, J. b. Stdl. Löffingen, 10 L. C., A.-G. u. B.-A. Neuſtadt; A.-G. und K.-A. Billingen.

**Oehle**, J. b. Pfdf. ev. Thennenbronn, 6 ev. C., A.-G. und F.-A. Triberg; K.-G. u. K.-A. Villingen.

**Oehlershof**, Hf. u. Prz. b. T. Schollach, 16 L. C., A.-G. u. B.-A. Neuſtadt; A.-G. u. K.-A. Billingen.

**Oehlershof**, Hf. und Prz. b. Wr.

**Oehlswende**, b. T. Birchhöfer, 11 L. C., Fil. v. Neuſtadt; A.-G. u. B.-A. Neuſtadt; A.-G. u. K.-A. Billingen.

**Oehlinsweiler**, A.-O. b. Pfdf. Pfaffenweiler, 714 l. C., A.-G. und B.-A. Staufen; K.-G. und K.-A. Freiburg. Gemarkung und Gemeindevermögen gemeinſchaftlich.

**Oehningen**, Pfdf., 26 ev., 1020 L., zuf. 1046 C., A.-G. u. B.-A. Radolphzell; A.-G. und K.-A. Conſtanz; L.-R. Hegau; liegt am Bodenſee. wurde von dem Grafen Kuno v. D. ſeiner Gattin Richlied u. ſeinen Söhnen, 965 mit Bewilligung Kaiſer Otto I, dem dort errichteten regulirten Chorherrnſtift mit 27 Ortſchaften der Biſchofshörigkeit des Hegaus und Klettgaus geſchenkt. Dieſer Graf Kuno wird für den Großvater des Gegenkönigs Rudolf von Rheinfelden gehalten, was zu deſſen Güterbeſitze im Klettgau wohl paßt. Im Jahr 1534 wurde das Stift an den Tiſch des Biſchofs von Conſtanz incorporirt, der in Folge dieſes Actes das Stift nun durch Prior, Superiore und Decane verwalten ließ. In der Nähe befindet ſich der berühmte Stückſchieferbruch mit merkwürdigen Verſteinerungen.

**Oelberg**, am, J. b. Pfdf. Schonach, 21 L. C., A.-G. u. B.-A. Triberg; K.-G. u. K.-A. Villingen.

**Oensbach**, Pfdf., 2 ev., 1123 L., zuf. 1125 C., A.-G. u. B.-A. Achern; K.-G. u. K.-A. Baden; L.-R. Otterſweier; liegt an der Straße nach Offenburg. Feldb., Wieſenbau und Viehzucht.

**Oeſchelbronn**, Pfdf., 1075 ev. C., A.-G. u. B.-A. Pforzheim; A.-G. u. K.-A. Carlsruhe; Dec. Pforzheim; liegt in einem Thälchen an der württemb. Grenze. Feldb., Wieſenbau u. Viehzucht.

**Oeſchengrund**, J. b. Pfdf. Urach, 21 L. C., A.-G. u. B.-A. Neuſtadt; A.-G. u. K.-A. Billingen.

**Oeſtringen**, Pfdf., 22 ev., 2225 L., 103 iſr., zuf. 2350 C., A.-G. und B.-A. Bruchſal; K.-G. u. K.-A. Carlsruhe; L.-R. St. Leon; P.-A. Heidelberg. Sitz d. P.-Abl.; liegt 550 p. F. üb. d. M. an der Freibach

und an der Straße nach Einsheim. Feld-
bau, Wiesenbau und Viehzucht.

**Oetigheim,** Pfdf., 7 ev., 1974 L. puf.
1861 C., A.-G. u. B.-A. Rastatt; A.-G. u.
K.-A. Baden; L.-K. Gernsbach; liegt 407
b. J. üb. d. M. an der Federbach. Feld-,
Wein-, Wiesenbau und Viehzucht.

**Oettingen,** Pfdf., 493 ev., 14 L. puf.
507 C., A.-G. u. B.-A. Lörrach; A.-G. u.
K.-A. Lörrach; Dec. Lörrach, Feld-, Wein-,
Wiesenbau u. Viehzucht. Handel mit Wein.
1702 Treffen beim Rheinübergange der
Franzosen.

**Oettiswald,** Hf. und Brn. b. Pfdf.
Bonndorf, 20 L. C., A.-G. u. B.-A. Bonn-
dorf; A.-G. u. K.-A. Waldshut.

**Oferobach,** F. b. D. Sterbach, 13
L. C., Fil. v. Oppenau, A.-G. und B.-A.
Oberkirch; A.-G. u. K.-A. Offenburg.

**Offenbach,** F. b. D. Reichenbach,
49 ev. C., Fil. v. Hornberg, A.-G. u. B.-A.
Triberg; A.-G. u. K.-A. Villingen.

**Offenburg,** Stdt., 485 ev., 3922 L.
1 kfr., puf. 4408 C., Dec. Lahr und L.-K.
Offenburg, Sitz b. K.-u. H.-G., A.-G., A.-O.,
G.-K., A.-Pb. B.-A., F.-J., B.-F. u. G.-F.,
D.-L., O.-C., P.- u. C.-A., Pfumstr., B.-B.-J.,
Dist.- u. Str.-B.-J., Rat., Gymnasium u. Ge-
werbschule, som. Tel.-St.; liegt am rechten
Ufer der Kinzig vor dem Eingange in das
Kinzigthal in einer freundlichen u. fruchtbaren
Ebene. Feld-, Wiesen-, Weinbau, Viehzucht,
Gewerbe- u. Fabrikbetrieb, zu welch' letzte-
rem gehören: die Baumwollspinnerei und
Weberei Offenburg, die 1860 begann und
über eine zwischen 100—220 Pferdekräften
wechselnde Wasserkraft verfügt und bereits
15,000 Spindeln und 340 Webstühle mit
400 ständigen Arbeitern beschäftigt, mit wel-
chen sie jährlich 4500 Ctr. Garn Nro. 30
bis 40 producirt, wovon 9/10 selbst in der
Fabrik zu 2,000,000 Stab Geweben ver-
arbeitet werden. Silberne Medaille. —
Rauschenglasfabrik von Schell u. Weiß-
kopf, wurde 1855 gegründet, in welcher 800
bis 1000 Stück Glastafeln von mehr als
4000 Quadratfuß Fläche auf einmal ein-
geschmolzen werden, auch liefert das Ge-

schäft jährlich 100,000 Quadratfuß u. be-
schäftigt 4 Arbeiter. Silberne Medaille.
Cigarrenfabrik von A. Jöhrenbach, wurde
1858 mit A. Bajocke gegründet und 1860
auf alleinige Rechnung übernommen. An-
fänglich ward inländischer Tabak verarbei-
tet, nunmehr werden Mittelsorten aus ameri-
kanischen Tabaken hergestellt und 1860
7,000,000 Stück Cigarren abgesetzt. Die
Fabrik beschäftigt 60 bis 90 Arbeiter. Die
Herdfabrik von C. Schmid arbeitet mit 14
bis 16 Arbeitern und liefert Heerde für grö-
ßere Wirthschaften; außer dieser größeren
Industrie zeigt sich ein reger Gewerbe-, so-
wie Mühlenbetrieb. Mkte.: 10. u. 11. Mai,
20. u. 21. Septbr. Aufgefundenen Meilen-
und Votivsteinen zufolge römische Nieder-
lassung. Einer Sage gemäß wurde sie durch
einen irischen Prinzen begründet; indessen
ist es wahrscheinlicher, daß in dem nahe
bei der Stadt gelegenen Kinsdorf die Mall-
stätte der mit dem Breisgau vereinigten
Ortenau gelegen, welche von den Herzogen
von Zähringen zu gleicher Zeit mit Frei-
burg und mit ähnlicher Namenbeziehung
als offene Burg zur Stadt erhoben wurde.
Nach dem Erlöschen der Zähringer kam sie
mit sämmtlichen Besitzungen dieses Geschlechts
im Rheinthal in den Besitz Friedrich II.,
dem die Linie von Ted ihre Ansprüche ab-
getreten hatte, und diesem verblieb es bis
in dem Kampfe Friedrichs II. mit den
Päpsten der Bischof von Straßburg die
Stadt einnahm. Nachdem sie während des
Interregnums reichsunmittelbar geworden,
verpfändete schon 1289 Rudolf von Habs-
burg 4 Mark Reichssteuer von O. an zwei
Augsburger Gläubiger. Vom 1315 datirt
eine königliche Bestätigung ihrer Privile-
gien durch Friedrich den Schönen, gleich-
wohl wurde sie von König Ludwig 1331
an die Grafen v. Oettingen und 1334 an
den Markgrafen Rudolf v. Baden verpfän-
det, worauf 1351 durch den Kaiser dem
Bischofe von Straßburg das Lösungsrecht
eingeräumt ward, dessen Stift bis 1403 im
Besitze der Pfandschaft blieb. Nach dieser
Zeit wurde sie von König Ruprecht von der
Pfalz ausgelöst und 1408 an dessen Sohn

Herzog Ludwig auf's Neue verpfändet. Indessen kam die Hälfte der Pfandschaft abermals in bischöflich Straßburgischen Besitz, während die andere Hälfte 1447 von dem Churfürsten von der Pfalz an Friedrich III. übergeben wurde, welcher aber bei seinen Zerwürfnissen mit der Pfalz sie dem Markgrafen Carl von Baden abtrat, dessen Ansprüche durch die Schlacht von Sekenheim erloschen. Nachdem Kaiser Maximilian 1504 die Stadt erobert hatte, versprach er, sie nach Einlösung der Straßburg'schen Hälfte beim Reiche zu behalten, verpfändete gleichwohl aber die pfälzische Hälfte an Wolfgang von Fürstenberg, von dessen Geschlecht sie erst 1530 wieder abgelöst wurde. Von dieser Zeit an blieb Offenburg Reichsstadt unter österreichischem Schutze und entging auf diese Weise dem Schicksale, 1679 als Ersatz für das verlorene Freiburg, bis zu dessen Wiedererlangung an Oesterreich abgetreten zu werden; diese Schutzherrlichkeit aber wurde mit der Reichsvogtei der Ortenau 1702 dem Markgrafen Ludwig v. Baden als Mannlehen gegeben, und fiel erst nach Erlöschen seines Geschlechtes an Oesterreich zurück. Endlich brachte der Lüneviller Friede die Stadt an das Haus Baden, dessen Vorfahren schon oft im Besitze derselben gewesen. Die Stadt hat eine eiserne Eisenbahnbrücke, sog. Gitterbrücke, über die Kinzig, einen freundlichen Marktplatz mit Stadthaus, Kaufhaus, Landvogteigebäude, das ehemalige Ritterhaus und ansehnliche Privatgebäude.

**Offnadingen**, D., 217 k. E., Fil. v. Kirchhofen, A.-G. u. B.-A. Staufen; A.-G. u. K.-A. Freiburg; liegt an der Möhlinsbach, unweit der Straße von Freiburg nach Basel in einem freundlichen Thale. Feld-, Wiesen-, Weinbau u. Viehzucht.

**Ofteringen**, D., 1 ev. 179 k., zus. 180 E., Fil. v. Tegernau, A.-G. u. B.-A. Bonndorf; A.-G. u. K.-A. Waldshut. Mit reizend in einer Einsenkung des Bulachthales gelegenen Schlößchen eines gleichnamigen Dienstadels, das an Ahrinau vermacht, eine beliebte Statthalterei wurde.

Die Ansprüche der Landgrafen von Stühlingen wurden nach langen Streitigkeiten durch Vergleich erledigt. Stdhr.: Fürst v. Fürstenberg.

**Ostersheim**, D., 998 ev., 502 L, zus. 1500 E., Fil. v. Schwetzingen, A.-G. und B.-A. Schwetzingen; A.-G. u. K.-A. Mannheim; liegt 337 p. F. üb. d. M. an der Leimbach. Feld-, besonders Tabakbau, Wiesenbau und Viehzucht.

**Ohlsbach**, D., 960 k. E., Fil. v. Gengenbach, A.-G. u. B.-A. Gengenbach; A.-G. u. K.-A. Offenburg; liegt an der Straße nach Offenburg im Kinzigthale. Feld-, Wiesen-, Weinbau, Obst- u. Viehzucht.

**Ohrensbach**, D., 307 k. E., Fil. v. Unterglottertal, A.-G. u. B.-A. Waldkirch; L.-G. und K.-A. Freiburg; liegt in einem Seitenthale des Glotterthales. Feld-, Wiesen-, Weinbau und Viehzucht.

**Olyenhütten**, Hf. u. Pfr. b. D. Unterlenzkirch, 19 L E., Fil. u. Oberlenzkirch. L.-G. u. B.-A. Neustadt; A.-G. und K.-A. Freiburg. Stdhr.: Fürst v. Fürstenberg.

**Omersbächle**, Hf. u. Pfr. b. Mkfl. Seelbach, 22 L E., A.-G. u. B.-A. Lahr; A.-G. u. K.-A. Offenburg. Stdhr.: Fürst v. d. Leyen.

**Oos**, Pfdf., 8 ev., 1167 L, zus. 1205 E., A.-G. u. B.-A. Baden; A.-G. und K.-A. Baden; L.-A. Gernsbach; E.-A. Baden. Eis. b. E.-E.; Halte- und Tel.-Stat.; liegt 441 p. F. üb. d. M. an der Oos. Feldbau, Viehzucht u. Taglöhnen.

**Oosscheuern**, H.-O. b. Pfdf. Oos, 97 k. E., A.-G. u. B.-A. Baden; A.-G. u. K.-A. Baden. Gemarkung und Gemeindevermögen gemeinschaftlich; liegt an der Oos. Feldbau, Viehzucht und Taglöhnen.

**Opferdingen**, D., 3 ev., 68 L, zus. 91 E., Fil. v. Mundelfingen, A.-G. und B.-A. Bonndorf; A.-G. u. K.-A. Waldshut. Feld-, Wiesenbau. Obst- u. Viehzucht.

**Opfingen**, Pfdf., 1219 ev., 14 k., zus. 1233 E., A.-G. u. B.-A. Freiburg; A.-G. und K.-A. Freiburg; Dec. Freiburg; liegt sehr freundlich am westlichen Fuße des Tunibergs. Feld-, Wiesen-, Weinbau u. Viehzucht.

**Oppenau**, Stdt. 20 ev., 1801 l., juf. 1821 C., A.-G. u. B.-A. Oberkirch; A.-G. u. A.-A. Offenburg; L.-R. Offenburg; P.-A. Kehl. Sitz d. P.-Abl.; liegt am rechten Ufer der Lierbach im Renchthale an einer hohen und steilen Bergwand freundlich gelegen. Feld-, Wiesenbau und Viehzucht. Handel mit Holz, Wachs, Pech, Harz, Zwetschen u. Kirschenwasser u. Fabrikbetrieb, nämlich: Krugfabrik in Oppenau von Carl Sohler in Gengenbach; die Fabrik wurde 1824 von R. F. Sohler in Gengenbach u. J. A. Trenbinger in Offenburg gegründet, ging 1858 auf Sohler allein über, der sie 1860 seinem Sohne Carl Sohler in Gengenbach abtrat; dieselbe steht in einem gewissen Vertragsverhältniß zu den Herren Kramm u. Günther aus Nassau, wornach die letzteren dem ersteren für jeden Brand eine gewisse Summe zu zahlen haben. Das Etablissement beschäftigt 10 Arbeiter und fertigt Krüge, Schmalz- u. Milchhäfen, Apothekerschüsseln, Retorte u. s. w., ungefähr 70,000 bis 80,000 Stück jährlich. Silberne Medaille.

**Orscheck**, Z. b. Mktfl. Jurlwangen, 26 l. C., A.-G. u. B.-A. Triberg; A.-G. u. A.-A. Villingen.

**Orschweier**, D., 7 ev., 635 L., 36 ifr. juf. 678 C., Fil. v. Mahlberg, A.-G. und B.-A. Ettenheim; A.-G. u. A.-A. Freiburg; P.-A. Offenburg. Sitz b. P.- u. C.-C.; liegt in der Ebene. Feld-, Wiesenbau u. Viehzucht.

**Orsingen**, Pfdf., 10 ev., 621 L., juf. 631 C., A.-G. u B.-A. Stockach; A.-G. u. A.-A. Constanz; L.-A. Engen; P.-A. Stockach. Sitz b. P.-Abl.; Feld-, Wein-, Wiesenbau und Viehzucht. Römische Straße und Niederlassung durch Oten entdeckt; mit zahlreichen Anticaglien im Gemeindebauze des Dorfes.

**Ortenberg**, Pfdf., 7 ev., 1271 L., juf. 1276 C., A.-G. u. B.-A. Offenburg; A.-G. u A.-A. Offenburg; P.-A. Offenburg. Sitz b. P.-Abl.; L.-A. Offenburg; liegt am Eingange des Kinzigthales. Feldbau, Viehzucht und trefflicher Weinbau. Altes Schloß der Gaugrafen der Ortenau oder Mortenau, dem nach Zähringen'scher Besitz bis zum Erlöschen des herzoglichen Hauses, dann von Friedrich II. und diesem durch den Bischof von Straßburg, Heinrich v. Stahlegg weggenommen. Mit der Ortenau nach Ordnung der Wirren des Interregnums an das Reich zurückgenommen, theilte die Burg die Schicksale Offenburgs. Auf ihr starb der letzte Fürstenberg'sche Pfandherr, Graf Wilhelm, der berühmte Condottiere des 16. Jahrh. Im 17. Jahrh. wurde die Burg größtentheils durch die Franzosen gesprengt und blieb unbewohnbar bis Herr von Berkholz nach den Plänen von Professor Eisenlohr das jetzige herrliche Schloß mit seiner prachtvollen Einrichtung mit entzückender Aussicht auf das Kinzigthal und die Rheinebene erbaute und bezog. Am Schloßberge wächst ein vortrefflicher Rothwein.

**Osterbach**, Z. und Pr. b. D. Einbach, 63 l. C., Fil. v. Hausach, A.-G. u. B.-A. Wollach; A.-G. u. A.-A. Offenburg. Stbhr.: Fürst v. Fürstenberg.

**Osterburken**, Stdt., 19 ev., 1168 L., juf. 1187 C., A.-G. u. B.-A. Adelsheim; A.-G. u. A.-A. Mosbach; P.-A. Heidelberg. Sitz b. Pfhlt.; L.-A. Buchen; liegt 829 p. F. üb. d. M. an der Kirnbach in einem freundlichen Thale. Feld-, Wiesenbau, Viehzucht und Handel mit Früchten. Ueber die das Thal begrenzenden Anhöhen zieht unter dem Namen Hochstraße die alte Römerstraße. Die Gemarkung von O. selbst weiset sich in ausgegrabenen Inschriften, Grundmauern und anderen Anticaglien als ziemlich bedeutende römische Niederlassung aus.

**Oswaldenhof**, Hf. u. Prz. b. Pfdf. Urach, 26 l. C., A.-G. u. B.-A. Neustadt; A.-G. u. A.-A. Freiburg.

**Otschenfeld**, Z. b. D. Ramsbach, 11 l. C., Fil. v. Oppenau, A.-G. u B.-A. Oberkirch; A.-G. u. A.-A. Offenburg.

**Ottenau**, Pfdf., 4 ev., 1272 L., juf. 1276 C., A.-G. u B.-A. Gernsbach; A.-G. und A.-A. Baden; L.-A. Gernsbach; liegt 505 p. F. üb. d. M., an der Murg. Feld-, Wiesen-, Weinbau und Viehzucht; Flößerei und Mühlenbetrieb.

**Ottenbach**, Z. b. Pfdf. Oberhamersbach, 15 L C., A.-G. u. B.-A. Gerngnbach; A.-G. u. A.-A. Offenburg.

**Ottenberg**, 3. d. Pfd. Kappel-rodeck, 29 L.E., A.-G. u. B.-A. Achern; K.-G. u. K.-A. Baden.

**Ottenheim**, Pfd., 1100 ev., 405 L., juf. 1305 E., A.-G. u. B.-A. Lahr; K.-G. u. K.-A. Offenburg; Dec. Lahr und L.-A. Lahr; liegt an einem Rheinarme. Feld-, Wiefenbau, Viehzucht. Starker Handel mit Holz und Branntwein.

**Ottenhöfen**, Pfd., 5 ev., 1500 L., juf. 1305 E., A.-G. u. B.-A. Achern; K.-G. u. K.-A. Baden; L.-A. Ottersweier; J.-J. Offenburg; P.-A. Achl. Siß d. B.-J. und P.-Abl.; liegt im Kappleribale. Feld-, Wiefen-, Weinbau u. Viehzucht. Erfolgreicher Widerstand der Bewohner des Thales gegen die Franzofen 1796.

**Ottenhöfen**, 3. b. D. Weitenung, 41 L.E., Fil. v. Steinbach, A.-G. u. B.-A. Bühl; K.-G. u. K.-A. Baden.

**Ottenfteg**, Wlr. b. D. Gutach, 39 l.E., Fil. v. Bleibach, A.-G. u. B.-A. Waldkirch; K.-G. u. K.-A. Freiburg.

**Ottenweierhof**, Hf. u. Prz. b. Pfd. Ichenheim, 5 ev., 15 L., 19 wen., juf. 39 E., A.-G. u. B.-A. Lahr; K.-G. und K.-A. Offenburg. Sibehr.: Fürft v. d. Leyen.

**Otterhof**, Hf. u. Prz. b. D. Steinbach, 16 L.E., Fil. v. Hundheim, A.-G. u. B.-A. Wertheim; K.-G. u. L.-A. Mosbach; liegt in einem Thale. Sibehr.: Fürft von Löwenstein-Wertheim.

**Ottersberg**, 3. b. Sibt. Oppenau, 13 L.E., A.-G. u. B.-A. Oberkirch; K.-G. u. K.-A. Offenburg.

**Ottersdorf**, Pfd., 1 ev., 881 L., juf. 882 E., K.-G. u. B.-A. Raftatt; K.-G. u. K.-A. Baden; L.-A. Ottersweier; liegt 390 p. F. üb. d. M. Feldbau u. Viehzucht.

**Ottersweier**, Pfd., 7 ev., 1724 L., juf. 1731 E., A.-G. u. B.-A. Bühl; K.-G. u. K.-A. Baden; L.-A. Ottersweier; B.-A. Achl. Siß b. P.-Abl.; liegt an der Straße von Raftatt nach Offenburg. Feld-, Wiefen-, Weinbau und Viehzucht. Alte Befißung der Grafen von Eberftein und Vermächtniß an Herrenalb, nach deffen völliger Aufhebung 1642 von den Schirmherrn von Baden in Befiß genommen und 1663 ein Hofpitium der Jefuiten in Baden — fpäter Urfulinerklofter, jeßt Schulhaus — errichtet.

**Ottmarshof**, Hf. u. Prz. b. Pfd. Emmingen ab Egg, 8 L.E., A.-G. u. B.-A. Engen; K.-G. und K.-A. Conftanz. Sibehr.: Fürft v. Fürftenberg.

**Ottofchwanden**, Pfd., 1262 ev., 3 l., juf. 1265 E., A.-G. u. B.-A. Emmendingen; K.-G. u. K.-A. Freiburg; Dec. Emmendingen; liegt im Brettenthal. Feldbau, Wiefenbau, Obft- und Viehzucht. Mühlenbetrieb.

**Ottwangen**, Wlr. b. D. Adelhaufen, 47 L.E., Fil. v. Eichfel. A.-G. und B.-A. Schopfheim; K.-G. u. K.-A. Lörrach.

**Owingen**, Pfd., 7 ev., 850 L., 1 ifr., juf. 667 E., A.-G. u. B.-A. Ueberlingen; K.-G. u. K.-A. Conftanz; L.-R. Lindau; liegt an einem Bache. Feld-, Wiefenbau, Obft- u. Viehzucht. Wahrfcheinlich aus der Erbfchaft der Bregenzer Grafen in den Theilbefiß mehrerer Herrfchaften übergegangen, endlich an Salem durch Ankauf des Erzbifchofs Eberhard von Salzburg gekommen.

**Oßenbühl**, 3. b. Pfd. Mahlfpüren, 22 l.E., A.-G. u. B.-A. Stockach; K.-G. u. K.-A. Conftanz.

## P.

**Palmar**, D., 270 l.E., Fil. von Grünsfeld, A.-G. Gerlachsheim, B.-A. Tauberbifchofsheim; K.-G. u. K.-A. Mosbach, liegt 823 p. F. üb. d. M. an der Grünbach. Feld-, Wein-, Wiefenbau und Viehzucht.

**Palmbach**, Pfd., 276 ev. E., A.-G. u. B.-A. Durlach; K.-G. u. K.-A. Carlsruhe; Dec. Durlach, liegt 853 p. F. üb. d. M. Feld-, Wiefenbau und Viehzucht.

**Papiermühle**, die obere, 3. b. Pfd. Oberachern, 31 L.E., A.-G. und B.-A. Achern; K.-G. u. K.-A. Baden.

**Pappelnthal**, 3. b. Pfd. Nußbach, 46 L.E., A.-G. u. B.-A. Triberg; K.-G. u. K.-A. Villingen.

**Paradies**, F. b. Pfdf. Schonach, 9 L. G., A.G. und B.-A. Triberg; A.-G. u. A.-A. Villingen.

**Paradies**, Pfdf. und Prz. b. Stbt. Constanz, 303 L. G., A.G. u. B.-A. Constanz; A.-G. u. A.-A. Constanz, hat seinen Namen von einem Cisterzienser Nonnenkloster, das später in die Nähe von Schaffhausen zog.

**Pechhofen**, F. b. A.O. Reppenbach, b. D. Freiamt, 11 ev. C., Fil. von Reppenbach, A.G. und B.-A. Emmendingen; A.-G. u. A.-A. Freiburg.

**Pelzmühle**, Hs. und Prz. b. Pfdf. Herdorf, 11 L. G., A.G. u. B.-A. Stodach; A.-G. u. A.-A. Constanz.

**Petershausen**, Pfdf. b. Stbt. Constanz, 203 L. G., A.G. u. B.-A. Constanz; A.-G. u. A.-A. Constanz. Feldb., Wiesen, Weinbau, Viehzucht und Gewerbebetrieb. Ein von dem heiligen Bischof Gebhard — Grafen von Bregenz um 983 gestiftetes Benediktinerkloster am Rheinstrom. — Vom alten Bau desselben aufgeführt durch Abt Dietrich im 11. Jahrh., ist noch das Kirchenportal vorhanden, welches in den Garten von Schloß Eberstein gebracht wurde. Nach Aufhebung des Klosters markgräfliche Domäne von Baden, wodurch vorzüglich der Weinbau hier und in Hinterhausen sehr emporgebracht wurde. Jetzt Caserne des in Constanz garnisonirenden Regiments.

**Petersthal**, Pfdf., 4 ev., 1540 L., zuf. 1544 G., A.G. u. B.-A. Oberkirch; A.-G. u. A.-A. Offenburg; L.G. Offenburg, F.-J. Offenburg und L.-A. Kehl, Sitz b. B.-G. und Bezirks., liegt an der Rench etwa 1330 p. F. üb. d. M. in einem freundlichen Thale. Es ist hier ein vortrefflich eingerichtetes u. namentlich von Frankreich aus vielbesuchtes, wirksames Heilbad, dessen 3 Quellen sämmtlich zu den stark eisenhaltigen, schwach alkalinischen Säuerlingen gehören und sich durch einen außerordentlich großen Gehalt an Kohlensäure auszeichnen, indem sie so viel von diesem Gase enthalten, als sie dem Absorptionscoefficienten zufolge überhaupt aufzunehmen im Stande sind. Die Untersuchung hat für die einzelnen Quellen in 10000 Theilen Wasser ergeben:

| | Sophien-Quelle | Franz-Quelle | Salz-Quelle |
|---|---|---|---|
| Dop. kohls. Kalk | 13,773 | 15,251 | 15,078 |
| „  „  Magnesia | 3,872 | 4,558 | 5,840 |
| „  „  Eisenoxydul | 0,440 | 0,451 | 0,451 |
| „  „  Lithion | 0,144 | 0,060 | 0,028 |
| „  „  Natron | 0,053 | 0,600 | 0,366 |
| Chlornatrium | 0,304 | 0,395 | 0,458 |
| Schwefels. Natron | 6,721 | 7,902 | 8.525 |
| „  Kali | 0,975 | 0,746 | 0,885 |
| Phosphors. Thonerde | 0,033 | 0,071 | 0,035 |
| Kieselerde | 0,892 | 0,904 | 0,685 |
| Spur. org. Substanzen | 0,000 | 0,000 | 0,000 |
| „ v. Manganoxydul | 0,000 | 0,000 | 0,000 |
| „ v. Arsensäure | 0,000 | 0,000 | 0,000 |
| Summe b. fixen Stoffe | 27,607 | 30,918 | 32,449 |
| Freie Kohlensäure | 25,160 | 25,213 | 26,000 |
| Freier Stickstoff | 0,005 | 0,000 | 0,010 |
| Spec. Gew. bei 20° C. | 1,0031 | 1,0034 | 1,0034 |
| Temperatur nach Celsius bei 15° Luft. | | | |
| Temperatur | 8,91 | 10,43 | 3,97 |

Das Bad hat schöne Spaziergänge und ein sehr comfortables Gasthaus.

**Petersthal**, D., 15 ev., 137 L., zuf. 352 C., Fil. v. Ziegelhausen, A.G. und B.-A. Heidelberg; A.-G. und A.-A. Heidelberg, liegt 1008 p. F. üb. d. M. in einem kleinen Thale hinter Ziegelhausen.

**Peterzell**, D., 330 ev., 10 L., 11 Men., zuf. 351 G., Fil. v. St. Georgen, A.G. u. B.-A. Triberg; A.-G. u. A.-A. Villingen. Alter Ährringer Besitz, wobei fürstenbergische Lehensmannschaft, an der Scheidung der beiden Straßen von Villingen nach Hornberg und Triberg. Uhren- und Holzwaarenfabrikation.

**Pfaffenbach**, F. b. Pfdf. Walburn, 15 L. C., A.G. und B.-A. Achern; A.-G. und A.-A. Baden.

**Pfaffenbach**, F. b. D. Reichenbach, 96 L. G., Fil. v. Gengenbach, A.G.

und B.-A. Gengenbach; K.-G. und K.-A. Offenburg.

**Pfaffenberg**, Z. b. Pfd. Filchbach, 19 L. E., A.-G. u. B.-A. Villingen: K.-G. u. K.-A. Villingen.

**Pfaffenberg**, T., 1 ev., 265 L, juf. 266 E., Fil. von Zell, A.-G. und B.-A. Schönau; K.-G. und K.-A. Lörrach, liegt sehr hoch. Feldbau und Baumwollspinnerei. Grbhr.: Frhr. v. Schönau-Zell.

**Pfaffenbühl**, H. b. T. Hohenbodmann, 11 L. E., Fil. v. Owingen, A.-G. und B.-A. Ueberlingen; K.-G. und K.-A. Constanz.

**Pfaffenhof**, Hf. und Prz. b. Mr. Schildwende, b. T. Plerthäler, 12 L. E., Fil. v. Neustadt, A.-G. und B.-A. Neustadt; K.-G. und K.-A. Freiburg.

**Pfaffenroth**, T., 590 L. E., Fil. v. Burbach, A.-G. und B.-A. Ettlingen; K.-G. K.-A. Carlsruhe, liegt 1299 p.F. üb. b. M.

**Pfaffenweiler**, T., 404 L. E., Fil. von Villingen, A.-G. und B.-A. Villingen; K.-G. und K.-A. Villingen, liegt hoch und in einer waldigen Gegend Feldbau und Viehzucht. Der Name von den Mönchen von Salem, die das in der Nähe liegende große Gut Runstal mit vielen Gerechtigkeiten in der Umgegend von den Herren von Waldkirch erhalten hatten und später an Villingen verkauften.

**Pfaffenweiler**, Pfd., 4 ev., 1077 l., juf. 1081 E., A.-G. und B.-A. Staufen; K.-G. und K.-A. Freiburg; L.-A. Breisach. Feld-, Wein-, Wiesenbau. Ergiebige Steinbrüche.

**Pfaffwiesen**, Hs. und Prz. b. Pfd. Weiterdingen, 23 L. E., A.-G. und B.-A. Engen; K.-G. und K.-A. Constanz. Grbhr.: Frhr. v. Hornstein.

**Pfarrhof**, Hf. u. Prz. b. Pfd. Urach, 16 l. E., A.-G. und B.-A. Neustadt; K.-G. u. K.-A. Freiburg.

**Pfarrmoos**, Z. b. Pfd. ev. Ibenhrenbronn, 22 ev. E., A.-G. und B.-A. Triberg; K.-G. u. K.-A. Villingen.

**Pfaus**, Wlr. b. Pfd. Mühlenbach,

78 L. E., A.-G. Haslach; B.-A. Wolfach; K.-G. u. K.-A. Offenburg. Stbshr.: Fürst von Fürstenberg.

**Pfinastberg**, Z. b. Pfd. Schwelghausen 42 L. E., A.-G. u. B.-A. Ettlerheim; K.-G. u. K.-A. Freiburg.

**Pföhrendorf**, N.-D. b. T. Hattenweiler, 13 L. E., Fil. von Altheim, A.-G. und B.-A. Pfullendorf; K.-G. und K.-A. Constanz. Getrennte Gemarkung u. gemeinschaftliches Gemeindevermögen.

**Pfohren**, Pfd., 63 ev., 853 L., juf. 936 E., A.-G. u. B.-A. Donaueschingen; K.-G. u. K.-A. Villingen; L.-A. Villingen, liegt an der Donau. Feldbau, Viehzucht, Torfstich. Schon im 9. Jahrh. an St. Gallen geschenkt. An der Donau altes Schloß von Kaiser Mar, der bei dem Grafen Wolfgang von Fürstenberg hier einige Tage der Jagd oblag. scherzweise „Entenburg" genannt.

**Pforzheim**, Stdt., 11,113 ev., 2528 l., 45 Diff., 168 Isr., juf. 13,854 E., A.-G. u. K.-A. Carlsruhe, Dec. Pforzheim; L.-A. Mühlhausen, F.-J. Carlsruhe; Sitz b. A.-G., G.-N., A.-Ph., B.-A., B.-F., D.-C. D.-B., B.- u. E.-A., Pstmftr. u. E.-B.-J. ev. D. Pädagogium, höhere Bürger- u. Gewerbeschule, Blinden-, Taubstummeninstitut, Heil- u. Pflege-Anstalt, D.-N., Halt- u. Tel.-Stat.; liegt am linken Ufer der Enz, wo die Nagold, mit der sich oberhalb Pf. die Würm vereinigt, in diesen Fluß fällt und am nördlichen Eingang des Schwarzwaldes. Feld-, Wiesen-, Weinbau und Viehzucht, Gewerbe- und Fabrikbetrieb, worunter jener der Galbwaaren den ersten Rang einnimmt, diese Industrie verdankt ihren Ursprung dem Markgrafen Karl Friedrich, der im Jahre 1767 eine Uhrenfabrik in Verbindung mit einer Quincaillerisfabrik gründete, bei welchem Unternehmen der Staat und das Waisenhaus mit Kapitalien betheiligt waren, die Quincaillerisfabrik trennte sich 1770 von der Uhrenfabrik und sollte bereits 1775 aufgegeben werden. Karl Friedrich übernahm dieselbe, brachte sie wieder in Aufschwung u. verkaufte sie sodann wieder 1776.

14

Durch Vorschüsse und Betretungen aller Art suchte Karl Friedrich ähnliche Unternehmungen in's Leben zu rufen. Die so entstaubenen Fabriken hoben sich ziemlich rasch. Während nun die Bijouteriefabriken aufblühten, ging die Uhrenfabrikation zurück und verschwand bald ganz aus Pforzheim. Bis zum Jahre 1826 durfte nur 18karätiges Gold verarbeitet werden, was die mittleren Schichten der Gesellschaft vom Markte ausschloß, nachdem aber 1827 diese Verordnung beseitigt und 14 Karat als Normalgehalt festgesetzt worden war, bekam die Fabrikation einen neuen Aufschwung, der sich mit dem Eintritt Badens in den Zollverein noch mehr steigerte. So kam es, daß im Jahre 1853 bereits 63 eigentliche Bijouteriefabriken, worunter 12 große mit mehr als 100 und 20 mittlere mit mehr als 50 Arbeitern bestanden. Die Fabrikate dieser Fabriken mehr für die mittleren Schichten der Gesellschaft berechnet, daher keine schweren Goldarbeiten, haben durchschnittlich einen Goldwerth per Jahr von 4 Millionen Gulden und mit Arbeit und Façon wenigstens einen Werth von 7 Millionen Gulden. An diese Fabriken reihen sich nun die Hilfsgeschäfte, wie Graveurs, Emailleurs, Estampeurs an, sodann die Krätzefabriken, welche zusammen durchschnittlich 2600—2800 Arbeiter und Arbeiterinnen beschäftigen. Außer diesen Fabriken hat Pf. noch chemische Productenfabrik, Essigfabrik u. die berühmte Maschinenfabrik der Gebr. Benkiser, goldene Medaille, welche zugleich ein Hammerwerk und Eisengießerei besitzt; Wollspinnerei und Tuchmanufactur von Finstenstein, die Saffian- und Lederfabrik von Gruner, die Ledermanufacturen von Bonnberger und Becker und die Bleiche. — Obwohl der alte Name Porta Hercyniä nicht nachweisbar, so ist doch eine römische Niederlassung mehr als wahrscheinlich. Denn war Pf. im Mittelalter Besitz und wohl auch Sitz der mächtigen Grafen von Calw, von welchen die Schloßkirche (in ihren ältesten Theilen prachtvoller Bau des 11. oder 12. Jahrhunderts herrührt. Durch eine Erbtochter des im 13. Jahrhundert in

seiner Hauptlinie erloschenen Geschlechts, gedieh die Stadt sodann an die Obersteiner und mit ihrer Erbschaft an die Markgrafen von Baden, die von 1300 bis 1565 ihre Residenz und bis in die neueste Zeit ihre Grablege hier hatten. Nach einer Sage fielen 1622 400 Pforzheimer mit ihrem Bürgermeister Deimling bei Wimpfen, in Vertheidigung des Markgrafen Georg Friedrich von Baden-Durlach; Heimath des berühmten Humanisten und Vorläufers der Reformation, Reuchlin; seine jetzt nach Carlsruhe gebrachte Bibliothek befand sich in einem Gewölbe der Stiftskirche. Im französischen Kriege von den Franzosen nach eintägiger Beschießung genommen und großentheils zerstört. Messen: 13. März, 14. Juni, 27. Sept., 13. Decbr. je 2 Tage; Viehmkte.: 4. Jan., 1. Febr., 7. März, 4. April, 2. Mai, 6. Juni, 4. Juli, 1. Aug., 5. Septbr., 3. Oct., 7. Nov., 5. Decbr.

**Pfrengiesbof,** Hf. u. Pf.-b. Pfr. Schildwende, b. D. Vierthäler, 13 E. C., Fil. v. Neustadt, A.-G. und B.-A. Neustadt; K.-G. u. K.-A. Freiburg.

**Pfärbhof,** Hf. und Pf. b. R.O. Wiehre, b. Stdt. Freiburg, 11 l. C., A.-G. u. B.-A. Freiburg; K.-G. u. K.-A. Freiburg.

**Pfulberg,** J. b. Pfdf. Sasbachwalden, 56 l. C., A.-G. und B.-A. Achern; K.-G. und K.-A. Baden.

**Pfullendorf,** Stdt., 19 rv., 1903 E., jul. 1922 G., K.-G. u. K.-A. Constanz; L.-K. Linzgau; C.-J. Donaueschingen, P.-A. Stockah; Siz bes A.-G., G.-R., A.-Pfl., B.-A., D.-R. u. Pflstrs., liegt 2215 p. F. üb. b. M. an einem kleinen Bache an der Straße von Stockah nach Ostrach und Saulgau. Feldb., Wiesenbau, Viehzucht u. Gewerbebetrieb. — Ursprünglich Stammsitz gleichnamiger Grafen, eines Zweigs der Grafen von Bregenz, die im 12. Jahrhundert ausstarben und durch eine Erbtochter ihre Güter an die Habsburger vererbten, welche sie sodann gegen besser gelegene an die Hohenstaufen vertauschten. Als Hohenstaufische Stadt kurz nach einem verzehrenden Brande 1220 für frei erklärt, gewann sie bald unter dem Schuze des Reiches durch Aufblühen der Gewerbe, insbesondere der Webereien einige Bedeutung, und gab der jungen Stadt Jeny 142 durch ihren Notar Wernher Brög ein lebendes Muster einer neuen Stadtordnung. Gegen die Versicherung Rudolf's von Habsburg nie verpfändet zu werden, kam doch die Stadtmannschaft durch Pfand in mehrere Hände bis sie und mit ihr die hohe Gerichtsbarkeit 1415 eingelöst wurde. Im Bauernkriege unterwarf sie sich den Bauern auf dem Tage zu Stockach, wurde im 30jährigen Kriege mehrmals genommen und durch Contributionen erschöpft. Das vorige Jahrhundert brachte Besserung der Zustände bis 1796 der Kriegsschauplaz auf's Neue hierher verlegt, und die Stadt auf's Härteste vor und nach der Schlacht von Ostrach 21. März mitgenommen wurde und erschöpft genug 1802 an Baden gedieh. Das Spital, eines der reichsten im Lande, hat eine Inschrift über die Grundsteinlegung im 13. Jahrhundert. In der Nähe manche Spuren der Römerherrschaft in Strassenüberresten und Ausgrabungen. Mkt.: 22. Febr., 2. Mai, 29. Aug., 17. Oktbr., 12. Dzbr.

**Pfundsteinsamt**, J. des D. Lebengericht, 35 ev. C., Fil. v. Schiltach, A.G. u. B.A. Wolfach; K.G. und R.A. Offenburg.

**Philippenhof**, Hf. und Prj. b. D. Langenbach, 14 l. C., Fil. v. Löhrenbach, A.G. und B.A. Villingen; K.G. und K.A. Villingen.

**Philippenloch**, J. b. Pfdf. Reutlich, 11 l. C., A.G. und B.A. Triberg; K.G. u. K.A. Villingen.

**Philippsburg**, Stbt., 64 ev., 2109 L., 66 Jr., jul. 2239 C., A.G. u. R.A. Carlsruhe; B.A. Bruchsal; L.R. Philippsburg; P.A. Bruchsal Siz b. A.G., D.N. und B.C., liegt 340 p. J. üb. d. M., nahe am Rheine, wo der Saalbach in denselben fließt. Feldb. Wiesenbau, Viehzucht, Gewerbebetrieb und Handel mit Holz. Ehemals Udenheim, Dorf und Schloß des Hochstifts Speyer, durch Emich von Lehningen einem Lehensbesitzer 1316 abgekauft, ward 1333 zur Stadt erhoben, von Bischof Philipp von Esern 1616 neu befestigt, 1618 von dem Pfalzgrafen Fridrich und seinen Verbündeten erobert und geschleift, von dem Bischofe, aus den zurelannten 100,000 Rthlrn. Entschädigungsgeldern sofort wieder aufgebaut u. Philippsburg genannt. 1633 von den Schweden, 1635 von den Oesterreichern, 1644 von den Franzosen erobert, wurde es im westphälischen Frieden an Frankreich überlassen. 1676 von den Kaiserlichen, sodann 1688 von den Franzosen wieder genommen, kam es im Frieden zu Ryswick wieder an das Reich zurück, worauf es 1733 abermals von den Franzosen genommen, jedoch im Wiener Frieden wieder zurückgegeben wurde. Da die Festungswerke immer mehr in Verfall gerichen, so zog die Besazung 1782 ab, während jene bei Beginn der französischen Revolution nothdürftig wieder hergestellt wurden, worin sich der österreichische Commandant, nachdem durch Bombardement vom 6.—12. Septbr. 1799 die Stadt größtentheils zusammengeschossen war, bis 1800, worauf nach erfolgter Uebergabe die Festungswerke geschleift und im Laufe der Jahre völlig abgetragen wurden. Mkt.: 26. April, 25. Oct.

**Pittenhard**, Hf. und Prj. b. Pfdf. Wlechs, 14 l. C., A.G. u. B.A. Engen; K.G. u. R.A. Constanz.

**Plankstadt**, Pfdf., 969 ev., 903 L., jul. 1872 C., A.G. u. B.A. Schwezingen; A.G. u. R.A. Mannheim; Dec. Oberheidelberg; kath. Fil. v. Schwezingen, liegt 332 p. J. üb. d. M. Feldbau und Viehzucht, insbesondere Hopfen- und Tabakskulturen.

**Plattenhöfe**, Hf. und Prj. b. Pfdf. Obersimonswald, 41 l. C., A.G. und B.A. Waldkirch; A.G. u. R.A. Freiburg.

**Plazhof**, Hf. u. Prj. b. Stbt. Kaubern, 14 L C., A.G. u. B.A. Lörrach; A.G. u. R.A. Lörrach.

**Pleikartsförsterhof**, Hf. u. Prj.

b. Pfdf. Kirchheim, 30 ew., 21 L, 5 Mrn., zuf. 56 C., A.-G. u. B.-A. Heidelberg; K.-G. u. K.-A. Heidelberg, liegt 366 p. J. üb. b. M. in einer sehr fruchtbaren Ebene.

**Pleutersbach**, D., 209 ew., 19 t., zuf. 228 C., Fil. v. Eberbach, A.-G. und B.-A. Eberbach; K.-G. u. K.-A. Mosbach, liegt 444 p. J. üb. b. M. Feld-, Wiesenbau, Obst- und Viehzucht. Stdzhr.: Fürst von Leiningen.

**Olttersdorf**, Pfdf., 6 ew., 1156 t., zuf. 1182 C., A.-G. u. B.-A. Rastatt; K.-G. u. K.-A. Baden; L.-R. Ottersweier, liegt 385 p. J. üb. b. M. dicht am Rheine, Feldbau und Taglöhnern.

**Poche**, N.-O. der Stdt. Todtnau, 62 L C., A.-G. u. B.-A. Schönau; K.-G. und K.-A. Lörrach. Gemarkung und Gemeindevermögen gemeinschaftlich.

**Poche**, Hf. u. Pfz. b. Stdt. Staufen, 3 L C., A.-G. u. B.-A. Staufen; K.-G. u. K.-A. Freiburg.

**Polhof**, Hf. u. Pfz. b. N.-O. Herdern, b. Pfdf. Hohentengen, 6 L C., A.-G. u. B.-A. Jestetten; K.-G. und K.-A. Waldshut.

**Poppenhausen**, Pfdf., 161 L C., A.-G. Gerlachsheim; B.-A. Tauberbischofsheim; K.-G. und K.-A. Mosbach; L.-R. Tauberbischofsheim, liegt 1064 p. J. üb. b. M.

**Portugieserhof**, Hf. u. Pfz. b. Col. Langenstein, b. D. Orsingen, 13 L C., A.-G. u. B.-A. Stockach; K.-G. u. K.-A. Constanz. Grbhr.: Graf von Langenstein.

**Posthaus**, Hs. und Pfz. des Pfdf. Unadingen, 10 L C., A.-G. u. B.-A. Donaueschingen; K.-G. u. K.-A. Constanz. Stdzhr.: Fürst v. Fürstenberg.

**Präg**, D. 429 L C., Fil. v. Schönau, A.-G. u. B.-A. Schönau; K.-G. und K.-A. Lörrach, liegt an der Prägbach in einem engen und rauhen Thale an der Straße von Schönau nach St. Blasien. Viehzucht und Holzarbeiten.

**Prägthal**, F. b. Pfdf. Furtwangen, 266 L C., A.-G. u. B.-A. Triberg; K.-G. u. K.-A. Villingen, liegt in einem Thale weit umher zerstreut. Uhrenfabrikation.

**Prechthal**, Ober-, Pfdf., 310 ew., 1926 t., zuf. 2236 C., A.-G. und B.-A. Waldkirch; K.-G. u. K.-A. Freiburg; Dec. Hornberg; L.-H. Freiburg, liegt in dem hier einen weiten Bogen machenden Elzthale. Feldbau, Wiesenbau, Obst- und Viehzucht, Mühlenbetrieb, Holzhandel. Urkundlich Gebrechte, gehörte es ursprünglich zum Stifte Waldkirch, dann erwarben die Grafen von Habsburg-Laufenburg sich die Oberlehensherrlichkeit und verliehen es theilweise an Fürstenberg, theilweise 1390 an die Markgrafen von Hachberg, an welche nach Absterben des Habsburg-Laufenburgischen Geschlechts dasselbe als Allod kam. Thalverlassung von 1561.

**Prechthal**, Unter-, Wr. b. Pfdf. Oberprechthal, 539 L C., A.-G. und B.-A. Waldkirch; K.-G. u. K.-A. Freiburg.

**Prestenberg**, Pfz. b. Hf. Fallershof, b. Pfdf. Schönenbach, 11 L C., A.-G. und B.-A. Villingen; K.-G. und K.-A. Villingen.

**Prestenberg**, F. b. Pfdf. St. Märgen, 25 L C., A.-G. u. B.-A. Freiburg; K.-G. u. K.-A. Freiburg.

**Prinzbach**, F. b. D. Döllnbach, 39 L C., Fil. v. Schweighausen, A.-G. u. B.-A. Ettenheim; K.-G. u. K.-A. Freiburg.

**Prinzbach**, Pfdf., 3 ew., 519 t., zuf. 524 C., A.-G. u. B.-A. Lahr; K.-G. und K.-A. Offenburg; L.-R. Lahr, liegt in einem Seitenthälchen des Kinzigthales. Feld-, Wiesen-, Weinbau, Obst- und Viehzucht. Handel mit Holz, Hafer, Hanf. Stdzhr.: Fürst v. d. Leyen.

**Prifen**, F. b. Pfdf. Schönwald, 117 L C., A.-G. u. B.-A. Triberg; K.-G. u. K.-A. Villingen.

**Pritschen**, F. b. Pfdf. Efringen, 33 ew. C., A.-G. u. B.-A. Lörrach; K.-G. u. K.-A. Lörrach.

**Probsthof**, Hf. und Pfz. b. Pfdf.

Sigeltingen, 8 L.C., A.-G. und B.-A. Stodach; K.-G. u. K.-A. Constanz. Ortspfr.: Graf v. Langenstein.

**Sülfingen**, Pfdf., 600 L.C., A.-G. und B.-A. Wallbürn; K.-G. und K.-A. Mosbach; L.-R. Buchen, liegt 1185 p. J. üb. b. M. Feldb., Wiesenbau, Viehzucht u. Handel mit Früchten. Stdsbr.: Fürst v. Leiningen.

**Surben**, F. d. Pfdf. kath. Thennenbronn, 16 L.C., A.-G. u. B.-A. Triberg; K.-G. u. K.-A. Villingen.

**Surbenhalden**, F. d. Pfdf. kath. Thennenbronn, 22 L.C., A.-G. und B.-A. Triberg; K.-G. und K.-A. Villingen.

## Q.

**Querbach**, D. 156 ev. C., Fil. von Korl, A.-G. und B.-A. Korl; K.-G. und K.-A. Offenburg, liegt in einer fruchtbaren Ebene, nicht weit von Bodersweier. Feldbau und Viehzucht.

**Quettich**, Hf. u. Prz. d. Stdt. Baden, 13 L.C., A.-G. und B.-A. Baden; K.-G. und K.-A. Baden, liegt sehr schön südöstlich vom Wege nach Lichtenthal auf einer Anhöhe.

## R.

**Raaben auf der Eck**, F. der Mhsf. Furtwangen, 23 L.C., A.-G. u. B.-A. Triberg; K.-G. u. K.-A. Villingen.

**Rabenhof**, Hf. u. Prz. d. Stdt. Möhringen, 14 L.C., A.-G. u. B.-A. Engen; K.-G. und K.-A. Constanz. Stdsbr.: Fürst von Fürstenberg.

**Raterach**, D., 2 ev., 90 L., mit 92 C., Fil. v. Bern. A.-G. Meersburg; B.-A. Ueberlingen; K.-G. und K.-A. Constanz, Feldb., Brennerei, Wiesenbau und Viehzucht. Stammsitz eines gleichnamigen Heiligenberger Lehenadels (von Rabirai); von da kam es nach mannigfachem Wechsel durch Kauf und Verpfändung 1616 bleibend an das Hochstift Constanz.

**Radolfzell**, Stdt., 16 ev., 1477 L., zus. 1493 C., A.-G. und K.-A. Constanz; L.-A. Constanz; F.-J. Donaueschingen; A.-A. Constanz; Sitz b. A.-G., G.-N., L.-Ph., B.-A., B.-F., T.-V., P. u. C.-A. u. D.-R.; liegt an der nordwestlichen Bucht des Untersees in einer wiesenreichen Gegend an der Straße von Constanz nach Engen und Stockach. Feldb., Wiesen-, Weinbau u. Gewerbebetrieb. Name von dem Gründer der Kirche und eines damit verbundenen Klosters (Cella Ratoldi), Ratoald oder Ratolf, Bischof von Verona, der sich 834 in die Reichenau zurückgezogen hatte. Der bald sich mehrende, schon im 12. Jahrh. ummauerte Ort, kam unter Kaiser Albrecht um 1300 an Oesterreich und erhielt die Privilegien einer österreichischen Landstadt. Als solche leistete sie im Bauernkriege dem Hegauer Haufen erfolgreichen Widerstand und erhielt dafür 1526 unter Anderem ihr Wappen gebessert. Während der Reformationsperiode war die Stadt die Zuflucht der Aebte von Stein und des Domcapitels von Constanz; schon vorher zu Ende des 15. Jahrhunderts hatte der von Oesterreich begünstigte Gegenbischof Ludwig v. Freiberg seinen Sitz hier aufgeschlagen. 1576 floh auch wegen pestartiger Krankheit die Universität v. Freiburg hieher; 1805 fiel die Stadt an Württemberg, 1810 an Baden. Nach einem Brandunglücke 1825 wurde sie wieder schön hergestellt. Sehenswerth die Pfarrkirche — vom alten Baue noch die Spuren in einer Krypta und an einem Aanzspfeiler die Jahrszahl 1007 — die jetzige Kirche zu Ende des 14. Jahrhunderts begonnen, ward der Chor 1436 vollendet. Grabmäler des Bischofs Ratolph in einem Steinsarkophage, des Abts von St. Georgen zu Stein, Jacob Winkelmann und des Ritters Wolf von Homburg aus Engstl. Reliquienschreine der Heiligen Sanesius, Theopompos und Zeno aus dem 15. Jahrh. in Form eines Hauses gearbeitel, daher ihr Name „Hausherren" im Volksmunde. Reiches Spital im 14. Jahrh. errichtet, erhebliche Stiftungen für Studirende. Von der Stelle des ehemaligen 1625 errichteten Kapuzinerklosters, schöne Aussicht auf die Ufer des Sees.

**Rängenthal**, F. b. Pf. Schollach, 27 L. E., Fil. v. Urach, L.-G. u. B.-A. Neustadt; R.-G. u. A.-A. Freiburg.

**Rangerhof**, Hf. u. Pr. b. Pf. Schollach, 9 L. E., Fil. v. Urach, L.-G. und B.-A. Neustadt; R.-G. u. A.-A. Freiburg.

**Ränke am Sommerberg**, F. b. Pfd. St. Peter, 11 L. E., L.-G. u. B.-A. Freiburg; R.-G. u. A.-A. Freiburg.

**Ränke am Winterberg**, F. b. Pfd. St. Peter, 9 L. E., L.-G. und B.-A. Freiburg; R.-G. u. A.-A. Freiburg.

**Raich**, D., 484 ev., 6 l., juf. 490 E., Fil. von Tegernau, L.-G. und B.-A. Schopfheim; R.-G. u. A.-A. Lörrach.

**Rainbach**, K.-D. b. Pfd. Dilsberg, 35 ev. E., L.-G. Nedargemünd; B.-A. Heidelberg; R.-G. u. A.-A. Heidelberg. Gemarkung und Gemeindevermögen gemeinschaftlich.

**Rainerhofobkirch**, Hf. u. Prz. b. Pfd. Schönwald, 13 l. E., L.-G. und B.-A. Triberg; R.-G. u. A.-A. Villingen.

**Rainhäusle**, Hf. und Prz. b. Pf. Linach, 6 L. E., Fil. von Schönenbach; L.-G. u. B.-A. Villingen; R.-G. u. A.-A. Villingen.

**Rainhof**, Hf. u. Prz. b. Pf. Burg, 18 L. E., Fil. v. Kirchzarten, L.-G. und B.-A. Freiburg; R.-G. u. A.-A. Freiburg. Grdhn.: Frhrn. v. Neveu.

**Raitbach**, D., 529 ev., 73 l., juf. 602 E., Fil. v. Schopfheim, L.-G. und B.-A. Schopfheim; R.-G. u. A.-A. Lörrach, liegt ziemlich hoch.

**Raithaslach**, Pfd., 265 L. E., L.-G. u. B.-A. Stodach; L.-G. u. A.-A. Constanz; L.-R. Stodach. Feld-, Wiesenbau und Viehzucht. Handel mit Früchten und Vieh.

**Raithberg**, F. b. Stdt. Constanz,

11 l. E., L.-G. u. B.-A. Constanz; R.-G. u. A.-A. Constanz.

**Raithenbach**, D., 272 l. E., Fil. v. Oberlenzkirch, L.-G. und B.-A. Neustadt; R.-G. u. A.-A. Freiburg. Ehdhr.: Fürst von Fürstenberg.

**Raizhof**, Hf. u. Prz. b. Pf. Tüflingen, 25 l. E., Fil. v. Mimmenhausen, L.-G. Meersburg; B.-A. Ueberlingen; R.-G. u. A.-A. Constanz.

**Rammersweiler**, D., 3 ev. 798 l., juf. 801 E., Fil. v. Weingarten, L.-G. u. B.-A. Offenburg; R.-G u. A.-A. Offenburg, liegt zwischen freundlichen Rebhügeln. Feld-, Weinbau und Viehzucht.

**Ramsbach**, F. b. Pfd. Gutach, 139 ev. E., L.-G. u. B.-A. Triberg; R.-G. u. A.-A. Villingen. Liegt im Gutachthale.

**Ramsbach**, D., 2 ev., 531 l., juf. 533 E., Fil. v. Oppenau, L.-G. u. B.-A. Oberkirch; L.-G. u. B.-A. Offenburg, liegt im Renchthale. Mühlenbetrieb.

**Ramsberg**, F. b. R.-C. Katzensteig b. D., Hattenweiler, 20 L. E., Fil. v. Schönach, L.-G. u. B.-A. Pfullendorf; R.-G. u. A.-A. Constanz; Stammburg der im 11. und 12. Jahrhundert vorkommenden Grafen von Ramsberg, welche den Hegau zum Grafensprengel hatten und mit den Grafen von Pfullendorf identisch sind.

**Ramsel**, Hf. und Prz. b. D. Lebensgericht, 6 ev. E., Fil. v. Schillach, L.-G. und B.-A. Wolfach; R.-G. und A.-A. Offenburg.

**Ramselnhof**, Hf. und Prz. b. D. Rohrhardsberg, 103 l. E., Fil. von Schonach, L.-G. und B.-A. Triberg; R.-G. u. A.-A. Villingen.

**Ramstheim**, F. b. Pfd. kath. Thenenbronn, 146 l. E., L.-G. und B.-A. Triberg; R.-G. und A.-A. Villingen.

**Randegg**, Pfd., 26 ev., 698 l., 316 isr., juf. 1040 E., L.-G. und B.-A. Radolfzell; R.-G. und A.-A. Constanz; L.-R. Hegau; B.-A. Stodach; Sitz der P.-Abt. und H.-F.-A., liegt an der Biber und der Straße von Bilzingen nach Schaffhausen.

Feldbau, Viehzucht, Handel mit Hornvieh. Sitz gleichnamiger Freiherren, die seit dem 12. Jahrh. vorkommen und theilweise nach Schaffhausen übersiedelten. Aus ihnen entstammte der 1462 gewählte Bischof von Constanz, Burchard v. R., der frühere Marquard gehört dem Rießgau an. Das Schloß wurde 1499 von den Schweizern zerstört, durch Gebhard von Schellenberg, der die Herrschaft von seinem Schwager Georg v. R., dem letzten Randegger ererbt hatte, wieder aufgebaut und kam durch verschiedene Hände, endlich von den Herren v. Treuting an Baden.

**Randen**, Wlr. b. Pfsf. **Blumberg**, 68 f. E., L.-G. u. B.-A. Donaueschingen; K.-G. u. K.-A. Villingen. Stbhr.: Fürst v. Fürstenberg.

**Rankach**, Z. b. Pfsf. **Oberwolfach**, 15 f. E., L.-G. u. B.-A. Wolfach; K.-G. u. K.-A. Offenburg.

**Rappenau**, Pfsf., 1008 w., 71 f., 28 Diss., 53 isr., zuf., 1160 E., L.-G. Neckarbischofsheim; B.-A. Sinsheim; K.-G. und K.-A. Heidelberg; Dec. Neckarbischofsheim; L.-R. Heidelberg, Eiß b. Pfchlr., liegt 780 p. F. üb. d. M. an der Mühlbach zwischen niederen Hügeln in einer ziemlich freundlichen und fruchtbaren Gegend, nahe bei der Ludwigssaline (S. b. Arl.) Feldb., Wiesenbau, Viehzucht; Handel mit Reps, Hanf und Früchten. Seit 1834 liegt hier das noch wenig besuchte Solbad, Sophienbad. Erbhrn.: Frhrn. v. Gemmingen-Hornberg.

**Rappenlochhöfe**, Z. b. Pfsf. **Burbenbach**, 10 L.E., L.-G. und B.-A. Neustadt; K.-G. und K.-A. Freiburg.

**Raßbach**, N.-D. b. D. **Lohningen**, 53 f. E., Fil. v. Untermettingen, L.-G. u. B.-A. Jestetten; K.-G. u. K.-A. Waldshut. Getrennte Gemarkung u. gemeinschaftliches Gemeindevermögen. Stbhr.: Fürst von Fürstenberg.

**Rast**, Pfsf., 392 f. E., L.-G. und B.-A. Meßkirch; K.-G. und K.-A. Constanz; L.-R. Meßkirch. Feldb., Wiesenbau, Viehzucht und Mühlenbetrieb. Stbhrn.: Markgrafen von Baden.

**Rastatt**, Stdt. u. Ebssig., 1060 w., 6257 f., 111 isr., zuf. 7428 E., K.-G. u. K.-A. Baden, Stbl.-Dec. Carlsruhe; L.-R. Gernsbach, F.-N. Gernsbach, P. und E.-R. Carlsruhe; Siz b. Gouverneurs; Com.; Garn. L.-G., G.-R., L.-Ph., B.-A., B.-F., D.-A., P.-B., P.-Strmstr. und D.-R. Lyceum und Gewerbeschule, Tel.-St., liegt an der Murg und an der Straße nach Kehl und Offenburg, 383 p. F. üb. b. M. Feldb., Wiesenbau, Viehzucht, Gewerbebetrieb und Handel. Urkundlich Rostetten. Schon im 12. Jahrh. Ort der Grafen von Eberstein, dessen Kirche vor Alters mit Einsturz drohte und von Kloster Herrenalb, welches hier durch Schenkung der Ebersteiner einen Hof hatte, den Neubau gegen Abtretung eines Theils der Gemeindeweide bewirkte. Doch schon vorher von Celz aus cultivirt und zwar theilweise durch die Römer und theilweise durch das dortige Kloster. Durch Schifffahrt — Spuren an dem Hochgestade bei der Bernharduskirche und Landverkehr bald blühend, seit 1404 durch Kaiser Ruprecht mit Marktrecht versehen, litt das Gemeinwesen im 30jährigen Kriege und in den französischen Raubzügen des 16. Jahrhunderts. Bis zu völliger Zerstörung wurde aber durch den Markgrafen Ludwig von Baden-Baden, dessen Haus durch Erbschaft der Ebersteiner und Aufhebung von Herrenalb sämmtliche Besitzungen erworben hatte, zur Residenz erhoben, das neue Schloß durch italienische und schwäbische Arbeiter aufgeführt und schon 1714 in demselben der Friede von Rastatt zwischen Prinz Eugen und Marschall Villars abgeschlossen. Nach Aussterben des Hauses Baden-Baden nahmen Karl Friedrich und Großherzog Karl nur auf kurze Zeit ihre Wohnung zu Rastatt, wo letzterer 1818 starb. Neues Leben aber brachte der Friedenskongreß 1798—1799, dessen Abbruch durch französische Anmaßung herbeigeführt, durch Ermordung der Gesandten Bonnier u. Roberjot durch Szekler Husaren befleckt wurde. Seit 1841 zur deutschen Bundesfestung erklärt, war Rastatt eben sturmfrei geworden, als den 14. Mai die Soldatenmeuterei ausbrach, welche die

Festung in die Hände der Aufständischen brachte, denen die Preußen nach einem Treffen unter den Wällen (29. Juni) nach zweimaliger Beschießung, 1. u. 7. Juli, endlich durch Uebergabe der Besatzung, 23. Juli, dieselbe entriffen. Nach 1½jähriger Besetzung durch die Preußen blieb die Hut der Festung den neugebildeten badischen Truppen, bis Anfangs 1851, die jetzigen Besatzungsverhältnisse (1 Reg. österreichische Infanterie, 1 Reg. preußische Infanterie, 1 Reg. badische Infanterie und 1 Schwadron Dragoner u. der erforderlichen Festungsartillerie) angeordnet wurden. Sehenswerth das großherzogliche Schloß von einer vergoldeten Jupiterstatue überragt, die Pfarrkirche, die Leopoldskirche, die Lorettokapelle mit der Gruft der Piaristen, das Rathhaus, die neuerbaute Kornhalle mit Redoutensaal. Mkte.: 25. April, 29. August, B.-M.: 14. Jan., 11. Febr. 17. März, 26. April, 12. Mai. 9. Juni 14. Juli, 30. Aug., 7. Sept., 13. Octbr. 25. Novbr., 7. Decbr.

**Rauenberg**, D., 5 ev., 403 L., juf. 408 C., Fil. v. Freudenberg, A.-G. u. B.-A. Wertheim; A.-G. u. A.-A. Mosbach; liegt 901 p. F. üb. d. M. Sidehr.: Löwenstein-Wertheim.

**Rauenberg**, Pfdf., 30 ev., 1078 L., juf. 1106 C., A.-G. und B.-A. Wiesloch; A.-G. u. A.-A. Heidelberg; L.-A. St. Leon; liegt 446 p. F. üb. d. M. an der Angelbach in einem freundlichen und fruchtbaren Thale. Feld-, Wiesen-, Weinbau, Viehzucht, Handel mit Früchten und Wein in die nächste Umgegend, ein vom Bischofe von Speyer 1720 erweitertes Schloß, bedeutende Cigarrenfabrik von Phil. Jac. Landfried, die 1847 mit 30 Arbeitern begonnen, gegenwärtig mit ihren Filialen Dielheim und Mühlhausen 600 Arbeiter und Arbeiterinnen beschäftigt, die 8000 Ctr. der besten badischen Tabale verarbeiten und jährlich 50 Millionen Stück Cigarren daraus verfertigen, die ihren Absatz nach dem Zollverein, Schweden, Norwegen, der Türkei, den Vereinigten Staaten Nordamerikas, sämmtlichen Häfen Südamerikas, Australien und Afrika haben. Silberne Medaille.

**Rauenthal**, D., 4 ev., 370 L., juf. 374 C., Fil. v. Ruppenheim, A.-G. u. B.-A. Rastatt; A.-G. u. A.-A. Baden; liegt 406 p. F. üb. d. M., und wird von Rastatt aus häufig besucht.

**Rauhof**, Hf. u. Brz. d. Pfdf. Abersbach, 16 ev. L., A.-G. und B.-A. Sinsheim; A.-G. u. A.-A. Heidelberg; liegt 902 p. F. üb. d. M. Grbhr.: Frhr. von Gemmingen-Hornberg.

**Raumünzach**, Z. b. Pfdf. Forbach, 23 L. C., A.-G. u. B.-A. Gernsbach; A.-G. u. A.-A. Baden.

**Ravensburg**, Schloß u. Brz. d. Pfdf. Sulzfeld, 12 ev. C., A.-G. u. B.-A. Eppingen; A.-G. u. A.-A. Heidelberg; liegt 960 p. F. üb. d. M.; bietet eine schöne Aussicht. Grbhrn.: Frhr. v. Göler von Ravensburg.

**Rebhaus**, Hf. u. Brz. d. Col. Langenstein, b. Pfdf. Orsingen, 61. C., A.-G. u. B.-A. Stodach; A.-G. u. A.-A. Constanz.

**Rebhöfe**, Z. b. Pfdf. Biberach, 16 L. C., A.-G. u. B.-A. Gengenbach; A.-G. u. A.-A. Offenburg.

**Rebwieslehof**, Hf. u. Brz. b. D. Thalheim, 11 L. C., Fil. v. Thengen, A.-G. u. B.-A. Engen; A.-G. u. A.-A. Constanz.

**Rechberg**, D., 1 ev., 257 L., juf. 258 C., Fil. v. Erzingen, A.-G. u. B.-A. Jestetten; A.-G. u. A.-A. Waldshut.

**Rechberg**, Wlr. d. Pfdf. Haningen, 29 ev. C., A.-G. u. B.-A. Lörrach; A.-G. u. A.-A. Lörrach.

**Rechgraben**, Hf. u Brz b. D. Filcherbach, 6 L C., Fil. v. Weiler, A.-G. Haslach, B.-A. Wolfach; A.-G. u. A.-A. Offenburg. Sidehr.: Fürst v. Fürstenberg.

**Rechtenbach**, N.-D. d. Pfdf. Elchbach, 13 L C., A.-G. u. B.-A. Freiburg; A.-G. u. A.-A. Freiburg. Gemarkung und Gemeindevermögen gemeinschaftlich.

**Rechtenbach**, N.-D. b. D. Siegen, 71 L C., Fil. v. Kirchzarten, A.-G. u. B.-A. Freiburg; A.-G. u. A.-A. Freiburg. Grbhr.: Graf v. Kageneck.

**Reflingen,** D., 1 ev., 123 l., zuf. 121 C., Fil. v. Rheinheim, A.-G. u. B.-A. Waldshut; A.-G. u. A.-A. Waldshut.

**Rebeck,** vordere, H. b. D. Hinterstrass, 14 l. C., Fil. v. St. Märgen, A.-G. u. B.-A. Freiburg; A.-G. u. A.-A. Freiburg.

**Regelsbach,** H. b. Pfdf. Schutterthal, 112 l. C., A.-G. und B.-A. Lahr; A.-G. u. A.-A. Offenburg; liegt in einem Seitenthälchen des Schutterthals. Stdhr.: Fürst v. d. Leyen.

**Regenstweiler,** Col. b. A.-C. Airach, b. Pfdf. Ludwigshafen, 11 l. C., A.-G. u. B.-A. Stockach; A.-G. u. A.-A. Constanz.

**Rehalterhof,** Hs. u. Prz. b. D. Hercheln, 9 l. C., Fil. v. Mühlingen; A.-G. u. B.-A. Stockach; A.-G. u. A.-A. Constanz.

**Rehhalden,** Hs. b. D. Depeln, 27 l. C., Fil. v. Thiengen, A.-G. und B.-A. Bonndorf; A.-G. u. A.-A. Constanz.

**Rehhütte,** H. b. Stbl. Bretten, 15 ev. C., A.-G. u B.-A. Bretten; A.-G. u. A.-A. Carlsruhe; liegt an der Straße nach Knittlingen.

**Rehmhof,** Hs. u. Prz. b. Pfdf. Bobmann, 16 l. C., A.-G. u. B.-A. Stockach; A.-G. u. A.-A. Constanz. Grdhr.: Frhr. v. Bodmann.

**Reibschenthal,** H. b. Pfdf. Rohrbach, 107 l. C., A.-G. u, B.-A. Triberg; A.-G. u. A.-A. Villingen.

**Reichartshausen,** Pfdf., 722 ev., 16 l., zuf. 738 C., A.-G. Neckarbischofsheim, B.-A. Sinsheim; A.-G. u. A.-A. Heidelberg; Dec. Neckarbischofsheim; liegt 797 p. F. üb. d. M. an der Wartschefsbach. Feldbau und Viehzucht, Mühlenbetrieb, Handel mit Getreide. Grdhr.: Herr v. Zettner.

**Reichenau,** Pfdf., 1 ev., 1439 l., zuf. 1440 C., A.-G. u. B.-A. Constanz; A.-G. und A.-A. Constanz; L.-A. Constanz; liegt auf der gleichnamigen Insel im Untersee. Starker Weinbau, Küstenschifffahrt u. Fischfang. R. ist einer der kulturgeschichtlich merkwürdigsten Punkte des Großherzogthums. Vom Schotten Pirmin mit Erlaubniß Karl Martells 727 gegründet, wurde das Kloster von den alemannischen Volksherzogen angesehen — wahrscheinlich als streitiger Besitz zwischen Alemannien und Burgund — und die zwei ersten Aebte (Pirmin starb zu Hornbach im Elsaß, Hatto wurde Bischof zu Straßburg und Gründer von Ettenheim) vertrieben. Bald aber wurde es durch Pflege der Wissenschaft hochberühmt. Musteranstalt für Süddeutschland und durch Vergabungen so reich, daß der Abt bei Romfahrten stets auf seinem Eigenthume übernachten konnte. Die Aebte Waldo, Hatto, Walafried Strabo, der Ankömmling Bischof Egino v. Verona, Gründer von Niederzell, begründeten eine weltberühmte Bibliothek, gemehrt durch die Handschriften und schriftlichen Aufzeichnungen der eigenen Mönche, unter denen Hermann der Lahme aus den Grafen v. Veringen und in letzter Reihe Gall Ahem zu nennen sind. Der Ueberrest der Handschriften u. s. w. bildet einen Theil der Hofbibliothek in Carlsruhe. Durch Verwandlung der meisten Besitzungen in Mannlehen, durch Kriege, schlechte Wirthschaft, Verfall der klösterlichen Zucht kam vom 10. Jahrh. an das Kloster immer mehr in Abnahme, obwohl einige Aebte, wie im 11. Jahrh. Bern, und im 15. Jahrh. Friedrich v. Wartemberg den völligen Ruin mit Glück aufschoben. Das Kloster, das in der Blüthezeit 400 Mönche nährte, konnte 1365 die Hofhaltung des Abts Werner von Rosenegg so wenig bestreiten, daß derselbe beim Pfarrer zu St. Peter zu Tische ging; die Gelehrsamkeit war so tief gesunken, daß wiewohl ohne Erfolg — Papst Mattia V, den Abt Friedrich v. Zollern wegen Unwissenheit absetzte (1417). In diesem Zustande des Klosters benützte der Bischof von Constanz, der nach Abdankung des Abts Mark von Anöringen die Abtei incorporieren ließ, ungeachtet des heftigen aber vergeblichen Widerstandes der Capitularen und ihres Priors Mechikeld, 1541. Mit dem Bistum kam Reichenau an Baden.

**Reichenbach,** Wlr. b. D. Rubenberg, 39 l. C., Fil. v. Friedenweiler, A.-G. u. B.-A. Neustadt; A.-G. u A.-A. Freiburg.

**Reichenbach,** Wlr. b. D. Schwerzenbach, 13 t. C., Fil. v. Friedenweiler, A.G. u. B.A. Neustadt; L.G. u. K.A. Freiburg.

**Reichenbach**, R.D. b. D. Freiamt, 75 ev. C., Fil. v. Reppenbach, A.G. und B.A. Emmendingen; A.G. u. K.A. Freiburg. B.A. Freiburg, Sitz b. P.-Abl. Gemarkung u. Gemeindevermögen gemeinschaftlich.

**Reichenbach** (Mühle), Hf. u. Przl. b. Pfdf. Wittnau, 7 t. C., A.G. u. B.A. Freiburg; A.G. u. K.A. Freiburg.

**Reichenbach** (Säge), Hf. u. Przl. b. Pfdf. Wittnau, 6 t. C., A.G. u. B.A. Freiburg; A.G. u. K.A. Freiburg.

**Reichenbach**, D., 824 ev. 18 L., juf. 342 C., Fil. u. Hornberg, A.G. u. B.A. Triberg; L.G. u. K.A. Villingen.

**Reichenbach**, Z. b. Pfdf. Oberprechthal, 152 L C., A.G. und B.A. Waldkirch; A.G. u. K.A. Freiburg.

**Reichenbach**, Z. b. Pfdf. Oberbierberbach, 59 L C., A.G. u. B.A. Waldkirch; A.G. u. K.A. Freiburg. Grdhrn.: Frhrn. v. Müllenbach.

**Reichenbach**, Pfdf., 32 en., 761 L., juf. 793 C., A.G. u. B.A. Ettlingen; L.G. u. K.A. Carlsruhe; L.-A. Ettlingen; liegt 680 p. F. üb. b. M. an ber Straße von Ettlingen nach Pforzheim.

**Reichenbach**, D., 11 ev., 1028 L., juf. 1039 C., Fil. v. Gengenbach, A.G. u. B.A. Gengenbach; A.G. und K.A. Offenburg; liegt im Kinzigthale. Feldb., Wiesen-, Weinbau und Viehzucht.

**Reichenbach**, Pfdf., 3 ev., 848 L., juf. 871 C., A.G. u. B.A. Lahr; A.G. u. K.A. Offenburg; L-A. Lahr. Sitz b. erzbischöfl. Decans; ist im Schulterthal freundlich gelegen. Feldbau, Viehzucht, Gewerbe und Mühlenbetrieb. Grdhrn.: Fürst v. b. Leyen.

**Reichenbach**, Z. b. Pfdf. Rippoldsau, 97 t. C., A.G. u. B.A. Wolfach; A.G. und K.A. Offenburg. Grdhrn.: Fürst von Fürstenberg.

**Reichenbächle**, Z. b. Pfdf. Sexau, 64 ev. C., A.G. und B.A. Emmendingen; A.G. u. K.A. Freiburg.

**Reichenbächle**, Z. b. D. Lehengericht, 12 ev. C., Fil. v. Schillach, A.G. u. B.A. Wolfach; A.G. u. K.A. Offenburg.

**Reichenbuch**, D., 118 ev., 137 L., juf. 255 C., Fil. v. Gerach u. Mosbach, A.G. u. B.A. Mosbach; A.G. u. K.A. Mosbach.

**Reichenstein**, H. b. D. Reichenbach, 17 ev. C., Fil. v. Hornberg, A.G. u. B.A. Triberg; A.G. u. K.A. Villingen.

**Reichenthal**, D., 6 ev., 646 L., juf. 652 C., Fil. v. Weitenbach, A.G. u. B.A. Gernsbach; A.G. und K.A. Baden; liegt 1351 p. F. üb. b. M. an der Reichenbach in milder rauher Gegend. Viehzucht, Holzhauen und Holzhandel.

**Reichlinsharb**, Hf. u. Przl. b. Pfdf. Mühlingen, 5 L. C., A.G. und B.A. Stodach; A.G. u. K.A. Constanz. Grdhrn.: Frhrn. v. Buol.

**Reicholzheim**, Mtfl., 28 ev., 1138 L. juf. 1186 C., A.G. u. B.A. Wertheim; A.G. u. K.A. Mosbach; L.-A. Buchen; P.-A. Heidelberg. Sitz b. P.-Abl.; liegt 530 p. F. üb. b. M. am rechten Ufer ber Tauber. Feldb., Wiesen-, Weinbau u. Viehzucht. Handel mit Hafer, Korn und Kartoffeln. Grdhrn.: Fürst v. Löwenstein-Wertheim.

**Meiersbach**, Z. b. Pfdf. Ulm, 19 t. C., A.G. u. B.A. Oberkirch; A.G. und K.A. Offenburg.

**Reigerwald**, Z. b. Pfdf. Biberach, 20 t. C., A.G. u. B.A. Gengenbach; L.G. u. K.A. Offenburg.

**Reithen**, Pfdf., 810 ev., 262 L., 7 Ifr., juf. 1079 C., A.G. u. B.A. Sinsheim; A.G. u. K.A. Heidelberg; Dec. Sinsheim; liegt an der Ellenz und an der Straße von Sinsheim nach Pforzheim; 821 p. F. üb. b. M. Feldbau u. Viehzucht. Grdhrschaft.: b. adel. Damenstift zu Pforzheim.

**Reilingen**, Pfdf., 947 ev., 608 L., 111 Ifr., juf. 1666 C., A.G. u. B.A. Schwetzingen; A.G. u. K.A. Mannheim; Dec. Oberheidelberg; liegt 344 p. F. üb. b. M. an der Kraichbach. Feldb., besonders Hopfen u. Tabakbau, Wiesenbau u. Viehzucht.

**Reilinsberg**, Z. b. D. Kallbrunn,

19 L. E., Fil. v. Wittichen, A.-G. u. B.-A. Wolfach; K.-G. u. K.-A. Offenburg. Stdshr.: Fürst v. Fürstenberg.

**Reilsheim**, R.-D. b. Pfst. Bammenthal, 326 ev., 4 L., zuf. 330 E., A.-G. Neckargemünd, B.-A. Heidelberg; K.-G. u. K.-A. Heidelberg. Gemarkung u. Gemeindevermögen gemeinschaftlich; liegt 439 p. F. üb. d. M. am linken Ufer der Elsenz. Feldbau u. Viehzucht.

**Reinhardsachsen**, D., 1 ev., 141 L., zuf. 145 E., Fil. v. Dallbürn, A.-G. und B.-A. Walddürn; K.-G. u. K.-A. Mosbach; liegt 1008 p. F. üb. d. M. an einem Bache, unweit der bayrischen Grenze. Stdshr.: Fürst v. Fürstenberg.

**Reinhardshof**, Hf. u. Prj. b. Stdt. Wertheim, 15 L.E., A.-G. u. B.-A. Wertheim; K.-G. u. K.-A. Mosbach; liegt 1125 p. F. üb. d. M. Stdshr.: Fürst v. Fürstenberg.

**Reiselfingen**, Pfdf., 439 L.E., A.-G. u. B.-A. Bonndorf; K.-G. u. K.-A. Waldshut; L.-A. Villingen. Feldbau u. Viehzucht. Stdshr.: Fürst v. Fürstenberg.

**Reisenbach**, D., 5 ev., 399 L., zuf. 404 E., Fil. v. Mudau, A.-G. und B.-A. Buchen; K.-G. und K.-A. Mosbach; liegt 818 p. F. üb. d. M. Stdshr.: Fürst von Leiningen.

**Reisenbachergrund**, F. b. D. Reisenbach, 9 L.E., A.-G. u. B.-A. Buchen; K.-G. u. K.-A. Mosbach.

**Reißmühle**, Hf. und Prj. b. Pfdf. Meinwangen, 8 L.E., A.-G. u. B.-A. Stockach; K.-G. u. K.-A. Constanz. Grbhr.: Graf v. Langenstein.

**Rekenberg**, F. b. D. Stegen, 41 L.E., Fil. v. Kirchzarten, A.-G. u. B.-A. Freiburg; K.-G. u. K.-A. Freiburg. Gemarkung u. Gemeindevermögen gemeinschaftlich. Grbhr.: Graf v. Kageneck.

**Relaishaus**, Hs. und Prj. b. Pfdf. Sedenheim, b. Pfdf. Schwetzingen; A.-G. u. K.-A. Mannheim; liegt 338 p. F. üb. d. M. an der Straße von Schwetzingen nach Mannheim, unweit des Rheins.

**Remchingerhof**, Hf. u. Prj. b. Pfdf. Wilferdingen, 13 ev. E., A.-G. u. B.-A. Durlach; K.-G. u. K.-A. Carlsruhe; liegt 513 p. F. üb. d. M. an der Straße von Durlach nach Pforzheim; früher Stammsitz der schon im 12. Jahrh. vorkommenden, später nach Württemberg übersiedelten Herren v. R., die 1304 ihre hiesige Besitzung um 160 Pfund Heller an Rudolf IV. von Baden verkauften.

**Remetschwiel**, D., 508 L.E., Fil. v. Waldkirch, A.-G. u. B.-A. Waldshut; K.-G. u. K.-A. Waldshut.

**Remishof**, Hf. u. Prj. b. Mktfl. Singen, 17 L.E., A.-G. u. B.-A. Radolphzell; K.-G. u. K.-A. Constanz. Grbhr.: Graf v. Enzenberg.

**Remsbach**, F. b. Pfdf. ev. Tennenbronn, 9 ev. E., A.-G. u. B.-A. Triberg; K.-G. u. K.-A. Villingen.

**Rench**, F. b. D. Döttelbach, 17 L.E., Fil. v. Petersthal, A.-G. und B.-A. Oberkirch; K.-G. u. K.-A. Offenburg.

**Renchen**, Stdt., 27 ev., 2212 L., zuf. 2239 E., A.-G. u. B.-A. Achern; K.-G. u. K.-A. Bahen; L.-R. Ottersweier; F.-J. Offenburg; B.-A. Achl. Sitz b. B.-F. u. P. u. E.-A. Halt-Stat.; liegt an der Rench und an der Straße von Rastatt nach Offenburg in einer ziemlich fruchtbarn Gegend. Feld-, Wiesen-, Weinbau u. Viehzucht. Hanfschäfln, Äckerei und Handel mit Hanf, Holz und Pech. Seit 1836 wieder zur Stadt erhobener Straßburgischer Lehenbesitz eines eigenen Adels, dann der Herren v. Windeck, die hier ein Schloß hatten. 1796, 26. Juni, Schlacht zwischen Moreau und den Oesterreichern.

**Rengoldshausen**, Hf. u. Prj. b. Stdt. Ueberlingen, 10 L.E., A.-G. u. B.-A. Ueberlingen; K.-G. u. K.-A. Constanz.

**Renner**, F. b. Pfdf. Niederwasser, 10 L.E., A.-G. u. B.-A. Triberg; K.-G. u. K.-A. Villingen.

**Renzhof**, Hf. u. Prj. b. Pfdf. Hemsbach, 29 ev., 2 L., zuf. 31 E., A.-G. u. B.-A. Weinheim; K.-G. und K.-A. Mannheim; liegt 343 p. F. üb. d. M. dicht an der hessischen Grenze.

**Rennweg,** 3. b. Rttl. Seelbach, 28 l. E., A.G. u. B.A. Lahr; A.G. u. A.A. Offenburg.

**Rensberg,** 3. b. Pfbf. Schonach, 96 f. E., A.G. u. B.A. Triberg; A.G. u. A.A. Villingen.

**Reschenberg,** 3. b. Pfbf. Oberwinden, 42 l. E., A.G. u. B.A. Waldkirch; A.G. u. A.A. Freiburg.

**Reßlehof,** Hf. u. Prj. b. D. Tellendorf, 8 L E., Fil. v. Seelfelden, A.G. und B.A. Ueberlingen; A.G. und A.A. Constanz.

**Retschen,** 3. b. Pfbf. Nußbach, 14 l. E., A.G. u. B.A. Triberg; A.G. und A.A. Villingen.

**Retschen,** 3. b. Stbt. Triberg, 6 l. E., A.G. u. B.A. Triberg; A.G. und A.A. Villingen.

**Rettigheim,** D., 567 L E., Fil. v. Malsch, A.G. u. B.A. Wiesloch; A.G. u. A.A. Heidelberg; liegt 482 p. F. üb. d. M. am Hengstedbach. Feldb., Wiesenb., Weinbau u. Viehzucht. Alter, schon zur Zeit Karls des Großen vorkommender Ort.

**Reuenthal,** 3. b. Pfbf. Degernau, 4 l. E., A.G. u B.A. Waldshut; A.G. u. A.A. Waldshut.

**Reutebacher Höfe,** Hf. u. Prj. b. Pfbf. Gundelfingen, 31 en. E., A.G. u. B.A. Freiburg; A.G. u. A.A. Freiburg.

**Reutehof,** A.O. b. D. Bergöschingen, 58 l. E., Fil. v. Griefen, A.G. und B.A. Jestetten; A.G. u. A.A. Waldshut. Getrennte Gemarkung u. gemeinschaftliches Gemeindevermögen.

**Reuthe,** 3. b. Pfbf. Jttendorf, 49 l. E., A.G. Meersburg, B.A. Ueberlingen; A.G. u. A.A. Constanz.

**Reuthe,** A.O. b. D. Wasser, 1 ev., 121 l., juf. 122 E., Fil. v. Meßkirch, A.G. u. B.A. Meßkirch; A.G. u. A.A. Constanz. Gemarkung u. Gemeindevermögen getrennt. Stdhr.: Fürst v. Fürstenberg.

**Reuthe,** A.O. b. Pfbf. Großschönach, 27 l. E., A.G. u. B.A. Pfullendorf;
A.G. u. A.A. Constanz. Gemarkung und Gemeindevermögen getrennt.

**Reuthe,** 3. b. Pfbf. Böhringen, 53 l. E., A.G. u. B.A. Radolfzell; A.G. u. A.A. Constanz.

**Reuthe,** D., 316 l. E., Fil. v. Honstetten, A.G. u. B.A. Stockach; A.G. u. A.A. Constanz.

**Reuthe,** 3. b. Pfbf. Andelshofen, 17 l. E., A.G. u. B.A. Ueberlingen; A.G. u. A.A. Constanz.

**Reuthe,** 3. b. Stbt. Ueberlingen, 12 L E., A.G. u. B.A. Ueberlingen; A.G. u. A.A. Constanz.

**Reuthe, Ober-,** Pfbf., 658 l. E., A.G. und B.A. Emmendingen; L.A. Freiburg; liegt an der Glotter. Grdhr.: Frhr. von Harsch.

**Reuthebauernhof,** Hf. u. Prj. b. D. Schwerzenbach, 6 l. E., Fil. v. Friedenweiler, A.G. u. B.A. Neustadt; A.G. u. A.A. Freiburg.

**Reuthehof,** Hf. und Prj. b. Pfbf. Nesselwangen, 11 l. E., A.G. u. B.A. Ueberlingen; A.G. u. A.A. Constanz.

**Reuthemühle,** Hs. u. Prj. b. D. Bambergen, 12 L E., Fil. von Andelshofen, A.G. u. B.A. Ueberlingen; A.G. u. A.A. Constanz.

**Reuthenölmühle,** Hs. und Prj. b. D. Bambergen, 3 l. E., A.G. u. B.A. Ueberlingen; A.G. u. A.A. Constanz.

**Reutschhof,** Hf. und Prj. b. Pfbf. Nordrach, 15 l. E., A.G. u. B.A. Gengenbach; A.G. u. A.A. Offenburg.

**Rheinau,** A.O. b. Stbt. Rastatt, 265 l. E., A.G. u. B.A. Rastatt; A.G. u. A.A. Baden. Gemarkung u. Gemeindevermögen gemeinschaftlich; liegt 397 p. F. üb. d. M. am linken Ufer der Murg. Feldbau und Viehzucht.

**Rheinbischofsheim,** Pfbf. 1266 ev., 72 l., 149 ifr., juf. 1487 E., A.G. und B.A. Kork; A.G. und A.A. Offenburg; Der. Rheinbischofsheim, liegt ganz eben, unweit des Rheines an der Straße von

Rastatt nach Kehl und Straßburg. Feldbau, Viehzucht u. Gewerbebetrieb.

**Rheingarten**, Z. b. D. Wollmatingen, 5 l. E., A.-G. u. B.-A. Constanz; A.-G. u. K.-A. Constanz.

**Rheinhausen**, D., 3 ev., 912 L., puf. 915 E., Fil. v. Oberhausen, A.-G. Philippsburg, B.-A. Bruchsal; A.-G. u. K.-A. Carlsruhe; liegt 332 p. F. üb. d. M. am Rhein.

**Rheinheim**, Pfdf., 1 ev., 229 L., juf. 230 E., A.-G. u. B.-A. Waldshut; A.-G. u. K.-A. Waldshut; L.-K. Kletttgau; P.-A. Waldshut. Siß b. P.-Amt Erzmstr. u. B.-Abl. Feld-, Wiesen-, Weinbau u. Viehzucht.

**Rheinsberg**, Z. b. Pfdf. Oberfädingen, 20 l. E., A.-G. u. B.-A. Sädingen; K.-G. u. K.-K. Waldshut.

**Rheinschauzinsel**, Prl. b. Stdt. Philippsburg, 45 l. E., A.-G. Philippsburg, B.-A. Bruchsal; A.-G. u. K.-A. Carlsruhe.

**Rheinsheim**, Pfdf., 1612 l. E., A.-G. Philippsburg, B.-A. Bruchsal; A.-G. und K.-A. Carlsruhe; L.-K. Philippsburg; P.-A. Bruchsal. Siß b. P.-Abl.; liegt 346 p. F. üb. d. M., unweit des Rheins. Feld-, Wiesenbau und Viehzucht. Schiffbrücke zum Brückenkopfe Germersheim.

**Rheinthal**, Wlr. b. Pfdf. Feldberg, 23 l. E., A.-G. u. B.-A. Müllheim; A.-G. u. K.-A. Lörrach.

**Rheinweiler**, D., 24 ev., 397 L., juf. 421 E., Fil. v. Bamlach, A.-G. u. B.-A. Müllheim; A.-G. u. K.-A. Lörrach; P.-A. Basel. Siß b. P.-Abl.; Feldbau, Viehzucht, Fischerei und Rheinschifffahrt. 1813 u. 1814 Rheinübergang der Alliirten auf einer Schiffbrücke. Halt-Stat.

**Rhina**, D., 23 ev., 306 l., jul. 329 E., Fil. v. Murg, A.-G. u. B.-A. Sädingen; A.-G. u. K.-A. Waldshut.

**Richen**, Pfdf., 673 ev., 105 L., 5 men., 161 ifr., jul. 944 E., A.-G. u. B.-A. Eppingen; A.-G. u. K.-A. Heidelberg; L.-K. Waibstadt. B.-A. Bruchsal. Siß b. P.-Abl.; liegt 630 p. F. üb. d. M. an der Elsenz und der Straße von Sinsheim nach Eppingen. Feld-, Wiesen-, Weinbau, Obst- u. Viehzucht. Stbshr.: Fürst v. Leiningen.

**Rickenbach**, Pfdf., 9 ev., 322 L., puf. 331 E., A.-G. u. B.-A. Sädingen; A.-G. u. K.-A. Waldshut; L.-K. Wiesenthal; P.-A. Waldshut. Siß b. P.-Abl.

**Rickertsreuthe**, K.-O. b. D. Winterfulgen, 28 l. E., Fil. v. Röhrenbach, A.-G. u. B.-A. Pfullendorf; A.-G. u. K.-A. Constanz. Gemarkung u. Gemeindeverwaltung getrennt.

**Rickertsweiler**, K.-O. b. D. Hattenweiler, 53 l. E., Fil. von Ultheim, A.-G. u. B.-A. Pfullendorf; A.-G. u. K.-A. Constanz. Getrennte Gemarkung u. gemeinschaftliches Gemeindevermögen.

**Ried**, K.-O. b. D. Raich, 112 ev. E., Fil. v. Tegernau, A.-G. u. B.-A. Schopfheim; A.-G. u. K.-A. Lörrach. Gemarkung und Gemeindevermögen getrennt.

**Riedböhringen**, Pfdf., 7251. E., A.-G. u. B.-A. Donaueschingen; A.-G. u. K.-A. Villingen; L.-K. Villingen. P.-A. Freiburg. Siß b. P.-Abl., ist von nicht sehr hohen Bergen umschlossen, von einer sehr belebten Straße durchschnitten und liegt an dem Mühlenbache. Feld-, Wiesenbau, Obst- u. Viehzucht. Stbshr.: Fürst v. Fürstenberg.

**Riederhof**, oder Riedern, Hf. und Brz. b. Pfdf. Hilzingen, 20 l. E., A.-G. u. B.-A. Engen; A.-G. u. K.-A. Constanz. Stbshrn.: Mlgfn. v. Baden.

**Riedern, im Walde**, D., 3 ev., 424 L., juf. 427 E., Fil. v. Arenzlingen, A.-G. u. B.-A. Bonndorf; A.-G. u. K.-A. Waldshut. P.-A. Waldshut. Siß der P.-Abl., liegt an einem kleinen Bache, hatte früher zwei ursprünglich vereinte Klöster des Augustinerordens, welche zu Dehzeln von Markward von Weissenburg 1111 gestiftet, aber bald hierher versetzt wurden. Das Mannsloster wurde im 15. Jahrh. mit Kreuzlingen bei Constanz als Probstei incorporirt, das Frauenkloster kam 1805 an die Fürsten v. Fürstenberg, welche die Schirmvogtei mit der Landgrafschaft Stühlingen ererbt haben. Stbshr.: Fürst v. Fürstenberg.

**Riedern**, Z. b. Pfdf. Jttendorf, 7 l. E., A.-G. Meersburg, B.-A. Ueberlingen; A.-G. u. K.-A. Constanz.

**Riedern**, Hf. u. Prj. b. Sbst. Mark-
dorf, 4 L C., A.-G. Meersburg, B.-A.
Ueberlingen; A.-G. u. A.-A. Constanz.

**Riedern**, Hf. u. Prj. b. Pfd. Oeh-
ningen, 27 l. C., A.-G. und B.-A. Ra-
dolphzell; A.-G. u. A.-A. Constanz.

**Riedern**, am Sande, D., 1 ev., 286 L.,
zuf. 257 C., Fil. v. Bühl, A.-G. u. B.-A.
Jestetten; A.-G. u. A.-A. Waldshut; P.-A.
Waldshut. Sitz d. Pfkt.; liegt an einem
kleinen Bache.

**Riedern**, Wlr. b. D. Gutach, 72 L C.,
Fil. v. Waldkirch, A.-G. u. B.-A. Waldkirch;
A.-G. und A.-A. Freiburg.

**Rieberfteg**, J. b. D. Riedern im
Wald, 25 L C., Fil. v. Krenkingen, A.-G.
und B.-A. Bonndorf; A.-G. und A.-A.
Waldshut.

**Riebetsweiler**, N.-O. b. D. Balten-
hausen, 58 l. C., Fil. von Meersburg,
A.-G. Meersburg, B.-A. Ueberlingen; A.-G.
u. A.-A. Constanz. Getrennte Gemarkung
und gemeinschaftliches Gemeindevermögen.

**Riebetsweiler**, J. b. Pfd. Unter-
siggingen, 12 l. C., A.-G. Meersburg,
B.-A. Ueberlingen; A.-G. u. A.-A. Constanz.

**Riebheim**, Pfd., 2 ev., 475 L., zuf.
477 C., A.-G. u. B.-A. Engen; A.-G. u.
A.-A. Constanz; L.-R. Hegau. Feld-, Wie-
sen, Weinbau und Viehzucht, Handel mit
Früchten, Wein und Hornvieh. Sibshr.:
Mgln. v. Baden.

**Riebheim**, D., 6 ev., 698 L., zuf.
704 C., Fil. v. Bergheim, A.-G. Meers-
burg, B.-A. Ueberlingen; A.-G. und A.-A.
Constanz; liegt an der Straße von Mark-
dorf nach Buchhorn. Sibshr.: Fürst von
Fürstenberg.

**Riebhof**, Hf. u. Prz. b. Pfd. Boll,
18 l. C., A.-G. u. B.-A. Meßkirch; A.-G.
und A.-A. Constanz. Sibshr.: Fürst von
Fürstenberg.

**Riebhof**, Hf. und Prj b. D. Riden-
bach, 11 l. C., Fil. von Altheim, A.-G.
Meersburg, B.-A. Ueberlingen; A.-G. und
A.-A. Constanz.

**Riebichen**, D., 270 L. C., Fil. v. Zell,

A.-G. u. B.-A. Schönau; A.-G. u. A.-A.
Lörrach. Sibshr.: Frhr. v. Schönau-Zell.

**Riedle**, N.-O. b. D. Zell, 472 L C.,
Fil. v. Uelosten, A.-G. u. B.-A. Offenburg;
A.-G. u. A.-A. Offenburg. Gemarkung u.
Gemeindevermögen gemeinschaftlich. Feld-,
Weinbau und Viehzucht.

**Riedlehof**, Hf. u. Prj. b. A.-O. Aira-
bach, b. D. Hattenweiler, 10 l. C., Fil. v.
Schnach A.-G. u. B.-A. Pfullendorf; A.-G.
u. A.-A. Constanz.

**Riedlersberg**, J. b. Pfd. Ober-
winden, 70 l C., A.-G. u. B.-A. Walds-
kirch; A.-G. u. A.-A. Freiburg.

**Riedlingen**, D., 317 ev., 18 L., zuf.
335 C., Fil. v. Holzen, A.-G. und B.-A.
Lörrach; A.-G. u. A.-A. Lörrach; liegt an
der Esselbach und an der Straße von Lör-
rach nach Müllheim. Schon 972 Besitzthum
des Klosters Einsiedeln; hat eine nicht näher
bekannte Heilquelle.

**Riedmatt**, N.-O. b. D. Karsau, 105
l. C., Fil. b. Pfirrn, Karsau, A.-G. und
B.-A. Sädingen; A.-G. u. A.-A. Walds-
hut. Gemarkung und Gemeindevermögen
gemeinschaftlich.

**Riedmühle**, Hf. u. Prj. b. Pfd. Chin-
gen, 5 L C., A.-G. u. B.-A. Engen; A.-G.
und A.-A. Constanz. Sibshr.: Fürst von
Fürstenberg.

**Riedmühle**, Hf. und Prj. b. Sbst.
Bozberg, 6 L C., A.-G. u. B.-A. Boz-
berg; A.-G. u. A.-A. Waldshut; liegt an
der Umpferbach. Sibshr.: Fürst von Lei-
ningen.

**Riedmühle**, Hf. und Prj. b. Sbst.
Grünsleb, 14 l. C., A.-G. Gerlachs-
heim; B.-A. Tauberbischofsheim; A.-G. u.
A.-A. Mosbach; liegt an der Grünbach.

**Riedmühlhof**, Hf. und Prj. b. Pfd.
Oberschopfheim, 17 l. C., A.-G. und
B.-A. Lahr; A.-G. u. A.-A. Offenburg.

**Riebschingen**, Pfd., 838 L C., A.-G.
u. B.-A. Donaueschingen; A.-G. u. A.-A.
Villingen; L.-R. Engen. Feld-, Wiesenbau
Viehzucht u. Strohflechten. Sibshr.: Fürst
v. Fürstenberg.

**Riegel**, Mktfl., 33 ev., 1377 L, zuf. 1610 E., A.-G. u. B.-A. Kenzingen; K.-G. u. K.-A. Freiburg; L.-K. Endingen; Pf.-A. Freiburg. Sitz der Pf.G.; liegt an der Elz. Feld-, Wiesen-, Weinbau u. Viehzucht, Gewerbebetrieb, besonders Branntwein und Sprit, sowie Cigarren- u. Essigfabrikation und Handel mit Vieh, Hanf, Wein und Branntwein. Alter Römerort, durch Gräberfunde und die Ueberreste einer vollständigen Töpferei, Münzen und andern Antiquaglien nachgewiesen. Dann kaiserlicher Hof und Ottonische Schenkung an Einsiedeln. Doch blieb der Lehensbesitz den Zähringern, von welchen er an die Freiburger und Tübinger gedieh und die gleichen Schicksale hatte, wie Hecklingen-Lichteneck. Schöne Lage an einem rebenbegrenzten Vorhügel des Kaiserstuhls. Auf demselben das alte 1363 an die Städte Freiburg und Endingen verpfändete Schloß der Herren v. Usenberg. Mkte.: 9. Febr., 5. Juli und 4. Octbr.

**Riegel**, F. b. Pfbf. Kappelwindeck, 436 E., A.-G. u. B.-A. Bühl; K.-G. u. K.-A. Baden.

**Rielasingen**, Pfdf., 38 ev., 778 l., zuf. 816 E., A.-G. u. K.-A. Radolphzell; K.-G. u. L.-K. Conſtanz; Pf.-K. Hegau; liegt an der Aach. Feld-, Wiesen-, Weinbau u. Viehzucht. Ursprünglich Sitz eines eigenen Lehen, ebels von Reichenau, der den hiesigen Hof 1293 an Kloster Etrein verkaufte u. wahrscheinlich sich nun von der nahen Burg Rosenegg nannte. Auch den Kloster Steinschen Besitz brachte Reichenau an sich und zog endlich die Lehenmannschaft Rosenegg-Rielasingen ein, als die Grafen v. Lupfen, die Rechtsnachfolger der Herren v. Rosenegg, im Mannsstamme zu Ende des 16. Jahrh. ausgestorben waren. Von R. war jener Ulrich, Knecht Rudolfs v. Wart, der beim Königsmorde an der Reuß dem Pferde Albrechts I. in die Zügel fiel und zu Ensisheim gerädert wurde.

**Riersbach**, im, Wlr. b. Pfdf. Oberharmersbach, 53 L E., A.-G. u. B.-A. Gengenbach; L.-G. u. K.-A. Offenburg.

**Riersbach**, vor, Wlr. b. Pfdf. Oberharmersbach, 390 l. E., A.-G. u. B.-A. Gengenbach; K.-G. u. K.-A. Offenburg.

**Riese oder Rudsfod**, F. bei D. Lehengericht, 30 en E., Fil. v. Schiltach, A.-G. u. B.-A. Wolfach; K.-G. und K.-A. Offenburg.

**Rietleshof**, Hf. und Prz. b. Wlr. Unterallenweg, b. D. Bierthäler, 26 L E., Fil. v. Neustadt, L.-G. u. B.-A. Neustadt; K.-G. u. K.-A. Freiburg.

**Rietheim**, D., 263 l. E., Fil v. Dillingen, A.-G. u. B.-A. Billingen; K.-G. u. K.-A. Billingen; liegt im Brigachthal. Feldbau und Viehzucht.

**Rifliz**, F. b. Pfdf. Gremmelsbach, 5 l. E., A.-G. u. B.-A. Triberg; K.-G. u. K.-A. Dillingen.

**Rikelshausen**, Hf. b. Pfdf. Böhringen, 49 l. E., A.-G. u. B.-A. Radolphzell; K.-G. u. K.-A. Constanz; war früher ein kleines Schlößchen und ist jetzt ein Bauernhof, früher wechselndes Besitzthum mehrerer Familien des Hegauer Familienadels.

**Rikenbach**, D., 3 ev., 210 L, zuf. 213 E., Fil v. Roggenbeuren, L.-G. Meersburg, Pf.-A. Ueberlingen; K.-G. und K.-A. Conſtanz.

**Rikenwiesen**, F. b. Pfdf. Fridingen, 23 l. E., A.-G. Meersburg, B.-A. Ueberlingen; K.-G. u. K.-A. Constanz.

**Rimmelsbacherhof**, Hf. u. Prz. b. Pfdf. Schöllbrunn, 38 E., A.-G. und B.-A. Ettlingen; K.-G. u. K.-A. Carlsruhe; liegt 1256 p. F. üb. b. M.

**Rimpertsweiler**, Hf. u. Prz. b. D. Wittenhofen, 8 L E., Fil. v. Leutkirch, L.-G. Meersburg, B.-A. Ueberlingen; K.-G. und K.-A. Conſtanz. Stvhr.: Fürſt von Fürstenberg.

**Rineck**, Col. b. D. Mudenthal, 448 l. E., Fil. v. Limbach, A.-G. und B.-A. Mosbach; K.-G. u. K.-A. Mosbach; liegt 1278 p. F. üb. b. M., Feld-, Wiesenbau u. Viehzucht. Stvhr.: Fürſt v. Fürstenberg.

**Ringelbach**, D., 1 en, 214 L, zuf. 215 E., Fil v. Walbulm, L.-G. u. B.-A.

Obertirch; A.G. u. A.A. Offenburg. Feld-, Wiesen-, Weinbau und Viehzucht.

**Ringsheim**, Pfdf.. 3 ev., 1433 E., juſ. 1466 C., A.G. u. B.A. Ettenheim; A.G. u. A.A. Freiburg; L.A. Lahr; liegt an der Straße nach Freiburg. Feld-, Wiesenbau u. Viehzucht.

**Rinken**, H. b. Pfdf. Hinterzarten, 33 L C., A.G. u. B.A. Freiburg; A.G. u. A.A. Freiburg.

**Rinkenbach**, H. b. D. Kaltbrunn, 9 l. C., Fil. v. Wittichen, A.G. u. B.A. Wolfach; A.G. u. A.A. Offenburg. Eibthr.: Fürſt v. Fürſtenberg.

**Rinkhalt**, H. b. D. Lierbach, 13 l. C., A.G. u. B.A. Oberkirch; A.G. u. A.A. Offenburg.

**Rinklingen**, Pfdf., 494 ev., 75 L, juſ. 569 C., A.G. u. B.A. Bretten; A.G. und A.A. Carlsruhe; Dec. Bretten; liegt 843 p. F. üb. d. M., nahe an der Saalbach. Feldbau u. Viehzucht.

**Rinſchheim**, D., 394 L C., Fil. von Götzingen, A.G. u. B.A. Buchen; A.G. u. A.A. Mosbach. Grö dem großen Brande 1842 größtentheils neuerbautes Dorf an der Quelle des Rinſchbaches. Feld-, Wiesenbau u. Viehzucht.

**Rintheim**, D., 773 ev., 27 L, juſ. 800 C., Fil. v. Hagosfelden, A.G. u. B.A. Carlsruhe; A.G. u. A.A. Carlsruhe; liegt 385 v. F. üb. d. M., ſeitwärts von der Straße von Carlsruhe nach Durlach. Feld-, Wiesenbau und Viehzucht.

**Rippenweier**, D., 370 ev., 69 L, juſ. 439 C., Fil. v. Leutershauſen, A.G. und B.A. Weinheim; A.G. u. A.A. Mannheim; liegt 1013 p. F. üb. d. M. an einem kleinen Bache.

**Rippberg**, Pfdf., 33 ev., 446 L, juſ. 479 C., A.G. u. B.A. Wallbürn; A.G. u. A.A. Mosbach; L.R. Wallbürn; liegt 724 p. F. üb. d. M. an der Murſchbach. Feldbau, Viehzucht, Hammerwerk und ſonſtigen Gewerbebetrieb. Eibthr.: Fürſt von Leiningen.

**Rippoldsau**, Pfdf. und Bad, 5 ev., 717 L, juſ. 722 C., A.G. u. B.A. Wolfach; A.G. u. A.A. Offenburg; L.A. Triberg; P.A. Offenburg. Sitz b. A.Stmſtr.; Holzhauer und Taglöhner. Das Bad liegt in einem Seitenthale des Schapbacher Thales, 1862 p. F. üb. d. M. Die Quellen des Bades, deren es vier ſind: 1) die Joſephsquelle, 2) die Wenzelsquelle, 3) die Leopoldsquelle und 4) die Badquelle, gehören zu den eiſenhaltigen Kaltſäuerlingen und enthält die Leopoldsquelle, von welcher die übrigen nur äußerſt wenig differiren, nach Bunſen in 10,000 Grammen Waſſer: boppelitkohlenſ. Kalk . . . . 19,470

| | |
|---|---|
| „ Magneſia . . . | 3,760 |
| „ Eiſenoxydul . . | 0,592 |
| „ Manganoxydul | 0,102 |
| Schwefelſauren Kalk . . . . | 0,174 |
| „ Magneſia . . | 0,195 |
| „ Natron . . . | 8,814 |
| „ Kali . . . . | 0,353 |
| Phosphorſauren Kalk . . . | 0,177 |
| Chlormagneſium . . . . . | 0,437 |
| Thonerde . . . . . . . | 0,026 |
| Kieſelſäure . . . . . . . | 0,863 |
| freie Kohlenſäure . . . . . | 20,814 |
| „ Sauerſtoff . . . . . | 0,000436 |
| „ Stickſtoff . . . . . | 0,0040 |
| Spuren von Lithium . . . | 0,000 |
| „ Bröm . . . | 0,000 |
| „ organ. Stoffen | 0,000 |
| | 55,781456 |

Die Temperatur der Quellen beträgt 8° C. und ihr ſpec. Gewicht bei + 14,41 C. 1,0036. Sodann enthalten 10,000 Gramm Waſſer bei 0° C. und 0,m 76 Druck: Halbgebundene Kohlenſäure 3779,0 Cubcntm. Halb oder ganz geb. „ 7558,0 „ freie Kohlenſäure . . . 10583,1 „ freien Sauerſtoff . . . . 0,318 freien Stickſtoff . . . 3,176

Die Quellen werden ſowohl zum Trinken als Baden benützt. Es gibt ſodann Reger-, Douche-, Gas- u. Dampfbäder und nahe an 600,000 Krügen Waſſer werden jährlich ausgeführt. Ein wahrſcheinlich durch Schenkung Friedrichs v. Wolfach zwiſchen 1148 und 1179 an St. Georgen geſchenkter Ort, in letzterem Jahre ſchon als Celle zum heiligen Nicklaus jenem Kloster vom Papst Alexander III. bestätigt. Das Priorat wurde während der durch Graf Wilhelm v. Fürstenberg eingeführten Reformation 1541 aufgehoben, doch nach seinem Tode auf Orienberg, 19. August 1449, dem Kloster St. Georgen wieder restauriert und blieb als ein durch seinen Waldreichthum ziemlich einträgliches Besitzthum bis zu dessen Aufhebung 1802. Das Klostergebäude und die Kirche, wie sie jetzt als freundlicher Schmuck des Thales bestehen, wurden 1736 aus den Steinen des Thurmes zu Burgbach neu aufgebaut. Größere Bedeutung erlangte der Ort durch seine Mineralquellen, welche schon 1490 in einem Badhause benützt wurden. Von 1579 datirt die erste Badeordnung, zu welcher das Schuldenwesen, die Grobheit und das schwärmerische Leben des Baders Georg Schmid und die dadurch verursachten Klagen der Straßburger Aerzte Veranlassung gaben. 1592 wurde die abgebrannte Badeanstalt neu aufgebaut, und 1696 dieselbe durch Vertrag ganz an Fürstenberg abgetreten, nachdem es 18 Jahre früher an den Wol v. Gengenbach verpfändet und 1687 als Pfand an Wolfgang Stärzer v. Greifenberg abgetreten worden war. 1705 versiegte die Quelle und gleiches Schicksal hatten 1753 die im Jahre 1714 aufgefundenen Quellen. 1753 wurden drei neue Quellen entdeckt und das Bad kam mehr in Aufnahme, erreichte jedoch die höchste Blüthe unter Balthasar Göhringer, dem das ganze Anwesen 1824 von der Fürstenbergischen Standesherrschaft verkauft worden war. Unter der Leitung seines Sohnes besteht dasselbe dermalen in 4 großen Gast-, Brunnen-, Bad- und Conversationshäusern und bildet namentlich durch den Besuch aus dem Elsaß einen sehr belebten Aufenthaltsort.

**Rippoldsried**, N.-D. b. T. Mettenberg, 89 k. C., Fil. v. Riedern, A.-G. u. B.-A. Bonndorf; K.-G. u. K.-A. Waldshut. Gemarkung u. Gemeindevermögen getrennt.

**Rippolingen**, D., 325 L. C., Fil v. Obersäckingen, A.-G. u. B.-A. Säckingen; K.-G. u. K.-A. Waldshut.

**Ristdorf**, F. b. Stdt. Stodach, 71 L. C., A.-G. u. B.-A. Stodach; K.-G. und K.-A. Constanz. Hammerwerk und Sitz d. f. f. Hüttenverwaltung.

**Rißlersberg**, F. b. Stdt. Elzach, 20 k. C., A.-G. u. B.-A. Waldkirch; K.-G. u. K.-A. Freiburg.

**Ritschweier**, D., 74 ev., 20 k., zus. 94 C., Fil. v. Hohensachsen, A.-G. u. B.-A. Weinheim; K.-G. u. K.-A. Mosbach; liegt 663 p. F. üb. d. M. an einem Bache.

**Rittenweier**, N.-O. b. T. Rippenweier, 70 ev. C. Fil. v. Lauterbachsen, A.-G. u. B.-A. Weinheim; K.-G. u. K.-A. Mosbach. Gemarkung und Gemeindevermögen gemeinschaftlich; liegt 687 p. F. üb. d. M. an einem Bache in einem kleinen Thale zerstreut.

**Rittersbach**, F. b. Pfbf. Kappelwindeck, 194 L. C., A.-G. u. B.-A. Bühl; K.-G. u. K.-A. Baden.

**Rittersbach**, Pfbf., 75 ev. 466 k., zus. 541 C. A.-G. u. B.-A. Mosbach; K.-G. u. K.-A. Mosbach; L.-A. Mosbach; P.-A. Heidelberg. Sitz der P.-Abf. u. Pfmstr.; liegt 833 p. F. üb. d. M. an der Elzach. Feld-, Blumensamenbau und Biehzucht. Eidshr.: Fürst von Leiningen.

**Rittersberg**, F. b. N.-O. Gebirg, b. Pfbf. Durbach, 12 k. C., A.-G. u. B.-A. Offenburg; K.-G. u. K.-A. Offenburg.

**Rittihof**, Hf. u. Prz. b. Pfbf. Zunsweier, 17 k. C., A.-G. u. B.-A. Offenburg; K.-G. u. K.-A. Offenburg.

**Rittnershof**, Hf. und Prz. b. Stdt. Durlach, 11 ev. C., A.-G. u. B.-A. Durlach; K.-G. u. K.-A. Carlsruhe; liegt 730 p. F. üb. d. M. und wurde von der ersten Gemahlin des Großherzogs Karl Friedrich, Karoline Louise, angelegt.

**Robern**, D., 12 ev., 349 k., zus. 401 C., Fil. v. Limbach, A.-G. u. B.-A. Oberbach; A.-G. u. K.-A. Mosbach; liegt 1324 p. F. üb. d. M. Sidshrr.: Mgrfn. v. Baden.

**Rockenau**, D., 180 ev., 14 k., zus. 204 C., Fil. v. Oberbach, A.-G. und B.-A. Gberbach; K.-G. u. K.-A. Mosbach; liegt

15

440 v. F. üb. d. M. am linken Ufer des Nekars. Feldbau, Obst- u. Viehzucht. Gewerbebetrieb und Taglohnarbeit. Die Vogtei des Dorfes gehörte zur Burg Stolzeneck, deren Ruinen hinter dem eingegangenen Dörfchen Stöselbach zum Schutze oder zur Belästigung der Neckarschifffahrt erbaut wurde. Nach manchem Wechsel gehörte es den Herren v. Horned und wurde endlich von den Pfalz zerstört.

**Rodeck**, Schloß u. Prj. b. D. Kappelwindeck, 6 L C., A.-G. und B.-A. Achern; K.-G. u. K.-A. Baden; schön gelegene Burgruine im Acherer Thale.

**Röblersberg**, Hf. u. Prj. b. D. Butschbach, 13 s. C., Fil. v. Oberkirch, A.-G. u. B.-A. Oberkirch; K.-G. u. K.-A. Offenburg.

**Röhrenbach**, Pf.-O. b. D. Winterjulgen, 46 L C., A.-G. u. B.-A. Pfullendorf; K.-G. u. K.-A. Constanz. Gemarkung und Gemeindevermögen getrennt. Stdbhr.: Fürst v. Fürstenberg.

**Röhrwang**, Hf. und Prj. b. Pfdf. Liggeringen, 12 L C., A.-G. u. B.-A. Constanz; K.-G. u. K.-A. Constanz. Grdhr.: Frhr. v. Bodmann.

**Röschbach**, Hf. u. Prj. b. D. Allenbach, 9 ev. C., Fil. v. Heiligkreuzsteinach, A.-G. u. B.-A. Heidelberg; K.-G. u. K.-A. Heidelberg; liegt ziemlich hoch in einsamer Gegend.

**Röschhof**, Hf. u. Prj. b. D. Unterwangen, 11 L C., Fil. v. Bettmaringen, A.-G. u. B.-A. Jestetten; K.-G. u. K.-A. Waldshut.

**Rößlerhof**, Hf. u. Prj. b. Pfdf. Wornborf, 11 L C., A.-G. u. B.-A. Meßkirch; K.-G. u. K.-A. Constanz. Grdhr.: Graf v. Langenstein.

**Röthenbach**, Pfdf., 629 L C., A.-G. und B.-A. Neustadt; K.-G. und K.-A. Freiburg; L.-A. Villingen; P.-A. Freiburg. Eis b. B.-Abt. 1 liegt an der Röthenbach. Feldbau, Viehzucht, Uhrenfabrikation u. Handel. Stdbhr.: Fürst v. Fürstenberg.

**Röthenbach**, Z. b. D. Reichenbach, 46 ev. C., Fil. v. Hornberg, A.-G. u. B.-A. Triberg; K.-G. und K.-A. Villingen.

**Röthenberg**, K.-O. b. D. Mettenberg, 31 l. C., Fil. v. Riedern, A.-G. u. B.-A. Bonndorf; L.-G. u. K.-A. Waldshut. Getrennte Gemarkung u. gemeinschaftliches Gemeindevermögen.

**Rötteln**, Schloß und Prj. des Pfdf. Hohentengen, 19 L C., A.-G. u. B.-A. Jestetten; K.-G. u. K.-A. Waldshut; liegt nahe am Rhein und gehörte früher zum Hochstifte Constanz.

**Rötteln**, Schloßruine u. Prj. d. Pfdf. Thumringen, 42 ev. C., A.-G. u. B.-A. Lörrach; K.-G. u. K.-A. Lörrach. Baumwollspinnerei von Felix Sarasin u. Häusler wurde 1853 gegründet, 1859/1860 erweitert, diese nebst jener zu Hagen umfassen zusammen 43,000 Feinspindeln von Nr. 6–44 und 600 Zwirnspindeln für gezwirnte Garne u. Strickgarne, welche größtentheils auf Selfactingstühlen arbeiten. Die hiesige Spinnerei wird durch 2 Turbinen in Bewegung gesetzt und beschäftigt mit jener zu Hagen 700 Arbeiter. R. ist nächst Heidelberg die großartigste und besterhaltene Schloßruine in Baden. Früher Rotinleim, Sitz eines gleichnamigen freiherrlichen Geschlechts, wurde it 1313 nach dessen Erlöschen Erbe des Markgrafen Rudolf I. von Hachberg-Sausenberg, dessen Descendenz sich von Rötteln benannte; 1355 fiel die Herrschaft sodann an Baden-Durlach und 1678 wurde das Schloß von den Franzosen zerstört, mit ihm der dazu gehörige Flecken, von welchem nur noch die Kirche mit einigen Häusern übrig ist.

**Röttlermühle**, Hs. und Prj. b. Z. Röttlerweiler, b. D. Hagen, 7 ev. C., Fil. v. Rötteln, A.-G. und B.-A. Lörrach; K.-G. u. K.-A. Lörrach.

**Röttlerschloß**, Hs. und Prj. b. D. Hagen, 21 ev. C., Fil u. Rötteln, A.-G. u. B.-A. Lörrach; K.-G. u. K.-A. Lörrach.

**Röttlerweiler**, Z. b. D. Hagen, 31 ev. C., Fil. v. Rötteln, A.-G. u. B.-A. Lörrach; K.-G. u. K.-A. Lörrach.

**Roggenbach**, Hf. u. Prj. b. D. Wittlosen, 12 L C., Fil. von Bettmaringen, A.-G. u. B.-A. Bonndorf; K.-G. u. K.-A.

**Waldshut.** Malerisch auf einem Hügel über der Etzwach gelegene Schloßruine.

**Roggenbach,** Hf. und Prj. b. Pfdf. Anbelshofen, 41 f. C., A.-G. u. B.-A. Ueberlingen; A.-G. u. A.-A. Constanz.

**Roggenbeuren,** Pfdf. 128 f. C., A.-G. u. B.-A. Ueberlingen; A.-G. u. A.-A. Constanz; L.-A. Linzgau. Schon 861 St Gallen'scher Besitz, von welchem der Pfarrsitz wahrscheinlich an Constanz gedieh.

**Rohmatt,** A.-O. b. Pfdf. Häg, 97 l. C., A.-G. u. B.-A. Schönau; A.-G. u. A.-A. Lörrach. Gemarkung und Gemeinde vermögen getrennt. Grbhr.: Frhr. v. Schönau-Zell.

**Rohma,** Prj. b. A.-O. Höll, b. Pfdf. Inner-Urberg, 15 f. C., A.-G. u. B.-A. St. Blasien; A.-G. u. A.-A. Waldshut.

**Rohr,** Z. b. Pfdf. St Peter, 161 l. C., A.-G. u. B.-A. Freiburg; A.-G. u. A.-A. Freiburg.

**Rohr,** A.-O. b. D. Bierbronnen, 155 l. C., Fil. v. Weilheim, A.-G. u. B.-A. Waldshut; A.-G. u. A.-A. Waldshut.

**Rohrbach,** Pfdf. 16 ev., 607 L, juf. 623 C., A.-G. u. B.-A. Triberg; A.-G. u. A.-A. Villingen; L.-R. Triberg. Sitz des erzbischöfl. Dec. Feld-, Wiesenbau, Viehsucht, Strohmanufactur u. Uhrenfabrikation.

**Rohrbach am Gießhübel,** Pfdf., 12 ev., 952 L, 1 Men, juf. 985 C., A.-G. u. B.-A. Eppingen; A.-G. u. A.-A. Heidelberg; L.-A. St. Leon; liegt 694 p. F. üb. d. M. Feld-, Wiesen-, Weinbau u. Viehsucht. Seit 1385 Eigenthum des Stifts Odenheim.

**Rohrbach,** Z. b. A.-O. Maisenbühl, b. D. Heruthal, 15 l. C., Fil. v. Rußbach, A.-G. u. B.-A. Oberkirch; A.-G. u. A.-A. Offenburg.

**Rohrbach,** Z. b. A.-O. Bollenau, b. Pfdf. Durbach, 11 l. C., A.-G. u. B.-A. Offenburg.

**Rohrbach,** Z. b. D. Lehengericht, 64 ev. C., Fil. v. Schiltach, A.-G. u. B.-A. Wolfach; A.-G. u. A.-A. Offenburg.

**Rohrbach,** Pfdf., 1220 ev., 298 L, 127

ist., juf. 1635 C., A.-G. u. B.-A. Heidelberg; A.-G. u. A.-A. Heidelberg; Dec. Oberheidelberg; liegt 438 p. F. üb. d. M. an der Straße nach Carlsruhe. Besonders reiche Kirschenpflanzungen, bedeutender Handelsartikel. In dem 1770 erbauten Schlößchen wohnte Herzog Karl von Zweibrücken und 1793—1799 Max Joseph, nachmaliger König v. Bayern.

**Rohrbach,** Pfdf., 551 ev., 193 L, 81 ist., juf. 825 C., Fil. v. Sinsheim, A.-G. u. B.-A. Sinsheim; A.-G. u. A.-A. Heidelberg; Dec. Sinsheim; liegt 555 p. F. üb. d. M. an der Straße nach Eppingen. Koll: Steinbruch.

**Rohrbacher Hof,** Hf. u. Prj. b. Stv. Bruchsal, 17 ev., C., A.-G. und B.-A. Bruchsal; A.-G. u. A.-A. Carlsruhe.

**Rohrberg,** A.-O. b. Pfdf. Häg, 64 l. C., A.-G. u. B.-A. Schönau; A.-G. u. A.-A. Lörrach. Gemarkung und Gemeinde vermögen getrennt. Grbhr.: Frhr. v. Schönau-Zell.

**Rohrburg,** Hf. und Prj. des Pfdf. Altenheim, 12 ev. C., A.-G. und B.-A. Offenburg; A.-G. und A.-A. Offenburg; liegt an der Schutter. Grbhr.: Frhr. v. Wilheim.

**Rohrdorf,** Pfdf., 13 ev., 665 L, juf. 678 C., A.-G. u. B.-A. Meßkirch; A.-G. u. A.-A. Constanz; L.-A. Meßkirch. Mit Burgruine. Sitz des gleichnamigen Grafengeschlechts, dessen letzter Sprößling Manegold wahrscheinlich als lasterlicher Vogt zu Constanz um 1200 die dortige Rheinbrücke erbaute. Von da ab die gleichen Schicksale wie Meßkirch; denn Heinrich von Neuffen erbte als Gemahl der Schwestertochter des letzten Grafen, der Enkelin des Grafen Gottfried v. R. und seiner Gattin Adelheid die Herrschaft und ließ sie sodann auf die Truchseßen von Rohrdorf übergehen.

**Rohrenbach,** Z. b. D. Reichenbach, 40 ev. C., Fil. v. Hornberg, A.-G. u. B.-A. Triberg; A.-G. u. A.-A. Villingen.

**Rohrenbach,** Z. b. D. Döttelbach, 150 l. C., Fil. v. Petersthal, A.-G. und B.-A. Oberkirch; A.-G. u. A.-A. Offenburg.

**Rohrershäusle**, Hf. u. Prz. b. D. Linach, 91 E., Fil. v. Schönenbach, A.-G. u. B.-A. Villingen; A.-G. und K.-A. Villingen.

**Rohrhardsberg**, D., 2 ev. 298 l., juf. 300 E., Fil. v. Schonach, A.-G. und B.-A. Triberg; A.-G. u. K.-A. Villingen.

**Rohrhausen**, J. b. Pfdf. Dettighofen, 10 l. E., A.-G. u. B.-A. Constanz; A.-G. u. K.-A. Constanz.

**Rohrhof**, Hf. u. Prz. b. Wlr. Ebnet, 11 l. E., Fil. v. Bonndorf, A.-G. u. B.-A. Bonndorf; A.-G. u. K.-A. Waldshut.

**Rohrhof**, Hf. u. Prz. b. D. Kübnach, 11 l. E., Fil. von Hohentengen, A.-G. u. B.-A. Waldshut; A.-G. u. K.-A. Waldshut.

**Rohrhof**, Hf. u. Prz. b. D. Brühl, 31 ev., 49 l., 9 Men., zuf. 89 E., Fil. v. Schwetzingen, A.-G. u. B.-A. Schwetzingen; A.-G. u. K.-A. Mannheim; liegt 362 p. F. üb. d. M., unweit des Rheins. Stabhalterei.

**Rohrmühle**, Hs. und Prz. b. Mkfl. Kürnbach, 7 l. E., A.-G. u. B.-A. Eppingen; A.-G. u. K.-A. Carlsruhe.

**Rollwasen**, J. b. R.O. Löcherberg, b. D. Ibach, 13 l. E., Fil. v. Oppenau, A.-G. u. B.-A. Oberkirch; A.-G. u. K.-A. Offenburg.

**Rombach**, J. b. D. Birkendorf, 11 l. E., Fil. v. Grafenhausen, A.-G. u. B.-A. Bonndorf; A.-G. u. K.-A. Waldshut.

**Rombach**, Hf. u. Prz. b. D. Reichenthal, 13 l. E., A.-G. u. B.-A. Gernsbach; A.-G. u. K.-A. Baden.

**Romisbruckmühle**, Hf. u. Prz. b. Pfdf. Kirchzarten, 14 l. E., A.-G. und B.-A. Freiburg; A.-G. u. K.-A. Freiburg.

**Rompen** J. b. Mkfl. Furtwangen, 46 l. E., A.-G. u. B.-A. Triberg; A.-G. u. K.-A. Villingen.

**Rorgenwels**, D., 309 l. E., A.-G. u. B.-A. Stockach; A.-G. u. K.-A. Constanz; besitzt ein Schloß.

**Rosenberg**, Pfdf., 452 ev., 304 l., 3 Men., 35 ifr., zuf. 794 E., A.-G. und B.-A. Adelsheim; A.-G. und K.-A. Mosbach; Dec. Adelsheim; L.-K. Buchen; liegt 969 p. F. üb. d. M. an der Kirnaubach. Feld-, Wiesenbau und Viehzucht. Mühlenbetrieb, Brennereien u. Schnellbleiche. Aus dem Besitze eines eigenen Adels, nach dessen Aussterben 1632 an das Stift Würzburg zurückfallend, wurde die Herrschaft über das Dorf und seine Dependentien an den Grafen Hatzfeld zu Lehen gegeben, kam von diesen an den deutschen Orden und 1735 an Löwenstein-Wertheim, unter dessen Herrschaft die bisher arg gedrückten reformirten Einwohner wieder aufathmeten. Eine Linie des Löwenstein-Wertheim'schen Hauses führt von hier den Namen.

**Rosenegg**, Hf. u. Prz. b. Pfdf. Rielasingen, 12 l. E., A.-G. u. B.-A. Radolphzell; A.-G. u. K.-A. Stockach.

**Rosenhof**. Hf. u. Prz. b. Stdt. Labenburg, 16 l. E., A.-G. Ladenburg, B.-A. Mannheim; A.-G. u. K.-A. Mannheim; liegt 338 p. F. üb. d. M. an der Straße von Ladenburg nach Schrießheim.

**Rosenmühle**, Hs. und Prz. b. D. Mondfeld, 16 l. E., Fil. von Borthal, A.-G. u. B.-A. Wertheim; A.-G. u. K.-A. Mosbach; liegt 460 p. F. üb. d. M. Sbahn.: Löwenstein-Wertheim-Freudenberg.

**Rosenwirthshaus**, Hs. u. Prz. b. Pfdf. Reudorf, 5 l. E., A.-G. Philippsburg, B.-A. Bruchsal; A.-G. und K.-A. Carlsruhe.

**Roßbach**, J. b. Pfdf. Oberharmersbach, 15 l. E., A.-G. u. B.-A. Gengenbach; A.-G. u. K.-A. Offenburg.

**Roßberg**, J. b. D. Kaltbrunn, 31 l. E., Fil. v. Wittichen, A.-G. und B.-A. Wolfach; A.-G. u. K.-A. Offenburg. Sbahn.: Fürst v. Fürstenberg.

**Roßhof**, Hf. u. Prz. b. Mkfl. Bödigheim, 15 ev. E., A.-G. u. B.-A. Buchen; A.-G. u. K.-A. Mosbach; liegt 1354 p. F. üb. d. M. Grdh.: Frhr. Rüdt v. Collenberg-Bödigheim.

**Roth**, R.O. des Pfdf. Sauldorf, 1 ev., 124 l., zuf. 125 E., A.-G. u. B.-A.

Krötsch; A.G. und A.A. Constanz. Gemarkung und Gemeindevermögen getrennt. Südöhra.: Pfgrm. v. Baden.

**Roth**, J. b. T. Unterharmersbach, 199 L. E., Fil. v. Zell a. H., A.-G. u. B.-A. Gengenbach: A.-G. u. A.-A. Offenburg.

**Roth**, Pfdf., 1249 L. E., A.-G. Philippsburg, B.-A. Bruchsal; A.-G. u. A.-A. Carlsruhe; L.-A. St. Leon; liegt 366 p. F. üb. d. M. am Kirrgraben. Starker Wiesenbau, Viehzucht, Anbau von Hirse und Tabak.

**Rothbach**, A.-D. b. Thiges. Untermünsterthal, 171 L. E., Fil. v. Obermünsterthal, A.-G. u. B.-A. Staufen; A.-A. u. A.-A. Freiburg. Gemarkung u. Gemeindevermögen gemeinschaftlich.

**Rothenbach**, J. b. T. Clerbach, 11 s. E., Fil. v. Oppenau. A.-G. und B.-A. Oberkirch; A.-G. u. A.-A. Offenburg.

**Rothenbauerhof**, Hf. und Prz b. Pfdf. Schönenbach, 19 L. E., A.-G. und B.-A. Villingen; A.-G. u. A.-A. Villingen.

**Rothenberg**, Pfdf., 6 ev., 269 l. jul. 277 E., A.-G. u. B.-A. Wiesloch; A.-G. u. A.-A. Heidelberg; L.-A. Waldshut; liegt 449 p. J. üb. b. M. an der Angelbach. Feld-, Weinbau und Viehzucht. Schenkung der Verpfändung Ludwigs des Bayers an den Bischof v. Speyer, Gerhard v. Ehrenberg, 1338 zur Stadt erhoben, daher Wohnsitz des benachbarten Landadels, dessen Wappen an mehreren Thorbogen noch vorhanden sind. Früher bischöfliches Schloß, das nach dem Anfall an Baden abgebrochen wurde.

**Rothenberg**, am, J. b. T. Rohrbarbsberg, 15 L. E., Fil. v. Schonach, A.-G. u. B.-A. Triberg; A.-G. u. A.-A. Villingen.

**Rothenbergerhof**, Hf. und Prz. b. T. Ruith, 28 ev. E., Fil. von Rinklingen, A.-G. und B.-A. Bretten; A.-G. und A.-A. Carlsruhe; liegt 965 p. F. üb. b. M. an der Straße von Bretten nach Bauschlott.

**Rothenbühl**, J. b. Pfdf. Burgweiler, 21 L. E., A.-G. u. B.-A. Pfullendorf; A.-G. u. A.-A. Constanz.

**Rothenbühlerhof**, Hf. u. Prz. b. Pfdf. Wellschingen, 3 s. E., A.-G. u. B.-A. Engen; A.-G. u. A.-A. Constanz.

**Rothenfels**, Pfdf., 25 ev., 1377 L., mit 1602 E., A.-G. u. B.-A. Rastatt; A.-G. und A.-A. Baden; L.-A. Gernsbach; F.-F. Gernsbach; P.-F. Carlsruhe. Sitz b. P.-E.; B.-F. u. des erzbischöfl. Decans; liegt 468 p. F. üb. b. M. am rechten Ufer der Murg. Gewerbe- und Mühlenbetrieb. Handel mit Holz und Früchten.

**Rothenfels**, Schloß u. Hf., Prz. b. Pfdf. Rothenfels, 12 ev. E., A.-G. u. B.-A. Rastatt; A.-G. und A.-A. Baden; Eigenthum der Erben des Markgrafen Wilhelm von Baden. Musterwirthschaft, unweit die gelegentlich einer Grabung nach Steinkohlen aufgefundene Heilquelle — Elisabethenquelle — die jetzt ein wohl eingerichtetes Bad bildet. Das Wasser dieser Quelle, dessen Temperatur nach Walchner 16° beträgt und die Mittreuter zu den warmen, eisenhaltigen Natronsäuerlingen rechnet, hat ein spec. Gewicht von 1,004 und enthält in einem Pfunde Wasser an festen Bestandtheilen, wodurch es auflösend und belebend wirkt:

kohlensaures Eisenoxydul . . 0,081 Gran
    Manganoxydul Spuren.
kohlensaure Bittererde . . 0,278 ,
    „ Kalkerde . . . 1,114 ,
kohlensaures Natron . . . 0,304 ,
Chlornatrium . . . . . 32,645 ,
Chlorcalcium . . . . . 3,473 ,
Chlormagnesium . . . 1,409 ,
Chlorkalium . . . . . 1,179 ,
schwefelsaures Natron . . . 1,017 ,
schwefelsaure Kalkerde . . 2,207 ,
    „ Bittererde . . 0,246 ,
Kieselerdehydrat . . . . 0,049 ,
Spuren v. Thonerdehydrat 0,000 ,
  „  phosphors. Kali  0,000 ,
  „  Schwefelwasserstoff 0,000 ,
  „  Brommagnesium . 0,000 ,
  „  Quellsäure . . 0,000 ,
           44,002 Gran.

Das Bad wird sehr besucht, seitdem das

230

freundliche Gasthaus und die hübsche Trinkhalle erbaut und Anlagen in der nächsten Umgebung geschaffen worden sind.

**Rothhaus**, Hs. u. Prj. d. Pfdf. Grasenhausen, 30 l. E., A.G. und B.A. Bonndorf; R.G. u. R.A. Waldshut. Bierbrauerei.

**Rothhaus**, Hs. u. Prj. d. Pfdf. Oberrimsingen, 20 l. E., A.G. und B.A. Breisach; R.G. u. R.A. Freiburg. Erbhr.: Frhr. v. Falkenstein.

**Rothhaus**, Hs. u. Prj. d. Pfdf. Murg. 29 l. E., A.G. u. B.A. Säckingen; R.G. u. R.A. Waldshut.

**Rothhof**, Hs. u. Prj. d. Sbdt. Stausen, 7 l. E., A.G. und B.A. Stausen; R.G. u. R.A. Freiburg.

**Rothhof**, Hs. u. Prj. d. Pfdf. Ulm, 13 l. E., A.G. u. B.A. Oberkirch; R.G. u. R.A. Offenburg.

**Rothlaube**, Hs. und Prj. d. Sbdt. Hüfingen, 17 l. E., A.G. und B.A. Donaueschingen; R.G. u. R.A. Billingen. Stbhr.: Fürst v. Fürstenberg.

**Rothreis**, R.O. d. Pfdf. Oberhomberg, 9 l. E., A.G. u. B.A. Pfullendorf; R.G. u. R.A. Constanz. Getrennte Gemarkung u. gemeinschaftliches Gemeindevermögen. Stbhr.: Fürst v. Fürstenberg.

**Rothsaal**, auf dem, J. des Pfdf. Rirnbach, 105 l. E., A.G. u. B.A. Triberg; R.G. u. R.A. Billingen.

**Rothwasser**, J. d. Pfdf. Hintersarten, 83 l. E., A.G. u. B.A. Freiburg; R.G. u. R.A. Freiburg.

**Rothweil, Nieder-**, R.O. d. Pfdf. Ober-Rothweil, 124 l. E., A.G. und B.A. Breisach; R.G. u. R.A. Freiburg. Gemarkung u. Gemeindevermögen gemeinschaftlich.

**Rothweil, Ober-**, Pfdf., 15 ev., 1439 L, zus. 1474 E., A.G. und B.A. Breisach; R.G. u. R.A. Breisach; L.R. Endingen; liegt in einem Thale des Kaiserstuhls. Feld-, Wiesen-, Weinbau und Viehzucht. Mühlenbetrieb; hat eine sehr schöne von Hübsch erbaute Kirche.

**Rott**, am Bach, J. d. P. Jurschenbach, 77 l. E., Fil. v. Ottenhöfen, A.G. u. B.A. Achern; R.G. u. R.A. Baden.

**Rothel**, D., 662 l. E., Fil. v. Hochsal, A.G. u. B.A. Waldshut; R.G. u. R.A. Waldshut; liegt auf dem südlichen Abhange des Schwarzwaldes und ist ziemlich fruchtbar.

**Rothingen**, D., 576 l. E., Fil. von Görrwihl, A.G. u. B.A. Waldshut; R.G. u. R.A. Waldshut.

**Rubisthal**, Hs. u. Prj. d. Pfdf. Emmingen ab Egg, 101 l. E., A.G. u. B.A. Engen; R.G. u. R.A. Constanz. Stbhr.: Fürst v. Fürstenberg.

**Ruchenschwand**, R.O. d. P. Wittenschwand, 93 l. E., Fil. v. Unteribach, A.G. u. B.A. St. Blasien; R.G. u. R.A. Waldshut. Getrennte Gemarkung und gemeinschaftliches Gemeindevermögen.

**Ruchsen**, Pfdf., 376 ev., 3 L, zus. 379 E., A.G. u. B.A. Adelsheim; R.G. u. R.A. Mosbach; Dec. Adelsheim; liegt 646 p. F. üb. d. M. an der Marg. Feld-, Wein-, Wiesenbau u. Viehzucht. Alter Weinbau, wahrscheinlich vom Kloster Lorsch herrührend, welches schon 682 hier begütert war.

**Rudbühl**, J. d. P. Unterlengstrich, 23 l. E., Fil. v. Oberlengstrich, A.G. u. B.A. Neustadt; R.G. u. R.A. Freiburg.

**Rudenberg**, D., 263 l. E., Fil. von Friedenweiler, A.G. und B.A. Neustadt; R.G. u. R.A. Freiburg. Stbhr.: Fürst v. Fürstenberg.

**Rudersbach**, J. d. P. Mailach, 11 l. E., A.G. u. B.A. Oberkirch; R.G. und R.A. Offenburg.

**Rüdacker**, R.O. d. Pfdf. Oberhomberg, 29 l. E., A.G. u. B.A. Pfullendorf; R.G. und R.A. Constanz. Getrennte Gemarkung u. gemeinschaftliches Gemeindevermögen.

**Rüdenthal**, R.O. d. Pfdf. Harbheim, 191 l. E., A.G. u. B.A. Wallbürn; R.G. u. R.A. Mosbach; liegt 1162 p. F. üb. d. M. Getrennte Gemarkung u. gemeinschaftliches Gemeindevermögen. Stammbesitzer: Fürst v. Leiningen.

**Rührberg,** H.O. b. Pfdf. Dühlen, 56 l. C., A.G. u. B.A. Lörrach; A.G. u. K.A. Lörrach. Gemarkung und Gemeindevermögen gemeinschaftlich.

**Rümmingen,** D., 235 ev., 14 l., juf. 249 C., A.G. u. B.A. Lörrach; A.G. u. K.A. Lörrach; ist ein sehr alter Ort.

**Rüppurr,** Pfdf., 1400 ev., 76 l., juf. 1476 C., A.G. u. B.A. Carlsruhe; A.G. und K.A. Carlsruhe; L.Dec. Carlsruhe; liegt 397 p. F. üb. d. M. an der Alb und der Straße von Carlsruhe nach Ettlingen. Chemische Fabrik von Otto Pauli, fabrizirt insbesondere gelbes und rothes Blutlaugensalz. Urkundlich Riebebur. R. hatte seinen eigenen Adel; später kam es durch Kauf an Baden. Das Schloß wurde 1689 von den Franzosen zerstört.

**Rüßwihl,** D., 1 ev., 546 l., juf. 547 C., Fil. v. Niederwihl, A.G. u. B.A. Waldshut; A.G. u. K.A. Waldshut.

**Rüstenbach,** Z. b. Pfdf. Lautenbach, 13 l. C., A.G. u. B.A. Oberkirch; A.G. u. K.A. Offenburg.

**Rütschdorf,** D., 68 l. C., Fil. v. Hardheim, A.G. u. B.A. Walldürn; A.G. u. K.A. Mosbach; liegt 1306 p. F. üb. d. M. Elbthr.: Fürst von Löwenstein-WertheimRosenberg.

**Rütte,** D., 229 l. C., Fil. v. Herrischried, A.G. u. B.A. Säckingen; A.G. u. K.A. Waldshut.

**Rütte,** H.O. b. Pfdf. Dieben, 61 l. C., A.G. u. B.A. Schönau; A.G. und K.A. Lörrach. Gemarkung und Gemeindevermögen getrennt.

**Rüttehof,** Hf. u. Prj. b. Pfdf. Murg, 16 l. C., A.G. u. B.A. Säckingen; A.G. u. K.A. Waldshut.

**Rüttehof,** H.O. b. D. Hütten, 179 l. C., Fil. v. Rickenbach, A.G. und B.A. Säckingen; A.G. u. K.A. Waldshut. Gemarkung und Gemeindevermögen gemeinschaftlich.

**Rüttelsbalt,** Z. b. H.O. Diebersbach, b. D. Bulschbach, 9 l. C., Fil. v. Nußbach, A.G. u. B.A. Oberkirch; A.G. u. K.A. Oberkirch.

**Rüttewies,** Z. b. Pfdf. Inner-Urberg, 20 l. C., A.G. u. B.A. St. Blasien; A.G. u. K.A. Waldshut.

**Rufenhof,** Hf. u. Prj. b. Pfdf. Urach, 26 l. C., A.G. u. B.A. Neustadt; A.G. u. K.A. Freiburg.

**Ruhbühl,** Z. b. Pfdf. Schweighausen, 15 l. C., A.G. u. B.A. Ettenheim; A.G. u. K.A. Freiburg.

**Ruith,** D., 678 l. C., Fil. von Rinklingen, A.G. u. B.A. Bretten; A.G. u. K.A. Carlsruhe; liegt 652 p. F. üb. d. M. an der Salzbach. Feldbau u. Viehzucht.

**Rumpfen,** D., 89 l. C., Fil. v. Hollerbach, A.G. u. B.A. Buchen; A.G. und K.A. Mosbach; liegt 1368 p. F. üb. d. M. Elbthr.: Fürst v. Leiningen.

**Runzengraben,** Z. b. Pfdf. Steinach, 25 l. C., A.G. Haslach, B.A. Wolfach; A.G. und K.A. Offenburg. Elbthr.: Fürst v. Fürstenberg.

**Ruppertsberg,** Z. b. D. Peterzell, 49 ev. C., Fil. v. St. Georgen, A.G. u. B.A. Triberg; A.G. und K.A. Billingen.

**Ruschweiler,** D., 14 ev., 417 l., juf. 431 C., Fil. v. Pfrungen, A.G. u. B.A. Pfullendorf; A.G. u. K.A. Constanz. Standesherr: Fürst v. Fürstenberg.

**Ruß,** Z. b. Pfdf. Gremmelsbach, 13 l C., A.G. u. B.A. Triberg; A.G. u. K.A. Billingen.

**Rußheim,** Pfdf., 1289 ev., 11 l., juf. 1300 C., A.G. u. B.A. Carlsruhe; A.G. und K.A. Carlsruhe; L.Dec. Carlsruhe; liegt 354 p. F. üb. d. M. am Einflusse der Pünz in den Rhein. Feldb., Wiesenbau und Viehzucht. Alter Ort, dessen Kirche außerhalb des Dorfes auf einer Anhöhe liegt.

**Rust,** Mtfl., 8 ev., 1559 l., 253 isr., juf. 1820 C., A.G. u. B.A. Ettenheim; A.G. u. K.A. Freiburg; L.A. Lahr; liegt an der Elz. Feldbau. Viehzucht und Gewerbebetrieb, Anbau von Getreide, Hanf, Tabak u. Cichorien.

**Rust,** J. b. Pfof. Rappel, 15 l. E., A.-G. u. B.-A. Freiburg; L.-G. u. A.-A. Freiburg.

## S.

**Sachsenflur,** D., 460 ev., 27 L, luj. 487 C., ev. Fil. v. Dainbach, kath. Fil. v. Unterschüpf, A.-G. u. B.-A. Boxberg; A.-G. und A.-A. Mosbach; P.-A. Heidelberg. Sitz der P.-Abl., liegt 681 p. F. üb. d. M. an der Umpfer. Feld-, Wiesen-, Weinbau u. Viehzucht. Verdankt seinen Ursprung den Sachsen, welche unter Karl dem Großen hierher übersiedeln mußten. Geburtsort des Componisten Zumsteg.

**Sachsenhausen,** D., 432 ev., 16 l., luj. 448 C., Fil. v. Rassig. A.-G. u. B.-A. Wertheim; L.-G. u. A.-A. Mosbach; liegt 1018 p. F. üb. b. M. an einem kleinen Bache. Gtsbhr.: Fürst v. Löwenklein-Wertheim.

**Säckingen,** Stdt., 399 ev., 2005 L, luj. 2304 C., A.-G. und A.-A. Waldshut; L.-G. Wiesenthal; Dec. Säckingen; P.- u. T.-A. Waldshut. Sitz des A.-G., A.-Ph., G.-V., B.-A., F.-J., B.-F., P.-B.-C., T.-A., Halt- u. Tel.-Stat.; liegt am rechten Ufer des Rheins am südlichen Fuße des Schwarzwaldes in einer freundlichen Gegend an der Straße von Lörrach nach Schaffhausen. Feld-, Wiesenbau und Viehzucht, Gewerbe- und Fabrikbetrieb. Zu letzteren zählen: die Seidenbandfabriken von Bally, Kym und Comp., Kern und Sohn, Bally Söhne, erstere 1858 in einem für 168 Stühle berechneten Gebäude gegründet und mit einer Dampfmaschine von 20 Pferdekräften versehen, beschäftigt 170 Arbeiter u., liefert täglich 6000—8000 Ellen Band, die andere hier befindliche Fabrik zählt 95 Webstühle neuester Construction u. 300 Arbeiterinnen, mit derselben ist eine Erziehungsanstalt für 120 Mädchen verbunden und hat sodann eine Filiale bei Oberhof mit Wasserkraft vorerst für 50 Webstühle bestimmt, außerdem sind in den zum Amte Säckingen gehörenden Dörfern gegen 300 Stühle verstellt, welche gegen 850 Personen beschäftigen; endlich erhält die Armenanstalt zu Gurtweil durch Spulerei Verdienst u. werben zu Inzlingen 60 Personen mit Auswickelungs- und Versandtarbeiten beschäftigt. Sodann die mechanische Weberei u. Joulardbruderei von Berberich u. Comp., welche zu Anfang ihres Bestehens (1837) nur von der Hand druckte, hat sich nun seit 1860 in eine Maschinendruckerei mit Walzenstecherei verwandelt, die ungefähr 700 Dutzend Joulards täglich fertig bruckt. Die Weberei hat 35 Stühle und eine Schlichtmaschine. Durch ein Tangentialrad von 25 Pferdekräften in Bewegung gesetzt, beschäftigt sie 120 Arbeiter. Außer diesen angeführten Fabriken besitzt S. noch anderweitig größere Etablissements, wie Werkstätten, Oel- u. Sägmühlen, Hosenträger- u. elastische Bänderfabriken, Schuhfabriken u. f. w. S., das eine gedeckte Rheinbrücke und eine Badeanstalt hat, verdankt seine Entstehung dem vom heiligen Fridolin gestifteten Kloster, dessen Schirmvogtei wesentlich zur Vergrößerung der Habsburgischen Macht beitrug, zugleich aber auch zu den Schweizerkriegen des Hauses Veranlassung gab. Zur Zeit seiner Einverleibung in das Großherzogthum Baden betrug sein Einkommen noch 30,000 fl. Mrkte.: 7. März, 2. Mai, 17. Octbr., 30. Nov.; B.-M.: 1. Febr., 4. April, 6. Juni, 4. Juli, 1. Aug., 5. Septbr.

**Sägebauernhof,** Hf. u. Brz. b. Pfof. Utach, 34 C., A.-G. u. B.-A. Neustadt; L.-G. u. A.-A. Freiburg.

**Sägemättle,** J. b. Pfof. Neuenweg, 118 l. C., L.-G. u. B.-A. Schopfheim; A.-G. u. A.-A. Lörrach.

**Sägendobel,** J. b. Pfof. St. Peter, 51 l. C., A.-G. u. B.-A. Freiburg; A.-G. u. A.-A. Freiburg.

**Sahlenbach,** N.-O. b. Pfof. Herbwangen, 107 L C., A.-G. u. B.-A. Pfullendorf; L.-G. u. A.-A. Constanz. Gemarhmg u. Gemeindevermögen getrennt. Standesherren: Mgrfn. v. Baden.

**Sahlenbach**, Hf. und Drf. b. Pfdf. Grunern, 8 L C., A.-G. u. B.-A. Staufen; K.-G. u. K.-A. Freiburg.

**Saiersdobel**, Z. b. T. Wagenstaig, unterm., Fil. v. Buchenbach, A.-G. u. B.-A. Freiburg; K.-G. u. K.-A. Freiburg.

**Saig**, Pfdf., 1 ev., 497 l., juf. 498 C., A.-G. u. B.-A. Neustadt; K.-G. und K.-A. Freiburg; L.-A. Stühlingen; P.-A. Freiburg. Sitz d. P.-Abt.; liegt in sehr rauher Gegend, daher weniger Feldbau. Wiesenbau u. Viehzucht, Handel mit Schwarzwälder Uhren. Es ist ein alter Pfarrort, dessen schon im 11. Jahrh. gedacht wird, wo er an das Schafhauser Kloster St. Salvator verkauft wird.

**Sal**, Z. b. R.-D. Höhreute, b. D. Illwangen, 11 l. C., Fil. von Jümenser, A.-G. u. B.-A. Pfullendorf; K.-G. u. K.-A. Constanz.

**Salem**, Pfdf., 29 ev., 393 l., 15 Men., 2 isr., juf. 439 C., A.-G. Meersburg, B.-A. Ueberlingen; K.-G. u. K.-A. Constanz; L.-A. Linzgau; P.-A. Stockach. Sitz b. P.-A. u. P.-Stnfr.; liegt an der Aach, hat ein Schloß, das ehedem ein Kloster gewesen und besteht beinahe bloß aus diesem und den dazu gehörigen Oekonomiegebäuden und hat eine von Abt Heinrich II. von Seelfingen erbaute Kirche. Das Kloster, das früher Salmansweilers geheißen und von den Mönchen desselben in Salem verkürzt wurde, war der Regel des Cistercienserordens untergeordnet, zählte seit seines Bestehens 40 Aebte, hatte ungefähr 70,000 fl Einkünfte u. seine Schule ward noch im vorigen Jahrh. zu einem in weiten Kreisen anerkannten Gymnasium erhoben. Der letzte kurz vor der Aufhebung des Klosters im Jahr 1802 erwählte Prälat, Caspar Oechsle, erhielt das Schloß Kirchberg zu seinem Wohnsitze und starb daselbst im Jahr 1820.

**Salemhof**, Hf. u. Drf. b. D. Schwerzenbach, 11 l. C., Fil. v. Friedenweiler, K.-G. u. B.-A. Neustadt; K.-G. u. K.-A. Freiburg.

**Sallneck**, T., 317 l. C., Fil. v. Tegernau, A.-G. u. B.-A. Schopfheim; K.-G. u. K.-A. Lörrach.

**Salmersbach**, Z. b. D. Hofstetten, 131 l. C., Fil. v. Haslach, A.-G. Haslach, B.-A. Wolfach; K.-G. u. K.-A. Offenburg. Stdhrrn.: Fürst v. Fürstenberg.

**Salmensprung**, Z. b. Pfdf. Petersthal, 7 L C., A.-G. u. B.-A. Oberkirch; K.-G. u. K.-A. Offenburg.

**Salzberg**, Z. b. Stdt. Constanz, 13 L C., A.-G. u. B.-A. Constanz; K.-G. u. K.-A. Constanz.

**Salzbrunn**, Z. b. Pfdf. Schapbach, 13 L C., A.-G. u. B.-A. Wolfach; K.-G. und K.-A. Offenburg; liegt in freundlicher Gegend.

**St. Antonius-Kapelle**, Hs. u. Prj. b. Pfdf. Oberachern, 1 L C., A.-G. u. B.-A. Achern; K.-G. u. K.-A. Baden.

**St. Blasien**, Pfdf., 62 ev., 885 l., juf. 949 C., K.-G. u. K.-A. Waldshut; L.-A. Waldshut; F.-J. Säckingen; P.-A. Halbshut. Sitz b. K.-G., A.-Ph., C.-A., B.-A., D.-D., D.-C., B.-F., B.-C. T.-Not; liegt an der Alb zwischen hohen Bergen. Ehemaliges hochberühmtes, von einem Edlen Regimbert ums Jahr 940 gestiftetes Kloster mit trefflicher Klosterschule, an welcher Berthold von Constanz lehrte und Gebhard v. Zähringen vor den Anhängern Heinrich VI. Schutz fand. Während nun das Kloster bis gegen das Ende des 13. Jahrhb. an Macht und Ansehen stets zunahm, brachten es Feuersbrünste, Kriegsereignisse und sonstige Unfälle im darauf folgenden Jahre ziemlich herab, und wenn auch die bürgerlichen Aebte des 15. Jahrh. vieles zu seinem Wiederaufblühen beitrugen, so ruinirte der Bauernaufstand und die in Folge der Ermordung des Hedmann Uhll von Niedermühle veranlaßte Anzündung Alles wieder. Nochmals erhob es sich aus Staub und Asche, um vor 100 Jahren abermals ein Raub der Flammen zu werden. Der zum Reichsfürsten erhobene Abt Franz II., unter welchem das Kloster wieder aufgebaut wurde, erregte wegen dieser Standeserhöhung das

Mißtrauen der Hausunkelner und gab so Veranlassung zum Salpeterkrieg; indessen erreichte unter ihm und seinem Nachfolger Gerbert, welch' letzterer nach neuem Brandunglück die schöne Kirche erbaute, das Kloster, die höchste Blüthe an geistiger Cultur und materiellem Wohlstande. Nachdem 1803 das Kloster säcularisirt worden und die noch lebenden Mönche in das ihnen vom Kaiser Franz eingeräumte Kloster St. Paul in Kärnthen übersiedelt waren, wurde in den verkauften Klostergebäuden die Baumwollspinnerei St. Blasien untergebracht. In jener Zeit wurden die ersten Spinnmaschinen in Form von Drosseln in einem unweit der Klostergebäude mit Wasserkraft versehenen Häuschen aufgestellt, 1811 wurde sofort vor dem Freiherrn v. Eichthal, el-devoud David Seligmann, eine Mahlmühle zur Spinnerei eingerichtet und daselbst 7000 Drosselspindeln in Gang gesetzt, worauf 1816 durch Aufstellung von Mules-Jenny im Klostergebäude, dem Etablissement eine weitere Vergrößerung wurde, die sich bis auf die Zahl von 27,000 Spindeln steigerte. Im Jahre 1848 kam sie in Stillstand und ging nach dem Tode des Freiherrn v. Eichthal an C. W. Grether in Schopfheim über, worauf 1860 durch neue Wasserleitung die Triebkraft vermehrt wurde, die nun 7000 Drosseln und 13,000 Mules in Bewegung setzt und 300 Arbeiter beschäftigt.

**St. Catharina**, Hf. u. Prz. b. Pfst. Allmannsdorf, 15 L C., K.-G. u. K.-A. Constanz; K.-G. und K.-A. Constanz; ein im schattigen Buchwald gelegenes Nonnenkloster, das 1280 gestiftet worden u. heute einen angenehmen Ausflug der Einwohner von Constanz bildet.

**St. Georgen**, Pfst., 32 ev., 1753 k., juf. 1785 C., K.-G. und B.-A. Freiburg; K.-G. u. K.-A. Freiburg; L.-A. Breisach; P.-A. Freiburg. Sitz der P.-Abl.; liegt am Fuße des Schönbergs an der Straße von Staufen nach Müllheim. Feld-, Wiesen-, Weinbau, Viehzucht, Gewerbe- und Mühlenbetrieb.

**St. Georgen**, MttfL, 1402 ev., 22 k., juf. 1424 C., K.-G. u. B.-A. Triberg; K.-G. u. K.-A. Villingen; Dec. Hornberg; P.-A. Offenburg. Sibb. Pfltz.; liegt an der Brigach. Feldbau und Wiesenbau, Gewerbe- und Fabrikbetrieb. Insbesondere Uhren- u. Werkzeugfabrikation und Strohmanufactur. Zu den den letzteren Industriezweig vertretenden Etablissements zählt namentlich das von A. Weisser, welches 1857 die Fabrikation von Bahnhüten begann und nunmehr über 300 Flechterinnen beschäftigt, die ungefähr 22,000 Stück jährlich fertigen. Noch sind zu erwähnen die Fabrik emaillirter Gegenstände der Gebr. Schultheiß, die im Anfang bedeutende Schwierigkeiten zu überwinden, bis sie es zu dem heutigen Flor gebracht hatte; ebenso ist die mechan. Werkstätte von Weisser und Söhne aus einer einfachen Schmiedewerkstätte hervorgegangen und wird jetzt mit einer Wasserkraft von 5 Pferdekräften und 10—12 Arbeitern betrieben. Sie liefert vorzugsweise Werkzeuge für die Uhrenfabrikation und ihre Hilfsgewerbe. Der Ort war ehedem ein Benediktinerkloster, das um 1093 von Wald im Gritgau am Königseder Berge hierher verpflanzt wurde, dessen Schirmvogtei zuerst die Herzoge von Zähringen und nach dem Erlöschen dieses Geschlechts die Herren v. Fallensteln besaßen. Im 15. Jahrh. wurde bei der Gütertheilung dieses erloschenen Geschlechts die Hälfte an Württemberg abgetreten, das sich indessen bald das Ganze anmaßte, obwohl die andere Hälfte die Vogtei Oesterreich erkauft hatte; auch blieb St. G. im westphälischen Frieden Württemberg und kam erst mit Hornberg an Baden.

**St. Gotthardshof**, Hf. u. Prz. b. Stbt. Staufen, O L C., K.-G. u. B.-A. Staufen; K.-G. u. K.-A. Freiburg.

**St. Jacob**, Z. b. Stbt. Wollach, 3 L C., K.-G. u. B.-A. Wollach; K.-G. u. K.-A. Offenburg.

**St. Ilgen**, K.D. b. Pfst. Laufen, 117 ev., 6 k., juf. 123 C., K.-G. u. B.-A. Müllheim; L.-G. und K.-A. Lörrach; Gemarkung und Gemeindevermögen gemeinschaftlich; hat eine freundliche Lage u. eine Gypsgrube.

St. Jlgen, D., 341 ev., 152 k., 1 isr., jul. 494 E., ev. Fil. v. Sandhausen, kath. Fil. v. Leimen, A.-G. u. B.-A. Heidelberg; K.-G. u. K.-A. Heidelberg; P.-A. Heidelberg. Sitz d. P.-Abl.; liegt 361 p. J. üb. d. M. an der Leimbach. Feld-, Wiesenbau u. Viehzucht; hat seinen Namen von dem Schutzheiligen der Kirche, Aegidius oder Jlg. Halb-Etat.

St. Johannis-Breite, I. des D. Sigentirch, 7 E., Fil. v. Oberegenen, A.-G. u. B.-A. Müllheim; K.-G. u. K.-A. Lörrach.

St. Landolin, Bad u. Prt. d. Pfdl. Münchweier, 15 k. E., A.-G. u. B.-A. Ettenheim; K.-G. u. K.-A. Freiburg; hat seinen Namen vom heiligen Landolin. Die Heilquelle, deren Analyse nicht bekannt ist, wird jetzt noch von 40 bis 50 Kurgästen besucht.

St. Leon, Pfdl., 4 ev., 1451 k., jul. 1455 E., A.-G. Philippsburg, B.-A. Bruchsal; K.-G. u. K.-A. Carlsruhe; L.-K. El. Leon; J.-J. Heidelberg. Sitz d. B.-J.; liegt 366 p. J. üb. d. M. an der Kraichbach. Feld-, Wiesenbau u. Viehzucht.

St. Leonhard, I. d. Stdt. Ueberlingen, 8 k. E., A.-G. u. B.-A. Ueberlingen; K.-G. u. K.-A. Constanz.

St. Loretto, Kapelle u. Hf. d. N.-O. Wiehre, bei der Stdt. Freiburg, 4 k. E., A.-G. u. B.-A. Freiburg; K.-G. u. K.-A. Freiburg; liegt sehr schön auf dem sogen. Berale und hat eine sehr schöne Aussicht.

St. Märgen, Pfdl., 1020 k. E., A.-G. u. B.-A. Freiburg; K.-G. u. K.-A. Freiburg; L.-K. Breisach; wurde um 1100 als Chorherrnstift gegründet, brannte im 15. Jahrh. zwei Mal ab, und wurde um 1716 wieder aufgebaut und bezogen. Feldbau u. Viehzucht; Uhrenfabrikation und Holzhandel.

St. Martinshof, Hf. u. Prt. d. D. Sulzbach, 16 k. E., Fil. von Hausach, A.-G. Haslach, B.-A. Wolfach; K.-G. und K.-A. Offenburg. Stdhr.: Fürst v. Fürstenberg.

St. Martinskapelle, Hf. und Prt. d. Pfdl. Renzingen, 10 k. E., A.-G. u. B.-A. Eiodach; K.-G. u. K.-A. Constanz.

St. Niklaus, N.-O. d. Pfdl. Oplingen, 206 ev. E., A.-G. u. B.-A. Freiburg; K.-G. u. K.-A. Freiburg. Gemarkung und Gemeindevermögen gemeinschaftlich. Feld-, Wiesenbau und Viehzucht.

St. Ottilien, I. d. Pfdl. Blumberg, 5 k. E., A.-G. u. B.-A. Donaueschingen; K.-G. u. K.-A. Constanz.

St. Ottilien, Hs. u. Kapelle b. Stdt. Freiburg, 8 k. E., A.-G. u. B.-A. Freiburg; K.-G. u. K.-A. Freiburg; liegt am südlichen Abhange des Roßkopfes und soll nach der Sage Ettilo's Tochter Ottilia aus Scheu vor einer ehelichen Verbindung hierher geflohen sein.

St. Peter, Pfdl., 1399 k. E., A.-G. u. B.-A. Freiburg; K.-G. u. K.-A. Freiburg; L.-K. Breisach; wenig Feldbau, starke Viehzucht. Aus einer kleinen Klosterstiftung Herzog Bertholds I. entstanden, wurde es durch seinen Sohn Berthold II. von Weilheim unter Ted hierher verpflanzt und erweitert und 1093 von dem Bischof von Constanz eingeweiht, worauf es unter seinen Aebten rasch emporblühte. Zehen Glieder des herzoglichen Hauses Zähringen haben hier ihre Grablege gefunden, auch wurde in den im vorigen Jahrh. neu aufgeführten Klostergebäuden im Jahr 1844 das kathol. Priesterseminar untergebracht.

St. Roman, Pfrwlr. d. D. Kinzigthal, 191 k. E., A.-G. u. B.-A. Wolfach; K.-G. u. K.-A. Offenburg; L.-K. Triberg; liegt in einem rauhen und wilden Thale. Stdhr.: Fürst v. Fürstenberg.

St. Trudpert, Pfrwlr. b. D. Obermünsterthal, 49 k. E., A.-G. u. B.-A. Staufen; K.-G. und K.-A. Freiburg; L.-K. Breisach; liegt am Einflusse des Pfaffenbaches in den Neumagen, war ehedem eine Abtei, die von den Irländer Truppert im 7. Jahrh. gegründet wurde.

St. Ulrich, Pfdl., 263 k. E., A.-G. u. B.-A. Staufen; K.-G. u. K.-A. Freiburg; L.-K. Breisach; liegt in einem ziemlich rauhen Thale an der Möhlinsbach. Starke Viehzucht, war früher Filialkloster von Cempa, blieb zuerst St. Peter und wurde später nach dem heil. Ulrich von Dillingen genannt.

**St. Valentin**, Hf. u. Prj. b. Pfd. Güntersthal, 4 l. C., A.G. und B.A. Freiburg; L.G. u. K.A. Freiburg; liegt auf dem Bromberge.

**St. Wendelin**, Hs. und Prj. b. D. Herzthal, 5 l. C., Fil. v. Nußbach, A.G. u. B.A. Oberkirch; A.G. u. K.A. Offenburg.

**St. Wilhelm**, T., 170 l. C., Fil. v. Oberried, A.G. u. B.A. Freiburg; A.G. u. K.A. Freiburg; liegt in wilder und einsamer Gegend am nördlichen Abhange des Feldbergs. Viehzucht und Taglöhner.

**St. Wolfgang**, F. b. Gibt. Baden, 27 l. C., A.G. u. B.A. Baden; A.G. u. K.A. Baden.

**Sand**, Pfd., 717 ev., 6 l., juf. 723 C., A.G. u. B.A. Kork; A.G. u. K.A. Offenburg; Dec. Kork; liegt an der Straße nach Offenburg. Feldbau, Viehzucht. Starker Handel mit Schleißhanf.

**Sandacker**, Hf. u. Prj. b. K.C. Burg, d. Pfd. Oberhomberg, 6 f. C., A.G. und B.A. Pfullendorf; K.G. u. A.A. Constanz.

**Sanddorf**, Whr. b. Pfd. Sandhofen, 23 C., A.G. Ladenburg, B.A. Mannheim; A.G. u. K.A. Mannheim; liegt 316 p. F. üb. b. M. an der heßischen Grenze.

**Sandhausen**, Pfd., 1339 ev., 561 l., 63 isr., juf. 1983 C., A.G. u. B.A. Heidelberg; A.G. u. K.A. Heidelberg; cath. Fil. v. Leimen; Dec. OberHeidelberg; liegt 363 p. F. üb. b. M. Feldbau u. Viehzucht. Unbekannter Hopfenbau.

**Sandhofen**, Pfd., 1212 ev., 467 L, 1 Diff., juf. 1680 C., A.G. Ladenburg; B.A. Mannheim; A.G. u. K.A. Mannheim; Dec. Ladenburg; L.A. Weinheim; liegt 313 p. F. üb. b. M. unweit des Rheins. Feldbau u. Viehzucht.

**Sandmühle**, Hs. und Prj. b. Pfd. Tutschfelden, 9 l. C., A.G. und B.A. Kenzingen; K.G. u. A.A. Freiburg.

**Sandweg**, F. b. Pfd. Sandbach

walden, 1151. C., A.G. u. B.A. Achern; A.G. u. A.A. Baden.

**Sandweier**, Pfd., 7 ev., 1173 L, juf. 1181 C., A.G. u. B.A. Baden; A.G. u. K.A. Baden; L.A. Ottersweier; liegt 425 p. F. üb. b. M. an der Oosbach, ganz eben an der Straße von Rastatt nach Baden. Feldbau und Viehzucht.

**Sarach**, Z. b. Pfd. Steinach, 51 l. C., A.G. Hoslach, B.A. Wolfach; A.G. und K.A. Offenburg. Std.hr.: Fürst von Fürstenberg.

**Sasbach**, Pfd. 5 ev., 1032 L, juf. 1057 C., A.G. u. B.A. Breisach; A.G. u. K.A. Freiburg; L.A. Endingen; liegt am Rhein südlich vom Lützelberg. Feld, Weinbau, Fischerei, Schifffahrt und Steinbrechen. Geburtsort der Susanna Reisacher, welche 1631 in einem Alter von 12 Jahren zwei Schiffbrüchige mit eigener Lebensgefahr rettete.

**Sasbach**, Pfd., 3 ev., 1376 L, juf. 1379 C., A.G. u. B.A. Achern; A.G. u. K.A. Baden; L.A. Ottersweier; liegt an der Straße von Carlsruhe nach Offenburg in sehr fruchtbarer Gegend. Feld, Wiesen, Weinbau und Viehzucht. Ehemals Besitzthum der Grafen v. Calw, die dieses 1540 an das Kloster Hirschau schenkten, hierauf ward es von Straßburg, welches die Lehenherrlichkeit erlangt hatte, verschiedenen Geschlechtern verliehen. 1675 ward Marschall Turenne von einem durch eine Kugel getroffenen Aste erschlagen, wo sich unweit des Ortes sein Denkmal befindet.

**Sasbachried**, T., 350 l. C., Fil. v. Sasbach, A.G. u. B.A. Achern; A.G. u. K.A. Baden; liegt in der Ebene.

**Sasbachwalden**, Pfd., 1369 l. C., A.G. u. B.A. Achern; A.G. u. K.A. Baden; L.A. Ottersweier; liegt in einem langen Thale. Feld, Wiesen, Weinbau, Obst und Viehzucht.

**Sattel**, F. b. Pfd. Gütenbach, 5 l. C., A.G. u. B.A. Triberg; A.G. und K.A. Villingen.

**Sattelbach**, D., 115 ev., 329 L, juf.

444 E., Fil. v. Lohrbach, A.-G. u. B.-A. Mosbach; A.-G. u. K.-A. Mosbach; liegt 1009 p. J. üb. d. M.

**Sattelhof,** N.-O. b. D. Railbach, 62 ev. C., Fil. v. Schopfheim, A.-G. und B.-A. Schopfheim; A.-G. u. K.-A. Lörrach. Gemarkung u. Gemeindevermögen getrennt.

**Sattlerhäusle,** Hf. u. Prz. b. Stdt. Constanz, 7 l. E., A.-G. u. B.-A. Constanz; A.-G. u. K.-A. Constanz.

**Saubach,** Z. b. Mr. Ebnet, 27 l. E., Fil. v. Benndorf, A.-G. u. B.-A. Bonndorf, A.-G. u. K.-A. Waldshut.

**Sauersberg,** Z. b. Stdt. Baden, 17 l. E., A.-G. u. B.-A. Baden; A.-G. u. K.-A. Baden.

**Sausdorf,** Pfdf., 534 l. E., A.-G. u. B.-A. Meßkirch; A.-G. u. K.-A. Constanz; L.-A. Meßkirch; liegt an einem kleinen in die Aach mündenden Bache. Feld-, Wiesen-bau u. Viehzucht. Reiche Torflager. Ehe-maliger Besitz von Peterhausen. Stbehr.: Mkfm. v. Baden.

**Saumerhöfen,** Z. b. Pfdf. Gutach, 16 ev. E., A.-G. u. B.-A. Triberg; A.-G. u. K.-A. Villingen.

**Sauwasen,** Hf. und Prz. b. Pfdf. Ibringen, 10 ev. E., A.-G. und B.-A. Breisach; A.-G. u. K.-A. Freiburg.

**Schaafberg,** Z. b. Pfdf. Gremmels-bach, 14 l. E., A.-G. u. B.-A. Triberg; A.-G. u. K.-A. Villingen.

**Schaafberg,** Z. b. Pfdf. Lichten-thal, 19 l. E., A.-G. u. B.-A. Baden; A.-G. u. K.-A. Baden.

**Schaafhof,** Schloß u. Prz. b. N.-O. Vorderheubach, b. Mr. Lampenhain, 28 l. E., Fil. v. Heiligkreuzsteinach, A.-G. u. B.-A. Heidelberg; A.-G. u. K.-A. Heidel-berg.

**Schaafhof,** Hf. u. Prz. b. Col. Bronn-bach, 28 l. E., Fil. v. Reicholzheim, A.-G. u. B.-A. Wertheim; A.-G. u. K.-A. Mos-bach; liegt 902 p. J. üb. d. M. Stbehr.: Fürst v. Löwenstein-Wertheim-Rosenberg.

**Schaarhof,** Col. b. Pfdf. Rinbhof-

sen, 146 ev., 79 l., 5 Men., zuf. 232 E., A.-G. Ladenburg; B.-A. Mannheim; A.-G. u. K.-A. Mannheim: liegt 312 p. J. üb. b. M. Starke Landwirthschaft.

**Schabbach,** Hf. und Prz. b. Pfdf. Weildorf, 33 l. E., A.-G. Meersburg, B.-A. Ueberlingen; A.-G. u. K.-A. Constanz.

**Schabelhöfe,** Hf. und Prz. b. Pfdf. Riedöschingen, 35 l. E., A.-G. u. B.-A. Donaueschingen; A.-G. u. K.-A. Villingen. Stbehr.: Fürst v. Fürstenberg.

**Schabelhof,** Hf. und Prz. b. Pfdf. Dürrheim, 4 l. E., A.-G. u. B.-A. Vil-lingen; A.-G. u. K.-A. Villingen.

**Schabenhausen,** D., 209 ev., 103 l., 32 Diff., zuf. 344 E., Fil. v. Weiler, A.-G. u. B.-A. Villingen; A.-G. u. K.-A. Villin-gen. Bedeutende Brüche von buntem Sand-stein. Uhrenfabrikation u. Uhrenhandel.

**Schachen,** D., 3 ev., 458 l., mit. 461 E., Fil. v. Hochsal, A.-G. u. B.-A. Waldshut; A.-G. u. K.-A. Waldshut. Feld-, Weinbau und Obstzucht.

**Schachenbauernhof,** Hf. u. Prz. b. Mr. Oberlangenordnach, 19 l. E., Fil. v. Friedenweiler, A.-G. u. B.-A. Neu-stadt; A.-G. u. K.-A. Freiburg.

**Schachenbaur,** Z. b. Stdt. Bräun-lingen, 7 l. E., A.-G. u. B.-A. Donau-eschingen; A.-G. u. K.-A. Villingen.

**Schachenbronn,** Z. b. Pfdf. ev. Then-nenbronn, 79 ev. E., A.-G. und B.-A. Triberg; A.-G. u. K.-A. Villingen.

**Schacherbauerhof,** Hf. u. Prz. b. D. Schwarzenbach, 12 l. E., Fil. v. Frie-denweiler, A.-G. u. B.-A. Neustadt; A.-G. und K.-A. Freiburg.

**Schaxenbirndorf,** N.-O. des Pfdf. Birndorf, 97 l. E., A.-G. und B.-A. Waldshut; A.-G. u. K.-A. Waldshut. Ge-trennte Gemarkung, gemeinschaftliches Ge-meindevermögen.

**Schächer,** Z. b. Stdt. Fürstenberg, 39 l. E., A.-G. u. B.-A. Donaueschingen; A.-G. u. K.-A. Villingen. Stbehr.: Fürst v. Fürstenberg.

**Schäuzle**, J. b. A.O. Herbern, b. Ebtl. Freiburg. 161 l. C., A.G. u. B.A. Freiburg; L.G. u. H.A. Freiburg.

**Schaffhauserfäge**, R.O. der Pfbf. Grafenhausen, 10 l. C., A.G. u. B.A. Bonndorf; A.G. u. R.A. Waldshut. Gemarkung und Gemeindevermögen getrennt.

**Schafhof**, Hf. u. Prz. b. Pfbf. Friedenweiler, 3 l. C., A.G. u. B.A. Neustadt; A.G. u. R.A. Freiburg.

**Schafmeiershof**, Hf. u. Prz. b. D. Schwerzenbach, 7 l. C., Fil. v. Friedenweiler, A.G. u. B.A. Neustadt; A.G. u. R.A. Freiburg.

**Schallbach**, Pfbf., 376 ev., 8 L., zuf. 364 C., A.G. u. B.A. Lörrach; A.G. u. R.A. Lörrach; Dec. Lörrach. Felbb., Weinb., Wiesenbau und Biehzucht.

**Schallberg**, Hf. u. Prz. b. Col. Waibachshof, 11 L. C., Fil. v. Stodach, A.G. u. B.A. Abelsheim; A.G. u. R.A. Mosbach. Eibsbr.: Fürst v. Leiningen.

**Schallfingen**, Dfr. b. Pfbf. Obereggenen, 65 ev. C., A.G. u. B.A. Müllheim; A.G. u. R.A. Lörrach. Felbb., Wiesen, Weinbau, Obst- und Biehzucht. Handel mit Obst u. Holz.

**Schallstadt**, D., 486 ev., 6 l., zuf. 492 C., Fil. v. Woltenweiler, A.G. u. B.A. Freiburg; A.G. u. R.A. Freiburg; P.A. Freiburg. Sitz b. B.C. Sehr alter Ort. Halt-Stat.

**Schaltpfarrendörfle**, J. b. D. Hinterstraß, 20 L. C., Fil. v. St. Märgen, A.G. u. B.A. Freiburg; A.G. u. R.A. Freiburg.

**Schanz** in der, J. b. Pfbf. Kirnbach, 3 ev. C., A.G. u. B.A. Triberg; A.G. u. R.A. Villingen.

**Schanzbach**, J. b. Pfbf. Norbrach, 3 l. C., A.G. u. B.A. Gengenbach; A.G. u. R.A. Offenburg.

**Schanzenberg**, Groß-, J. b. Pfbf. Niederwasser, 10 L C., A.G. u. B.A. Triberg; A.G. u. R.A. Villingen.

**Schanzenberg**, Klein-, J. b. Pfbf. Niederwasser, 8 l. C., A.G. u. B.A. Triberg; A.G. u. R.A. Villingen.

**Schapbach**, Pfbf., 2 ev. 1438 L., zuf. 1440 C., A.G. u. B.A. Wollach; A.G. u. R.A. Offenburg; L.M. Triberg; P.A. Offenburg. Eisb. B.-Abl. Beberauber Holzhandel. Das Schapbacher Thal ist wildromantisch und rauh. Sitz der Kinzigthaler Bergwerksgesellschaft.

**Schappach**, J. b. D. Wildthal, 25 L C., A.G. u. B.A. Freiburg; A.G. u. R.A. Freiburg.

**Schattenloch**, J. b. Pfbf. Niederwasser, 9 l. C., A.G. und B.A. Triberg; A.G. u. R.A. Villingen.

**Schattenmühle**, Hs. u. Prz. b. Pfbf. Göschweiler, 4 l. C., A.G. u. B.A. Neustadt; A.G. u. R.A. Villingen.

**Schatthausen**, Pfbf., 417 ev., 214 L., 5 Men., zuf. 636 C., A.G. u. B.A. Wiesloch; A.G. u. R.A. Heidelberg; Dec. Neckargemünd; liegt 579 p. F. üb. d. M. an der Angelbach. Felbbau u. Biehzucht. Grbhr.: Frhr. Göler v. Ravensburg.

**Schehlingen**, Pfbf., 402 L C., A.G. u. B.A. Breisach; A.G. u. R.A. Freiburg; L.A. Endingen; liegt in einem Thale des Kaiserstuhls und erzeugt vorzüglichen Wein.

**Scheibenhard**, Großherz. Jagdschloß u. Prz. b. Pfbf. Bulach, 20 ev. C., A.G. u. B.A. Carlsruhe; A.G. u. R.A. Carlsruhe; liegt 398 p. F. üb. d. M. am Hardtwalde, daselbst befindet sich der Platz für die Schießübungen der großherzoglichen Artillerie.

**Scheidbach**, Hf. u. Prz. b. D. Pelsendorf, 19 L C., Fil. v. Seelesten, A.G. u. B.A. Ueberlingen; A.G. u. R.A. Constanz.

**Scheckenbronnerhof**, Hf. u. Prz. b. Ebtl. Heidelsheim. 111. C. A.G. u. B.A. Bruchsal; A.G. u. R.A. Bruchsal.

**Schelgen**, J. b. D. Hürrlingen, 8 L. C., Fil. v. Riedern, A.G. u. B.A. Bonndorf; A.G. u. R.A. Waldshut.

**Schellbrunn**, Pfbf., 6 ev., 275 l., zuf.

281 E., L.-G. u. B.-A. Pforzheim; R.-G. und K.-A. Carlsruhe; L.-R. Mühlhausen; liegt im Hagenschiefwalde. Feldbau und Viehzucht.

**Schellenberg**, Hs. u. Prз. d. Pfd. Lippertsreuthe, 4 L E., A.-G. u. B.-A. Ueberlingen; R.-G. u. K.-A. Constanz.

**Schellenberg**. Z. d. Pfd. Sipplingen, 8 L E., A.-G. u. B.-A. Ueberlingen; R.-G. u. K.-A. Constanz.

**Schellenberg**, N.-O. d. D. Großherrischwand, 57 L E., Fil. v. Herrischried, A.-G. u. B.-A. Säckingen; R.-G. u. K.-A. Waldshut. Gemarkung u. Gemeindevermögen gemeinschaftlich.

**Schellenberg**, 3. d. N.-O. Löcherberg, d. D. Ibach, 11 L E., Fil. v. Oppenau, A.-G. u. B.-A. Oberkirch; M.-G. u. K.-A. Offenburg.

**Schelzberg**, Hf. u. Prз. d. Pfd. Sasbachwalden, 8 L E., A.-G. und B.-A. Achern; R.-G. u. K.-A. Baden.

**Schenkenbach**, Z. d. D. Reichenbach, 10 ev. E., Fil. v. Hornberg, A.-G. u. B.-A. Triberg; R.-G. u. K.-A. Villingen.

**Schenkenzell**, Pfd., 2 ev., 413 L. jus. 417 E., A.-G. u. B.-A. Wolfach; R.-G. u. K.-A. Offenburg; L.-R. Triberg; P.-A. Offenburg. Sitz d. P.-Nbl.; liegt an der Kinzig und an der württ. Grenze. Unbedeutender Feldbau, Flößerei und Gewerbebetrieb. Bedeutendes Hammerwerk, hatte früher einen eigenen Adel, seine früh erbaute Kirche wurde im 14. Jahrh. an Wittichen geschenkt, während die Herrschaft mit Romberg zuerst an Fürstenberg verpfändet und zuletzt 1498 an dieses Haus verkauft wurde.

**Scheringen**, D., 6 ev., 260 l., jus. 266 E., Fil. v. Limbach, A.-G. und B.-A. Buchen; R.-G. und K.-A. Mosbach; liegt 1174 p. J. üb. d. M. Stdshr.: Fürst v. Leiningen.

**Scherzheim**, Pfd., 699 ev., 25 L, jus. 724 E., A.-G. u. B.-A. Korl; R.-G. u. K.-A. Offenburg; Dec. Rheinbischofsheim; liegt an einem Arme der Acher an der Straße von Rastatt nach Kehl in einer sehr fruchtbaren Gegend. Feld-, Wiesenbau u. Viehzucht.

**Scherzingen**, Pfd., 81 L E., A.-G. und B.-A. Freiburg; R.-G. u. K.-A. Freiburg; L.-R. Breisach. Feld-, Wiesen-, Weinbau und Viehzucht. Handel mit Wein.

**Scheuerhof**, Hf. und Prз. d. Stdt. Neustadt, 19 l. E., A.-G. u. B.-A. Neustadt; R.-G. u. K.-A. Freiburg.

**Scheuerhof**, Hf. und Prз. d. Pfd. Kappelrodeck, 5 L E., A.-G. u. B.-A. Achern; R.-G. u. K.-A. Achern.

**Scheuerlehof**, Hf. und Prз. d. Pfd. Buchheim, 7 L E., A.-G. u. B.-A. Meßkirch; R.-G. u. K.-A. Constanz.

**Scheuermatt**, Hf. u. Prз. d. D. Railbach, 32 ev. E., Fil. v. Schopfheim, A.-G. u. B.-A. Schopfheim; R.-G. u. K.-A. Lörrach.

**Scheuern**, D., 313 ev., 36 L, jus. 349 E., Fil. v. Gernsbach, A.-G. u. B.-A. Gernsbach; R.-G. und K.-A. Baden; liegt 721 p. J. üb. d. M., dem Schloß Oberstein gegenüber. Obstzucht.

**Scheuernhöfe**, З. d. D. Ondermettingen, 25 L E. - Fil. v. Untermettingen, A.-G. u. B.-A. Jestetten; R.-G. u. K.-A. Bonndorf.

**Schledenberg**, Z. d. D. Fischerbach, 11 L E., Fil. v. Weiler, A.-G. Haslach, B.-A. Wolfach; R.-G. u. K.-A. Offenburg.

**Schielberg**, D., 16 ev., 392 L, jus. 408 E., Fil. v. Burbach, A.-G. u. B.-A. Ettlingen; R.-G. u. K.-A. Carlsruhe; liegt 1407 p. J. üb. d. M.

**Schienen**, Pfd., 1 ev., 378 L, jus. 379 E., A.-G. u. B.-A. Radolfzell; R.-G. und K.-A. Constanz; L.-R. Constanz; liegt auf einem ziemlich hohen Berge. Feldbau und Viehzucht; hat einen petrefactenreichen Kalksteinbruch, eine alte Kirche und früher auch ein Benediktinerkloster, das mit Reichenau incorporirt und in eine Propstei verwandelt wurde, als welche sie 1540 an Constanz kam.

**Schiftung**, N.-O. des Pfd. Sinz-

**Schiggendorf**, K.-O. b. T. Unteruhldingen, 112 L. E., Fil. v. Seefelden, A.-G. Meersburg, B.-A. Ueberlingen; A.-G. u. K.-A. Eonstanz. Gemarkung u. Gemeindevermögen getrennt. Stbsbr.: Fürst von Fürstenberg.

**Schildwende**, Wlr. b. D. Vierthäler, 89 L E., Fil. v. Neustadt, A.-G. und B.-A. Neustadt; A.-G. u. K.-A. Freiburg. Stbsbr.: Fürst v. Fürstenberg.

**Schillighof**, J. b. Pfbl. Weilenau, 65 ev. E., A.-G. und B.-A. Schopfheim; A.-G. u. K.-A. Lörrach.

**Schillingerberg**, Hf. u. Prz. b. R.-C. Reichenbach, b. D. Freiamt, 43 l. E., Fil. v. Keppenbach, A.-G. und B.-A. Emmendingen; A.-G. u. K.-A. Freiburg.

**Schillingstadt**, Pfdf., 501 ev., 167 l., jul. 668 E., A.-G. u. B.-A. Boxberg; A.-G. und K.-A. Mosbach; Dec. Boxberg; kath. Fil. v. Windischbuch. Feld-, Wiesenbau u. Viehzucht. Stbsbr.: Fürst v. Leiningen.

**Schilpische Mühle**, Hs. u. Prz. b. Mtfl. Hardheim, 4 L E., A.-G. u. B.-A. Walldürn; K.-G. u. K.-A. Mosbach.

**Schiltach**, Stdt., 1435 ev., 40 L, jul. 1475 E., A.-G. u. B.-A. Wolfach; A.-G. u. K.-A. Offenburg; Dec. Hornberg; P.-A. Offenburg. Sitz b. R.-E.; liegt am Einflusse der Schiltach in ble Kinzig. Wenig Aderbau. Holzhandel. Flößerei auf der Kinzig. Gewerbe- u. Fabrikbetrieb. So die mechanische Spinnerei und Zwirnerei am Hahnbrin, welche 1846 gegründet u. 1845 die Spinnerei erbaut wurde. Dieses Etablissement beschäftigt gegenwärtig gegen 250 Arbeiter, welche lüstrirte Zwirne von Seide u. Baumwolle zum Nähen, Weben und Stricken liefern. Sie werden in Deutschland, Oesterreich, der Schweiz, Italien, Asien, Nord- und Südamerika verkauft. Goldene Medaille. Dann die Weberei, Färberei und Druderei von Danner und Scheuermann, welche durch

2 Wasserwerke von 30 Pferdekräften in Bewegung gesetzt wird und etwa 60 Arbeiter beschäftigen, die Halbtuch, Halbleinen und Caissinet fabriziren. Schiltach gehörte ehedem den Dynasten v. Gerolsed, von welchen es die Herren v. Urslingen erbten, die es 1369 an Württemberg verkauften, von dem es 1810 an Baden abgetreten wurde.

**Schiltersbach**, Z. b. Stbt. Wolfach, 36 L E., A.-G. u. B.-A. Wolfach; K.-G. u. K.-A. Offenburg.

**Schindel**, J. b. Pfbl. Reichenbach, 15 l. E., A.-G. u. B.-A. Lahr; A.-G. u. K.-A. Offenburg. Stbsbr.: Fürst v. b. Leyen.

**Schindelberg**, Z. b. Pfbl. Untersimonswald, 17 l. E., A.-G. u. B.-A. Waldkirch; A.-G. u. K.-A. Freiburg; liegt am Kandel.

**Schindelbronn**, Col. b. Pfdf. Forbach, 13 l. E., A.-G. u. B.-A. Gernsbach; A.-G. u. K.-A. Baden.

**Schindelhof**, Hf. und Prz. b. R.-D. Bernauriggenbach, b. Pfdf. Bernau, 13 l. E., A.-G. und B.-A. St. Blasien; A.-G. u. K.-A. Waldshut.

**Schindeln**, R.-D. b. D. Wembach, 42 l. E., Fil. v. Schönau, A.-G. u. B.-A. Schönau; K.-G. u. K.-A. Lörrach.

**Schirmengrund**, Z. b. Pfdf. Oberbarmersbach, 9 l. E., A.-G. u. B.-A. Gengenbach; A.-G. u. K.-A. Offenburg.

**Schlächtenhaus**, D., 401 ev., 8 L, jul. 409 E., Fil. v. Weitenau, A.-G. und B.-A. Schopfheim; A.-G. u. K.-A. Lörrach. Feldbau, Biehzucht. Beim Zusammentreffen der Aufständischen mit den Regierungstruppen 1848 fiel hier General v. Gagern.

**Schlageten**, D., 396 L E., Fil. von Urberg, A.-G. u. B.-A. St. Blasien; A.-G. u. K.-A. Waldshut; liegt an der Alb.

**Schlaghäusle**, J. b. R.-C. Allglashütte, b. D. Hinterstraß, 8 l. E., Fil. v. St. Märgen, A.-G. und B.-A. Freiburg; A.-G. u. K.-A. Freiburg.

**Schlatt am Randen**, D., 2 ev., 235 L, jul. 257 E., Fil. v. Büßlingen, A.-G. und

B.-A. Engen; A.-G. und A.-A. Constanz. Erzbsch.: Fürst v. Fürstenberg.

**Schlatt** unter Krähen, D., 1 ev., 288 L., juf. 289 C., Fil. von Mühlhausen, A.-G. u. B.-A. Engen; A.-G. und A.-A. Constanz.

**Schlatt,** Pfdf., 4 ev., 450 L., juf. 454 C., A.-G. u. B.-A. Staufen; A.-G. u. A.-A. Freiburg; L.-A. Breisach; liegt eben. Etarter Feld; Wiesen, Weinbau u. Viehzucht.

**Schlatten,** J. b. R.-O. Diebersbach, b. D. Bulschbach, 18 L. C., Fil. v. Oberkirch, A.-G. u. B.-A. Oberkirch; A.-G. u. A.-A. Offenburg.

**Schlatterhof,** Hf. und Prz. b. Pfdf. Fützen, 9 L. C., A.-G. u. B.-A. Bonndorf; A.-G. u. A.-A. Waldshut.

**Schlatterhof,** Hf. u. Prz. b. Pfdf. Emmingen ab Egg, 18 L. C., A.-G. u. B.-A. Engen; A.-G. und A.-A. Constanz. Erzbsch.: Fürst von Fürstenberg.

**Schlatthöfe,** Hf. und Prz. b. Pfdf. Thiengen, 13 ev. C., A.-G. und B.-A. Freiburg; A.-G. u. A.-A. Freiburg.

**Schlauch,** Hf. u. Prz. b. Pfdf. Wiche, 28 C., A.-G. und B.-A. Engen; A.-G. u. A.-A. Constanz.

**Schlauch,** Wlr. b. Pfdf. Saig, 123 L C., A.-G. u. B.-A. Neustadt; A.-G. und A.-A. Freiburg.

**Schlauch,** Wlr. b. D. Ohlsbach, 67 l. C., Fil. v. Gengenbach, A.-G. u. B.-A. Gengenbach; A.-G. u. A.-A. Offenburg.

**Schlechtbach,** A.-O. b. D. Raitbach, 21 ev. C., Fil. v. Gersbach; A.-G. u. B.-A. Schopfheim; A.-G. u. A.-A. Lörrach. Bebauung u. Gemeindevermögen getrennt; liegt sehr hoch. Grdhr.: Frhr. von Schönau

**Schlechtnau,** D., 1 ev., 264 L., juf. 265 C., Fil. v. Todtnau, A.-G. u. B.-A. Schönau; A.-G. u. A.-A. Lörrach; liegt an der Wiese an der Straße von Schönau nach Todtnau.

**Schlede,** Hf. u. Prz. b. D. Oberahlbingen, 11 L. C., Fil. v. Seelbach,

A.-G. Meersburg, B.-A. Ueberlingen; A.-G. u. A.-A. Constanz.

**Schleemühle,** Hf. u. Prz. b. Pfdf. Ittersbach, 10 ev. C., A.-G. u. B.-A. Pforzheim; A.-G. u. B.-A. Carlsruhe; liegt 860 p. F. üb. d. M. an der Pfinz, unweit der württ. Grenze.

**Schlegelfranzenhof,** Hf. u. Prz. b. D. Siedelbach, 10 L. C., Fil. v. Breitnau, A.-G. u. B.-A. Neustadt; A.-G. u. A.-A. Freiburg.

**Schlegelshof,** Hf. u. Prz. b. Wlr. Unterallenweg, b. D. Dierthäler, 10 l. C., A.-G. u. B.-A. Neustadt; A.-G. u. A.-A. Freiburg.

**Schleierhof,** Hf. und Prz. b. Pfdf. Rahlspüren, 11 L. C., A.-G. u. B.-A. Stockach; A.-G. u. A.-A. Constanz.

**Schleife,** Hf. u. Prz. b. Mhl. Ehrenstetten, 9 L. C., A.-G. u. B.-A. Staufen; A.-G. u. A.-A. Freiburg.

**Schleifemühle,** Hf. u. Prz. b. Pfdf. Kappel, 9 L. C., A.-G. und B.-A. Neustadt; A.-G. u. A.-A. Freiburg.

**Schleifmühle,** Hf. u. Prz. b. Stdt. Ueberlingen, 2 L. C., A.-G. u. B.-A. Ueberlingen; A.-G. u. A.-A. Constanz.

**Schleifsteinhof,** Hf. u. Prz. b. Pfdf. Grunern, 6 L. C., A.-G. u. B.-A. Staufen; A.-G. u. A.-A. Freiburg.

**Schlempen,** J. b. Pfdf. Rohrbach, 12 L. C., A.-G. u. B.-A. Triberg; A.-G. u. A.-A. Villingen.

**Schlempenfeld,** J. b. D. Burg, 561 C., Fil. v. Kirchzarten, A.-G. u. B.-A. Freiburg; A.-G. u. A.-A. Freiburg.

**Schlempertshof,** Hf. u. Prz. b. Pfdf. Höpfingen, 26 L. C., A.-G. und B.-A. Walldürn; A.-G. u. A.-A. Mosbach; liegt 1400 p. F. üb. d. M. Erzbsch.: Fürst v. Leiningen.

**Schliengen,** Mhl., 43 ev., 1267 L., juf. 1310 C., A.-G. u. B.-A. Müllheim; A.-G. u. A.-A. Lörrach; L.-A. Neuenburg; B.-A. Basel Sitz d. B.- u. C.-C. u. d. erzbischöfl. Decans; liegt an der Straße von Müll-

16

heim nach Basel in freundlicher u. fruchtbarer Gegend. Feld-, Wiesen-, Weinbau und Viehzucht. Erzeugt trefflichen Markgräfler. 20. Oct. 1796 Treffen zwischen den Oesterreichern unter Erzherzog Carl und Franzosen unter Moreau. Ahte.: 8. Febr., 23. Mai, 12. Septbr., 30. Novbr.

**Schillerbach**, J. b. Bdf. Mahlspüren, 9 l. C., A.-G. und B.-A. Stockach; A.-G. u. K.-A. Constanz.

**Schillerbach**, J. b. Gldt. Heidelberg, 318 ew., 232 L. ruf. 550 C., K.-G. u. B.-A. Heidelberg; A.-G. u. K.-A. Heidelberg; B.-A. Heidelberg. Sitz d. P.-Abl.; liegt 400 p. J. üb. d. M. an der Schlierbach und am Neckar.

**Schillerstadt**, Pfdf., 4 ew., 937 l. 5 Mrn., ruf. 946 C., A.-G. und B.-A. Adelsheim; A.-G. und K.-A. Mosbach; L.-R. Walldürn, liegt 1000 p. J. üb. d. M. an der Schlierbach, Feldbau und Viehzucht. Stdhr.: Fürst von Leiningen.

**Schlikenhof**, Hf. u. Brz. b. D. Oberschach, 9 L.C., Fil. v. Rauhausen, A.-G. und B.-A. Cüllingen; A.-G. und K.-A. Villingen.

**Schloß**, Hf. und Brz. b. Bfdf. Oberschwörstadt, 11 l. C., A.-G. u. B.-A. Säckingen; A.-G. u. K.-A. Waldshut.

**Schlosen**, D., 18 ew., 588 l., ruf. 606 C., Fil. v. Mudau, A.-G. und B.-A. Buchen; A.-G. und K.-A. Mosbach, liegt 1710 p. F. üb. d. M. Ethdhr.: Fürst v. Leiningen.

**Schloßberg**, Hf. und Brz. b. Pfdf. Friedingen, 34 l. C., A.-G. und B.-A. Radolphzell; K.-G. u. K.-A. Constanz, soll das Onstdinga sein, wo 914 der Kammerbote Erchanger unter Conrad I. durch die kaiserlich gesinnte bischöfliche Partei gefangen genommen wurde. Hier saß seit dem 13. Jahrhundert ein eigener Herrenadel, nach dessen Aussterben die Herrschaft an die Herren v. Bodmann kam, die sie 1439 an die Stadt Radolphzell verkauften.

**Schloßhof**, Hf. und Brz. des Bfdf. Gerau, 22 l. C., A.-G. und B.-A. Emmendingen; A.-G. u. K.-A. Freiburg.

**Schloßhof**, Hf. und Brz. b. Bfdf. Oberschwörstadt, 5 l. C., A.-G. und B.-A. Säckingen; A.-G. u. K.-A. Waldshut. Stdhr.: Frhr. v. Schönau-Wehr.

**Schloßhof**, Hf. u. Brz. b. D. Rützenach, 6 l. C., Fil. von Hohenthengen, A.-G. u. B.-A. Waldshut; A.-G. u. K.-A. Waldshut.

**Schloßhof**, Hf. und Brz. b. D. Gaisbach, 11 l. C., Fil. von Oberkirch, A.-G. und B.-A. Oberkirch; A.-G. u. K.-A. Offenburg. Stdhr.: Frhr. v. Schauenburg.

**Schloßhof**, Hf. und Brz. b. D. Berzell, 7 l. C., Fil. v. Schenkenzell, A.-G. und B.-A. Wolfach; A.-G. und K.-A. Offenburg.

**Schloßmühle**, Hf. u. Brz. b. D. Müß. Oberlenzkirch, 6 l. C., A.-G. u. B.-A. Neustadt; A.-G. u. K.-A. Freiburg.

**Schloßmühle**, Hf. u. Brz. b. Bfdf. Königheim, 9 l. C., A.-G. und B.-A. Tauberbischofsheim; A.-G. u. K.-A. Mosbach.

**Schlotterhof**, Hf. und Brz. b. D. Schielberg, 5 l. C., Fil. von Burbach, A.-G. u. B.-A. Ettlingen; A.-G. u. K.-A. Carlsruhe.

**Schluchsee**, Pfdf., 717 l. C., A.-G. und B.-A. St. Blasien; A.-G. und K.-A. Waldshut; L.-R. Stühlingen; P.-A. Waldshut Sitz d. R.-Abl.; liegt nahe am gleichnamigen See. Viehzucht und Holzhandel.

**Schluchtern**, Pfdf., 633 ew., 169 l., 79 iſr., ruf. 681 C., A.-G. u. B.-A. Eppingen; K.-G. und K.-A. Carlsruhe; Dec. Eppingen; L.-R. Waibstadt; P.-A. Bruchsal, Sitz d. P.-Abl.; liegt 584 p. F. üb. d. M. an der Leimbach vom württemb. Gebiete umschlossen, Feld-, Wiesen- Weinbau und Viehzucht.

**Schlüpfingerhof**, Hf. und Brz. b. Müß. Malterdingen, 9 ew. C., A.-G. und B.-A. Emmendingen; A.-G. und K.-A. Freiburg.

**Schlüsselhof**, Hf. und Brz. b. Bfdf. Dos, 10 l. C., A.-G. und B.-A. Baden; A.-G. u. K.-A. Baden.

**Schlattenbach**, D., 227 l. C., Fil. von Ettlingenweier, A.-G. u. B.-A. Ettlingen; K.⸗G. und K.⸗A. Carlsruhe, liegt 1032 p. F. üb. d. M.

**Schwalbach,** F. des K.O. Oberbeuern, b. D. Lichtenthal, 30 l. C., A.⸗G. und B.⸗A. Baden; K.⸗G. u. K.⸗A. Baden.

**Schwalbsberg,** K.O. b. Pfd. Innerurberg, 101 l. C., A.⸗G. u. B.⸗A. St. Blasien; K.⸗G. und K.⸗A. Waldshut. Getrennte Gemarkung und gemeinschaftliches Gemeindevermögen.

**Schwelze,** F. b. Pfd. Biesendorf, 17 l. C., A.⸗G. u. B.⸗A. Engen; K.⸗G. u. K.⸗A. Constanz.

**Schwelze,** F. b. D. Lebengericht, 27 ev. C. Fil. v. Schiltach, A.⸗G. und B.⸗A. Wolfach; K.⸗G. u. K.⸗A. Offenburg.

**Schwelze,** F. b. D. Kinzigthal, 10 l. C., Fil. v. St. Roman, A.⸗G. und B.⸗A. Wolfach; K.⸗G. u. K.⸗A. Offenburg.

**Schwelzenhof,** Hf. u. Prz. b. Pfd. Billigheim, 24 l. C., A.⸗G. u. B.⸗A. Mosbach; K.⸗G. u. K.⸗A. Mosbach; liegt 1112 v. F. üb. d. M. Grdhr.: Graf zu Leiningen⸗Billigheim.

**Schwelzerhäusle,** Hs. und Prz. b. Pfd. Ippingen, 4 l. C., A.⸗G. u. B.⸗A. Donaueschingen; K.⸗G. u. K.⸗A. Villingen. Erbhr.: Fürst v. Fürstenberg.

**Schwelzetobel,** F. b. D. Bregenbach, 4 l. C., Fil. v. Urach, A.⸗G. und B.⸗A. Neustadt; K.⸗G. u. K.⸗A. Freiburg.

**Schwelzplatz,** Hf. u. Prz. b. D. St. Wilhelm, 3 l. C., Fil. von Oberried, A.⸗G. u. B.⸗A. Freiburg; K.⸗G. u. K.⸗A. Freiburg, liegt am nördlichen Fuße des Feldberges.

**Schwetterhof,** Hf. und Prz. b. Pfd. Schutterthal, 9 l. C., A.⸗G. und B.⸗A. Lahr; K.⸗G. u. K.⸗A. Offenburg. Erbhr.: Fürst von der Leyen.

**Schwidhofen,** K.O. b. Pfd. Thunsel, 133 l. C., A.⸗G. und B.⸗A. Staufen; K.⸗G. und K.⸗A. Freiburg. Gemarkung u. Gemeindevermögen gemeinschaftlich.

**Schwidtebach,** F. b. Pfd. St. Peter, 52 l. C., A.⸗G. und B.⸗A. Freiburg; A.⸗G. und K.⸗A. Freiburg.

**Schmidtegrund,** F. b. Pfd. Kirnbach, 9 l. C., A.⸗G. und B.⸗A. Triberg; A.⸗G. und K.⸗A. Villingen.

**Schmidtehof,** Hf. und Prz. b. Pfd. Kirnbach, 7 l. C., A.⸗G. und B.⸗A. Triberg; K.⸗G. und K.⸗A. Villingen.

**Schmidtenbauernhof,** Hf. u. Prz. b. Pfd. Urach, 37 l. C., A.⸗G. u. B.⸗A. Neustadt; K.⸗G. u. K.⸗A. Freiburg.

**Schmiedsgrund,** F. b. D. Linach, 11 l. C., Fil. v. Schönenbach, A.⸗G. und B.⸗A. Villingen; K.⸗G. u. K.⸗A. Villingen.

**Schmiedshof,** Hf. und Prz. b. D. Linach, 11 l. C., Fil. v. Schönenbach, A.⸗G. und B.⸗A. Villingen; K.⸗G. und K.⸗A. Villingen.

**Schmieheim,** Pfd., 640 ev., 24 l., 566 isr., puf. 1230 C., A.⸗G. und B.⸗A. Ettenheim; K.⸗G. u. K.⸗A. Freiburg; Dec. Lahr, liegt am Fuße des Heidenkopfs im Gebirge, besitzt gute Steinbrüche und große Waldungen. Feld-, Wiesen-, Weinbau und Viehzucht. Grdhr.: Graf von Walbner, Frhr. v. Berstett und v. Montbrison.

**Schmierbrennerei,** Hs. und Prz. b. Pfd. Wiesenthal, 7 l. C., A.⸗G. Philippsburg; B.⸗A. Bruchsal; K.⸗G. u. K.⸗A. Carlsruhe.

**Schmitzingen,** K.O. b. Pfd. Waldkirch, 312 l. C., A.⸗G. und B.⸗A. Waldshut; K.⸗G. und K.⸗A. Waldshut. Gemarkung u. Gemeindevermögen getrennt; liegt an einem Bache.

**Schmunzwinkel,** F. b. Pfd. Schonach, 11 l. C., A.⸗G. u. B.⸗A. Triberg; K.⸗G. u. K.⸗A. Villingen.

**Schnabelsthal,** F. b. Mkfl. Furtwangen, 70 l. C., A.⸗G. und B.⸗A. Triberg; K.⸗G. und K.⸗A. Villingen.

**Schnatterthal,** Prz. b. Hfs. Krittenfallershof, b. Mkrfl. Jostthal, b. D. Bierthöler, 9 l. C., Fil. v. Neustadt, A.⸗G. und B.⸗A. Neustadt; K.⸗G. und K.⸗A. Freiburg.

**Schneckenbach,** H. b. D. Reuweier, 274 l. E., Fil. v. Steinbach, A.G. und B.A. Bühl; A.G. und A.A. Baden. Grdhr.: Frhr. v. Jechenbach-Sommerau.

**Schneckenburg,** Hs. und Prt. der Stdt. Constanz, 26 ev. E., A.G. u. B.A. Constanz; A.G. und A.A. Constanz.

**Schneckenloch,** Z. b. Pfd. Schonach, 13 l. E., A.G. und B.A. Triberg; A.G. und A.A. Villingen.

**Schneckenmühle,** Hs. und Prt. b. D. Zusenhofen, 7 l. E., Fil. von Nußbach, A.G. und B.A. Oberkirch; A.G. und A.A. Offenburg.

**Schneeberg,** Hf. und Prz. b. D. St. Wilhelm, 4 l. E., Fil. von Oberried, A.G. und B.A. Freiburg; A.G. und A.A. Freiburg.

**Schneiderhäusle,** Hs. und Prz. b. D. Bregenbach, 3 l. E., Fil. v. Urach, A.G. und B.A. Neustadt; A.G. und A.A. Freiburg.

**Schneckenhof,** Hf. und Prz. b. D. Schollach, 11 l. E., Fil. von Urach, A.G. und B.A. Neustadt; A.G. und A.A. Freiburg.

**Schnellingen,** D., 7 ev., 239 l., zuf. 245 E., Fil. v. Steinach, A.G. Haslach, B.A. Wolfach; A.G. und A.A. Offenburg, liegt an der Kinzig und hatte früher einen eigenen Adel, von denen es an die v. Blumeneck und schließlich an von Fürstenberg kam.

**Schnepfenharder Grundmühle,** Hs. und Prz. b. Mflft. Siegelsbach, 7 l. E., A.G. Neckarbischofsheim, B.A. Eindhelm; A.G. und A.A. Heidelberg.

**Schnerkingen,** D., 234 l. E., Fil. v. Meßkirch, A.G. und B.A. Meßkirch; A.G. und A.A. Constanz. Stdshr.: Fürst v. Fürstenberg.

**Schochenbach,** Z. b. Mflft. Furtwangen, 35 l. E., A.G. u. B.A. Triberg; A.G. und A.A. Villingen.

**Schöllbronn,** Pfdf., 1 ev., 723 l., zuf. 724 E., A.G. und B.A. Ettlingen; A.G. und A.A. Carlsruhe; L.R. Ettlingen, liegt 1113 p. F. üb. b. M. Feldbau und Viehzucht.

**Schöllenbach,** R.O. b. D. Ed losau, 40 l. E., Fil. v. Mudau, A.G. u. B.A. Buchen; A.G. und A.A. Mosbach. Gemarkung und Gemeindevermögen getrennt, liegt 951 p. F. üb. b. M. Stdshr.: Fürst von Leiningen.

**Schömbach,** Z. b. D. Reichenbach, 26 ev. E., Fil. v. Hornberg, A.G. und B.A. Triberg; A.G. und A.A. Villingen.

**Schönau,** Stdt., 41 ev., 1166 l., zuf. 1230 E., A.G. und A.A. Schönau; L.R. Wiesenthal; B.= und E.=R. Basel; Sitz d. L.G., A.=Ph., G.R., B.A., B.C. und P.=Stelle u. 1 D.=R., hat eine sehr freundliche Lage am rechten Ufer der Wiese und am östlichen Fuße eines Ausläufers des Belchen. Feld=, Wiesenbau, Viehzucht, Gewerbe u. Fabrikbetrieb, so die Baumwollspinnerei u. Weberei von Jselin u. Comp., welche nach dem Brande von 1844 neu hergestellt, 15000 Spindeln und 300 Wollstühle umfaßt, die durch zwei Turbinen von 90 und 45 Pferdekräften und eine Hilfsdampfmaschine von 60 Pferdekräften in Bewegung gesetzt werden. Die Fabrik beschäftigt 500 Arbeiter und liefert jährlich ungefähr 5000 Ctr. Garn Nr. 38 und 40 und 50,000 Stück ausschließlich für die inländischen Kattundruckereien bestimmte rohe Tücher von etwa 41 Stab Länge. Goldene Medaille. Außer dieser Spinnerei zählt Sch. noch eine Baumwollweberei, eine Baumwollwaarenfabrik, Holzwaarenfabrik, eine Strohmanufaktur und eine Fabrik feuerfester Geldschränke. Mkte.: 4. April, 30. Juni, 31. Oktbr.; Viehmkte.: 14. Jan., 11. Febr., 10. März, 14. April, 12. Mai, 9. Juni, 14. Juli, 11. Aug., 9. Septbr. 13. Octbr., 10. Novbr., 9. Dcbr. Die Stadt kam im 12. Jahrhundert durch Schenkung in den Besitz von St. Blasien, das 1140 die Pfarre errichtete und die Kirche baute. 1519 wurde bei Gschwend die Thalverfassung festgesetzt, die erst 1786 der österreichischen Gesetzgebung wich; 1812 auf ruhr wegen Verlegung des Friedhofs, den erst Executionstruppen dämpften.

**Schönau**, Stdt., 1537 ev., 411 k., juf. 1948 C., A.-G. u. B.-A. Heidelberg; A.-G. u. A.-A. Heidelberg; Dec. Ladenburg; F.-J. Heidelberg, L.-A. Heidelberg. Sitz d. B.-Abt. u. C.-J. und L.-A. Weinheim. Gewerbschule; liegt 606 p. F. üb. d. M. an der Steinach zwischen ziemlich hohen Bergen; Feldb, Wiesenbau, Viehzucht, Gewerbe u. Fabrikbetrieb, so die Lederfabrik von Emmerling, Eisenmann und Comp., welche 1859 in dem ehemaligen Eisenhammerwerk errichtet wurde, arbeitete 1860 bereits mit 18 Arbeitern und lieferte 9417 Kalbfelle, 1616 Wildhäute, 125 Schmalhäute im Gesammtgewicht von über 400 Ctr., sodann 2580 Paar Vorschuhe und 812 Paar Schäfte und umfaßt nun außer einer Loh- und Walkmühle 60 Versenkbehälter von Holz, 6 solche von Eisen, 8 Weich- und Beizküsten, 17 Farben und 9 Aescher, dabei hat sich ihr Absatzgebiet über den Zollverein hinaus nach Italien und Amerika ausgedehnt; sodann wird die Tuchfabrikation sehr stark betrieben. Die nicht unbedeutende Stadt siedelte sich um das Cisterzienserkloster an, das Bischof Bucco von Worms im Jahr 1135 zu bauen anfing und 1142 vollendete; als die Reformation eingeführt wurde, ward das Kloster aufgehoben, dessen letzter Abt, Wolfgang Karthäuser 1563 starb.

**Schönbächle Eck**, F. d. Pfdf. Schönwald, 73 k. C., A.-G. u. B.-A. Triberg; A.-G. u. A.-A. Villingen.

**Schönberg**, Wlr. b. T. Schwaibach, 123 k. C., Fil. von Gengenbach, A.-G. und B.-A. Gengenbach; A.-G. und A.-A. Offenburg.

**Schönberg**, T., 4 ev., 374 k., juf. 376 C., Fil. v. Prinzbach, A.-G. u. B.-A. Lahr; A.-G. und A.-A. Offenburg, liegt in einem Thale. Feldbau u. Viehzucht. Erbehr.: Fürst von der Leyen.

**Schönbergerhöfe**, Hf. und Prz. d. Pfdf. Ebringen, 13 k. C., A.-G. und B.-A. Freiburg; A.-G. u. A.-A. Freiburg.

**Schönbornermühle**, Hf. und Prz. d. Stdt. Philippsburg, 13 k. C., A.-G. Philippsburg, B.-A. Bruchsal; A.-G. und A.-A. Carlsruhe.

**Schönbrunn**, F. d. Stdt. Pfullendorf, 12 k. C., A.-G. und B.-A. Pfullendorf; A.-G. und A.-A. Constanz.

**Schönbrunn**, F. d. Pfdf. Neusatz, 35 k. C., A.-G. und B.-A. Bühl; A.-G. und A.-A. Baden.

**Schönbrunn, Ober-**, T., 409 ev., 4 k. zuf. 413 C., Fil. von Haag, A.-G. und B.-A. Eberbach; A.-G. u. A.-A. Mosbach, liegt 1332 p. F. üb. d. M. Feldbau u. Viehzucht.

**Schönbrunn, Unter-**, A.-O. d. D. Oberschönbrunn, 122 ev. C., Fil. v. Haag, A.-G. und B.-A. Eberbach; A.-G. und A.-A. Mosbach. Gemeinschaftliche Gemarkung u. getrenntes Gemeindevermögen.

**Schönbuch**, Hf. und Prz. d. T. Aubelshofen, 23 k. C., A.-G. und B.-A. Ueberlingen; A.-G. und A.-A. Constanz.

**Schönbuch**, F. d. Pfdf. Sasbachwalden, 81 k. C., A.-G. u. B.-A. Achern; A.-G. und A.-A. Baden.

**Schönbuch**, F. d. Pfdf. Bühlerthal, 91 k. C., A.-G. und B.-A. Bühl; A.-G. und A.-A. Baden.

**Schöneck**, Hf. und Prz. des Pfdf. Grunern, 4 k. C., A.-G. und B.-A. Staufen; A.-G. und A.-A. Freiburg.

**Schönemühle**, Hf. u. Prz. d. A.-O. Waltenberg b. Pfdf. Oberhomberg 11 k. C., A.-G. Pfullendorf, B.-A. und A.-A. Constanz. Stdehr.: Fürst von Fürstenberg.

**Schönenbach**, T., 112 k. C., Fil. v. Grafenhausen, A.-G. und L.-A. Bonndorf; A.-G. und A.-A. Waldshut.

**Schönenbach**, Pfdf., 375 k. C. A.-G. und B.-A. Villingen; A.-G. und A.-A. Villingen; L.-A. Villingen, liegt an der Brege. Feldbau, Viehzucht und Uhrenindustrie. Stdehr.: Fürst v. Fürstenberg.

**Schönenberg**, T., 321 k. C., Fil. v.

**Schönau**, A.G. und B.A. Schönau; A.G. und L.A. Lörrach.

**Schönenbuchen**, R.-D. der Stdt. Schönau, 32 l. C., A.G. und B.A. Schönau; A.G. und R.A. Lörrach, liegt freundlich an der Wiese, wo die Berge näher zusammen treten und bildet einen Wallfahrtsort von Schönau. Bewartung und Gemeindevermögen gemeinschaftlich.

**Schönfeld**, Hf. und Prz. b. Pfdf. Schwenningen, 13 l. C., A.G. und B.A. Meßkirch; A.G. und R.A. Constanz. Stdthr.: Fürst von Fürstenberg.

**Schönfeld**, Pfdf., 516 l. C., A.G. und B.A. Tauberbischofsheim; A.G. und R.A. Mosbach; L.A. Tauberbischofsheim, liegt 1090 p. F. üb. d. M. an der Grünbach. Feldbau und Viehzucht. Sthdhr.: Fürst von Leiningen.

**Schöngrund**, Hf. und Prz. b. D. Lehengericht, 18 ev. C., Fil. v. Schiloch, A.G. und B.A. Wolfach; A.G. und R.A. Offenburg.

**Schönhöfe**, F. b. Pfdf. St. Peter, 46 l. C., A.G. u. B.A. Freiburg; A.G. und R.A. Freiburg.

**Schönwald**, Pfdf., 1803 l. C., A.G. und B.A. Triberg; A.G. und R.A. Villingen; L.A. Triberg; P.A. Offenburg. Sitz b. B.Abl.; Uhren-, Holz- und Strohwaarenfabrikation.

**Schönwald**, Hf. und Prz. b. Pfdf. Nordrach, 16 l. C., A.G. und B.A. Gengenbach; A.G. und R.A. Offenburg.

**Schollach**, D., 2 ev., 398 l., zsf. 400 C., Fil. v. Urach, A.G. und B.A. Neustadt; A.G. und R.A. Freiburg. Feldbau, Viehzucht, Holzhandel und Uhrenfabrikation.

**Schollbrunn**, D., 385 ev., 115 l., zsf. 500 C., Fil. von Gerach, A.G. und B.A. Eberbach; A.G. und R.A. Mosbach, liegt 1552 p. F. üb. d. M. Feldbau, Obst-, Viehzucht und Gewerbebetrieb.

**Schollenhof**, Hf. und Prz. b. Pfdf. Wagshurst, 9 l. C., A.G. und B.A. Achern; A.G. und R.A. Baden.

**Schollhof**, Hf. und Prz. b. Pfdf. Oberwittstadt, 68 l. C., A.G. und B.A. Boxberg; A.G. u. R.A. Mosbach, liegt 1099 p. F. üb. d. M.

**Schomberg**, F. b. Pfdf. Sulzbach, 13 l. C., A.G. u. B.A. Eppingen; A.G. und R.A. Heidelberg.

**Schonach**, F. b. D. Reichenbach, 72 ev. C., Fil. von Hornberg, A.G. und B.A. Triberg; A.G. und R.A. Villingen.

**Schonach**, Pfdf., 10 ev., 1750 l., zsf. 1760 C., A.G. und B.A. Triberg; A.G. und R.A. Villingen; L.A. Triberg, liegt sehr rauh und einsam; Strohmanufaktur und Holzhandel.

**Schondelgrund**, F. b. D. Reichenbach, 54 l. C., Fil. v. Hornberg; A.G. und B.A. Triberg; A.G. und R.A. Villingen.

**Schondelhöhe**, F. b. D. Reichenbach, 14 ev. C., Fil. v. Hornberg, A.G. und B.A. Triberg; A.G. und R.A. Villingen.

**Schopfenhof**, Hf. und Prz. b. Pfdf. Allfeld, 16 l. C., A.G. und B.A. Mosbach; A.G. und R.A. Mosbach.

**Schopfheim**, Stdt., 1540 ev., 473 l., 1 ifr., zsf. 2014 C., A.G. und R.A. Lörrach; Dec. Schopfheim, F.J. Säckingen, P.- und C.A. Basel, Sitz b. B.A. A.Bh., G.R., B.A., B.F., P. u. C.-C. u. P.-Stmlr., D.R., ev. Dec. u. höherer Bürgerschule; liegt sehr freundlich am linken Ufer der Wiese, Feldb-, Wiesenbau, Viehzucht, Gewerbe- und Fabrikbetrieb, so unter A. die Baumwollspinnerei von Gottschalk und Greither mit 14,000 Spindeln und 240 Arbeitern, die seit der Mitte des 17. Jahrhunderts bestehende und 1836/37 in eine mech. Papierfabrik umgewandelte Papiermühle von Sutter, die mit 7 Holländern, 65—70 Arbeitern und einer Wasserkraft von 50 Pferdekräften arbeitet, endlich die Maschinenriemenfabrik der Gebr. Krafft, die seit 1854 im Betriebe ist und wöchentlich 1000 Fuß Riemen fertig macht. — Leinwandbleiche; ansehnlichen Holzhandel.

St. Gallen hatte schon 670 Besitzthümer und kam später mit Rötteln an die Markgfn. von Hachberg.

**Schopfloch**, Hf. und Pfz. b. D. Bargen, 18 L. E., Fil. v. Engen, A.-G. und B.-A. Engen; A.-G. und K.-A. Constanz. Stdshr.: Fürst von Fürstenberg.

**Schoren**, Pfz. b. Wlr. Wendlingen, b. D. Wittenhofen, 9 L. E., A.-G. Meersburg, B.-A. Ueberlingen; A.-G. u. K.-A. Constanz. Stdshr.: Fürst von Fürstenberg.

**Schoren**, J. b. D. Dietz, 11 L. E., Fil. von Steißlingen, A.-G. und B.-A. Stodach; A.-G. und K.-A. Constanz.

**Schottenhäuser**, Pfz. b. Wlr. Josthal, b. D. Bierthäler, 33 L. E., Fil. von Neustadt, A.-G. und K.-A. Freiburg.

**Schottenhöfen**. J. b. Pfsf. Norbrach, 60 L. E., A.-G. und B.-A. Gengenbach; A.-G. und K.-A. Offenburg.

**Schrailegrund**, J. b. D. Unterharmersbach, 18 L. E., Fil. von Zell a. H., A.-G. und B.-A. Gengenbach; A.-G. und K.-A. Offenburg.

**Schrannen**, J. b. Pfsf. Oberwolfach, 75 L. E., A.-G. und B.-A. Wolfach; A.-G. und K.-A. Offenburg. Stdshr.: Fürst von Fürstenberg.

**Schreckhof**, Col.-, 29 ev., 26 l., jusf. 55 E., b. D. Tiefenheim, Fil. v. Obrigheim, A.-G. und B.-A. Mosbach; A.-G. und K.-A. Mosbach.

**Schreinerhaus von Rußdorf**, Ho. und Pfz. b. Stbl. Ueberlingen, 9 L. E., A.-G. und B.-A. Ueberlingen; A.-G. und K.-A. Constanz.

**Schriesheim**, Mkfl., 2058 ev., 543 l., 129 isr., jusf. 2730 E., A.-G. Ladenburg, B.-A. Mannheim; A.-G. und K.-A. Mannheim, Tec. Ladenburg, J.-J. Heidelberg, P.-A. Heidelberg. Sitz b. P.-A. und G.-J.; L.-A. Weinheim, liegt 402 p. J. üb. b. M. an ber Kanzelbach. Feldb-, Wiesenbau und Viehzucht, bebeutende Tabaksbulturen, große von Harding'sche Papierfabrik. Mkte.: 2. März, 27. Juli, 29.

Aug., 26. Okt. Viehm.: 1. März, 26. Juli, 29. Aug., 23. Oktbr.

**Schriesheimer Hof**, Hf. und Brz. b. Mkfl. Schriesheim, 10 L. E., A.-G. Ladenburg, B.-A. Mannheim; A.-G. und K.-A. Mannheim.

**Schrönenhof**, Hf. und Pfz. b. D. Bergölschingen, 9 L. E., Fil. von Hohenbengen, A.-G. und B.-A. Jestetten; A.-G. und K.-A. Jestetten.

**Schroffen**, J. b. Bibf. Oberharmersbach, 44 L. E., A.-G. und B.-A. Gengenbach; A.-G. und K.-A. Offenburg.

**Schrohmühle**, Hs. und Pfz. b. D. Endenburg, 17 ev. E., Fil. von Weitenau, A.-G. und B.-A. Schopfheim; A.-G. und K.-A. Lörrach.

**Schrotzburg**, Hf. und Pfz. b. Pfsf. Schienen, 21 L. E., A.-G. u. B.-A. Radolfzell; A.-G. und K.-A. Constanz, die schöne Lage der Burg gewährt eine herrliche Fernsicht auf den Ober- und Untersee.

**Schürberg**, R.-D. b. Pfsf. Häg, 60 L. E., A.-G. u. B.-A. Schönau; A.-G. und K.-A. Lörrach. Gemarkung und Gemeindevermögen getrennt. Grdhr.: Frhr. v. Schönau-Zell.

**Schürbergersäge**, Hs. und Pfz. b. R.-D. Schürberg, b. Pfsf. Häg, 13 L. E., A.-G. u. B.-A. Schönau; A.-G. u. K.-A. Lörrach.

**Schützenbach**, hinterer, J. des Mkfl. Furtwangen, 152 L. E., A.-G. u. B.-A. Triberg; A.-G. u. K.-A. Villingen.

**Schützenbach**, vorderer, J. b. Mkfl. Furtwangen, 109 L. E., A.-G. u. B.-A. Triberg; A.-G. u. K.-A. Villingen.

**Schupshof**, J. b. Pfsf. Neulatz, 33 L. E., A.-G. und B.-A. Bühl; A.-G. und K.-A. Baden.

**Schulersberg**, J. b. Bibf. Mühlenbach, 17 L. E., A.-G. Haslach; B.-A. Wolfach; A.-G. u. K.-A. Offenburg. Stdshr.: Fürst v. Fürstenberg.

**Schulterdobel**, J. b. D. Fallenberg, 12 L. E., Fil. v. Buchenbach, A.-G.

und B.-A. Freiburg; A.-G. und K.-A. Freiburg.

**Schapfholz**, K.-O. b. Pfdf. Börstellen, 59 ev. C., A.-G. u. B.-A. Emmendingen; L.-G. u. K.-A. Freiburg. Gemarkung und Gemeindevermögen gemeinschaftlich.

**Schusterinsel**, Insel u. Vrt. b. Pfdf. Weil, 24 ⊕., A.-G. und B.-A. Lörrach; L.-G. u. K.-A. Lörrach. Ueberfall der Aufhändischen 1848.

**Schuttern**, Pfdf., Rev., 9⁰² L, wl. 990 C., L.-G. u. B.-A. Lahr; A.-G. u. A.-A. Offenburg; L.-R. Lahr, liegt auf der linken Seite der Schutter ganz eben. Feldb., Wiesenbau und Viehzucht; wurde um das nach der Sage von Offo 693 gegründete Kloster erbaut, welch' letzteres viele traurige Schicksale zu erfahren hatte. Der letzte seiner Aebte Placidus III., der 1756 erwählt worden, starb nach Aufhebung des Klosters in Freiburg.

**Schutterthal**, Pfdf., 5 ev., 963 L, wl. 968 C., A.-G. u. B.-A. Lahr; A.-G. u. K.-A. Offenburg; L.-R. Lahr, liegt im hintersten Theile des Schutterthales in ziemlich rauher Gegend, Feldbau, Viehzucht u. Gewerbebetrieb. Etbhr.: Fürst v. d. Leyen.

**Schutterwald**, Pfdf., 3 ev., 1968 L., wl. 1991 C., A.-G. und B.-A. Offenburg; A.-G. und K.-A. Offenburg; L.-R. Lahr. Feldb., Wiesenbau und Viehzucht.

**Schutterzell**, D., 236 ev., 268 L, wl. 504 C., Fil. v. Kürzel, A.-G. und B.-A. Lahr; A.-G. u. K.-A. Offenburg.

**Schwabhof**, Hf. u. Vrt. b. Pfdf. Ottoschwanden, 150 L. C., A.-G. u. B.-A. Emmendingen; A.-G. u. K.-A. Freiburg.

**Schwabach**, Z. b. Pfdf. Rippoldsau, 10 L. C., A.-G. u. B.-A. Wolfach; A.-G. u. K.-A. Offenburg.

**Schwabenheim**, Col. b. Pfdf. Dossenheim, 55 ev., 73 L., wl. 128 C., Stabhalterei; A.-G. u. B.-A. Heidelberg; A.-G. u. K.-A. Heidelberg.

**Schwabenhof**, Hf. u. Brt. b. Wlr. Unterschwärzenbach, b. D. Schwer-

zenbach, 16 L. C., Fil. v. Friedenweiler, A.-G. u. B.-A. Neustadt; A.-G. und K.-A. Freiburg.

**Schwabhausen**, T., 477 ev., 20 L, wl. 497 C., ev. Fil. v. Schillingstadt, kath. Fil. v. Windischbuch, A.-G. u. B.-A. Boxberg; A.-G. u. K.-A. Mosbach, liegt 1222 v. F. üb. b. M. Getreider, Reps-, Flachs-, Kartoffel- und Wiesenbau, Obst- u. Viehzucht.

**Schwäblishausen**, D., 1 ev., 142 L., wl. 143 C., Fil. v. Zell a. Andelsbach, A.-G. und B.-A. Pfullendorf; L.-G. und K.-A. Constanz, das ehedem Swabrichesbusin geheißen, hatte einen eigenen Adel und wurde von der Grafschaft Heiligenberg an Pfullendorf verpfändet, später aber von der Herrschaft Fürstenberg zurückgekauft.

**Schwärzenbach**, Z. b. D. Reichenbach, 96 L. C., Fil. v. Gengenbach, A.-G. und B.-A. Reichenbach; A.-G. und K.-A. Offenburg.

**Schwaibach**, D. 321 L. C., Fil. v. Gengenbach, A.-G. u. B.-A. Gengenbach; A.-G. u. K.-A. Offenburg.

**Schwaizenreuthe**, D., 102 L. C., Fil. v. Mühlingen, A.-G. und B.-A. Stockach; A.-G. und K.-A. Constanz.

**Schwand**, K.-O. b. Pfdf. Innerurberg, 73 L. C., A.-G. u. B.-A. St. Blasien; A.-G. und K.-A. Waldshut. Getrennte Gemarkung und gemeinschaftliches Gemeindevermögen.

**Schwand**, K.-O. b. Pfdf. Oberternau, 113 ev., 11 L., wl. 126 C., A.-G. und B.-A. Schopfheim; A.-G. und K.-A. Lörrach. Gemarkung und Gemeindevermögen getrennt.

**Schwandersbobel**, Z. b. Pfdf. St. Peter, 14 L. C., A.-G. u. B.-A. Freiburg; A.-G. u. K.-A. Freiburg.

**Schwandorf**, Z. b. Pfdf. Salem, 16 L. C., A.-G. Meersburg; B.-A. Ueberlingen; A.-G. u. K.-A. Constanz.

**Schwandorf**, Ober, Pfdf., 1178 L. C., A.-G. u. B.-A. Stockach; A.-G. und

L.-A. Conſtanz; L-A. Stockach. Feldbau und Viehzucht.

**Schwanenbach**, Wlr. b. Stdt. Böhrenbach, 50 L.C., A.-G. u. B.-A. Villingen; R.-G. und K.-A. Villingen.

**Schwanenbach**, 3. d. T. Reichenbach, 80 ev. C., Fil. v. Hornberg; A.-G. u. B.-A. Triberg; R.-G. u. R.-A. Villingen.

**Schwangen**, 3. b. T. Niederwinden, 92 L. C., Fil. v. Oberwinden; A.-G. u. B.-A. Waldkirch; R.-G. u. R.-A. Freiburg. Grdhr.: Frhr. v. Berlichet.

**Schwanheim**, D., 253 ev., 8 l., zuſ. 261 C., Fil. v. Michelbach, A.-G. Neckargemünd; B.-A. Heidelberg; A.-G. u. A.-A. Heidelberg, liegt 1190 p. J. üb. d. M. Grdhr.: Frhr. v. Berlichingen.

**Schwaningen**, Pfdf., 4 ev., 413 l., zuſ. 417 C., A.-G. und B.-A. Bonndorf; R.-G. und R.-A. Waldshut; L.-A. Stühlingen. Feld-, Wieſenbau und Viehzucht. Elbshr.: Fürſt v. Fürſtenberg.

**Schwarzach**, Pfdf., 28 ev., 1233 l., 14 llr., zuſ. 1275 C., A.-G. u. B.-A. Bühl; R.-G. und R.-A. Baden. L.-A. Otterswelet. P.-A. Achl. Sitz d. P.-Abl. liegt am Schwarzbach in einer fruchtbaren Ebene. Feld-, Wieſenbau und Viehzucht.

**Schwarzenbach**, 3. bei Pfdf. ev. Thennenbronn, 79 ev. C., A.-G. und B.-A. Triberg; R.-G. u. R.-A. Villingen.

**Schwarzenbach**, 3. b. Pfdf. kath. Thennenbronn, 49 L. C., A.-G. und B.-A. Triberg; R.-G. und R.-A. Villingen.

**Schwarzenbach**, 3. b. Pfdf. Schönwald, 138 L C., A.-G. u. B.-A. Triberg; R.-G. u. R.-A. Villingen.

**Schwarzenbach**, 3. b. Pfdf. Herrenwies, 35 L C., A.-G. und B.-A. Bühl; R.-G. u. R.-A. Baden.

**Schwarzenbach**, Hf. u. Prz. b. Pfdf. Forbach, 13 l. C., A.-G. u. B.-A. Gernsbach; R.-G. u. R.-A. Baden.

**Schwarzenbären**, Hf. und Prz. b. Wlr. Unteralltenweg, b. D. Bierthäler, 13 l. C., Fil. v. Neuſtadt, A.-G.

und B.-A. Neuſtadt; R.-G. u. R.-A. Freiburg.

**Schwarzenbruch**, 3. b. Pfdf. Oberwolfach, 132 L C., A.-G. u. B.-A. Wolfach; R.-G. u. R.-A. Offenburg. Elbshr.: Fürſt von Fürſtenberg.

**Schwarzenbruch**, 3. b. Pfdf. Schapbach, 37 l. C., A.-G. u. B.-A. Wolfach; R.-G. u. R.-A. Offenburg. Elbshr.: Fürſt von Fürſtenberg.

**Schwarzenbrunn**, D., 49 ev., 9 l., zuſ. 58 C., Fil. v. Buch am Ahorn, A.-G. u. B.-A. Boxbürn; R.-G. u. R.-A. Mosbach, liegt 1340 p. J. üb. d. M. Elbshr.: Löwenſtein-Wertheim.

**Schwarzerdhof**, Hl. u. Prz. b. Stdt. Bretten, 12 ev. C., A.-G. und B.-A. Bretten; R.-G. und R.-A. Carlsruhe; liegt 741 p. J. üb. d. M., an der württ. Grenze.

**Schwarzhäusle oder Fallgrund**, 3. b. Pfdf. Gütenbach, 10 l C., A.-G. u. B.-A. Triberg; R.-G. und R.-A. Villingen.

**Schwarzhalden**, D., 111 L C., Fil. v. Schluchſee. A.-G. u. B.-A. Bonndorf; R.-G. u. R.-A. Waldshut; liegt in rauher Gegend.

**Schwarzhauſenhof**, Hl. u. Prz. b. Blr. Oberlangenordnach, b. D. Langenordnach, 26 l C., Fil. v. Friedenweiler, A.-G. und B.-A. Neuſtadt; R.-G. und R.-A. Freiburg.

**Schwarzhauſenhof**, Hl. u. Prz. b. D. Linach, 14 l. C., Fil. v. Schönenbach, A.-G. u. B.-A. Villingen; R.-G. u. R.-A. Villingen.

**Schwarzhof**, Hl. u. Prz. b. D. Stadelhofen, 16 l. C., Fil. v. Ulm, A.-G. und B.-A. Oberkirch; R.-G. und R.-A. Offenburg.

**Schwarzkreuzwirthshaus**, Hl. u. Prz. b. Pfdf. Bubenbach, 14 l. C., A.-G. u. B.-A. Neuſtadt; R.-G. u. R.-A. Freiburg.

**Schwebelbabel**, 3. b. Pfdf. Neukirch, 30 L C., A.-G. u. B.-A. Triberg; R.-G. u. R.-A. Villingen.

**Schweigbrunnen**, J. b. T. Wagensteig, 105 l. E., Fil. v. Buchenbach, A.⸗G. u. B.⸗A. Freiburg; K.⸗G. u. K.⸗A. Freiburg.

**Schweigern**, Pfdf., 963 ew., 109 l. jul. 1074 E., A.⸗G. und B.⸗A. Boxberg; K.⸗G. u. K.⸗A. Mosbach; Dec. Boxberg, liegt 769 p. F. üb. d. M. an der Umpferbach. Feld⸗, Wiesen⸗, Weinbau, Viehzucht und Mühlenbetrieb. Stdehr.: Fürst v. Leiningen.

**Schweighausen**, Pfdf., 3 ew., 1067 l. jul. 1000 E., A.⸗G. u. B.⸗A. Ettenheim; K.⸗G. und K.⸗A. Freiburg; L.⸗A. Lahr, liegt an der Schutter. Feldbau und Viehzucht.

**Schweighöfe**. J. b. Pfdf. St. Märgen, 87 l. E., A.⸗G. u. B.⸗A. Freiburg; K.⸗G. u. K.⸗A. Freiburg.

**Schweighof**, T., 301 ew., 1 l. jul. 302 E., Fil. v. Badenweiler, A.⸗G. und B.⸗A. Müllheim; K.⸗G. u. K.⸗A. Lorrach, liegt an der Kleinbach am südlichen Fuße des Hasenbeckelberges und dem Wege von Müllheim nach dem Wiesenthal.

**Schweighof**, K.⸗D. b. T. Willaringen, 150 l. E., Fil. von Rickenbach, A.⸗G. und B.⸗A. Säckingen; K.⸗G. und K.⸗A. Waldshut. Getrennte Gemarkung und gemeinschaftliches Gemeindevermögen.

**Schweighof**, Hf. und Prz. b. T. Baldmatt, 43 l. E., Fil. von Reuich, A.⸗G. und B.⸗A. Bühl; K.⸗G. und K.⸗A. Baden.

**Schweigmatt**, K.⸗D. b. T. Raitbach, 48 ew. E., Fil. von Schopfheim, A.⸗G. u. B.⸗A. Schopfheim; K.⸗G. u. K.⸗A. Lörrach.

**Schweikhof**, Hf. und Prz. b. Pfdf. Schwerzen, 13 l. E., A.⸗G. und B.⸗A. Waldshut; K.⸗G. u. K.⸗A. Waldshut.

**Schweinberg**, Pfdf., 526 l. E., A.⸗G. u. B.⸗A. Tauberbischofsheim, u. B.⸗A. Wallbürn; K.⸗G. u. K.⸗A. Mosbach; L.⸗R. Buchen, B.⸗A. Heidelberg. Sib. b. B.⸗Abl., liegt 1022 p. F. üb. d. M. Feld⸗, Wiesenbau und Viehzucht. Stdehr.: Fürst v. Leiningen.

**Schweizerhof**, Hi. u. Prz. b. Pfdf. Neukirch, 60 l. E., A.⸗G. u. B.⸗A. Triberg; K.⸗G. und K.⸗A. Villingen.

**Schweizerloch**, J. b. K.⸗C. Reichenbach, b. D. Freiamt, 15 l. E., Fil. v. Reppenbach, A.⸗G. und B.⸗A. Emmendingen; K.⸗G. und K.⸗A. Freiburg.

**Schweizersgrund**, J. b. Pfdf. Neukirch, 36 l. E., A.⸗G. u. B.⸗A. Triberg; K.⸗G. u. K.⸗A. Villingen.

**Schwelge**, J. b. T. Bizenhausen, 11 l. E., Fil. v. Hindelwangen, A.⸗G. u. B.⸗A. Stockach; K.⸗G. u. K.⸗A. Constanz.

**Schwend**, J. b. Pfdf. Baldulm, 87 l. E., A.⸗G. u. B.⸗A. Achern; K.⸗G. u. K.⸗A. Baden.

**Schwende**, K.⸗C. b. T. Fischbach, 48 l. E., Fil. b. Oberlenzkirch; A.⸗G. und B.⸗A. Neustadt; K.⸗G. und K.⸗A. Freiburg. Getrennte Gemarkung und gemeinschaftliches Gemeindevermögen. Stdehr.: Fürst v. Fürstenberg.

**Schwende**, K.⸗C. b. Pfdf. Herdwangen, 57 l. E., A.⸗G. u. B.⸗A. Pfullendorf; K.⸗G. und K.⸗A. Constanz. Gemarkung u. Gemeindevermögen getrennt. Stdehr.: Fürst von Fürstenberg.

**Schwende**, J. b. K.⸗C. Limpach, b. Pfdf. Oberhomberg, 4 l. E., A.⸗G. und B.⸗A. Pfullendorf; K.⸗G. und K.⸗A. Constanz. Stdehr.: Fürst v. Fürstenberg.

**Schwendelehof**, Hi. u. Prz. b. K.⸗C. Bernau⸗Riggenbach, b. Pfdf. Bernau, 9 l. E., A.⸗G. und B.⸗A. St. Blasien; K.⸗G. u. K.⸗A. Waldshut.

**Schwenden**, J. b. Pfdf. Steinach, 83 l. E., A.⸗G. Haslach; B.⸗A. Wolfach; K.⸗G. u. K.⸗A. Offenburg. Stdehr.: Fürst von Fürstenberg.

**Schwenningen**, Pfdf., 3 ew., 579 l. jul. 691 E., A.⸗G. und B.⸗A. Meßkirch; K.⸗G. und K.⸗A. Constanz; L.⸗R. Meßkirch, liegt auf der Harb; Feldbau und Viehzucht. Stdehr.: Fürst v. Fürstenberg.

**Schweppenau**, J. b. Stdt. Marktorf, 5 l. E., A.⸗G. Meersburg; B.⸗A. Ueberlingen; K.⸗G. und K.⸗A. Constanz.

**Schwerzen**, Pfd., 463 E., 8 Ren., zuf. 171 C., A.-G. und B.-A. Waldshut; K.-G. u. K.-A. Waldshut; L.-A. Klettgau, liegt unweit der Wutach. Feld-, Wiesen-, Weinbau, Obst- und Viehzucht.

**Schwerzenbach**, D., 393 I. C., Fil. v. Friedenweiler, A.-G. u. B.-A. Neustadt; K.-G. und K.-A. Freiburg.

**Schwetzingen**, Stdt., 1739 ev., 1483 l., 68 isr., zuf. 3300 C., A.-G. und K.-A. Mannheim; Dec. Ober-Heidelberg; L.-H. Heidelberg, Pf.-A. Heidelberg, Sitz des A.-G., K.-Ph., G.-R., O.-C. B.-F., P.-C. und P.-Stmstr.; 2 Dist.-Not. Gewerbeschule, liegt 338 p. F. üb. d. M. an der Leimbach in einer fruchtbaren Ebene an der Straße von Carlsruhe nach Mannheim. Feld-, Wiesenbau, Viehzucht und Gewerbebetrieb, war schon im 8. Jahrhundert Besitzthum des Klosters Lorsch, hatte einen eigenen Adel, der im 16. Jahrhundert das Schloß neu befestigte und wurde während des 30jährigen Krieges abwechselnd von den Bayern, Schweden und Kaiserlichen eingenommen, worauf das Schloß 1656 vom Churfürsten Carl Ludwig hergestellt und bewohnt wurde; 1657 Hochzeit desselben mit Louise v. Degenfeld und deren langjähriger Wohnsitz. Von Melac 1689 zerstört, ward es 1698 wieder erbaut und bildete von 1720 bis zur Erbauung des Mannheimer Schlosses die Residenz des Churfürsten Carl Philipp. Dieser und insbesondere sein Nachfolger legten den Schloßgarten, mit Moscheen, Minareten, griechischen Tempeln, Wasserwerken, Fontänen u. s. w. an. Mrkte.: 23. März, 29. Juni, 28. Sept. (je 2 Tage); Viehm.: 22. März, 28. Juni, 27. Septbr. Krmrkt. und Gespinnstmrkt.: 8. Novbr.

**Schwörershof**, Hf. und Prz. d. D. Schollach, 11 l. C., Fil. von Urach, A.-G. u. B.-A. Neustadt; K.-G. u. K.-A. Freiburg.

**Schwörershof**, Hf. und Prz. d. Pfd. Urach, 14 l. C., A.-G. u. B.-A. Neustadt; K.-G. und K.-A. Freiburg.

**Schwörershof**, Hf. u. Prz. d. Wlr.

**Josthal**, b. D. Bierthäler, 16 l. C., Fil. von Neustadt, A.-G. und B.-A. Neustadt; K.-G. u. K.-A. Freiburg.

**Seckach**, Pfd., 1 ev., 709 L, zuf. 710 C., A.-G. und B.-A. Adelsheim; K.-G. u. K.-A. Mosbach; L.-H. Walldürn, liegt 906 p. F. üb. d. M. an der Seckach. Feld-, Wiesenbau, Viehzucht, bedeutende Waldungen. Stdsbhr.: Fürst v. Leiningen.

**Seckenheim**, Pfd., 1430 ev., 1136 l., 2 Diss., 1 Hr., zuf. 2569 C., A.-G. u. B.-A. Schwetzingen; K.-G. u. K.-A. Mannheim; Dec. Oberheidelberg; L.-R. Heidelberg, liegt 343 p. F. üb. d. M. am linken Ufer des Nedars an der Straße von Mannheim nach Heidelberg. Feld-, Wiesenbau, Viehzucht und Gewerbebetrieb. Handel mit Tabak, Vieh und Holz.

**See**, am, Hf. u. Prz. d. D. Peterzell, 5 ev. C., Fil. v. St. Georgen, A.-G. und B.-A. Triberg; K.-G. u. K.-A. Villingen.

**Seebach**, D., 2 ev., 678 L, zuf. 680 C., Fil. von Dürrhöfen, A.-G. und B.-A. Achern; K.-G. und K.-A. Baden, liegt in einem ziemlich rauhen Thale. Viehzucht.

**Seebach**, Hf. und Prz. d. Pfd. Jorbach, 9 l. C., A.-G. u. B.-A. Gernsbach; K.-G. u. K.-A. Baden.

**Seebach**, J. b. Pfd. Schapbach, 95 l. C., A.-G. u. B.-A. Wolfach; K.-G. und K.-A. Offenburg. Stdsbhr.: Fürst von Fürstenberg.

**Seebächle**, J. b. Pfd. Peterethal, 11 l. C., A.-G. u. B.-A. Oberkirch; K.-G. u. K.-A. Offenburg.

**Seebauer**, Hf. u. Prz. b. Pfd. Saig, 26 l. C., A.-G. u. B.-A. Neustadt; K.-G. u. K.-A. Freiburg.

**Seebrugg**, Hf. und Prz. d. Wlr. Faulenfürst, 9 l. C., Fil. v. Schluchsee, A.-G. u. B.-A. Bonndorf; K.-G. u. K.-A. Waldshut.

**Seefelden**, Pfrrwt. b. D. Oberuhldingen, 42 l. C., A.-G. Meersburg; B.-A. Ueberlingen; K.-G. u. K.-A. Constanz; L.-R. Linzgau. Feld-, Wiesen-, Weinbau u. Viehzucht. Stdhrn.: Markgrafen von Baden.

**Seefelden**, D., 680 ew., 26 E., pf. 706 C., Fil. v. Ballrerg. A.-G. u. B.-A Müllheim; A.-G. u. R.-A. Lörrach, liegt an der Straße von Müllheim nach Freiburg.

**Seegenhof**, Hf. und Pfr. b. Pfdf. Reuttirch. 14 L C., A.-G. u. B.-A. Triberg; A.-G. u. R.-A. Villingen.

**Seehaus**, Hs. u. Prj. b. D. Würm, 9 ew. C., Fil. v. Pforzheim, A.-G. und B.-A. Pforzheim; A.-G. u. R.-A. Carlsruhe; großherzogliches am Hagenschießwald gelegenes Jagdhaus.

**Seehaus**, Hf. u. Prj. b. Stdt. Abelsheim, 11 ew. C., A.-G. und B.-A. Adelsheim; A.-G. u. R.-A. Mosbach, liegt 1010 p. F. üb. d. M.

**Seehaus**, Hf. und Prj. b. D. Oftersheim, 8 L C., Fil. v. Schwetzingen, A.-G. u. B.-A. Schwetzingen; A.-G. und R.-A. Mannheim.

**Seehof**, D., 29 ew., 47 L., pf. 76 C., ev. Fil. von Schillingstadt, kath. Fil. von Windischbuch, A.-G. und B.-A. Boxberg; A.-G. und R.-A. Mosbach, liegt 1220 p. F. üb. d. M. Bedeutende Mohnkulturen. Stdhr.: Fürst v. Leiningen.

**Seelach**, F. b. Pfdf. Lichtenthal, 42 l. C., A.-G. u. B.-A. Baden; A.-G. u. R.-A. Baden.

**Seelbach**, MfD., 40 ew, 1272 L., pf. 1312 C., A.-G. u. B.-A. Lahr; R.-G. und R.-A. Offenburg; L.-R. Lahr; P.-A. Offenburg. Ist der P.-Abt.; liegt an der Schutter und ist der Hauptort der Stanbesherrschaft des Fürsten von der Leyen. Rte.: 29. März, 17. Mai, 29. Septbr., 25. Novbr.

**Seelbacherhof**, Hf. u. Prj. b. Pfdf. Allfeld, 29 L C., A.-G. und B.-A. Mosbach; A.-G. und R.-A. Mosbach.

**Seelfingen**, N.D. b. D. Mahlspüren im Thale, 144 L C., Fil. v. Mahlspüren, A.-G. u B.-A. Ueberlingen; L.-G. und R.-A. Constanz. Gemarkung und Gemeindevermögen getrennt.

**Seelgut**, F. b. Pfdf. St. Peter, 276 L C., A.-G. und B.-A. Freiburg; A.-G. u. R.-A. Freiburg.

**Seelig**, Hf. u. Prj. b. Stdt. Baden, 16 l C., A.-G. u B.-A. Baden; A.-G. u. R.-A. Baden.

**Seemühle**, Hs. und Prj. b. Pfdf. Wenkheim, 8 L C., A.-G. und B.-A. Tauberbischofsheim; A.-G. und R.-A. Mosbach.

**Seewangen**, N.D. b. D. Weitenberg, 107 L C., Fil. von Riedern, A.-G. und B.-A. Bonndorf; A.-G. und R.-A. Waldshut. Gemarkung und Gemeindevermögen getrennt.

**Seeweiler**, Wlr. b. Pfdf. Weiterdingen, 34 L C., A.-G. u. B.-A. Engen; A.-G. u. R.-A. Constanz.

**Segaderhof**, Hf. und Prj. b. Pfdf. Owlingen, 11 l. C., A.-G. und B.-A. Ueberlingen; A.-G. u. R.-A. Constanz.

**Segalen**, N.D. b. D. Amrigschwand, 119 L C., Fil. v. Höchenschwand, A.-G. und B.-A. St. Blasien; A.-G. und R.-A. Waldshut. Getrennte Gemarkung und gemeinschaftliches Gemeindevermögen.

**Segeten**, D., 316 l. C., Fil. von Görrwihl, A.-G. und B.-A. Waldshut; A.-G. und R.-A. Waldshut.

**Sehringen**, N.D. b. D. Lipburg, 91 ew. C., Fil. v. Badenweiler, A.-G. und B.-A. Müllheim; A.-G. u. R.-A. Lörrach. Gemarkung u. Gemeindevermögen gemeinschaftlich.

**Selbhof**, Hf. und Prj. b. Pfdf. Riebereschach, 11 l. C., A.-G. und B.-A. Villingen; A.-G. u. R.-A. Villingen.

**Selbach**, Pfdf., 1 ew., 519 L., pf. 520 C., A.-G. u B.-A. Gernsbach; A.-G. und R.-A. Baden; L.-R. Gernsbach, liegt 68* p. F. üb. d. M. in einem Thälchen an der Selbach. Feldb., Wiesenbau und Viehzucht.

**Selbig**, F. b. Pfdf. Oberbleberbach, 156 C., Fil. v. Oberspitzenbach, A.-G. u. B.-A. Waldkirch; A.-G. u. R.-A. Freiburg. Grdhrn.: Frhrn. v. Wittenbach.

Selbiß, 3. des D. Rabenmoos, 22 l. E., Fil. v. Eljach; A.G. v. B.A. Waldkirch; A.G. u. A.A. Freiburg.

Selgenthal, Hf. und Prz. b. Pfbf. Schlierstadt, 5 ev., 22 L, juf. 27 E., A.G. und B.A. Adelsheim; A.G. und A.A. Mosbach, war anfänglich ein Cistercienser Nonnenkloster, das 1236 Conrad v. Dürrn erbaute, und nachdem es im 16. Jahrhundert eingegangen war, seine Güter Mainz abtrat, liegt 920 p. F. üb. d. M., an der Schlierbach. Stdhr.: Fürst v. Leiningen.

Sendelbach, N.-O. b. Pfbf. Lautenbach, 111 l. E., A.G. u. B.A. Oberkirch; A.G. u. A.A. Offenburg. Gemarkung und Gemeindevermögen getrennt.

Sendelbach, 3. b. Pfbf. Turbach, 91 l. C., A.G. und B.-A. Offenburg; A.G. u. L.A. Offenburg.

Senkelbergerhof, Hf. und Prz. b. Gbt. Sulzburg, 6 l. C., A.G. und B.A. Müllheim; A.G. u. A.A. Lörrach, liegt sehr hoch.

Sennberg, N.-O. b. D. Winterfulgen, 11 l. C., Fil. von Bettenbrunn, A.G. und B.A. Pfullendorf; A.G. und A.A. Constanz. Gemarkung und Gemeindevermögen getrennt. Stdhr.: Fürst von Fürstenberg.

Sennfeld, Pfbf., 928 ev., 16 l., 100 isr., juf. 1046 C., A.G. und B.A. Adelsheim; A.G. und A.A. Mosbach; D.A. Heidelberg. Eis b. P.Abl. Der Adelsheim. Feld, Wein, Wiesenbau und Viehzucht. Der Ort hat zwei Schlößchen seiner Grundherrn v. Adelsheim-Sennfeld und v. Rüdt-Bödinsheim-Collenberg.

Sennhof, Hf. u. Prz. b. Pfbf. Weiterdingen, 8 l. C., A.G. und B.A. Engen; A.G. u. A.A. Constanz. Grdhr.: Frhr. v. Hornstein.

Sennhof, Hs. und Prz. b. D. Zizenhausen, 7 l. C., Fil. v. Hindelwangen, A.G. u. B.A. Stockach; A.G. und A.A. Constanz. Grdhr.: Frhr. v. Buol.

Sennhof, Hf. u. Prz. b. Pfbf. Rollingen, 12 l. C., A.G. u. B.A. Säckingen; A.G. u. A.A. Offenburg.

Sentenhart, Pfbf., 5 ev., 242 L, juf. 247 C., A.G. und B.A. Meßkirch; A.G. u. A.A. Constanz; L.R. Meßkirch. Stdhr.: Fürst v. Fürstenberg.

Seppenhofen, D., 8 ev., 362 L, juf. 370 C., Fil. v. Löffingen, A.G. und B.A. Neustadt; A.G. u. A.A. Freiburg. Feld, Obstbau, Strohflechten und Musseliusmacherei. Stdhr.: Fürst von Fürstenberg.

Settig. 3. b. Pfbf. Schapbach, 11 l. C., A.G. und B.A. Wolfach; A.G. u. A.A. Offenburg.

Seufert, Hf. u. Prz. b. D. Mambach, 6 l. C., Fil. v. Zell, A.G. und B.A. Schönau; A.G. und A.A. Lörrach. Grdhr.: Frhr. u. Schönau-Zell.

Segen, Pfbf., 1097 ev., 68 L, juf. 1165 C., A.G. und B.A. Emmendingen; A.G. und A.A. Freiburg; Der. Emmendingen, liegt am Einflusse des Reichenbachs in die Brettenbach. Feld-, Wiesen-, Weinbau und Viehzucht.

Sickenwald, 3. b. Pfbf. Bühlerthal, 22 l. C., A.G. und B.A. Bühl; A.G. und A.A. Baden.

Sieben, 3. b. Pfbf. Niederwasser, 3 l. C., A.G. u. B.A. Triberg; A.G. u. A.A. Villingen.

Sieben, 3. b. Pfbf. Schonach, 4 l. C., A.G. u. B.A. Triberg; A.G. und A.A. Villingen.

Siechenwald, 3. b. Gbt. Wolfach, 4 l. C., A.G. u. B.A. Wolfach; A.G. u. A.A. Offenburg.

Siedelbach, D., 63 l. C., Fil. von Breitnau, A.G. u. B.A. Neustadt; A.G. u. A.A. Freiburg. Stdhr.: Fürst v. Fürstenberg.

Siedles Gießerei, 3. des Wlr. Unterallenweg, b. D. Bierthäler, 9 l. C., Fil. von Neustadt; A.G. und B.A. Neustadt; A.G. und A.A. Freiburg.

Sieferstyring, 3. b. D. Debsbach, 11 l. C., Fil. von Oberkirch, A.G. und B.A. Oberkirch; A.G. u. A.A. Offenburg.

**Siegelau**, Pfd., 875 E., A.-G. u. B.-A. Waldkirch; A.-G. u. A.-A. Freiburg; L.-R. Freiburg, liegt in einem fruchtbaren Thale. Feldbau, Viehzucht, Linnenweberei u. Mühlenbetrieb.

**Siegelsbach**, Pfd., 415 ev., 307 L., 96 isr. zul. 818 C., A.-G. Nedarbischofsheim, B.-A. Sinsheim; A.-G. und A.-A. Heidelberg; L.-A. Waibstadt, liegt 685 p. F. üb. d. M., am Ursprung eines kleinen Baches. Feldbau, Viehzucht und Gewerbebetrieb. Grbhr.: Graf v. Wieser.

**Siegersbach**, F. d. Pfd. Gulach, 19 L. C., A.-G. u. B.-A. Triberg; A.-G. u. A.-A. Billingen.

**Siebdichfür**, F. d. Pfd. Buchenberg, 36 ev. C., A.-G. u. B.-A. Triberg; A.-G. u. A.-A. Billingen.

**Siensbach**, -D., 375 L. E., Fil. von Waldkirch, A.-G. und B.-A. Waldkirch; A.-G. u. A.-A. Freiburg, liegt in einem Thale.

**Sierenmoos**, F. d. Stdl. Constanz, 9 L. C., A.-G. u. B.-A. Constanz; A.-G. u. A.-A. Constanz.

**Sierenmoos**, F. d. Pfd. Allmannsdorf, 16 L. C., A.-G. u. B.-A. Constanz; A.-G. u. A.-A. Constanz.

**Sigau**, A.-O. d. Pfd. Grafenhausen, 27 L. C., A.-G. u. B.-A. Bonndorf; A.-G. u. A.-A. Waldshut. Gemarkung und Gemeindevermögen getrennt.

**Silfingen**, Pfd., 47 ev., 330 l., jul. 377 C., A.-G. u. B.-A. Bretten; A.-G. u. A.-A. Carlsruhe; L.-R. Bruchsal, liegt 562 p. F. üb. d. M. an der Kohlbach. Feld-, Wiesen-, Weinbau u. Viehzucht. Stammort der früher freiherrlichen, später gräflichen Familien, aus welcher der berühmte Zeitgenosse Kaiser Maximilians Franz von Sidingen abstammte. Die gothische Kirche zeigt noch die Monumente zweier Glieder dieses Geschlechts mit ihren Frauen, die Statue Hans v. Sidingens und die Zewillengruft. Nach mannigfachem Wechsel kam es endlich in den Besitz der Grafen v. Langenstein.

**Silberbach**, F. d. D. Lierbach, 13 L. C., Fil. v. Oppenau, A.-G. und B.-A. Oberkirch; A.-G. u. A.-A. Offenburg.

**Silberberg**, F. d. Pfd. Hinterzarten, 6 L. C., A.-G. u. B.-A. Freiburg; A.-G. u. A.-A. Freiburg.

**Silberberg**, F. d. Pfd. Schonach, 4 L. C., A.-G. u. B.-A. Triberg; A.-G. u. A.-A. Billingen.

**Silberbrunnenbad**, F. d. Pfd. Bählingen, 7 ev. C., A.-G. und B.-A. Emmendingen; A.-G. u. A.-A. Freiburg.

**Silbersau**, A.-O. d. D. Nambach, 28 L. C., Fil. von Zell, A.-G. und B.-A. Schönau; A.-G. u. A.-A. Lörrach. Gemarkung u. Gewinbevermögen gemeinschaftlich. Grbhr.: Frhr. v. Schönau-Zell.

**Simmelberg** oder Fallgrund, F. d. Pfd. Gütenbach, 7 L. C., A.-G. u. B.-A. Triberg; A.-G. u. A.-A. Billingen.

**Simmelsbähl**, Wlr. b. A.-O. Altenstein, b. Pfd. Häg, 11 L. C., A.-G. und B.-A. Schönau; A.-G. u. A.-A. Lörrach. Grbhr.: Frhr. v. Schönau-Zell.

**Simmersbach**, F. b. Pfd. Ottenhöfen, 152 L. C., A.-G. u. B.-A. Achern; A.-G. u. A.-A. Baden, liegt an dem gleichnamigen Bache ziemlich hoch in einem engen Thale.

**Simonshof**, Hf. und Prz. des Wirts. Josthal, b. D. Bienthäler, 13 L. C., Fil. v. Neustadt, A.-G. u. B.-A. Neustadt; A.-G. u. A.-A. Freiburg.

**Simonshof**, Hf. u. Prz. b. D. Bilfasingen, 11 L. C., Fil. von Owingen, A.-G. u. B.-A. Ueberlingen; A.-G. u. A.-A. Constanz.

**Simonshof**, Hf. u. Prz. b. D. Hohenbobman, 7 L. C., Fil. v. Owingen, A.-G. und B.-A. Ueberlingen; A.-G. und A.-A. Constanz.

**Simonsjergenhof**, Hf. u. Prz. b. D. Siedelbach, 10 L. C., Fil. v. Breitnau, A.-G. u. B.-A. Neustadt; A.-G. u. A.-A. Freiburg.

**Simonsloch**, F. d. Pfd. Gütenbach, 33 L. C., A.-G. u. B.-A. Triberg; A.-G. u. A.-A. Billingen.

**Sinsbolsheim**, Pfd., 649 ev., 30 L.,

L.G. u. B.A. Triberg; A.G. und A.A. Villingen.

**Sindolsheim**, Pfdf., 649 ev., 30 L., 10 Isr., zus. 689 C., L.G. u. B.A. Adelsheim; A.G. und A.A. Mosbach; Dec. Adelsheim, Sitz des ev. Decan., liegt 1034 p. F. üb. d. M. an der Kirnaubach. Feldbau und Viehzucht. Ortsherr.: Frhr. Rüdt von Collenberg-Eberstadt und Graf von Wahlkirch.

**Singen**, Mkft., 15 ev., 1317 k., zus. 1332 E., A.G. und B.A. Radolfzell; A.G. und A.A. Constanz, L.R. Hegau; B.R.Stockach, Eisb. B. u.C.C., liegt an der Aach und unterhalb Hohentwiel. S. entstand aus einer alloromanischen Niederlassung. Heinrich I. gab seine hiergelegenen Güter 920 einem Babo und Marquard von S. schenkte seine Güter 1165 Reichenau. Sitz des Grafen von Engenberg. In Folge der hier im Pfarrhause den 1. Mai 1800 zwischen dem General Vandamme und dem Hohentwieler Festungskommandanten Bilfinger stattgefundenen Verhandlungen wurde die Festung übergeben und geschleift.

**Singen**, Pfdf., 575 ev., 12 k., zus. 586 E., A.G. und B.A. Durlach; A.G. und A.A. Carlsruhe; Dec. Durlach, liegt 504 p. F. üb. d. M. an der Pfinz und der Straße von Carlsruhe nach Pforzheim.

**Sinklingen**, R.C. des Pfdf. Fischbach, 267 l. C., A.G. u. B.A. Villingen; A.G. u. A.A. Villingen. Gemarkung und Gemeindevermögen gemeinschaftlich.

**Sinnenberg**, J. d. T. Wittenhofen, 201 C., Fil. v. Untersiggingen, L.G. Meersburg. B.A. Ueberlingen; A.G. und A.A. Constanz.

**Sinsheim**, Stdt., 1588 ev., 817 k., 49 Men. zus. 2585 C., A.G. und A.A. Heidelberg; Dec. Sinsheim; L.R. Waibstadt; E.F. Heidelberg, R.A. Heidelberg; Sitz d. A.G., A.Bh., G.V., O.E., B.A., B.F., P.C., V.Stadtr., 2 T.R., Sitz d. erzbischöfl. Decanats. Höhere Bürger- und Gewerbeschule, liegt 520 p. F. üb. d. M. am rechten Ufer der Elsenz zwischen nicht

sehr hohen Hügeln in einer fruchtbaren und fruchtbaren Gegend und an der Straße von Heilbronn nach Heidelberg. Feldb., Wielen. Weinbau, Viehzucht und Gewerbebetrieb. Im 10. Jahrh. stiftete Herzog Otto von Kärnthen hier eine Kirche, die 1099 zu einer Benediktiner Abtei erhoben wurde, in welche nur adelige Mönche Aufnahme fanden, welche 1496 in ein Collegiatstift umgewandelt und bereits 1565 vom Churfürst Friedrich III. eingezogen wurde. Vom Bischof von Speyer noch ein Mal restituirt, wurde sie 1649 für immer aufgehoben. Die um das Stift entstandene Stadt wurde verschiedene Male und zuletzt von König Ludwig 1330 an die Pfalz verpfändet, bei welcher sie als Landstadt blieb, bis dieselbe mit dieser an Baden kam.

**Sinsheim**, Pfdf., 16 ev., 3235 k., zus. 3251 C., A.G. und B.A. Baben; A.G. u. A.A. Baben; L.R. Ottersweier, B.A. Baben. Sitz d. B.Abl.; liegt 434 p. F. üb. d. M. an der Straße von Rastatt nach Offenburg. Feldbau und Viehzucht.

**Sipplingen**, Pfdf., 2 ev., 911 L, 6 Diff., zus. 919 C., A.G. u. A.A. Ueberlingen; A.G. und A.A. Constanz; L.R. Stockach, liegt an Ueberlinger See. Feldbau, Obst- u. Viehzucht.

**Siraiz**, J. d. T. Schweighof, 17 ev. C., Fil. von Badenweiler, L.G. und B.A. Müllheim; A.G. u. A.A. Lörrach, liegt sehr hoch.

**Sitzenkirch**, D., 242 ev., 14 k., zus. 256 C., Fil. v. Obereggenen, L.G. und B.A. Müllheim; A.G. und A.A. Lörrach, liegt in einem Seitenthale des Kandenthales.

**Soden**, Hf. u. Prz. d. Wittenhofen, 6 L.C., Fil. von Roggenbeuren, L.G. Meersburg, B.A. Ueberlingen; A.G. u. A.A. Constanz.

**Sodhof**, Hf. u. Prz. d. Pfdf. Schuttertal, 12 l.C., A.G. u. B.A. Lahr; A.G. u. A.A. Offenburg, liegt sehr hoch. Stsbhr.: Fürst v. d. Leyen.

**Sölden**, Pfdf., 340 L.C., A.G. und

B.A. Freiburg; A.G. u. A.A. Freiburg; L.A. Breisach, liegt im Gebirge ziemlich hoch. Feld., Wiesen, Weinbau, Viehzucht und Linnenweberei.

**Söllerhof**, Hf. u. Prz. des D. Isenhofen, 9 l. E., Fil. v. Rußbach, A.G. u. B.A. Oberkirch; R.G. u. A.A. Offenburg.

**Söllingen**, Pfdf., 1249 ew., 24 L., 70 Diff., zuf. 1343 E., A.G. und B.A. Durlach; R.G. u. A.A. Carlsruhe; Dec. Durlach, P.A. Pforzheim. Sitz d. P.Abl.; liegt 510 p. F. üb. d. M. an der Pfinz Feld., Wiesen, Weinbau und Viehzucht. Mühlenbetrieb. Handel mit Milch, Butter und Käse.

**Söllingen**, Pfdf., 6 ew., 594 L, zuf. 600 E., A.G. u. B.A. Rastatt; R.G. u. A.A. Baden; L.A. Ottersweier, liegt 413 p. F. üb. d. M. am Rheine.

**Sohl**, A.O. b. Pfdf. Großschönach, 77 l. E., A.G. und B.A. Pfullendorf; R.G. u. A.A. Constanz. Gemarkung und Gemeindevermögen getrennt.

**Sohlberg**, F. b. Pfdf. Ottenhöfen, 241 l. E., A.G. und B.A. Achern; R.G. u. A.A. Baden.

**Sohlberg**, F. b. Pfdf. Lautenbach, 13 l. E., A.G. u. B.A. Oberkirch; R.G. u. A.A. Offenburg.

**Solomeierhof**, Hf. u. Prz. b. Pfdf. Krumbach, 8 l. E., A.G. u. B.A. Meßkirch; R.G. und A.A. Constanz. Stdhr.: Fürst v. Fürstenberg.

**Sommerau**, A.O. b. Mkff. Bonndorf, 80 l. E., A.G. u. B.A. Bonndorf; R.G. u. A.A. Waldshut. Gemarkung und Gemeindevermögen gemeinschaftlich.

**Sommerau**, F. b. D. Brigach, 149 ew. E., Fil. von Thennenbronn, A.G. und B.A. Triberg; R.G. und A.A. Villingen, liegt in rauher Gegend auf der Wasserscheide zwischen Rhein und Donau. Viehzucht.

**Sommerberg**, F. b. Pfdf. Gütenbach, 4 l. E., A.G. u. B.A. Triberg; R.G. u. A.A. Villingen.

**Sommerd**, F. b. D. Furschenbach, 6 l. E., Fil. v. Ottenhöfen, A.G. u. B.A. Achern; R.G. u. A.A. Baden.

**Sommersbach**, F. b. Pfdf. Alpolsbau, 6 l. E., A.G. u. B.A. Wolfach, R.G. u. A.A. Offenburg. Stdhr.: Fürst v. Fürstenberg.

**Sommershausen**, F. b. D. Oberelchach, 14 l. E., Fil. v. Neuhausen, A.G. und B.A. Villingen; R.G. und A.A. Villingen.

**Sonderzachsgrund**, Hf. u. Prz. b. D. Friedrichsdorf, 9 ew. E., Fil. v. Strümpfelbronn, A.G. u. B.A. Oberbach; R.G. u. A.A. Mosbach, liegt an der Jutterbach. Stdhr.: Markgr. v. Baden.

**Sonderrieth**, D., 273 ew., 46 L, zuf. 319 E., Fil. v. Rassig, A.G. u. B.A. Wertheim; R.G. und A.A. Mosbach, liegt 1071 p. F. üb. d. M. Feldbau und Viehzucht. Stdhr.: Fürst v. Löwenstein-Wertheim.

**Sondersbach**, F. b. D. Reichenbach, 169 l. E., Fil. von Gengenbach, A.G. und B.A. Gengenbach; R.G. und A.A. Offenburg, liegt in einem Thale.

**Sonnenberg**, F. b. D. Fixenhausen, 13 l. E., Fil. v. Hindelwaagen, A.G. u. B.A. Stockach; R.G. u. A.A. Constanz.

**Sonnenberg**, Hf. und Prz. b. D. Mahlspüren im Thale, 13 l. E., Fil. von Seefingen, A.G. u. B.A. Ueberlingen; R.G. u. A.A. Constanz.

**Sonnenbühl**, Hf. und Prz. b. Pfdf. Allmannsdorf, 7 l. E., A.G. und B.A. Constanz; R.G. u. A.A. Constanz.

**Sonnenmatt**, A.O. b. Pfdf. Häg, 93 l. E., A.G. u. B.A. Schönau; R.G. und A.A. Lörrach. Gemarkung und Gemeindevermögen getrennt. Grbhr.: Fehr. v. Schönau-Zell.

**Sorgenhof**, Hf. und Prz. b. Pfdf. Owingen, 14 l. E., A.G. u. B.A. Ueberlingen; R.G. u. A.A. Constanz.

**Späserb**, F. b. Pfdf. Niederwaß

fer, 6 L. C., A.-G. und B.-A. Triberg; R.-G. u. A.-A. Villingen.

**Sponeberg,** Wlr. b. D. Obermangen, 97 L C., Fil. v. Bettmaringen, A.-G. u. B.-A. Bonndorf; R.-G. u. R.-A. Waldshut. Sibshr.: Fürst v. Fürstenberg.

**Spechbach,** Pfdf., 440 ev., 322 l., 5 Men., jul. 767 C., A.-G. u. B.-A. Oberbach; R.-G. und A.-A. Mosbach; L.-R. Waibstadt, liegt 664 p. F. üb. d. M. an einem Bache. Feld, Wiesenbau, Viehzucht. Grbhrn.: Frhrn. v. Benningen-Ulmer.

**Spechtenhans,** Hs. und Prz. des Pfr.-N.-D. Seelfingen, b. D. Mahlspüren im Thale, 3 L. C., A.-G. und B.-A. Ueberlingen; R.-G. und A.-A. Constanz.

**Spenglershäusle,** Hs. und Prz. b. Hfs. Wehrleshof, b. D. Linach, 3 L C., Fil. v. Schonenbach, A.-G. u. B.-A. Villingen; R.-G. u. A.-A. Villingen.

**Sperlingshof,** Hf. und Prz. b. Pfdf. Grilingen, 4 L C., A.-G. und B.-A. Pforzheim; R.-G. und A.-A. Carlsruhe, liegt 870 p. F. üb. d. M. an der Straße von Carlsruhe nach Pforzheim.

**Sperssart,** Pfdf., 13 ev., 547 l., jul. 560 C., A.-G. u. B.-A. Villingen; R.-G. u. A.-A. Carlsruhe; L.-R. Ettlingen, liegt 1034 p. F. üb. d. M. Feld-, Wiesenbau und Viehzucht.

**Speßgart,** Hf. und Schlößchen des Pfdf. Höhlingen, 17 L. C., A.-G. u. B.-A. Ueberlingen; R.-G. u. A.-A. Constanz.

**Spiegelhalden,** Hs. u. Prz. b. Wlr. Unterallenweg, b. D. Vierthäler, 7 l. C., Fil. v. Neustadt, A.-G. u. B.-A. Neustadt; R.-G. u. A.-A. Freiburg.

**Spielberg,** D., 604 ev., 6 L., jul. 810 C., Fil. v. Langensteinbach, A.-G. u. B.-A. Durlach; R.-G. u. A.-A. Carlsruhe, P.-A. Carlsruhe. Sitz b. P.-Abl., liegt 1143 p. F. üb. d. M.

**Spieshof,** Hf. und Prz. b. Pfdf. Roggenbeuren, 10 L C., A.-G. Meersburg. B.-A. Ueberlingen; R.-G. und A.-A. Constanz.

**Spinnerbberg,** F. b. Pfdf. Petersthal, 11 L C., A.-G. u. B.-A. Oberkirch; R.-G. u. A.-A. Offenburg.

**Spirzen,** in den, F. b. Pfdf. St. Märgen, 135 L C., A.-G. und B.-A. Freiburg; R.-G. u. A.-A. Freiburg.

**Spizen,** kurze, F. b. Pfdf. St. Märgen, 54 l. C., A.-G. u. B.-A. Freiburg; R.-G. u. A.-A. Freiburg.

**Spizen,** F. b. D. Hagenstelg, 7 L C., Fil. v. Buchenbach, A.-G. u. B.-A. Freiburg; R.-G. u. A.-A. Freiburg.

**Spitalhof,** Wlr. b. D. Pfaffenweiler, 51 L C., Fil. v. Kirchdorf, A.-G. und B.-A. Villingen; R.-G. u. A.-A. Villingen.

**Spitalhof,** Hf. und Prz. der Sthr. Offenburg, 17 L. C., A.-G. und B.-A. Offenburg; R.-G. u. A.-A. Offenburg.

**Spittelberg,** Hf. und Prz. b. Pfdf. Espaisingen, 28 L C., A.-G. und B.-A. Stockach; R.-G. u. A.-A. Constanz.

**Spizenberg,** F. b. Pfdf. Lautenbach, 13 L C., A.-G. u. B.-A. Oberkirch; R.-G. u. A.-A. Offenburg.

**Spiznagel,** F. b. Pfdf. Salem, 9 L C., A.-G. Meersburg, B.-A. Ueberlingen; R.-G. u. A.-A. Constanz.

**Spizwaldhöfe,** u. Prz. b. D. Oberbränd, 3 L C., Fil. v. Buchenbach, A.-G. u. B.-A. Neustadt; R.-G. und A.-A. Freiburg.

**Spöck,** Pfdf., 1160 ev., 19 L., jul. 1179 C., A.-G. u. B.-A. Carlsruhe; R.-G. u. A.-A. Carlsruhe; Dec. Carlsruhe, liegt 380 p. F. üb. d. M. an der Pfinz. Feldbau und Viehzucht.

**Sponeck,** Hf. und Schlr. b. Pfdf. Jechtingen, 3 L C., A.-G. und B.-A. Breisach; R.-G. u. A.-A. Freiburg, liegt sehr schön am Rheine auf einem Vorsprunge des Kaiserstuhls.

**Sprauthal,** D., 267 C., Fil. von Nußbaum, A.-G. und B.-A. Bretten; R.-G. u. A.-A. Carlsruhe, liegt 723 p. F. üb. d. M. Feld-, Wiesen-, Weinbau und Viehzucht.

**Spriegelsbach**, Wlr. b. D. Bierthäler, 107 L G., Fil v. Neustadt, A.G. u. B.A. Neustadt; R.G. u. A.A. Freiburg.

**Spring**, З. b. D. Thiergarten, 11 l. G., Fil. v. Ulm, A.G. u. B.A. Oberkirch; R.G. u. A.A. Offenburg.

**Spring**, З. b. Pfdf. Durbach, 26 l. G., A.G. u. B.A. Offenburg; A.G. u. R.A. Offenburg.

**Sprigenmühle**, Hs. und Prz. b. D. Altenbrunn, 12 L G., A.G. u. B.A. Wallbürn; R.G. u. A.A. Mosbach, liegt 716 p. F. üb. b. M. an der bayr. Grenze. Stdshr.: Fürst von Leiningen.

**Staad**, R.D. b. Pfdf. Allmannsdorf, 222 l.G., A.G. u. B.A. Constanz; A.G. u. R.A. Constanz. Gemarkung und Gemeindevermögen gemeinschaftlich.

**Staatsberg** З. b. Mthl. Furtwangen, 56 l. G., A.G. und B.A. Triberg; R.G. und R.A. Villingen.

**Stadel**, R.D. b. D. Riedheim, 104 L G., Fil v. Unterhinringen, A.G. Meersburg, B.A. Ueberlingen; R.G. und R.A. Constanz. Gemarkung u. Gemeindevermögen getrennt. Stdshr.: Fürst v. Fürstenberg.

**Stadel**, R.D. des D. Ehrsberg, 108 l. G., Fil. von Häg, A.G. u. B.A. Schönau; R.G. und R.A. Lörrach. Gemarkung und Gemeindevermögen getrennt. Stdshr.: Frhr. von Schönau-Zell.

**Stadelhofen**, D., 709 l. G., Fil. v. Ulm, A.G. u. B.A. Oberkirch; R.G. u. R.A. Offenburg, liegt an der Rench.

**Stadelhofen**, D., 9 ev., 319 l. juj. 328 G., Fil. von Pfullendorf, A.G. und B.A. Pfullendorf; R.G. und R.A. Constanz.

**Stadenhausen**, D., 118 l. G., Fil. von Luttingen, A.G. und B.A. Waldshut; R.G. u. R.A. Waldshut.

**Stadtmühle**, Hs. und Prz. b. Stb. Wertheim, 311 l. G., A.G. u. B.A. Wertheim; R.G. u. R.A. Mosbach.

**Stäffelshof**, Hs. und Prz. b. Pfdf. Schönenbach, 12 L G., A.G. u. B.A. Villingen; R.G. u. R.A. Villingen.

**Stafforth**, D., 667 ev., 1 l., juj 668 G., Fil. von Spöck, A.G. und B.A. Carlsruhe; R.G. u. R.A. Carlsruhe, liegt 377 p. F. üb. b. M. an der Pinz. Feldbau u. Viehzucht.

**Stahlhof**, D., 205 L G., Fil. von Waldkirch, A.G. und B.A. Waldkirch; R.G. u. R.A. Freiburg.

**Stahringen**, Pfdf., 544 l. G., A.G. u. B.A. Stockach; R.G. und R.A. Constanz; L.R. Stockach. Feldbau und Viehzucht.

**Staig**, З. b. Pfdf. Kirnbach, 11 l. G., A.G. und B.A. Triberg; R.G. u. R.A. Villingen.

**Staig**, З. b. D. Lehengericht, 13 ev. G., Fil. von Schiltach, A.G. und B.A. Wolfach; R.G. u. R.A. Offenburg.

**Staig**, З. b. Pfdf. Oberwolfach, 70 L G., A.G. u. B.A. Wolfach; R.G. und R.A. Offenburg.

**Stallegg**, Hf. u. Prz. b. D. Göschweiler, 15 L G., Fil. v. Löffingen, A.G. und B.A. Neustadt; R.G. und R.A. Freiburg. Stdshr.: Fürst v. Fürstenberg.

**Stalterhof**, Hf. und Prz. b. Pfdf. Waldau, 13 L G., A.G. und B.A. Freiburg; R.G. u. R.A. Freiburg.

**Staude**, З. b. Pfdf. Gremmelsbach, 14 L G., A.G. und B.A. Triberg; R.G. u. R.A. Villingen.

**Stauden**, З. b. Pfdf. Oberwinden, 52 l. G., A.G. u. B.A. Waldkirch; R.G. u. R.A. Freiburg.

**Staudenheim**, З. b. Pfdf. Sexau, 39 ev. G., A.G. u. B.A. Emmendingen; R.G. u. R.A. Freiburg.

**Staufen**, D., 1 ev., 160 L, juj. 161 G., Fil. v. Brenden, A.G. u. B.A. Bonndorf; R.G. und R.A. Waldshut.

**Staufen**, Stdt., 79 ev., 1663 l., juj. 1742 G., R.G. und R.A. Freiburg; L.R. Breisach, F.J. Freiburg, B.A. Freiburg. Sitz des A.G., L.Ph., G.R.

B.-A., L.-B., B.-G., P.-G. und L.-A., liegt am Neumagen und am Eingange des Münsterthals und hat am Fuße des Kastelberges der einen trefflichen Wein erzeugt, eine sehr freundliche Lage. Feld-, Wiesen-, Weinbau, Viehzucht, Gewerbebetrieb, insbesondere Tuchfabrikation, worunter namentlich die eine Wollspinnerei, Färberei, Druckerei, Walke, Walch-, Rauh-, Scheer-, Bürst-, und Spulmaschinen und mech. Weberei umfassende Fabrik von J. L. Gyßer, welche durch Turbine u. Dampfmaschine von etwa 20 Pferdekräften in Bewegung gesetzt wird und 36—40 Arbeiter beschäftigt, die jährlich 70,000 Ellen halbwollene Bekleidungsstoffe fabriciren. Silberne Medaille. Handel. St. war ehedem Besitzthum der Herzoge von Zähringen und hatte einen gleichnamigen Dienstadel der 1602 erlosch, worauf es an Oesterreich zurückfiel, von welchem es an St. Blasien kam, von wo es mit dieser Abtei an Baden kam.

**Staufenberg**, D., 817 ev., 68 l., juf. 853 C., Fil. v. Gernsbach; A.-G. u. B.-A. Gernsbach; A.-G. u. A.-A. Baden, liegt 790 p. F. üb. d. M. in einem Thale östlich vom Merkuriusberge.

**Staufenberg**, Schß. und Prz. b. Pfdf. Durbach, 15 l. C., A.-G. u. B.-A. Offenburg; A.-G. u. A.-A. Offenburg, liegt auf einem mäßigen Berge und erzeugt den unter dem Namen „Klingelberger" gut bekannten Wein.

**Staufenhof**, Hf. und Prz. b. Pfdf. Hilzingen, 11 l. C., A.-G. und B.-A. Engen; A.-G. u. A.-A. Constanz. Erbherr.: Markgfn. von Baden.

**Stebbach**, Pfdf., 613 ev., 20 l., 1 Tiff., 14 Men., 90 isr., juf. 738 C., A.-G. u. B.-A. Eppingen; A.-G. und A.-A. Heidelberg; Dec. Eppingen, P.-A. Bruchsal. Sitz b. B.-Abl., liegt 742 p. F. üb. d. M. an der Straße von Eppingen nach Heilbronn. Grbhr.: Grfn. von Degenfeld-Schomberg.

**Steckenhald**, Z. b. Pfdf. Bühlerthal, 472 l. C., A.-G. und B.-A. Bühl; A.-G. u. A.-A. Baden.

**Steckenhof**, Hf. und Prz. b. Pfdf. Langenrain, 17 l. C., A.-G. und B.-A. Constanz; A.-G. u. A.-A. Constanz. Erbhr.: Frhr. von Bodmann.

**Steckenhof**, Hf. und Prz. des Pfdf. Denzlingen, 6 ev. C., A.-G. u. B.-A. Emmendingen; A.-G. u. A.-A. Freiburg. Grbhr.: Frhr. Röder von Diersburg.

**Stegen**, D., 2 ev., 363 l., juf. 365 C., Fil. v. Kirchzarten, A.-G. und B.-A. Freiburg; A.-G. u. A.-A. Freiburg. Grbhr.: Graf von Kageneck.

**Stegmühle**, Hf. und Prz. b. N.-D. Schlechtbach, b. D. Raitbach, 7 ev. C., Fil. v. Gersbach, A.-G. u. B.-A. Schopfheim; A.-G. u. A.-A. Lörrach.

**Stehle**, Wlr. b. Pfdf. Herrischried, 66 l. C., A.-G. u. B.-A. Säckingen; A.-G. u. A.-A. Waldshut.

**Stehlinsweiler**, Hf. und Prz. des Pfdf. Ittendorf, 12 l. C., A.-G. Meersburg, B.-A. Ueberlingen; A.-G. und A.-A. Constanz.

**Steibruftes**, Hf. und Prz. b. Fldi. Markdorf, 10 l. C., A.-G. Meersburg, B.-A. Ueberlingen; A.-G. u. A.-A. Meersburg.

**Steiertenhof**, Hf. u. Prz. b. Wlr. Oberaltenweg b. D. Dietthölzer, 19 l. C., Fil. v. Neustadt, A.-G. u. B.-A. Neustadt; A.-G. und A.-A. Freiburg.

**Steig**, Wlr. b. Pfdf. Hinterzarten, 51 l. C., A.-G. u. B.-A. Freiburg; A.-G. und A.-A. Freiburg.

**Steig**, D., 1 ev., 547 l., juf. 548 C., Fil. v. Hinterzarten, A.-G. u. B.-A. Freiburg; A.-G. u. A.-A. Freiburg, liegt im sog. Höllenthal. Viehzucht, Löffelschmiederei und Holzmachen.

**Steig**, Z. b. D. Lierbach, 13 l. C., Fil. v. Oppenau, A.-G. u. B.-A. Oberkirch; A.-G. u. A.-A. Offenburg.

**Steig**, Z. b. Pfdf. Lautenbach, 11 l. C., A.-G. u. B.-A. Oberkirch; A.-G. u. A.-A. Offenburg.

**Steigen**, Z. des Pfdf. Altheim, 17

L. E., A.-G. u. B.-A. Ueberlingen; A.-G. u. K.-A. Conſtanz.

**Steigenbach**, H. b. D. Lehengericht 17 ew. E., Fil. v. Schillach, A.-G. und B.-A. Wolfach; R.-G. u. K.-A. Offenburg.

**Steighöfen**, H. b. Pfdf. Heiligenberg, 11 l. E., A.-G. u. B.-A. Pfullendorf; R.-G. u. K.-A. Conſtanz.

**Steigmühle**, Hſ. und Prſ. d. D. Unſelfingen, 6 L E., Fil. v. Engen, A.-G. u. B.-A. Engen; R.-G. und K.-A. Conſtanz.

**Stein**, Mkfl., 1438 ew., 6 L, 10 Men., 11 Iſr., zuſ. 1465 E., A.-G. u. R.-A. Bretten; K.-G. und K.-A. Carlsruhe; Dec. Bretten, F.-J. Carlsruhe, Sitz d. B.-J. und d. ev. Decan., liegt 690 p. F. üb. d. M. Feldb., Wieſen-, Weinbau und Viehzucht. Mkte.: 2. März, 3. Novbr.

**Stein**, H. b. Pfdf. Mühlenbach, 75 L E., A.-G. Haslach, B.-A. Wolfach; R.-G. u. K.-A. Offenburg.

**Stein**, Pfdf., 22 ew., 969 L, 19 Men., 75 iſr., zuſ. 1065 E., A.-G. und B.-A. Mosbach; R.-G. und K.-A. Mosbach; L.-H. Mosbach, liegt 691 p. F. üb. d. M. an der württ. Grenze, hat zwei dem Hrn. von Gemmingen und dem Grafen Wieſer gehörende Schlöſſer, war früher Beſitzthum von Mainz und dem deutſchen Orden, welch' letzterer in Verbindung mit dem Frhrn. von Dalberg 1782 die Pfarrei ſtiftete.

**Steinbach**, Pfdf., 7 ew., 1327 L, zuſ. 1334 E., A.-G. Haslach, B.-A. Wolfach; R.-G. und K.-A. Offenburg; L.-H. Lahr, liegt an der Kinzig.

**Steinamühle**, Hſ. und Prſ. der Mühl. Bonndorf, 11 L E., A.-G. und B.-A. Bonndorf; R.-G. u. K.-A. Waldshut.

**Steinaſäge**, Hſ. und Prſ. b. Mkfl. Bonndorf, 14 L E., A.-G. und B.-A. Bonndorf; R.-G. u. K.-A. Waldshut.

**Steinbach**, Wlr. b. D. Buch, 77 L E., Fil. von Birndorf, A.-G. und B.-A. Waldshut; R.-G. u. K.-A. Waldshut.

**Steinbach**, Sthl., 16 ew., 2038 L, zuſ. 2054 E., A.-G. u. B.-A. Bühl; R.-G.

u. K.-A. Baden; L.-A. Ottersweier, F.-J. Gernsbach, B.-A. Kehl. Sitz d. B.-J. u. U.-G. Feld-, Wieſen-, Weinbau. Viehzucht, Gewerbebetrieb u. Handel. St. erhielt im 13. Jahrh. Stadtrechte u. iſt der Geburtsort Erwins des Erbauers der Straßburger Münſters.

**Steinbach**, R.-D. b. Mkfl. Seelbach, 282 L E., B.-A. Kehl, Sitz d. R.-G. A.-G. und B.-A. Lahr; R.-G. und K.-A. Offenburg. Gemarkung und Gemeindevermögen gemeinſchaftlich. Sthhr.: Fürſt v. der Leyen.

**Steinbach**, D., 410 l. E., Fil. von Hollerbach, A.-G. u. B.-A. Buchen; R.-G. und K.-A. Mosbach, liegt 1371 p. F. üb. d. M. Feldbau, Viehzucht. Sthhr.: Fürſt v. Leiningen.

**Steinbach**, Wlr. b. Pfdf. Neckarzimmern, 48 ew. E., A.-G. und B.-A. Mosbach; R.-G. u. K.-A. Mosbach, liegt 472 p. F. üb. d. M., am rechten Ufer des Neckars. Grdhr.: Frhr. von Gemmingen-Hornberg.

**Steinbach**, R.-D. b. Pfdf. Dittigheim, 63 l. E., A.-G. u. B.-A. Tauberbiſchofsheim; R.-G. und K.-A. Mosbach. Getrennte Gemarkung, gemeinſchaftliches Gemeindevermögen, liegt 960 p. F. üb. d. M.

**Steinbach**, D., 10 ew., 504 l., zuſ., 514 E., Fil. v. Hundheim, A.-G. u. B.-A. Wertheim; R.-G. und K.-A. Mosbach, liegt 1242 p. F. üb. d. M. Sthhr.: Fürſt von Löwenſtein-Wertheim.

**Steinbacherthal**, H. b. D. Hinterſtraß, 35 l. E., Fil. v. St. Märgen. A.-G. u. B.-A. Freiburg; R.-G. und K.-A. Freiburg.

**Steinbacher Wirthshaus**, Hſ. u. Prſ. b. D. Hinterſtraß, 6 L E., Fil. v. St. Märgen, A.-G. und B.-A. Freiburg; R.-G. und K.-A. Freiburg.

**Steinbächle**, H. b. Pfdf. Reichenbach, 13 l. E., A.-G. u. B.-A. Lahr; R.-G. u. K.-A. Offenburg. Sthhr.: Fürſt v. d. Leyen.

**Steinbächle**, H. b. R.-D. Steinbach, b. Mkfl. Seelbach, 46 L E., A.-G.

u. B.-A. Lahr; A.-G. u. A.-A. Offenburg. Eibsthr.: Fürst von der Leyen.

**Steinbis**, З. b. Pfdf. Gremmelsbach, 16 L C., A.-G. u. B.-A. Triberg; A.-G. u. A.-A. Villingen.

**Steinbis**, З. b. Pfdf. Nußbach, 31 L C., A.-G. u. B.-A. Triberg; A.-G. und A.-A. Villingen.

**Steinegg**, Wlr. b. Pfdf. Wehr, 34 l. C., A.-G. u. B.-A. Säckingen; A.-G. u. A.-A. Waldshut. Grbhr.: Frhr. v. Schönau-Wehr.

**Steinegg**, T., 6 ev., 269 L, juf. 277 C., Fil. v. Neuhausen. A.-G. u. B.-A. Pforzheim; A.-G. u. A.-A. Carlsruhe; liegt im Würmthale.

**Steinen**, Pfdf., 716 ev., 460 L, juf. 1176 C., A.-G. u. B.-A. Lörrach; A.-G. u. A.-A. Lörrach; Dec. Lörrach; B.-A. Basel. Sig b. F.: u. C.-C.; liegt an der Wiese. Feld-, Wiesenbau, Viehzucht, Gewerbebetrieb und Baumwollspinnerei und Weberei von W. Geigy und Comp., welche 1835 mit 8000 Spindeln und 120 mech. Webstühlen gegründet wurde, zu der man 1853 eine Filiale unter Eiселn und eine zu Маulburg fügte, die zusammen 26,000 Spindeln und 630 Webstühle zählen, durch 7 Turbinen u. 5 Dampfmaschinen mit 220 Pferdekräften in Bewegung gesetzt werden u. 700 bis 800 Arbeiter beschäftigen, welche 95,000 bis 100,000 Stück zu 42 Stab liefern, wozu die Spinnerei das erforderliche Garn von 8000–9000 Ctr. fertigt. Goldene Medaille.

**Steinenbach**, З. b. Pfdf. Gulach, 102 ev. C., A.-G. u. B.-A. Triberg; A.-G. u. A.-A. Villingen.

**Steinenbach**, З. b. Pfdf. Kappelrodeck, 72 L C., A.-G. u. B.-A. Achern; A.-G. u. A.-A. Baden.

**Steinenberg**, Hf. u. Prz. b. D. Leuhellen, 6 l. C., Fil. v. Weildorf. A.-G. Meersburg, B.-A. Ueberlingen; A.-G. u. A.-A. Constanz. Eibsthr.: Fürst v. Fürstenberg.

**Steinenstadt**, Pfdf., 791 L C., A.-G. u. B.-A. Müllheim; A.-G. u. A.-A. Lörrach; C.-A. Neuenburg; liegt am Rhein. Feld-, Wiesen-, Weinbau u. Viehzucht.

**Steinfurt**, R.-O. b. Rthf. Harbheim, 178 L C., A.-G. u. B.-A. Wallbürn; A.-G. u. A.-A. Mosbach. Gemarkung und Gemeindevermögen getrennt; liegt 1238 p. F. üb. b. M. Eibsthr.: Fürst v. Leiningen.

**Steingrube**, Wlr. b. Pfdf. Ortenberg, 19 L C., A.-G. u. B.-A. Offenburg; A.-G. u. A.-A. Offenburg.

**Steingrün**, З. b. Pfdf. Gulach, 65 ev. C., A.-G. u. B.-A. Triberg; A.-G. u. A.-A. Villingen.

**Steinhäusle**, Hf. und Prz. b. D. Schielberg, 7 L C., Fil. von Burbach, A.-G. u. B.-A. Ettlingen; A.-G. u. A.-A. Carlsruhe; liegt auf der rechten Seite der Alb an der württ. Grenze.

**Steinhalde**, З. b. Eibt. Döhrenbach, 6 l. C., A.-G. u. B.-A. Villingen; A.-G. u. A.-A. Villingen.

**Steinhöfle**, Prz. b. Fellenthälerhof, b. D. Schollach, 11 L C., Fil. von Urach, A.-G. u. B.-A. Neustadt; A.-G. u. A.-A. Freiburg.

**Steinhof**, Hf. u. Prz. b. D. Hohenbobmann, 18 L C., Fil. von Lippertsreuthe, A.-G. u. B.-A. Ueberlingen; A.-G. u. A.-A. Constanz.

**Steinighof**, Hf. u. Prz. b. D. Rollbach, 15 ev. C., Fil. v. Schopfheim, A.-G. und B.-A. Schopfheim; A.-G. und A.-A. Lörrach.

**Steinklingen**, R.-O. b. D. Oberflodenbach, 91 ev., 8 L., juf. 73 C., Fil. v. Leutershausen, A.-G. u. B.-A. Weinheim; A.-G. u. A.-A. Mosbach; liegt 1061 p. F. üb. b. M.

**Steinmauern**, Pfdf., 9 ev., 1627 l. juf. 1636 C., A.-G. u. B.-A. Rastatt; A.-G. und A.-A. Baden; C.-A. Gernsbach; liegt 384 p. F. üb. b. M. unweit des Rheins. Feld-, Wiesenbau, Schifffahrt, Holz- und Kohlenhandel.

**Steinmühle**, З. b. D. Rapenwoos, 29 l. C., Fil. v. Elzach, A.-G. und B.-A. Waldkirch; A.-G. u. A.-A. Freiburg.

**Steinriffe**, З. b. D. Amrigschwand, 19 l. C., Fil. v. Höchenschwand, A.-G. u. B.-A. St. Blasien; A.-G. u. A.-A. Waldshut.

**Steinabrunn**, З. d. T. Winterſulgen, 15 L. E., Fil. v. Röhrenbach, A.-G. und B.-A. Pfullendorf; R.-G. und R.-A. Conſtanz.

**Steinsfurth**, Pfdf., 892 ev., 464 L., 1 Diſſ., 34 iſr., jui. 1411 C., A.-G. und B.-A. Eineheim; R.-G. u. R.-A. Heidelberg; L.-R. Waibſtadt; P.-A. Heidelberg. Sitz b. P.-Abl.; ro. Fil. v. Reihen; liegt 556 p. F. üb. d. M. an der Straße von Heidelberg nach Heilbronn. Feldbau und Viehzucht.

**Steinwaſen**, Hſ. u. Prz. d. D. St. Wilhelm, 10 L. E., Fil. v. Oberrieb, A.-G. u. B.-A. Freiburg; R.-G. u. R.-A. Freiburg.

**Steinwenden**, З. b. R.-D. Ullhauſen, b. Pfdf. St. Georgen, 107 l. E., A.-G. u. B.-A. Freiburg; R.-G. u. R.-A. Freiburg.

**Stelzlingen**, Pfdf. 1 ev., 1322 L. jul. 1323 E., A.-G. und B.-A. Stockach; R.-G. und R.-A. Conſtanz; L.-R. Engen; P.-A. Stockach. Siz b. P.-Etmſtr., P.-Abl. und des erzbiſchöfl. Decans; liegt an der Straße von Stockach nach Engen. Feld-, Wein-, Wieſenbau und Viehzucht. Ortsherr.: Frhr. v. Stotzingen.

**Stelzersbach**, З. b. Pfdf. Kirnbach, 31 ev. E., A.-G. u. B.-A. Triberg; R.-G. u. R.-A. Villingen.

**Stemmenbach**, З. b. T. Ramsbach, 15 l. E., Fil. v. Oppenau, A.-G. u. B.-A. Oberkirch; R.-G. u. R.-A. Offenburg.

**Stengelegut**, Hſ. und Prz. b. Pfdf. Owingen, 6 l. E., A.-G. und B.-A. Ueberlingen; R.-G. u. R.-A. Conſtanz.

**Stengelehof**, Hſ. und Prz. b. T. Hecheln, 7 l. E., Fil. v. Mühlingen, A.-G. u. B.-A. Stockach; R.-G. u. R.-A. Conſtanz.

**Stengeleshaus**, Hs. u. Prz. b. Pfdf. Weilborf, 7 L. E., A.-G. Meersburg, B.-A. Ueberlingen; R.-G. u. R.-A. Conſtanz.

**Stengelhof**, Hſ. und Prz. b. Pfdf. Sedenheim, 5 L. E., A.-G. und B.-A. Schwetzingen; R.-G. u. R.-A. Mannheim; liegt 338 p. F. üb. d. M. unweit des Rheins.

**Stengellenz**, Hſ. und Prz. b. Pfdf. Berghaupten, 28 L. E., A.-G. u. B.-A. Gengenbach; R.-G. u. R.-A. Offenburg.

**Stephansfeld**, R.-D. b. Pfdf. Salem, 72 L. E., A.-G. Meersburg, B.-A. Ueberlingen; R.-G. u. R.-A. Conſtanz. Gemarkung u. Gemeindevermögen gemeinſchaftlich. Eisbehrn.: Mlgln. v. Baden.

**Steppach**, Hſ. u. Prz. b. Pfdf. Blumberg, 21 L. E., A.-G. und B.-A. Donaueſchingen; R.-G. u. R.-A. Villingen.

**Stetten**, T., 275 L. E., Fil. v. Kirchen, A.-G. u. B.-A. Engen; R.-G. u. R.-A. Conſtanz; liegt unter dem Schloſſe Neuhöwen.

**Stetten**, D., 281 L. E., Fil. v. Meersburg, A.-G. Meersburg, B.-A. Ueberlingen; R.-G. u. R.-A. Conſtanz. Das Dorf wird ſchon 817 genannt.

**Stetten a. k. M.**, Mktſl., 27 ev., 1082 L., jul. 1109 E., A.-G. u. R.-A. Neßlirch; R.-G. u. R.-A. Conſtanz; L.-R. Neßlirch; P.-A. Stockach. Siz b. Pkbl.; liegt auf einer ziemlich waſſerloſen und rauhen Hochebene. Feldbau und Viehzucht. Im Jahre 799 an die Reichenau vergabt, kam der Ort ſpäter an Salem und mit dieſem an die Mkfn. v. Baden und vom Großherzog Ludwig an die jetzige Grundherrſchaft: Grafen v. Langenſtein.

**Stetten**, T., 238 L. E., Fil. v. Hohentengen, A.-G. u. B.-A. Jeſtetten; R.-G. u. R.-A. Waldshut.

**Stetten**, Pfdf., 310 ev., 935 L., jul. 1245 E., A.-G. u. B.-A. Lörrach; R.-G. u. R.-A. Lörrach; L.-R. Wieſenthal; P.-A. Baſel. Siz b. P.-Abl.; liegt am Eingange in das Wieſenthal. Feld-, Wein-, Wieſenbau u. Viehzucht.

**Stettfeld**, Pfdf., 1 ev., 918 L., jul. 919 E., A.-G. u. B.-A. Bruchſal; R.-G. u. R.-A. Carlsruhe; L.-R. St. Leon; liegt 401 p. F. üb. d. M. an der Kaßbach. Feld-, Wieſenbau und Viehzucht. Rudolph v. Ritlau verkaufte den Ort mit ſeiner Herrſchaft im 13. Jahrh. an Speier. In neuerer Zeit wurden hier römiſche Alterthümer gefunden.

**Stieg**, З. b. Pfdf. Unteralpfen, 13 L. E., A.-G. u. B.-A. Waldshut; R.-G. u. R.-A. Waldshut.

**Stiegen**, Wlr. b. Pfd. Dehningen, 40 l. C., A.-G. u. B.-A. Radolphzell; R.-G. u. K.-A. Constanz; liegt am Rhein.

**Stierhäusle**, Hf. und Prz. b. Pfd. Gütenbach, 4 l. C., A.-G. u. B.-A. Triberg; R.-G. u. K.-A. Villingen.

**Stifl**, Hf. und Prz. b. Stdt. Sinsheim, 23 ev. C., A.-G. und B.-A. Sinsheim; R.-G. u. K.-A. Heidelberg.

**Stifterhof**, Hf. u. Prz. b. D. Eichelberg, 2 ev., 48 L. juſ. 30 C., Fil. von Tiefenbach, A.-G. u. B.-A. Eppingen; R.-G. u. K.-A. Heidelberg.

**Stifthof**, Hf. u. Prz. b. D. Unterſchwarzach, 15 l. C., Fil. v. Neunkirchen, A.-G. Neckargemünd, B.-A. Heidelberg; R.-G. u. K.-A. Heidelberg.

**Stockach**, Stdt., 102 ev., 1812 l. juſ. 1914 C., R.-G. und K.-A. Constanz; Dec. Schopfheim; L.-K. Stockach; F.-J. Donaueſchingen. Siß des A.-G., K.-Ph., G.-R. B.-A., B.-F., D.-V. P.-u. Pfmstr. 2 D.-A.; liegt an der Stockach in einer ſehr fruchtbaren und geſunden Gegend, auf einer kleinen Anhöhe. Feld-, Wein-, Wieſenbau, Obſt u. Viehzucht, Gewerbebetrieb u. Handel Mkte.: 21. April, 23. Juni, 16. Oct., 21. Novbr. B.-M.: 5. Jan., 2. Febr., 1. März, 5. April, 3. Mai, 7. Juni, 5. Juli, 2. Aug. 6. Sept., 4. Octbr., 1. Nov., 6. Dec. Wurde durch die ſich hier kreuzenden Straßen ſchon frühzeitig ein bedeutender Ort. 1499 von den Schweizern vergeblich belagert, ward es 3 Jahrhunderte ſpäter Hauptpunkt der Schlacht zwiſchen Erzherzog Karl u. Jourdan. Nördliche Grenze des Weinbaus.

**Stockbronn**, Hf. und Prz. b. Pfd. Neckarzimmern, 7 ev. C., A.-G. u. B.-A. Mosbach; R.-G. u. K.-A. Mosbach; liegt 1164 p. F. üb. d. M. Grdhr.: Frhr. von Gemmingen-Hornberg.

**Stockenhof**, Hf. u. Prz. b. D. Obermettingen, 3 l. C., Fil. v. Untermettingen, A.-G. u. B.-A. Jeſtetten; R.-G. und K.-A. Waldshut.

**Stockfeld**, Hf. u. Prz. b. Col. Langenſtein, 14 l. C., Fil. v. Orſingen, A.-G. u. B.-A. Stockach; R.-G. u. K.-A. Constanz. Grdhr.: Graf v. Langenſtein.

**Stockfelderhof**, Hf. u. Prz. b. Pfd. Roßlſpüren, 9 l. C., A.-G. und B.-A. Stockach; R.-G. u. K.-A. Constanz.

**Stockhof**, Ober-, Hf. u. Prz. b. D. Bergzell, 20 l. C., Fil. v. Schnellrazell, A.-G. u. B.-A. Wolfach; R.-G. und K.-A. Offenburg.

**Stockmatt**, R.-D. des Pfd. Wies, 140 ev. C., A.-G. und B.-A. Schopfheim; R.-G. u. K.-A. Lörrach. Gemarkung u. Gemeindevermögen gemeinſchaftlich.

**Stockmühle**, Hf. und Prz. b. Stdt. Bräunlingen, 7 l. C., A.-G. u. B.-A. Donaueſchingen; R.-G. u. K.-A. Villingen.

**Stockwald**, Z. b. D. Brigach, 30 ev. C., Fil. v. ev. Thennenbronn, A.-G. u. B.-A. Triberg; K.-G. u. K.-A. Villingen.

**Stockwald**, R.-D. b. Mkfl. St. Georgen, 534 C., A.-G. und B.-A. Triberg; R.-G. und K.-A. Villingen. Getrennte Gemarkung und gemeinſchaftliches Gemeindevermögen.

**Stöcken**, Wlr. b. D. Unterentersbach, 27 l. C., Fil. v. Zell a. H., A.-G. u. B.-A. Gengenbach; R.-G. u. K.-A. Offenburg.

**Stöcken**, Z. b. Pfd. Durbach, 76 l. C., A.-G. u. B.-A. Offenburg; R.-G. u. K.-A. Offenburg.

**Stockhöfe**, Z. b. Pfd. Wittnau, 14 l. C., A.-G. u. B.-A. Freiburg; L.-G. u. K.-A. Freiburg.

**Stöcke**, Z. b. Pfd. Rohrbach, 11 l. C., A.-G. u. B.-A. Triberg; R.-G. und K.-A. Villingen.

**Stoffelhof**, Hf. und Prz. b. Pfd. Ewatingen, 31 l. C., A.-G. u. B.-A. Bonndorf; R.-G. u. K.-A. Waldshut.

**Stohrerer-Rotte**, R.-D. b. D. Obermünſterthal, 107 l. C., Fil. u. St. Trudpert, A.-G. u. B.-A. Staufen; R.-G. und K.-A. Freiburg. Gemarkung u. Gemeindevermögen getrennt; liegt ſehr hoch.

**Stohrenhöfe**, Z. b. D. Münchhöſ, 37 l. C., Fil. v. Raithaslach, A.-G. u. B.-A. Stockach; R.-G. u. K.-A. Constanz.

**Stockburg**, D., 139 ev., 3 L. juſ.

142 E., Fil. v. Mönchweiler, A.G. u. B.A. Villingen; R.G. u. R.A. Villingen.

**Stollen**, 3. b. Pfd. Bleibach, 22 l. E., A.G. u. B.A. Waldkirch; R.G. u. R.A. Freiburg.

**Stollen**, 3. b. Pfd. Siegelau, 22 l. E., A.G. u. B.A. Waldkirch; R.G. u. R.A. Freiburg.

**Stollenberg**, 3. b. Pfd. Nordrach, 10 l. E., A.G. u. B.A. Gengenbach; R.G. u. R.A. Offenburg.

**Stollenberg**, 3. b. Pfd. Durbach, 37 l. E., A.G. u. B.A. Offenburg; R.G. u. R.A. Offenburg.

**Stollengrund**, 3. b. Pfd. Mühlenbach, 10 l. E., A.G. Haslach, B.A. Wolfach; R.G. u. R.A. Offenburg. Stdthr.: Fürst v. Fürstenberg.

**Stollenmühle**, Hs. u. Prj. b. R.O. Leutersberg, b. Pfd. Wolfenweiler, 6 ev. E., A.G. u. B.A. Freiburg; R.G. u. R.A. Freiburg.

**Stollhofen**, Pfd., 2 ev., 966 l., 32 isr., jüd. 1000 E., A.G. u. B.A. Rastatt; R.G. u. R.A. Baden; L.R. Ottersweier. Sitz des erzbischöfl. Decanats; liegt 420 p. F. üb. d. M. an dem Schwarzwasser u. Sulzbach. Felds, Wiesenbau, Viehzucht u. Fischerei. Alter, früher befestigter Ort der Herren v. Windeck und Knotenpunkt der 1709 vom Rhein bis nach Bühl gezogenen Vertheidigungslinie.

**Storenberg**, 3. b. Pfd. Schönwald, 13 l. E., A.G. u. B.A. Triberg; R.G. u. R.A. Villingen.

**Storkenhof**, Hs. und Prj. b. Pfd. Langenrain, 9 l. E., A.G. und B.A. Constanz; R.G. u. R.A. Constanz. Grbhr.: Frhr. v. Bodmann.

**Storzeln**, Hs. u. Prj. b. Pfd. Binningen, 53 l. E., A.G. u. B.A. Engen; R.G. u. R.A. Constanz. Grbhr.: Frhr. v. Hornstein.

**Straß**, R.O. b. Pfd. Denkingen, 47 l. E., A.G. u. B.A. Pfullendorf; R.G. u. R.A. Constanz.

**Straßenheim**, Col., 53 ev., 111 l.,

juf. 164 E., Fil. v. Hebbesheim; A.G. Ladenburg, B.A. Mannheim; R.G. u. R.A. Mannheim.

**Straßenwarthhaus**, 6 l. E., Fil. v. Kirchen, A.G. u. B.A. Engen; R.G. u. R.A. Constanz.

**Straubenhof**, Hs. u. Prj. b. Pfd. Sasbachwalden, 20 l. E., A.G. und B.A. Achern; R.G. u. R.A. Baden.

**Streichenbach**, 3. b. Pfd. Urach, 23 l. E., A.G. u. B.A. Neustadt; R.G. u. R.A. Freiburg.

**Streichenberg**, Hs. u. Prj. b. Pfd. Siebbach, 57 ev., 12 l., jüd. 69 E., A.G. u. B.A. Eppingen; R.G. u. R.A. Heidelberg; liegt 667 p. F. üb. d. M. an dem Staubbach. Grbhrn.: Grfn. von Degenfeld-Schomburg.

**Streitberger Wirthshaus**, Hs. u. Prj. b. Pfd. Amoltern, 7 l. E., A.G. u. B.A. Kenzingen; R.G. u. R.A. Freiburg.

**Strickerhöfe**, 3. b. Pfd. Steinach, 19 l. E., A.G. Haslach, B.A. Wolfach; R.G. u. R.A. Offenburg. Stdthr.: Fürst v. Fürstenberg.

**Strickerhof**, Hs. und Prj. b. Pfd. Watterdingen, 6 l. E., A.G. u. B.A. Engen; R.G. u. R.A. Constanz.

**Strickerhof**, Hs. und Prj. b. O. Oberentersbach, 29 l. E., Fil. v. Zell a. H., A.G. u. B.A. Gengenbach; R.G. u. R.A. Offenburg.

**Strittberg**, Wlr. b. Pfd. Schweighausen, 16 E., A.G. u. B.A. Ettenheim; R.G. u. R.A. Freiburg.

**Strittberg**, R.O. des O. Amrigschwand, 270 l. E., Fil. v. Höchenschwand, A.G. u. B.A. St. Blasien; R.G. u. R.A. Waldshut.

**Strittmatt**, O., 520 l. E., Fil. v. Görwihl, A.G. u. B.A. Waldshut; R.G. u. R.A. Waldshut.

**Strickerhof**, Hs. und Prj. b. Pfd. Worndorf, 10 l. E., A.G. u. B.A. Meßkirch; R.G. u. R.A. Constanz.

**Strohbach,** H. d. T. Bermersbach, 260 E. E., Fil. v. Gengenbach; L.G. und K.-A. Offenburg.

**Strohbauernhof,** Hf. u. Prz. d. D. Bermersbach, 9 k. E., Fil v. Gengenbach, L.G. u. B.A. Gengenbach; L.G. u. K.-A. Offenburg.

**Strümpfelbrunn,** Pfdf., 341 ev., 179 L., 5 Rem., zuf. 525 E., L.G. u. B.A. Eberbach; L.G. u. K.-A. Mosbach; Dec. Mosbach; L.-R. Mosbach; P.-A. Heidelberg. Sitz d. P.-Abt.; liegt 1711 p. J. üb. d. M. östlich vom Katzenbuckel. Feldbau u. Viehzucht. Stdthm.: Mzja. v. Baden.

**Stüblehof,** Hf. u. Prz. d. Stdt. Markdorf, 8 k. E., L.G. Meersburg, B.A. Ueberlingen; L.G. u. K.-A. Constanz.

**Stühlingen,** Stdt., 7 ev., 1236 k., zuf. 1243 E., L.G. u. B.A. Boondorf; L.G. u. K.-A. Balbshut; L.-R. Stühlingen; F.-I. Säckingen; P.-A. Freiburg. Sitz d. B.-F., Pfkllr., L.-St.-A.; liegt an der Wutach. Feld-, Wiesenbau, Viehzucht und Gewerbebetrieb. Hat ein ehemaliges Kapuzinerkloster, in der Mitte und auf dem Rande der Stühlinger Alp liegt das Schloß Hohenlupfen. Es war schon zur Römerzeit cultivirt und erhielt seinen Namen von dem Grafenstuhl des östlichen Kletgaues. Um 1063 erscheinen Grafen v. Stühlingen, deren Erben 90 Jahre später die Herren v. Küssachberg sind, welche einen großen Theil dieses Erbes an das Hochstift Constanz veräußerten, während dieses sich mit Heinrich von Lupfen, dem Schwager des letzten Grafen v. Lupfen, verglich, indem es Stühlingen an ihn abtrat, daher der Name des Schlosses. Nach dem Erlöschen dieses Geschlechts kam die Herrschaft an die Grafen v. Pappenheim und von diesen an Fürstenberg, wo es im 17. Jahrh. die Residenz einer besonderen Linie dieses Hauses bildete, welche 1803 erlosch. Im Jahre 1525 begann hier der Bauernkrieg, weil eine Gräfin v. Lupfen zur Erntezeit das sogenannte Einsammeln von Schnecken zu Garnwindeln verlangte.

**Stürzelbach,** F. d. Pfdf. Durbach, 40 k. E., L.G. u. B.A. Offenburg; L.G. u. K.-A. Offenburg.

**Stürzenhardt,** T., 97 k. E., Fil. v. Buchen, L.G. u. B.A. Buchen; L.G. u. K.-A. Mosbach; liegt 1481 p. F. üb. d. M. Stbshr.: Fürst v. Leiningen.

**Strumpentobel,** N.-O. d. Pfdf. Degenhausen, 6 k. E., L.G. u. B.A. Pfullendorf; L.G. u. K.-A. Constanz. Getrennte Gemarkung u. gemeinschaftliches Gemeindevermögen. Stbshr.: Fürst v. Fürstenberg.

**Stupferich,** Pfdf., 14 ev., 868 k., zuf. 882 E., L.G. u. B.A. Durlach; L.G. u. K.-A. Carlsruhe; L.-R. Ettlingen; liegt 730 p. F. üb. d. M.

**Sturmberg,** F. d. N.-O. Bojnegg, b. Pfdf. Burgweiler, 11 k. E., L.G. und B.A. Pfullendorf; L.G. u. K.-A. Constanz.

**Stautensee,** Schloß u. Prz. d. Pfdf. Blankenloch, 10 ev. E., L.G. u. B.A. Carlsruhe; L.G. u. K.-A. Carlsruhe; liegt 380 p. F. üb. d. M. und führt von dem hier befindlichen Gestüte den Namen.

**Stuttgart,** Hf. und Prz. des Pfdf. Dehalingen, 6 k. E., L.G. und B.A. Radolphzell; L.G. u. K.-A. Constanz.

**Stutz,** N.-O. d. D. Fröhnd, 62 k. E., Fil. v. Schönau, L.G. u. B.A. Schönau; L.G. u. K.-A. Lörrach. Gemarkung u. Gemeindevermögen getrennt.

**Süßenmühle,** Hf. und Prz. d. Pfdf. Sipplingen, 43 k. E., L.G. u. B.A. Ueberlingen; L.G. u. K.-A. Mosbach.

**Suggenthal,** T. u. Bad., 2 ev., 219 k., zuf. 221 E., Fil. v. Waldkirch, L.G. und B.A. Waldkirch, L.G. u. K.-A. Freiburg; P.-A. Freiburg. Sitz der P.-Abl; liegt in einem sehr freundlichen Thale und hat ein sehr besuchtes Bad, gleicht in qualitativer Beziehung jenem des Glottertals, nur sind die Badeinrichtungen besser.

**Sulz,** Pfdf., 265 ev., 950 L., zuf. 1215 E., L.G. u. B.A. Lahr; L.G. u. K.-A. Offenburg; Dec. u. L.-R. Lahr; liegt an der Sulzbach. Feld-, Wiesen- u. Weinbau.

**Sulz,** F. d. Pfdf. Schapbach, 61 E., L.G. u. B.A. Wolfach; L.G. u. K.-A. Offenburg.

**Sulzbach,** F. d. Pfdf. Gulach, 212 ev. E., L.G. u. B.A. Triberg; L.G. u. K.-A. Billingen.

**Salzbach,** J. b. Pfd. Schonach, 28 L. E., A.G. und B.-A. Triberg; R.G. u. K.-A. Villingen.

**Sulzbach,** D., 303 l. E., Fil. v. Ellingenweier, A.G. u. B.-A. Ettlingen; R.G. u. K.-A. Carlsruhe; liegt am nordwestlichen Abhange des Sulzbergs in einem freundlichen Thälchen.

**Sulzbach,** D., 4 ev., 777 L, juf. 781 E., Fil. v. Michelbach, A.G. u. B.-A. Gernsbach; A.G. u. K.-A. Baden; liegt 745 p. F. üb. d. M.

**Sulzbach,** D., 2 ev., 95 L, juf. 97 E., Fil. v. Haslach, A.G. Haslach, B.-A. Wolfach; K.G. u. K.-A. Offenburg.

**Sulzbach,** J. u. Bad b. Pfd. Lautenbach, 15 l. E., A.G. u. B.-A. Oberkirch; K.G. und K.-A. Offenburg; liegt in einem Seitenthale der Rench und ist ein freundlich gelegenes Heilbad, dessen laue Therme einen seifenartigen und salzigen Geschmack, eine Temperatur von 17° R. und ein spec. Gewicht von 1,001 besitzt und in 10,000 Theilen Wasser

| | |
|---|---|
| Zweifach kohlensauren Kalk | 2,6172 |
| " kohlensaure Magnesia | 1,4292 |
| " kohlensaures Eisenoxydul | 0,0999 |
| " kohlensaures Natron | 5,3676 |
| Dreibasisch phosphorsauren Kalk | 0,0391 |
| Chlornatrium | 1,4897 |
| Schwefelsaures Kali | 0,4868 |
| " Natron | 7,8686 |
| Freie Kohlensäure | 3,1226 |
| Spuren von Kieselsäure | 0,0000 |
| " " Thonerde | 0,0000 |
| " " kohlf. Manganoxydul | 0,0000 |
| " " Lithion | 0,0000 |
| " " Arsenik | 0,0000 |
| " " organ. Substanzen | 0,0000 |
| | 22,5209 |

fester Bestandtheile enthält.

An Gas enthält die Quelle:
(absorb. in 10,000 Gramm.)

| | |
|---|---|
| Freie Kohlensäure | 1387,75 |
| Halbgebundene Kohlensäure | 1471,06 |
| Halb- u. ganz gebundene Kohlens. | 2942,12 |

Das Wasser wirkt beruhigend, erweichend, auflösend und ist gut bei Rheumatismus, Gicht, Contracturen, chronischen Hautkrankheiten u. s. w.

**Sulzbach,** D., 210 ev., 759 L, 11 Diff., juf. 980 E., ev. Fil. v. Neckarburken, kath. Fil. v. Billigheim, A.G. u. K.-A. Mosbach; K.G. u. K.-A. Mosbach; P.-A. Heidelberg. Sitz b. P.-Abl.; liegt 877 p. F. üb. b. M. In einer fruchtbaren Gegend. Feldu. Wiesenbau. Eibstr.: Fürst v. Leiningen.

**Sulzbach,** D., 325 ev., 295 l., juf. 620 E., Fil. v. Hemsbach, A.G. u. B.-A. Weinheim; A.G. u. K.-A. Mosbach; liegt 393 p. F. üb. b. M.

**Sulzbacherhof,** Hf. u. Prz. b. D. Sulzbach, 13 E., Fil. v. Hemsbach, A.G. u. B.-A. Weinheim; A.G. u. K.-A. Mosbach; liegt 639 p. F. üb. b. M. im Thale hinter Sulzbach.

**Sulzbächle,** J. b. D. Lebensgericht, 47 ev. E., Fil. v. Schillach, A.G. u. B.-A. Wolfach; K.G. u. K.-A. Offenburg.

**Salzburg,** Sbfl., 736 ev., 110 L, 401 ifr., juf. 1247 E., A.G. und B.-A. Müllheim; A.G. u. K.-A. Lörrach; P.-A. Freiburg; F.-J. Freiburg. Sitz b. B.-J. und P.-E.; Dec. Müllheim; liegt in einem romantischen Thale. Feld-, Wiesen-, Weinbau, Biehzucht u. Gewerbebetrieb. S. hatte ein um 990 gestiftetes und unter dem Schutz der Bischöfe von Basel gestelltes Kloster, das die Herren von Usenberg zu Schirmvögten hatte und von den Markgrafen v. Hachberg als ihren Rechtsnachfolgern während der Reformationszeit aufgehoben wurde. Die Stadt hat ein Bad, das durchschnittlich von 100 Badgästen besucht wird.

**Salzfeld,** Pfd., 1941 ev., 17 L, juf. 1958 E., A.G. u. B.-A. Eppingen; R.G. u. K.-A. Heidelberg; Dec. Eppingen; liegt 662 p. F. üb. b. M. an der Kohlbach. Grdhrr.: Frhrn. Göler v. Ravensburg.

**Sumpfohren,** Pfd., 6 ev., 265 L, juf. 271 E., A.G. u. B.-A. Donaueschingen; A.G. u. K.-A. Villingen; L.-K. Villingen. Feld-, Wiesenbau und Biehzucht. Eibstr.: Fürst v. Fürstenberg.

**Sundheim,** R.-O. b. Pfd. Kehl, 353

ев., 25 L., juf. 533 E., A.G. und B.A. Kork; A.G. und R.A. Offenburg. Gemarkung u. Gemeindevermögen gemeinschaftlich.

**Sunthausen**, Pfdf., 252 ev., 335 l., juf. 587 C., A.G. u. B.A. Donaueschingen; R.G. u. K.A. Villingen; L.R. Geisingen. Sitz des erzbischöfl. Decans; liegt an der Köchenbach.

**Sutschert**, F. b. D. Ramsbach, 13 . C., Fil. v. Oppenau, A.G. und B.A. Oberkirch; R.G. u. K.A. Offenburg.

**Sylvensthal**, N.O. des D. Großstabelhofen, 48 l. C., Fil. v. Dentlingen, A.G. u. B.A. Pfullendorf; R.G. u. K.A. Constanz. Gemarkung u. Gemeindevermögen getrennt.

## T.

**Tafern**, N.O. b. D. Ellwangen, 49 l. C., Fil. v. Pfrungen, A.G. u. B.A. Pfullendorf; R.G. u. K.A. Constanz. Getrennte Gemarkung und gemeinschaftliches Gemeindevermögen. Eibehr.: Fürst v. Fürstenberg.

**Taisersdorf**, D., 1771. C., Fil. v. Schönach, A.G. u. B.A. Ueberlingen; R.G. u. K.A. Constanz.

**Tannacker**, Z. b. Wlr. Josthal, b. D. Bierthäler, 21 l. C., Fil. v. Neustadt, A.G. u. B.A. Neustadt; R.G. u. K.A. Freiburg.

**Tannenbrunn**, Wlr. b. Pfdf. Wornsdorf, 31 l. C. A.G. u. B.A. Stockach; R.G. u. K.A. Constanz. Grbhr.: Graf v. Langenstein.

**Tannengrund**, Z. b. D. Bergzell, 17 l. C., Fil. v. Schenkenzell, A.G. und B.A. Wolfach; R.G. u. K.A. Offenburg.

**Tannenkirch**, Pfdf., 758 ev., 70 l., juf. 628 C., A.G. u. B.A. Lörrach; R.G. u. K.A. Lörrach; Dec. Müllheim. Feld-, Wiesen-, Weinbau und Viehzucht. Fundort von Eisenerz und Marmor.

**Tannenteich**, Im, Z. b. D. Seebach, 36 l. C., Fil. v. Ottenhöfen, A.G. u. B.A. Achern; R.G. u. K.A. Baden.

**Tantenmühle**, Hs. u. Prj. b. N.O. Höfe, b. D. Malsburg, 23 ev. C., Fil. v. Vogelbach, A.G. u. B.A. Müllheim; R.G. u. K.A. Lörrach; liegt an der Kander.

**Tanzberg**, Z. b. D. Thiergarten, 13 l. C., Fil. v. Ulm, A.G. u. B.A. Oberkirch; R.G. u. K.A. Offenburg.

**Taubenbach**, Z. b. D. Reichenbach, 9 ev. C., Fil. v. Hornberg, A.G. u. B.A. Triberg; R.G. u. K.A. Villingen.

**Tauberbischofsheim**, Stdt., 54 ev., 2432 L., 128 ifr., juf. 2614 C., A.G. u. K.A. Mosbach; L.R. Tauberbischofsheim; F.-J. Mosbach; B.A. Heidelberg. Sitz b. A.G., A.Bh., B.A., C.-G., B.F.-D.C., P.-Etmfr., 2 Dift. Not. f. Leiningen'sches Rentamt, Gymnasium und Gewerbschule; liegt 809 p. F. üb. d. M. am linken Ufer der Tauber, wo sie die Brehmbach aufnimmt. Feld-, Wiesen-, Weinbau, Viehzucht, Gewerbebetrieb und Handel. T. war schon sehr frühe ein Besitzthum von Mainz, nachdem es von Winfried Bonifacius 725 der hell. Lioba zu einem Kloster gegeben worden, ward es 911 von Hatto III. der Mutter Ludwigs des Kindes zum Wittwensitz angewiesen, fiel aber schon 980 an das Hochstift wieder zurück. Im 13. Jahrh. wurde das Kloster in ein reiches Spital verwandelt und die Stadt verschiedene Male verpfändet und endlich das 1629 gestiftete und 1803 aufgehobene Franziskanerkloster zu einem Schulgebäude modificirt. Mrkte.: 8. Febr., 25. April, 17. Mai, 11. Juli, 24. Aug., 14. Nov. 21. Dec. B.M.: 9. Febr., 12. Juli, 23. Aug., 15 Novbr., 22. Decbr.

**Tebefenhof**, Hf. u. Prj. b. D. Aubenberg, 13 l. C., Fil. v. Friedenweiler, A.G. u. B.A. Neustadt; R.G. u. K.A. Freiburg.

**Tegernau**, Ober-, Pfdf., 396 ev., 8 l., juf. 604 C., A.G. u. B.A. Schopfheim; R.G. u. K.A. Lörrach; Dec. Schopfheim; R.A. Basel. Sitz b. B.Abl.; liegt an der Belchenwiese ziemlich hoch und ist alt.

**Teich**, Z. b. Pfd. Gütenbach, 84 l. E., A.-G. und B.-A. Triberg; A.-G. u. K.-A. Villingen.

**Teisenhof**, Hf. u Prz. b. Wlr. Oberallenweg, b. D. Bierthäler, 14 l. C., Fil. v. Neustadt, A.-G. u. B.-A. Neustadt; A.-G. u. K.-A. Freiburg.

**Tempel**, Z. b. D. Eisenbach, 11 l. C., Fil. v. Friedenweiler, A.-G. u. B.-A. Neustadt; A.-G. u. K.-A. Freiburg.

**Tengesenhof**, Hf. und Prz. b. Wlr. Spriegelsbach, b. D. Bierthäler, 14 l. C., Fil. v. Neustadt, A.-G. und B.-A. Neustadt; A.-G. u. K.-A. Freiburg.

**Tent**, Z. b. Pfd. Bühlerthal, 67 l. C., A.-G. u. B.-A. Bühl; A.-G. u. K.-A. Baden.

**Tepfenhard**, H.-O. b. D. Abelsreute, 72 l. C., Fil. v. Thalborf, A.-G. u. B.-A. Meersburg, B.-A. Ueberlingen; A.-G. und K.-A. Constanz. Gemarkung u. Gemeindevermögen getrennt.

**Teufelsloch**, Z. b. Pfd. Bonndorf, 5 l. C., A.-G. u. B.-A. Ueberlingen; A.-G. u. K.-A. Constanz.

**Teutschneureuth**, Pfd., 1338 ev., 6 l. juf. 1344 C., A.-G. u. B.-A. Carlsruhe; A.-G. und K.-A. Carlsruhe; L.-Tr. Carlsruhe; liegt 382 p. F. üb. b. M. an der Straße nach Mannheim. Feldbau und Handarbeit.

**Thäle**, Z. b. D. Schwerzenbach, 29 l. C., Fil. v. Friedenweiler, A.-G. und B.-A. Neustadt; A.-G. u. K.-A. Freiburg.

**Thälehof**, Hf. u. Prz. b. A.-O. Rorgenwies, b. Pfd. Heudorf, 15 l. C., A.-G. u. B.-A. Stockach; A.-G. u. K.-A. Constanz.

**Thölemühle**, Hf. und Prz. b. Pfd. Eumingen ab Egg, 5 l. C., A.-G. u. B.-A. Engen; A.-G. u. K.-A. Constanz.

**Thalmbach**, D., 351 ev., 32 l., 98 ifr., jus. 481 C., Fil. v. Mühlhausen, A.-G. u. B.-A. Wiesloch; A.-G. u. K.-A. Carlsruhe; liegt 697 p. F. üb. b. M. und ist sehr alt. Grdhr.: Frhr. v. Rodenstein-Uebenbruck.

**Thal**, Z. b. Pfd. Waldulm, 292 C., A.-G. u. B.-A. Achern; A.-G. u. K.-A. Baden.

**Thal**, Z. b. Pfd. Gremmelsbach, 93 C.,

A.-G. und B.-A. Triberg; A.-G. u. K.-A. Villingen.

**Thalerhof**, Hf. und Prz. b. Pfd. Fuezen, 8 l. C., A.-G. u. B.-A. Bonndorf; A.-G. u. K.-A. Waldshut.

**Thalhaus**, He. u. Prz. b. D. Ostersheim, 10 l. C., Fil. v. Schwezingen, A.-G. und B.-A. Schwezingen; A.-G. und K.-A. Mannheim.

**Thalhausen**, A.-O. b. Pfd. Ebringen, 67 l. C., A.-G. u. B.-A. Freiburg; A.-G. u. K.-A. Freiburg. Gemarkung und Gemeindevermögen gemeinschaftlich.

**Thalheim**, D., 9 ev., 168 l., jus. 177 C., Fil. v. Thengen, A.-G. u. B.-A. Engen; A.-G. und K.-A. Constanz; liegt in einem Thale. Feldbau und Viehzucht.

**Thalhöfe**, A.-O. b. D. Löhningen, 24 l. C., Fil. v. Untermettingen, A.-G. u. B.-A. Bonndorf; A.-G. u. K.-A. Waldshut. Getrennte Gemarkung u. gemeinschaftliches Gemeindevermögen. Sibshr.: Fürst v. Fürstenberg.

**Thalhof**, Hf. u. Prz. b. Pfd. Zimmern, 23 l. C., A.-G. u. B.-A. Engen; A.-G. u. K.-A. Constanz.

**Thalmühle**, He. u. Prz. b. D. Ultenhofen, 5 l. C., Fil. v. Rommingen, A.-G. u. B.-A. Engen; A.-G. u. K.-A. Constanz.

**Thalmühle**, Hf. u. Prz. b. D. Anselfingen, 8 l. C., Fil. v. Engen; A.-G. u. B.-A. Engen; A.-G. u. K.-A. Constanz.

**Thalmühle**, He. und Prz. b. Pfd. Biesendorf, 18 l. C., A.-G. und B.-A. Engen; A.-G. u. K.-A. Constanz. Sibshr.: Fürst von Fürstenberg.

**Thalmühle**, He. und Prz. b. Sldt. Meßkirch, 15 l. C., A.-G. u. B.-A. Meßkirch; A.-G. und K.-A. Constanz. Sibshr.: Fürst v. Fürstenberg.

**Thalmühle**, He. u. Prz. b. D. Rintlingen, 9 l. C., A.-G. u. B.-A. Bretten; A.-G. u. K.-A. Carlsruhe.

**Thalmühle**, Hs. und Prz. b. Sldt. Gochsheim, 11 ev. C., A.-G. u. B.-A. Bretten; A.-G. u. K.-A. Carlsruhe.

**Thaningen**, Z. b. Pfd. Worndorf, 38 l. C., A.-G. u. B.-A. Meßkirch; A.-G. u. K.-A. Constanz.

**Thauregg,** Hs. u. Prz. b. D. Boll, 11 k. E., Fil. v. Sündelwangen, A.-G. u. B.-A. Bonndorf; K.-G. und K.-A. Waldshut: liegt bei der gleichnamigen Schloßruine auf steilem Hügel über dem Wutachthal, war der Sitz eines gleichnamigen Adels, ging durch Erbschaft an die Herren v. Blumenegg und später an St. Blasien über.

**Thanarn,** Hf. und Prz. b. D. Dillenhofen, 18 k. E., Fil. v. Roggenbeuren, K.-G. Meersburg, K.-A. Ueberlingen; K.-G. u. K.-A. Constanz. Sibehr.: Fürst v. Fürstenberg.

**Thannheim,** Pfd., 2 ev., 724 f., juj. 726 E., A.-G. und B.-A. Donaueschingen; K.-G. u. K.-A. Villingen; L.-A. Villingen. Feldbau, Viehzucht, Gewerbebetrieb u. Holzhandel. Alles Besißthum von St. Gallen, das aber schon frühe an das Haus Fürstenberg gedieh.

**Theil, auf,** Z. b. Pfd. Neudingen, 7 k. E., A.-G. u. B.-A. Donaueschingen; K.-G. u. K.-A. Villingen.

**Theilbacher Mühle,** Hs. u. Prz. b. Pfd. Waldenhausen, 14 k. E., A.-G. u. B.-A. Wertheim; K.-G. u. K.-A. Nassach.

**Theuenbach,** Z. b. K.-D. Nußbach, b. D. Freiamt, 7 k. E., Fil. von Seppenbach, A.-G. u. B.-A. Emmendingen; A.-G. u. K.-A. Freiburg; liegt in einem Seitenthälchen des Brettenthals und war ehedem eine Cistercienserabtei, die von Herzog Berthold IV. von Zähringen 1158 gestiftet worden, wovon die Schirmvogtei sich auf die Grafen von Urach-Freiburg vererbte; von diesen auf die Markgrafen v. Baden überging, und sich durch die Abtretung derselben 1473 an Oesterreich bis zu Anfang dieses Jahrhunderts erhielt. 1830 wurde die byzantinische Klosterkirche nach Freiburg versetzt.

**Thengendorf,** Pfd., 9 ev., 720 f., juj. 729 E., A.-G. u. B.-A. Engen; K.-G. u. K.-A. Constanz; L.-A. Engen. Feldbau u. Viehzucht.

**Thengenhinterburg,** D., 103 f. E., Fil. v. Thengen. A.-G. und B.-A. Engen;

A.-G. und K.-A. Constanz. Feldbau, Viehzucht und Gewerbebetrieb.

**Thengenstadt,** K.-D. b. Pfd. Thengendorf, 290 k. E., A.-G. u. B.-A. Engen; A.-G. u. K.-A. Constanz. Gemarkung u. Gemeindevermögen gemeinschaftlich; liegt auf einem Felsen. Feldbau und Biehzucht.

**Theuingen,** Pfd., 1361 ev., 8 k., juj. 1369 E., A.-G. und B.-A. Emmendingen; A.-G. u. K.-A. Freiburg; Dec. Emmendingen; liegt an der Straße von Emmendingen nach Breisach, unweit der Elz. Feldbau und Viehzucht; bildete wie Endingen eine Schenkung der Ottonen an Einsiedeln, hierauf ward es an die Pfalzgrafen v. Tübingen verliehen, die es 1399 an Baden abtraten.

**Thrauenbronn,** ev., Pfd., 722 ev., 169 f., juj. 889 E., A.-G. u. B.-A. Triberg; A.-G. u. K.-A. Villingen; Dec. Hornberg; liegt am Ursprunge der Schillach. Feldbau u. Viehzucht.

**Thrauenbronn,** lath., Pfd., 53 ev., 772 f., juj. 825 E., A.-G. u. B.-A. Triberg; A.-G. u. K.-A. Villingen; L.-A. Triberg; liegt im Schillachthale an der württ. Grenze. Feldbau u. Viehzucht.

**Thieugen,** Pfd., 562 ev., 10 k., juj. 578 E., A.-G. u. B.-A. Freiburg; A.-G. u. K.-A. Freiburg; Dec. Freiburg; P.-A. Freiburg. Sitz der P.-Abl.; liegt an der Straße von Freiburg nach Breisach und hat ein Schlößchen. Feld-, Wiesen-, Weinbau und Viehzucht.

**Thiengen,** Stdt., 150 ev., 1578 k., 6 Mn., 164 jjr., juj. 1858 E., A.-G. u. B.-A. Waldshut; A.-G. u. K.-A. Waldshut; L.-A. Klettgau; P.-A. Waldshut; F.-J. Sädingen. Sitz b. erzbischöfl. Decanats u. H.-St.-A., S.-F., R.-C. Feld-, Wiesen-, Weinbau, liegt anmuthig an den letzten Vorbergen des schwäbischen Jura und ist schon sehr alt. Früher im Besitze der Herren v. Krenkingen kam es von diesen 1420 an das Hochstift Constanz, und von da 1482 als Pfandan die Grafen v. Sulz, die ihren zuweiligen Wohnsitz hier nahmen, welchem Beispiele ihre Erben und Nachfolger, die Fürsten v. Schwarzenberg, folgten.

**Thierberg,** Hf. u. Prz. b. D. Deßeln,

26 L.G., Fil. v. Thiengen, A.G. u. B.-A. Bonndorf; A.G. u. A.A. Waldshut.

**Thiergarten**, Wlr. b. Pfdf. Kreenzheinstetten, 38 L.C., A.G. und B.A. Meßkirch; A.G. u. A.A. Constanz; liegt an der Donau. Hammerwerk. Stwbhr.: Fürst v. Fürstenberg.

**Thiergarten**, Wlr. b. Stdt. Baden, 50 L.C., A.G. u. B.A. Baden; A.G. u. A.A. Baden; liegt auf einer freundlichen Anhöhe.

**Thiergarten**, D., 550 L.C., Fil. v. Ulm, A.G. u. B.A. Oberkirch; A.G. und A.A. Offenburg; liegt im Gebirge.

**Thiergarten**, Hf. und Prz. b. Stdt. Pforzheim, 9 ev., 8 L., pf. 17 C., A.G. u. B.A. Pforzheim; A.G. u. A.A. Carlsruhe.

**Thiergartenhof**, Hf. u. Prz. b. Pfdf. Heiligenberg, 9 L.C., A.G. u. B.A. Pfullendorf; A.G. u. A.A. Constanz.

**Thierungerruthe**, J. b. Pfdf. ev. Tbennenbronn, 28 ev. C., A.G. und B.A. Triberg; A.G. u. A.A. Villingen.

**Thimoos**, Hf. u. Prz. b. D. Oberhof, 33 L.C., Fil. v. Häuner, A.G. und B.A. Säckingen; A.G. u. A.A. Waldshut.

**Thomasberg**. J. b. D. Döttelbach, 11 l. C., Fil. v. Petrethal, A.G. u. B.A. Oberkirch; A.G. u. A.A. Offenburg.

**Thomashof**, Hf. u. Prz. b. Stdt. Durlach, 21 ev. C., A.G. u. B.A. Durlach; A.G. u. A.A. Carlsruhe.

**Thomashof**, Hf. u. Prz. b. D. Hohenwettersbach, 39 l. C., Fil. v. Grünwettersbach, A.G. u. B.A. Durlach; A.G. u. A.A. Carlsruhe.

**Thomasloh**, J. b. Stdt. Oberkirch, 9 L.C., A.G. u. B.A. Oberkirch; A.G. u. A.A. Offenburg.

**Thomellishäusle**, Hs. und Prz. b. Pfdf. Friedenweiler, 8 C., A.G. und B.A. Neustadt; A.G. u. A.A. Freiburg.

**Thürrain**, J. b. D. Kalibrunn, 10 l. C., Fil. u. Wütichen, A.G. u. B.A. Constanz; A.G. u. A.A. Constanz.

**Thumringen**, D., 322 ev., 66 L, 3 Diss., 4 Men., pf. 383 C., Fil. v. Röttela, A.G. u. B.A. Lörrach; A.G. und A.A. Lörrach. Feldr., Wiesen-, Weinbau. Obst- u. Viehzucht.

**Thunas**, D., 229 l. C., Fil. v. Schönau, A.G. u. B.A. Schönau; A.G. und A.A. Lörrach; liegt ziemlich hoch in einem Thale. Feldbau u. Viehzucht.

**Thunerberg**, Hf. und Prz. b. D. Amrigschwand, 12 l. C., Fil. v. Höchenschwand, A.G. u. B.A. St. Blasien; A.G. u. A.A. Waldshut.

**Thumsel**, Pfdf., 3 ev., 785 l., pf. 768 C., A.G. u. B.A. Staufen; A.G. u. A.A. Freiburg; L.A. Breisach. Sitz des erzbischöfl. Decans. Feldbau u. Viehzucht; dies früher Zoniul und hatte einen eigenen Lehenadel, der es an St. Trudpert vergabte.

**Tharm**, Hf. u. Prz. b. D. Fischerbach, 109 l. C., Fil. v. Weiler, A.G. Haslach, B.A. Wolfach; A.G. u. A.A. Offenburg. Stwbhr.: Fürst v. Fürstenberg.

**Thurmhof**, Hf. u. Prz. b.Pfdf. Lienheim, 4 l. C., A.G. u. B.A. Waldshut; A.G. u. A.A. Waldshut.

**Thurmthal**, J. b. Pfdf. Gremmelsbach, 12 L. C., A.G. u. B.A. Triberg; A.G. u. A.A. Villingen.

**Thurmthal**, J. b. Pfdf. Schonach, 73 l. C., A.G. u. B.A. Triberg; A.G. u. A.A. Villingen.

**Thuen**, J. b. Pfdf. Gutach, 227 ev. C., A.G. u. B.A. Triberg; A.G. u. A.A. Villingen.

**Thurner**, J. b. Pfdf. St. Märgen, 170 L.C., A.G. u. B.A. Freiburg; A.G. u. A.A. Freiburg.

**Tiefen**, J. b. Pfdf. Breitnau, 21 l. C., A.G. u. B.A. Freiburg; A.G. u. A.A. Freiburg.

**Tiefen**, J. b. D. Stelg, 31 L.C., Fil. v. Hinterzarten, A.G. u. B.A. Freiburg; A.G. u. A.A. Freiburg.

**Tiefenau**, Hf. u. Prz. b. A.O. Kartung, b. Pfdf. Sinzheim, 7 L.C., A.G. u. B.A. Baden; A.G. u. A.A. Baden; liegt 424 p. F. üb. d. M. an der Sandbach.

**Tiefenbach,** J. b. D. Reichenbach, 15 ev. E., Fil. v. Hornberg. A.-G. u. B.-A. Triberg; K.-G. u. K.-A. Villingen.

**Tiefenbach,** Pfdf., 10 ev., 740 l., zuf. 750 C., A.-G. und B.-A. Eppingen; K.-G. u. K.-A. Heidelberg; P.-A. St. Leon, liegt 580 p. J. üb. d. M. an der Rußbach. Feld-, Wiesen-, Weinbau und Viehzucht.

**Tiefenbach,** J. b. Pfdf. Obertwolfach, 69 l. C., A.-G. und B.-A. Wolfach; K.-G. und K.-A. Offenburg. Stdchr.: Fürst v. Fürstenberg.

**Tiefenbach,** J. des Pfdf. Schapbach, 15 l. C., A.-G. und B.-A. Wolfach, K.-G. und K.-A. Offenburg.

**Tiefenbrunn,** Pfdf., 79 ev., 659 l., zuf. 738 C., A.-G. u. B.-A. Pforzheim; K.-G. und K.-A. Carlsruhe; P.-A. Mühlhausen, P.-A. Pforzheim, Sitz b. P.-Abl.; liegt im Hagelschießwalde. Feldbau und Viehzucht.

**Tiefenbäusern,** D., 509 l. C., Fil. von Höchenschwand, A.-G. und B.-A. St. Blasien; K.-G. u. K.-A. Waldshut.

**Tiefenstein,** N.-D. b. T. Rüßmühl, 131 l. C., Fil. von Görrwihl, A.-G. und B.-A. Waldshut; K.-G. u. K.-A. Waldshut. Gemarkung u. Gemeindevermögen getrennt.

**Tiefenthal,** J. b. T. Boll, 20 l. E., Fil. v. Gündelwangen, A.-G. und B.-A. Bonndorf; K.-G. u. K.-A. Waldshut.

**Tiefenthal,** J. b. Pfdf. Rußbach, 13 l. C., A.-G. u. B.-A. Triberg; K.-G. und K.-A. Villingen.

**Tiefenthalerhof,** Hf. und Prz. b. Pfdf. Hunddeim, 60 l. C., A.-G. und B.-A. Wertheim, liegt auf der K.-A. Mosbach, liegt 1057 p. J. üb. d. M. an der bayerischen Grenze. Stdchr.: Fürst von Leiningen.

**Tieferspring,** J. b. N.-O. Gebirg, b. Pfdf. Durbach, 41 l. C., A.-G. u. B.-A. Offenburg. K.-G. u. K.-A. Offenburg.

**Tiefenblässehof,** Hf. und Prz. b. Dlr. Josthal, b. T. Bierthäler, 12 l. C., Fil. von Neustadt, A.-G. und B.-A. Neustadt; K.-G. und K.-A. Freiburg.

**Tobel,** J. b. Dlr. Ebnet, 13 l. C., Fil. v. Bonndorf; A.-G. u. B.-A. Bonndorf; K.-G. und K.-A. Waldshut.

**Tobel,** J. b. D. Neufrach, 27 l. C., Fil. von Leutkirch, A.-G. Meersburg, B.-A. Ueberlingen; K.-G. und K.-A. Constanz.

**Tobelhof,** Hf. und Prz. b. Pfdf. Großschönach, 13 l. C., A.-G. u. B.-A. Pfullendorf; K.-G. und K.-A. Constanz.

**Tobelhof,** Hf. und Prz. b. N.-O. Ellenfurt, b. Pfdf. Heiligenberg, 13 l. C., A.-G. und B.-A. Pfullendorf; K.-G. und K.-A. Constanz.

**Tochtermannsberg,** J. b. D. Hofstetten, 110 l. C., Fil. von Haslach, A.-G. Haslach, B.-A. Wolfach; K.-G. u. K.-A. Offenburg. Stdchr.: Fürst v. Fürstenberg.

**Todtmoos,** Hinter-, N.-O. b. Pfdf. Vorder-Todtmoos, 23 l. C., A.-G. u. B.-A. St. Blasien; K.-G. u. K.-A. Waldshut. Gemarkung und Gemeindevermögen getrennt.

**Todtmoos,** Vorder, Pfdf., 10 ev., 1736 L., zuf., 1746 C., A.-G. und B.-A. St. Blasien; K.-G. und K.-A. Waldshut; L.-A. Wiesenthal; K.-A. Waldshut. Sitz der P.-Abl.; liegt an der Wehra in einem rauhen Thale. Baumwollweberei und Hausirhandel mit den Fabrikaten derselben, unbedeutender Feldbau, dagegen guten Wiesenbau und Viehzucht, Handel mit Holz.

**Todtmoos-Au,** N.-O. b. Pfdf. Vorder-Todtmoos, 144 l. C., A.-G. und B.-A. St. Blasien; K.-G. und K.-A. Waldshut. Gemarkung u. Gemeindevermögen getrennt.

**Todtmoos-Glashütte,** N.-O. b Pfdf. Vorder-Todtmoos, 125 C., A.-G. und B.-A. St. Blasien; K.-G. und K.-A. Waldshut. Gemarkung und Gemeindevermögen getrennt.

**Todtmoos-Höfle,** J. b. N.-O. Hinter-Todtmoos, b. Pfdf. Vorder-Todtmoos, 54 C., A.-G. und B.-A. St. Blasien; K.-G. und K.-A. Waldshut.

**Todtmoos-Lehen,** J. b. N.-O. Todtmoosweg, b. Pfdf. Vorder-Todtmoos,

144 L C., A.G. und B.A. St. Blasien; R.G. und K.A. Waldshut.

**Todtmoosmättle**, 3.b. R.O. Todtmoosweg b. Pfdf. Vorder-Todtmoos, 49 L C., A.G. u. B.A. St. Blasien; R.G. und K.A. Waldshut.

**Todtmoos-Presberg**, 3.b. R.O. Hinter-Tobtmoos, b. Pfdf. Vorder-Tobtmoos, 100 k. C., A.G. und B.A. St. Blasien; R.G. und K.A. Waldshut.

**Todtmoos-Rütte**, 3.b. R.O. Hinter-Tobtmoos, b. Pfdf. Vorder-Tobtmoos, 206 l. C., A.G. u. B.A. St. Blasien; R.G. und K.A. Waldshut.

**Todtmoos-Schwarzenbach**, R.O. b. Pfdf. Vorder-Todtmoos, 201 L C., A.G. und B.A. St. Blasien; R.G. und K.A. Waldshut. Gemarkung u. Gemeindevermögen getrennt.

**Todtmoos-Strick**, 3.b. R.O. Hinter-Tobtmoos, des Pfdf. Vorder-Tobtmoos, 60 l. C., A.G. u. B.A. St. Blasien; R.G. u. K.A. Waldshut.

**Todtmoos-Weg**, R.O. b. Pfdf. Vorder-Tobtmoos, 197 L C., A.G. und B.A. St. Blasien; R.G. u. K.A. Waldshut. Gemarkung und Gemeindevermögen getrennt.

**Todtnau**, Stdl., 16 ev., 1277 l., pul. 1295 C., A.G. und B.A. Schönau; R.G. u. K.A. Lörrach; L.A. Wiesenthal, B.A. Basel Sitz b. B.-G. u. Bezmstr.; liegt an der Wiese am Fuße eines steilen Felsenberges in einem Wiesenthale. Gewerbe u. Fabrikbetrieb, als Papier- und Zunderfabrikation, Spinnerei, Zwirnerei und Bleiche u. Bürstenfabrikation.

**Todtnauberg-Dorf**, Pfdf., 694 l. C., A.G. u. B.A. Schönau; R.G. u. K.A. Lörrach; L.A. Wiesenthal, liegt am südwestlichen Abhange des Feldberges sehr hoch. Bürsten- und Zunderfabrikation.

**Todtnaubergrütte**, R.O. b. Pfdf. Tobtnauberg-Dorf, 124 l. C., A.G. u. B.A. Schönau; R.G. und K.A. Lörrach, liegt am südwestlichen Abhange des Feldberges sehr hoch.

**Tollmishof**, Col., 1 ev., 99 l., pul. 100 C., Fil. v. Laibenstadt, Stabhalterei, A.G. u. B.A. Adelsheim; R.G. u. K.A. Mosbach, liegt 1144 p. F. üb. d. M. an der württ. Grenze. Grdhr.: Frhr. v. Gemmingen-Hornberg zu Bürg.

**Tonishof**, Hf. u. Prz. b. Wirt. Reichenbach, b. D. Schwarzenbach, 35 L C., Fil. von Friedenweiler, A.G. und B.A. Neustadt; R.G. u. K.A. Freiburg.

**Tonishof**, Hf. und Prz. b. Wirt. Oberallenweg, b. D. Bierthäler, 11 L C., Fil. v. Neustadt, A.G. u. B.A. Neustadt; A.G. u. K.A. Freiburg.

**Torfhof**, Hf. u. Prz. b. Pfdf. Weingarten, 2 ev. C., A.G. u. B.A. Durlach; A.G. u. K.A. Carlsruhe.

**Trabronn**, 3. b. Pfdf. Forbach, 18 L C., A.G. u. B.A. Gernsbach; R.G. u. K.A. Baden.

**Traishof**, Hf. u. Prz. b. Pfdf. Königsbach, 10 L C., A.G. und B.A. Durlach; A.G. u. K.A. Carlsruhe.

**Tremhof** Hf. und Prz. b. Pfdf. Vorthal, 10 l. C., A.G. u. B.A. Wertheim; A.G. u. K.A. Mosbach. B.A. Heidelberg. Sitz b. B.-Stnstr.

**Trentschel**, 3. b. D. Unterlengirch, 17 l. C., Fil. von Oberlengirch; A.G. und B.A. Neustadt; R.G. u. K.A. Freiburg.

**Trescherhof**, Hf. und Prz. b. D. Siebelbach, 10 L C., Fil. v. Saltnau, A.G. u. B.A. Neustadt; R.G. u. K.A. Freiburg.

**Treschklingen**, Pfdf., 465 ev., 11 l., 18 Diff., 11 Men., pul. 505 C., A.G. Neckarbischofsheim, B.A. Sinsheim; R.G. und K.A. Heidelberg; Dec. Neckarbischofsheim, liegt 759 p. F. üb. d. M. nahe an der württ. Grenze in einer nicht unfruchtlichen Gegend. Feldbau, Viehzucht u. Weinbau. Schloß eines gleichnamigen Zweiges der grundherrlichen Familie von Gemmingen-Hornberg.

**Trettentartermühle**, Hn. u. Prz. b. Stdl. Meßkirch, 11 L C., A.G. und

B.-A. Mehlirch, A.G. u. A.A. Conſtanz. Eibhr.: Fürſt v. Fürſtenberg.

**Trettenhof**, Hſ. und Prz. b. Mlift. Seelbach, 19 l. E., A.G. und B.A. Lahr; A.G. u. A.A. Offenburg. Eibhr.: Fürſt v. d. Leyen.

**Triberg**, Eibt., 58 ev., 1454 l., juſ. 1512 C., A.G. u. A.A. Villingen.; L.A. Triberg; B.A. Offenburg; Siß b. A.G. u. A.-Th., G.-R., B.-F., D.-R., Vfthltr. Ge= werbeſchule, liegt ſehr hoch an der Gutach, die oberhalb des Städtchens einen ſchönen Waſſerfall bildet, zwiſchen hohen Bergen. Uh= reninduſtrie, Holzwaarenfabrikation, Bronce= waarenfabrikation, Strohmanufaktur und eine Draht-, Drahtſtiften- und Kettenfabrik von Valentin Kammerer, die ſich ſeit 1821 troß mancherlei Hinderniſſen und Unglücks= fällen aus den kleinſten Anfängen zur größ= ten Ausdehnung empor geſchwungen hat. Es wird inländiſches, engliſches und ſchwe= diſches Eiſen mittelſt 60 Maſchinen und 36 Arbeitern zu allen Sorten Stiften und Ketten im Betrage von 8000 Ctrn. verar= beitet, wobei zwei Turbinen von 36 und 44 Pferdekräften als Triebkraft verwendet werden. Die nach dem Brande 1826 wie= der neu aufgebaute freundliche Stadt war früher Siß eines eigenen Adels, kam dann im 14. Jahrh. an die Herrn von Uſenberg und durch deren Erbtochter Anna an die Markgſn. von Hachberg, von dieſen an die Herzoge von Oeſterreich, welche ſie an meh= rere Veſißer verpfändeten. Im 16. Jahrh. an Lazarus von Schwendi gekommen, er= hielt es durch dieſen ein Spital, während es durch ſeine Tochter Eleonora auf Jacob Ludwig von Fürſtenberg vererbt wurde. 1554 löſte ſich die Stadt aus der Pfand= ſchaft und übergab ſich Oeſterreich, von wo es nach dem Preßburger Frieden an Ba= den kam.

**Trienz**, D., 138 ev., 206 l., juſ. 346 G., ev. Fil. v. Lohrbach, l. Fil. von Lim= bach, A.G. u. B.A. Mosbach; A.G. u. A.A. Mosbach, liegt 1060 p. F. üb. d. M. an der Trienzbach. Eibhr.: Fürſt v. Leiningen.

**Trillenbühl**, Hſ. und Prz. b. Pfbf. Beuren, 23 l. C., A.G. Meersburg, B.A. Ueberlingen; A.G. und A.A. Con= ſtanz. Eibhr.: Fürſt v. Fürſtenberg.

**Trombach**, Z. b. Pfbf. ev. Ther= nenbronn, 23 ev. C., A.G. und B.A. Triberg; A.G. u. A.A. Villingen.

**Trotte**, H. b. D. Anſellingen, 5 l. C., Fil. von Engen, A.G. und B.A. Engen; A.G. u. A.A. Conſtanz.

**Tüfingen**, D., 6 ev., 270 L, 9 Men., juſ. 285 C., Fil. v. Mimmenhauſen, A.G. Meersburg; B.A. Ueberlingen; A.G. u. A.A. Conſtanz. Eibhr.: Markgrafen von Baden.

**Tüllingen**, Pfdf., 310 ev., 37 l., juſ. 407 C., A.G. und B.A. Lörrach; A.G. und A.A. Lörrach; Dec. Lörrach, liegt ſehr ſchön auf dem ſüdöſtlichen Abhange eines Berges; Feldb., Weinbau und Biehzucht.

**Tutſchfelden**, Pfbf., 390 ev., 2 L., juſ. 392 C., A.G. und B.A. Keningen; A.G. und A.A. Freiburg; Dec. Lahr; liegt in einer fruchtbaren Gegend und iſt ſehr alt.

## U.

**Abſtadt**, Pfdf., 1 ev., 1141 l., 4 Diſſ., juſ. 1146 C., A.G. und B.A. Bruchſal; A.G. u. A.A. Carlsruhe; L.A. Bruchſal; P.A. Bruchſal. Siß b. P.Abt.; liegt 421 p. F. üb. d. M. an der Kraichbach und der Straße von Carlsruhe nach Heidelberg. Feld= bau und Viehzucht. Halfti.

**Uebelbach**, A.D. b. D. Kinzigtbal, 94 l. C., Fil. v. St. Roman, A.G. und B.A. Wolfach; A.G. u. A.A. Offenburg. Gemeinſchaftliche Gemarkung und getrenn= tes Gemeindevermögen. Eibhr.: Fürſt v. Fürſtenberg.

**Ueberachen**, A.D. b. D. Aſelfin= gen, 53 l. C., Fil. v. Achdorf, A.G. und B.A. Bonndorf; A.G. und A.A. Walds= hut. Gemarkung und Gemeindevermögen getrennt.

**Ueberauchen**, D., 226 E. E., Fil. v. Kirchdorf, A.G. u. B.A. Villingen; A.G. und A.A. Villingen; liegt im Brigachthale, hat Feldbau, Viehzucht und ein großes Torflager.

**Ueberlingen**, am Ried, Pfd., 424 l. E., A.G. u. B.A. Radolphzell; A.G. und A.A. Constanz; L.A. Hegau. Feldbau, Viehzucht.

**Ueberlingen**, Stdt., 56 ev., 3233 k., 1 Dissid., jud. 3290 E., A.G. und A.A. Constanz; L.A. Linzgau, J.J. Donaueschingen, P.A. Stockach. Sitz b. A.G., A.Pfl. G.R., B.A., O.E., B.Sp., L.R., und Pfhlre. Höhere Bürger- u. Gewerbeschule, liegt am Ueberlinger See und ist auf drei Seiten von Wein- und Obstgärten umgeben. Wein-, Feldbau, Obst-, Viehzucht, Gewerbebetrieb, Handel und Schifffahrt. — Bad, dessen Mineralquelle eine Temperatur von + 11° R. ein spec. Gew. von 1,002 hat und in 16 Unzen

| | |
|---|---|
| kohlensaures Eisenoxydul | 0,43424 Gran |
| „ Manganoxydul | 0,03936 „ |
| „ Natron | 0,14600 „ |
| schwefelsaures „ | 0,39000 „ |
| salzsaures „ | 0,20260 „ |
| salzsaure Bittererde | 0,19920 „ |
| kohlensaure Kalkerde | 0,88520 „ |
| Thonerde | 0,06000 „ |
| Kieselerde | 0,32000 „ |
| kohlensaure Bittererde | 0,50600 „ |
| stickstoffhaltiger Stoff | 0,32600 „ |
| | 3,60680 Gran. |

feste Bestandtheile und an Gasen,
kohlensaures Gas . . . 2,666 Cubikz.
Stickgas . . . . . . 0,433 „
enthält. Neben diesem Mineralbade sind auch Seebäder eingerichtet. Die Stadt war unter dem Namen Jburingas im 7. Jahrh. Residenz des alemannischen Herzogs Gunzo. Nachdem es heruntergekommen und einen unbedeutenden Fillalort von Aufkirch gebildet, kam es aus dem Erbe der Bregenz-Buchhorner unter die Herrschaft der Welfen und Hohenstaufen, unter welch' letzteren es bald wieder emporblühte und 1397 zur freien Reichsstadt sich emporschwang.

Da sie der Reformation feindselig war, so bildete sie eine Zeit lang die Zuflucht für das Constanzer Domcapitel und ward auf ähnliche Weise ein Bollwerk im Bauernkriege. Nachdem sie im 30jährigen Kriege zwei Mal vergeblich belagert worden, wurde sie endlich von Wiederhold genommen und ein Jahr lang besetzt gehalten. Mit Glück widerstand sie dem Versuche als Entschädigung für Freiburg zu dienen und verlor so erst 1802 ihre Reichsunmittelbarkeit. Sehenswerth sind die im 14. Jahrh. aufgeführte Kirche, das Rathhaus mit der alten Münze. St. Johann mit herrlicher Aussicht, das einst das Comtureigebäude gewesen. Das Al. Salem'sche Steinhaus, die Patrizierhäuser von Pflummern von Balbach; im Spitale die alte Kapelle und ebendaselbst die Sophienbibliothek mit 50,000 Bänden und seltenen Handschriften. Mkte.: 9. März, 4. Mai, 31. Aug., 26. Oct., 7. Dezember.

**Ueberkopf**, Z. b. Pfd. Petersthal, 9 l. E., A.G. u. B.A. Oberkirch; A.G. u. K.A. Offenburg.

**Ueberthal**, N.O. b. D. Kollnau, 77 l. E., Fil. v. Waldkirch, A.G. u. B.A. Waldkirch; A.G. u. K.A. Freiburg. Getrennte Gemarkung und getrenntes Gemeindevermögen.

**Uehlingen**, D., 769 l. E., Fil. von Riedern; A.G. u. B.A. Bonndorf; A.G. u. K.A. Waldshut; P.A. Waldshut, Sitz b. P.Abl.

**Uenglertsgrund**, Z. b. D. Rumbach, 79 l. E., Fil. v. Mudau, A.G. und B.A. Buchen; A.G. und K.A. Mosbach. Stdbhr.: Fürst von Leiningen.

**Uenglertsgrund**, Z. b. D. Steinbach, 10 l. E., Fil. v. Hollerbach, A.G. u. B.A. Buchen; A.G.u.K.A. Mosbach.

**Uffhausen**, N.O. b. Pfd. St. Georgen, 766 l. E., A.G. u. B.A. Freiburg; A.G. u. K.A. Freiburg. Gemarkung und Gemeindevermögen gemeinschaftlich; liegt am Fuße des Schönbergs. Feldbau und Viehzucht.

**Uhlberg**, Hf. u. Prz. b. Stdt. Grünfeld, 45 L C., Stabhalterei, A.-G. Gengenbach; B.-A. Tauberbischofsheim; K.-G. und K.-A. Mosbach, liegt 910 p. F. üb. d. M.

**Uhlerst**, K. d. T. Hofstetten. 93 l. E., Fil. von Haslach, A.-G. Haslach, B.-A. Wolfach; K.-G. u. K.-A. Offenburg. Stdshrr.: Fürst v. Fürstenberg.

**Uhrenbühl**, K. b. Pfdf. Gremmelsbach, 10 L C., A.-G. u. B.-A. Triberg; K.-G. u. K.-A. Villingen.

**Uhrenmühle**, Hs. und Prz. b. Pfdf. Gündelwangen, 7 L C., A.-G. u. B.-A. Bonndorf; K.-G. und K.-A. Waldshut.

**Ulfingen**, Pfdf., 448 ev., 127 L, zus. 575 C., A.-G. u. B.-A. Boxberg; K.-G. u. K.-A. Mosbach; Drc. Boxberg, kath. Fil. von Ruppichshausen, liegt 1130 p. F. üb. d. M. an einem Bache. Stdshrr.: Fürst v. Leiningen.

**Ulfigheim**, Pfdf., 729 L C., A.-G. u. B.-A. Tauberbischofsheim; K.-G. u. K.-A. Mosbach; L.-A. Tauberbischofsheim, liegt 1130 p. F. üb. d. M. Die Kirche zeigt Grabmäler des 1545 erloschenen Adels. Stdshrr.: Fürst von Leiningen.

**Ullenburg**, S. und Schloßruine des Pfdf. Ulm, 5 L C., A.-G. u. B.-A. Oberkirch; K.-G. und K.-A. Offenburg, ist sehr alt und kam schon im 11. Jahrh. an das Hochstift Straßburg, während im 13. Jahrhundert Herzoge von Ullenburg erscheinen. Von den wenigen noch vorhandenen Trümmern hat man eine herrliche Fernsicht.

**Ulm**, Pfdf., 4 ev., 623 l., zus. 627 C., A.-G. u. B.-A. Bühl; K.-G. und K.-A. Baden; L.-A. Ottersweier. Feldbau und Viehzucht.

**Ulm**, Pfdf., 1 ev., 1568 L, zus. 1569 C., A.-G. und B.-A. Oberkirch; K.-G. und K.-A. Offenburg; L.-A. Ottersweier. Feld-, Wiesen-, Weinbau und Viehzucht.

**Ulzhausen**, K.-O. b. Pfdf. Burgweiler, 19 L C., A.-G. u. B.-A. Pfullendorf; K.-G. u. K.-A. Constanz. Gemarkung und Gemeindevermögen getrennt.

**Umgenbwieden**, K.-O. b. Pfdf. Wieben, 67 l. C., A.-G. u. B.-A. Schönau; L.-A. und K.-A. Lörrach. Gemarkung und Gemeindevermögen getrennt.

**Umkirch**, Pfdf. 6 ev., 644 L, 13 Men., zus. 663 C., A.-G. u. B.-A. Freiburg; K.-G. u. K.-A. Freiburg; L.-A. Breisach; P.-A. Freiburg. Sitz der P.-Abl.; liegt eben. Schloß mit schönem Garten. Feld-, Wiesenbau u. Viehzucht.

**Umwegen**, K.-O. b. Stbl. Steinbach, 211 l. C., A.-G. und B.-A. Bühl; K.-G. und K.-A. Baden. Gemarkung und Gemeindevermögen gemeinschaftlich, liegt am Fuße des Obergs. Weinbau.

**Unadingen**, Pfdf., 702 L C., A.-G. u. B.-A. Donaueschingen; K.-G. u. K.-A. Villingen; L.-A. Villingen. P.-A. Freiburg. Filz b. P.-Abl.; Feldbau u. Viehzucht, bedeutende Gypsgruben.

**Unrechtenbach**, Z. b. D. Odsbach, 13 L C., Fil. von Oberkirch, A.-G. und B.-A. Oberkirch; K.-G. und K.-A. Offenburg.

**Untersermühl**, K.-O. b. D. Schwanheim, 66 C., Fil. v. Michelbach, A.-G. Neckargemünd, B.-A. Heidelberg; K.-G. u. K.-A. Heidelberg. Gemarkung und Gemeindevermögen gemeinschaftlich.

**Unteralp**, Hf. und Prz. b. D. Rauchen, 14 l. C., Fil. von Bettmaringen, A.-G. u. B.-A. Bonndorf; K.-G. und K.-A. Waldshut.

**Unteralpfen**, Pfdf., 2 ev., 772 l., zus. 774 C., A.-G. und B.-A. Waldshut; K.-G. und K.-A. Waldshut; L.-A. Waldshut Grdhr.: mehrere Adelsgeschlechter.

**Unteraltenweg**, Wlr. b. D. Vierthäler, 25 l. C., Fil. v. Neustadt, A.-G. und B.-A. Neustadt; K.-G. und K.-A. Freiburg.

**Unterambringen**, K.-O. des Pfdf. Kirchhofen, 238 L C., A.-G. und B.-A. Staufen; K.-G. und K.-A. Freiburg. Gemarkung und Gemeindevermögen gemeinschaftlich.

**Unteramseln**, Z. b. D. Rohrhardsberg, 12 L C., Fil. von Nußbach, A.-G. und B.-A. Triberg; K.-G. und K.-A. Villingen.

**Unterbach**, F. b. D. Blumegg, unbewohnt, Fil. v. Bettmaringen, A.-G. u. B.-A. Bonndorf; K.-G. u. K.-A. Waldshut.

**Unterbach**, Wlr. des Pfdf. Owingen, 26 l. C., A.-G. u. B.-A. Ueberlingen; K.-G. und K.-A. Constanz. Standesherren: Mkgrfm. v. Baden.

**Unterbächlewald**, Wlr. der Stbl. Haslach, 8 l. C., A.-G. Haslach; B.-A. Wolfach; K.-G. u. K.-A. Offenburg.

**Unterböckenbauernhof**, Hf. und Prz. b. Wlr. Oberaltenweg, b. D. Vierthäler, 15 l. C., Fil. u. Neustadt, A.-G. u. B.-A. Neustadt; K.-G. u. K.-A. Freiburg.

**Unterbahnhof**, F. b. Pfdf. Selberlingen, 4 l. C., A.-G. und B.-A. Meßkirch; K.-G. u. K.-A. Constanz.

**Unterbalbach**, Pfdf., 782 l. C., A.-G. Gerlachsheim, B.-A. Tauberbischofsheim; K.-G. und K.-A. Mosbach; L.-K. Lauda. Feld-, Weinbau und Viehzucht; war 1809 in die Mergentheimer Unruhen verwickelt. Grbhr.: Frhr. von Zobel.

**Unterbaldingen**, Pfdf., 21 ev., 500 l., zuf. 521 C., A.-G. und B.-A. Donaueschingen; K.-G. u. K.-A. Villingen; L.-K. Geisingen, liegt ganz eben. U. kommt schon im Jahr 769 vor. Stbhr.: Fürst v. Fürstenberg.

**Unterbeckenhof**, Hf. und Prz. b. Pfdf. Wolterdingen, 15 l. C., A.-G. u. B.-A. Donaueschingen; K.-G. und K.-A. Villingen.

**Unterberg**, F. b. Pfdf. Ottoschwanden, 105 l. C., A.-G. u. B.-A. Emmendingen; K.-G. u. K.-A. Freiburg.

**Unterberg**, F. b. Pfdf. Waldulm, 64 l. C., A.-G. und B.-A. Achern; K.-G. u. K.-A. Baden.

**Unterbichtlingen**, K.-C. b. D. Wasser, 137 C., Fil. v. Meßkirch, A.-G. u. B.-A. Meßkirch; K.-G. und K.-A. Constanz. Gemarkung und Gemeindevermögen getrennt.

**Unterbiederbach**, R.-O. des Pfdf. Ober-Bleberbach, 785 l. C., A.-G. und B.-A. Waldkirch; K.-G. u. K.-A. Freiburg.

Gemarkung u. Gemeindevermögen gemeinschaftlich. Feldbau und Viehzucht. Grbhr.: Frhr. von Wittenbach.

**Unterbiegelhof**, Hf. und Prz. b. D. Hasselbach, 14 C., Fil. v. Obersbach, A.-G. Neckarbischofsheim, B.-A. Sinsheim; K.-G. und K.-A. Heidelberg, liegt 607 p. F. üb. d. M. Grbhr.: Frhr. von Degenfeld.

**Unterbildstein**, Hf. u. Prz. K.-O. Nieblingen, b. D. Schlageten, 9 l. C., Fil. von Inner-Urberg, A.-G. und B.-A. St. Blasien; K.-G. u. K.-A. Waldshut.

**Unterbirken**, K.-O. b. D. Stegen, 36 l. C., Fil. von Kirchzarten, A.-G. und B.-A. Freiburg; K.-G. u. K.-A. Freiburg. Gemarkung und Gemeindevermögen gemeinschaftlich. Grbhr.: Graf von Kageneck.

**Unterbooshafel**, K.-O. b. D. Wintersulgen, 22 l. C., Fil. von Jmenste, A.-G. und B.-A. Pfullendorf; K.-G. und K.-A. Constanz. Gemarkung und Gemeindevermögen getrennt. Stbhr.: Fürst v. Fürstenberg.

**Unterbründ**, D., 137 l. C., Fil. v. Huberthshofen, A.-G. u. B.-A. Donaueschingen; K.-G. u. K.-A. Villingen.

**Unterbühl**, Hf. und Prz. des Pfdf. Schienen, 6 l. C., A.-G. und B.-A. Radolphzell; K.-G. u. K.-A. Constanz.

**Unterdielbach**, K.-O. b. Stbl. Oberbach, 118 ev., 3 l., zuf. 113 C., A.-G. und B.-A. Eberbach; K.-G. u. K.-A. Mosbach, liegt 1600 p. F. üb. d. M. Stbhr.: Fürst von Leiningen.

**Unterdill**, F. des Pfdf. Nußbach, 47 l. C., A.-G. u. B.-A. Triberg; K.-G. u. K.-A. Villingen.

**Unteregglingen**, D., 3 ev., 482 l., zuf. 465 C., Fil. v. Tegernau, A.-G. und B.-A. Bonndorf; K.-G. und K.-A. Waldshut, liegt an der Wutach. Stbhr.: Fürst v. Fürstenberg.

**Unter den Eichen**, F. b. Stbl. Zell a. H., 40 l. C., A.-G. und B.-A. Gengenbach; K.-G. u. K.-A. Offenburg.

**Untere deel Höfe**, F. b. D. Wal-

277

fer, 21 E., Fil. v. Emmendingen, A.-G. und B.-A. Emmendingen; A.-G. u. A.-A. Freiburg.

**Untereisenbach,** A. b. D. Elzenbach, 137 l. E., Fil. von Friedenweiler, A.-G. u. B.-A. Neustadt; A.-G. u. A.-A. Freiburg.

**Unteremühle,** Hs. u. Prz. b. Pfdf. Weiswell, 6 l. E., A.-G. und B.-A. Kenzingen; A.-G. u. A.-A. Freiburg.

**Unterengenbach,** Z. b. D. Schollach, 7 l. E., Fil. v. Urach; A.-G. u. B.-A. Neustadt; A.-G. u. A.-A. Freiburg.

**Unterentersbach,** D., 1 ev., 429 l., zuf. 430 E., Fil. von Zell am H., A.-G. und B.-A. Gengenbach; A.-G. und A.-A. Offenburg.

**Untereubigheim,** Pfdf., 241 ev., 297 l., 74 ifr., zuf. 612 E., A.-G. u. B.-A. Boxberg; A.-G. u. A.-A. Mosbach; Dec. Adelsheim; L.-R. Buchen.

**Unterewirthshaus,** Hs. u. Prz. b. Wlr. Unterlangenordnach b. D. Langenordnach, 9 l. E., Fil. v. Friedenweiler, A.-G. und B.-A. Neustadt; A.-G. und A.-A. Freiburg.

**Unterfall,** Z. b. Pfdf. Niederwaffer, 7 l. E., A.-G. und B.-A. Triberg; A.-G. u. A.-A. Villingen.

**Untergimpern,** D., 103 ev., 365 l., 1 Diff., 14 Men., 51 ifr., zuf. 533 E., Fil. von Obergimpern, A.-G. Neckarbischofsheim, B.-A. Sinsheim; A.-G. und A.-A. Heidelberg, liegt 709 p. F. üb. b. M. an der Krebsbach. Feldbau, Viehzucht u. Hanfbarbrt. Grundhrn.: Grafen von Helmstadt.

**Unterglashütte,** D., 124 l. E., Fil. a. Stetten a. l. M., A.-G. u. B.-A. Meßkirch; A.-G. u. A.-A. Constanz.

**Unterglotterthal,** Pfdf., 7 ev., 568 l., zuf. 575 E., A.-G. und B.-A. Waldkirch; A.-G. und A.-A. Freiburg; L.-R. Freiburg, liegt am Eingange des Glotterthals. Feld-, Wiesen-, Weinbau u. Viehzucht.

**Untergrombach,** Pfdf., 6 ev., 1495 l., 165 ifr. zuf. 1666 E., A.-G. u. B.-A. Bruchsal, A.-G. u. A.-A. Carlsruhe; L.-R. Bruchsal, B.-A. Bruchsal. Sitz b. P.-Abl. liegt 408 p. F. üb. b. M. an der Straße von Bruchsal nach Carlsruhe. Feldbau, Viehzucht und Gewerbebetrieb. Haltstation.

**Untergrund,** Z. b. Pfdf. Rohrbach, 32 l. E., A.-G. und B.-A. Triberg; A.-G. und A.-A. Villingen.

**Untergarten,** Z. des Pfdf. Schönwald, 21 l. E., A.-G. und B.-A. Triberg; A.-G. u. A.-A. Villingen.

**Unterharmersbach,** D., 2 ev., 1720 l., zuf. 1722 E., Fil. v. Zell a. H., A.-G. und B.-A. Gengenbach; A.-G. und A.-A. Offenburg.

**Unterhaslach,** A.-O. b. D. Winterfalzen, 11 l. E., Fil. von Bettenbrunn, A.-G. und B.-A. Pfullendorf; A.-G. und A.-A. Constanz. Eibzhr.: Fürst von Fürstenberg.

**Unterhambach,** Z. b. Pfdf. Realkirch, 27 l. E., A.-G. und B.-A. Triberg; A.-G. u. A.-A. Villingen.

**Unterhippensbach,** Z. b. Pfdf. Niederwasser, 11 l. E., A.-G. und B.-A. Triberg; A.-G. und A.-A. Villingen.

**Unterhöfen,** Z. b. Wlr. Josthal, b. D. Bierthäler, 20 l. E., Fil. von Neustadt; A.-G. und A.-A. Freiburg.

**Unterhöge,** A.-O. b. Pfdf. Oberhomberg, 25 l. E., A.-G. und B.-A. Pfullendorf; A.-G. und A.-A. Constanz. Getrennte Gemarkung und gemeinschaftliches Gemeindevermögen.

**Unterhöllgrund,** Wlr. b. D. Waldkatzenbach, 66 ev. E., Fil. v. Strümpfelbrunn, A.-G. und B.-A. Eberbach; A.-G. und A.-A. Mosbach, liegt in wilder Gegend am Fuße des Katzenbuckels. Eibzhrn.: Mgrfn. von Baden.

**Unterhölzer,** Schloß u. Prz. b. Pfdf. Unterbaldingen, 8 l. E., A.-G. und B.-A. Donaueschingen; A.-G. und A.-A. Villingen. F.-J. Jagdschloß mit schönem Thiergarten und Aussicht auf den Wartenberg und die östliche Baar, bietet einen angenehmen Ausflug von Donaueschingen.

**Unterhof,** Hf. u. Prz. b. Pfdf. Staufingen, 20 l. E., A.-G. u. B.-A. Stockach; A.-G. u. A.-A. Constanz.

**Unterhof**, Col., 11 ev., 75 l., pof. 86 C., Fil. v. Balzfeld, A.-G. und B.-A. Wiesloch; L.-G. und K.-A. Heidelberg.

**Unterhomberg**, R.-O. b. Pfd. Ober Homberg, 77 L C., A.-G. und B.-A. Pfullendorf; L.-G. u. K.-A. Constanz. Getrennte Gemarkung und gemeinschaftliches Gemeindevermögen. Stdhr.: Fürst v. Fürstenberg.

**Unteribrethal**, D., 336 L C. Fil. v. Buchenbach, A.-G. und B.-A. Freiburg; L.-G. u. K.-A. Freiburg.

**Unterkessach**, D., 411 ev., 12 l., pof. 423 C., Fil. v. Sindolsheim, A.-G. und B.-A. Adelsheim; L.-G. und K.-A. Mosbach.

**Unterkirnach**, Pfd., 4 ev., 863 l., pof. 867 C., A.-G. und B.-A. Villingen; L.-G. und K.-A. Villingen; L.-H. Villingen; P.-A. Freiburg. Els b. P.-A. liegt in einem Thale. Feld-, Wiesenbau, Viehzucht, Spieluhren- und Tonwarefabrikation; hierher gehört die Orchestrionfabrik von H. Blessing, die durch eine Dampfmaschine in Bewegung gesetzt wird. 18–20 Arbeiter beschäftigt, u. jährlich 5–7 größere Orchestrions liefert. Goldene Medaille. Dann die Strohmanufactur von Blessing und Moser, die 1856 in einem eigenen Fabrikgebäude gegründet wurde und über 500 Arbeiterinnen beschäftigt.

**Unterkrautenbach**, J. b. D. Allschweier, 17 L C., Fil. v. Kappel, A.-G. und B.-A. Bühl; L.-G. und K.-A. Baden.

**Unterkrummen**, J. b. N.-O. Tha b. Pfd. Schluchsee, 11 L C., A.-G. und B.-A. St. Blasien; L.-G. u. K.-A. Waldshut.

**Unterkatterau**, R.-O. b. D. Schlageten, 100 L C., Fil. v. Inner-Urberg, A.-G. und B.-A. St. Blasien; L.-G. und K.-A. Waldshut. Getrennte Gemarkung u. gemeinschaftliches Gemeindevermögen.

**Unterlachen**, Hs. u. Prz. b. D. Wittenhofen, 7 L C., Fil. v. Roggenbeuren, A.-G. Meersburg, B.-A. Ueberlingen; L.-G. und K.-A. Constanz.

**Unterlangenordbach**, Wlr. des D. Langenordbach, 11 l. C., Fil. v. Friedenweiler, A.-G. u. B.-A. Neustadt; L.-G. u. K.-A. Freiburg.

**Unterlauchringen**, D., 94 ev., 585 l., pof. 679 C., Fil. von Thiengen, A.-G. und B.-A. Waldshut; L.-G. und K.-A. Waldshut.

**Unterlehmannsgrund**, J. b. Pfd. Gütenbach, 42 l. C., A.-G. und B.-A. Triberg; L.-G. und K.-A. Villingen.

**Unterlenzkirch**, D., 1 ev., 456 l., pof. 457 C., Fil. von Oberkirch, A.-G. u. B.-A. Neustadt; L.-G. u. K.-A. Freiburg. Stdhr.: Fürst v. Fürstenberg.

**Unterliemberg**, J. b. Pfd. Nußbach, 23 L C., A.-G. und B.-A. Triberg; L.-G. u. K.-A. Villingen.

**Untermaurach**, J. b. D Rußdorf, 23 l. C., Fil. von Seelfelden, A.-G. Meersburg, B.-A. Ueberlingen; L.-G. und K.-A. Constanz.

**Untermettingen**, Pfd., 243 L C., A.-G. u. B.-A. Bonndorf; L.-G. u. K.-A. Waldshut; L.-K. Stühlingen. Stdhr.: Fürst v. Fürstenberg.

**Untermichelbach**, J. b. Pfd. Gamshurst, 69 l. C., A.-G. und B.-A. Achern; L.-G. u. K.-A. Baden.

**Untermühle**, Hs. und Prz. b. Pfd. Riedböhringen, 7 L C., A.-G. u. B.-A. Donaueschingen; L.-G. und K.-A. Villingen.

**Untermühle**, Hs. und Prz. b. D. Seppenhofen, 13 L C., Fil. v. Löffingen, A.-G. u. B.-A. Neustadt; L.-G. und K.-A. Villingen.

**Untermühle**, Hs. und Prz. b. D. Endermettingen, 7 L C., Fil. von Untermettingen, A.-G. und B.-A. Bonndorf; L.-G. und K.-A. Waldshut.

**Untermünsterthal**, D., Thalgemeinde, 11 ev., 1881 L, pof. 1692 C., Fil. von St. Trudpert, A.-G. und B.-A. Staufen; L.-G. und K.-A. Offenburg.

**Untermutten**, R.-O. b. D. Altern, 36 l. C., Fil. von Schönau, A.-G. und B.-A. Schönau; L.-G. und K.-A. Lörrach.

**Gemarkung u. Gemeindevermögen getrennt, liegt am Fuße des Belchen.**

**Untermutschelbach**, D., 327 ev., 1 L., juf. 328 C., Fil. von Singen, A.-G. u. B.-A. Durlach; K.-G. u. K.-A. Carlsruhe, liegt 684 p. F. üb. d. M. an der Bodsbach.

**Unternesseleried**, D. 217 l. C., Fil. von Appenweier, A.-G. und B.-A. Oberkirch; K.-G. u. K.-A. Offenburg.

**Unterrenndorf**, D., 2 ev., 109 l., juf. 111 C., Fil. von Buchen, A.-G. und B.-A. Buchen; K.-G. u. K.-A. Mosbach, liegt 1156 p. F. üb. d. M. Stbehr.: Fürst von Leiningen.

**Unterswlsheim**. Eibl., 2095 ev., 8 l., 9 Diff., juf. 2112 C., A.-G. und B.-A. Bruchsal; K.-G. u. K.-A. Carlsruhe; Dec. Bretten, liegt 457 p. F. üb. d. M. an der Kraichbach. Feld-, Wein-, Wiesenbau und Viehzucht, Handel mit Wein, Hanf, Obst und besonders Kirschen.

**Unterrrain**, Z. b. Pfsf. Gulach, 27 l. C., A.-G. u. B.-A. Triberg; K.-G. u. K.-A. Villingen.

**Unterreichenbach**, Z. b. D. Reichenbach, 86 ev. C., Fil. von Hornberg. A.-G. u. B.-A. Triberg; K.-G. und K.-A. Villingen.

**Unterreuthe**, R.-D. b. Pfsf. Ober-Reuthe, 237 L C., A.-G. u. B.-A. Emmendingen; K.-G. u. K.-A. Freiburg. Gemeinschaftliche Gemarkung und getrenntes Gemeindevermögen. Grdhr.: Freiherr von Harrsch.

**Unterrhena**, R.-D. b. D. Winteriutlgen, 131 L C., Fil. von Röhrenbach, A.-G. und B.-A. Pfullendorf; K.-G. und K.-A. Constanz. Gemarkung und Gemeindevermögen getrennt. Stbehr.: Fürst von Fürstenberg.

**Unterrolsbach**, R.-D. b. D. Kitern, 22 L C., Fil. von Schönau; A.-G. und B.-A. Schönau; K.-G. u. K.-A. Lörrach. Gemarkung und Gemeindevermögen getrennt.

**Unterröthenbach**, Z. b. Pfsf. Grenzelsbach, 30 l. C., K.-G. und B.-A. Triberg; K.-G. u. K.-A. Villingen.

**Unterrothurach**, Z. b. Pfsf. Urach, 23 L C. K.-G. u. B.-A. Neustadt; K.-G. und K.-A. Freiburg.

**Unterschafhaus**, Z. b. Pfsf. Leiberlingen, 5 l. C., A.-G. und B.-A. Meßkirch; K.-G. und K.-A. Constanz.

**Unterscheffleuz**, D., 699 ev., 234 l., 14 Diff., juf. 947 C., ev. Fil. von Mittelschefflenz, l. Fil. von Oberschefflenz, A.-G. u. B.-A. Mosbach; A.-G. u. K.-A. Mosbach.

**Unterscheidenthal**, D., 24 l. C., Fil. von Mudau. A.-G. u. B.-A. Buchen; K.-G. und K.-A. Mosbach.

**Unterschiltach**, Z. b. Pfsf. evang. Tennenbronn, 73 ev. C., A.-G. u. B.-A. Triberg; A.-G. und K.-A. Villingen.

**Unterschüpf**, Mthl., 509 ev., 162 L, 29 ifr., juf. 720 C., A.-G. und B.-A. Boxberg; K.-G. u. K.-A. Mosbach; Dec. Boxberg; L.-K. Lauba, liegt 718 p. F. üb. d. M. an der Umpfer. Feld-, Wiesen-, Weinbau, Obst- und Viehzucht. Gewerbe u. Mühlenbetrieb. Mkt.: 29. Febr., 7. Novbr. Vieh u. Kr.-Mkts.: 9. Mai, 22. Aug. Vichm.: 1. März, 8. Novbr. Stbehr.: Fürst von Leiningen.

**Unterschwandorf**, R.-D. b. Pfsf. Ober-Schwandorf, 193 l. C., A.-G. u. B.-A. Stockach; K.-G. u. K.-A. Constanz. Gemarkung u. Gemeindevermögen getrennt.

**Unterschwarzach**, D., 175 ev., 185 l., 6 Men., juf. 360 C., Fil. von Reunkirchen, A.-G. u. B.-A. Oberbach; K.-G. u. K.-A. Mosbach, liegt 1737 p. F. üb. d. M. an dem Lohbach.

**Unterschweingrube**, Hf. und Bz. b. D. Hecheln, 23 L C., Fil. v. Eigelingen, A.-G. und B.-A. Stockach; K.-G. u. K.-A. Constanz.

**Unterschwerzenbach**, Wlr. b. D. Schwerzenbach, 33 L C., Fil. v. Friebenweiler, A.-G. u. B.-A. Neustadt; K.-G. und K.-A. Freiburg.

**Unteräggingen,** Pfdf., 295 L. E., A.G. und B.A. Ueberlingen; A.G. und K.A. Constanz; L.A. Linzgau. Eibech.: Fürst v. Fürstenberg.

**Untersimonswald,** Pfdf. 695 L. E., A.G. u. B.A. Waldkirch; A.G. u. K.A. Freiburg; L.A. Freiburg, liegt in einem freundlichen Thale.

**Unterspitzenbach,** R.O. b. T. Katzenmoos, 236 L. E., Fil. von Elzach, A.G. u. B.A. Waldkirch; A.G. u. K.A. Freiburg. Gemarkung u. Gemeindevermögen gemeinschaftlich.

**Untersteig,** Z. b. Pfof. Schweighausen, 165 L. E., A.G. u. B.A. Ettenheim; A.G. u. K.A. Freiburg.

**Untersteig,** Z. des Pfdf. Gütenbach, 4 L. E., A.G. u. B.A. Triberg; A.G. und K.A. Villingen.

**Untersteinhalden,** Z. b. Pfof. Nußbach, 35 L. E., A.G. u. B.A. Triberg; A.G. u. K.A. Villingen.

**Unterstenweiler,** R.O. b. D. Mittelstenweiler, 84 L. E., Fil. v. Seulkirch, A.G. Meersburg, B.A. Ueberlingen; A.G. und K.A. Constanz. Gemarkung und Gemeindevermögen gemeinschaftlich.

**Unterthal,** Z. b. Pfof. Kirnbach, 221 ev. E., A.G. und B.A. Triberg; A.G. und K.A. Villingen.

**Unterthal,** Z. b. Pfof. Rohrbach, 160 L. E., A.G. u. B.A. Triberg; A.G. und K.A. Villingen.

**Unterthal,** Z. b. Pfof. Schonach, 124 L. E., A.G. u. B.A. Triberg; A.G. u. K.A. Villingen.

**Unterthal,** Z. b. Pfof. Bühlerthal, 588 L. E., A.G. und B.A. Bühl; A.G. u. K.A. Baden.

**Unterthal,** Z. b. Pfof. Nordrach, 241 L. E., A.G. u. B.A. Gengenbach; A.G. u. K.A. Offenburg.

**Unterthal,** Z. b. Pfof. Welschensteinach, 186 L. E., A.G. Haslach, B.A. Wolfach; A.G. u. K.A. Offenburg.

**Unterahldingen,** D., 183 L. E., Fil. von Seekirch, A.G. u. B.A. Ueberlingen; A.G. und K.A. Constanz, hieß ehedem Doiltingen, von welchem im 11. Jahrhundert ein Graf von Nellenburg einige Grundstücke und Gebäude an das Kloster St. Salvator zu Schaffhausen vermachte. Es erhielt durch Kaiser Friedrich Barbarossa bestrittes Schifrecht auf dem Bodensee und ging vom Hochstifte Constanz, in dessen Besitz es seit dem 12. Jahrhundert war, an die jetzige Standesherrschaft Fürstenberg über.

**Unterwangen,** D., 171 L. E., Fil. v. Schwaningen, A.G. und B.A. Bonndorf; A.G. u. K.A. Waldshut. Eibschr.: Fürst v. Fürstenberg.

**Unterwasser,** Z. b. Pfdf. Ottenhöfen, 237 L. E., A.G. u. B.A. Achern; A.G. und K.A. Baden, liegt in einem Nebenthale des Achernthales.

**Unterweiler,** Z. b. Pfdf. Durbach, 159 L. E., A.G. u. B.A. Offenburg; A.G. und K.A. Offenburg.

**Unterweschnegg,** R.O. b. D. Tiefenhäusern, 127 L. E., Fil. v. Höchenschwand, A.G. und B.A. St. Blasien; A.G. u. K.A. Waldshut. Getrennte Gemarkung und gemeinschaftliches Gemeindevermögen.

**Unterwirthshaus,** H. und Brz. b. Pfdf. Urach, 20 L. E., A.G. u. B.A. Neustadt; A.G. u. K.A. Freiburg.

**Unterwittighausen,** Pfdf., 1 ev., 643 L., zuf. 644 E., A.G. Gerlachsheim, B.A. Tauberbischofsheim; A.G. u. K.A. Mosbach; L.A. Lauda, liegt 812 p. F. üb. b. M. an der Loittichbach. Feld-, Wein-, Wiesenbau und Viehzucht.

**Unterwittstadt,** D., 220 L. E., Fil. v. Ballenberg, A.G. u. B.A. Boxberg; A.G. u. K.A. Mosbach.

**Unterwolfach,** Z. b. Pfdf. Neukirch, 6 L. E., A.G. u. B.A. Triberg; A.G. u. K.A. Villingen.

**Unzhurst,** Pfdf., 1 ev., 613 L. zuf. 614 E., A.G. u. B.A. Bühl; A.G. und

K.-A. Baden; L.-A. Ottersweier. Feldbau und Viehzucht.

**Urach**, Pfdf., 6 ev., 651 L., kath. 657 C., L.-G. und B.-A. Neustadt; A.-G. und K.-A. Freiburg; L.-A. Villingen, liegt an der Urach. Feld-, Wiesenbau, Viehzucht, Holzhandel und Uhrenfabrikation.

**Urberg, Äußer-**, R.-O. b. Pfdf. Inner-Urberg, 61 L. C., L.-G. u. B.-A. St. Blasien; K.-G. und K.-A. Waldshut. Getrennte Gemarkung und gemeinschaftliches Gemeindevermögen.

**Urberg, Inner-**, Pfdf., 412 k. C., L.-G. und B.-A. St. Blasien; K.-G. und K.-A. Waldshut; L.-A. Waldshut, liegt ziemlich hoch. Feld-, Wiesenbau u. Viehzucht.

**Urberger-Säge**, Hf. u. Brz. b. Pfdf. Inner-Urberg, 5 L. C., L.-G. u. B.-A. St. Blasien; K.-G. und K.-A. Waldshut.

**Urishof**, Hf. u. Brz. b. Pfdf. Schollach, 11 L. C., Fil. v. Urach. L.-G. und B.-A. Neustadt; K.-G. u. K.-A. Freiburg.

**Urishof**, Hf. u. Brz. b. Mr. Josthal, b. D. Bierthäler, 24 L. C., Fil. v. Neustadt, L.-G. u. B.-A. Neustadt; K.-G. u. K.-A. Freiburg.

**Urloffen**, Pfdf., 2113 k. C., L.-G. und B.-A. Offenburg; K.-G. und K.-A. Offenburg; L.-A. Offenburg. Feld-, Wiesenbau und Viehzucht.

**Urnau**, Pfdf., 1 ev., 225 L. kath. 226 C., L.-G. Meersburg, B.-A. Ueberlingen; L.-A. Lindau, liegt an der Urnauer-Ach am Fuße des Gehrenberges. Feldbau und Viehzucht.

**Urphar**, D., 343 ev., 5 k., kath. 348 C., Fil. von Bettingen, L.-G. und B.-A. Wertheim; K.-G. u. K.-A. Mosbach, liegt 591 p. F. üb. d. M. am linken Ufer des Mains. Feld-, Wein-, Wiesenbau u. Viehzucht. Stdshr.: Fürft v. Löwenstein-Wertheim.

**Ursaal**, R.-O. b. Pfdf. Winterspü-

ren, 65 L. C., A.-G. und B.-A. Stockach; A.-G. und K.-A. Mosbach. Gemartung u. Gemeindevermögen getrennt.

**Ursbach, Ober-**, F. b. Stdt. Bohrenbach, 7 L. C., L.-G. und B.-A. Villingen; K.-G. und K.-A. Villingen.

**Ursbach, Unter-**, F. b. Stdt. Bohrenbach, 8 L. C., L.-G. u. B.-A. Villingen; K.-G. und K.-A. Villingen.

**Ursenbach**, D., 153 ev., 8 L., kath. 161 C., Fil. v. Leutershausen, L.-G. und B.-A. Weinheim; K.-G. und K.-A. Mosbach, liegt 1126 p. F. üb. d. M. Grdhr.: Graf von Wifer.

**Ursenbacherhof**, Hf. u. Brz. b. Pfdf. Daisbach, 39 C., L.-G. und B.-A. Eisheim; K.-G. u. K.-A. Heidelberg; liegt 710 p. F. üb. d. M. Grdhr.: Frhr. Göler von Ravensburg.

**Ursprung**, F. b. D. Peterzell, 16 ev. C., Fil. von St. Georgen; K.-G. und B.-A. Triberg; K.-O. u. K.-A. Villingen.

**Urserreuthe**, F. b. D. Hohenbodmann, 17 L. C., Fil. v. Owingen, L.-G. u. B.-A. Ueberlingen; K.-G. u. K.-A. Constanz.

**Urgenreuthe**, F. b. Pfdf. Owingen, 4 L. C., L.-G. u. B.-A. Ueberlingen; K.-G. u. K.-A. Constanz.

**Uttenhofen**, D., 1 ev., 194 L., kath. 195 C., Fil. von Kommingen, L.-G. und B.-A. Engen; K.-G. und K.-A. Constanz. Feld-, Wiesenbau und Viehzucht.

**Uttnach**, R.-O. b Pfdf. Tannenkirch, 162 ev. C., L.-G. u. B.-A. Lörrach; K.-G. und K.-A. Lörrach. Gemarkung und Gemeindevermögen gemeinschaftlich, liegt ganz nahe bei Tannenkirch.

**Utzenfeld**, D., 1 ev., 370 k., kath. 371 C., Fil. von Schönau, L.-G. und B.-A. Schönau; K.-G. u. K.-A. Lörrach, liegt an der Wiese und an der Straße von Schönau nach Todtnau.

## V.

**Varnhalt**, D., 2 ev., 884 L., kath. 886 C., Fil. von Steinbach, L.-G. und B.-A. Bühl; K.-G. u. K.-A. Baden, liegt in einem engen aber freundlichen Thale. Wein-, Feldbau, Viehzucht; gute Steinbrüche.

**Dritshof**, Hf. u. Pfr. b. R.-O. Seelfingen, b. T. Pfahlpfarrei im Thale, 12 L C., Fil. v. Pfahlpfarren, A.-G. u. B.-A. Ueberlingen; A.-G. u. K.-A. Constanz.

**Dertinsbach**, Z. b. Pfbf. Oberried, 119 L C., A.-G. u. B.-A. Freiburg; A.-G. u. K.-A. Freiburg.

**Diebsloecher**, F. b. T. Hundsbach, 60 L C., Fil. v. Herrenwies, A.-G. u. B.-A. Bühl; A.-G. u. K.-A. Baden.

**Diertel**, F. b. Pfbf. Schönwald, 16 L C., A.-G. u. B.-A. Triberg; A.-G. u. K.-A. Dillingen.

**Dierthäler**, T., 1053 f. C., Fil. v. Neustadt, A.-G. u. B.-A. Neustadt; A.-G. u. K.-A. Freiburg. Eldehr.: Fürst v. Fürstenberg.

**Vilchband**, Pfbf., 375 f. C., A.-G. Gerlachsheim, B.-A. Tauberbischofsheim; A.-G. und K.-A. Mosbach; L.-K. Lauda; liegt 950 p. F. üb. d. M. Feld-, Wiesenbau und Viehzucht. An der Ortsgrenze zieht sich ein Graben hin, wo sich die Bauern drei Tage lang verschanzt hatten, ehe sie bei Allertheim geschlagen wurden.

**Dillingen**, Stb., 287 ev., 3862 L f., 4169 C., L.-H. Billingen; F.-F. Donaueschingen; B.-A. Freiburg. Sitz des A.-G., A.-A., A.-G., A.-Ph., G.-R., B.-A., B.-F., G.-F., D.-A., B.-C. und Pfarramt., 2 T.-R., höhere Bürger- u. Gewerbeschule; liegt an der Grenze des Schwarzwaldes, im eigentlichen Anfang des Donauthales, im Kessel zwischen dem Urgebirge des Schwarzwaldes und dem nach dem Königreich Württemberg sich hinziehenden Kalkgebirge. Gewerbebetrieb und Handel, insbesondere Uhreninbustrie u. Tuchmanufactur der Gebrüber Dold, welches Geschäft 1632 entstand, als Johann Albert Dold sich als Tuchmacher etablirte. Im F. 1835 verband sich Fos. Peter Schmidt aus Stolberg mit demselben und sofort wurde das Geschäft fabrikmäßig betrieben, 1842 wurde eine Wasserkraft erworben u. 1851 eine Spinnerei damit verbunden. Seither wurden Färberei, Spinnerei und Weberei vergrößert, eine besondere Scharlachfärberei eingerichtet, mech. Webstühle neuester Construction und eine Dampfmaschine von 12 Pferdekräften aufgestellt. Die Fabrik fabricirt nur Stoffe aus reiner Schafwolle und hat Absatz nach Baden, Württemberg, Bayern u. der Schweiz. Außerdiesen besitzt D. nach zahlreiche Mühlen. Mke.: 29. März, 3. u. 17. Mai, 26. Juli, 27. Sept., 27. Dec. K.-M.: 1. Nov. D.-M.: 6. März. D. wurde 999 von Herzog Berthold von Zähringen zur Stadt erhoben, 120 mit Mauern umgeben und mit eigener Verwaltung beschenkt. Nach dem Erlöschen des Geschlechts der Zähringer blieb es den Staufern als Gut, das sie zur Zeit des Ulmer Vertrags bereits erobert hatten. Nachdem auch dieses Haus ausgestorben war, brachte es Heinrich v. Fürstenberg an sich, welcher Besitz demselben als Reichslehen von Rudolph v. Habsburg bestätigt wurde. Später kaufte sich die Stadt von Fürstenberg wieder los und übergab sich Oesterreich. Sehenswerth die Kirche der Altstadt in byzantinischem Style des 11. Jahrh. erbaut, sodann die Kirche der Stadt im 13. Jahrhdt. erbaut, zeigt eine schöne Kanzel u. f. w.

**Dimbach**, Pfbf., 414 f. C., A.-G. u. B.-A. Bühl; A.-G. u. K.-A. Baden; L.-R. Ottersweier. Feldbau und Viehzucht.

**Dockenroth**, T., 245 ev., 22 L, 7 Ifr., f. 274 C., Fil von Sachsenhausen, A.-G. u. B.-A. Wertheim; A.-G. u. K.-A. Mosbach; liegt 1065 p. F. üb. d. M. an der Straße von Wertheim nach Neunkirchen. Eldehr.: Fürst v. Löwenstein-Wertheim.

**Vögisheim**, T., 401 ev., 15 L, f. 416 C., Fil. v. Auggen, A.-G. und B.-A. Müllheim; A.-G. u. K.-A. Lörrach; liegt in einem kleinen Thale.

**Döhrenbach**, Stb., 19 ev., 1251 f., 3 lfr., f. 1273 C., A.-G. u. B.-A. Billingen; A.-G. und K.-A. Dillingen; L.-R. Dillingen; B.-A. Freiburg. Sitz der B.-C.; liegt an der Brege. Feldbau, Viehzucht, Uhreninbustrie u. Strohmanufactur. Ehedem Fehrnbach genannt, soll der Sage nach durch die Hunnen erstmals zerstört worden sein.

**Völkersbach**, Pfbf., 2 ev., 737 L, f.

739 C., U.-G. u. B.-A. Ettlingen; R.-G. u. K.-A. Carlsruhe; L.-R. Ettlingen. Feldbau u. Viehzucht; liegt 1375 p. F. üb. d. M.

**Dörstetten**, Pfdf., 709 ev., 33 k., juf. 742 C., U.-G. und B.-A. Emmendingen; R.-G. u. K.-A. Freiburg; Fre. Emmendingen. Feld-, Wiesenbau u. Viehzucht. Handel mit Stroh, Heu, Hanf, Hanfsamen u. Vieh.

**Vogelbach**, A. b. Pfdf. Badenweiler, 20 k. C., U.-G. u. B.-A. Müllheim; R.-G. u. K.-A. Lörrach.

**Vogelbach**, R.-O. b. T. Kalsburg, 33 k.-C., Fil. v. Vogelbach, U.-G. u. B.-A. Müllheim; R.-G. u. K.-A. Lörrach. Gemarkung und Gemeindevermögen getrennt.

**Vogelbach**, R.-O. b. T. Willingen, 106 k. C., Fil. v. Unteralpfen, U.-G. und B.-A. St. Blasien; R.-G. u. K.-A. Waldshut. Getrennte Gemarkung u. gemeinschaftliches Gemeindevermögen.

**Vogeleck**, J. b. Pfdf. Schonach, 8 k. C., U.-G. u. B.-A. Triberg; R.-G. und K.-A. Villingen.

**Vogelhäuschen**, Hö. u. Prz. b. R.-O. Fischbach, b. Pfdf. Schluchsee. 9 k. C., U.-G. u. B.-A. St. Blasien; R.-G. u. K.-A. Waldshut.

**Vogelhag**, J. b. Pfdf. Degernau, 8 k. C., U.-G. u. B.-A. Waldshut; R.-G. u. K.-A. Waldshut.

**Vogelloch**, J. b. Pfdf. Nußbach, 6 k. C., U.-G. u. B.-A. Triberg; R.-G. u. K.-A. Villingen.

**Vogelsang**, J. b. Pfdf. Niedereschach, 16 k. C., U.-G. u. B.-A. Villingen; R.-G. u. K.-A. Villingen.

**Vogelsberg**, J. des D. Obersasbach, 23 k. C., Fil. v. Sasbach, U.-G. u. B.-A. Achern; R.-G. u. K.-A. Baden.

**Vogelsberg**, Hf. u. Prz. b. D. Fischerbach, 14 k. C., Fil. v. Welfer, U.-G. Haslach, B.-A. Wolfach; R.-G. und K.-A. Offenburg.

**Vogte**, J. b. T. Langenschiltach, 87 k. C., Fil. v. Hornberg, U.-G. u. B.-A. Triberg; R.-G. u. K.-A. Villingen.

**Vogte**, J. b. Pfdf. Schonach, 39 k. C., U.-G. u. B.-A. Triberg; R.-G. u. K.-A. Villingen.

**Vogte**, J. b. Pfdf. Schönwald, 42 k. C., U.-G. u. B.-A. Triberg; R.-G. und K.-A. Villingen.

**Vogtmartinshof**, Hf. und Prz. b. Pfdf. Schönenbach, 71 C., U.-G. u. B.-A. Villingen; R.-G. u. K.-A. Villingen.

**Vogtsburg**, R.-O. b. Pfdf. Oberbergen, 95 k. C., U.-G. u. B.-A. Breisach; R.-G. u. K.-A. Freiburg. Gemarkung und Gemeindevermögen gemeinschaftlich.

**Vogtsgrund**, J. b. Pfdf. Gütenbach, 20 k. C., U.-G. und B.-A. Triberg; R.-G. u. K.-A. Villingen.

**Vohenlohe**, J. b. T. Langenschiltach, 72 ev. C., Fil. v. Hornberg, U.-G. u. B.-A. Triberg; R.-G. u. K.-A. Villingen.

**Volkersbach**, J. b. Pfdf. Lottstetten, unbewohnt, U.-G. u. B.-A. Jestetten, R.-G. u. K.-A. Waldshut.

**Volkertshausen**, Pfdf., 18 ev., 824 k., juf. 642 C., U.-G. u. B.-A. Stockach; R.-G. u. K.-A. Constanz; L.-R. Engen; liegt an der Aach. Feldbau, Viehzucht und Fabrikbetrieb, darunter eine Filiale der Baumwollspinnerei und Weberei Arlen, welche 1857 gegründet wurde, 22,000 Spindeln und 414 Webstühle zählt, die mittelst Turbinen von circa 170 Pferdekräften in Bewegung gesetzt werden, 600 Arbeiter beschäftigen und Baumwollgarne u. Gewebe zum Druck und zur Bleiche liefern.

**Volkertsweiler**, R.-O. b. Pfdf. Oberschwandorf, 71 k. C., U.-G. und B.-A. Stockach; R.-G. u. K.-A. Constanz. Gemarkung und Gemeindevermögen getrennt.

**Volkshausen**, Col., 70 ev., 3 k. juf. 73 C., Fil. v. Sennfeld, U.-G. und B.-A. Adelsheim; R.-G. u. K.-A. Mosbach.

**Vollmersbach**, J. b. Pfdf. Durbach, 35 k. C., U.-G. u. B.-A. Offenburg; R.-G. u. K.-A. Offenburg.

**Vollmersdorf**, T., 72 k. C., Fil. v. Hardheim, U.-G. u. B.-A. Walldürn; R.-G.

u. A.-U. Mosbach; liegt 1334 p. F. üb. d. M. Sibshr.: Fürst v. Fürstenberg.

**Dolzen**, R.-O. b. T. Ruschweiler, 11 L E., Fil. v. Jbmenfee. U.-G. u. B.-U. Bsullendorf; A.-G. u. A.-U. Constanz. Gemarkung und Gemeindevermögen getrennt.

**Vorderberg**, 3. b. Pfdf. Petersthal, 23 L. E., A.-G. u. B.-A. Oberkirch; A.-G. u. A.-U. Offenburg.

**Vorderberghof**, Hf. u. Prz. b. Pfdf. Nesselwangen, 6 L E., U.-G. u. B.-U. Ueberlingen; A.-G. u. A.-U. Constanz.

**Vorderfalkau**, 3. b. T. Falkau, 112 L. E., Fil. v. Altglashütte, U.-G. u. B.-A. Neustadt; A.-G. u. A.-U. Freiburg.

**Vordergeisberg**, 3. b. Pfdf. Schweighausen, 161 L. E., U.-G. u. B.-U. Ettenheim; A.-G. u. A.-U. Freiburg.

**Vorderhambach**, 3. b. Pfdf. Unterharmersbach, 160 L. E., Fil. v. Zell a. H., U.-G. u. B.-U. Gengenbach; A.-G. u. A.-U. Offenburg.

**Vorderheubach**, R.-O. b. Wlr. Lampenhain, 23 ev., 24 L., juf. 47 E., Fil. v. Heiligkreuzsteinach, U.-G. u. B.-U. Heidelberg; A.-G. u. A.-U. Heidelberg. Gemarlung u. Gemeindevermögen getrennt; liegt 1334 p. F. üb. d. M.

**Vorderheubronn**, R.-O. b. Pfdf. Nonenweg, 66 L. E., U.-G. und B.-U. Schopfheim; A.-G. u. A.-U. Lörrach. Gemarkung und Gemeindevermögen getrennt.

**Vorderlangenbach**, 3. b. D. Langenbach, 61 L. E., Fil. von Böhrenbach, U.-G. u. B.-U. Villingen; A.-G. u. A.-U. Villingen.

**Vorderlauben**, 3. b. Pfdf. Schonach, 56 L. E., U.-G. und B.-U. Triberg; A.-G. u. A.-U. Villingen.

**Vordermagrut**, 3. b. T. Schwerzenbach, 15 L. E., Fil. v. Friedenweiler, U.-G. u. B.-U. Neustadt; A.-G. u. A.-U. Villingen.

**Vorderseggau**, 3. b. Pfdf. Sexau, 82 L. E., U.-G. u. B.-U. Emmendingen; A.-G. u. A.-U. Freiburg.

**Vorderthal**, 3. b. Pfdf. Gütenbach, 72 L. E., U.-G. und B.-U. Triberg; A.-G. u. A.-U. Villingen.

**Vorderthal**, 3. b. Pfdf. Rußbach, 129 L. E., U.-G. u. B.-U. Triberg; A.-G. u. A.-U. Villingen.

**Vorhof**, 3. b. R.-O. Reichenbach, b. T. Freiamt, 79 L. E., Fil. v. Arppelbach, U.-G. u. B.-U. Emmendingen; A.-G. und A.-U. Freiburg.

**Vormberg**, R.-O. des Pfdf. Sinzheim, 139 L. E., U.-G. u. B.-U. Baden; A.-G. u. A.-U. Baden. Gemarkung u. Gemeindevermögen gemeinschaftlich.

**Vorstädtel**, 3. b. Pfdf. Bammenthal, 129 L. E., U.-G. Neckargemünd, B.-A. Heidelberg; A.-G. u. A.-U. Heidelberg; liegt an der Elsenz.

## W.

**Wälde**, 3. b. Pfdf. Owingen, 23 L. E., U.-G. u. B.-U. Ueberlingen; A.-G. u. A.-U. Constanz.

**Wälden**, R.-O. b. T. Debsbach, 170 L. E., Fil. v. Oberkirch, A.-G. und B.-U. Oberkirch; A.-G. u. A.-U. Offenburg. Gemarkung und Gemeindevermögen getrennt.

**Wässerlehöfen**, 3. b. T. Eisenlirch, 23 L. E., Fil. v. Obereggenen, U.-G. u. B.-U. Müllheim; A.-G. u. A.-U. Lörrach.

**Wagenbach**, Col., 29 ev., 42 L., 8 Men., juf. 70 E., Stabhalterei, Fil. v. Ober-gimpern, U.-G. Neckarbischofsheim, B.-U. Sinsheim; A.-G. u. A.-U. Heidelberg; liegt 924 p. F. üb. d. M. Gbbhrn.: Grafen v. Drach v. Zehm v. Degenfeld.

**Wagenberg**, Hf. und Prz. b. Pfdf. Unterifigingen, 11 L. E., A.-G. Meersburg, B.-U. Ueberlingen; A.-G. und A.-U. Constanz. Sibshr.: Fürst v. Fürstenberg.

**Wagenbucherhof**, Hf. u. Prz. b. Col. Bronnbach, 23 L. E., Fil. von Reicholzheim, U.-G. u. B.-U. Wertheim; A.-G. u. A.-U. Mosbach; liegt 1047 p. F. üb. d. M.

Erbshr.: Fürst von Löwenstein-Wertheim-Rosenberg.

**Wagenmühle,** Hs. u. Prz. b. Pfst. Epfenbach, 3 ev. E., A.-G. Neckarbischofsheim, B.-A. Sinsheim; K.-G. und K.-A. Heidelberg; liegt 593 p. F. üb. d. M., Grbhrn.: v. Zandt u. v. Wambold.

**Wagenschwend,** D., 3 ev., 344 E., jul. 347 E., Fil. v. Limbach, A.-G. u. B.-A. Oberbach; K.-G. u. K.-A. Mosbach; liegt 1694 p. F. üb. d. M. Erbhrn.: Fürst v. Leiningen u. Mkfn. v. Baden.

**Wagenstadt,** Pfdf., 305 ev., 315 E., jul. 620 E., A.-G. und B.-A. Kenzingen; K.-G. u. K.-A. Freiburg; L.-H. Lahr; ev. Fil. v. Tutschfelden. Feld-, Weinbau und Viehzucht. Am 1. Juli 1797 Gefecht zwischen dem Freiburger Bürgercorps, dem Breisgauer Landsturm unter dem Major Grafen von Frimont gegen die Franzosen, wodurch der Rückzug der Oesterreicher erfolgreich gesichert ward.

**Wagenstalter,** Z. b. D. Hinterstraß, 12 E. E., Fil. v. St. Märgen, A.-G. u. B.-A. Freiburg; K.-G. u. K.-A. Freiburg.

**Wagersfeld,** D., 1 ev., 494 E., jul. 495 E., A.-G. u. B.-A. Freiburg; K.-G. u. K.-A. Freiburg; liegt zerstreut in einer ziemlich rauhen Gegend. Viehzucht u. Holzhandel.

**Waghäusel,** Schloß und Z. b. Pfdf. Oberhausen, 22 ev., 59 E., jul. 81 E., A.-G. Philippsburg, B.-A. Bruchsal; K.-G. und K.-A. Carlsruhe; P.-A. Bruchsal. Sitz der P.-Exp.; liegt 350 p. F. üb. d. M. an der Straße von Carlsruhe nach Mannheim, war früher Wallfahrtsort und hatte ein Kapuzinerkloster. Das von Damian Hugo v. Schönborn erbaute Schlößchen wurde von Baden an die badische Gesellschaft für Zuckerfabrikation abgetreten, welche das Gebäude mit der Zuckerfabrik verband. 21. Juni 1849 Treffen der Aufständischen unter Führung Mieroslawsky's gegen die preußische Division Hannecken.

**Wagsharst,** Pfdf., 9 ev., 839 E., jul. 848 E., A.-G. u. B.-A. Achern; K.-G. u.

K.-A. Baden; L.-R. Ottersweier. P.-A. Kehl. Sitz d. P.-Abl. Feld-, Wiesenbau u. Viehzucht.

**Wahlholz,** Hs. u. Prz. b. D. Lierbach, 13 E. E., Fil. v. Oppenau. A.-G. u. B.-A. Oberkirch; K.-G. u. K.-A. Offenburg.

**Wahlweiler,** K.-D. b. Pfdf. Oberhomberg, 89 E. E., A.-G. u. B.-A. Philippsdorf; K.-G. u. K.-A. Constanz. Getrennte Gemarkung u. gemeinschaftliches Gemeindevermögen. Erbshr.: Fürst v. Fürstenberg.

**Wahlwies,** Pfdf., 5 ev., 597 E., jul. 602 E., A.-G. u. B.-A. Stockach; K.-G. und K.-A. Constanz; L.-R. Stockach. P.-A. Stockach. Sitz der P.-Abl.; Feld-, Wiesen-, Weinbau und Viehzucht. In Folge der 915 hier stattgefundenen Schlacht zwischen den Kammerboten und den Königlichen, in welcher die letzteren besiegt wurden, erlangte sich Erchanger die herzogliche Würde in Schwaben.

**Waibstadt,** Stdt., 69 ev., 1776 E. jul. 1896 E., A.-G. Neckarbischofsheim, B.-A. Sinsheim; K.-G. u. K.-A. Heidelberg, L.-R. Waibstadt; F.-J. Mosbach; P.-A. Heidelberg. Sitz d. P.-u. E.-E. u. G.-E.; liegt 541 p. F. üb. d. M. an der Schwarzbach. Feld-, Wiesenbau u. Viehzucht. Die Stadt wurde während des Interregnums freie Reichsstadt, geriet aber bald als Pfand an den Bischof von Speier, bei welchem Elisa sie auch blieb, bis sie an Baden fiel. M. wurde 1847 beinahe ganz ein Raub der Flammen. Mkte.: 14. März, 9. Mai, 5. Sept., 14. Novbr.

**Waibachshof,** Col, 1 ev., 55 E., jul. 56 E., Fil. v. Sedach. Stabhalterei, A.-G. u. B.-A. Adelsheim; K.-G. u. K.-A. Buchen.

**Waidbacherhof,** Hf. u. Prz. b. Wlr. Josthal, b. D. Blerthäler, 13 E. E., Fil. v. Neustadt, A.-G. u. B.-A. Neustadt; K.-G. u. K.-A. Freiburg.

**Waldhof,** Hf. u. Prz. b. Pfdf. Inzlingen, 3 E. E., A.-G. u. B.-A. Lörrach; K.-G. u. K.-A. Lörrach.

**Waldhof,** Hf. u Prz. b. Pfdf. Kappelrodeck, 4 E. E., A.-G. u. B.-A. Achern; A.-G. u. K.-A. Baden. Grbhrn.: Frhrn. v. Neuenstein.

**Wakenhausen,** Z. b. Pfd. Lipperts=
reuthe, 28 l. C., A.-G. u. B.-A. Ueber=
lingen; K.-G. u. K.-A. Constanz.

**Wakershofen,** R.-C b. T. Wasser,
114 l. G., Fil. v. Meßkirch, A.-G. u. B.-A.
Meßkirch; K.-G. und K.-A. Constanz. Ge=
wartung und Gemeindevermögen getrennt.

**Wald,** am, Z. b. Pfd. Oberhar=
mersbach, 7 l. C., A.-G. u. B.-A. Gen=
genbach; K.-G. u. K.-A. Offenburg.

**Wald,** zu, Z. b. Pfd. Oberhar=
mersbach, 83 l. C., A.-G. u. B.-A. Gen=
genbach; K.-G. u. K.-A. Offenburg.

**Waldangelloch,** Pfd., 970 ev. 8 L,
zuf. 978 C., A.-G. und B.-A. Einsheim;
K.-G. u. K.-A. Heidelberg; Dec. Einsheim;
liegt 679 p. F. üb. d. M. an der Angel=
bach. Feldbau und Viehzucht.

**Waldau,** Pfd., 397 L C., A.-G. u.
B.-A. Freiburg; K.-G. u. K.-A. Freiburg;
L.-R. Breisach; liegt sehr hoch in wilder u.
rauher Gegend. Viehzucht u. Uhrenindustrie.

**Waldau,** Z. b. Pfd. Buchenberg,
13 l. C., A.-G. u. B.-A. Triberg; K.-G.
u. K.-A. Villingen.

**Waldbauernhof,** Hl. u. Prz. b. T.
Bärenthal, 4 l. C., Fil. v. Altglashütte,
A.-G. u. B.-A. Neustadt; K.-G. und K.-A.
Freiburg.

**Waldbeuren,** D., 125 L C., A.-G.
u. B.-A. Pfullendorf; K.-G. u. K.-A. Con=
stanz; Fil. v. Burgweiler.

**Waldbraberei,** Z. des D. Rohr=
hardsberg, 1 l. C., Fil. v. Schonach,
A.-G. u. B.-A. Triberg; K.-G. und K.-A.
Villingen.

**Waldeck,** Z. b. D. Haslach, 13 l G.,
Fil. v. Ulm, A.-G. und B.-A. Oberkirch;
K.-G. u. K.-A. Offenburg.

**Waldenhausen,** Pfd., 245 ev., 10 L,
zuf. 255 C., A.-G. und B.-A. Wertheim;
K.-G. u. K.-A. Mosbach; Dec. Wertheim;
liegt 497 p. F. üb. d. M. an dem linken
Ufer der Tauber. Sidshr.: Fürst v. Löwen=
stein=Wertheim.

**Waldhäuser,** Z. des Pfd. Ober=

harmersbach, 246 l. C., A.-G. u. B.-A.
Gengenbach; K.-G. u. K.-A. Offenburg.

**Waldhäusle,** Z. b. T. Linach, 17
l. C., Fil. v. Schönenbach, A.-G. u. B.-A.
Villingen; K.-G. u. K.-A. Villingen.

**Waldhäusle,** im, Prz. b. D. Alrn=
bach, 24 L C., A.-G. u. B.-A. Triberg;
K.-G. u. K.-A. Villingen.

**Waldhausen,** R.-D. b. T. Bruggen,
91 l. C., Fil. v. Bräunlingen, A.-G. und
B.-A. Donaueschingen; K.-G. u. K.-A. Vil=
lingen. Gemarkung und Gemeindevermögen
getrennt.

**Waldhausen,** T., 10 ev., 368 L, 9
Men., 6 Isr., zuf. 393 C., Fil. v. Limbach,
A.-G. u. B.-A. Buchen; K.-G. und K.-A.
Mosbach; liegt 1269 p. F. üb. d. M. Grdhr.:
Frhr. Rüdt v. Collenberg=Böbigheim.

**Waldhof,** R.-D. b. Pfd. Herdwan=
gen, 57 l. C., A.-G. u. B.-A. Pfullendorf;
K.-G. u. K.-A. Constanz. Gemarkung und
Gemeindevermögen getrennt.

**Waldhof,** Prz. b. Pfd. Käferthal,
9 C., A.-G. Ladenburg, B.-A. Mann=
heim; K.-G. u. K.-A. Mannheim. Spiegel=
manufactur siehe Mannheim.

**Waldhummelshof,** Hl. u. Prz. b. T.
Obereschach, 9 l. C., Fil. v. Neuhausen,
A.-G. u. B.-A. Villingen; K.-G. u. K.-A.
Villingen.

**Waldkirch,** Sthl., 34 ev., 2531 L,
zuf. 2565 C., A.-G. und K.-A. Freiburg;
L.-R. Freiburg; F.-J. Freiburg. Sitz des
A.-G., A.-Ph., G.-R., B.-A., O.-C., D.-V.,
B.-F., Phlr., D.-R.; liegt im Elzthale sehr
freundlich. Feldbau, Viehzucht u. Gewerbe=
betrieb; zu letzterem gehören: die Seide=
zwirnerei von Helbing und Kölblin, welche
1858 gegründet und 1860 erweitert wurde,
80 Arbeiter beschäftigt und jährlich ca. 5000
Pfd. fabricirt; — die Baumwollweberei und
Türkischrothfärberei von Karl Kapferer=
Gramm, welche 1815 gegründet wurde,
50—60 Arbeiter und 25—30 Kinder beschäf=
tigt. W. entwickelte sich aus einem von Her=
zog Burchard I. von Alemannien hier ge=
stifteten Frauenklofte und verbankte seine Er=

hebung zur Landstadt den Schirmvögten desselben, Herren von Schwarzenberg. Als 1434 mit Agatha v. Usenberg, in welcher sich Aebtissin u. Convent vereinigten, das Stift ausgestorben war, wurde dasselbe in ein Chorherrenstift verwandelt, dessen letzter Propst J. N. von Hauser 1836 als Domherr in Freiburg starb.

**Waldkirch,** Pfdf., 381 l. C., A.-G. u. B.-A. Waldshut; K.-G. u. K.-A. Waldshut; L.-R. Waldshut.

**Waldleiningen,** Schloß u. Pr.z. b. D. Möschenhardt, 20 l. C., Fil. v. Mudau, A.-G. u. B.-A. Buchen; K.-G. und K.-A. Mosbach; liegt 1205 p. F. üb. d. M., das neuerbaute Schloß gehört den Fürsten von Leiningen.

**Waldmatt,** K.-D. b. D. Ehrsberg, 54 l. C., Fil. v. Hä.z., A.-G. u. B.-A. Schönau; K.-G. u. K.-A. Lörrach. Gemarkung u. Gemeindevermögen gemeinschaftlich.

**Waldmatt,** D., 213 l. C., Fil. v. Neusatz, A.-G. u. B.-A. Bühl; K.-G. u. K.-A. Baden; liegt im Gebirge am Königsbächlein. Feld-, Weinbau u. Viehzucht.

**Waldmühlbach,** Pfdf., 2 ev., 657 l., juf. 659 C., A.-G. u. B.-A. Mosbach; K.-G. und K.-A. Mosbach; L.-R. Mosbach; liegt 925 p. F. üb. d. M. Feld-, Wiesenbau u. Viehzucht. Grdhr.: Graf v. Leiningen-Billigheim.

**Waldmühle,** Hö. und Prz. b. Mkfl. Menzingen, 7 l. C., A.-G. u. B.-A. Bretten; K.-G. u. K.-A. Carlsruhe.

**Waldnerhof,** Hf. und Prz. b. Pfdf. Hemsbach, 81 C., A.-G. u. B.-A. Walldürn; K.-G. u. K.-A. Mosbach.

**Waldprechtsweier,** D., 10 ev., 644 l., juf. 654 C., Fil. v. Malsch, A.-G. u. B.-A. Rastatt; K.-G. u. K.-A. Baden; liegt am Walpertsbach in einem kleinen Thälchen. Feldbau und Viehzucht.

**Waldshut,** K.-D. Brettenthal, b. D. Freiamt, 691 C., Fil. v. Ottoschwanden, A.-G. u. B.-A. Emmendingen; K.-G. und K.-A. Freiburg.

**Waldshut,** Stdt., 209 ev., 1807 l. juf. 2016 C., L.-R. Waldshut. Sitz d. A.-G., K.-A. A.-G., L.-Ph. G.-A., B.-A., D.-C. B. u. C.-A., Pfmfr., D.-R., B.-B.-J., höhere Bürger- u. Gewerbeschule, Hoft- u. Tel.-St.; liegt am Rheine u. dem südlichen Anfange des Schwarzwaldes in freundlicher Gegend. Feldbau, Viehzucht und bedeutender Gewerbebetrieb. W. bildete eine der 4 ehemaligen österreichischen Waldstädte und soll aus einem habsburgischen Jagdschloße entstanden sein, indem Rudolf v. Habsburg den Ort zur Stadt erhob, worauf es bald durch Handel und Verkehr emporzublühen begann.

**Waldsteg,** Z. b. D. Neusatz, 556 l. C., A.-G. und B.-A. Bühl; K.-G. und K.-A. Baden.

**Waldstein,** Z. b. D. Fischerbach, 157 l. C., Fil. v. Weiler, A.-G. Haslach, B.-A. Wolfach; K.-G. u. K.-A. Offenburg; liegt in einem engen Seitenthale des Kinzigthales. Stdhr.: Fürst v. Fürstenberg.

**Waldstetten,** Pfdf., 1 ev., 906 l., juf. 907 C., A.-G. u. B.-A. Walldürn; L.-G. u. K.-A. Mosbach; L.-R. Buchen; liegt 1173 p. F. üb. d. M. Feldbau und Viehzucht. Stdhr.: Löwenstein-Wertheim.

**Waldulm,** Pfdf., 1 ev., 693 l., juf. 694 C., A.-G. u. B.-A. Achern; K.-G. u. K.-A. Baden; L.-R. Otterweier; liegt im Gebirge. Feld-, Weinbau u. Viehzucht.

**Walke,** Z. b. Stdl. Stühlingen, 13 l. C., A.-G. u. B.-A. Bonndorf; K.-G. u. K.-A. Waldshut.

**Walke,** Z. b. Pfdf. Oberwolfach, 129 l. C., A.-G. u. B.-A. Wolfach; K.-G. u K.-A. Offenburg. Stdhr.: Fürst v. Fürstenberg.

**Wallbach,** D., 15 ev., 481 l., juf. 496 C., Fil. v. Schwörstadt, A.-G. u. B.-A. Sädingen; K.-G. u. K.-A. Waldshut; liegt am Rheine. Grdhr.: Frhr. von Schönau-Wehr.

**Wallburg,** D., 458 l. C., Fil. von Münchweier, A.-G. und B.-A. Ettenheim; K.-G. und K.-A. Freiburg. Feldbau und Viehzucht.

**Walldorf,** Pfdf., 1492 ev., 846 l., juf.

2503 C., A.-G. u. B.-A. Bieloch; A.-G. u. A.-A. Carlsruhe; Pec. Ober-Heidelberg; L.-R. Heidelberg; liegt 374 p. F. üb. d. M. in der Ebene. Bedeutender Tabaks- und Hopfenbau. Geburtsort des berühmten Astor.

**Walldürn,** Stbt., 12 ev., 3195 L. 10 ßr., paf. 3234 C., A.-G. u. A.-A. Mosbach; L.-R. Walldürn; F.-J. Mosbach; P.-A. Heidelberg. Sitz d. A.-G., A.-Ph., G.-A., B.-A., B.-F., P.-C. u. D.-M.; liegt 1331 p. F. üb. d. M. an dem Marsbach. Feldbau, Viehzucht und Gewerbebetrieb. Soll seinen Namen von einem auf römischem Castell erbauten Schloß der Herrn v. Düren haben, das sich durch die hier 1330 errichtete Wallfahrt sehr bald bedeutend vergrößerte.

**Wallfahrt,** H. u. Kapelle b. Stbt. Triberg, 10 I. C., A.-G. u. B.-A. Triberg; A.-G. und A.-A. Villingen; liegt nahe bei dem schönen Wasserfall auf der Höhe über dem Städtchen.

**Wallhausen,** A.-O. b. Pfd. Tettingen, 55 L C., A.-G. u. B.-A. Constanz; A.-G. u. A.-A. Constanz. Gemarkung u. Gemeindevermögen gemeinschaftlich.

**Wallheimerhof,** Hf. u. Prz. b. Stbt. Gernsbach, 2 L C., A.-G. u. B.-A. Gernsbach; A.-G. u. A.-A. Baden.

**Wallstadt,** D., 391 ev., 453 L, paf. 844 C., Fil. v. Feudenheim, A.-G. Ladenburg, B.-A. Mannheim; A.-G. und A.-A. Mannheim; liegt 329 p. F. üb. d. M. an der Straße von Ladenburg nach Mannheim. Feldbau und Viehzucht.

**Walpertsweiler,** F. b. Pfd. Bonndorf, 22 I. C., A.-G. u. B.-A. Ueberlingen; A.-G. u. A.-A. Constanz.

**Waltenbrunnen,** F. b. D. Bergzell, 13 L C., Fil. v. Schenkenzell, A.-G. u. B.-A. Wolfach; A.-G. u. A.-A. Offenburg.

**Walterhäusle,** Hä. u. Bez. b. Pfd. Hubertshofen, 1 I. C., A.-G. u. B.-A. Donaueschingen; A.-G. u. A.-A. Villingen.

**Waltersbach,** F. b. Pfd. Oberharmersbach, 7 L C., A.-G. u. B.-A. Gengenbach; A.-G. u. A.-A. Offenburg.

**Waltershofen,** Pfd., 12 ev., 800 L, paf. 812 C., A.-G. u. B.-A. Freiburg; A.-G. und A.-A. Freiburg; L.-R. Breisach; liegt ziemlich eben. Feld-, Weinbau u. Viehzucht. Handel mit Flachs und Hanf.

**Walterweiler,** Pfd., 173 L C., A.-G. u. B.-A. Offenburg; A.-G. u. A.-A. Offenburg; L.-R. Lahr. Feld-. Wiesenbau und Viehzucht.

**Walzfeld,** F. b. Pfd. Ottersweier, 72 L C., A.-G. u. B.-A. Bühl; A.-G. und A.-A. Baden.

**Wambach,** N.-C. des Pfd. Wies, 100 ev. C., A.-G. u. B.-A. Schopfheim; A.-G. und A.-A. Lörrach. Gemarkung und Gemeindevermögen getrennt.

**Wangen,** Wlr. b. Stbt. Marldorf, 62 I. C., A.-G. Meersburg, B.-A. Ueberlingen; A.-G. u. K.-A. Constanz.

**Wangen,** T., 146 L C., Fil. v. Ostrach, A.-G. u. B.-A. Pfullendorf; A.-G. u. A.-A. Constanz. Sdebh.: Fürst von Fürstenberg.

**Wangen,** Pfd., 6 ev., 440 L, 225 ifr., paf. 671 C., A.-G. und B.-A. Rabolzell; A.-G. und A.-A. Constanz; L.-R. Constanz. Feld-, Weinbau u. Viehzucht; petrefactenreiche Steinbrüche.

**Wangershäusle,** He. u. Prz. b. T. Linach, 13 L C., Fil. von Schönenbach, A.-G. u. B.-A. Villingen; A.-G. u. A.-A. Villingen.

**Wangersthal,** F. b. Pfd. Neukirch, 53 I. C., A.-G. u. B.-A. Triberg; A.-G. u. A.-A. Villingen.

**Wannacker,** F. b. D. Lichtenthal, 15 L C., A.-G. u. B.-A. Baden; A.-G. u. A.-A. Baden.

**Wanne,** F. b. A.-O. Höhreute, b. D. Illwangen, 7 L C., Fil. a Mimmsee, A.-G. u. B.-A. Pfullendorf; A.-G. u. A.-A. Constanz.

**Wanne,** F. b. Rßff. Furtwangen, 30 L C., A.-G. u. B.-A. Triberg; A.-G. u. A.-A. Villingen.

**Wanne,** Wlr. b. Pfd. Rußbach, 17 L C., A.-G. u. B.-A. Triberg; A.-G. und A.-A. Villingen.

**Wanzendobel,** Z. d. Pfd. Neukirch, 66 k. C., A.-G. u. B.-A. Triberg; L.-G. u. K.-A. Villingen.

**Warmbach,** Pfd., 324 k. C., A.-G. u. B.-A. Lörrach; L.-G. u. K.-A. Lörrach; L.-R. Bleienthal; liegt an dem gleichnamigen Bache und dem Rheine. Feld-, Wiesenbau, Viehzucht, Schifffahrt, Salmenfang, Steinbrechen und Handel mit Steinen.

**Wartenberg,** D., 14 ev., 62 k., zuf. 96 C., Fil. v. Geisingen, A.-G. u. B.-A. Donaueschingen; L.-G. u. K.-A. Villingen; liegt ziemlich hoch auf einem Berge. Das auf hohem Bergkegel gelegene Schloß war der Sitz eines gleichnamigen Adelsgeschlechts, welches in der Mitte des 14. Jahrh. ausstarb und jetzt ein k. f. Luftschloß mit hübschem Parke ist, das eine reizende Aussicht über die ganze Baar, bis zum Schwarzwald bietet.

**Wasen,** R.-D. d. D. Untermünsterthal, 133 k. C., Fil. v. El. Truppert, A.-G. u. B.-A. Staufen; L.-G. u. K.-A. Offenburg. Gemarkung u. Gemeindevermögen gemeinschaftlich.

**Wasenhaus,** H. und Prz. b. Etht. Staufen, 6 k. C., A.-G. u. B.-A. Staufen; L.-G. u. K.-A. Offenburg.

**Wasenweiler,** Pfd., 13 ev., 732 L, zuf. 745 C., A.-G. u. B.-A. Breisach; L.-G. u. K.-A. Freiburg; L.-R. Breisach; L.-G. u. K.-A. Freiburg. Etz b. P.-Abl; liegt am Kaiserstuhle. Feld-, Wiesen-, Weinbau u. Viehzucht.

**Wasser,** D., 4 ev., 411 L, zuf. 415 C., Fil. v. Neukirch, A.-G. u. B.-A. Neukirch; L.-G. u. K.-A. Constanz. Stdshr.: Fürst v. Fürstenberg.

**Wasser,** D., 279 ev. C., Fil. v. Emmendingen, A.-G. u. B.-A. Emmendingen; L.-G. u. K.-A. Freiburg.

**Wasser, Ober-,** Z. d. Pfd. Oberwolfach, 125 k. C., A.-G. u. B.-A. Wolfach; L.-G. u. K.-A. Offenburg.

**Wasser, Unter-,** Z. d. Pfd. Oberwolfach, 64 k. C., A.-G. u. B.-A. Offenburg; L.-G. u. K.-A. Offenburg.

**Wasserburgerhof,** H. und Prz. b.

Pfd. Honstetten, 11 k. C., A.-G. und B.-A. Engen; L.-G. und K.-A. Constanz. Stdshr.: Fürst v. Fürstenberg.

**Wattenberg,** R.-O. b. Pfd. Oberhomberg, 55 k. C., A.-G. u. B.-A. Pfullendorf; L.-G. u. K.-A. Constanz. Getrennte Gemarkung u. gemeinschaftliches Gemeindevermögen. Stdshr.: Fürst v. Fürstenberg.

**Wattenreuthe,** R.-O. b. D. Großstadelhofen, 73 k. C., Fil. v. Pfullendorf, A.-G. u. B.-A. Pfullendorf; L.-G. u. K.-A. Constanz. Gemarkung u. Gemeindevermögen getrennt.

**Watterdingen,** Pfd., 4 ev., 735 L, zuf. 739 C., A.-G. u. B.-A. Engen; L.-G. u. K.-A. Constanz; L.-R. Engen. Feld-, Wiesenbau und Viehzucht; wird im Jahr 965 als Eigenthum des Stifts Oeningen genannt, von wo es an die Herren v. Klingenberg kam, welche es an den deutschen Orden veräußerten, mit dessen Güter es schließlich an Baden gelangte.

**Watzenhof,** H. und Prz. b. Pfd. Hemsbach, 13 k.C., A.-G. u. B.-A. Weinheim; L.-G. u. K.-A. Mannheim.

**Weberdiesenhof,** H. u Prz. b. Pfd. Urach, 9 k. C., A.-G. u. B.-A. Neustadt; L.-G. u. K.-A. Freiburg.

**Weberdobel,** Z. d. D. Unteribenthal, 17 k. C., Fil. v. Buchenbach, A.-G. u. B.-A. Freiburg; L.-G. u. K.-A. Freiburg.

**Webersgrund,** Z. d. D. Mallach, 7 k. C., Fil. v. Oppenau, A.-G. u. B.-A. Oberkirch; L.-G. u. K.-A. Offenburg.

**Weberthal,** Z. d. Pfd. Niederwasser, 6 k. C., A.-G. und B.-A. Triberg; L.-G. u. K.-A. Villingen.

**Wegelbach,** Z. d. D. Stahlhof, 35 k. C., Fil. v. Waldkirch, A.-G. u. B.-A. Waldkirch; L.-G. u. K.-A. Freiburg.

**Wehhausen,** H. und Prz. b. D. Bugensegel, 14 k. C., Fil. von Leutkirch, A.-G. Meersburg, B.-A. Ueberlingen; L.-G. und K.-A. Constanz. Stdshrn.: Mgfn. von Baden.

**Wehr,** Pfd., 59 ev., 1995 k., zuf. 2054 C., A.-G. u. B.-A. Säckingen; L.-G.

19

u. K.-A. Waldshut; L.-K. Wiesenthal; B.-A. Waldshut. Sitz b. B.-Abl.; liegt an der Wehr u. Haffelbach. Feldb., Wiesenbau, Viehzucht und Fabrikbetrieb, zu welchem zählen ein ärarisches Hüttenwerk mit 3 Frisch- und 3 Zainfeuern, die durchschnittlich jährlich 3300 Ctr. Roheisen produciren und die Türkischrothfärberei u. Truderei von Friedrich Herose und Comp., welche 1837 gegründet und 1841 durch den Bau einer eigenen Fabrik erweitert und vergrößert wurde. Sie beschäftigt 140—190 Arbeiter und hat ein Wasserwerk von 23 Pferdekräften. Der Ort hieß früher Werra und war Lehen eines gleichnamigen Adels und wurde schließlich von Oesterreich an die jetzige Grundherrschaft, die Freiherrn v. Schönau, pfandschaftlich übertragen.

**Wehrhalden**, D., 545 l. C., Fil. v. Herrischried, A.-G. u. B.-A. Sädingen; K.-G. u. K.-A. Waldshut; liegt sehr hoch.

**Wehrleshof**, Hf. und Prz. des D. Linach, 11 L C., Fil. von Schönenbach, A.-G. u. B.-A. Villingen; K.-G. u. K.-A. Villingen.

**Wehstetten**, F. b. Pfd. Liptingen, 18 L C., A.-G. u. B.-A. Stodach; K.-G. u. K.-A. Constanz.

**Weiden**, F. b. D. Lehengericht, 13 ev. C., Fil. v. Schillach, A.-G. und B.-A. Wolfach; K.-G. u. K.-A. Offenburg.

**Weier**, F. b. Pfd. Ottersweier, 155 l. C., A.-G. u. B.-A. Bühl; K.-G. u. K.-A. Baden.

**Weier**, Pfd., 386 l. C., A.-G. u. B.-A. Offenburg; A.-G. u. K.-A. Offenburg; L.-K. Offenburg; liegt am linken Ufer der Kinzig. Feldbau u. Viehzucht.

**Weierbach**, N.-O. b. D. Zell, 514 l. C., Fil. v. Weingarten, A.-G. u. B.-A. Offenburg; K.-G. u. K.-A. Offenburg. Gemarkung und Gemeindevermögen gemeinschaftlich.

**Weierhof**, Hf. u. Prz. b. Pfd. Tettingen, 6 L C., A.-G. u. B.-A. Constanz; K.-G. u. K.-A. Constanz.

**Weierhof**, Hf. und Prz. b. N.-O.

Altrach, b. Pfd. Ludwigshafen, 9 L C., A.-G. u. B.-A. Stodach; A.-G. und K.-A. Constanz.

**Weierhof**, Hf. u. Prz. b. Pfd. Stadringen, 23 L C., A.-G. u. B.-A. Stodach; K.-G. u. K.-A. Constanz.

**Weierhof**, Hf. u. Prz. b. T. Herzthal, 11 l. C., Fil. v. Nußbach, A.-G. u. B.-A. Oberkirch; K.-G. u. K.-A. Offenburg.

**Weierle**, F. b. Pfd. Bernau, 100 L C., A.-G. u. B.-A. St. Blasien; K.-G. u. K.-A. Waldshut.

**Weiher**, F. b. Pfd. Waldulm, 60 l. C., A.-G. u. B.-A. Achern; A.-G. und K.-A. Baden.

**Weiher**, Pfd., 6 ev., 1039 l., zul. 1045 C., A.-G. u. B.-A. Bruchsal; K.-G. u. K.-A. Carlsruhe; L.-K. St. Leon; liegt 380 p. F. üb. b. M. in der Ebene.

**Weierhalden**, F. b. Pfd. ev. Thenenbronn, 22 L C., A.-G. u. B.-A. Triberg; K.-G. u. K.-A. Villingen.

**Weiherhaus**, Hs. u. Prz. b. Stbl. Donauefchingen, 5 L C., A.-G. u. B.-A. Donaueschingen; K.-G. u. K.-A. Villingen.

**Weiherhof**, Hf. und Prz. b. Stbl. Constanz, 19 L C., A.-G. u. B.-A. Constanz; K.-G. u. K.-A. Constanz.

**Weiherhof**, Hf. u. Prz. b. N.-O. Herbern, b. Stbl. Freiburg, 34 L C., A.-G. und B.-A. Freiburg; A.-G. u. K.-A. Freiburg.

**Weihermatten**, F. b. Pfd. Schonach, 20 L C., A.-G. und B.-A. Triberg; K.-G. u. K.-A. Villingen.

**Weiherschloß**, F. u. Prz. b. Stbl. Emmendingen, 19 ev. C., A.-G. u. B.-A. Emmendingen; A.-G. und K.-A. Freiburg; war Besitzthum der Johanniter in Freiburg, wurde von diesen an die Familie Schnewlin verkauft und fiel nach deren Aussterben an die Markgrafen von Hachberg zurück. In dem neuerbauten Schlößchen ward ein vielbesuchtes Bad eingerichtet.

**Weiterstetten**, N.-O. b. Alst. Königsheim, 116 l. C., A.-G. und B.-A. Tauberbischofsheim; K.-G. u. K.-A. Mosbach.

Getrennte Gemarkung u. gemeinschaftliches Gemeindevermögen.

**Weil**, D., 259 L. E., Fil v. Blumenfeld, A.-G. u. B.-A. Engen; A.-G. u. R.-A. Constanz.

**Weil**, Pfdf., 1255 ew., 99 L., juf. 1354 E., A.-G. u. B.-A. Lörrach; A.-G. und R.-A. Lörrach; Dec. Lörrach; liegt an der Wiese. Feld-, Wiesen-, Weinbau, Obst- u. Viehzucht.

**Weildorf**. Pfdf., 2 ew, 341 L, juf. 346 E., A.-G. u. B.-A. Ueberlingen; A.-G. u. R.-A. Constanz; L.-R. Linzgau. Sitz des erzbischöfl. Decans; liegt an der Hagenach. Feldbau und Viehzucht. W. ist ein alter Ort, der zur Grafschaft Heiligenberg gehörte und 1263 an Salem verkauft wurde.

**Weiler**, Hf. u. Pr. b. D. Dillishausen, 35 L. E., Fil. v. Löffingen, A.-G. u. B.-A. Neustadt; A.-G. u. R.-A. Freiburg. Erbehr.: Fürst von Fürstenberg.

**Weiler**, Pfdf., 275 L. E., A.-G. und B.-A. Radolphzell; A.-G. u. R.-A. Constanz; L.-R. Hegau. Feld-, Weinbau u. Viehzucht.

**Weiler**, Pfdf., 371 ew., 9 L, juf. 350 E., A.-G. u. B.-A. Villingen; A.-G. u. R.-A. Villingen; Dec. Hornberg. Feldbau und Viehzucht.

**Weiler**, Pfrwlr. b. D. Fischerbach, 181 L. E., A.-G. Haslach, B.-A. Wolfach; A.-G. u. R.-A. Offenburg.

**Weiler**, Z. b. D. Schönberg, 125 L. E., Fil. v. Prinzbach, A.-G. und B.-A. Lahr; A.-G. u. R.-A. Offenburg. Erbehr.: Fürst z. b. Leyen.

**Weiler**, Pfdf., 503 ew., 2 L., 29 Diss. juf. 534 E., A.-G. und B.-A. Pforzheim; A.-G. u. R.-A. Carlsruhe; Dec. Pforzheim; liegt 718 p. F. üb. d. M. an der Pfinz. Feld-, Wiesenbau und Viehzucht.

**Weiler am Steinsberg**, T., 523 ew., 229 L, 29 Men., 64 Jr., juf. 845 E., Fil. v. Hilsbach und v. Sinsheim, A.-G. u. B.-A. Sinsheim; A.-G. u. R.-A. Heidelberg; liegt 867 p. F. üb. d. M. am Fuße des Steinsbergs. Feld-, Wiesenbau u. Viehzucht mit großartiger Schloßruine aus der Zeit der Hohenstaufen, war anfänglich unter den Hohenstaufen Besitzthum des Reichs, erhielt sodann einen eigenen Lehenadel, von dem es nach mannigfachem Wechsel 1518 an die jetzigen Grundherren v. Venningen gelangte.

**Weilerhöfe**. Hf. und Pr. b. Sdt. Stühlingen, 25 L. E., A.-G. u. B.-A. Bonndorf; A.-G. u. R.-A. Waldshut.

**Weilerhof**, Hf. u. Pr. b. D. Bergöschingen, 26 L. E., Fil. v. Hohenthengen, A.-G. u. B.-A. Jestetten; A.-G. u. R.-A. Waldshut.

**Weilerhof**, Hf. u. Pr. b. Pfdf. Helmstadt, 1 E., A.-G. Neckarbischofsheim, B.-A. Sinsheim; A.-G. u. R.-A. Heidelberg; liegt 047 p. F. üb. d. M. Grdhrn.: Grafen v. Wiser.

**Weilersbach**, Pfdf., 476 L. E., A.-G. u. B.-A. Villingen; A.-G. und R.-A. Villingen; L.-A. Triberg. Feld-, Wiesenbau, Obst- und Viehzucht.

**Weilersbach**, D., 149 L. E., Fil v. Oberried, A.-G. u. B.-A. Freiburg; A.-G. u. R.-A. Freiburg. Grdhr.: Frhr. v. Berstett.

**Weilheim**, Pfdf., 610 L. E., A.-G. u. B.-A. Waldshut; A.-G. u. R.-A. Waldshut; L.-R. Waldshut; liegt an der Schluchl. Feld-, Wiesenbau, Viehzucht u. Zeugsfabrikation.

**Weimersmühle**, Hs. u. Pr. b. Pfdf. Burbach, 11 L. E., A.-G. u. R.-A. Ettlingen; A.-G. u. R.-A. Carlsruhe.

**Weimauerhof**, Hf. u. Pr. b. Sdt. Gernsbach, 7 L. E., A.-G. u. B.-A. Gernsbach; A.-G. u. R.-A. Baden.

**Weinersberg**. Z. b. D. Ratzenwoos, 59 L. E., Fil. v. Elzach, A.-G. und B.-A. Waldkirch; A.-G. u. R.-A. Freiburg.

**Weingarten**, Pfdf., 1987 ew., 1115 L., 169 ifr., juf. 3291 E., A.-G. u. B.-A. Durlach; A.-G. u. R.-A. Carlsruhe; Dec. Durlach; L.-A. Bruchsal; P.-A. Carlsruhe. Sitz d. P.-E.; Halt-Station.

**Weingarten**, Z. b. Pfdf. Ulm, 11 L. E., A.-G. u. B.-A. Oberkirch; A.-G. u. R.-A. Offenburg.

**Weingarten**, Pfrwlr. b. D. Zell,

10 L. G., A.-G. u. B.-A. Offenburg; A.-G. u. A.-A. Offenburg. Wallfahrtsort.

**Weinheim,** Stdt., 4892 ev., 1101 L., 1 Men., 136 Ifr., zuf. 6130 C., A.-G. u. A.-A. Mannheim; Dec. Weinheim; L.-A. Weinheim; B.-A. Heidelberg. Sitz d. A.-G., L.-Th. G.-R., B.-A. P.-C., D.-R. und evang. Decanat, höhere Bürger- und Gewerbeschule. Knabenpensional. Halt- u. Tel.-Station; liegt 367 p. F. üb. d. M. an der Weschniz. Feld-, Wein-, Obstbau u. Gewerbebetrieb; zu letzterem zählt die Glanzlederfabrik von Heinze u. Freudenberg, welche seit 1829 besteht und 1849 Einrichtungen zu Herstellung von latirtem Leder erhielt. Das mit 2 Dampfmaschinen und 2 Wasserkräften in Bewegung gesetzte Etablissement beschäftigt 450 Arbeiter und liefert hauptsächlich latirtes Leder für Schuhe. Musterweinberge, Badanstalt mit Kaltwasserheilanstalt. W. bildete in den frühesten Zeiten ein Besitzthum von Lorsch und kam 1065 zur Stadt erhoben an die Pfalz, von welcher es eine Zeit lang an das Hochstift Mainz verpfändet war, 1345 aber wieder ausgelöst wurde. Geburtsort des berühmten Abts v. Gotweih, Rich. Herrlich, † 1609. Mkte.: 15. März, 3. Mai, 16. August, 8. Novbr., 13. Decbr.

**Weinstetten,** Hf. und Brz. d. Pfdf. Eichbach, 13 L. C., A.-G. u. B.-A. Staufen; A.-G. u. A.-A. Freiburg.

**Weisbach,** D., 231 ev., 89 L., zuf. 320 C., A.-G. u. B.-A. Oberbach; A.-G. u. A.-A. Mosbach; Fil. v. Strümpfelbrunn u. von Mosbach; liegt 1538 p. F. üb. d. M.

**Weisenbach,** Z. d. T. Ohlsbach, 34 l. C., Fil. v. Gengenbach, A.-G. u. B.-A. Gengenbach; A.-G. u. A.-A. Offenburg.

**Weisenbach,** Pfdf., 6 ev., 743 L., zuf. 749 C., A.-G. u. B.-A. Gernsbach; A.-G. u. A.-A. Baden; L.-A. Gernsbach; B.-A. Carlsruhe. Sitz b. B.-Abl.; liegt 1048 p. F. üb. d. M. am linken Ufer der Murg, wo die Weilenbach in dieselbe mündet, bietet eine Aussicht über das Thal bis Schloß Eberstein, hat eine schöne im gothischen Style von Steinhauer Weber ausgeführte und trefflichen Altargemälden versehene neue Kirche. Bedeutender Sägmühlen- u. Flößereibetrieb.

**Weisenhof,** Hf. u. Brz. d. Wlr. Oberallenweg, b. D. Viertäler, 45 L. C., Fil. v. Neustadt, A.-G. u. B.-A. Neustadt; A.-G. u. A.-A. Freiburg.

**Weishofermühle,** Hf. und Brz. d. Stdt. Bretten, 8 l. C., A.-G. u. B.-A. Bretten; A.-G. u. A.-A. Carlsruhe.

**Weisenbach,** A.-D. b. Pfdf. Oberhomberg, 8 L. C., A.-G. u. B.-A. Pfullendorf; A.-G. u. A.-A. Constanz. Getrennte Gemarkung u. gemeinschaftliches Gemeindevermögen. Stdsh.: Fürst v. Fürstenberg.

**Weisenbach,** Z. des Pfdf. Schönwald, 167 l. C., A.-G. u. B.-A. Triberg; A.-G. u. A.-A. Villingen.

**Weisershof,** Hf. u. Brz. b. T. Linach, 35 l. C., Fil. v. Schönenbach, A.-G. und B.-A. Villingen; A.-G. u. A.-A. Villingen.

**Weiswell,** D., 2 ev., 303 l., zuf. 305 C., Fil. v. Erzingen, A.-G. und B.-A. Waldshut; A.-G. u. A.-A. Waldshut. Feld-, Wiesen-, Weinbau u. Biehzucht.

**Weiswiel,** Pfdf., 1737 ev., 38 l., zuf. 1775 C., A.-G. u. B.-A. Kenzingen; A.-G. und A.-A. Freiburg; Dec. Emmendingen; liegt am Rhein. Feldbau und Biehzucht.

**Weisenhof,** Hf. u. Brz. b. T. Schollach, 111 L. C., Fil. v. Friedenweiler, A.-G. u. B.-A. Neustadt; A.-G. u. A.-A. Freiburg.

**Weißenstein,** D., 9-9 ev., 12 L., zuf. 1001 C., Fil. v. Huchenfeld, A.-G. u. B.-A. Pforzheim, A.-G. u. A.-A. Carlsruhe; ist beinahe ganz vom Hagenichswalde umgeben und hat eine wildromantische Lage an einem Abhange über der Nagold. W. war einst der Sitz eines gleichnamigen Calw'schen Lehenadels, von dessen Burg man mitten im Orte noch bedeutende Ruinen sieht.

**Weißkopfenhof,** Hf. u. Brz. b. D. Bregenbach, 17 l. C., Fil. v. Friedenweiler, A.-G. u. B.-A. Neustadt; A.-G. u. A.-A. Freiburg.

**Weitnau,** Pfdf., 388 ev., 4 L., zuf. 392 C., A.-G. u. A.-A. Schopfheim; A.-G.

293

u. K./A. Lörrach; Dec. Schopfheim; liegt in einem Thale. Feldb., Wiesenbau, Viehzucht, Köhlerei und Holzwaarenfabrikation, wurde von den Herren v. Warth zur Errichtung eines Filialklosters der Abtei St. Blasien geschenkt, das bis zur Zeit der Reformation bestund.

**Weltersnng.** D., 678 l. E., Fil. von Erinbach, A.-G. u. B.-A. Bühl; K.-G. u. K.-A. Baden; liegt in der Ebene. Feldb., Wiesenbau u. Viehzucht.

**Welterdingen,** Pfd., 832 l. E., A.-G. u. B.-A. Engen; K.-G. u. K.-A. Constanz; L.-K. Engen; P.-A. Stockach. Sitz b. P.-Abl.; liegt an der Straße von Engen nach Schaffhausen. Feldb., Wiesenbau und Viehzucht; wurde schon im 8. Jahrh. der Abtei St. Gallen geschenkt, von wo es an die Frhrn. v. Hornstein gelangte. Es hat ein sehenswerthes Schloß mit Aussicht auf das Hegau.

**Weltfelderhof,** Hf. und Prz. b. D. Hecheln, 7 l. E., Fil. v. Mühlingen, A.-G. u. B.-A. Stockach; K.-G. u. K.-A. Constanz.

**Welzen,** Pfd., 14 ev., 310 l., zuf. 524 E., A.-G. u. B.-A. Bonndorf; K.-G. u. K.-A. Waldshut; L.-K. Stüblingen. Standesherr: Fürst v. Fürstenberg.

**Wellendingen,** D., 346 l. E., Fil. v. Bonndorf, A.-G. u. B.-A. Bonndorf; K.-G. u. K.-A. Waldshut; liegt in ziemlich rauher Gegend.

**Wellerhöfen,** 3. b. Pfd. Gutach, 42 ev. E., A.-G. u. B.-A. Triberg; K.-G. u. K.-A. Villingen.

**Welmlingen,** D., 362 ev., 30 l., zuf. 392 E., Fil. v. Blansingen, A.-G. u. B.-A. Lörrach; K.-G. und K.-A. Lörrach. Feldb., Weinbau u. Viehzucht.

**Welschberg,** 3. b. Wlr. Ebner, unbewohnt, Fil. v. Bonndorf, A.-G. u. B.-A. Bonndorf; K.-G. u. K.-A. Waldshut.

**Welschbollenbach,** A.-D. b. D. Bollenbach, 63 l. E., Fil. v. Steinach, A.-G. Haslach, B.-A. Wolfach; K.-G. u. K.-A. Offenburg. Gemeinschaftliche Gemarkung u. getrenntes Gemeindevermögen.

**Welschdorf,** 3. b. D. Lebengericht, 31 ev. E., Fil. v. Schluch, A.-G. u. B.-A. Wolfach; K.-G. u. K.-A. Offenburg.

**Welschensteinach,** Pfd., 932 l. E., A.-G. Haslach, B.-A. Wolfach; K.-G. und K.-A. Offenburg; L.-K. Lahr. Feldb., Wiesenbau, Obst- u. Viehzucht. Stdshr.: Fürst v. Fürstenberg.

**Welschingen,** Pfd., 4 ev., 696 L, zuf. 700 E., A.-G. u. B.-A. Engen; K.-G. und K.-A. Constanz; L.-K. Engen; P.-A. Stockach. Sitz b. P.-Abl.; Feldb., Wiesenbau, Obst- u. Viehzucht. Stdshr.: Fürst v. Fürstenberg.

**Welschnenreuth,** Pfd., 920 ev., 8 L, zuf. 928 E., A.-G. u. B.-A. Carlsruhe; K.-G. u. K.-A. Carlsruhe; Dec. Carlsruhe; liegt 383 p. F. üb. d. M. an der Straße von Mühlburg nach Mannheim. Feldb., Wiesenbau, Obst- u. Viehzucht.

**Wembach,** D., 239 l. E., Fil. von Schönau, A.-G. n. B.-A. Schönau; K.-G. u. K.-A. Lörrach; liegt am Eingange des Böllenthales sehr freundlich.

**Wemershof,** Hf. und Prz. b. Stbt. Adelsheim, 76 l. E., A.-G. und B.-A. Adelsheim; K.-G. u. K.-A. Mosbach. Gebhrn.: Frhrn. v. Adelsheim.

**Wendelshof,** Hf. u. Prz. b. D. Schollach, 23 l. E., Fil. v. Urach, A.-G. und B.-A. Neustadt; K.-G. u. K.-A. Freiburg.

**Wendlingen,** 3. b. D. Wittenhofen, 45 l. E., Fil. v. Roggenbeuren, A.-G. Meersburg, B.-A. Ueberlingen; K.-G. und K.-A. Constanz.

**Wendlingen,** A.-D. b. Pfd. St. Georgen, 627 l. E., A.-G. u. B.-A. Freiburg; K.-G. u. K.-A. Freiburg; F.-J. Freiburg. Sitz b. B.-F. Gemarkung u. Gemeindevermögen gemeinschaftlich; liegt am Fuße des Schönbergs. Feldb., Wiesenbau u. Viehzucht.

**Wenkheim,** Pfd., 549 ev., 287 L, 123 isr., zuf. 959 E., A.-G. u. B.-A. Tauberbischofsheim; K.-G. und K.-A. Mosbach; Dec. Weinheim; L.-K. Lauda; liegt 763 p. J. üb. b. M. an der Welzbach. Feldbau u. Viehzucht.

**Weppach,** Hf. u. Prz. b. D. Wittennhofen, 71 E., Fil. v. Bermatingen, A.-G. Meersburg, B.-A. Ueberlingen; L.-G. und K.-A. Constanz. Stdshr.: Fürst von Fürstenberg.

**Werbach**, Pfdf., 5 ev., 1169 L., zuf. 1174 E., A.-G. und B.-A. Tauberbischofsheim; L.-G. u. K.-A. Mosbach; L.-R. Tauberbischofsheim; P.-A. Heidelberg. Sitz d. R.-Abl.; liegt 623 p. F. üb. d. M. am rechten Ufer der Tauber. Feld-, Wiesen-, Weinbau und Viehzucht.

**Werbachhausen**, Pfdf., 305 l. E., A.-G. u. B.-A. Tauberbischofsheim; L.-G. u. K.-A. Mosbach; L.-R. Tauberbischofsheim; liegt 698 p. F. üb. d. M. an der Welsbach, Stdshr.: Fürst v. Leiningen.

**Werenwaag**, Schloß u. Prz. b. Col. Langenbrunn, 55 E., Fil. v. Schwenningen, A.-G. und B.-A. Meßkirch; K.-G. und L.-R. Constanz; ist noch wohl erhalten und bietet eine reizende Aussicht in das romantische Donauthal. W. war schon im 11. Jahrhdt. im Besitze der Capitäne von Zürst und wurde von diesen an St. Georgen vermischt, um welche Zeit es ein gleichnamiger Adel von diesem zum Lehen erhielt, der es bis ins 13. Jahrh. im Besitze hatte. Später kam die Herrschaft von Seiten Oesterreichs als Lehen an die Feldherrn im 30jährigen Kriege, die Grafen Egon u. Jakob Ludwig v. Fürstenberg und in Folge kaiserlicher Ungnade im 17. Jahrh. an die Herren von Ulm und endlich durch Kauf an die fürstliche Familie v. Fürstenberg.

**Wermetsweiler**, 3. b. Stdt. Markdorf, 17 l. E., A.-G. Meersburg, B.-A. Ueberlingen; L.-G. u. K.-A. Constanz.

**Werrenmühle**, Hs. u. Prz. b. Pfdf. Weingarten, 7 l. E., A.-G. und B.-A. Durlach; L.-G. u. K.-A. Carlsruhe.

**Wersauerhof**, Hf. und Prz. b. Pfdf. Reilingen, 43 l. E., A.-G. und B.-A. Schwetzingen; L.-G. u. K.-A. Mannheim.

**Werth**, 3. b. Pfdf. Neusatz, 82 l. E., A.-G. und B.-A. Bühl; L.-G. und K.-A. Baden.

**Wertheim**, Stdt., 2448 ev., 673 l., 124 isr., zuf. 3245 E., K.-G. u. K.-A. Mosbach; Dec. Wertheim; L.-R. Tauberbischofsheim; F.-J. Mosbach; B.-A. Heidelberg. Sitz d. A.-G., A.-Ph., G.-R., B.-A., B.-J., H.-St.-A., B.- u. St.-B.-J., P.-B. u. Stmftr., D.-R., Tec., Lyceum u. Gewerbeschule; liegt 487 p. F. üb. d. M am Einflusse der Tauber in den Main. Unbedeutenden Feld- u. Wiesenbau, dagegen starken Weinbau, Gewerbebetrieb u. Handel. Mkte.: 25. März, 10. Mai, 24. Aug., 4. Octbr. (3 Tage). 25. Novbr. Fruchtmarkt jeden Mittwoch. Zwei Residenzschlösser der fürstlich Löwenstein'schen Standesherrschaft, die fürstlichen Domanialkanzleien. Auf einer Anhöhe die Ruinen der Burg der alten Grafen von Wertheim.

**Wespach**, Hs. u. Prz. b. D. Neufrach, 36 l. E., Fil. v. Neukirch, A.-G. Meersburg, B.-A. Ueberlingen; L.-G. u. K.-A. Constanz.

**Wessenthal**, D., 183 l. E., Fil. von Reutkirchen, A.-G. u. B.-A. Wertheim; K.-G. u. K.-A. Mosbach; liegt 820 p. F. üb. d. M. an einem Bache unweit der bayr. Grenze. Stdshr.: Fürst von Löwenstein-Wertheim-Freudenberg.

**Wettelbrunn**, Pfdf., 2 ev., 373 l., zuf. 375 E., A.-G. u. B.-A. Staufen; K.-G. u. K.-A. Freiburg; L.-R. Neuenburg; liegt an einem kleinen Bache. Feld-, Wiesen-, Weinbau u. Viehzucht.

**Wettersdorf**, D., 140 l. E., Fil. v. Wallbürn, A.-G. u. B.-A. Wallbürn; K.-G. u. K.-A. Mosbach; liegt 1209 p. F. üb. d. M. Stdshr.: Fürst v. Leiningen.

**Wickartsmühle**, K.-O. b. D. Willaringen, 70 l. E., Fil. von Ridenbach, A.-G. u. B.-A. Säckingen; L.-G. u. K.-A. Waldshut. Getrennte Gemarkung und gemeinschaftliches Gemeindevermögen.

**Wickersbach**, im, 3. b. Pfdf. Oberharmersbach, 32 l. E., A.-G. u. B.-A. Gengenbach; L.-G. u. K.-A. Offenburg.

**Wickersbach**, vor, 3. b. Pfdf. Oberharmersbach, 140 l. E., A.-G. u. B.-A. Gengenbach; L.-G. u. K.-A. Offenburg.

**Widmerhof**, Hf. u. Prz. b. L. Del-

[enborf, 10 E. C., Fil. v. Seelselben, A.-G. und B.-A. Ueberlingen; A.-G. und K.-A. Constanz.

**Wieblingen, Pfdf.**, 1311 ev., 514 L., zuf. 1625 C., A.-G. und B.-A. Heidelberg; A.-G. und K.-A. Heidelberg; Dec. Ober-Heidelberg; L.-H. Heidelberg, liegt 370 p. F. üb. d. M. am linken Ufer des Nedars. Feldbau, insbesondere Tabakbau, Wiesenbau, Viehzucht und Gewerbebetrieb. W. hat ein Schloß mit schönen Gartenanlagen, welches der Familie von Laroche-Starkenfels gehört.

**Wiechs**, Pfdf., 19 ev., 392 L., zuf. 411 C., A.-G. und B.-A. Engen; A.-G. und K.-A. Constanz; L.-R. Hegau, liegt an der nördlichen Abdachung des Randenberges. Feldbau und Viehzucht.

**Wiechs, D.,** 158 L C., Fil. v. Steißlingen, A.-G. u. B.-A. Stockach; A.-G. u. K.-A. Constanz, liegt ziemlich hoch. Feld-, Wiesenbau und Viehzucht. Gehör.: Jhr. von Stotzingen.

**Wiechs, D.,** 442 ev., 80 L., zuf. 522 C., Fil. von Schopfheim. A.-G. und B.-A. Schopfheim; A.-G. u. K.-A. Lörrach, liegt am Dinkelberge.

**Wiechsmühle**, Hs. und Prz. b. Pfdf. Rollingen, 10 E. C., A.-G. und B.-A. Sädingen; A.-G. und K.-A. Waldshut.

**Wieden,** Pfdf., 525 L C., A.-G. u. B.-A. Schönau; A.-G. u. K.-A. Lörrach; L.-R. Wiesenthal. Feld-, Wiesenbau u. Viehzucht.

**Wiedergrün,** Z. b. Pfdf. Durbach, 45 E. C., A.-G. und B.-A. Offenburg; A.-G. u. K.-A. Offenburg.

**Wiehre,** N.-O. b. Sbt. Freiburg, 1219 C., A.-G. u. B.-A. Freiburg; A.-G. und K.-A. Freiburg; hängt mit der Stadt Freiburg zusammen.

**Wieladingen,** N.-O. b. T. Willaringen, 181 E. C., Fil. von Ridenbach, A.-G. u. B.-A. Sädingen; A.-G. u. K.-A. Waldshut. Getrennte Gemarkung u. gemeinschaftliches Gemeindevermögen. Grundherrschaft: mehrere adelige Familien.

**Wies**, Pfdf., 1213 ev., 11 L., zuf. 1224 C., A.-G. und B.-A. Schopfheim; A.-G. und K.-A. Lörrach; Dec. Schopfheim, liegt ziemlich hoch an einem Bache. Feldbau und Viehzucht.

**Wiesbach,** Z. b. D. Olfenbach, 18 E. C., Fil. von Friedenweiler, A.-G. und B.-A. Neustadt; A.-G. u. K.-A. Freiburg.

**Wiesbacherhof,** Hf. und Prz. b. D. Schwerzenbach, 13 E. C., Fil. v. Friedenweiler, A.-G. u. B.-A. Neustadt; A.-G. u. K.-A. Freiburg.

**Wiesenbach,** Pfdf., 368 ev., 314 L., 2 Men., zuf. 684 C., A.-G. und B.-A. Eberbach; A.-G. u. K.-A. Mosbach; L.-R. Heidelberg; F.-J. Heidelberg; P.-A. Heidelberg; Sitz b. B.-F. u. Pfmftr. Feld-, Wiesenbau und Viehzucht.

**Wiesenmühle,** Hs. u. Prz. b. Pfdf. Stein, 10 ev. C., A.-G. u. B.-A. Bretten; A.-G. und K.-A. Carlsruhe.

**Wiesenthal,** Pfdf., 26 ev., 2007 L., zuf. 2033 C., A.-G. Philippsburg, B.-A. Bruchsal; L.-R. Philippsburg, P.-A. Bruchsal. Sitz b. P.-Abl. Feld-, besonders Hanfbau u. Viehzucht. 21. Juni 1849 Gefecht zwischen den Aufständischen u. den Preußen.

**Wiesleth,** Pfdf., 497 ev., 21 L., zuf. 518 C., A.-G. u. B.-A. Schopfheim; A.-G. u. K.-A. Lörrach; Dec. Schopfheim; P.-A. Basel. Sitz b. P.-Abl; liegt an der Belchenwiese, Gewerbebetrieb, namentlich Nagel- und Nietenfabrikation und Holzhandel.

**Wiesloch,** Stdt., 4817 ev., 9595 L., 30 Men., 592 ist., zuf. 15,034 C., A.-G. und K.-A. Heidelberg; Dec. Ober-Heidelberg; L.-R. Heidelberg, F.-J. Heidelberg; P.- und E.-A. Heidelberg; Sitz des A.-G., A.-Bh., G.-R., B.-A., B.-F., D.-B., Pfltr., E.-C. und 2 D.-R., Halt- und Tel.-Stat.; liegt 417 p. F. üb. d. M. an der Leimbach. Feld-, Wiesen-, Weinbau, Obst- und Viehzucht, Gewerbebetrieb. Sitz der Gesellschaft der Zinkbergwerke u. Zinkhütten des Altenbergs, Filiale der Vicaille Montagne in Belgien. W. war früher Besitzthum des Klosters Lorsch, hierauf bekam es einen eigernen Lebensnabel und zuletzt kam es an die Pfalz, während des 30jährigen Krieges wurde es fünfmal eingenommen und im orleans'schen Kriege 1689 fast ganz zerstört.

**Wieseneck**, 3. b. Pfd. Buchenbach, 98 L. E., A.-G. u. B.-A. Freiburg; A.-G. und A.-A. Freiburg.

**Wieseneck**, R.-O. b. Pfd. Eschbach, 46 L. G., A.-G. u. B.-A. Freiburg; A.-G. und A.-A. Freiburg. Gemarkung und Gemeindevermögen gemeinschaftlich.

**Wiggensweiler**, 3. b. D. Willenhofen, 11 l. E., Fil. von Leutkirch, A.-G. Merrsburg, B.-A. Ueberlingen; A.-G. und A.-A. Constanz.

**Wildbädlen**, R.-O. b. D. Schönenberg, 58 l. G., Fil. von Schönau, A.-G. und B.-A. Schönau; A.-G. u. A.-A. Lörrach. Gemarkung und Gemeindevermögen gemeinschaftlich, liegt ziemlich einsam am Fuße des Belchen.

**Wildenberg**, 3. b. D. Seebach, 109 l. E., Fil. v. Ottenhöfen, A.-G. u. B.-A. Achern; A.-G. u. A.-A. Baden.

**Wildenstein**, Schloß u. Prz. b. Pfd. Leibertingen, 5 L. E., A.-G. und B.-A. Meßkirch; A.-G. und A.-A. Constanz, liegt auf einem 80 Fuß hohen steilen Felsen an der Donau und gehört zu den besterhaltenen mittelalterlichen Schlössern. Stbßr.: Fürst v. Fürstenberg.

**Wildgutach**, D., 204 L. E., Fil. von St. Mörgen, A.-G. u. B.-A. Waldkirch; A.-G. u. A.-A. Freiburg, liegt in einem engen und wilden Thale. Biehzucht u. Gewerbetrieb.

**Wildschapbach**, Wr. b. Pfd. Schapbach, 123 L. E., A.-G. u. B.-A. Wolfach; A.-G. u. A.-A. Offenburg, liegt am gleichnamigen Bache in einem wilden Thale. Stbßr.: Fürst v. Fürstenberg.

**Wildthal**, D., 3 ev., 389 L., jul. 392 E., Fil. von Zähringen, A.-G. und B.-A. Freiburg; A.-G. u. A.-A. Freiburg, liegt in einem einsamen Thale.

**Wulfeneck**, 3. b. D. Raisach, 11 l. E., Fil. v. Oppenau, A.-G. und B.-A. Oberkirch; A.-G. u. A.-A. Offenburg.

**Wilferdingen**, Pfd., 845 ev., 27 L, 36 Diff., jul. 810 G., A.-G. und B.-A. Durlach; A.-G. u. A.-A. Carlsruhe; Dec. Durlach; J.-J. Carlsruhe, B.-A. Pforzheim. Sitz b. B.-F. u. A. u. G.-G.; liegt 541 v. F. üb. d. M. Feldbau und Biehzucht, Handel mit Hanf, Cichorien, Krapp, Mohn und Bieh. Halt- und Tel.-St.

**Wilflingen**, D., 725 L. G., Fil. von Unteralpfen, A.-G. u. B.-A. St. Blasien; A.-G. u. A.-A. Waldshut.

**Wilhelmsfeld**, D., 619 ev., 166 L, jul. 764 E., Fil. v. Heiligkreuzsteinach, A.-G. u. B.-A. Heidelberg; A.-G. u. A.-A. Heidelberg, liegt 996 v. F. üb. d. M. in einem wilden Thale.

**Willaringen**, D., 3 ev., 662 L, jul. 385 E., Fil. v. Ridenbach, A.-G. u. B.-A. Säckingen; A.-G. und A.-A. Waldshut.

**Willmannsbobel**, 3. b. Pfd. St. Peter, 57 L. E., A.-G. u. B.-A. Freiburg; A.-G. u. A.-A. Freiburg.

**Willmerbingen**, R.-O. b. Pfd. Schwerzen, 143 l. E., A.-G. und B.-A. Waldshut; A.-G. und A.-A. Waldshut. Gemarkung u. Gemeindevermögen gemeinschaftlich.

**Willmenshof**, Hf. und Prz. b. D., Schwerzenbach, 18 L. E., Fil. v. Friedenweiler, A.-G. und B.-A. Neustadt; A.-G. u. A.-A. Freiburg.

**Willstädt**, Mfl., 1354 ev., 37 L, jul. 1391 G., A.-G. u. B.-A. Kork; A.-G. u. A.-A. Offenburg; Dec. Kork, liegt an der Kinzig und an der Straße von Offenburg nach Kehl. Feldbau, Biehzucht, namentlich Hanf- und Tabakculturen. W. hatte unter der Herrschaft der Geroldsecker ein festes Schloß, von den Straßburgern 1262 belagert, ging es dabei in Flammen auf. Nachdem es Hanau-Lichtenberg'sches Besitzthum geworden, wandte es sich der Reformation zu, in Folge dessen es 1617 von Markgraf Friedrich und 1632 nach Gefangennahme der schwedischen Besatzung von den Oesterreichern verheert wurde, endlich verwandelten die Franzosen es 1677 in einen Aschenhaufen. Mkte.: 11. Octbr.

**Wimmersbach, Redar, D.,** 178 ev., 225 L, zuf. 454 C., Fil. v. Oberbach, A.-G. u. B.-A. Oberbach; R.-G. u. R.-A. Mosbach, liegt an einem Bache. Stdhr.: Fürst von Leiningen.

**Wimmersbach, Wald, Pfd., 450** ev., 114 L, zuf. 564 C., A.-G. Neckargemünd, B.-A. Heidelberg; R.-G. u. R.-A. Heidelberg; L.-A. Heidelberg. Sitz b. P.-Abl; kath. Fil. von Spechbach, liest 797 p. J. üb. d. M.

**Windberg, Hf. und Prz. b. Pfd.** St Blasien, 8 L C., A.-G. und B.-A. St Blasien; A.-G. u. A.-A. Waldshut.

**Windeck, Burg, Prz. b. D. Waldmatt.** 17 L C., Fil. v. Neufatz; A.-G. u. B.-A. Bühl; A.-G. u. R.-A. Baden.

**Windegg, Prz. b. Pfd. Hallingen,** 6 L C., A.-G. u. B.-A. Engen; A.-G. u. R.-A. Constanz.

**Windegg, Prz. b. Pfd. Sizenhausen,** 5 L C., A.-G. und B.-A. Stockach; A.-G. u. R.-A. Constanz.

**Windek, Z. b. Pfd. Hinterzarten** 138 L C., A.-G. u. B.-A. Freiburg; R.-G. u. R.-A. Freiburg.

**Winden, N.-D. b. Pfd. Singheim,** 370 L C., A.-G. u. B.-A. Bühl; R.-G. u. R.-A. Baden. Gemarkung und Gemeindevermögen gemeinschaftlich, liegt 619 p. J. üb. d. M. Feld-, Weinbau u. Viehzucht.

**Windenbach, Z. b. Pfd. Mühlenbach,** 31 L C., A.-G. Haslach, B.-A. Wolfach; R.-G. u R.-A. Offenburg. Stdhr.: Fürst v. Fürstenberg.

**Windenreuthe, D., 466** L, 8 ev., zuf. 474 C., Fil. v. Emmendingen, A.-G. u. B.-A. Emmendingen; R.-G. und R.-A. Freiburg. Feldbau, Obst- und Viehzucht.

**Windsfell, Wlr. b. D. Raitbenbuch,** 8 L C., Fil. v. Lenzkirch, A.-G. u. B.-A. Neustadt; R.-G. u. R.-A. Freiburg.

**Windischbach, Pfd., 136** ev., 322 L, zuf. 460 C., A.-G. und R.-A. Boxberg; A.-G. und R.-A. Mosbach; L.-R. Buchen, liegt 1121 p. J. üb. d. M. Stdhr.: Fürst von Leiningen.

**Windkapf, Hf. u. Prz. b. D. Reichenbach,** 23 ev. C., Fil. von Hornberg, A.-G. u. B.-A. Triberg; R.-G. und R.-A. Villingen.

**Windschläg, Pfd., 6 ev., 799** L, zuf. 807 C., A.-G. u. B.-A. Offenburg; R.-G. u. R.-A. Offenburg; L.-A. Offenburg. Sitz b. P.-Abl., liegt in der Ebene. Grbbrn.: Frhr. von Reven.

**Wingerbach, 8 des Pfd. Berghaupten,** 9 L C., A.-G. u. B.-A. Gengenbach; R.-G. u. R.-A. Offenburg.

**Wingerbach, Z. b. D. Bermersbach,** 78 L C., Fil. v. Gengenbach, A.-G. u. B.-A. Gengenbach; R.-G. u. R.-A. Offenburg.

**Winkel, Z. b. Pfd. Gütenbach,** 5 L C., A.-G. u. B.-A. Triberg; R.-G. u. R.-A. Villingen.

**Winkel, N.-D. b. Pfd. Rothenfels,** 12 L C., A.-G. u. B.-A. Rastatt; R.-G. u. R.-A. Baden. Gemarkung u. Gemeindevermögen gemeinschaftlich, liegt 683 p. F. üb. d. M.

**Winkelmesserhof, Hf. und Prz. b. Pfd. Emmingen ab Egg,** 10 L C., A.-G. u. B.-A. Engen; R.-G. u. R.-A. Constanz. Stdhr.: Fürst v. Fürstenberg.

**Winklerhof, Hf. und Prz. b. Pfd. Emmingen ab Egg,** 13 L C., A.-G. u. B.-A. Engen; R.-G. u. R.-A. Constanz.

**Winklerhof, Hf. und Prz. b. R.-D. Winkel, b. Pfd. Rothenfels,** 10 L C., A.-G. u. B.-A. Rastatt; R.-G. u. R.-A. Baden.

**Winterbach, Z. b. Pfd. Unterglottertal,** 125 L C., A.-G. und B.-A. Waldkirch; R.-G. u. R.-A. Freiburg, erzeugt treffliche Weine.

**Winterbach, Z. b. Pfd. Sasbachwalden,** 32 L C., A.-G. u. B.-A. Achern; R.-G. u. R.-A. Baden.

**Winterbach, N.-D. b. Pfd. Laulenbach,** 295 L C., A.-G. u. B.-A. Oberkirch; R.-G. u. R.-A. Offenburg.

**Winterbauernhof, Hf. und Prz. b. D. Bregenbach,** 12 L C., Fil. v. Urach, A.-G. u. B.-A. Neustadt; R.-G. u. R.-A. Freiburg.

**Winterbauernhof, Hf. und Prz. b.**

Pfd. Schönenbach, 21 L.E., A.G. u. B.-A. Villingen; K.-G. u. K.-A. Villingen.

**Winterberg**, H. b. Pfd. Baldulm, 144 E., A.-G. und B.-A. Achern; A.-G. u. K.-A. Baden.

**Winterershof**, Hf. u. Prz. b. Wlr. Thale, b. D. Schwarzenbach, 9 L E., Fil. v. Friedenweiler, A.-G. u. B.-A. Neustadt; K.-G. u. K.-A. Baden.

**Winterhäusle**, Hs. und Prz. b. D. Bregenbach, 2 l. E., Fil. von Urach, A.-G. u. B.-A. Neustadt; K.-G. u. K.-A. Freiburg.

**Winterhalden**, H. b. Pfd. Hinterzarten, 55 l. E., A.-G. und B.-A. Freiburg; K.-G. u. K.-A. Freiburg.

**Winterhalden**, H. b. D. Steig, 8 l. E., Fil. v. Hinterzarten, A.-G. und B.-A. Freiburg; K.-G. u. K.-A. Freiburg.

**Winterhalden**, H. b. D. Bergzell, 5 l. E., Fil. u. Schenkenzell, A.-G. und B.-A. Wolfach; K.-G. und K.-A. Offenburg.

**Winterhalten**, H. b. Pfd. Breitnau, 9 l. E., A.-G. u. B.-A. Freiburg; K.-G. u. K.-A. Freiburg.

**Winterhaltershof**, H. b. D. Schollach, 13 L.E., Fil. von Urach, A.-G. u. B.-A. Neustadt; K.-G. u. K.-A. Freiburg.

**Winterhaltershof**, Hf. u. Prz. b. Wlr. Unteraltenweg, b. D. Bierthäler, 14 l. E., Fil. v. Neustadt, A.-G. u. B.-A. Neustadt; K.-G. u. K.-A. Freiburg.

**Wintersdorf**, Pfd., 3 ev., 721 L, zuf. 724 E., A.-G. und B.-A. Rastatt; K.-G. u. K.-A. Baden; L.-R. Ottersweier, liegt 395 p. F. üb. d. M. Landwirthschaft und Fischerei.

**Winterskopf**, H. b. D. Reichenbach, 14 ev. E., Fil. v. Hornberg, A.-G. und B.-A. Triberg; A.-G. und K.-A. Villingen.

**Winterspüren**, Pfd., 11 ev., 412 L, zuf. 423 E., A.-G. u. B.-A. Stockach; A.-G. u. K.-A. Constanz. L.-R. Stockach.

**Winterstauden**, H. b. K.-O. Ajen-

weiler, b. Pfd. Ober-Homberg, 7 l. E., A.-G. und B.-A. Pfullendorf; A.-G. und K.-A. Constanz. Stdshr.: Fürst von Fürstenberg.

**Winterfalgen**, D., 685 E., Fil. v. Röhrenbach, A.-G. und B.-A. Pfullendorf; A.-G. und K.-A. Constanz. Stdshr.: Fürst von Fürstenberg.

**Wintersweiler**, D., 313 ev., 23 l., zuf. 336 E., Fil. v. Mappach; A.-G. und B.-A. Lörrach; A.-G. u. K.-A. Lörrach.

**Winzenhofen**, Pfd., 265 L.E., A.-G. u. B.-A. Boxberg; A.-G. und K.-A. Mosbach; L.-R. Kraulheim, liegt 634 p. F. üb. b. M.

**Wippertskirch**, Hf. und Prz. b. Pfd. Wallershofen, 5 l. E., A.-G. u. B.-A. Freiburg; K.-G. u. K.-A. Freiburg, war ehedem Probstei von Schuttern.

**Wippertsweiler**, K.-O. b. Pfd. Ober-Homberg, 36 l. E., A.-G. und B.-A. Pfullendorf; A.-G. u. K.-A. Constanz. Getrennte Gemarkung und gemeinschaftliches Gemeindevermögen. Stdshr.: Fürst v. Fürstenberg.

**Wirrensegel**, H. b. Pfd. Ittendorf, 38 L. E., A.-G. Meersburg, B.-A. Ueberlingen; K.-G. u. K.-A. Constanz.

**Wirthshaus am Hörwansberg**, Hs. u. Prz. b. D. Rohrhardsberg, 12 l. E., Fil. v. Schonach, A.-G. und B.-A. Triberg; A.-G. u. K.-A. Villingen.

**Wirthshof**, Hf. und Prz. b. D. Lirnach, 36 L. E., Fil. v. Schönenbach, A.-G. u. B.-A. Villingen; A.-G. und K.-A. Villingen.

**Wischtung**, Wlr. b. D. Weilenung, 54 l. E., Fil von Steinbach, A.-G. und B.-A. Bühl; A.-G. u. K.-A. Baden.

**Wittelbach**, D., 6 ev., 205 L, zuf. 211 E., Fil. v. Schweighausen, A.-G. und B.-A. Lahr; A.-G. und K.-A. Offenburg.

**Wittelsbach**, H. b. Pfd. Oberried, 65 l. E., A.-G. u. B.-A. Freiburg; A.-G. u. K.-A. Freiburg.

**Wittenbach**, H. b. D. St. Wilhelm,

25 L.G., Fil. v. Oberried, A.G. u. B.A. Freiburg; A.G. u. A.A. Freiburg.

**Wittenbach**, 3. b. Pfd. Schonach, 62 l. G., A.G. u. B.A. Triberg; A.G. u. A.A. Villingen.

**Wittenbach**, 3. b. Pfd. Schönwald, 35 L.G., A.G. u. B.A. Triberg; A.G. und A.A. Villingen.

**Wittenhofen**, D., 2 ev., 680 L., zuf. 682 G., Fil. v. Roggenbeuren, A.G. und B.A. Ueberlingen; A.G. u. A.A. Constanz.

**Wittenschwand**, D., 293 L.G., Fil. v. Unter-Ibach, A.G. u. B.A. St. Blasien; A.G. u. A.A. Waldshut.

**Wittenthal**, D., 247 L.G., Fil v. Kirchzarten, A.G. und B.A. Freiburg; A.G. u. A.A. Freiburg.

**Wittenweier**, Pfd., 331 ev., 7 L., zuf. 338 G., A.G. u. B.A. Lahr; A.G. u. A.A. Offenburg; L.R. Lahr, liegt am Rheine. Feldbau, Viehzucht, Fischerei, Schifffahrt, Goldwaschen und Holzhandel. Am 9. Aug. 1638 fand hier zwischen den Oesterreichern und Schweden eine Schlacht statt, in welcher die ersteren unterlagen und dem zufolge die diesseitige Rheinebene aufgeben mußten.

**Witterschnee**, 3. b. Ellb. Löffingen, 5 L.G., A.G. u. B.A. Neustadt; A.G. u. A.A. Freiburg.

**Wittichen**, Pfwit. b. D. Kallbrunn, 67 L.G., A.G. u. B.A. Wolfach; A.G. u. A.A. Offenburg, liegt tief im Gebirge, ehemaliges von einer gewissen Luitgarde im Jahr 1290 errichtetes Klarissernnenkloster, das 1417 einen Schirmbrief vom Kaiser Sigismund erhielt; während der Reformationszeit manches Schlimme zu ertragen hatte und gegen Ende des vorigen Jahrh. ganz einging. Standesherr.: Fürst von Fürstenberg.

**Wittlekofen**, D., 234 L.G., Fil. v. Bettmaringen, A.G. u. B.A. Bonndorf; A.G. u. A.A. Waldshut.

**Wittlingen**, Pfd., 313 ev., 11 L., zuf. 324 G., A.G. und B.A. Lörrach;

L.G. und A.A. Lörrach; Dec. Lörrach. Feld-, Wiesen-, Weinbau und Viehzucht.

**Wittnau**, Pfd., 362 L.G., A.G. u. B.A. Freiburg; A.G. u. A.A. Freiburg; L.R. Breisach.

**Wittnungst**, 3. b. Pfd. Oberharmersbach, 10 L.G., A.G. und B.A. Gengenbach; A.G. und A.A. Offenburg.

**Witznau**, 3. b. Pfd. Berau, 7 L. G., A.G. und B.A. Bonndorf; A.G. u. L.A. Waldshut.

**Wizhalden**, 3. b. D. Uehlingen, 101 L.G., Fil. v. Riedern, A.G. u. B.A. Bonndorf; A.G. u. A.A. Waldshut.

**Wölchingen**, D., 480 ev., 139 L., zuf. 616 G., Fil. von Borberg, A.G. und B.A. Borberg; A.G. u. A.A. Mosbach; liegt 687 p. F. üb. d. M. an der Umpfer. Stdshr.: Fürst von Leiningen.

**Wölfledbrunnen**, Wlr. des R.O. Rothmell, b. Pfd. Häg, 30 L.G., A.G. u. B.A. Schönau; A.G. und A.A. Lörrach. Grdhr.: Frhr. von Schönau-Zell.

**Wöpplinsberg**, 3. b. Pfd. Au= bingen, 12 L.G., A.G. und B.A. Emmendingen; A.G. u. A.A. Freiburg.

**Wörth**, 3. b. Pfd. Sasbachwalden, 113 L.G., A.G. u. B.A. Achern; A.G. u. A.A. Baden.

**Wöschbach**, Pfd., 10 ev., 935 k., zuf. 945 G., A.G. und B.A. Durlach; A.G. u. A.A. Carlsruhe; L.R. Bruchsal, liegt 667 p. F. üb. d. M. Feld-, Weinbau u. Viehzucht.

**Wössingen**, Mtfl., 1515 ev., 13 L., 21 Men., zuf. 1551 G., A.G. und B.A. Bretten; A.G. u. A.A. Carlsruhe; Dec. Bretten, liegt 651 p. F. üb. d. M. an der Druckwalze. Feld-, Wiesenbau u. Viehzucht. Mffe.: 18. Febr., 22. Septbr. Vieh-Mkte.: 17. Febr., 21. Septbr.

**Wohlfahrtsmühle**, Hs. u. Brj., 11 l. G., A.G. u. B.A. Waldürn; A.G. u. A.A. Mosbach.

**Wolfach**, Stdt., 57 ev., 1400 L., 1 Isr., zuf. 1458 G., A.G. und A.A. Offenburg; L.R. Triberg. F.-J. Offenburg. L.R.

Offenburg; Eisb. A.-G. A.-P., G.-R., B.-A. B.-J., D.-R., P.-C. u. Pfnaftr., Gewerbeschule, liegt an dem Zusammenflusse der Kinzig und Wolfach. In einem sehr fruchtbaren Thale zwischen zwei steilen Bergen. Feld-, Gartenbau, Viehzucht, Holzhandel. W. hat zwei Mineralbäder und ein Kiesernabadbad, und war schon im 11. Jahrh. Stadt der Herren von Wolfach, welche 1290 durch eine Erbtochter dieses Geschlechts — Udelheid — an deren Gemahl Friedrich von Fürstenberg kam.

**Wolfartsweier**, D., 342 ev., 4 l., jüd. 346 C., Fil. von Durlach, A.-G. und B.-A. Durlach; A.-G. und A.-A. Carlsruhe, liegt 436 p. F. üb. d. M.

**Wolfbauerhof**, Hf. und Pfr. b.Pfdf. Schonach, 16 l. C., A.-G. u. B.-A. Triberg; A.-G. und A.-A. Villingen.

**Wolfegg**, F. b. Pfdf. Buchheim, 8 l. C., A.-G. und B.-A. Meßkirch; A.-G. u. A.-A. Constanz.

**Wolfen**, F. b. A.-O. Wälden, 13 l. C., A.-G. u. B.-A. Oberkirch; A.-G. u. A.-A. Offenburg.

**Wolfenweiler**, Pfdf. 798 ev., 20 l, 9 Diff., jüd. 527 C., A.-G. u. B.-A. Freiburg; A.-G. u. A.-A. Freiburg; Dec. Freiburg, liegt am Fuße des Schönbergs. Feld-, Wiesen-, Weinbau und Viehzucht.

**Wolfersbach**, F. b. Pfdf. Ottenhöfen, 13 l. C., A.-G. und B.-A. Achern; A.-G. und A.-A. Baden.

**Wolfersberg**, F. b. Pfdf. Kappelrodeck, 7 l. C., A.-G. u. B.-A. Achern; A.-G. und A.-A. Baden.

**Wolferstetten**, Hf. u. Prz. b. Stdt. Külsheim, 48 l. C., A.-G. und B.-A. Tauberbischofsheim; A.-G. u. A.-A. Mosbach, liegt 1349 p. F. üb. d. M. Erbshr.: Fürst von Leiningen.

**Wolfgang**, F. b. Pfdf. Distelhausen, 4 l. C., A.-G. und B.-A. Tauberbischofsheim; A.-G. und A.-A. Mosbach.

**Wolfhag**, A.-O. b. Stdt. Oberkirch, 218 l.C., A.-G. und B.-A. Oberkirch; A.-G.

u. A.-A. Offenburg. Gemarkung und Gemeindevermögen gemeinschaftlich.

**Wolfholz**, F. b. Pfdf. Hoppetenzell, 13 l. C., A.-G. u. B.-A. Stockach; A.-G. u. A.-A. Constanz.

**Wolfsberg**, F. b. D. Hinterstraß, 7 l. C., Fil von St. Märgen, A.-G. u. B.-A. Freiburg; A.-G. u. A.-A. Freiburg.

**Wolfsboden**, Hf. und Prz. b. Hf. Glatzhof, b. Pfdf. St. Blasien, 3 l. C., A.-G. und B.-A. St. Blasien; A.-G. und A.-A. Waldshut. F.-J. Säckingen, Sitz b. B.-J.

**Wolfskapelle**, F. b. A.-O. Gebirg, b. Pfdf. Durbach, 5 l. C., A.-G. u. B.-A. Offenburg; A.-G. und A.-A. Offenburg.

**Wolfsteig**, F. b. D. Reichenbach, 32 ev. C., Fil. von Hornberg, A.-G. und B.-A. Triberg; A.-G. u. A.-A. Hornberg.

**Wollbach**, Pfdf. 941 ev., 49 l., jüd. 990 C., A.-G. und B.-A. Lörrach; A.-G. und A.-A. Lörrach; F.-J. Säckingen, Sitz b. B.-J., liegt an dem gleichnamigen Bache. Feld-, Weinbau und Viehzucht.

**Wollenberg**, Mhf., 240 ev., 7 l, 168 isr., jüd. 415 C., Fil. von Hüffenhardt, A.-G. Neckarbischofsheim, B.-A. Sinsheim, A.-G. und A.-A. Heidelberg, liegt 655 p. F. üb. d. M. an der Wollenbach. Feld-, Wiesen-, Weinbau und Viehzucht. Grdhrn.: Frhrn. von Gemmingen-Bonfeld und Gemmingen-Guttenberg.

**Wollmatingen**, Pfdf., 19 ev., 962 l., jüd. 981 C., A.-G. und B.-A. Constanz; A.-G. und A.-A. Constanz; L.-R. Constanz. Feld-, Wiesen-, Weinbau und Viehzucht.

**Wolpadingen**, D., 406 l. C., Fil. von Unteralpfen, A.-G. und B.-A. St. Blasien; A.-G. und A.-A. Waldshut.

**Wolterdingen**, Pfdf., 4 ev., 740 l., jüd. 744 C., A.-G. und B.-A. Donaueschingen; A.-G. und A.-A. Villingen; L.-R. Villingen, liegt an der Berge und ist ein sehr alter Ort.

**Wommenbach**, F. bei Pfdf. Gutach, 13 ev. C., A.-G. und B.-A. Triberg; A.-G. und A.-A. Villingen. Glasfabrik.

**Wormenthal**, J. b. Stbt. Kenzin-gen, 17 L. E., A.-G. u. B.-A. Kenzingen; R.-G. u. R.-A. Freiburg.

**Worblingen**, Pfdf., 8 ev., 701 L., 121 isr., jus. 830 C., A.-G. u. B.-A. Radolfzell; R.-G. u. R.-A. Constanz; L.-R. Hegau; liegt an der Aach.

**Worndorf**, Pfdf., 443 L. E., A.-G. u. B.-A. Meßkirch; R.-G. u. R.-A. Constanz; L.-R. Meßkirch. Feld-, Wiesenbau u. Viehzucht. Grbhr.: Graf v. Langenstein.

**Mühre**, R.-D. b. D. Ehröberg, 51 L. E., Fil. v. Häg, A.-G. u. B.-A. Schönau; R.-G. u. R.-A. Lörrach. Gemarkung und Gemeindevermögen gemeinschaftlich. Grbhr.: Frhr. v. Schönau-Zell.

**Mäuschmichelbach**, R.-D. des D. Oberflockenbach, 61 ev., 3 L., jus. 86 C., Fil. v. Leutershausen, A.-G. u. B.-A. Weinheim; R.-G. u. R.-A. Mosbach; liegt 926 p. F. üb. b. M. an der hessischen Grenze.

**Würbstein**, J. b. D. Steig, 45 L. E., Fil. v. Hinterzarten, A.-G. u. B.-A. Freiburg; R.-G. u. R.-A. Freiburg.

**Würm**, D., 386 ev., 14 L., jus. 600 C., Fil. b. Altstadt Pforzheim, A.-G. u. B.-A. Pforzheim; R.-G. u. R.-A. Carlsruhe; liegt an dem gleichnamigen Flüßchen, das bei Pforzheim in die Enz fällt. Grbhr.: Graf v. Leutrum.

**Würmersheim**, D., 3 ev., 313 L., jus. 316 C., Fil. v. Durmersheim, A.-G. u. B.-A. Rastatt; R.-G. u. R.-A. Baden; liegt 373 p. F. üb. b. M. an einem Bache.

**Wüsteneck**, J. b. D. Döttelbach,

11 L. E., Fil. v. Peterthal, A.-G. u. B.-A. Oberkirch; R.-G. u. R.-A. Offenburg; liegt in einem wilden Gebirgsthale.

**Wüstengraben**, J. b. R.-D. Eilenbreche, b. D. Blaßwald, 26 L. E., Fil v. Schluchse, A.-G. u. B.-A. St. Blasien; R.-G. u. R.-A. Waldshut.

**Wüsthausen**, Hf. und Prj. b. Pfdf. Hüffenhardt, 7 ev. E., A.-G. Neckarbischofsheim, B.-A. Sinsheim; R.-G. und H.-A. Heidelberg. Grbhrn.; v. Gemmingen-Bonseld u. Gemmingen-Guttenberg.

**Wunderle**, J. b. Pfdf. Schönwald, 6 L. E., A.-G. u. B.-A. Triberg; H.-G. u. R.-A. Villingen.

**Wutachmühle**, Hs. u. Prj. b. Pfdf. Ewattingen, 11 L. E., A.-G. u. B.-A. Bonndorf; R.-G. u. R.-A. Waldshut.

**Wutöschingen**, D., 369 L. E., Fil. v. Schwerzen, A.-G. u. B.-A. Waldshut; A.-G. u. R.-A. Waldshut; liegt an der Wutach. Feld-, Wiesenbau und Viehzucht.

**Wyhl**, Pfdf., 17 ev., 1802 L., jus. 1819 C., A.-G. u. B.-A. Kenzingen; R.-G. u. R.-A. Freiburg; L.-R. Endingen. Feld-, Wiesenbau und Viehzucht.

**Wyhlen**, Pfdf., 25 ev., 1078 L., jus. 1103 C., A.-G. u. B.-A. Lörrach; R.-G. u. R.-A. Lörrach; L.-R. Wiesenthal; P.-A. Basel. Sitz b. P.-Abl.; Feld-, Weinbau u. Viehzucht. Halt-Station.

**Wyhler Mühle**, Hs. u. Prj. b. Pfdf. Wyhl, 5 L. E., A.-G. u. B.-A. Kenzingen; R.-G. u. R.-A. Freiburg.

## Y.

**Yach**, Pfdf., 1008 L. E., A.-G. u. B.-A. Waldkirch; R.-G. u. R.-A. Freiburg; L.-R. Freiburg; liegt in einem engen Thale am Fuße des Rohrhardsbergs. Viehzucht und Hausarbeit. Grbhr.: Frhr. v. Berstett.

**Yberg**, J. b. Pfdf. Kappelrodeck, 12 L. E., A.-G. u. B.-A. Achern; R.-G. u. R.-A. Baden; liegt in einem freundlichen Thale.

## Z.

**Zähringen**, Pfdf., 8 ev., 874 L., jus. 882 C., A.-G. u. B.-A. Freiburg; R.-G. u. R.-A. Freiburg; L.-R. Freiburg. Sitz b. erzbischöfl. Decans. Feldbau u. Viehzucht.

**Zähringerschloß**, Ruine u. Prz. d. D. Wildthal, 8 k. E., Fil. v. Zähringen, A.-G. u. B.-A. Freiburg; A.-G. und A.-A. Freiburg; liegt ziemlich hoch und besteht nur noch aus einem Thurme, von wo man eine ziemlich weite Aussicht genießt. Nach demselben nannte sich das berühmte Dynastengeschlecht der Zähringer. Das Schloß wurde 1050 erbaut, aber schon im 13. Jahrh. durch die Bürger Freiburgs zerstört, die es auf den Befehl Kaiser Rudolfs von Habsburg wieder aufbauen mußten, und von diesem Baue stammt der noch vorhandene oben genannte Thurm.

**Zähringershof**, Hf. u. Prz. b. Wlr. Oberlangenordnach, b. D. Langenordnach, 10 k. E., Fil. v. Friedenweiler, A.-G. u. B.-A. Neustadt; A.-G. u. A.-A. Freiburg.

**Zähringershof**, Hf. u. Prz. b. D. Schollach, 17 k. E., Fil. v. Urach. A.-G. u. B.-A. Neustadt; A.-G. u. A.-A. Freiburg.

**Zähringershof, Johann**, Hf. und Prz. b. D. Langenbach, 10 k. E., Fil. v. Böhrenbach, A.-G. u. B.-A. Billingen; A.-G. u. A.-A. Billingen.

**Zaisenhausen**, Mktfl., 1028 ev., 35 L, jul. 1063 E., A.-G. und B.-A. Bretten; A.-G. u. A.-A. Carlsruhe; Dec. Bretten; liegt 590 p. F. üb. d. M. an der Kohlbach. Feld-, Wiesen-, Weinbau und Viehzucht. Mkte.: 6. Septbr., 21. Decbr. Nachdem A. 1347 von den Markgrafen von Baden an das Kloster Maulbronn übergegangen war, wurde es im 16. Jahrh. von den Schirmvögten, den Grafen von Würtemberg, eingenommen und 1747 wieder an die Pfalz vertauscht, welche die dort sich Bahn gebrochen habende Reformation mit allen Mitteln jedoch vergeblich zu unterdrücken suchte. Der Ort hat eine im Jahr 1836 im gothischen Style erbaute Kirche und ein nicht mehr besuchtes Schwefelbad.

**Zaismatte**, H. b. D. Maled, 75 ev. E., Fil. v. Emmendingen, A.-G. u. B.-A. Emmendingen; A.-G. und A.-A. Freiburg.

**Zarten**, D., 1 ev., 309 L, jul. 309 E., Fil. v. Kirchzarten, A.-G. u. B.-A. Freiburg; A.-G. und A.-A. Freiburg; liegt an der Dreisam sehr freundlich. Feldbau und Viehzucht.

**Zastler**, D., 8 ev., 194 L, jul. 202 E., Fil. v. Oberried, A.-G. u. B.-A. Freiburg; A.-G. u. A.-A. Freiburg; liegt in wilder und rauher Gegend in einem nördlichen Thale bei dem Feldberge, das die Osterbach durchfließt. Feldbau u. Holzhauen.

**Zechenwiehl**, K.-D. b. D. Niederhof, 167 L E., Fil. v. Murg, A.-G. und B.-A. Säckingen; A.-G. u. A.-A. Waldshut. Gemarkung u. Gemeindevermögen gemeinschaftlich.

**Zechershof**, Hf. u. Prz. b. D. Langenbach, 12 k. E., Fil. von Böhrenbach, A.-G. u. B.-A. Billingen; A.-G. u. A.-A. Billingen.

**Zellemühle**, Hs. und Prz. b. Pfdf. Emmingen ab Egg., 6 E., A.-G. u. B.-A. Engen; A.-G. u. A.-A. Constanz.

**Zell**, Stdt., 153 ev., 1592 L, jul. 1745 E., A.-G. u. B.-A. Schönau; A.-G. und A.-A. Lörrach; L.-K. Wiesenthal; B.-A. Basel. F.-J. Säckingen. Sitz b. B.-F. u. B.-E.; liegt an der Wiese sehr freundlich. Feld-, Wiesenbau, Viehzucht, Gewerbe u. Fabrikbetrieb. Zu letzterem zählen die Baumwollweberei von A. Köchlin, bei welcher 400 mech. Webstühle im Gange und 370 Arbeiter beschäftigt sind. Die Baumwollwberei von Samuel Lanz, und die Floretspinnerei von Bölger u. Ringwald, welche 1837 gegründet, über ein Wasserwerk von 50 Pferdekräften verfügt und 200 Arbeiter beschäftigt. Krämer-Mkte.: 6. Febr., 3. Mai, 17. Octbr. B.-M.: 16. Febr., 15. März, 19. April, 17. Mai, 21. Juni, 19. Juli, 16. Aug., 20. Septbr., 18. Oct., 15. Nov.

**Zell**, D., 370 k E., Fil. v. Unzhurst, A.-G. u. B.-A. Bühl; A.-G. u. A.-A. Baden; liegt ganz eben. Feldbau u. Viehzucht.

**Zell**, D., 5 ev., 1471 L, jul. 1476 E., Fil. v. Weingarten, A.-G. u. B.-A. Offenburg; A.-G. u. A.-A. Offenburg; liegt sehr freundlich; Viehzucht u. Weinbau. Letzterer liefert einen ausgezeichneten Rothwein.

**Zell am Anbelsbach**, Pfdf., 107 L. C., A.-G. u. B.-A. Pfullendorf; R.-G. und K.-A. Constanz; L.-R. Meßkirch; liegt an dem aus dem Ilmensee kommenden Anbelsbache. Feld=, Wiesenbau und Viehzucht.

**Zell am Harmersbache**, Stbt., 53 ev., 1276 l., juf. 1329 C., A.-G. u. B.-A. Gengenbach; R.-G. und K.-A. Offenburg; L.-A. Offenburg; F.-J. Offenburg; P.-A. Offenburg. Sitz b. B.-F. u. P.-C.; liegt im Kinzigthale. Feld=, Wiesenbau, Viehzucht, Gewerbe u. Fabrikbetrieb; zu diesem zählen die Porzellan= und Steingutfabrik von Lenz, welche 1803 gegründet, gegenwärtig 250 Arbeiter beschäftigt; die Pottaschesiederei von Dümmler und Schöttgen; die Granatenschleiferei v. Mösch; die Thonwaarenfabrik von F.A. Schmider; und die eiserne Gartenmöbelfabrik von Sennbetz u. Glaßner. Mkte.: 29. März, 17. April, 24. Juni, 24. Aug., 14. Septbr., 28. Octbr.

**Zettelmatt**, F. b. Stbt. Oppenau, 23 l. C. A.-G. u. B.-A. Oberkirch; R.-G. u. K.-A. Offenburg.

**Zeuthern**, Pfdf., 4 ev., 1561 l., juf. 1565 C., A.-G. u. B.-A. Bruchsal; K.-G. u. K.-A. Carlsruhe; L.-A. St. Leon; liegt 441 p. F. üb. b. M. an der Kazbach. Feld=, Wein=, Wiesenbau u. Viehzucht.

**Ziegelei**, Prz. b. Pfdf. Möggingen, 11 C., A.-G. u. B.-A. Constanz; K.-G. u. K.-A. Constanz.

**Ziegelhausen**, Pfdf. 843 ev., 939 l., 23 Dist., juf. 1805 C., A.-G. und B.-A. Heidelberg; R.-G. u. K.-A. Heidelberg; Der. Ladenburg; L.-A. Heidelberg; F.-J. Heidelberg; P.-A. Heidelberg. Sitz b. B.-F. und P.-Abt.; liegt 3/4 p. F. üb. b. M. an der Steinbach in einem Thale zerstreut. Feld=, Wiesenbau, Viehzucht, Bleicherei, Schifffahrt, Cigarrenfabrikation und Mühlenbetrieb.

**Ziegelhof**, Hf. u. Prz. b. Pfdf. Dettlingen, 10 L. C., A.-G. u. B.-A. Constanz; R.-G. u. K.-A. Constanz.

**Ziegelhof**, Hf. u. Prz. b. Pfdf. Ebnet, 6 l. C., A.-G. u. B.-A. Freiburg; R.-G. u. K.-A. Freiburg.

**Ziegelhof**, Hf. u. Prz. b. Pfdf. Gamsburst, 9 l. C., A.-G. u. B.-A. Achern; R.-G. u. K.-A. Baden.

**Ziegelhof**, Hf. und Prz. des Pfdf. Wagshurst, 6 L. C., A.-G. u. B.-A. Achern; R.-G. u. K.-A. Baden.

**Ziegelhof**, Hf. u. Prz. b. Stbt. Gengenbach, 16 l. C., A.-G. u. B.-A. Gengenbach; R.-G. u. K.-A. Offenburg.

**Ziegelhof**, Hf. u. Prz. b. Stbt. Offenburg, 8 L. C., A.-G. u. B.-A. Offenburg; R.-G. u. K.-A. Offenburg.

**Ziegelhof**, Hf. u. Prz. b. D. Weiler, 13 L. C., Fil. v. Hilsbach, A.-G. u. B.-A. Sinsheim; R.-G. und K.-A. Heidelberg; liegt 734 p. F. üb. b. M. am nördlichen Abhange des Eichelbergs. Gehbr.: Frhr. v. Venningen-Ullner.

**Ziegelplatz**, R.-O. des D. Untermünsterthal, 276 l. C., Fil. v. St. Trudpert, A.-G. u. B.-A. Staufen; R.-G. und K.-A. Freiburg. Gemarkung und Gemeindevermögen gemeinschaftlich.

**Ziegelscheuer**, Hß. u. Prz. b. Mkfl. Kork, 8 l. C., A.-G. u. B.-A. Kork; R.-G. u. K.-A. Offenburg.

**Zienken**, D., 166 ev., 38 L, juf. 204 C., Fil. von Hügelheim, A.-G. und B.-A. Müllheim; R.-G. u. K.-A. Lörrach; liegt am Rheine. Feldbau u. Viehzucht.

**Zierle**, F. b. Pfdf. Oberwolfach, 23 L C., A.-G. u. B.-A. Wolfach; R.-G. u. K.-A. Offenburg.

**Zierolshofen**, D., 361 ev., 1 L, juf. 362 C., Fil. v. Boberzweier, A.-G. und B.-A. Kork; R.-G. und K.-A. Offenburg; liegt am Saum des Korkerwaldes an der Rinne. Feldbau u. Viehzucht.

**Zimmerhof**, D., 138 ev., 49 L, juf. 187 C., Fil. v. Heinsheim, A.-G. u. B.-A. Mosbach; R.-G. u. K.-A. Mosbach.

**Zimmerholz**, D., 6 ev., 344 L, juf. 350 C., Fil. v. Engen, A.-G. und B.-A. Engen; R.-G. u. K.-A. Constanz. Stbehr.: Fürst v. Fürstenberg.

**Zimmern**, Pfdf., 41 ev., 321 l., juf. 362 C., A.-G. u. B.-A. Engen; R.-G. u. K.-A. Constanz; L.-A. Geisingen; liegt an der Donau. Feld=, Wiesenbau u. Viehzucht. Stbehr.: Fürst v. Fürstenberg.

**Zimmern**, K.⸱O. b. Pfdf. Urloffen, 155 l. C., A.⸱G. u. B.⸱A. Offenburg; K.⸱G. u. K.⸱A. Offenburg. Gemarkung und Gemeindevermögen gemeinschaftlich. Feldbau und Viehzucht.

**Zimmern**, D., 354 l. C., Fil. von Sedach, A.⸱G. u. B.⸱A. Adelsheim; R.⸱G. u. K.⸱A. Mosbach; liegt 664 p. F. üb. d. M. an der Sedach. Stdhr.: Fürst v. Leiningen.

**Zimmern**, Pfdf., 1 ev., 415 l., juf. 416 C., A.⸱G. Gerlachsheim, B.⸱A. Tauberbischofsheim; R.⸱G. u. K.⸱A. Mosbach; L.⸱A. Lauda; liegt 715 p. F. üb. d. M. an dem Müllichbache. Feld-, Wiesenbau u. Viehzucht; wurde 1688 von den Franzosen eingeäschert.

**Zindelstein**, D., 1 ev., 105 L, juf. 106 C., Fil. v. Wolterdingen, A.⸱G. und B.⸱A. Donaueschingen; R.⸱G. u. K.⸱A. Dillingen; liegt am linken Ufer der Brege unweit vor Allers Sindolsstein. Daselbe gehörte zu den frühesten Allodialbesitzungen der Zähringer, deren Erben, die Grafen v. Urach-Freiburg hier ihre zeitweilige Residenz aufschlugen. Im Bauernkriege wurde das Schloß niedergebrannt. Stdhr.: Fürst v. Fürstenberg.

**Zinkhänsle**, Hs. und Prz. b. Pfdf. Reutlich, 11 l. C., A.⸱G. u. B.⸱A. Triberg; R.⸱G. u. K.⸱A. Villingen.

**Zinse**, Hf. u. Prz. b. R.⸱O. Azenweiler, b. Pfdf. Ober-Homberg, 6 l. C., A.⸱G. und B.⸱A. Pfullendorf; R.⸱G. und K.⸱A. Constanz. Stdhr.: Fürst von Fürstenberg.

**Zinkel**, Z. b. Pfdf. Waldulm, 46 l. C., A.⸱G. u. B.⸱A. Achern; R.⸱G. und K.⸱A. Baden.

**Zipfel**, Z. b. Pfdf. Bernau, 98 l. C., A.⸱G. u. B.⸱A. St. Blasien; R.⸱G. u. K.⸱A. Waldshut.

**Zipfelhannesenhof**, Hf. u. Prz. b. Wlr. Spriegelsbach, b. D. Viertäler, 20 l. C., Fil. v. Neustadt, A.⸱G. u. B.⸱A. Neustadt; R.⸱G. u. K.⸱A. Freiburg.

**Zipfelsdobel**, Z. b. Pfdf. Oberried,

20 l. C., A.⸱G. u. B.⸱A. Freiburg; R.⸱G. u. K.⸱A. Freiburg.

**Zirlakenhof**, Hf. und Prz. b. Pfdf. Schönenbach, 48 l. C., A.⸱G. u. B.⸱A. Villingen; R.⸱G. u. K.⸱A. Villingen.

**Zizenhausen**, D., 3 ev., 1127 l., juf. 1130 C., Fil. v. Hindelwangen, A.⸱G. u. B.⸱A. Stockach; R.⸱G. u. K.⸱A. Constanz; liegt sehr freundlich an der Stockach und ist Sitz einer großherzoglichen Hüttenverwaltung.

**Zizingen**, Wlr. b. Pfdf. Auggen, 24 ev. C., A.⸱G. u. B.⸱A. Müllheim; R.⸱G. und K.⸱A. Lörrach; liegt auf einem Berge.

**Zollbruck**, Hf. u. Prz. b. Pfdf. Nenzingen, 15 l. C., A.⸱G. u. B.⸱A. Stockach; R.⸱G. u. K.⸱A. Constanz.

**Zollhaus**, Wlr. b. Pfdf. Blumberg, 137 l. C., A.⸱G. u. B.⸱A. Donaueschingen; R.⸱G. u. K.⸱A. Villingen.

**Zollhaus**, Wlr. b. Pfdf. Rollingen, 27 l. C., A.⸱G. u. B.⸱A. Säckingen; R.⸱G. u. K.⸱A. Waldshut.

**Zoznegg**, K.⸱O. b. Pfdf. Burgweiler, 39 l. C., A.⸱G. u. B.⸱A. Pfullendorf; R.⸱G. u. K.⸱A. Constanz. Gemarkung und Gemeindevermögen getrennt. Stdhr.: Fürst v. Fürstenberg.

**Zoznegg**, D., 267 l. C., Fil. v. Hoppetenzell, A.⸱G. u. B.⸱A. Stockach; R.⸱G. u. K.⸱A. Constanz; liegt an der preußischen Grenze.

**Zunsweier**, Pfdf., 2 ev., 1457 l., juf. 1459 C., A.⸱G. u. B.⸱A. Offenburg; R.⸱G. u. K.⸱A. Offenburg; L.⸱A. Lahr. Feldbau u. Viehzucht.

**Zunzingen**, D., 218 ev., 3 L, juf. 221 C., Fil. von Badenweiler, A.⸱G. und B.⸱A. Müllheim; R.⸱G. u. K.⸱A. Lörrach; liegt in einem freundlichen Thälchen. Feld-, Weinbau und Viehzucht.

**Zusenhofen**, D., 536 L C., Fil. von Nußbach, A.⸱G. u. B.⸱A. Oberkirch; R.⸱G. u. K.⸱A. Offenburg; liegt an der Rench.

**Zuzenhausen**, Pfdf., 664 ev., 298 l.,

305

21 Diff., 17 Rem., zuj. 1000 C., A.-G. u. B.-A. Sinsheim; A.-G. u. K.-A. Heidelberg; L.K. Waibstadt; liegt 492 p. F. üb. b. R. an der Elsenz. Grdhrn.: Frhrn. v. Venningen.

Zwerisberg, 3. b. Pfbf. St. Märgen, 1351 C., A.-G. u. B.-A. Freiburg; K.-G. u. K.-A. Freiburg.

Zwingenberg, D., 233 ev., 50 k., 1 Rem., 29 isr., zuj. 313 C., Fil. v. Gerach,

A.-G. u. B.-A. Eberbach; K.-G. u. K.-A. Mosbach.

Zwingenberg Hof, Hl. u. Prz. b. D. Zwingenberg, 12 C., Fil. v. Gerach, A.-G. u. B.-A. Eberbach; K.-G. u. K.-A. Mosbach.

Zwingenburg, Hl. u. Prz. b. Stdt. Ueberlingen, 6 k. C., A.-G. u. B.-A. Ueberlingen; K.-G. u. K.-A. Constanz.

Ergänzungen:

**Bruchsal:** Sitz eines internationalen Pensionats.
**Carlsruhe:** Sitz des Hofgerichts.
**Constanz:** desgl.
**Freiburg:** desgl.
**Offenburg:** desgl.

www.ingramcontent.com/pod-product-compliance
Lightning Source LLC
Chambersburg PA
CBHW030118240426
43673CB00041B/1320